Entscheidungen
des Reichsarbeitsgerichts

Sammlung der noch wichtigen Entscheidungen zeitlich geordnet

Herausgegeben

von

Ewald Köst

Landesarbeitsgerichtsdirektor
beim Landesarbeitsgericht Hannover

Berlin 1954

Walter de Gruyter & Co.

vormals G. J. Göschen'sche Verlagshandlung / J. Guttentag, Verlagsbuchhandlung / Georg Reimer / Karl J. Trübner / Veit & Comp.

Entscheidungen
des Reichsarbeitsgerichts

Herausgegeben
von
Ewald Köst
Landesarbeitsgerichtsdirektor
beim Landesarbeitsgericht Hannover

Band 2

Berlin 1954
Walter de Gruyter & Co.
vormals G. J. Göschen'sche Verlagshandlung / J. Guttentag, Verlagsbuchhandlung / Georg Reimer / Karl J. Trübner / Veit & Comp.

Archiv Nr. 28 18 54
Satz und Druck: Berliner Buchdruckerei Union GmbH., Berlin SW 29

Inhaltsverzeichnis

Anmerkung: RAG = Entscheidungen des Reichsarbeitsgerichts, Amtliche Sammlung, Verlag Walter de Gruyter & Co.

ARS = Arbeitsrechts-Sammlung, herausgegeben von Dersch u. a. Verlag Bensheimer-Vahlen.

Verzeichnis

der aufgenommenen Entscheidungen aus der alten Sammlung

+ Entscheidung ist gekürzt

Beilage zu: „Entscheidungen des Reichsarbeitsgerichts, Sammlung der noch wichtigen Entscheidungen zeitlich geordnet" Band 2

Teil-Fundstellenverzeichnis zu Band 2

Das Gesamt-Fundstellenverzeichnis befindet sich am Ende von Band 4.

Die abgedruckten Entscheidungen aus der amtlichen Sammlung (RAG.) entsprechen jeweils den nachstehend aufgeführten Entscheidungen aus der Bensheimer-Sammlung (ARS.).

Beispiel: Die in der Bensheimer-Sammlung Band 8 Seite 39 abgedruckte Entscheidung ist die gleiche, wie die hier aufgenommene Entscheidung RAG. 5,12. Die Stelle des Abdrucks ergibt sich sodann aus dem Verzeichnis der aufgenommenen Entscheidungen.

ARS		RAG
8, 39—43	=	5, 12—15
8, 101—107	=	5, 25—31
8, 128—140	=	5, 1—11
8, 184—186	=	5, 67—70
8, 193—201	=	5, 98—107
8, 210—213	=	5, 173—176
8, 227—236	=	5, 125—130
8, 386—387	=	5, 115—117
8, 388—390	=	5, 157—159
8, 407—411	=	5, 139—143
8, 413—416	=	5, 243—247
8, 422—424	=	5, 205—208
8, 451—454	=	5, 151—156
9, 38—41	=	5, 222—225
9, 97—102	=	5, 279—284
9, 163—169	=	5, 273—279
9, 186—191	=	4, 212—216
9, 215—216	=	5, 317—319
9, 230—233	=	5, 348—351
9, 234—238	=	5, 351—355
9, 316—322	=	6, 182—189
9, 352—356	=	5, 355—360
9, 357—359	=	6, 93—95
9, 359—361	=	6, 91—92
9, 386—389	=	6, 87—90
9, 393—403	=	6, 12—22
9, 473—477	=	6, 45—48
9, 478—486	=	6, 63—71
9, 487—492	=	6, 139—144
9, 492—495	=	6, 279—282
9, 496—500	=	6, 275—278
9, 525—529	=	6, 118—123
9, 565—570	=	6, 40—45
10, 40—43	=	6, 154—158
10, 97—100	=	6, 101—104
10, 100—106	=	6, 49—54
10, 156—159	=	6, 233—237
10, 177—179	=	7, 25—27
10, 223—226	=	6, 288—290
10, 296—301	=	6, 327—331
10, 349—355	=	6, 243—249
10, 391—396	=	6, 208—212
10, 407—410	=	6, 308—310
10, 411—415	=	5, 360—364
10, 419—425	=	6, 225—230
10, 482—487	=	7, 31—36

ARS		RAG
10, 497—499	=	7, 206—208
10, 499—502	=	7, 212—215
10, 502—506	=	7, 235—239
10, 523—525	=	7, 1—3
10, 579—584	=	7, 166—171
10, 594—599	=	7, 172—176
11, 11—13	=	5, 235—239
11, 32—35	=	7, 53—57
11, 75—79	=	6, 268—272
11, 86—87	=	7, 89—93
11, 121—125	=	7, 215—219
11, 134—140	=	7, 189—195
11, 189—192	=	7, 108—111
11, 197—201	=	7, 99—103
11, 281—288	=	7, 360—364
11, 297—301	=	7, 349—353
11, 301—304	=	8, 50—53
11, 317—325	=	7, 250—260
11, 348—353	=	8, 64—69
11, 353—357	=	7, 289—293
11, 363—365	=	7, 353—356
11, 391—398	=	8, 69—77
11, 398—401	=	8, 32—35
11, 465—471	=	6, 212—219
11, 501—504	=	8, 133—136
11, 518—520	=	8, 117—121
11, 560—565	=	8, 101—106
11, 578—580	=	8, 188—190
11, 589—592	=	7, 240—243
12, 53—59	=	8, 15—21
12, 95—99	=	8, 258—262
12, 111—115	=	8, 195—199
12, 124—131	=	8, 251—258
12, 133—139	=	8, 165—173
12, 147—152	=	8, 207—213
12, 159—162	=	8, 275—278
12, 256—258	=	9, 25—27
12, 347—351	=	8, 161—165
12, 423—426	=	9, 1—4
12, 488—492	=	9, 53—61
12, 603—606	=	8, 216—219
13, 31—39	=	9, 32—40
13, 139—144	=	9, 176—181
13, 200—203	=	9, 204—206
13, 236—250	=	9, 142—157
13, 291—295	=	9, 191—194
13, 321—326	=	9, 337—344
13, 327—331	=	9, 355—359
13, 391—395	=	9, 181—184
13, 397—401	=	9, 269—273
13, 409—413	=	8, 219—223
13, 449—452	=	9, 223—226
13, 470—479	=	10, 6—15
13, 533—536	=	9, 366—368
13, 591—595	=	9, 302—307
14, 56—61	=	10, 67—71
14, 72—78	=	10, 27—34
14, 96—101	=	10, 72—77
14, 227—232	=	10, 102—108
14, 293—301	=	10, 34—40
14, 341—345	=	10, 174—179
14, 345—352	=	10, 180—186
14, 420—423	=	10, 134—140
14, 537—544	=	10, 153—160
14, 587—592	=	10, 350—354
14, 595—602	=	10, 258—265
14, 614—620	=	10, 275—284

RAG. 5, 67.

Begründet § 616 BGB. für den zur Dienstleistung Verpflichteten bei schuldloser Dienstunfähigkeit von erheblicher Dauer einen Anspruch auf Vergütung für einen verhältnismäßig unerheblichen Zeitraum?

BGB. §§ 323, 616.

Reichsarbeitsgericht. Urt. v. 29. Januar 1930.

I. Arbeitsgericht Breslau. — II. Landesarbeitsgericht daselbst.

Der Kläger war seit dem 1. Oktober 1927 bei dem Beklagten als Wirtschaftsassistent in Stellung. Infolge eines bei einer Motorradfahrt erlittenen schweren Unfalls war er vom 15. Oktober bis 31. Dezember 1928 arbeitsunfähig. Er beanspruchte für diese Zeit die Weiterzahlung seines Gehalts von insgesamt 225 RM nebst Zinsen. Der Beklagte vertrat den Standpunkt, daß der Kläger gemäß § 616 BGB. keinen Anspruch hierauf habe, und bat um Abweisung der Klage. Während das Arbeitsgericht die Klage abgewiesen hat, hat das Landesarbeitsgericht dem Kläger das Gehalt für 6 Wochen mit 122 RM und Zinsen zugesprochen, im übrigen die Klage abgewiesen. Es ist der Ansicht, daß es zwar wahrscheinlich sei, daß der Kläger bei der Motorradfahrt in den Abendstunden nicht die im Verkehr erforderliche Sorgfalt habe obwalten lassen, daß dafür aber ein Beweis nicht zu führen und daher ein Verschulden zu verneinen sei. Den § 616 BGB. hat es dahin ausgelegt, daß damit in Abweichung von der Regel des § 323 BGB. dem Arbeitnehmer ein erhöhter Schutz gegen wirtschaftliche Nöte habe gewährt werden sollen und ihm daher bei schuldloser Dienstunfähigkeit von erheblicher Dauer die vereinbarte Vergütung für die nicht erhebliche Zeit weiter zu zahlen, darüber hinaus allerdings zu versagen sei. Diese Auslegung entspreche den sozialen Bedürfnissen und liege auch im Interesse der Rechtspflege, da Grenzfälle möglich seien, bei denen zweifelhaft sein könne, ob die nicht erhebliche Zeit überschritten sei oder nicht. Als nicht erhebliche Zeit hat das Landesarbeitsgericht den Zeitraum von 6 Wochen angesehen, ein Zeitraum, der in dem neuen, auf den vorliegenden Fall noch nicht anwendbaren Gutsbeamtentarif vom 26. März 1929 als gegebenenfalls vergütungspflichtig vereinbart worden ist. Auf die Revision des Beklagten ist das Berufungsurteil aufgehoben und die Berufung des Klägers gänzlich zurückgewiesen worden.

Gründe:

Der Kläger ist infolge des am 14. Oktober 1928 erlittenen Motorradunfalls 2½ Monate arbeitsunfähig gewesen. Das war, wie der Berufungsrichter einwandfrei feststellt, unter Berücksichtigung der Vertragszeit und der Art der zu leistenden Dienste eine erhebliche Zeit; verhältnismäßig unerheblich im Sinne des § 616 BGB. wäre die Verhinderung zur Dienstleistung nur gewesen, wenn sie den Zeitraum von 6 Wochen nicht überschritten hätte. Für diesen Zeitraum glaubt der Berufungsrichter auf Grund des § 616 dem Kläger die Weiterzahlung seines Gehalts zubilligen zu können. Diese Ansicht ist . . . mit dem Wortlaut des § 616 unvereinbar. Sie steht auch, wie der Berufungsrichter selbst zugibt, mit der herrschenden Ansicht des Schrifttums und der Rechtsprechung — vgl. Urteil des Reichsarbeitsgerichts vom 9. August 1929 — RAG. 102/29 im Widerspruch. Grundsätzlich verliert nach der Regel des § 323 BGB. bei gegenseitigen Verträgen derjenige, welcher ohne Verschulden seines Vertragsgegners die ihm obliegende Leistung nicht bewirken kann, den Anspruch auf die Gegenleistung. Von dieser Regel macht § 616 die Ausnahme, daß dem zur Dienstleistung Verpflichteten die Vergütung weiter zu zahlen ist, wenn er für einer verhältnismäßig nicht erhebliche Zeit durch einen in seiner Person liegenden Grund ohne sein Verschulden an der Dienstleistung verhindert wird. Es kommen als solche Fälle insbesondere in Betracht; plötzliche Erkrankungen eines nahen Angehörigen, Notwendigkeit der Teilnahme an einem Begräbnis, notwendige Versäumnis von Arbeitszeit durch Teilnahme an einer Betriebsratssitzung (§§ 30, 35 BRG.), Ladung als Zeuge oder Geschworener zu einer Gerichtssitzung und dgl.; auch eigene Erkrankung von kurzer Dauer. Derartige kurze Behinderungen an der tatsächlichen Leistung der zugesagten Dienste, die nur als verhältnismäßig kurze Unterbrechungen der Dienstleistung erscheinen, sollen nicht zur Kürzung der vereinbarten Vergütung führen. Dauert aber die Behinderung längere Zeit, so daß sie nach Art des Dienstverhältnisses unter Berücksichtigung der gesamten Umstände des Falles als erheblich bezeichnet werden muß, so ist für die Anwendung des § 616 kein Raum. Es geht also nicht an, in solchem Falle einen Teilzeitraum herauszugreifen und dafür die Vergütung zuzubilligen, denn damit würde in den § 616 ein Gedanke hineingetragen, der ihm fremd ist (RAG. a. a. O.). Eine derartige Lösung, wie sie der Berufungsrichter aus sozialen Gründen für notwendig erachtet, mag der Billigkeit entsprechen, sie entspricht aber nicht der insoweit hier in Betracht kommenden gesetzlichen Regelung. Billigkeitserwägungen mögen dazu führen, auf gesetzgeberischem Wege oder durch Tarifvertrag die gesetzlichen Bestimmungen zu ändern, wie es für den Handelsgehilfen und den Betriebsbeamten bereits geschehen ist (§ 63 HGB., § 133 c Abs. 2 RGewO.) und im Entwurf zum Arbeitsvertragsgesetz vorgesehen war, inzwischen für Fälle der vorliegenden Art auch durch Gutstarifvertrag geschehen sein soll. Der Richter ist an das Gesetz gebunden, wie es vorliegt, und darf nicht aus Billigkeitserwägungen über den ihm gesteckten Rahmen hinaus von ihm abweichen. Seiner Beurteilung unterliegt die Frage, ob nach Lage des Falles die unverschuldete Verhinderung an der Dienstleistung der Zeit nach als verhältnismäßig unerheblich zu gelten hat; diese Frage darf und muß er in den vom Berufungsrichter angedeuteten Grenzfällen unter Berücksichtigung der beiderseitigen Belange wohlwollend, geleitet von sozialem Empfinden, prüfen und entscheiden. Kommt er aber zur Verneinung der Frage, so kann er nicht gleichwohl den § 616 anwenden; dieser ist nur bei Bejahung der Frage anwendbar. Daraus folgt, daß der Kläger mit seiner Klage abzuweisen war. Es kann daher dahingestellt bleiben, ob auch die weitere Revisionsrüge der Verkennung der Beweislast durch den Berufungsrichter begründet ist, ob nämlich der Kläger, der für das Fehlen eines eigenen Verschuldens bei dem Unfall als Voraussetzung des Anspruchs beweispflichtig ist, nach Lage der Sache dieser Beweispflicht genügt hat oder auch wegen ungenügender Beweisführung mit seiner Klage abgewiesen werden müßte.

RAG. 5, 98.

1. Über verschiedene Begehungsformen der Zuwiderhandlungen gegen §§ 17 und 18 UnlWG. und ihren rechtlichen Einfluß auf die Unterlassungsklage, die sowohl gegen einen früheren Angestellten der geschädigten Firma, als auch gegen einen Dritten gerichtet ist, dem der Angestellte ein Fabrikationsgeheimnis verraten hat.

2. Kann Täter nach § 18 UmlWG. der eigene Angestellte des Anvertrauenden sein? Kann es der Angestellte eines anderen selbständigen Gewerbetreibenden sein?

3. Ist ein solcher Angestellter eines Dritten, der von dem Fabrikationsgeheimnis einer Firma auf ordnungsmäßiger Weise — durch Anvertrauen im geschäftlichen Verkehr — Kenntnis erlangt, und das Rezept dann verraten hat, berechtigt, das Geheimnis zu Zwecken des

Wettbewerbs allein oder in Gemeinschaft mit anderen zu verwerten? Ist hierbei der Umstand von Bedeutung, daß der Angestellte zwischendurch eine Zeitlang in Diensten der im Besitze des Betriebsgeheimnisses befindlichen Firma gestanden hat? Kann die unbefugte Verwertung oder Mitteilung dadurch zu einer befugten werden, daß der Täter eine Zeitlang zum Angestellten der Beschädigten geworden ist?

4. Zum Begriff der Wiederholungsgefahr.

Gesetz gegen den unlauteren Wettbewerb vom 7. Juni 1909 (UnlWG.) §§ 1, 17, 18. BGB. § 826.

Reichsarbeitsgericht. Urt. v. 5. Februar 1930.

I. Arbeitsgericht Düsseldorf. — II. Landesarbeitsgericht daselbst.

Die Klägerin stellt in ihrem Gewerbetrieb Mörteldichtungsmittel „A" und „W" her. Ihre Erzeugnisse wurden von einer Firma A. B. vertrieben. In Diensten dieser Firma stand der Beklagte M. v. S. als Reisevertreter und sein Brude J. v. S. als kaufmännischer Angestellter. Da die Firma B. die Geschäftsanteile der Klägerin erwerben wollte, so sollte der Beklagte bei der Klägerin tätig werden, um als Vertrauensmann der Firma B. die Verhältnisse der Klägerin kennenzulernen. Zu diesem Zweck nahm der Beklagte am 1. September 1927 seine Tätigkeit bei der Klägerin auf, blieb aber bis zum 1. Januar 1928 in Diensten der Firma B. und erhielt bis zu dem genannten Zeitpunkt auch von dieser Firma sein Gehalt. Vom 1. Januar 1928 an trat der Beklagte als Angestellter in die Dienste der Klägerin und blieb darin bis zum 30. Juni 1928. J. v. S. war bei der Firma B. verblieben und schied dort etwa Mitte Februar 1928 aus. Die Klägerin behauptet, ihre Fabrikate seien Betriebsgeheimnis, sämtlichen Angestellten sei strenge Schweigepflicht auferlegt. Als der Beklagte am 1. September 1927, damals noch Angestellter der Firma B., in den Betrieb der Klägerin kam, verpflichtete er sich durch unterschriftliche Erklärung vom gleichen Tage „über alle Geschäfts- und Fabrikationsvorgänge, die sich im Rahmen meiner Stellung beim Biberwerk abwickeln, gegen jedermann strengstes Stillschweigen zu bewahren."

Die Klägerin macht geltend, der Beklagte habe schon vor seinem Ausscheiden seinem Bruder ihre Fabrikationsgeheimnisse verraten; J. v. S. habe auf Grund der hierdurch erlangten Kenntnisse ein Mörteldichtungsmittel hergestellt, das nach Zusammensetzung und Fabrikationsart dem „W" völlig gleich sei; er vertreibe es mit seinem Bruder, dem Beklagten, der es auch herstelle, unter dem Namen „A.". Da J. v. S. die Lizenz für den Entdecker nicht zu zahlen habe, könne er die

Herstellung bedeutend billiger bewerkstelligen; er mache dies auch in seiner Reklame zu ihrem Schaden geltend und ziehe Vergleiche mit ihrem Fabrikat in wörtlichen Anpreisungen bei ihrer Kundschaft. Hierdurch sei ihr ein großer Schaden entstanden. Die Klägerin hat infolgedessen gegen den Beklagten Ansprüche auf Unterlassung, Schadensersatz und Rechnungslegung in dem gegenwärtigen Rechtsstreit anhängig gemacht und ihre Ansprüche gegen den Beklagten noch besonders damit begründet, daß es gegen die guten Sitten verstoße, wenn er mit seinem Bruder J. gemeinschaftlich ihr Betriebsgeheimnis zu seinem Nutzen ausbeute, und „A." unter Benutzung von Reklameschriften und unter wörtlichem Hinweis darauf verbreite, daß es dasselbe sei wie ihre Erzeugnisse.

Der Beklagte hat Klagabweisung beantragt; er behauptet, er habe sich nicht über seine Anstellungszeit bei der Klägerin hinaus zum Schweigen verpflichtet und bestreitet, seinem Bruder irgend etwas verraten zu haben. Im einzelnen hat der Beklagte vorgetragen: Sofort am 1. September 1927 sei ihm das Herstellungsverfahren, das allerdings geheim gehalten worden sei, bekannt gegeben worden, er habe diese Kenntnis sonach ordnungsmäßig erlangt. Vom 15. Juli 1928 an, also nach seiner Entlassung bei der Klägerin, habe er nach bei der Klägerin erlernten Verfahren selbst fabriziert, er habe auch zeitweise nach diesem Verfahren für seinen Bruder J. in M. „A." hergestellt, habe aber vor diesem im eigenen Interesse das ihm bekannte Verfahren geheim gehalten. Die von seinem Bruder hergestellten Erzeugnisse hätten keineswegs dem Fabrikat der Klägerin entsprochen. Vom 1. Januar 1929 an habe er nicht mehr für Rechnung seines Bruders, sondern nur auf eigene Rechnung gearbeitet. Er stellte jetzt weiter Mörteldichtungsmittel genau nach dem Rezept der Klägerin her und vertreibe sie unter dem Namen „D.".

Das Arbeitsgericht hat durch Teilurteil zunächst nur über den Unterlassungsanspruch erkannt und hat insoweit die Klage abgewiesen. Die Berufung der Klägerin wurde durch das Landesarbeitsgericht zurückgewiesen.

In einem gleichzeitig gegen J. v. S. durchgeführten Rechtsstreit mit den gleichen Zielen und Anträgen hat das Berufungsgericht den Unterlassungsanspruch der Klägerin für begründet erachtet und den Beklagten J. v. S. insoweit nach Klagantrag verurteilt. Dieses Urteil ist inzwischen in Rechtskraft übergegangen.

Die Revision der Klägerin führte zur Aufhebung des Berufungsurteils.

Gründe:

Die Klage ist sowohl auf das Gesetz gegen den unlauteren Wettbewerb vom 7. Juni 1909 (UnlWG.), wie auf die Bestimmungen des BGB., insbesondere § 826 gestützt. Das angefochtene Urteil trifft folgende Feststellungen: Das Herstellungsverfahren des „W" sei geheim gewesen; der Beklagte habe es vor seinem Ausscheiden bei der Klägerin seinem Bruder J. v. S. mitgeteilt und sich dadurch gegen die Bestimmungen des UnlWG. und des BGB. vergangen und sich möglicherweise schadensersatzpflichtig gemacht, wie dies in dem Urteil 6 a S. 149/29 gegen J. v. S. ausgeführt sei. Nach der Beweisaufnahme habe sich der Beklagte M. v. S. in kurzer Zeit durch die ihm gegebenen Erklärungen und die ihm zugewiesene Arbeit die genaue Kenntnis des Herstellungsverfahrens ordnungsgemäß — also nicht auf irgendeine unlautere Weise — verschafft. Der Beklagte M. v. S. sei verpflichtet gewesen, bezüglich der Betriebsgeheimnisse Stillschweigen zu beobachten und nicht selbst nach diesem Betriebsgeheimnis Ware herzustellen. Das ergebe sich aus der Sachlage und dem Gesetz, und der Beklagte habe sich auch noch besonders durch den Schein vom 1. September 1927 verpflichtet. Diese Verpflichtung habe nach ihrem wirklichen Sinn auch gegenüber der Klägerin gegolten, sie habe sich jedoch nach ihrem Wortlaut und Sinn nicht auf die Zeit nach Auflösung des Dienstverhältnisses zwischen den Streitteilen erstreckt.

In dem gleichzeitig verkündeten Urteil gegen J. v. S., auf das das jetzt angefochtene Urteil mehrfach Bezug nimmt, sind weiterhin folgende Feststellungen getroffen: J. v. S. habe bei der Herstellung und dem Vertrieb des Mörteldichtungsmittels „A." Handlungen vorgenommen, die gegen die guten Sitten verstoßen. Das von ihm hergestellte A sei im wesentlichen identisch mit dem Erzeugnis der Klägerin. Unbestritten habe M. v. S. nach Juli 1928 für Rechnung des J. v. S. das A. hergestellt und es für diesen vertrieben. Die Kenntnis des Herstellungsverfahrens, das geheim war, habe J. v. S. auf eine verbotene, gegen die guten Sitten verstoßende Art erlangt; M. v. S. habe es seinem Bruder mitgeteilt, und zwar müsse das vor Ende Februar 1928 — das ist der ungefähre Zeitpunkt des Ausscheidens des J. v. S. bei der Firma B. — gewesen seien, es handele sich auch um ein Betriebsgeheimnis. Die Mitteilung des Betriebsgeheimnisses durch M. v. S. an seinen Bruder sei schon deshalb unerlaubt gewesen, weil diesem verschiedentlich mündlich die Geheimhaltung auferlegt war, und er auch stillschweigend sein Einverständnis dazu gegeben habe, ganz abgesehen davon, daß die Unerlaubtheit sich schon aus der Sachlage ergeben habe. M. v. S. habe durch die Mitteilung aber auch der schriftlichen Verpflichtung vom 1. September 1927 zuwider gehandelt. Nach Inhalt dieser Verpflichtung und dem dem Beklagten M. v. S. bekannten Willen der Parteien sollte diese Verpflichtung wesentlich zugunsten der Klägerin übernommen werden und für diese mitgelten. Auf der Mitteilung des M. v. S. habe das gesamte Vorgehen des J. v. S. beruht, und es sei von keiner Seite behauptet, daß diese Mitteilungen nach dem 30. Juni 1928 — das ist der Zeitpunkt, zu dem M. v. S. als Angestellter aus dem Dienst der Klägerin ausgeschieden ist — wiederholt worden sei.

Die in den beiden in Betracht kommenden Urteilen getroffenen Feststellungen und die keine Verletzung von Auslegungsgrundsätzen aufweisenden Auslegungen von Willenserklärungen lassen keinen Rechtsirrtum zutage treten und binden daher das Revisionsgericht. Es ist namentlich für diesen Rechtszug zugunsten des Beklagten davon auszugehen, daß er sich die Kenntnis von dem Herstellungsverfahren des Mörteldichtungsmittels ordnungsmäßig verschafft hat, und daß sich die vertraglich übernommene Schweigepflicht nicht über die Zeit seines Arbeitsvertragsverhältnisses zu der Klägerin hinaus erstreckte. Wenn jedoch das Berufungsgericht daraus allein und ohne Rücksicht auf die sonstigen Feststellungen und die gesamte Sach- und Rechtslage die Folgerung ableitet, der Beklagte M. v. S. sei nicht gehindert gewesen, nach seiner Entlassung von den ihm durch das Gesetz nicht verbotenen Wettbewerbsmöglichkeiten Gebrauch zu machen, und zwar auch zum Wettbewerb gegen den früheren Dienstherrn, so kann ihm darin nicht beigetreten werden. Es darf vor allem nicht aus dem Auge gelassen werden, daß der Beklagte, wie der Berufungsrichter selbst feststellt, während der Dienstzeit gegen vertragliche oder gesetzliche Verpflichtungen verstoßen hat, und wenn der Berufungsrichter meint, dies falle bezüglich der Zulässigkeit des Wettbewerbs nach Auflösung des Dienstverhältnisses nicht ins Gewicht, und es könne dieses frühere Verhalten nicht herbeigezogen werden zur Begründung dafür, daß Verstoß gegen Gesetz und gute Sitten vorliege, wenn er jetzt von seinem Wettbewerbsrecht Gebrauch mache, so müssen im Interesse der Redlichkeit des geschäftlichen Verkehrs an die Rechtschaffenheit des Angestellten sowohl wie des sonstigen Gewerbetreibenden doch strengere Anforderungen gestellt werden, als es bisher geschieht. Dabei ist namentlich zu beachten, daß neben den Bestimmungen des UnlWG., namentlich des § 1 nach ständiger Rechtsprechung des Reichsgerichts gleichberechtigt die Bestimmungen des BGB., namentlich § 826 stehen und zur Anwendung zu bringen sind (RGZ. Bd. 106 S. 254; Bd. 109

S. 279; RG. in JW. 1927 S. 111/112 Nr. 13a und die dort weiter in Bezug genommene Rechtsprechung), sowie daß die Klägerin auch diese rechtlichen Gesichtspunkte ausdrücklich zur Begründung ihrer Klage herangezogen hat.

Aber schon bei Anwendung der Bestimmungen des UnlWG. erheben sich gegen das angefochtene Urteil durchgreifende Bedenken. In dem Rechtsstreit gegen J. v. S. hat das Berufungsgericht im einzelnen erörtert, gegen welche Bestimmungen das UnlWG. nicht nur J., sondern auch M. v. S. sich vergangen haben. Die gleiche Untersuchung fehlt in dem angefochtenen Urteil, sie ist aber erforderlich, um das Ergebnis, zu dem der Berufungsrichter gelangt, auf seine Rechtsbeständigkeit nachprüfen zu können, und muß daher nachgeholt werden. Die rechtliche Beurteilung des Tatbestandes, wie er sich aus den beiden erwähnten Urteilen ergibt, wird durch den Umstand erschwert, daß weder der Zeitpunkt, in dem der Beklagte von der Herstellung des Fabrikates Kenntnis erlangt hat, noch der Zeitpunkt, in dem er seinem Bruder J. das Betriebsgeheimnis verraten hat, genau feststeht. Nur so viel ist festgestellt, daß beides zwischen dem 1. September 1927 — dem Beginn der Tätigkeit des Beklagten bei der Klägerin als Vertrauensmann der Firma B. — und Ende Februar 1928 — dem Zeitpunkt des Ausscheidens von J. v. S. bei der Firma B. — geschehen ist. Dagegen fehlt es an einer genaueren Zeitfeststellung, ob beide Ereignisse oder eines davon in die Zeit vor oder nach dem 1. Januar 1928 fallen, an dem das Vertragsverhältnis zwischen den Streitteilen seinen Anfang genommen hat. Je nachdem das eine oder das andere zutrifft, eröffnen sich für die rechtliche Beurteilung folgende Möglichkeiten:

1. Der Beklagte M. v. S. hat nach dem Tatbestand des angefochtenen Urteils vorgetragen — und muß diese Darstellung gegen sich gelten lassen —, das geheimgehaltene Herstellungsverfahren des W sei ihm sofort am 1. September 1927 bekanntgegeben worden. Geht man hiervon aus, dann ist dem Beklagten das Betriebsgeheimnis nicht „vermöge des Dienstverhältnisses anvertraut oder sonst zugänglich geworden" (§ 17 Abs. 1 UnlWG.), denn er war damals noch nicht Angestellter der Klägerin, sondern die Herstellungsweise, das „Rezept", ist ihm, wie auch der Berufungsrichter in dem Urteil gegen J. v. S. feststellt, „im geschäftlichen Verkehr anvertraut worden" (§ 18 UnlWG.). Hat nun der Beklagte das Rezept unbefugt noch vor dem 1. Januar 1928 an seinen Bruder mitgeteilt, so hat er sich gegen § 18 UnlWG. vergangen. Denn Täter nach § 18 kann zwar nicht der eigene Angestellte des Anvertrauenden sein (RGSt. Bd. 44 S. 152; Bd. 48 S. 13), wohl aber der

Angestellte eines anderen selbständigen Gewerbetreibenden, hier also der Firma B. (Rosenthal, Kommentar zum UnlWG. 7. Aufl. Note 2 zu § 18). Fällt nun die Kenntniserlangung von dem Rezept in die Zeit vor dem 1. Januar 1928, dann war der Beklagte überhaupt nicht, auch nicht nach Auflösung des Arbeitsvertrags mit der Klägerin befugt, das Rezept zu Zwecken des Wettbewerbs allein oder in Gemeinschaft mit seinem Bruder zu verwerten, denn mit Recht führt die Revision aus, die unbefugte Verwertung oder Mitteilung könne nicht dadurch zu einer befugten werden, daß der Beklagte eine Zeitlang zum Angestellten der Klägerin geworden ist. Der der Klägerin zustehende Rechtsschutz kann durch den nachträglichen Abschluß eines Dienstvertrags mit demjenigen, dem bereits vorher ein Betriebsgeheimnis im geschäftlichen Verkehr anvertraut worden war, weder aufgehoben noch beeinträchtigt werden. Der in der Rechtsprechung wiederholt zum Ausdruck gelangte Rechtsgedanke, daß es dem Angestellten und Arbeiter gewerblicher Betriebe unverwehrt sein müsse, die während Bestehens des Dienstverhältnisses einwandfrei erlangten Kenntnisse und Fertigkeiten nach dessen Lösung zu seinem eigenen Nutzen und Fortkommen zu verwerten (RGZ. Bd. 65 S. 337; RGSt. Bd. 44 S. 155), kann auf den vorliegenden Fall, wo die gesamte Verwertung des Rezepts festgestelltermaßen auf dem Geheimnisverrat, also einer unlauteren sittenwidrigen Handlung des Beklagten beruht, keine Anwendung finden.

2. Geht man von diesen Rechtsgrundsätzen aus, dann ist die gleiche rechtliche Beurteilung auch für den Fall geboten, daß der Beklagte das ihm zwischen dem 1. September und dem 31. Dezember 1927 anvertraute Geheimverfahren erst nach dem 1. Januar 1928, also nach Eingang des Dienstverhältnisses mit der Klägerin und während dessen Geltungsdauer seinem Bruder verraten haben sollte. Denn für die Anwendung des § 17 UnlWG. würde es auch in diesem Falle an der Voraussetzung fehlen, daß das Betriebsgeheimnis dem Beklagten „vermöge des Dienstverhältnisses anvertraut oder sonst zugänglich geworden" ist, und gegen die Annahme einer befugten Verwertung nach Auflösung des Arbeitsvertrags müßten die gleichen Erwägungen sprechen, wie vorstehend zu 1 angestellt.

3. Wollte man dagegen im Widerspruch mit dem Vorbringen des Beklagten annehmen, daß er die Kenntnis von der Herstellung des Fabrikats der Klägerin erst nach dem 1. Januar 1928 erlangt habe, daß ihm das Betriebsgeheimnis also vermöge des Dienstverhältnisses anvertraut worden sei, und wäre infolgedessen weiter davon auszugehen, daß er es während der Geltungsdauer des Dienstverhältnisses zu Wett-

bewerbszwecken mitgeteilt habe, so wären allerdings die tatsächlichen Voraussetzungen des § 17 gegeben. Allein selbst für diesen Fall kann der Ansicht des Berufungsrichters, der Beklagte sei nach seinem Ausscheiden aus den Diensten der Klägerin durch nichts gehindert gewesen, die auf ordnungsmäßige Weise erlangte Kenntnis des Betriebsgeheimnisses zu Zwecken des Wettbewerbs auch gegen den früheren Arbeitgeber zu verwerten, nicht beigepflichtet werden. Bei dieser Würdigung des Verhaltens des Beklagten wird gleichfalls dem Ausgangspunkt des ganzen Rechtsstreits, nämlich der Tatsache nicht genügend Rechnung getragen, daß das gesamte Verhalten sowohl des Beklagten, wie seines Bruders aus einem groben Vertrauensmißbrauch und einer erheblichen Verletzung des der Klägerin zustehenden Rechtsschutzes entsprungen ist, und daß alle folgenden Handlungen unter diesem Gesichtspunkt betrachtet und gewürdigt werden müssen. Wollte man dem Beklagten das Recht zugestehen, nach Auflösung des Dienstverhältnisses von den ihm gegebenen Wettbewerbsmöglichkeiten schrankenlos Gebrauch zu machen, so würde ihm dadurch freigestellt, die in dem Geheimnisverrat liegende unlautere und sittenwidrige Handlung weiter auszuwerten und Vorteil für sich daraus zu ziehen unter gleichzeitiger Schädigung der Klägerin. Das müßte aber dem Rechtsgefühl aller gerecht und billig Denkenden zuwider laufen und würde auf seiten des Beklagten im geschäftlichen Verkehr einen Verstoß gegen die guten Sitten darstellen. (§ 1 UnlWG., § 826 BGB.; vgl. Rosenthal a. a. O. Note 17 und 105 zu § 1, Note 3 zu § 18).

Dazu kommt aber noch folgendes: Nach den in dem rechtskräftigen Urteil gegen J. v. S. getroffenen Feststellungen hat dieser sich einer strafbaren Handlung nach § 17 Abs. 2 UnlWG. schuldig gemacht. Hat nun der Beklagte M. v. S., wie festgestellt, vom Juli 1928 an wenigstens zeitweise für seinen Bruder J., dem er das Betriebsgeheimnis verraten hatte, und mit diesem zusammen gearbeitet, so hat er damit nicht nur selbst sittenwidrig gehandelt, sondern er hat sich, da er die ganze Sachlage kannte, damit zugleich zum Teilnehmer — Mittäter oder Gehilfe — an der strafbaren Handlung seines Bruders gemacht. Das verkennt anscheinend auch der Berufungsrichter nicht, denn er läßt ausdrücklich dahingestellt, ob in dieser früheren Mitarbeit ein Verstoß des Beklagten liege, und ob er sich dadurch schadensersatzpflichtig gemacht habe. Er meint aber, diese Mitarbeit geschehe seit langer Zeit nicht mehr, sondern der Beklagte stelle jetzt nur allein für sich nach dem W.-Rezept ein Dichtungsmittel her, das er „D." nenne. Eine Gefahr der Wiederholung liege bei der jetzigen Sachlage nicht nahe, und darauf könne der Unterlassungsanspruch nicht gestützt werden. Auch diese Ausführungen sind von Rechtsirrtum beeinflußt. An sich ist zwar die Frage, ob eine Wiederholungsgefahr besteht oder nicht, im wesentlichen tatsächlicher Natur (RGZ. Bd. 96 S. 245; Bd. 98 S. 269). Sie ist aber der Nachprüfung durch das Revisionsgericht dann zugänglich, wenn die Begründung des Urteils erkennen läßt, daß der Tatrichter von unrichtigen rechtlichen Gesichtspunkten ausgegangen ist, und daß er namentlich den Begriff der Wiederholungsgefahr rechtsirrig auffaßt. Dies ist hier der Fall. Der Berufungsrichter verkennt, daß zum Nachweise der Besorgnis einer Wiederholung der Rechtsverletzung schon die Tatsache ausreichen kann, daß ein widerrechtliches Verhalten vor Erhebung der Klage bereits verwirklicht worden ist (RGZ. Bd. 84 S. 147), und daß der Beklagte zu beweisen hat, daß keine Wiederholungsgefahr bestehe (RGZ. Bd. 104 S. 381/382). Die gegenteilige Annahme des Berufungsgerichts entbehrt jeder tatsächlichen Unterlage, und der Umstand, daß der Beklagte seit längerer Zeit nicht mehr für seinen Bruder gearbeitet hat, sondern für sich und auf eigene Rechnung ein Mörteldichtungsmittel herstellt, vermag in keiner Weise die durch sein früheres unlauteres Handeln begründete Besorgnis auszuräumen, daß er seine Arbeitsweise ändert und sich wieder mit seinem Bruder zusammenschließt (Zit. RGZ. Bd. 98 S. 269, Bd. 104 S. 382).

Ist aber nach dem oben Ausgeführten schon die eigene Verwertung des dem Beklagten anvertrauten Betriebsgeheimnisses unbefugt und sittenwidrig, so ist der Unterlassungsanspruch, der in § 19 UnlWG. nicht besonders erwähnt wird (vgl. aber RGZ. Bd. 53 S. 400 und Rosenthal a. a. O. Note 4 zu § 19), nach § 1 UnlWG. und §§ 826, 1004 BGB. ohne weiteres gegeben.

Bei dieser Sach- und Rechtslage bedarf es kaum noch des Hinweises darauf, daß nach der neueren Rechtsprechung des Reichsgerichts schon jeder objektiv rechtswidrige Eingriff in ein vom Gesetz geschütztes Rechtsgut ohne Rücksicht auf ein Verschulden des Handelnden zur Klage auf Unterlassung berechtigt, wenn Wiederholungsgefahr besteht (RGZ. Bd. 116 S. 153 und die dort angezogenen Entscheidungen).

RAG. 5, 115.

Der Anspruch eines Arbeitnehmers auf Gewährung eines Urlaubs ist während des Bestehens des Arbeitsverhältnisses ein höchstpersönlicher. Stirbt der Berechtigte in dieser Zeit, so geht der Anspruch nicht auf die Erben über.

Tarifvertrag für die kaufmännischen Angestellten des Groß- und Kleinhandels, sowie verwandter Gewerbe des Wuppertales vom 27. Februar 1928.

Reichsarbeitsgericht. Urt. v. 8. Januar 1930.

I. Arbeitsgericht Elberfeld. — II. Landesarbeitsgericht daselbst.

Der Angestellte Walter B., der Stiefvater des Klägers, war in Diensten der Beklagten gewesen und hatte für das Jahr 1928 einen Anspruch auf 18 Tage Urlaub; er starb jedoch, bevor er den Urlaub nehmen konnte, am 6. April 1929. Der Kläger behauptet, er sei laut Testament seines Stiefvaters vom 1. September 1906 dessen Erbe geworden und verlangt mit der Klage die Urlaubsentschädigung mit 186,65 RM.

Das Arbeitsgericht hat die Beklagte verurteilt, das Landesarbeitsgericht hat die Klage abgewiesen. Die Revision blieb ohne Erfolg.

Gründe:

Das Arbeitsgericht hat die Ferien als einen Teil der Gegenleistung angesehen, auf den der Arbeitnehmer rechtlich einen Anspruch habe, die in Geld zu ersetzen seien, wenn sie in natura nicht mehr genommen werden könnten. . . . Man könne wohl sagen, das Geld komme dem Arbeitnehmer persönlich zu, wenn aber der Anspruch auf Ferien einmal in einen Geldersatzanspruch übergehe, so müsse er auch bestehen bleiben, selbst wenn er einem Dritten zugute komme.

Das Landesarbeitsgericht hingegen hält sowohl den Anspruch auf Freizeit als auch den auf Vergütung für einen höchstpersönlichen, der nur dem betreffenden Arbeitnehmer zustehe. Es entspreche dies dem Rechtsempfinden. Nach seinem innersten Wesen und in seinem Kern als Freizeitgewährung sei der Urlaub nicht vererblich, obwohl er ein Entgelt für geleistete Arbeit darstelle. Die Vergütung sei nur eine notwendige Begleiterscheinung, weil andernfalls der Urlaubszweck in Frage gestellt wäre.

Die Revision kann keinen Erfolg haben.

Der Erblasser des Klägers hatte einen Urlaubsanspruch dahin erworben, daß er für eine bestimmte Zeit von der Arbeit freigestellt, ihm aber gleichwohl der Lohn für diese Freizeit bezahlt werden sollte. Da zur Zeit seines Todes das Dienstverhältnis noch fortbestand, konnte für einen Übergang auf seine Erben nur dieser Anspruch mit diesem Inhalte in Frage kommen. In einem selbständig verfolgbaren Urlaubsvergütungsanspruch, wie ihn die Rechtsprechung des Reichsarbeitsgerichts für den Fall der Unmöglichkeit der Gewährung der Freizeit infolge eines Ausscheidens des Arbeitnehmers aus dem Arbeitsverhältnisse anerkannt hat, war der Anspruch noch nicht übergegangen.

Ob für den letzteren Fall der Anspruch eines Erblassers auf Auszahlung einer bestimmten Geldsumme, der Urlaubsvergütung, ein höchstpersönlicher ist, der auf die Erben nicht übergehen kann, bedarf keiner Untersuchung. Jedenfalls trifft dies für den einen Anspruch zu, der in erster Linie auf Gewährung von Freizeit geht, der nur in der Person des Berechtigten erfüllt werden kann. Im Verhältnis zu ihm ist die Fortzahlung des Lohnes nicht etwa ein selbständiger Anspruch, vielmehr kann er nur im Zusammenhange mit der Freizeit gefordert werden. Dies spricht der maßgebende Tarifvertrag für die kaufmännischen Angestellten des Groß- und Kleinhandels, sowie verwandter Gewerbe des Wuppertales vom 27. Februar 1928 auch deutlich aus, wenn er in § 5 Abs. 3 einen Anspruch auf den Gehalt allein nur für den Fall der Versagung des Urlaubs, die ihrerseits nur ausnahmsweise und beim Vorliegen wichtiger betriebstechnischer Gründe zulässig ist, gewährt.

RAG. 5, 125.

1. Ist einer von Verbänden vereinbarten Wiedereinstellungsklausel gegenüber eine von einer Einzelfirma mit der Betriebsvertretung getroffenen Abrede, daß bestimmte Arbeiter nicht wiedereingestellt zu werden brauchen, wirksam oder befreit sie die Firma wenigstens von dem Vorwurf einer schuldhaften Tarifuntreue?

2. Zwingt die Klausel „Maßregelungen aus Anlaß des Streiks finden nicht statt" die einzelnen Arbeitgeber auch dazu, solche Arbeitnehmer wieder einzustellen, welche während des Streiks Arbeitswillige gröblich beschimpft, bedroht und mißhandelt haben?

Reichsarbeitsgericht. Urt. v. 8. Februar 1930.

I. Arbeitsgericht Hamburg. — II. Landesarbeitsgericht daselbst.

Der im Herbst 1928 in Hamburg ausgebrochene Werftarbeiterstreik wurde durch einen am 21. Dezember desselben Jahres zwischen den Parteien und anderen Arbeitnehmerverbänden ergangenen, am 3. Januar 1929 für verbindlich erklärten Schiedsspruch beendet. Der Schiedsspruch enthält unter I die Änderungen, mit denen der frühere Tarifvertrag vom 6. Mai 1927 wieder in Kraft treten sollte, und unter II folgende Bestimmung:

„Unter den Parteien wird folgendes vereinbart:

Das Arbeitsverhältnis gilt durch den Streik als nicht unterbrochen. Maßregelungen aus Anlaß des Streiks finden von keiner Seite statt. Die Wiedereinstellung der Arbeiter erfolgt möglichst sofort nach Maßgabe der technischen Möglichkeiten des Betriebes. Die Betriebsräte treten wieder in ihr Amt ein."

Sämtliche bei der Firma Blohm & Voß, einem Mitgliede des beklagten Verbandes, in den Ausstand getretenen Arbeiter waren von ihr bei Streikbeginn entlassen worden. Mit der Behauptung, daß die Firma B. & V. sieben Arbeiter wegen ihrer Streikbeteiligung nicht wiedereingestellt und daß die Beklagte keine Schritte zur Behebung dieses tarifwidrigen Zustandes unternommen habe, klagt der Kläger auf Feststellung, daß die Beklagte

I. ihrer Verpflichtung, den Schiedsspruch in den ihr angeschlossenen Betrieben durchzuführen, nicht nachgekommen,

II. verpflichtet sei, dem Kläger und seinen Mitgliedern den durch die Nichtdurchführung des Schiedsspruchs entstandenen und noch entstehenden Schaden zu ersetzen.

Die Beklagte hatte

a) die prozeßhindernde Einrede des Schiedsvertrags erhoben,

b) behauptet, daß zwischen der Firma Blohm & Voß und deren Betriebsvertretung eine Einigung über die Nichteinstellung einzelner Arbeiter, insbesondere des Schlossers M. erzielt worden sei, und

c) geltend gemacht, daß dessen Nichteinstellung wegen grober Beschimpfung, Bedrohung und gewalttätiger Mißhandlung von Arbeitswilligen erfolgt sei.

Beide Tatrichter wiesen die Klage ab. Die Revision des Klägers hatte die Zurückweisung der Sache an das Berufungsgericht zur Folge.

Gründe:

Das Berufungsgericht hat zunächst die Einrede des Schiedsvertrags verworfen und hinsichtlich sechs der von dem klägerischen Verbande genannten nicht eingestellten Arbeiter dessen Klagberechtigung um deswillen verneint, weil vier von ihnen ihm nicht als Mitglieder angehören, einer sich bei Blohm & Voß nicht zum Arbeitsantritt gemeldet habe und einer schon längere Zeit vor dem Streikausbruch entlassen worden sei. Insoweit sind besondere Angriffe seitens der Revision nicht erhoben und insoweit geben die Ausführungen des Berufungsrichters auch zu rechtlichen Bedenken keinen Anlaß. Im übrigen hat er, soweit der Schlosser M. in Betracht kommt, dem Klagantrag zu I jede selbständige Bedeutung abgesprochen, da mit ihm nur die Feststellung eines einzelnen, für die Berechtigung oder Nichtberechtigung des Klagantrags zu II wesentlichen Entscheidungselements erstrebt werde. Auch das ist im Gegensatz zu der Ansicht der Revision nicht zu beanstanden. Denn der Antrag zu I hat in der Tat nur Sinn und Zweck in Verbindung mit dem Begehren auf Feststellung der Schadensersatzpflicht des beklagten Verbandes. Für sich allein würde er nur die Beantwortung einer Rechtsfrage, d. h. eine Feststellung verlangen, für die im Rahmen des § 256 ZPO. kein Raum ist. Einer Verletzung des § 139 ZPO. hat sich das Landesarbeitsgericht nicht schuldig gemacht. Es war vielmehr Sache des Klägers, seinem Antrag zu I einen des Rechtsschutzes würdigen Inhalt zu geben.

Den Klagantrag zu II, soweit er sich auf die Nichteinstellung des M. bezieht, hat das Berufungsgericht sachlich mit der Begründung abgewiesen, daß die Beklagte zwar objektiv, aber nicht schuldhaft gegen das Friedensabkommen verstoßen habe. Die Erwägungen, welche das Landesarbeitsgericht zu diesem Ergebnis geführt haben, sind jedoch in mehrfacher Hinsicht von Rechtsirrtum beeinflußt. Auszugehen ist — entgegen der Auffassung des Arbeitsgerichts — davon, daß die Wiedereinstellungsklausel nur schuldrechtliche Beziehungen zwischen den Tarifvertragsparteien, aber keinen unmittelbaren Anspruch des M. gegen die Firma B. & V. auf Wiedereinstellung begründet, auch deren an sich berechtigte Kündigung nicht etwa rückgängig gemacht hat. Nach der von dem Berufungsrichter nicht abgeänderten Feststellung des Arbeitsgerichts war M. wegen seiner Beteiligung am Streik fristlos entlassen worden. Sein Arbeitsvertrag hatte also zur Zeit des Inkrafttretens des Schiedsspruchs vom 21. Dezember 1928 bereits sein Ende erreicht. In einen erloschenen Arbeitsvertrag vermochte aber die Friedensklausel, auch wenn und soweit sie normativ wirken sollte und konnte, also auch das Maßregelungsverbot keinen Eingang mehr zu finden. Ebensowenig vermochte sie ihn, sei es mit oder ohne Rückwirkung, wieder aufleben zu lassen. In dieser Beziehung kann auf das Urteil des Reichsarbeitsgerichts vom 26. Januar 1928 (vgl. RAG. Bd. 3 S. 150 flg.) verwiesen werden. Dagegen hatten der Kläger und gemäß § 328 Abs. 1 BGB. auch M. (vgl. RGZ. Bd. 111 S. 107 und 178) einen vertraglichen Anspruch gegen die Beklagte, daß sie mit allen ihr zu Gebote stehenden Satzungsmitteln die Firma B. & V. zu bewegen suche, den tariflichen Abmachungen ihres Verbandes Folge zu leisten und den entlassenen M. weiter zu beschäftigen, vorausgesetzt, daß diese Weiterbeschäftigung ihr, was später zu erörtern sein wird, nach Treu und

Glauben zuzumuten war. Von dieser Einwirkungspflicht entband die Beklagte, wie das Berufungsgericht zutreffend annimmt, nicht etwa das zwischen der Firma B. & V. und ihrer Betriebsvertretung getroffene Abkommen, den M. nicht oder wenigstens vorläufig nicht wieder seine frühere Arbeit aufnehmen, sondern die Gerichte über die Recht- oder Unrechtmäßigeit seiner Nichtwiedereinstellung entscheiden zu lassen. Das folgt schon aus dem allgemeinen Rechtssatz, daß dritte Personen vertragliche Verpflichtungen der Vertragsteile im Verhältnis zueinander und im Verhältnis zu den von ihnen im Sinne des § 328 BGB. Begünstigten nicht abzuändern oder aufzuheben vermögen. Auf tariflichem Gebiete würde ein solcher Versuch auch dem § 78 Nr. 1 und 2 des BRG. widersprechen. Die Betriebsvertretung der Firma B. & V. und diese Firma selbst stehen aber den Tarifvertrags- und Prozeßparteien sowie dem M. rechtlich als Dritte gegenüber.

Abwegig ist es jedoch, wenn der Berufungsrichter das Nichteinschreiten des beklagten Verbandes gegen die Firma B. & V. deshalb für entschuldigt hält, weil das Arbeitsgericht dessen Verhalten gebilligt und dessen rechtsirrige Auffassung von dem Verhältnis einer Betriebsvereinbarung zu dem ihr übergeordneten Tarifvertrage geteilt habe. Wer eine ihm objektiv obliegende Vertragsverpflichtung, wenn auch in gutem Glauben an sein Weigerungsrecht, nicht erfüllt, handelt in der Regel auf eigene Gefahr, da er damit rechnen muß, daß die von der Gegenseite vertretene Rechtsansicht die richtige und ihr auf diese gestützte Erfüllungsverlangen berechtigt ist. Freilich kann ausnahmsweise auch ein Rechtsirrtum eine objektive Vertragsuntreue entschuldigen. Das aber nur dann, wenn der Irrtum nach der besonderen Lage des Falles auch bei verkehrsgebotener Sorgfalt und Umsicht zu der unrichtigen Rechtsauffassung gelangen konnte. Solche besonderen, die Beklagte entlastenden Umstände stehen ihr aber nicht zur Seite. Ihre tarifvertraglichen Pflichten waren klar und unzweideutig umschrieben, und ebenso offen lag es auch für Laien zutage, daß sie nicht zuungunsten ihrer Vertragsgegner durch Abreden am Vertrage nicht beteiligter Dritter beeinflußt werden konnten. Bei dieser Sachlage kann die zweifellos unrichtige Annahme der Beklagten, daß ihr passives Verhalten der Firma B. & V. gegenüber durch die oben erwähnte Betriebsvereinbarung gerechtfertigt werde, nicht, wie das Berufungsgericht meint, deshalb als im Sinne des Gesetzes entschuldigt gelten, weil das Arbeitsgericht in den gleichen Rechtsirrtum verfallen ist.

Der Rechtsfehler des Landesarbeitsgerichts vermag aber nicht ohne weiteres zu einer Verurteilung der Beklagten zu führen. Denn die

Beurteilung, die es ihrem Vorbringen zu c des Tatbestandes hat angedeihen lassen, beruht gleichfalls auf Rechtsirrtum. Die Klausel „Maßregelungen aus Anlaß des Streiks finden von keiner Seite statt" besagt ihrem klaren Wortlaut nach, daß die Teilnahme am Streik als solchem nicht zum Anlaß von Maßregelungen, also auch nicht zum Anlaß einer Wiedereinstellungsweigerung seitens der einzelnen Arbeitgeber genommen werden dürfe. Daß diese damit aber gehalten und gezwungen sein sollten, auch solche Arbeiter weiter zu beschäftigen, die über die Streikbeteiligung hinaus sich zu erheblichen Gewalttätigkeiten gegen Arbeitswillige, insbesondere noch im Betriebe befindliche Arbeitswillige, haben hinreißen lassen, ist dem Friedensabkommen nicht zu entnehmen. Eine solche Zumutung würde auch mit Treu und Glauben unvereinbar sein und brauchte deshalb von den Verbandsmitgliedern nicht befolgt zu werden. Die weite Auslegung, die das Berufungsgericht dem Maßregelungsverbot gegeben hat, verstößt somit gegen die §§ 133, 157 BGB. Der Berufungsrichter durfte daher das Vorbringen der Beklagten über die Beschimpfungen und Gewalttätigkeiten des M. nicht für unerheblich erachten. Ob sie unbedeutend und deshalb unbeachtlich oder so schwer sind, daß sie seine Arbeitgeberin berechtigten, ihn nach dem Friedensschluß dauernd von ihrem Betriebe fernzuhalten, kann selbstverständlich nur an der Hand tatrichterlicher Feststellungen über die ihm zur Last gelegten Ausschreitungen entschieden werden. Da solche Feststellungen fehlen, mußte der Rechtsstreit zu ihrer Nachholung an das Berufungsgericht zurückverwiesen werden.

RAG. 5, 139.

Zur Frage der Tragung des Betriebsrisikos.

Reichsarbeitsgericht. Urt. v. 8. Februar 1930.

I. Arbeitsgericht Halle. — II. Landesarbeitsgericht daselbst.

Der Kläger war seit dem 17. November 1928 bei der Beklagten als Kontrolleur gegen einen Wochenlohn von 45 RM tätig. In der Zeit vom 16. Februar bis zum 5. März 1929 mußte die Beklagte an insgesamt 13 Tagen ihren Betrieb wegen Koksmangels stillegen. In diesen Tagen war auch die Heizungsanlage des Betriebs, nach der Behauptung der Beklagten ganz, nach der des Klägers dagegen nur teilweise eingefroren. Am 18. Februar 1928 hatte die Beklagte fernmündlich bei dem Regierungspräsidenten in M. die Genehmigung zur Stillegung ihres Betriebs wegen Kohlenmangels nachgesucht, jedoch den Bescheid erhalten, daß es eines Stillegungsantrags nicht bedürfe, daß vielmehr nur das

Gewerbeaufsichtsamt zu benachrichtigen sei. Nachdem die Beklagte am gleichen Tage dem Gewerbeaufsichtsamt in H. schriftlich Anzeige von dem Koksmangel erstattet hatte, fand am 20. Februar 1929 bei ihr unter Vorsitz des Leiters des Gewerbeaufsichtsamts eine Sitzung statt, an welcher der Arbeiterratsvorsitzende und ein Gewerkschaftsvertreter teilnahmen. Es wurde dabei festgestellt, daß Koksvorräte zur Aufrechterhaltung des Betriebs nicht vorhanden waren. Die Beklagte bezog allmonatlich aus Westdeutschland einen Waggon Koks von 400 Ztr., mit welchen sie ihren Betrieb etwa 4 Wochen lang aufrechterhalten konnte. Die Bestellungen erfolgten jeweils etwa 8 bis 10 Tage vor Eingang des Koks. Am 2. Februar 1929 hatte die Beklagte einen Waggon Koks von 400 Ztr. erhalten. Mit diesem Koksvorrat würde sie unter normalen Verhältnissen bis in die erste oder zweite Woche des März gereicht haben. Die Beklagte bestellte aber mit Rücksicht auf das Anhalten der Kälte am 6. Februar und alsdann am 10. Februar 1929 je einen weiteren Waggon Koks. Die beiden Waggons trafen jedoch erst am 5. und 7. März 1929 ein. Der Kläger verlangt für die ausgefallenen 13 Arbeitstage Zahlung seines Lohns in Höhe von 97,50 RM, weil die Beklagte den Koksmangel ihm gegenüber zu vertreten habe, im übrigen aber auch verpflichtet und imstande gewesen sei, ihn als Wochenlöhner während des Stillstandes des Betriebs mit anderen Arbeiten weiterzubeschäftigen.

Das Arbeitsgericht gab der Klage statt. Das Landesarbeitsgericht wies sie ab. Die Revision des Klägers führte zur Wiederherstellung des arbeitsgerichtlichen Urteils.

Gründe:

Das Landesarbeitsgericht glaubt von den seitens des Reichsarbeitsgerichts in dem Urteil vom 20. Juni 1928 (RAG. Bd. 2 S 74 g.) aufgestellten und seitdem in zahlreichen Entscheidungen (vgl. z. B. Bd. 3 S. 86 flg. und Urteil vom 16. Januar 1929 RAG. 295/28) aufrechterhaltenen Richtlinien aus zur Klagabweisung gelangen zu müssen, weil der Kläger der Beklagten ein Verschulden nicht vorgeworfen habe, der Koksmangel vielmehr durch die sowohl hinsichtlich ihrer Stärke als auch hinsichtlich ihrer Dauer ganz ungewöhnliche, seit Jahrzehnten in Mitteldeutschland nicht beobachtete Kälte des Winters 1929, also durch höhere Gewalt, verursacht worden und auch durch — der Beklagten zumutbare — Vorkehrungen nicht zu beseitigen gewesen sei. Diese Erwägungen werden indessen der Sach- und Rechtslage und den in der oben angezogenen Entscheidung vom 20. Juni 1928 ausgesprochenen Grundsätzen nicht gerecht. Die Tragung des Betriebsrisikos hängt nicht davon, ob der Kläger — worauf der Berufungsrichter Wert legt — ein Verschulden der Beklagten behauptet, sondern lediglich davon ab, ob sie nach Lage des Falles die verkehrs- oder doch wenigstens betriebsgebotene Sorgfalt bei der Beschaffung der für ihr Unternehmen erforderlichen Kohlen beobachtet hat oder nicht. In dieser Beziehung steht nun fest, daß sie sich weder ihren Winterkoksbedarf im ganzen noch auch nur einen Reservevorrat für Notfälle angeschafft hat. Sie hat lediglich jeden Monat einen Waggon Koks bezogen, also hinsichtlich ihres Heizmaterials sozusagen von der Hand in den Mund gelebt. Mögen nun auch die Stärke und Dauer der Winterkälte des Jahres 1929 nicht voraussehbar gewesen sein, so mußte die Beklagte wie jeder Unternehmer, doch verständigerweise mit der Möglichkeit von Störungen der Kohlen- und Koksgewinnung und mit Beförderungsschwierigkeiten infolge großer und langer andauernder Kälte oder infolge anderer nicht gerade vorhersehbarer Ereignisse rechnen und auch für solche Fälle geeignete Vorkehrungen treffen. Gründe, aus denen das nicht geschehen ist und nicht geschehen konnte, aus denen z. B. die Schaffung eines für zwei oder drei Wochen reichenden Reservekokslagers von 400 bis 800 Ztr. unmöglich oder ihr nicht zuzumuten gewesen sei, hat die Beklagte nicht vorgebracht, sie sind auch dem festgestellten Sachverhalt nicht zu entnehmen. Ob im gegebenen Falle die Unterlassung sachgemäßer Vorsichtsmaßnahmen, welche vorbeugend eine plötzliche Störung der Kokslieferungen unschädlich zu machen geeignet waren, schon als Fahrlässigkeit im Sinne des § 276 BGB. anzusehen ist, kann dahingestellt bleiben, denn die Vertretungspflicht eines Unternehmers seinen Arbeitern gegenüber ist nicht an ein etwaiges Verschulden im Sinne des bürgerlichen Rechts gebunden, sondern umfaßt darüber hinaus, der Natur des Betriebs, den Aufgaben der Betriebsleitung und dem Rechtscharakter der Betriebsverbundenheit entsprechend, häufig auch andere nicht unter den zivilrechtlichen Schuldbegriff fallende Tatbestände. Jedem Unternehmer liegt die Pflicht ob, Betriebsstörungen und Arbeitsunterbrechungen, soweit sie nicht in seinen oder allgemeinen wirtschaftlichen Verhältnissen ihren Grund haben, durch sachgemäße Geschäftsführung und zweckentsprechende Einrichtungen möglichst hintan zu halten. Die Entscheidung allein auf die Frage abzustellen, ob gerade die Kältegrade des Winters 1929 vorhersehbar waren oder als höhere Gewalt zu bewerten seien, geht deshalb nicht an und verschiebt die Rechtslage zuungunsten des Klägers. Wesentlich ist allein, ob die Beklagte alles das, was verständigerweise von ihr als Betriebsleiterin zu verlangen war und nach Treu und

Glauben seitens der Arbeitnehmer in ihrem und im Betriebsinteresse verlangt werden konnte, getan hat, um innerhalb vernünftiger Grenzen einem durch außerordentliche Ereignisse plötzlich hervorgerufenen allgemeinen Kohlen- oder Koksmangel in seinem schädlichen Einfluß auf den Betrieb zu begegnen. Das ist zu verneinen. Ihre Versuche dazu haben erst Anfang Februar 1929, also viel zu spät, eingesetzt und können sie von den Folgen ihrer früheren Lässigkeit und von der Tragung des mit ihr verbundenen, die Lohnzahlungsverpflichtung umfassenden Betriebsrisikos nicht befreien. Den ihr durch den Stillstand der Maschinen und den Arbeitsausfall sonst noch entstehenden Schaden hat sie als Unternehmerin naturgemäß in jedem Falle selbst zu tragen. Von diesen Gesichtspunkten aus hat die Beklagte die Arbeitsunterbrechung und den Lohnausfall des Klägers diesem gegenüber zu vertreten. Es fragt sich nur, ob an dieser Rechtslage die Annahme des Berufungsgerichts etwas zu ändern vermag, daß der Bestand des Unternehmens gefährdet sei, wenn die Beklagte gezwungen würde, ihre sämtlichen hundert Arbeiter in gleicher Weise zu entlohnen, wie den Kläger. Das ist mit Rücksicht auf den Mangel an Voraussicht, den die Beklagte bewiesen und für den sie ihren Arbeitern gegenüber aufzukommen hat, zu verneinen. Nicht schlechte Vermögenslage an sich kann bei Betriebsstörungen den Unternehmer von der Tragung des Lohnrisikos befreien, sie kann es nur in Verbindung mit außergewöhnlichen, von außen her auf den Betrieb und seine Stillegung einwirkenden Ereignissen. Als ein solches ist unter den geschilderten Umständen die Winterkälte des Jahres 1929 nicht anzusehen. Dies Ergebnis stimmt auch mit dem einer von dem Reichsarbeitsgericht am 13. November 1929 (RAG. 342/29) bestätigen Entscheidung des Landesarbeitsgerichts Leipzig in einem Falle überein, in welchem der im Winter 1929 eingetretene Kohlenmangel gleichfalls zu einer Arbeitsunterbrechung geführt hatte. Jener Fall unterschied sich von dem vorliegenden allein dadurch, daß diese nur drei Tage dauerte und das Berufungsgericht ausdrücklich festgestellt hatte, die damalige Beklagte könne den Lohnausfall ohne Gefährdung ihres Unternehmens tragen. Dieser Unterschied berührt aber den Kern jener und der jetzigen Entscheidung nicht. Er lag und liegt in beiden Fällen — wenigstens soweit der zweite Teil der Urteilsgründe vom 13. November 1929 in Betracht kommt — in einer unsachgemäßen Führung des Betriebes und in einer unzureichenden Voraussicht und Befriedigung seiner Bedürfnisse. Für beides müssen beide Unternehmer ihren Arbeitern gegenüber einstehen. Würden, was der Berufungsrichter als möglich unterstellt, jetzt nach Jahresfrist noch andere Arbeiter der Beklagten mit Lohnklagen gegen sie vorgehen, so wäre zu erwägen, ob ihnen unter den gegebenen Umständen nicht mit Erfolg der Einwand entgegengesetzt werden könnte, daß sie gegen die Grundsätze von Treu und Glauben verstoßen und daß die Beklagte nach allgemeiner Verkehrsanschauung das bisherige Verhalten ihrer damaligen Arbeiter als Verzicht auf jegliche Lohnforderung während der Arbeitspause hätte auffassen dürfen und müssen. Der Lohnanspruch des jetzigen Klägers ist jedenfalls begründet. . . .

RAG. 5, 151.

Handlungsagent oder Handlungsgehilfe? Wie weit läßt sich für die Abgrenzung das Merkmal wirtschaftlicher Abhängigkeit des Vertreters vom Geschäftsherrn verwerten?

HGB. §§ 59, 84.

Reichsarbeitsgericht. Urt. v. 15. Februar 1930.

I. Arbeitsgericht Berlin. — II. Landesarbeitsgericht daselbst.

Auf Grund eines „Agentur"-Vertrags war der Kläger für die Beklagte vom 14. Januar 1929 an als Vertreter bei dem Vertrieb elektrischer Waschmaschinen tätig, bei einwöchiger Kündigung und gegen eine Provision von 45 bzw. 55 RM für jede verkaufte Maschine. Am 16. März 1929 hat der Kläger das Verhältnis fristlos gekündigt. Kläger behauptet, daß er in Wahrheit Handlungsgehilfe gewesen sei und daß sein Dienstverhältnis unter den für allgemeinverbindlich erklärten Tarifvertrag für die Berliner Metallindustrie vom 28. Oktober 1928 falle; sein Einkommen sei hinter dem tarifmäßig (nach K II des TV.) zustehenden Gehalt von 211 RM monatlich zurückgeblieben; zu seiner fristlosen Kündigung habe das Verhalten der Beklagten ihm Anlaß gegeben; er habe statt der einwöchigen die Kündigungsfrist von einem Monat auf Monatsende zu beanspruchen. Mit der Klage fordert er den Unterschied zwischen seinem erzielten Verdienst und dem Tarifgehalt für die Zeit vom 14. Januar bis 16. März und für März und April das Tarifgehalt, zusammen 550 RM. Das Arbeitsgericht hat nach Beweisaufnahme zuerst den Klaganspruch dem Grunde nach für gerechtfertigt erklärt und durch Schlußurteil nach den Anträgen des Klägers erkannt. Das Landesarbeitsgericht hat die Berufung der Beklagten zurückgewiesen und die Revision zugelassen. Die Revision hatte teilweise Erfolg.

Gründe:

Der Berufungsrichter hat das Vertragsverhältnis der Parteien als Handlungsgehilfendienstverhältnis beurteilt. Darin kann ihm vom Rechtsstandpunkt aus nicht entgegengetreten werden. Daß es auf die Bezeichnung nicht ankommt, die die Parteien ihrem Vertrag gegeben haben, ist in der Rechtsprechung des Reichsarbeitsgerichts anerkannt, RAG. Bd. 1 S. 252. Wie weiter aus der Rechtsprechung erhellt, ist, so scharf auch die begriffliche Abgrenzung zwischen dem Handlungsagenten, § 84 HGB., und dem Handlungsgehilfen, § 59 HGB., sein mag, doch in der Rechtsanwendung häufig die Grenzlinie schwer zu ziehen. In Zweifelsfällen dieser Art hat der Richter die sämtlichen für die Abgrenzung ins Gewicht fallenden Umstände gegeneinander abzuwägen; soweit Zweifel übrig bleiben, ist als entscheidend anzusehen das Ausmaß der persönlichen Selbständigkeit, das der Vertrag dem Vertreter beläßt. Die Revision wendet sich dagegen, daß die Rechtsprechung gelegentlich auch das Merkmal einer wirtschaftlichen Abhängigkeit des Vertreters vom Geschäftsherrn für die Feststellung der Handlungsgehilfeneigenschaft verwertet. Der Revision ist zuzugeben, daß auch Personen, die unzweifelhaft wirkliche Agenten, selbständige Kaufleute mit vielleicht ansehnlichem eigenem Geschäftsbetrieb sind, in wirtschaftlicher Abhängigkeit von den Handelshäusern, die sie vertreten, stehen können. Das Merkmal wirtschaftlicher Abhängigkeit wird daher nur mit Vorsicht heranzuziehen sein und nur dann Bedeutung beanspruchen können, wenn der Vertreter zu den wirtschaftlichen schwachen Personen gehört, bei denen sich infolge ihrer wirtschaftlichen Schwäche auch die Abhängigkeit in persönlicher Hinsicht schärfer ausprägt. Ersichtlich gehört der Kläger zu diesen wirtschaftlich schwachen Personen, so daß jedenfalls für den gegenwärtigen Fall das Bedenken der Revision keine Beachtung beanspruchen kann.

Insofern der Richter, wie ausgeführt, vor die Aufgabe gestellt ist, die verschiedenen für die Entscheidung erheblichen Umstände gegeneinander abzuwägen, liegt die Entscheidung in hohem Grade auf dem Gebiet der tatrichterlichen Würdigung, und es ist dabei insbesondere nicht ganz zu vermeiden, daß letzten Endes das richterliche Ermessen eine gewisse Rolle spielt (RAG. 339/29 vom 4. Dezember 1929). Von diesem Standpunkt aus bestehen gegen die Entscheidung des Berufungsrichters keine durchgreifenden Bedenken. Zutreffend ist der Berufungsrichter davon ausgegangen, daß es auf die größere oder geringere Selbständigkeit des Vertreters, sowie darauf ankommt, ob der Vertreter in den Betrieb des Geschäftsherrn ein- und untergeordnet ist. Das hat der Berufungsrichter hier bejaht. Er verweist auf die Pflicht des Klägers, regelmäßig täglich zu einer bestimmten Stunde zu erscheinen und dabei Weisungen entgegenzunehmen. In dem Urteil RAG. Bd. 1 S. 252 hat das Reichsarbeitsgericht gerade diesen Umstand für nicht ausschlaggebend erklärt, jedoch unter der ausdrücklichen Feststellung, daß der Vertreter für den Rest des Tages in der Einteilung seiner Zeit frei gewesen ist. Hier kam aber zu dem Erscheinungszwang, der zum mindesten in der praktischen Handhabung der Geschäfte bestand, noch hinzu, daß der Kläger im Laufe des Tages sich zu bestimmten Stunden bei den Kunden einzustellen hatte. Mochte auch die Bestimmung der Stunde im einzelnen Fall von dem Kunden ausgehen, so war es doch die Beklagte, die dem Kläger die Stunde angab und ihn anwies, die Stunden einzuhalten. Hätte der Kläger sich beigehen lassen, wiederholt die ihm aufgegebenen Stunden nicht einzuhalten, so hätte er nicht bloß sich selbst das abzuschließende Geschäft verscherzt, sondern er wäre auch scharfer Mißbilligung seitens der Beklagten begegnet. In den Kreis der ihm aufgetragenen Tätigkeit fiel endlich nicht bloß die Aufsuchung und Bearbeitung der Kunden, was, einschließlich der sog. Nachfaßarbeiten, noch als zur Tätigkeit des Vermittelungsagenten gehörig angesehen werden kann, sondern auch die sog. Lehrvorführungen an Personen, die bereits eine Maschine erworben hatten, aber bei deren Benützung auf Schwierigkeiten gestoßen waren und denen nun erneut Unterweisung im Gebrauch und der Behandlung der Maschine gegeben werden mußte; letztere Tätigkeit ist dem Agentenberuf überhaupt wesensfremd. Auch die notwendige Zusammenarbeit mit den Werbedamen — mag sie auch für sich nicht vollbeweisend sein — bestärkt doch den Eindruck, daß der Kläger in hohem Maße in den Betrieb der Beklagten eingegliedert war. Nach den Feststellungen des Berufungsrichters hat die dem Kläger obliegende Tätigkeit im wesentlichen den Arbeitstag ausgefüllt und es insbesondere dem Kläger unmöglich gemacht, neben der Tätigkeit für die Beklagte noch eine andere geschäftliche Tätigkeit zu entfalten. Wenn im Hinblick auf alle diese Umstände der Berufungsrichter den Kläger als Handlungsgehilfen, nicht als Agenten angesehen hat, so kann das nicht als rechtsirrtümlich bezeichnet werden. Dies um so weniger, als die Beklagte selbst bis Ende 1928 die Verträge mit ihren Vertretern ausdrücklich als Handlungsgehilfendienstverträge bezeichnet und abgeschlossen hatte, eine Übung, von der sie erst abging, nachdem der Tarifvertrag für die Metallindustrie Berlins im Oktober 1928 abgeschlossen und bald darauf für allgemein verbindlich erklärt worden war.

Die Revision legt besonderen Nachdruck darauf, daß für Unternehmungen von der Art der Beklagten die Einstellung von Vertretern in der Rechtsform des Handlungsgehilfenvertrags äußerst nachteilig, und nur die Rechtsform des Agentenverhältnisses sachgemäß und wirtschaftlich tragbar sei. Das Reichsarbeitsgericht verkennt nicht, daß diese Bedenken der Revision in weitem Umfang zutreffen mögen. Aber Erwägungen dieser Art richten sich in Wahrheit gegen die Unabdingbarkeitswirkung des Tarifvertrags. Für die Frage, ob ein bestehendes Vertreterverhältnis im einzelnen Fall unter § 59 oder unter § 84 HGB. fällt, ist damit nichts gewonnen, daß gesagt wird, die Anwendung des § 59 HGB. sei unzweckmäßig. Es schlägt daher weder dieses Bedenken, noch der damit im Zusammenhang stehende Hinweis auf § 242 HGB. durch; ist Kläger als Handlungsgehilfe anzusehen, so untersteht das Dienstverhältnis dem Tarifvertrag und Kläger handelt nicht arglistig, wenn er seine gesetzlich unverzichtbaren Rechte aus dem Tarifvertrag geltend macht. Der Beklagten und den in ähnlicher Lage sich befindlichen wird in der Tat nichts anderes übrig bleiben, als auf eine Änderung des bestehenden Tarifvertrags oder auf den Abschluß eines neuen, ihren besonderen Bedürfnissen Rechnung tragenden Tarifvertrages Bedacht zu nehmen.

Ein Rechtsirrtum ist, entgegen den Ausführungen der Revision, auch nicht darin zu finden, daß der Berufungsrichter das Vertagsverhältnis dem Tarifvertrage für die in der Berliner Metallindustrie beschäftigten Angestellten unterstellt hat. Der Tarifvertrag gilt für die Betriebe der Metallindustrie — wozu das Hauptwerk der Beklagten in O. unstreitig gehört — und die mit ihm zusammenhängenden, im örtlichen Geltungsbereich des Tarifvertrags (Groß-Berlin) gelegenen Betriebe; er gilt ferner nicht nur für technische, sondern auch für kaufmännische Angestellte, unter welch letzteren die „Reisenden, Vertreter, Akquisiteure und Verkäufer, die auf Grund bestimmter, eindeutiger Angaben und gegebener Unterlagen ihre Tätigkeit auszuüben haben", besonders genannt sind. Der Kläger gehört zu den Personen der letzteren Art. Er untersteht daher dem Tarifvertrag. Die räumliche Trennung zwischen der Fabrik und der Verkaufszentrale in Berlin-Mitte ist bedeutungslos; die buchmäßige Behandlung — insofern die Fabrik mit den gelieferten Maschinen die Verkaufszentrale belastet — ist es nicht minder. Andere als diese beiden Umstände hat die Revision zur Bekämpfung der Ansicht des Berufungsrichters nicht herangezogen.

Daß der Kläger die zur Anwendung des Tarifvertrages erforderliche kaufmännische Ausbildung besessen hat, stellt der Berufungsrichter tatrichterlich fest.

Nach alledem ist der Klaganspruch auf Bezahlung nach Maßgabe des Tarifvertrages für die Metallindustrie für die Dienstzeit des Klägers begründet.

Am 16. März hat der Kläger seinerseits das Dienstverhältnis fristlos gekündigt. Gleichwohl fordert er noch Gehalt für die Zeit vom 16. März bis Ende April. Der Berufungsrichter hat dem Kläger diese Forderung zugesprochen. Dieser Teil der Entscheidung ist von Rechtsirrtum beeinflußt. Nach den Feststellungen des Berufungsrichters hatte der Kläger damals Geld von der Beklagten gewünscht, erst einen Provisionsvorschuß von 30 RM, hernach „eine Geldsumme, um sie zum Leben zu gebrauchen, ohne Hervorhebung des Rechtsgrundes". Als die Beklagte dem nicht willfahrte, erklärte Kläger die fristlose Kündigung. Nun hatte der Kläger, wie jetzt nach durchgeführtem Rechtsstreit feststeht, einen Rechtsanspruch auf Zahlung des Unterschiedsbetrags zwischen den empfangenen Zahlungen und dem Tarifgehalt. Aber diesen Anspruch hatte Kläger noch nicht erhoben; er hatte sich auf die Anfrage der Beklagten, ob er als Handlungsagent weiter tätig werden oder Tarifangestellter sein wolle, noch nicht erklärt. Auf die damals erbetene Zahlung (Provisionsvorschuß oder Lebensunterhalt) hatte er kein vertragsmäßiges Recht. Bei dieser Sachlage kann man füglich bezweifeln, ob Kläger auch nur von seinem eigenen Standpunkt aus ein Recht zur fristlosen Kündigung hatte, d. h. ob es ihm wirklich nicht zugemutet werden konnte, das Dienstverhältnis wenigstens bis zum Ende der rechtmäßigen Kündigungsfrist auszuhalten. Auf keinen Fall kann man in dem Verhalten der Beklagten, so wie sie im damaligen Zeitpunkt die Sachlage auffassen durfte und mußte, eine schuldhafte Vertragsverletzung finden, die allein den Kläger in den Stand gesetzt hätte, über die von ihm erklärte fristlose Kündigung hinaus noch Schadensersatz von der Beklagten zu verlangen (RGZ. Bd. 112 S. 34, WarnE. 1914 Nr. 80). Unterhalt schuldete die Beklagte dem Kläger nicht. Aus diesem Grunde war der Klaganspruch, soweit er auf Gehaltszahlung für die Zeit vom 16. März bis zum 30. April 1929 gerichtet war, abzuweisen. Die Sache war in diesem Umfang an den Berufungsrichter zurückzuverweisen, der nunmehr die Beträge zu errechnen haben wird, mit denen der Kläger unterliegt. Im übrigen, d. h. soweit der Kläger Ansprüche für die Zeit bis zum 16. März 1929 geltend macht, war die Revision der Beklagten als unbegründet zurückzuweisen.

RAG. 5, 157.

Ist der im Dienstverhältnis erwachsene Anspruch auf Urlaubsvergütung vererblich, wenn in währendem Dienstverhältnis der Arbeitnehmer stirbt?

BGB. §§ 613, 1922.

Reichsarbeitsgericht. Urt. v. 15. Februar 1930.

I. Arbeitsgericht Zwickau. — II. Landesarbeitsgericht Chemnitz.

Die Klägerin ist Witwe und Alleinerbin eines am 2. Mai 1929 verstorbenen Bergarbeiters, der seit 1907 bis zu seinem Tode im Dienste des Beklagten gestanden hat. Die Parteien sind darüber einig, daß der Erblasser zur Zeit seines Todes nach dem zwischen ihm und dem Beklagten geltenden Tarifvertrag für die Arbeiter im sächsischen Steinkohlenbergbau vom 1. August 1921 Anspruch auf 12 Tage Urlaub hatte.

Die Klägerin verlangt den auf diese Zahl von Arbeitstagen entfallenden Entgelt mit 91,20 RM. Das Arbeitsgericht hat nach ihrem Antrag erkannt. Auf die Berufung des Beklagten hat das Landesarbeitsgericht in Chemnitz die Klage abgewiesen. Die Revision der Klägerin blieb ohne Erfolg.

Gründe:

Zutreffend bekämpft die Revision den von dem Berufungsrichter gegen die Klagebegründung ins Feld geführten Gesichtspunkt, daß nach § 613 BGB. mit dem Tode des Erblassers sein Dienstverhältnis erloschen war. Der Bestand der zur Zeit des Todes erwachsenen Ansprüche kann durch die Dienstbeendigung als solche nicht berührt werden. Der Berufungsrichter hat aber zutreffend und in Übereinstimmung mit dem zu dem streitigen Tarifvertrag ergangenen Urteil des Reichsarbeitsgerichts vom 12. Januar 1929 (RAG. Bd. 3 S. 90) seiner Entscheidung zugrunde gelegt, daß dem Verstorbenen aus seiner vergangenen Arbeitsleistung für die Beklagte schon vor dem 2. Mai 1929 ein Anspruch auf Gewährung von 12 Tagen Urlaub entstanden war. Gegenüber dem anderen Entscheidungsgrund des Landesarbeitsgerichts, der Urlaubsvergütungsanspruch sei wie der Urlaubsanspruch überhaupt höchstpersönlich und unvererblich, beruft die Revision sich auf den in der Rechtsprechung des Reichsarbeitsgerichts feststehenden und auch für die hier geltende Tarifvereinbarung in dem Urteil RAG. Bd. 3 S. 90 ausgesprochenen Satz, daß die Ansprüche auf freie Zeit und auf Bezahlung der Arbeitstage als zwei selbständige Ansprüche nebeneinander stehen. Gerade in dem Urteil RAG. Bd. 3 S. 90 heißt es, daß bis auf den einen in Nr. 8 der Reichsvereinbarung gedachten Fall des Verzichts der einmal erworbene Urlaubsvergütungsanspruch dem Arbeitnehmer auch dann verbleibt, wenn die Freizeit nicht gewährt werden kann. Diese Rechtsprechung setzt aber überall, insbesondere auch in dem Urteil RAG. Bd. 3 S. 90 voraus, daß der Arbeitnehmer selbst der Fordernde ist. Mit dem hier vorliegenden Fall der Geltendmachung des Anspruchs durch den Erben setzt sich das Urteil des Reichsarbeitsgerichts vom 18. Januar 1930 in RAG. 369/29 (RAG. Bd. 5 S. 115) auseinander, in dem wie hier der Erblasser den Anspruch zur Zeit des Todes erworben hatte, und das Dienstverhältnis erst durch seinen Tod erlosch. Für jenen Fall hat das Reichsarbeitsgericht die Vererblichkeit verneint, weil in währendem Dienstverhältnis der Anspruch auf Urlaubsvergütung nach den ihm mit dem Freizeitanspruch gemeinsamen Ziel nur in der Person des Berechtigten erfüllt werden könne. Die Revision dagegen möchte den Anspruch auf Urlaubsvergütung, gleichviel ob das Dienstverhältnis noch besteht (und Urlaub noch gewährt werden könnte), als einen reinen Vermögensanspruch ansehen, der ebensogut abgetreten wie vererbt werden kann. Diese Auffassung wird, zum mindesten für den Bereich der zur Auslegung stehenden Tarifvereinbarung, den Zwecken nicht gerecht, denen die Urlaubsvergütung dienen soll. Für den Sinn der Urlaubseinrichtung als einer Maßnahme zur Erhaltung der Gesundheit und Arbeitskraft ist der Anspruch auf Freizeit das entscheidende Teilrecht. Nur würde der Arbeitgeber bei der Gewährung von Freizeit allein unter Anwendung des Satzes: „nur geleistete Arbeit wird bezahlt“ die Augen vor den Lebensverhältnissen verschließen, die dem Arbeiter ein Feiern ohne Arbeitseinkommen nicht erlauben. Wenn eine Tarifvereinbarung Wert darauf legt, daß das Recht auf Freizeit seinem Gedanken gemäß ausgenutzt wird, so kann sie nicht gestatten wollen, daß über den Anspruch auf Urlaubsvergütung wie über einen sonstigen Lohnanspruch verfügt wird. Die auszulegende Reichsvereinbarung bestimmt in Nr. 7, daß während des Urlaubs keine andere Lohnarbeit ausgeführt werden darf, und daß bei Zuwiderhandlung für den Urlaub ein Lohn nicht gezahlt wird. . . . Sie läßt damit klar erkennen, daß die Urlaubsrechte fest an den hier wie sonst bestimmenden Urlaubszweck geknüpft sind. Damit ist eine Übertragung des Urlaubsvergütungsanspruchs bei währendem Dienstverhältnis ausgeschlossen. Diese Unübertragbarkeit des Vergütungsanspruchs infolge seiner Zweckverbindung hat nun allerdings noch nicht ohne weiteres seine Unvererblichkeit zur Folge. Eben durch den Tod löst sich die Bindung. Aber gleichzeitig fällt auch der Arbeiter fort, um dessen gesundheitliche Förderung es sich handelte. Es ist allerdings nicht außer acht zu lassen, daß keine freigebige Vergünstigung, sondern eine Gestaltung der vertraglichen Gegenleistung der Arbeit in Frage steht. Es könnte deshalb auch im Sinn einer Tarifvereinbarung liegen, daß im Todesfall der dem Arbeiter erwachsene Urlaubsvergütungsanspruch auf die Erben übergehen soll. Dem Regelfall wird eine solche Auffassung nicht entsprechen, weil der erörterte besondere Wohlfahrtszweck den Anspruch kennzeichnet. Die Bestimmungen des vorliegenden Tarifvertrags und der Reichsurlaubsvereinbarung geben keinen Anhalt dafür, daß die Tarifparteien den Vergütungsanspruch von jener Bindung befreien wollten.

RAG. 5, 173.

Zur „Beteiligung" in Wahlstreitigkeiten. Das Betriebswahlrecht ist nicht notwendig an eine volle Tagesbeschäftigung im Betrieb gebunden. Die Betriebszugehörigkeit der Reinemachefrauen.

Arbeitsgerichtsgesetz § 83. Betriebsrätegesetz §§ 1, 11, 20.

Reichsarbeitsgericht. Beschl. v. 1. März 1930.

I. Arbeitsgericht Berlin.

Gründe:

Im Betrieb der Antragstellerin hat am 8. November 1929 eine Betriebsratswahl stattgefunden, deren Ergebnis am 13. November bekanntgemacht worden ist. Am 26. November 1929 hat die Arbeitgeberin die Wahl angefochten. Sie hält die Wahl für ungesetzlich, weil daran unter den 3424 Wählern auch 206 Reinemachefrauen teilgenommen haben, deren durchschnittliche Tagesarbeitszeit $3^1/_4$ Stunden beträgt. Das Arbeitsgericht hat den Betriebsrat zugezogen und hat den Antrag abgewiesen. Dagegen richtet sich die rechtzeitige Beschwerde der Antragstellerin.

Die Antragstellerin nimmt zutreffend und in Übereinstimmung mit der ständigen Rechtsprechung des Reichsarbeitsgerichts an, daß die Anfechtung einer Betriebsvertretungswahl sich gegen die gewählte Betriebsvertretung zu richten hat, deren Amtsstellung und Rechte betroffen werden. Das Interesse der Arbeitnehmerschaft ist in dem Wahlanfechtungsverfahren in der Regel kein einheitliches Gesamtinteresse. Daß eine Betriebsvertretung als solche im Beschlußverfahren beteiligt sein kann, ergibt § 83 Abs. 1 ArbGG. Wenn das Arbeitsgericht die „Arbeitnehmerschaft vertreten durch den Betriebsrat" als Antragsgegner bezeichnet, so ist das nach dem Vorstehenden zwar unzutreffend, aber sachlich ohne Belang, da der Betriebsrat tatsächlich zugezogen ist. Es liegt nur ein schlechthin zu berichtigender Mangel in der Parteibezeichnung vor.

In der Sache hat das Reichsarbeitsgericht sich mit der Frage, inwieweit die Arbeitnehmereigenschaft im Sinne der BRG. auch durch kurzzeitige tägliche Arbeitsleistung im Betriebe erworben sein kann, in dem Beschluß vom 13. Juni 1928 (RAG. Bd. 2 S. 56) befaßt. In jenem Falle handelte es sich um die Betriebsratspflichtigkeit des Betriebs, und es war gemäß § 1 BRG. zu untersuchen, wieviel Arbeitnehmer „in der Regel" dort beschäftigt sind. In dieser Prüfung hat der Beschluß ausgesprochen: Es komme nicht darauf an, ob der einzelne Arbeitnehmer täglich während der ganzen Arbeitszeit („Urlaubszeit" ist ein Fehler im Abdruck) beschäftigt wird, sofern nur seine Beschäftigung im Betriebe eine regelmäßige und dauernde ist. Unter den Arbeitnehmern, um deren Zählung für die Anforderung des § 1 BRG. es sich handelte, war eine Putzfrau. Auch in bezug auf sie wird die vorstehende Erwägung für beachtlich erklärt. Die hier zu entscheidende Frage, ob die aktive Wahlberechtigung eines Arbeitnehmers im Betrieb, und insbesondere der in Frage stehenden Arbeitnehmergruppe, von einem bestimmten Mindestmaß der täglichen Arbeitsleistung im Betrieb abhängig ist, wird mit der in dem Beschluß vom 13. Juni 1928 beantworteten, welche Arbeitnehmer nach dem Maß ihrer Betriebstätigkeit im Sinne des § 1 BRG. zählen, im wesentlichen zusammenfallen, da es sich hier wie dort um eine Abgrenzung der allgemeinen Arbeitnehmereigenschaft im Sinne dieses Gesetzes handelt. Mit einem Teile des Schrifttums hat die Rechtsprechung des Vorläufigen Reichswirtschaftsrats zum Betriebsrätegesetz (Karger, die Rechtsprechung des vorl. RWR. „Der Arbeitgeber" 1922 S. 220 flg.) sich in mehreren Entscheidungen (Nr. 17a, 50, 166 vom 14. August 1920, 1. März 1921 und 4. Juli 1921) gerade hinsichtlich des Wahlrechts der Reinemachefrauen auf den Standpunkt gestellt, sowohl zeitlich wie der Leistung nach müsse es sich darum handeln, daß der Arbeitende durch die Arbeit erheblich in Anspruch genommen sei. Dafür sei ein Mindestmaß der täglichen Arbeitszeit zu fordern, das der VRWR. mit 50 v. H. der betriebsüblichen Arbeitszeit bzw. mit 4 Stunden täglich angenommen hat. Der Beschluß Nr. 166 macht dazu den weiteren Vorbehalt, daß der Arbeitnehmer nicht an anderer Stelle noch länger beschäftigt sein dürfe. Den gleichen Standpunkt hat der Reichsarbeitsminister in dem Bescheid vom 21. Februar 1920 I A. 520 (vgl. Feig-Sitzler BRG., § 11 Anm. 1) eingenommen.

Der angefochtene Beschluß vermißt nicht mit Unrecht die positive gesetzliche Grundlage einer solchen Scheidung. Insbesondere ist nicht einzusehen, inwiefern die Begriffsbestimmung für Arbeiter in § 11 BRG.: „Die im Dienst anderer gegen Entgelt oder als Lehrlinge beschäftigten Personen (mit Ausschluß der Angestellten)" für kurz arbeitende nicht zutreffen sollte. Eine andere Frage ist es, ob der Grundgedanke des Gsetzes nach § 1 BRG., durch die Betriebsvertretungen „die gemeinsam wirtschaftlichen Interessen der Arbeitnehmer [gegenüber dem Arbeitgeber] wahrzunehmen und den „Arbeitgeber" in der Erfüllung der Betriebszwecke zu unterstützen" eine Einschränkung des Arbeitnehmerbegriffs für die Betriebszugehörigkeit nahelegt. Insofern ließe sich daran denken, daß in die Betriebsverfassung diejenigen nicht gehören, die durch zeitlich und sachlich weniger bedeutende Arbeit mit der sonstigen Belegschaft und mit dem Betriebszweck nur loser verbunden sind. Der Kreis der im Sinne des Gesetzes dem Betrieb Angehörenden ist aber durch eine Reihe von Bestimmungen positiv umgrenzt, die gegen die maßgebende Verfolgung eines solchen Gedankengangs sprechen. Verhältnismäßig geringe Anforderungen an Zusammenhang mit dem Betrieb ergeben sich aus den Vorschriften der §§ 3 und 11 Abs. 2 über die Betriebsvertretungen der Hausgewerbetreibenden und daraus, daß nach dem § 18 Abs. 2 und 3 auch für die Vertretung vorübergehend Beschäftigter Sorge getragen ist. Diese Ordnungen in Zusammenhang mit der Betonung des Entgelts in der Begriffsbestimmung des § 11 und den Ausnahmen in § 10 Abs. 2 zeigen, daß im wesentlichen soziale Erwägungen, solche des Arbeiterschutzes, dem das Gesetz in bedeutendem Maße dient, die Ziehung des Kreises der Betriebsangehörigen bestimmt haben und bestimmen sollen. Ganz außer Acht zu lassen ist das Maß der Arbeitsverbindung der Arbeitenden mit dem Betrieb mit Rücksicht auf die vorerörterten Grundgedanken der Betriebsverfassung indes nicht. Mit dem Beschluß des RAG. vom 13. Juni 1928 ist in dieser Richtung jedenfalls zu fordern, daß kurzzeitig beschäftigte Arbeitnehmer wie die Scheuerfrauen, um die es sich handelt, wenigstens durch regelmäßige und weder für sie noch für den Betrieb geringfügige Arbeit mit dem Betrieb zusammenhängen.

Das Arbeitsgericht hat festgestellt, daß die 206 Reinemachefrauen, die an der Wahl teilgenommen haben, 3¼ Stunden regelmäßige tägliche Erwerbsarbeit im Betrieb der Antragstellerin leisten, und daß diese Tätigkeit das Berufsleben der Arbeiterinnen voll ausfüllt. Angesichts dieser letzten Feststellung ist es nicht erforderlich, zu der Frage Stellung zu nehmen, ob eine doppelte Betriebszugehörigkeit im Sinne der aus dem BRG. sich ergebenden Rechte, insbesondere das in § 20 Abs. 3 BRG. jedenfalls nicht ausgeschlossene aktive Wahlrecht in mehreren Betrieben anzuerkennen ist.

Das Arbeitsgericht hat danach ohne Rechtsirrtum einen hinreichenden Zusammenhang mit dem Betrieb angenommen und zutreffend darauf Wert gelegt, daß es den Absichten des Gesetzes nicht entsprechen würde, Arbeiterinnen dieser sozialen Stellung von dem Schutz des Gesetzes gänzlich auszuschließen.

RAG. 5, 193.+

1. . . .

2. . . .

3. Unter welchen Umständen kann der Arbeitgeber gegenüber dem unpfändbaren Anspruch des Arbeitnehmers auf Naturalbezüge ein Zurückbehaltungsrecht geltend machen?

ArbGG. § 61 Abs. 3, § 64 Abs. 1, § 72 Abs. 1 Satz 1. BGB. §§ 273, 394.

Reichsarbeitsgericht. Urt. v. 11. Mai 1929.

I. Arbeitsgericht Allenstein. — II. Landesarbeitsgericht Königsberg

. . .

Gründe:

. . .

Sind danach im Gegensatz zum Berufungsgericht beide Gegenansprüche der Beklagten als begründet anzusehen, so kommt es nur darauf an, ob gegenüber unpfändbaren Lohnansprüchen ein Zurückbehaltungsrecht ausgeübt werden kann. Denn die dem Kläger unstreitig noch geschuldeten Naturalbezüge gehören, wie ebenfalls unbestritten, zu seinem unpfändbaren Lohne. Mit dem Zurückbehaltungsrecht gegenüber unpfändbaren Lohnansprüchen beschäftigt sich das Reichsgericht in der Entscheidung RGZ. Bd. 85 S. 108. Der dort behandelte Fall lag aber anders als der gegenwärtige. Denn damals standen sich zwei Geldforderungen, also zwei aufrechenbare Forderungen, gegenüber, während hier die eine Forderung auf Naturalleistungen, die andere auf Geld geht, eine Aufrechnung mithin unmöglich ist. Die Erwägungen des genannten Urteils über die Gleichartigkeit von Aufrechnung und Zurückbehaltung, wenn letztere mit einer Geldforderung ausgeübt wird, treffen also den jetzt zu entscheidenden Fall nicht. Indessen hat das Reichsgericht auch Wert gelegt auf den mit dem Pfändungsverbot des Lohnbeschlagnahmegesetzes vom 21. Juni 1896 verfolgten Zweck, der dahin geht, die zum Lebensunterhalt notwendige Vergütung dem Arbeitnehmer völlig unverkürzt zukommen zu lassen. Die zur Erreichung dieses Zweckes erforderliche rechtzeitige und wirkliche Lohnzahlung wird ebenso wie durch Aufrechnung auch durch Ausübung eines Zurückbehaltungsrechts vereitelt. Seine Geltendmachung muß daher gegenüber unpfändbarem Lohn als unstatthaft bezeichnet werden.

Dieser Grundsatz wird indessen wieder eingeschränkt durch den das ganze bürgerliche Recht beherrschenden Grundsatz von Treu und Glauben. Ebenso wie ihm das Aufrechnungsverbot des § 394 BGB. weichen muß (vgl. a.a.O. 117 flg.), so kann er auch zur Gestattung der Zurückbehaltung von unpfändbaren Lohnteilen führen. Von diesem Gesichtspunkt aus muß man dem Arbeitgeber ein Zurückbehaltungsrecht an Lohnforderungen einräumen, wenn ihm Gegenansprüche auf Erstattung zuviel gezahlten Lohnes gegen den Arbeitnehmer zustehen. Wollte man ihm dieses verweigern, so würde der Arbeitnehmer außer dem ihm wirklich geschuldeten Lohn auch noch unberechtigt erhobenen Lohn behalten dürfen. Eine solche weitgehende Einschränkung des an sich durch § 273 BGB. zugelassenen Zurückbehaltungsrechts wird durch den dargelegten Grundgedanken des Lohnbeschlagnahmegesetzes nicht gerechtfertigt. Durch das Gesetz soll dem Arbeitnehmer sein voller Lohn, aber auch nicht mehr gesichert werden. Es würde gegen Treu und Glauben verstoßen, wenn er den ihm zustehenden Lohn forderte, ohne daß er den Lohn zurückzahlen will, den er früher zu Unrecht empfangen hat, wenn er also das Lohnbeschlagnahmegesetz ausnutzte, um sich nicht bloß den verdienten, sondern auch den unverdient empfangenen Lohn zu sichern.

So liegt die Sache aber hier. Beide Gegenansprüche der Beklagten stützen sich darauf, daß der Kläger Lohn erhalten hat, der ihm nicht zusteht. Hielt er sich vereinbarungsgemäß Gänse und Enten, so minderte sich sein Barlohn um den dafür tarifmäßig anzusetzenden Betrag. Das ist bei der Lohnzahlung nicht berücksichtigt. Den überhobenen Betrag muß er erstatten. Auch die Umzugskosten sind Teil des Lohnes, ein Teil, der erst mit Aushalten der vollen Vertragszeit wirklich verdient wird. Der Kläger ist vorzeitig ohne triftigen Grund ausgeschieden. Er hat also keinen Rechtsanspruch auf diesen ihm vorausgezahlten Lohnbetrag und muß ihn deshalb zurückzahlen. Mit diesen Ansprüchen auf Vergütung überhobenen Lohnes können die Beklagten nach dem Gesagten ein Zurückbehaltungsrecht gegenüber den noch geschuldeten Naturalbezügen ausüben. Der Betrag, den sie vom Kläger fordern, ist nicht so hoch, daß dieser ihn nicht zu erstatten vermöchte. Ebensowenig stehen Forderung und Gegenforderungen ihrem Werte nach außer Verhältnis (vgl. RGZ. Bd. 61 S. 133). Es bedarf demnach keiner Erörterung mehr, ob der Umstand, daß der Kläger vertragsbrüchig geworden ist, eine solche Vertragsverletzung darstellt, daß schon deshalb den Beklagten ein Zurückbehaltungsrecht zugestanden werden müßte. Jedenfalls können sie es ausüben, da sie vom Kläger nur zuviel gezahlten Lohn zurückfordern.

. . .

RAG. 5, 205.

1. Das Bedienungsgeld eines Kellners wird nicht Eigentum des Kellners, sondern des Arbeitgebers.

2. Der Arbeitgeber ist daher bei Pfändung und Überweisung von Lohnbeträgen der bei ihm angestellten Kellner zur Einbehaltung und Ablieferung der gepfändeten Beträge verpflichtet.

Reichsarbeitsgericht. Urt. v. 5. März 1930.

I. Arbeitsgericht Münster i. W. — II. Landesarbeitsgericht daselbst.

Dem Kläger steht gegen seinen Erzeuger U. für die Zeit vom 4. Juli 1925 bis zum 3. Juli 1928 ein Unterhaltsanspruch in Höhe von 1088 RM zu. U. ist bei dem Beklagten, einem Restaurateur, als Kellner beschäftigt. Durch Beschluß des Amtsgerichts Münster vom 31. Mai 1928 ist wegen des bezeichneten Anspruchs die angebliche Lohnforderung U.s an den Beklagten, soweit sie wöchentlich 30 RM übersteigt, gepfändet und dem Kläger zur Einziehung überwiesen worden. Der Beschluß wurde dem Drittschuldner und dem Schuldner am 4. Juli 1928 zugestellt. Auf Grund des Beschlusses hat der Kläger im gegenwärtigen Rechtsstreit die Verurteilung des Beklagten zur Zahlung von 250 RM nebst 8 % Zinsen seit der Klagzustellung begehrt. Der Beklagte ist durch Versäumnisurteil des Arbeitsgerichts vom 3. Juni 1929 entsprechend verurteilt worden. Nachdem er rechtzeitig Einspruch erhoben hatte, erweiterte der Kläger, der behauptet, daß U. bei seinem Arbeitgeber in der Zeit vom 5. Juni 1928 bis 4. April 1929 an Lohn monatlich 150—160 RM verdient habe, seinen Anspruch auf 300 RM nebst 4 % Zinsen seit der Klagzustellung. Das Arbeitsgericht hob das Versäumnisurteil auf und gab nunmehr diesem neueren Antrag statt. Das Landesarbeitsgericht wies die Berufung des Beklagten zurück und erklärte die Revision für zulässig. Die Revision des Beklagten wurde zurückgewiesen aus folgenden

Gründen:

Der Beklagte hält der Klage entgegen, daß seinen Kellnern Lohnansprüche an ihn nicht zustünden, daß diese vielmehr nur Ansprüche auf Bezahlung von Bedienungsgeld an die Gäste hätten und sich hieraus wegen des Lohnes deckten. Das Berufungsgericht lehnt diesen Standpunkt unter Hinweis auf den für das Arbeitsverhältnis der Parteien maßgebenden Tarifvertrag für das Hotel-, Gast- und Schankstättengewerbe zu Münster vom 21. Dezember 1928 ab. Nach § 2 des Manteltarifs erfolgt die Entlohnung auf Grund des anhängenden Lohntarifs. Sämtliche Löhne sind Mindestlöhne. Im Lohntarif sind unter 1 die Monatsgarantielöhne für das Bedienungspersonal, darunter auch für die Kellner, festgesetzt. In Abs. 4 Satz 2 und 3 ist bestimmt: „Die Verteilung der Prozente von Logis und der Prozente in Betrieben mit gemeinsamer Bedienungsaufschlagskasse erfolgt durch Betriebsvereinbarung. In allen übrigen Fällen steht der Bedienungsaufschlag dem Bedienungspersonal von seinem selbsterzielten Umsatz persönlich und restlos zu." Der Beklagte will den letzten Satz mit Rücksicht auf das Wort „persönlich" dahin aufgefaßt wissen, daß der Kellner ein eigenes Recht auf das Bedienungsgeld gegen die Gäste habe, daß dagegen dem Wirt ein solches Recht nicht zustehe. Das Berufungsgericht weist diese Auffassung zurück. Es versteht die Bestimmung in ihrem Zusammenhang mit dem vorausgehenden Satze dahin, daß, soweit nicht Prozente von Logis in Betracht kämen und soweit nicht das sogenannte Troncsystem herrsche, das sogenannte Serviersystem gelte, wonach der Wirt vom Gaste den Bedienungsaufschlag zu fordern und den Kellner zu entlohnen habe. Es findet eine Stütze für diese Auslegung im § 3 des Manteltarifs, wo in Abs. 1 bestimmt ist, daß Mehrarbeit über die regelmäßige Arbeitszeit von täglich 8, wöchentlich 48 Stunden, hinaus bis zu 2 Stunden täglich und 12 Stunden wöchentlich zulässig ist, und wo in Abs. 2 gesagt ist: „Die .... Mehrarbeit (9. und 10. Stunde) wird mit einem Aufschlag von 12½ % für jede Mehrarbeitsstunde vergütet. ... Beim Bedienungspersonal ist der Mehrarbeitszuschlag vom Arbeitgeber aus eigenen Mitteln in bar unabhängig von Garantielohn und dem Bedienungsaufschlag zu zahlen." An diese Tarifnorm knüpft das Berufungsgericht die Erwägung, daß ein solcher Zuschlag trotz des Bedienungszuschlags nur einen Sinn habe, wenn der letztere eine vom Wirt zu zahlende Dienstvergütung sei. Diesen Ausführungen ist beizutreten. Die Bestimmung in Abs. 4 Satz 3 des Lohntarifs kann im Zusammenhang mit dem vorausgeschickten Satz, zu dem sie in ausgesprochenem Gegensatz steht, nicht anders, als im Berufungsurteil geschieht, aufgefaßt werden. Und dem § 3 Abs. 2 ist in der Tat eine Bekräftigung der Ansicht zu entnehmen, daß die Entlohnung für die regelmäßigen 8 Arbeitsstunden auch dem Wirte obliegen soll, dies um so mehr, als in dem Lohntarif der Barzuschlag für die 9. und 10. Arbeitsstunde neben dem Mindestlohn ohne Hervorhebung eines Unterschieds zwischen beiden aufgeführt und auch dadurch zum Ausdruck gebracht wird, daß in beiden Hinsichten der Wirt Schuldner des Lohnes sein soll. Die Revision bekämpft die Auffassung des Berufungsgerichts. Sie macht geltend, daß, wenn den Tarifbestimmungen der ihnen vom Berufungsgericht beigemessene Sinn innewohnen sollte, mit Rücksicht auf die Verkehrsanschauung dem Einzelarbeitsvertrag die Bedeutung einer abweichenden, wegen des für die Arbeitnehmer damit verbundenen Vorteils nach § 1 TarVo. zulässigen Vereinbarung zuzuschreiben sei. Diese Ansicht ist unzutreffend. Das Reichsarbeitsgericht hat bereits in der Sache RAG. 105/28 RAG. Bd. 2 S. 191 flg. (insbesondere S. 193 und 195), die Ansicht als rechtsirrig bezeichnet, daß das Bedienungsgeld Eigentum des vereinnahmenden Kellners sei und ausgeführt, es stelle lediglich einen Zuschlag zu dem Kaufpreis der verabreichten Waren dar, der von dem Kellner für den Unternehmer erhoben und des letzteren Eigentum werde. Diese Rechtsmeinung stützt sich auf die Auffassung, daß der Kellner das Bedienungsgeld als der Beauftragte des Unternehmers, in dessen Namen er sowohl bei der stillschweigenden Ausbedingung des Bedienungsgeldes wie auch bei der Abgabe der Waren handelt, anzusehen ist. Nun kann zwar der Arbeitgeber, wie ebenfalls in jener Entscheidung schon dargelegt ist, dem Kellner die Bedienungsgelder, die er einnimmt, ohne weiteres überlassen und sie gehören alsdann dem Kellner und dienen zur Abgeltung seiner Leistungen. Allein ein solches Verhalten des Wirtes ist dann nicht mehr statthaft, wenn ihm durch Pfändungsbeschluß verboten wird, an den Kellner zu zahlen, und diesem untersagt wird, über seine Lohnforderung noch zu verfügen. Hierdurch wird eine Gebundenheit der Lohnschuld erzeugt, die eine derartige Verabredung zwischen dem Wirt und dem Kellner dem pfändenden Gläubiger gegenüber unwirksam macht (§ 829 Abs. 1, § 833 ZPO., § 136 verbunden mit § 135 Abs. 1 BGB.), und zwar selbst dann unwirksam macht, wenn die Verabredung zwischen dem Arbeitgeber, wie es nach den übereinstimmenden Angaben der Parteien auch im vorliegenden Falle kraft stillschweigender Einigung erfolgt ist, schon vor der Pfändung geschehen ist.

Die Revision ist demnach zurückzuweisen.

RAG. 5, 222.

Der Urlaubsanspruch geht in erster Linie auf Gewährung von freier Zeit. Steht an dem Tage, an dem der Urlaubsanspruch erworben werden soll, bereits fest, daß der Arbeitnehmer dauernd arbeitsunfähig ist, daß ihm also freie Zeit nicht mehr gewährt werden kann, so erwirbt er keinen Anspruch auf Urlaub.

Tarifvertrag für das rhein.-westf. Steinkohlenrevier.

Reichsarbeitsgericht. Urt. v. 19. März 1930.

I. Arbeitsgericht Moers. — II. Landesarbeitsgericht Krefeld-Uerdingen.

Der Kläger, der auf der Zeche der Beklagten beschäftigt war, hat seine letzte Schicht am 20. Dezember 1926 verfahren und seitdem krank gefeiert, am 15. Juli 1927 ist er entlassen und invalidisiert worden. Eine Urlaubsvergütung für den ihm im Jahre 1927/28 seiner Ansicht nach zustehenden Urlaub ist ihm damals von der Beklagten verweigert worden. Im Mai 1929 hat er die vorliegende Klage erhoben und eine Urlaubsentschädigung gefordert. Das Arbeitsgericht hat die Klage abgewiesen, das Landesarbeitsgericht hat ihr stattgegeben. Auf die Revision der Beklagten wurde das Urteil des Arbeitsgerichts wiederhergestellt.

Gründe:

Die Beklagte hatte in erster Linie geltend gemacht, der Kläger habe einen Urlaubsanspruch überhaupt nicht erworben, weil er am 1. April 1927 und in der Folgezeit tatsächlich nicht gearbeitet habe. Demgegenüber hält das Landesarbeitsgericht es für entscheidend, ob der Arbeitnehmer bei Beginn des neuen Urlaubsjahres bei dem Arbeitgeber in Arbeit gestanden habe. Der maßgebende Tarifvertrag für das rheinisch-westfälische Steinkohlenrevier spreche in § 4 bald von Beschäftigung, bald von Tätigkeit. Darunter sei nach dem allgemeinen Sprachgebrauch das Arbeitsverhältnis zu verstehen. Wenn auf die tatsächliche Arbeit habe abgestellt werden sollen, hätte dies klar zum Ausdrucke kommen müssen. Wenn der neue auf einem Schiedsspruch beruhende Tarifvertrag vom 1. Juli 1929 das Wort Beschäftigung durch Arbeitsverhältnis ersetzt habe und ausdrücklich sage, Tätigkeit sei gleichbedeutend mit Arbeitsverhältnis, so folge daraus nicht, daß an dem bisherigen Zustande etwas habe geändert werden sollen; es könne auch lediglich eine Klarstellung gewollt sein.

Bei der langen Dauer der Krankheit des Klägers habe seine Arbeitsunfähigkeit bereits vor dem 1. April 1927 festgestanden, nach § 82 Nr. 8 des preuß. Allg. Berggesetzes habe Beklagte also das Recht gehabt, ihn schon im März 1927 zu entlassen. Einen Urlaubsanspruch würde er in diesem Falle nicht erworben haben. Deshalb verstoße aber der Kläger mit der Geltendmachung seines Anspruches nicht gegen Treu und Glauben. Auch wenn die Beklagte aus Wohlwollen von ihrem Kündigungsrechte keinen Gebrauch gemacht habe, widerspreche es dem Empfinden gerecht und billig Denkender nicht, daß er versuche, den ihm aus dem Verhalten der Beklagten entstandenen Vorteil der Fortsetzung des Arbeitsverhältnisses auszunutzen und seinen Anspruch durchzusetzen. Daran ändere sich nichts, wenn die Beklagte sich nicht bewußt gewesen sei, daß sie mit dem Fortbestehenlassen des Vertragsverhältnisses neben anderen Vorteilen dem Kläger auch den des Urlaubsanspruches zuwende.

Ein Verzicht des Klägers auf den Anspruch sei nicht anzunehmen. In der Zwischenzeit seien auf Grund des hier maßgebenden Tarifvertrags mehrere bedeutsame Entscheidungen über Urlaubsfragen ergangen, deren Ausgang er habe abwarten dürfen. Aus demselben Gesichtspunkte sei auch eine Verwirkung abzulehnen. Seine Klage habe der Kläger alsbald nach Erlaß des Urteils des Reichsarbeitsgerichts vom 23. März 1929 erhoben, er habe auch damit rechnen dürfen, daß die Beklagte die Geltendmachung von Ansprüchen aus früherer Zeit noch erwarte.

Diesen Ausführungen des Landesarbeitsgerichts war, soweit sie sich auf die Vereinbarkeit der Klage mit Treu und Glauben sowie auf die Fragen des Verzichts und der Verwirkung beziehen, lediglich beizutreten.

Die Beklagte hatte den Erwerb des Urlaubsanspruches durch den Kläger deshalb bestritten, weil er, wie der Tarifvertrag dies verlange, am 1. April 1927 und in der folgenden Zeit nicht mehr wirklich tätig geworden sei und gearbeitet habe. Das Landesarbeitsgericht hat sich demgegenüber auf den Standpunkt gestellt, eine wirkliche Tätigkeit erfordere den Tarifvertrag nicht, nach ihm genüge es, wenn das Arbeitsverhältnis am 1. April 1927 noch bestanden habe. Dies sei hier der Fall gewesen.

Es kann dahingestellt bleiben, ob die Auslegung des Tarifvertrages, wie sie das Landesarbeitsgericht für den Regelfall annimmt, zutrifft, denn auch wenn sie zu billigen wäre, könnte gleichwohl der Erwerb eines Urlaubsanspruches durch den Kläger im vorliegenden Falle nicht anerkannt werden. Der Kläger war am 20. Dezember 1926 erkrankt, schon vor dem 1. April 1927 stand fest, daß er arbeitsunfähig sei und nicht mehr zur Arbeit zurückkehren werde. Tatsächlich hat er denn auch „ausgefeiert" und ist im Anschlusse an seine Erkrankung invalidisiert worden.

Nun gehen Sinn und Zweck des Urlaubs dahin, es soll dem Arbeitnehmer, der eine längere Zeit hindurch ununterbrochen tätig gewesen ist, eine Reihe von arbeitsfreien Tagen gewährt werden, damit er sich von den gehabten Anstrengungen erholen und für die spätere Arbeit neue Kräfte sammeln kann. Da mit dem Ausfall von Arbeitstagen an sich auch ein Ausfall des Lohnes verbunden gewesen und damit die Ausnutzung der Freizeit zur Erholung vereitelt worden wäre, mußte mit der Gewährung der Freizeit die Fortzahlung des Lohnes Hand in Hand gehen. Immer aber war die letztere nur Mittel zum Zweck, in erster Linie stand und steht noch die Freizeit und die Erholung, sie bilden den eigentlichen Inhalt des Urlaubsanspruches. Sie werden auch allgemein und auch im vorliegenden Tarifvertrage in den Vordergrund gestellt, indem dem Arbeitgeber verboten wird, dem Arbeitnehmer die freie Zeit abzukaufen, und andererseits dem Arbeitnehmer, auf sie zu verzichten und doppelten Lohn zu beziehen.

Das Reichsarbeitsgericht hat in ständiger Rechtsprechung in dem Urlaubsanspruch zwei Ansprüche nebeneinander erblickt, den einen auf Gewährung der freien Zeit unter Fortzahlung des Lohnes, den anderen auf die Urlaubsvergütung allein. Es hat aber ebenso ständig immer wieder zum Ausdrucke gebracht, daß der Urlaubsvergütungsanspruch nicht selbständig und für sich allein erworben werden, daß er immer nur an die Stelle eines bereits erworbenen Urlaubsanspruchs auf Freizeit unter Fortzahlung des Lohnes treten könne, wenn seine Erfüllung in seinem ursprünglichen Inhalte nicht mehr möglich sei. Dies hat es besonders für den Fall angenommen, daß die Möglichkeit der Gewährung von Freizeit infolge Beendigung des Arbeitsverhältnisses entfallen war. Hiernach ist ein unmittelbarer Erwerb eines Urlaubsvergütungsanspruchs ausgeschlossen, wäre auch mit dem Sinne und dem Zwecke des Urlaubs nicht zu vereinbaren.

Kann sonach ein Urlaubsanspruch nur in der Form der Gewährung von freier Zeit unter Fortzahlung des Lohnes zur Entstehung gelangen, so kann diese letztere sich nur vollziehen, wenn die Leistung, die Gewährung der freien Zeit, im Augenblicke des Erwerbs des Anspruches möglich ist. Diese Voraussetzung müßte im vorliegenden Falle am 1. April 1927, dem Stichtage, vorhanden gewesen sein. Damals stand aber bereits fest, daß der Kläger arbeitsunfähig sei und die Arbeit nicht mehr werde aufnehmen können, eine Freistellung von der Arbeit war also in diesem Zeitpunkte schon nicht mehr möglich. Damit entfällt aber auch der Erwerb eines Anspruchs hierauf überhaupt.

RAG. 5, 235.

Welchen Einfluß hat es auf die Lohnansprüche des Schwerbeschädigten, wenn der Schwerbeschädigtenausschuß die Beschwerde des Arbeitgebers gegen den Zuweisungsbeschluß als unbegründet zurückweist?

Gesetz über die Beschäftigung Schwerbeschädigter vom 6. April 1920 in der Fassung der Bekanntmachung vom 12. Januar 1923 und des Gesetzes vom 8. Juli 1926 (RGBl. S. 458 bzw. I S. 57 bzw. I S. 398) § 7 Abs. 2 S. 2 und 3, § 21 Abs. 1.

Reichsarbeitsgericht. Urt. v. 26. März 1930.

I. Arbeitsgericht Elberfeld. — II. Landesarbeitsgericht daselbst.

Der Beklagten wurde mit Rücksicht auf die Zahl der Arbeitsplätze, über die sie verfügte, von der Hauptfürsorgestelle unter Fristsetzung gemäß § 7 Abs. 1 SchwerbG. die Einstellung eines Schwerbeschädigten aufgegeben. Da sie der Aufforderung nicht nachkam, verfügte die Hauptfürsorgestelle am 23. Januar 1929, daß der Kläger vom 1. Februar 1929 an als Hilfsarbeiter von ihr zu beschäftigen sei. Die noch im Januar 1929 eingelegte Beschwerde der Beklagten wurde vom Schwerbeschädigtenausschuß durch Entscheidung vom 13. April 1929 zurückgewiesen. Die Zustellung dieser Entscheidung an die Parteien erfolgte am 17. April 1929. Durch ein Schreiben vom 30. April, das jedoch erst am 16. Mai zur Post gegeben wurde, und den Kläger am 17. oder 18. Mai, dem Freitag oder Samstag vor Pfingsten, erreichte, stellte die Beklagte dem Kläger anheim, bei ihr einzutreten. Der letztere trat am 21. Mai 1929, dem Dienstag nach Pfingsten, die Stelle an und wird seitdem von ihr beschäftigt. Mit der Klage begehrt er die Zahlung von Lohn auf die Zeit vom 1. Februar bis 18. April 1929, den er auf 480 RM angab. Das Arbeitsgericht wies die Klage ab. Mit Rücksicht auf die ihm in der Zeit vom 21. Februar bis 23. März 1929 gezahlte Arbeitslosenunterstützung setzte der Kläger im Berufungsverfahren den Klagebetrag auf 389,80 RM herab. Er bat, dem Klagantrag mit dieser Beschränkung stattzugeben. Das Landesarbeitsgericht sprach ihm den Lohn auf die Zeit vom 18. April bis 18. Mai 1929 mit 153,92 RM zu und ließ es im übrigen bei der Klagabweisung bewenden. Auf die Revision des Klägers wurden ihm die weiter geforderten 235,88 RM zugesprochen.

Gründe:

Das Landesarbeitsgericht hat die Berufung des Klägers, soweit sie den auf die Zeit vom 1. Februar bis 18. April 1929 entfallenden Lohn betrifft, mit Unrecht zurückgewiesen.

Der Zuweisungsbeschluß der Hauptfürsorgestelle ersetzte die zum Zustandekommen eines Arbeitsvertrags erforderlichen übereinstimmenden Willenserklärungen der Parteien. Mit der noch im Januar 1929 erfolgten Zustellung des Beschlusses an die Beteiligten hat der Vertrag als geschlossen zu gelten (§ 7 Abs. 2 S. 2 SchwerbG.). Der Kläger kann auf Grund des Vertrags Lohnansprüche für den bezeichneten Zeitraum freilich nur erheben wenn die Beklagte sich während des letzteren in Annahmeverzug befunden hat (§ 615 S. 1 BGB.). Das Berufungsgericht hat zugunsten des Klägers festgestellt, daß er der Beklagten durch Bereiterklärung zur Aufnahme der Beschäftigung in ihrem Betriebe seine Dienste rechtzeitig angeboten, daß aber die Gegnerin seine Einstellung unter Hinweis auf die von ihr gegen den Zuweisungsbeschluß erhobene Beschwerde abgelehnt hat. Es fragt sich, ob die Einlegung der Beschwerde geeignet war, die Herbeiführung des Annahmeverzugs in der Zeit bis zum 18. April 1929 auszuschließen. Vom Schwerbeschädigten-Ausschuß, der über die Zulässigkeit der Beschwerde zu befinden hatte (RAG. Bd. 3 S. 169), ist diese bejaht worden. Zweifel darüber, ob die Einlegung des Rechtsmittels dem Eintritt des Annahmeverzugs im Wege stand, können deshalb nur daraus abgeleitet werden, daß die Beschwerde gemäß § 21 Abs. 1 SchwerbG. mit aufschiebender Wirkung verbunden ist. Die Bedeutung dieser Rechtsfolge ist dem mit ihrer Anordnung verfolgten Zwecke zu entnehmen. Der Arbeitgeber soll für den Fall, daß die Rechtmäßigkeit der Zuweisung von der Beschwerdeinstanz verneint und der Beschluß der Hauptfürsorgestelle aufgehoben wird, vor den Nachteilen geschützt werden, die ihm aus der inzwischen erfolgenden Beschäftigung des Schwerbeschädigten erwachsen können. Die aufschiebende Wirkung der Beschwerde ist demnach darauf zu beschränken, daß die Durchführung des Vertrags für die Dauer des Beschwerdeverfahrens gehemmt ist und daß der Arbeitgeber während dieser Zeit zur Vertragserfüllung nicht gezwungen werden kann. Wird aber der Zuweisungsbeschluß vom Schwerbeschädigten-Ausschuß bestätigt und die Beschwerde zurückgewiesen, so steht jetzt fest, daß die Zuweisung zu Recht erfolgt ist. Die Wirkungen des Beschlusses entfalten sich nun ebenso, wie wenn seine Hemmung nicht eingetreten wäre. Der Arbeitgeber muß fortan gegen sich gelten lassen, daß der Versuch der Vertragserfüllung, den der Schwerbeschädtigte durch das Angebot seiner Dienste in der Zeit nach der Einlegung der Beschwerde gemacht hat, berechtigt und dessen Zurückweisung durch die Nichtannahme der Dienste unbegründet gewesen ist. Würden der Annahmeverzug und seine Folgen vom Schwerbeschädigten erst für die Zeit nach der Bekanntmachung der Beschwerdeentscheidung herbeigeführt werden können, so läge es in der Hand des Arbeitgebers, den Zeitpunkt, mit welchem seine Verpflichtung zur Lohnzahlung beginnt, durch Verzögerung der Beschwerde hinauszuschieben und damit zugleich die von der Hauptfürsorgestelle getroffene Feststellung des Zeitpunktes der Einstellung (§ 7 Abs. 2 S. 1 SchwerbG.) wirkungslos zu machen. Eine solche Regelung kann vom Gesetzgeber nicht beabsichtigt sein.

Das angefochtene Urteil war daher, soweit es die Klage abweist, aufzuheben und die Beklagte, da der auf die ganze Zeit vom 1. Februar bis 18. Mai 1929 entfallende Lohn nach Abzug von 90,20 RM Arbeitslosenunterstützung unstreitig noch 389,80 RM beträgt und hiervon dem Kläger von der Vorinstanz schon 153,92 RM zuerkannt sind, zur Zahlung weiterer 235,88 RM zu verurteilen.

RAG. 5, 243.

Wird der Arbeitgeber durch die Bestimmung einer für seinen Betrieb geltenden, aus dem Jahre 1921 stammenden Arbeitsordnung: „Lohnanspruch besteht nicht bei Betriebsstörungen, die der Arbeitgeber gesetzlich nicht zu vertreten hat" von der Lohnzahlungspflicht für kurzfristige, durch Unterbrechung des elektrischen Kraftstroms hervorgerufene Betriebsstörungen befreit?

BGB. § 242.

Reichsarbeitsgericht. Urt. v. 22. Februar 1930.

I. Arbeitsgericht Döbeln. — II. Landesarbeitsgericht Leipzig.

Für den Betrieb der Beklagten gilt eine Arbeitsordnung aus dem Jahre 1921, deren § 19 in seinem hier allein in Betracht kommenden Satz lautet:

> „Lohnanspruch besteht nicht bei Betriebsstörungen, die der Arbeitgeber gesetzlich nicht zu vertreten hat".

Am 25. Februar und 8. März 1929 versagte in dem Betrieb der elektrische Kraftstrom auf je etwa 1 Stunde. Die Kläger hielten sich während dieser Zeit ohne besondere Anordnung der Betriebsleitung arbeitsbereit, um ihre Tätigkeit alsbald nach Beseitigung der Störung wieder aufnehmen zu können. Nach Wiederaufnahme der Arbeit kürzte die Beklagte ihnen den Lohn für die Zeiten der Stromunterbrechung. Sie verlangen deshalb mit der vorliegenden Klage Nachzahlung der gekürzten Beträge.

Arbeitsgericht und Landesarbeitsgericht haben der Klage stattgegeben. Die vom Landesarbeitsgericht zugelassene Revision hatte keinen Erfolg.

Gründe:

Beide Vorinstanzen gehen im Anschluß an die Richtlinien, welche das Reichsarbeitsgericht in der Entscheidung vom 20. Juni 1928 (RAG. Bd. 2 S. 74 flg.) zur Frage der Tragung der Betriebsgefahr aufgestellt hat, davon aus, daß ein so kurzes Versagen des elektrischen Stroms, wie es an den beiden fraglichen Tagen eingetreten sei, ein Ereignis darstelle, mit dem jeder Betriebsunternehmer rechnen müsse, daß es auch den Bestand des Betriebs nicht gefährde und daß es daher von dem Arbeitgeber zu vertreten sei. Daran ändere auch der § 19 Satz 1 der maßgeblichen Arbeitsordnung nichts, selbst wenn man mit der Beklagten annehme, daß sie durch Schaffung dieser Bestimmung für Störungen der in Rede stehenden Art eine Abwälzung der Betriebsgefahr habe erreichen wollen; denn die Bestimmung erhalte keine abweichende vertragliche Regelung über die Tragung der Betriebsgefahr.

Die Revision will die vom Berufungsgericht angezogene grundsätzliche Stellungnahme des Reichsarbeitsgerichts über die Tragung der Betriebsgefahr nicht bekämpfen. Sie rügt jedoch die Verletzung der Auslegungsvorschriften mit Bezug auf die Anwendbarkeit des § 19 der Arbeitsordnung. In dieser Hinsicht führt das angefochtene Urteil im wesentlichen aus: Die Fassung des § 19 Satz 1 a. a. O. gebe keine zweifelsfreie, jedes Risiko unverschuldeter Störungen abwälzende Vereinbarung, vielmehr solle das Bestehen oder Nichtbestehen eines Lohnanspruchs im Falle einer Betriebsstörung sich danach richten, ob der Arbeitgeber die Störung „gesetzlich" zu vertreten habe. „Gesetzlich" in diesem Zusammenhang heiße und könne nur heißen „unter Anwendung der Gesamtheit der Normen des positiven Rechts, wie es sich aus dem in den geltenden Gesetzen niedergelegten Willen des Gesetzgebers ergebe". Dabei sei die Fortentwicklung der Rechtsprechung zu beachten. Die demnach zur Auslegung der aus dem Jahre 1921 stammenden Bestimmung heranzuziehende „jetzige" Rechtsprechung stütze sich, wie aus den vom Reichsarbeitsgericht aufgestellten Richtlinien hervorgehe, nicht etwa auf g e ä n d e r t e Gesetzesnormen, sondern darauf, was infolge der Fortentwicklung der Rechts e r k e n n t n i s jetzt aus den gesetzten Normen des geltenden Rechts entnommen werde. Geläuterte und tiefer eindringende Auslegungsarbeit „erkenne" jetzt besser als früher, daß der innere Gehalt der §§ 323 und 615 BGB. ein anderer sei, als man im Jahre 1921 gedacht habe, und zur Beantwortung der Frage über das Betriebsrisiko nicht genüge. Es zeige sich also, daß nach der jetzigen geläuterten Gesetzeserkenntnis die Betriebsstörungen vom 25. Februar und 8. März 1929 solche seien, welche die Beklagte, weil sie in ihren Gefahrenkreis fielen, „gesetzlich zu vertreten" habe. Gerade aus § 19 der Arbeitsordnung in Verbindung mit der auf gesetzlicher Grundlage beruhenden Rechtsauffassung des Reichsarbeitsgerichts folge, daß der Lohnanspruch der Kläger durch diese Betriebsstörungen nicht weggefallen sei. Der in § 19 Satz 1 a. a. O. enthaltene Begriff „gesetzlich" sei gleichbedeutend mit „rechtlich". Allerdings müsse nach den Rechtsgrundsätzen des Reichsarbeitsgerichts zunächst geprüft werden, ob eine einschlägige vertragliche Regelung der Risikotragung vorhanden sei, denn diese gehe der „gesetzlichen" vor. Da nun in § 19 der Arbeitsordnung die Vertretungspflicht an die erste Stelle geschoben sei, müsse vor allem erörtert werden, wann der Arbeitgeber die Betriebsstörung zu vertreten habe, und zwar „gesetzlich", das heiße in Ermangelung eines Vertrages: nach der Gesamtheit der Normen des geltenden Rechts. „Geltendes" Recht aber sei, was höchstrichterliche Rechtsprechung gesetzauslegend erarbeitet habe. Auch die Grundsätze von Treu und Glauben führten nicht zu einem anderen Ergebnis.

Der Revision ist zuzugeben, daß die von dem Reichsarbeitsgericht über die Tragung der Betriebsgefahr aufgestellten Richtlinien nicht „gesetzliche" Rechtsnormen sind. Die Gerichte einschließlich des Reichsarbeitsgerichts haben bestehende Gesetze anzuwenden und dabei etwa vorhandene Lücken erforderlichenfalls durch ergänzende Auslegung auszufüllen, nicht aber Gesetze zu schaffen. Das hindert andererseits nicht, daß die Rechtsprechung sich im Rahmen der gegebenen Gesetze fortentwickelt. Um eine solche Fortentwicklung handelt es sich auch, wie das Berufungsgericht zutreffend annimmt, bei der grundsätzlichen Stellungnahme des Reichsarbeitsgerichts zur Frage der Tragung der Betriebsgefahr. Diese Stellungnahme, an der festzuhalten ist, wird wie schon die in dem angefochtenen Urteil angezogene Entscheidung vom 20. Juni 1928 (RAG. Bd. 2 S. 74 flg.) erkennen läßt, von der Erwägung getragen, daß jeder Teil nicht nur für sein Verschulden, sondern für alles einzustehen hat, was in den Kreis der von ihm zu vertretenden Gefahr fällt, und daß in letzter Linie § 242 BGB. den Ausschlag gibt (vgl. RAG. Bd. 2 S. 309 und Urteil vom 30. November 1929 in ArbRspr. 1930 S. 75). Betrachtet man den § 19 Satz 1 der fraglichen Arbeitsordnung unter diesem Gesichtspunkt, so kann allerdings der in ihm gebrauchte Ausdruck „gesetzlich" mit dem Berufungsgericht dahin verstanden werden, daß der Arbeitgeber hierdurch von der Lohnzahlungspflicht bei Betriebsstörungen nicht befreit wird; denn „gesetzlich" hat er die vorgekommenen Betriebsstörungen nach der Rechtsprechung des Reichsarbeitsgericht jedenfalls auf Grund des § 242 BGB. zu vertreten, da Treu und Glauben mit Rücksicht auf die Verkehrssitte es erfordern, daß der Arbeitgeber die Gefahr im allgemeinen oder öfters vorkommender, insbesondere kurzfristiger Stromunterbrechungen trägt, zumal hierdurch der Bestand seines Betriebs kaum merklich beeinträchtigt wird. „Gesetzlich" in § 19 Satz 1 der Arbeitsordnung ist gleichbedeutend mit „rechtlich", d. h. es soll der objektive Rechtszustand, die allgemeine Rechtsnorm, maßgebend sein. Allerdings haben sich seit der im Jahre 1921 erfolgten Einführung der Arbeitsordnung die Anschauungen über die Rechtslage geändert, eine Gesetzesänderung ist jedoch in der Zwischenzeit nicht eingetreten, der Rechtszustand war vielmehr 1921 derselbe wie heute. Bestand aber der Rechtszustand, welcher die spätere Rechtsprechung des Reichsarbeitsgerichts veranlaßt hat, schon damals, so steht der Anwendung der aus dem Jahre 1921 stammenden Arbeitsordnung auf den vorliegenden Fall nichts entgegen. Selbst wenn sich indessen der Rechtszustand seit 1921 geändert hätte, so würde dies zu keinem anderen Ergebnis führen; denn „gesetzlich" bedeutet weiter, daß der jeweilige Rechtszustand, das jeweils geltende Recht, maßgebend sein soll. Wäre die Arbeitsordnung nur auf die zur Zeit ihrer Einführung geltenden Gesetze anwendbar, so hätte das in ihr zum Ausdruck gebracht werden müssen. Da es nicht geschehen ist, haben die Gerichte, und zwar gemäß § 73 Abs. 2 ArbGG. auch das Reichsarbeitsgericht, im Wege der Auslegung zu prüfen, welches der jeweilige objektive Rechtszustand ist. Die so vorgenommene Prüfung führt, wie aus dem oben Gesagten hervorgeht, zu einer Bestätigung der von dem Berufungsgericht dem § 19 Satz 1 der Arbeitsordnung gegebenen Auslegung.

RAG. 5, 252.

Kann eine Tarifvertragspartei überall da, wo eine tarifvertragliche Regelung nicht getroffen ist, nach Belieben wirtschaftliche Kampfmaßnahmen gegen den Vertragsgegner ergreifen?

Tarifvertragsordnung vom 23. Dezember 1918.

Reichsarbeitsgericht. Urt. v. 19. März 1930.

I. Arbeitsgericht Hannover. — II. Landesarbeitsgericht daselbst.

Die Parteien sind Tarifvertragsparteien des Tarifvertrages für die Metallindustrie Hannover vom 15. Mai 1928/23. Januar 1929. In diesem

Tarifvertrage ist in Nr. 4 unter der Überschrift „Entlohnung. Verdienstberechnung" u. a. folgendes bestimmt:

„Für die Entlohnung gilt der Lohntarif.

Die Arbeit wird im Lohn hergestellt, soweit Akkordarbeit undurchführbar ist. Jede andere Form der Entlohnung bedarf der Zustimmung der Vertragsparteien."

Die Firma H. A.-G. in Hannover, die Mitglied des klagenden Verbandes ist, war mit der Bedaux-Gesellschaft in Verbindung getreten, um gegebenenfalls deren Lohnsystem, das sog. Bedaux-Verfahren, in ihrem Betriebe einzuführen. Nach einer im Reichsarbeitsblatt 1929 III S. 209 enthaltenen Abhandlung des Dr.-Ing. E. Bramesfeld bezweckt das Bedaux-Verfahren die Feststellung objektiv richtiger Arbeitszeiten im Betriebe durch Zeitstudien mit dem Ziel, die aufzuwendenden Arbeitszeiten in der wirklich erforderlichen Höhe zu standardisieren (Grundzeiten, Zeitnormen). Die für die Erhaltung der Arbeitsfähigkeit erforderlichen Zeitzuschläge (Ermüdungsausgleich) werden aus Tabellen entnommen und zu der reinen Arbeitszeit hinzugerechnet. Die Höhe der Zuschläge richtet sich nach der Dauer und der Schwere der körperlichen Anstrengung. An der Einhaltung der vorangegebenen Normalzeiten bzw. ihrer Unterschreitung wird der Arbeiter durch Vergütung der Mehrarbeit interessiert (Prämie). Die Qualität der Produktion wird gesichert durch Prämienabzug bei Ausschußleistung. Das Verfahren stellt ein Pensum-Prämien-System mit Ermittlung des Pensums durch Zeitstudien dar. — Um den Betrieb der H.-A.-G. für eine evtl. Einführung des Bedaux-Systems zu beobachten und ihn auf die Zweckmäßigkeit einer Einführung zu prüfen, erschienen auf Veranlassung der Betriebsleitung Ingenieure der Bedaux-Gesellschaft im Betriebe. Die Belegschaft verhielt sich den Ingenieuren gegenüber ablehnend; in den Abteilungen, in denen die Ingenieure Beobachtungen anstellen wollten, legten die Arbeiter die Arbeit nieder. Der beklagte Verband, welcher den Standpunkt vertrat, daß das Verhalten der Betriebsleitung der H.-A.-G. gegen § 4 des Tarifvertrages verstoße, war mit der Arbeitseinstellung einverstanden und hatte den Arbeitern auch die Unterstützung der Organisation zugesagt. Nachdem Verhandlungen der Prozeßparteien ergebnislos verlaufen waren, zog die H.-A.-G. die Bedaux-Ingenieure aus ihrem Betriebe zunächst wieder zurück.

Der klagende Verband erhob nunmehr Klage mit dem Antrage auf Feststellung,

daß der Beklagte als Tarifpartei des Tarifvertrages vom 15. Mai 1928/23. Januar 1929 nicht berechtigt ist, auf Grund und unter Berufung auf diesen Vertrag die Durchführung von Versuchen zu verhindern, die zur Prüfung der Frage angestellt werden, ob die Einführung des Bedaux-Systems bei der Firma H.-A.-G. in Hannover zweckmäßig ist, und daß der Beklagte gehalten ist, auf seine Mitglieder bei der genannten Firma einzuwirken, daß sie die Durchführung der genannten Vorarbeiten nicht verhindern.

Der Beklagte macht geltend, es habe sich nicht um die Anstellung von Versuchen über die Zweckmäßigkeit des Bedaux-Verfahrens, sondern um dessen Einführung im Betriebe der H.-A.-G. gehandelt; aber auch wenn nur die Anstellung von Versuchen über die Zweckmäßigkeit der Einführung des Verfahrens beabsichtigt gewesen sei, so sei der Klaganspruch nicht begründet, da die sich aus dem Tarifvertrag ergebende Friedenspflicht nur eine relative sei und der Tarifvertrag Bestimmungen über das Bedaux-Verfahren nicht enthalte.

Das Arbeitsgericht erkannte nach Klagantrag, die Berufung des Beklagten wurde zurückgewiesen, seine Revision war ohne Erfolg.

Gründe:

I. Gegen die Zulässigkeit der Feststellungsklage sind Bedenken nicht zu erheben. Mit Rücksicht auf das bisherige Verhalten des beklagten Verbandes und dessen vor dem Arbeitsgericht ausgesprochene Weigerung, eine Erklärung dahin abzugeben, daß er in Zukunft auf die Belegschaft der H.-A.-G. einwirken wolle, Versuche über die Zweckmäßigkeit des Bedaux-Verfahrens nicht zu verhindern, muß ein rechtliches Interesse des klagenden Verbandes an der alsbaldigen Feststellung der sich in dieser Beziehung aus dem Tarifvertrage für den beklagten Verband ergebenden Rechte und Pflichten gemäß § 256 ZPO. als gegeben erachtet werden.

II. Sachlich ist das Landesarbeitsgericht davon ausgegangen, daß es sich bei der H.-A.-G. nicht etwa um die Einführung des Bedaux-Verfahrens gehandelt hat und handelt, daß auch nicht Vorbereitungshandlungen zur Einführung dieses Verfahrens in Frage kamen, sondern lediglich Versuche zur Prüfung der Zweckmäßigkeit dieses Verfahrens, und daß mit der Anstellung der Versuche eine Änderung in der Entlohnung der Arbeiter nicht verbunden ist. Es hat weder ein Recht der Arbeiter, sich gegen die Anstellung solcher Versuche zu wehren, anerkannt, noch den beklagten Verband für berechtigt gehalten, auf die Arbeitnehmer in diesem Sinne einzuwirken, vielmehr angenommen, daß der beklagte Verband auf Grund der aus dem Tarifvertrage sich ergebenden Friedenspflicht die Verpflichtung habe, auf die Arbeitnehmer dahin einzuwirken, daß sie die Anstellung der Versuche nicht verhindern.

Nach dem Inhalt des Klagantrags scheidet die Frage, ob die H.-A.-G. durch die Heranziehung der Bedaux-Ingenieure in Wirklichkeit das Bedaux-Verfahren bereits einzuführen beabsichtigte oder nicht und ob aus diesem Gesichtspunkt die Stellungnahme des beklagten Verbandes berechtigt war, aus. Gegenstand der Klage — und das nimmt auch die Revision an — ist lediglich die Frage, ob der beklagte Verband als Tarifvertragspartei verpflichtet ist, sowohl Maßnahmen zu unterlassen, welche darauf abzielen, die Anstellung der Versuche im Betriebe der H.-A.-G. zu verhindern, als auch aktiv auf ihre in jenem Betriebe beschäftigten Mitglieder dahin einzuwirken, daß sie ihrerseits die Anstellung der Versuche nicht verhindern. Dabei ist mit dem Landesarbeitsgericht davon auszugehen, daß mit der Anstellung der Versuche eine Änderung der Entlohnung der Arbeiter nicht verbunden ist; es ist ferner entsprechend einer von dem Prozeßbevollmächtigten des Beklagten in der Revisionsinstanz abgegebenen Erklärung davon auszugehen, daß auch die Arbeitsweise der von der Anstellung der Versuche betroffenen Arbeiter eine Änderung nicht erfährt. Soweit das Landesarbeitsgericht hiernach angenommen hat, die Anstellung der Versuche verstoße nicht gegen den Tarifvertrag, läßt diese Auffassung einen Rechtsirrtum nicht erkennen. § 4 des Tarifvertrages läßt zwar die Einführung eines anderen Lohnsystems als des im Tarifvertrage geregelten Stundenlohn- und Akkordlohnsystems nur mit Zustimmung der Tarifvertragsparteien zu. Ob die einseitige Einführung des Bedaux-Verfahrens durch die H.-A.-G. eine Verletzung dieses § 4 des Tarifvertrages bedeuten würde, kann unerörtert bleiben. Jedenfalls enthält die Anstellung lediglich von Versuchen über die Zweckmäßigkeit des Verfahrens, wenn sie nicht gleichzeitig mit einer Änderung der Entlohnung verbunden ist, eine Verletzung des Tarifvertrages nicht. Wenn die Revision darauf hinweist, es sei technisch ausgeschlossen, das Bedaux-System einzuführen, ohne daß zuvor an Hand von Experimenten planmäßige Unterlagen für die Einführung des Bedaux-Systems gewonnen würden, so folgt daraus noch nicht notwendig, daß auch die von der H.-A.-G. geplanten Versuche dazu b e s t i m m t waren, eine in Aussicht genommene Einführung des Bedaux-Systems vorzubereiten. Einer solchen Annahme steht vielmehr entgegen, daß es sich bei den von der H.-A.-G. geplanten Maßnahmen nach den im angefochtenen Urteile getroffenen tatsächlichen Feststellungen lediglich um die Anstellung von Beobachtungen und Versuchen handelte, ob und wie sich die Einführung des Bedaux-Systems als praktisch durchführbar erweisen würde, und es ist davon auszugehen, daß auch den Gegenstand des

Klageantrages nur Versuche bilden, die lediglich den gleichen Zweck verfolgen. Handelt es sich aber hiernach nicht um Maßnahmen, welche eine Verletzung oder auch nur Gefährdung des Tarifvertrages bedeuten, so kann sich, wie das Landesarbeitsgericht richtig ausgeführt hat, der beklagte Verband nicht darauf berufen, daß ihn die Abwehr einer von der H.-A.-G. vorgenommenen oder auch nur geplanten Tarifvertragsverletzung berechtige, durch Aufforderung der Arbeiter des Werkes zur Arbeitsniederlegung die Durchführung der Versuche zu verhindern. Auf der anderen Seite hat das Landesarbeitsgericht gleichfalls ohne Rechtsirrtum angenommen, daß die Arbeitnehmer der H.-A.-G. nicht berechtigt waren und sind, sich durch Niederlegung der Arbeit gegen die Anstellung solcher Versuche, die lediglich der Feststellung der Zweckmäßigkeit der Einführung des Bedaux-Systems zu dienen bestimmt sind, zu wehren. Denn es gehört mit zu den sich aus Wesen und Inhalt des Arbeitsvertrages ergebenden allgemeinen Pflichten, daß der Arbeitnehmer sich solchen Versuchen nicht widersetzt, die von dem Arbeitgeber im Interesse einer rationellen Führung des Betriebes angestellt werden, sofern dadurch weder tarifvertragliche Bestimmungen verletzt werden noch dem davon betroffenen Arbeitnehmer irgend etwas zugemutet wird, was gegen den sonstigen Inhalt des Arbeitsvertrages verstößt. Da beides bei der von der H.-A.-G. beabsichtigten Anstellung von Versuchen mit dem Bedaux-System nicht in Frage kommt, bedeutet die Weigerung der Arbeitnehmer, unter der Aufsicht der Bedaux-Ingenieure zu arbeiten, eine Verletzung der ihnen durch die Arbeitsverträge obliegenden Pflichten. Wenn aber der beklagte Verband der Arbeitnehmer hierzu veranlaßt, verletzt er seinerseits die ihm aus dem Tarifvertrage dem klagenden Verbande gegenüber obliegenden Pflichten. Er kann sich nicht darauf berufen, daß die sich aus dem Tarifvertrage ergebende Friedenspflicht nur eine relative sei, daß der Tarifvertrag aber die Frage der Anstellung von Versuchen mit dem Bedaux-Verfahren nicht regle und daß er deshalb in dieser Beziehung in seinem Verhalten gegenüber den Arbeitnehmern der H.-A.-G. in keiner Richtung gebunden sei. Da eine absolute Friedenspflicht der Tarifvertragsparteien im Tarifvertrage nicht vereinbart ist, kommt für den klagenden Verband nur die sich aus dem Bestehen des Tarifvertrages ohne weiteres ergebende relative Friedenspflicht in Frage. Durch diese soll zwar, wie der III. Zivilsenat des Reichsgerichts im Urteile vom 30. März 1926 — III 214/25 — (RGZ. Bd. 113 S. 197) ausgeführt hat, nur der Vertragsinhalt selbst geschützt und der Versuch, eine vorzeitige Änderung der im Tarifvertrag vereinbarten Arbeitsnormen durch

Anwendung wirtschaftlicher Kampfmittel zu erzwingen, verhindert werden. Dagegen ist es den Verbänden regelmäßig nicht verwehrt, sich solcher Mittel zu bedienen, um während des Bestehens nicht tariflich geregelte Streitpunkte einer solchen Regelung entgegenzuführen. Daraus ergibt sich aber nicht ohne weiteres das Recht jeder Tarifvertragspartei, überall da, wo eine tarifvertragliche Regelung nicht getroffen ist, nach Belieben wirtschaftliche Kampfmaßnahmen gegen den Vertragsgegner zu ergreifen. Jeder Tarifvertrag dient der Erhaltung und Wahrung des Wirtschaftsfriedens. Auch die Tarifverträge werden von den Grundsätzen von Treu und Glauben beherrscht, und für jede Tarifvertragspartei ergibt sich nach den Grundsätzen von Treu und Glauben schon aus dem Abschlusse des Tarifvertrages die Pflicht, eine grundlose Störung des Wirtschaftsfriedens zu unterlassen und Kampfmaßnahmen gegenüber dem Vertragsgegner oder dessen Mitgliedern auch da, wo eine tarifvertragliche Regelung nicht besteht, nur dann zu veranlassen oder zu unterstützen, wenn damit ein wirtschaftliches Ziel verfolgt wird oder sonst eine begründete Veranlassung dazu vorliegt. Erfolgt aber eine solche Kampfmaßnahme, ohne daß ein besonderes wirtschaftliches Ziel damit verfolgt wird oder daß eine begründete Veranlassung dazu vorliegt, so bedeutet das, auch soweit eine tarifvertragliche Regelung nicht besteht, eine Verletzung der sich aus dem Tarifvertrage ergebenden allgemeinen Friedenspflicht. So liegt der Fall hier. Die Anstellung von Versuchen mit dem Bedaux-System ist im Tarifvertrage nicht geregelt. Darauf, daß die Anstellung der Versuche eine Verletzung des Tarifvertrages enthalte, die ihn zur Ergreifung von Abwehrmaßregeln berechtigte, kann sich, wie bereits ausgeführt, der beklagte Verband nicht berufen. Im übrigen läßt seine eigene Rechtfertigung seines bisherigen und auch für die Zukunft beabsichtigten Verhaltens eine innere Begründung vermissen; es ist weder ersichtlich, daß irgendein wirtschaftliches Ziel damit erstrebt wird, noch, daß ein sonstiger anerkennenswerter Grund vorgelegen hat und vorliegt. Für die Besorgnis, daß die H.-A.-G. die Arbeitnehmer eines Tages mit der Einführung des Bedaux-Systems überfallen, also unter etwaiger Verletzung des Tarifvertrages das System einführen werde, hat der Beklagte tatsächliche Anhaltspunkte nicht vorgebracht. Ob ein solches Vorgehen angesichts der Bestimmung in § 4 Abs. 2 Satz 2 des Tarifvertrages überhaupt zulässig wäre, kann daher auch in diesem Zusammenhang unentschieden bleiben. Lediglich die Begründung aber, daß, soweit eine tarifvertragliche Regelung nicht erfolgt sei, grundsätzlich Kampffreiheit bestehe, kann das Verhalten des beklagten Verbandes als einer Tarifvertragspartei nicht rechtfertigen. Dieser hat vielmehr, indem er, wie unbestritten ist, den Arbeitern der H.-A.-G. den Rat erteilte, die Arbeit niederzulegen, und ihnen die Unterstützung der Organisation zusagte, ohne daß die Arbeiter eine Veranlassung zur Niederlegung hatten, die sich aus dem Tarifvertrage ergebende allgemeine Friedenspflicht verletzt. und in gleicher Weise würde es eine Verletzung der Tarifvertragspflichten bedeuten, wenn er in Zukunft sich ebenso verhalten würde.

Das Landesarbeitsgericht hat hiernach ohne Rechtsirrtum festgestellt, daß der beklagte Verband als Tarifvertragspartei nicht berechtigt sei, die Durchführung von Versuchen zu verhindern, die zur Prüfung der Zweckmäßigkeit der Einführung des Bedaux-Seystems bei der H.-A.-G. angestellt werden. Aber auch seine weitere Feststellung, der beklagte Verband sei gehalten, auf seine Mitglieder bei der H.-A.-G. dahin einzuwirken. daß sie die Durchführung der Versuche nicht verhinderten, läßt einen Rechtsirrtum nicht erkennen. Der beklagte Verband hat unbestritten auf seine Mitglieder bei der H.-A.-G. aus Anlaß der Anstellung der Versuche mit dem Bedaux-System im Sinne der Niederlegung der Arbeit eingewirkt und damit die sich für jede Tarifvertragspartei aus einem Tarifvertrage ergebende Pflicht, den Wirtschaftsfrieden nicht ohne Grund zu stören, verletzt. Wenn er vom Landesarbeitsgericht mit Rücksicht auf dieses Verhalten auf Grund der gleichen sich aus dem Tarifvertrage ergebenden Friedenspflicht für verpflichtet erachtet ist, auf die Arbeiter, auf die er bisher im Sinne der Niederlegung der Arbeit eingewirkt hat, nunmehr in dem entgegengesetzten Sinne einzuwirken, so kann das nicht als gegen die Grundsätze von Treu und Glauben verstoßend, muß vielmehr durchaus als im Sinne der sich aus dem Tarifvertrage ergebenden Friedenspflicht liegend bezeichnet werden. . . .

RAG. 5, 273.

Gewährt § 170 Abs. 2 AVAVG. dem Arbeitslosen gegen seinen bisherigen Arbeitgeber einen vor den Arbeitsgerichtsbehörden verfolgbaren bürgerlich rechtlichen Anspruch auf Ausstellung einer (richtigen) Arbeitsbescheinigung?

Reichsarbeitsgericht. Urt. v. 8. März 1930.

I. Arbeitsgericht Chemnitz. — II. Landesarbeitsgericht daselbst.

Die Kläger waren im Betrieb der Beklagten als Strumpfwirker beschäftigt. Am 19. Juni 1929 gab die Beklagte ihrer Belegschaft durch Anschlag bekannt, daß eine vorher angekündigte Kurzarbeit am 4. Juli

1929 in Kraft trete und vom gleichen Tage ab nur noch die tariflich festgelegten 15 % Schichtzulage für Nachtarbeit gewährt würden. Die Bekanntmachung schloß mit den Worten:

„Wer sich mit diesen Änderungen des Arbeitsvertrages nicht einverstanden erklärt, ist hierdurch für Mittwoch, den 3. Juli 1929 mit Arbeitsschluß gekündigt."

Da die Kläger mit dem Inhalt des Aushangs sich nicht einverstanden erklärten, schieden sie am 3. Juli 1929 aus dem Betrieb aus und erhielten aus diesem Anlaß von der Beklagten Arbeitsbescheinigungen im Sinne des § 170 AVAVG., in welchen als Lösungsgrund des Arbeitsverhältnisses „Streik" angegeben war. Sie verlangen mit der vorliegenden Klage Verurteilung der Beklagten zur Abänderung der ihnen erteilten Bescheinigungen dahin, daß als Lösungsgrund nicht „Streik" angegeben werde, sondern „Aufkündigung durch die Beklagte, weil die Kläger mit den durch den Anschlag vom 19. Juni 1929 bekanntgegebenen Arbeitsbedingungen nicht einverstanden gewesen" seien.

Während das Arbeitsgericht der Klage stattgegeben hat, ist sie vom Landesarbeitsgericht auf die Berufung der Beklagten wegen Unzulässigkeit des Rechtswegs abgewiesen worden. Die zugelassene Revision der Kläger hatte Erfolg.

Gründe:

Im Gegensatz zu dem ersten Richter, der den geltend gemachten Anspruch auf Berichtigung bzw. Abänderung der den Klägern von der Beklagten erteilten Arbeitsbescheinigungen als einen unter die Zuständigkeit der Arbeitsgerichte fallenden bürgerlichrechtlichen Anspruch ansieht und ihn mit Rücksicht auf den Inhalt des Anschlags vom 19. Juni 1929 für begründet erachtet, vertritt das Berufungsgericht den Standpunkt, daß es sich um einen im Rechtsweg nicht verfolgbaren öffentlichrechtlichen Anspruch handele, und versagt ihm schon deshalb einen Erfolg. Dem kann nicht beigetreten werden, vielmehr erscheint die hiergegen gerichtete Revision begründet.

Die im wesentlichen zwischen den Parteien streitige Frage, ob dem Arbeitslosen durch § 170 Abs. 2 AVAVG. ein vor den Arbeitsgerichten verfolgbarer bürgerlichrechtlicher Anspruch auf Ausstellung einer Arbeitsbescheinigung gewährt ist, oder ob es sich dabei um eine öffentlichrechtliche, den Rechtsweg ausschließende Bestimmung handelt, ist auch in Rechtsprechung und Schrifttum bestritten. Vorweg sei hierzu bemerkt, daß nach der Rechtsprechung des Reichsgerichts (vgl. RGZ. Bd. 65 S. 116 flg.) auch öffentlichrechtliche Verhältnisse Rechte und Verbindlichkeiten erzeugen können, die unter entsprechender Anwendung der Vorschriften des bürgerlichen Rechts zu beurteilen sind und deren Verletzung z. B. zum Ersatz des dadurch dem anderen Teil zugeführten Schadens nach eben diesen Vorschriften verpflichtet. Entgegen der — wenn auch insofern nur bedingt ausgesprochenen — Meinung des Berufungsgerichts spricht also die bloße Tatsache, daß sich die Bestimmung über die Ausstellung der Arbeitsbescheinigungen in dem dem öffentlichen Recht zuzurechnenden AVAVG. befindet, nicht gegen eine Beantwortung der Streitfrage in dem von dem ersten Richter vertretenen Sinne. Daß dessen Ansicht und nicht die des Berufungsgerichts zutrifft, ergibt sich aber weiter aus dem Wortlaut und der Entstehungsgeschichte des Gesetzes.

Nach § 170 Abs. 2 AVAVG. „hat" der Arbeitgeber, welcher „einen Versicherten beschäftigt hat, ihm nach Beendigung des Arbeitsverhältnisses auf Verlangen eine Bescheinigung auszustellen, aus der Art, Beginn, Ende und Lösungsgrund des Arbeitsverhältnisses sowie die Höhe des Arbeitsverdienstes und einer anläßlich des Ausscheidens aus der Beschäftigung etwa gewährten Abfindung oder Entschädigung hervorgeht". Die Bestimmung entspricht im wesentlichen der ihrerseits wiederum dem § 630 BGB. und § 73 HGB. gleichenden Vorschrift des § 113 RGewO. Streitigkeiten aus § 113 RGewO. insbesondere, und zwar auch über die Aushändigung und den Inhalt des Arbeitszeugnisses gehörten nun vor dem Inkrafttreten des ArbGG. im allgemeinen zur Zuständigkeit der Gewerbegerichte (§ 4 Abs. 1 Nr. 1 GewGerGes. in Verbindung mit Landmann, Komm. z. RGewO. 7. Aufl. Bd. II zu § 113 Anm. 2 S. 296). Daß sie den durch das ArbGG. an die Stelle der Gewerbegerichte gesetzten Arbeitsgerichten entzogen sein sollten, läßt sich weder diesem Gesetz entnehmen noch besteht sonst dafür ein berechtigter Anhalt. Im Gegenteil. Schon aus der Fassung des § 170 Abs. 2 AVAVG. geht hervor, daß es sich um einen dem des § 113 RGewO. gleichgearteten, ihn in gewissem Umfang allerdings erweiternden Anspruch aus dem Arbeitsverhältnis und seinen Nachwirkungen handelt; denn der Arbeitslose ist danach keineswegs gezwungen, die Bescheinigung, auf die er einen Anspruch hat („Der Arbeitgeber hat ihm ... auf Verlangen ... auszustellen"), lediglich zu öffentlichrechtlichen Zwecken, insbesondere zum Zwecke der Vorlegung vor dem Arbeitsamt zu verwenden — wie irrigerweise die in dem angefochtenen Urteil (allerdings an anderer Stelle) angezogene Entscheidung des Arbeitsgerichts Eßlingen in Arb.Ger. 1929 S. 74 Nr. 28 besagt —, er kann — wie vielmehr das Landesarbeitsgericht Frankfurt a. d. O. in Bensh. Slg. Bd. III (LAG.) S. 208 richtig ausführt — „schließlich mit dem

Zeugnis machen, was er will". Sodann stellt die Arbeitsbescheinigung nach dem oben Gesagten ein Zeugnis dar. Klagen auf Zeugniserteilung aber, bei denen wie hier der Arbeitnehmer als Berechtigter und der Arbeitgeber als Verpflichteter, also zwei Privatpersonen, einander als Streitteile gegenüberstehen, gehören im weitesten Umfang zu den Streitigkeiten zwischen Arbeitgebern und Arbeitnehmern aus dem Arbeitsverhältnis und dessen Nachwirkungen, sind also bürgerliche Rechtsstreitigkeiten, für die nach dem Wegfall der Gewerbe- und Kaufmannsgerichte durch § 2 Abs. 2 Nr. 2 ArbGG. die Zuständigkeit der Arbeitsgerichte begründet ist. Daß dies auch der Wille des Gesetzgebers bei Schaffung der § 170 Abs. 2 AVAVG. war, zeigen die Begründung des Gesetzentwurfs und der Bericht des sozialpolitischen Ausschusses des Reichstags hierzu. In der Begründung S. 102 (links unten) heißt es zu dem dortigen § 91 Abs. 2, welcher unverändert als § 170 Abs. 2 in das Gesetz übernommen wurde, daß Abs. 2 das Recht des Arbeitslosen auf die notwendigen Bescheinigungen durch den Arbeitgeber sichere. Aus dem Bericht des sozialpolitischen Ausschusses aber ist insoweit hervorzuheben, daß bei der Beratung des Entwurfs zu § 91 zwei später abgelehnte Abänderungsanträge Nr. 1044 und 1164 besprochen wurden. Zu dem ersten Antrag bemerkte ein Abgeordneter, und zwar unwidersprochen, „daß der Arbeiter das Recht habe, seinen Anspruch auf eine zutreffende Arbeitsbescheinigung vor dem Arbeitsgericht durchzudrücken . . ." (S. 136). Bei der Besprechung des zweiten Antrags erklärte ein Regierungsvertreter: „Die Vorlage eröffnet dem Arbeitslosen die Möglichkeit, auch auf andere Art als durch die Bescheinigung des Arbeitgebers die Tatsachen glaubhaft zu machen, von denen sein Anspruch abhängt. Vielfach wird er das aus seinen Versicherungspapieren können. Hat er sie aber nicht mitbekommen, so gibt ihm Abs. 2 das Recht, eine Bescheinigung vom Arbeitgeber zu verlangen". In Übereinstimmung hiermit führt derselbe Regierungsvertreter in seinem Kommentar zu § 170 Abs. 2 S. 394 Bem. II aus: „Verweigert der Arbeitgeber die Bescheinigung, so kann er vom Arbeitnehmer vor den Arbeitsgerichten auf die Ausstellung verklagt werden." Die weit überwiegende Meinung in Rechtsprechung und Schrifttum (vgl. u. a. Landesarbeitsgerichte Elbing, Görlitz, Krefeld und Leipzig in ArbRspr. 1927/28 S. 168 und 327, 1929 S. 3 und 5, Arbeitsgericht Plauen in Arbeitsgericht 1929 Sp. 74 Nr. 29, Dersch in N. Z. f. Arb.R. 1929 S. 217, Jaeger-Neuburger-Adam, AVAVG. Bd. II S. 276 zu § 184 Anmerkung 13b und Spliedt-Broecker, AVAVG. S. 354 Bem. 2 zu § 170 Abs. 2) teilt diesen Standpunkt. Seine Richtigkeit läßt sich zudem auch noch daraus herleiten, daß — worauf Kramer in Arbeitsgericht 1929 S. 335 zutreffend hinweist — der Gesetzgeber mit der Bestimmung des § 170 Abs. 2 AVAVG. offenbar eine Änderung gegenüber dem bis dahin bestandenen Zustand beabsichtigte. Nach Art. I der ersten AusfVorschriften vom 2. Mai 1925 (RGBl. I S. 63) zur Vo. über Erwerbslosenfürsorge vom 16. Februar 1924 (RGBl. I S. 127) war nämlich der Arbeitgeber verpflichtet, dem Vorsitzenden des öffentlichen Arbeitsnachweises über Beginn, Ende, Art und den Grund der Lösung des Arbeitsverhältnisses sowie über den Arbeitsverdienst Auskunft zu geben. Diese Vorschrift hatte berechtigte Zweifel ausgelöst, ob dem Arbeitnehmer daraus ein privatrechtlicher Anspruch auf Erteilung einer Arbeitsbescheinigung erwachse. Die Zweifel sind durch die jetzige Vorschrift des § 170 Abs. 2 AVAVG. und ihre das Bestehen des fraglichen Anspruchs nach dem oben Gesagten zum Ausdruck bringende Fassung beseitigt.

Das so gewonnene Ergebnis findet — entgegen der Meinung des Berufungsgerichts — eine Stütze darin, daß § 260 AVAVG. eine Strafbestimmung gegen den Arbeitgeber für den Fall der Verweigerung einer Arbeitsbescheinigung nach § 170 Abs. 2 a. a. O. nicht enthält, während er sie für den Fall der Verweigerung der Auskunftspflicht nach § 171 a. a. O. vorsieht. Denn wenn auch das Arbeitsamt gemäß § 171 Ermittlungen anstellen kann, die den durch § 170 Abs. 2 bestimmten Inhalt der Arbeitsbescheinigung betreffen und bei Ergebnislosigkeit der Ermittlungen infolge Verweigerung der für das Unterstützungsverfahren erforderlichen Auskunft die Verhängung einer Ordnungsstrafe gegen den Arbeitgeber möglich ist, so liegt diese Bestrafung doch vollkommen im Ermessen der dafür zuständigen Behörden und ist jeder Anregung oder Mitwirkung durch den an der Erteilung der Arbeitsbescheinigung vornehmlich interessierten Arbeitnehmer entzogen (ebenso Jaeger-Neuburger-Adam a. a. O.). Ob auch, was von mancher Seite geschieht, § 184 AVAVG. für die hier vertretene Auffassung verwertet werden kann, mag dahingestellt bleiben. Hervorgehoben aber sei schließlich noch, daß sie von dem Urteil des Reichsarbeitsgerichts in RAG. Bd. 3 S. 25 flg. nicht berührt wird. In dem dort entschiedenen Fall handelte es sich lediglich darum, daß nach beendetem Arbeitsverhältnis zum Zwecke der Erlangung einer Arbeitslosenunterstützung Feststellung begehrt wurde, ob das Arbeitsverhältnis unter einem bestimmten Tarifvertrag gestanden habe oder nicht. Das Berufungsgericht im dortigen Falle hatte die Abweisung der Klage u. a. damit begründet, daß die damalige Beklagte nach Erlöschen der gegenseitigen Rechtsbeziehungen an der angestrebten Feststellung keinerlei Interesse habe und zu dem Anspruch der damaligen Klägerin auf Erwerbslosenunterstützung in keiner Beziehung stehe, eine solche aber doch mindestens in etwa vorhanden sein müsse, wenn man ihr zumuten wolle, sich auf einen Prozeß einzulassen. Das Reichsarbeitsgericht hat demgegenüber ausgeführt, es könne dahingestellt bleiben, ob dieser Gedanke richtig oder durchschlagend sei, das fragliche Rechtsverhältnis, das früher zwischen den Parteien bestanden habe, komme im Verhältnis zwischen ihnen nicht mehr in Frage, es spiele nur noch insoweit eine Rolle, als von der Frage, ob es unter den Tarifvertrag falle oder nicht, der Anspruch auf Erwerbslosenunterstützung berührt werde oder berührt werden könne. Damit aber handle es sich lediglich um die Entscheidung einer Vorfrage, die nicht zum Gegenstand einer gerichtlichen Feststellungsklage gemacht werden könne, sondern von der Stelle zu entscheiden sei, die auch mit der Lösung der Hauptfrage betraut sei. Daran ist festzuhalten. Im vorliegenden Falle handelt es sich indessen nicht um eine Feststellungs-, sondern um eine Leistungsklage, nämlich um den Anspruch auf Erteilung einer Arbeitsbescheinigung, also um einen Erfüllungsanspruch aus dem Arbeitsverhältnis.

Daß eine Klage, mit welcher Erteilung der Arbeitsbescheinigung begehrt wird, zur Zuständigkeit der Arbeitsgerichte gehört, und insofern der Rechtsweg gegeben ist, zeigen die obigen Darlegungen. Es bleibt mithin nur noch zu prüfen, ob der Rechtsweg vor den Arbeitsgerichten hier deshalb verschlossen ist, weil die Kläger nicht die Erteilung als solche, sondern die Berichtigung oder Abänderung der ihnen erteilten Arbeitsbescheinigungen verlangen. Auch diese Ansicht wird in Rechtsprechung und Schrifttum vertreten (vgl. u. a. Arbeitsgericht Plauen in „Arbeitsgericht" 1929 Sp. 65, Böhmker in N. Z. f. A.R. 1929 Sp. 281 flg. und Franke in JW. 1930 S. 384 flg.). Sie ist jedoch nicht überzeugend und es ist der Rechtsweg auch insoweit für zulässig zu erachten. Ebenso wie der Arbeitnehmer die Berichtigung eines Zeugnisses beanspruchen kann, das sich auf Leistungen und Führungen erstreckt, muß ihm auf Grund des Arbeitsverhältnisses auch das Recht zugebilligt werden, die — wie bereits ausgeführt — gleichfalls ein Zeugnis darstellende Arbeitsbescheinigung mit richtigem, d. h. den tatsächlichen Verhältnissen entsprechendem Inhalt zu erhalten (ähnlich Kaskel, Arbeitsrecht, 3. Auflage S. 183, Hueck, Lehrbuch des Arbeitsrechts, Bd. I S. 241, Kramer a. a. O. Sp. 336 flg.; Oechsler in Kallee-Kartei, Karte „Arbeitsbescheinigung" Nr. 283 vom 30. Mai 1929 und verschiedene darin aufgeführte arbeitsgerichtliche Entscheidungen). Dies um so mehr, als der Arbeitgeber auch dem Arbeitsamt gegenüber zu einer wahrheitsgemäßen Auskunft verpflichtet ist. Welchen Gebrauch das Arbeitsamt von der Bescheinigung für die von ihm allein zu entscheidende Unterstützungsfrage machen will, ist allerdings seine Sache. . . .

RAG. 5, 279. +

1. . . .
2. . . .
3. **Verlängerung des Tarifvertrags erfordert Schriftform.**

Tarifvertragsverordnung § 1.

Reichsarbeitsgericht. Urt. v. 29. März 1930.

I. Arbeitsgericht Dresden. — II. Landesarbeitsgericht daselbst.

. . .

In diesem Zusammenhang ist zunächst hervorzuheben, daß im Gegensatz zu der Annahme der Parteien und des Berufungsrichters als zeitliche Bestimmung, die das Abkommen aus dem Reichstarifvertrag entnahm, nicht eine Kündigungsbestimmung in Frage kommt, die der Tarifvertrag vom 19. April 1928 (ebenso wie der vom 17. April 1929) für das Tarifverhältnis nicht kennt, sondern die Vorschrift des § 36: „Dieser Reichstarifvertrag tritt mit Wirkung vom 1. April 1928 in Kraft und läuft bis zum 31. März 1930." Das ist eine feste Befristung, deren für das Zusatzabkommen in Bezug genommene Geltung, jenes auch ohne Kündigung mit dem 31. März 1930 außer Kraft treten ließ, falls keine Verlängerung stattfand.

Eine solche Verlängerung müßte aber den Regeln des § 1 TVo. und damit der Schriftform genügen. Das folgt nicht nur aus entsprechender Anwendung der für Vertragsverlängerungen zu den §§ 313, 566 BGB. in der Rechtsprechung entwickelten Grundsätze (RGZ. Bd. 51 S. 180, Bd. 76 S. 33, Bd. 105 S. 60), sondern besonders aus den Zwecken des Tarifvertrags, der für die Einzelverträge Recht setzen soll und deshalb die für die Rechtsetzung maßgeblichen Umstände, zu denen die zeitliche Geltung des Tarifrechts in erster Reihe gehört, urkundlich klarlegen soll. Eine stillschweigende Verlängerung konnte danach das Abkommen, das unbedenklich die Bedeutung eines (Firmen-) Tarifvertrags hat, nicht erfahren. Es läuft deshalb, da eine schriftliche Erstreckung unstreitig nicht vorliegt, mit dem 31. März 1930 ab. . . . In der Sache betrifft der Streit der Parteien aber die Frage, ob das Sonderabkommen über den 31. März 1930 hinaus fortbesteht und darin ist der Klägerin Recht zu geben. Zutreffend ist der Hilfsantrag gefaßt, der dieser Lage Rechnung trägt. Da er sachlich sich mit dem Hauptantrag deckt, war, ohne daß es einer Abweisung des Hauptantrags bedurfte, wie geschehen, nach dem Hilfsantrag zu erkennen.

RAG. 5, 317.

Ist ein entgegen der Vorschrift des § 2 der Verordnung betr. eine vorläufige Landarbeitsordnung vom 24. Januar 1919 formlos abgeschlossener Vertrag nichtig?

Verordnung betr. eine vorläufige Landarbeitsordnung vom 24. 1. 1919 (RGBl. S. 111).

Reichsarbeitsgericht. Urt. v. 9. April 1930.

I. Arbeitsgericht Emden. — II. Landesarbeitsgericht Osnabrück.

Die Kläger, beide minderjährig, hatten sich im Frühjahr 1927 beim Beklagten „bis Ostern 1929" als landwirtschaftliche Arbeitnehmer (Knecht und Magd) gegen Barlohn, freie Verköstigung und Wohnung formlos verdingt. Mitte November 1928 verendete dem Beklagten ein Schwein. Es wurde nachträglich geschlachtet und im Haushalt des Beklagten verzehrt. Sowohl der Beklagte und seine Angehörigen, als auch die Kläger aßen davon. Als im Januar 1929 die Väter der Kläger von der Angelegenheit erfuhren, kündigten sie für diese am 23. Januar 1929 die Verträge fristlos.

Mit der Klage verlangten die Kläger von Beklagten Zahlung von Lohn, Kostgeld und Wohnungsgeld bis zum 31. März 1929, da der Beklagte ihnen durch Verabreichung des Fleisches des gefallenen Tieres Anlaß zur Kündigung gegeben habe.

Das Arbeitsgericht wies die Klage ab. Das Landesarbeitsgericht gab den Ansprüchen der Kläger für 1 Woche statt. Die Revision des Beklagten war ohne Erfolg.

Gründe:

Die Revision vertritt die Auffassung, daß mangels der erforderlichen Schriftform zwischen den Parteien überhaupt kein gültiger Vertrag zustande gekommen sei, daß infolgedessen auch irgendwelche vertraglichen Ansprüche von den Klägern nicht geltend gemacht werden könnten. Diese Auffassung ist unzutreffend. Es kann dahingestellt bleiben, ob die zwischen den Parteien, einem Hofbesitzer und landwirtschaftlichem Hausgesinde, abgeschlossenen Arbeitsverträge unter § 2 vorl. LAO. fallen, demnach der Schriftform bedurft hätten, oder ob gewöhnliche Dienstverträge im Sinne der §§ 611 flg. vorliegen. Das rechtliche Ergebnis ist in beiden Fällen das gleiche. Wären die Voraussetzungen des § 2 vorl. LAO. gegeben, so wären die Verträge, da sie für eine mehr als halbjährige Dauer abgeschlossen waren, schriftlich abzuschließen gewesen. Darum würde aber der formlos abgeschlossene Vertrag noch nicht ohne weiteres nichtig sein, wie die Revision annimmt. § 2 a. a. O. will in den von ihm erfaßten Fällen eine Bindung der Arbeitnehmer über die dort bezeichnete Frist von 6 Monaten nur bei Einhaltung der Schriftform zulassen. Dieser Zweck verlangt nicht, daß ein entgegen der Vorschrift formlos abgeschlossener Arbeitsvertrag nichtig ist; ihm genügt es, wenn eine Bindung über die bezeichnete Frist hinaus ausgeschlossen bleibt. Formlose Verträge dieser Art sind daher regelmäßig dahin zu verstehen und im Sinne des Gesetzes aufrecht zu erhalten, daß sie zunächst für 6 Monate gelten und dann stillschweigend auf unbestimmte Zeit (§ 625 BGB.) verlängert sein sollen. Tatsächlich haben die Parteien sich auch so verhalten, als ob die Verträge in diesem Sinne aufrecht erhalten werden sollten. Die Kläger waren über 1¾ Jahre im Dienste der Beklagten tätig, bis die fristlose Kündigung der Verträge von ihrer Seite aus erfolgte. Nach § 621 letzter Absatz BGB. würde, da die Vergütung der Kläger nach Jahren bemessen war, die Kündigung nur für den Schluß des Kalendervierteljahres und nur unter Einhaltung einer sechswöchentlichen Kündigungsfrist, also erst zum 31. März 1929, zulässig gewesen sein. Bis zu diesem Zeitpunkt würden demnach die Kläger aus den Arbeitsverträgen Rechte haben herleiten und dementsprechend auf Grund von § 628 Abs. 2 BGB. von dem Beklagten, falls die Aufhebung des Dienstverhältnisses durch sein vertragswidriges Verhalten veranlaßt worden wäre, Schadensersatz verlangen können. In diesem Rahmen haben sich auch die Ansprüche der Kläger gehalten. Nicht anders würde die Rechtslage sein, wenn gewöhnliche Dienstverträge vorlägen. Dann würde es sich um sogenannte „Zeitverträge" handeln, die mit dem 31. März 1929 abliefen. Den Klägern würden dann bei Rechtmäßigkeit ihrer fristlosen Kündigung im gleichen Umfange Schadensersatzansprüche auf Grund von § 628 BGB. zugestanden haben, wie in dem zuerst erwähnten Falle. Daß die fristlose Kündigung durch die Kläger gerechtfertigt war, sieht das Landesarbeitsgericht auf Grund des von ihm festgestellten Sachverhalts als erwiesen an; es hat ihnen jedoch nur Lohn, Beköstigung und Wohnungsgeld für 7 Tage zugebilligt, weil die Kläger nicht das Erforderliche getan hätten, um den Schaden dadurch abzuwenden, daß sie alsbald eine andere Dienststelle angetreten hätten. Da die Ansprüche der Kläger in dem zuerkannten Umfange jedenfalls begründet sind, ist die Revision als unbegründet zurückzuweisen.

RAG. 5, 348.

Die Verantwortung für fehlerhafte Arbeit bei Zeitlohn. Zur Unterscheidung von Entschädigung und Fabrikstrafe.

BGB. §§ 611 flg., 394.

Reichsarbeitsgericht. Urt. v. 30. April 1930.

I. Arbeitsgericht München-Gladbach. — II. Landesarbeitsgericht Krefeld-Uerdingen.

Bei der beklagten Weberei war der Kläger als Hilfsarbeiter an einer Ausrüstungsmaschine im Stundenlohn tätig.

Für den Lohnabschnitt vom 11. zum 23. November 1929 ist ihm von dem die pfändungsfreie Grenze nicht erreichenden Arbeitslohn 1 RM abgezogen worden. Diesen Betrag hat die Beklagte im Einvernehmen mit dem Arbeiterrat zu Lasten des Klägers festgesetzt, weil der Kläger fahrlässig fehlerhafte Arbeit geleistet hat. Der Kläger läßt den Abzug nicht gelten und hat auf Zahlung der 1 RM Klage erhoben. Das Arbeitsgericht hat demgemäß erkannt, das Landesarbeitsgericht hat die von der Beklagten eingelegte Berufung zurückgewiesen. Auch die Revision blieb ohne Erfolg.

Gründe:

Der Berufungsrichter hat den Lohnabzug für unzulässig gehalten, weil es sich um die Aufrechnung mit einer Strafe im Sinne der Arbeitsordnung handle und weil auch diese Aufrechnung gegenüber unpfändbarem Lohn nach dem Lohnbeschlagnahmegesetz und § 394 BGB. nicht zulässig sei. Es geht fehl, wenn die Revision demgegenüber die Auffassung vertritt, nicht die Aufrechnung mit einer Gegenforderung, sondern eine Lohnminderung wegen Schlechtarbeit stehe in Frage. Wenn es sich auch um Zeitlohnarbeit handle, so werde doch auch der Stundenlöhner nicht für seine Anwesenheit, auch nicht nur für die auf den Arbeitserfolg gerichtete Arbeit, sondern für den Arbeitserfolg bezahlt.

Soweit es sich um die Gesetzeslage handelt, sind diese Ausführungen nicht haltbar. Eine Verantwortung für den Arbeitserfolg wie bei dem Werkvertrag trägt auch der Akkordarbeiter nicht, wenn auch bei dieser Lohnform die aus allgemeinen Gesichtspunkten des Dienstvertrags den Arbeiter treffende Verantwortung für Fehler angesichts der gewollten Beziehung des Lohns zu der Leistung je nach Lage des Akkords unmittelbar zu einer Lohnminderung führen kann. Für den Zeitlöhner kommen diese Gesichtspunkte nicht in Frage. Die Minderung der Dienstvergütung wegen fehlerhafter Arbeit ist kein gesetzlicher Rechtsbehelf des deutschen Dienstvertragsrechts, das den Arbeitgeber auf Schadensersatzansprüche wegen positiver Vertragsverletzung und, soweit nicht § 394 BGB. und das Lohnbeschlagnahmerecht entgegenstehen, auf den Weg der Aufrechnung verweist. Die Revision beruft sich auch ohne Erfolg auf die Bestimmung in § 11 Abs. 3 der Arbeitsordnung:

> Wenn der Arbeiter nachweisbar durch sein Verschulden schlechte oder verdorbene Ware herstellt oder abliefert, so wird er dafür verantwortlich gemacht. Das Verschulden des Arbeiters und die ihn treffenden Folgen seiner Verantwortlichkeit werden im Einvernehmen zwischen der Firma und dem Arbeiterrat bestimmt. Soweit sonst z. B. für Zuspätkommen Richtlinien über die Strafen mit dem Arbeiterrat aufgestellt sind, hat innerhalb der Richtlinien die Entscheidung im Einzelfall die Betriebsleitung.

Die Revision kann mit dieser Bestimmung nicht begründen, daß hier eine den vereinbarten Lohn unmittelbar ändernde Festsetzung des Zeitlohns in Rechnung gezogen ist. Jedenfalls aber hat die Beklagte im Zusammenwirken mit dem Arbeiterrat diesen Weg, falls er offenstünde, nicht gewählt, sondern hat eine „Strafe" verhängt, und damit eine selbständige Forderung des Arbeitgebers begründen wollen. Der Berufungsrichter hat deshalb mit Recht die entscheidende Frage darin gesehen, ob diese Strafforderung gegen unpfändbaren Lohn aufgerechnet werden kann. Das Berufungsurteil nimmt zutreffend an, daß diese Frage, soweit es sich um Strafen im Sinne von § 134 b Ziff. 4 RGewO. handelt, dem Reichsarbeitsgericht zur Entscheidung bisher nicht unterbreitet war. Die in dem Urteil vom 9. Oktober 1929 RAG. 124/29 beiläufig ausgesprochene Stellungnahme betraf nicht die Entscheidung jener Sache und die Urteile RAG. Bd. 1 S. 141; Bd. 2 S. 354; Bd. 3 S. 327 sind dort nur in dem Sinne angezogen, daß in jenen Fällen Strafen der Arbeitsordnung vom Lohne gekürzt sind, ohne daß die Gesichtspunkte der §§ 394 BGB. und 2 des LohnbeschlagnGes. Anlaß zu Beanstandungen gegeben haben.

Aber auch in dem zur Entscheidung stehenden Fall ist die Grundlage zur Lösung der von dem Berufungsrichter erörterten Frage nicht gegeben. Das Berufungsurteil stellt nicht klar, auf welcher Bestimmung der AO. die „Straffestsetzung" beruht. Im 5. Satz der Entscheidungsgründe wird davon ausgegangen, daß es sich um eine nach § 11 Abs. 3 bestimmte „Entschädigung" handle, während späterhin S. 3 u. von einer Geldstrafe gesprochen wird. Vorschriften über Geldbußen enthält die Arbeitsordnung der Beklagten in dem angehängten Abschnitt: Allgemeine Ordnungsvorschriften zur Ergänzung der Arbeitsordnung. Dort ist eine Reihe von Geboten und Verboten ausgesprochen. Danach heißt es:

> „Zuwiderhandlungen gegen die Bestimmungen der Arbeitsordnung und ihre Ergänzung können je nach der Schwere des Falles geahndet werden mit:
> 1. Verwarnung durch Vorgesetzte,
> 2. Geldbuße,
> 3. sofortiger Entlassung."

Es folgen dann Bestimmungen über die Höhe der Bußen und die weitere, daß die Geldbußen bei der nächstfälligen Lohnzahlung vom Lohnbetrag in Abzug gebracht und zum Zwecke der Arbeiterunterstützung des Betriebs verwendet werden. Die Festsetzung soll nach Anhörung des Arbeiters durch den Arbeitgeber (allein) erfolgen, erst gegen dessen Entscheidung eine Anrufung der Betriebsvertretung und, falls durch sie keine Einigung zustande kommt, des Gerichts in bestimmten Fristen offenstehen.

Wenn auch diese Verfahrensordnung gegenüber der Bestimmung des § 80 Abs. 2 BRG. nicht wirksam ist, so zeigt sich schon darin ein wesentlicher Unterschied zu dem Fall des § 11 Abs. 3, dem Fall der Arbeitsfehler, als gewollt. Denn dort soll das Verschulden des Arbeiters und die Folgen seiner Verantwortlichkeit von vornherein der Arbeitgeber im Einvernehmen mit dem Arbeiterrat feststellen und festsetzen. Wesentlicher ist noch, daß der Arbeitgeber die auf Grund der Ordnungsvorschriften verhängte Buße nach der dort getroffenen Bestimmung und nach der zwingenden Vorschrift des § 134 b Abs. 2 RGewO. zugunsten der Belegschaft verwenden muß und nicht, wie der Berufungsrichter irrig anzunehmen scheint, als die von dem Arbeiter an ihn zu leistende Entschädigung ansehen darf. Diese Umstände im Verein mit der Fassung der Vorschrift in § 11 Abs. 3 zwingen zu einer scharfen Scheidung der auf Grund von § 11 Abs. 3 zu bestimmenden „Verantwortlichkeit" des Arbeiters aus dem Arbeitsvertrag und der Bußebestimmung gemäß den Ordnungsvorschriften. Zuzugeben ist zwar, daß die Ordnungsvorschriften mit der im ersten Satz den Arbeitern auferlegten Verpflichtung zu Fleiß und Sorgfalt allenfalls eine Handhabe zur Bußefestsetzung wegen Arbeitsfehlern geben könnten. Ob damit ein hinreichender Straftatbestand gegeben wäre, bedarf der Entscheidung nicht. Jedenfalls sieht § 11 Abs. 3 ein Sonderverfahren für diesen Fall vor, das im Gegensatz zum Bußverfahren die Schadloshaltung des Arbeitgebers zum Ziel hat. Danach handelt es sich trotz der Bezeichnung als Strafe der Sache nach um die Festsetzung eines Schadensersatzes für den der Beklagten an einem Stück Tuch entstandenen Schaden. Dieser Schadensersatzanspruch wegen nur fahrlässig schuldhaften Verhaltens kann gegenüber unpfändbarem Lohn nach § 394 BGB. und § 2 des LohnbeschlagnahmeGes. nicht aufgerechnet werden. Die Entscheidung des Berufungsrichters trifft also im Ergebnis zu.

RAG. 5, 351.

Der Einfluß von Arbeitsfehlern (beim Akkordweben) auf den Akkordlohn. Lohnminderung oder Aufrechnung des Schadens?

Reichsarbeitsgericht. Urt. v. 30. April 1930.

I. Arbeitsgericht München-Gladbach. — II. Landesarbeitsgericht Krefeld-Uerdingen

Der bei der klagenden Cord- und Velvetweberei als Weber in Akkord arbeitende Beklagte hat in der Lohnperiode vom 22. Juli bis 1. August 1929 in ein zu webendes Stück fehlerhaft eine größere Zahl von Unterschußbrüchen hineingebracht. Die Klägerin glaubt deshalb, den in diesem Lohnabschnitt nach dem Maß der Arbeitsleistung errechneten Lohn, der die pfändungsfreie Grenze nicht erreicht, um 1,05 RM kürzen zu dürfen. Sie beruft sich auf eine von ihr — einseitig — am 30. Juli 1928 erlassene Bekanntmachung, nach der bei Stücken von 70—72 bis zu 5 Schußbrüchen nachgesehen werden sollen, bei mehr Schußbrüchen im Stück aber eine Entschädigung von 5 Pfg. je Stück in Anrechnung gebracht werde, des ferneren auf die Bestimmung des in dem Abschnitt „Lohnberechnung" stehenden § 11 Abs. 3 der Arbeitsordnung des Betriebes:

> „Wenn der Arbeiter nachweisbar durch sein Verschulden schlechte oder verdorbene Ware herstellt oder abliefert, so wird er dafür verantwortlich gemacht. Das Verschulden des Arbeiters und die ihn treffenden Folgen seiner Verantwortlichkeit werden im Einvernehmen zwischen der Firma und dem Arbeiterrat (Betriebsrat) bestimmt. Soweit sonst z. B. für Zuspätkommen Richtlinien über die Strafen mit dem Arbeiterrat aufgestellt sind, hat innerhalb der Richtlinien die Entscheidung im Einzelfall die Betriebsleitung."

Zu der vorgesehenen Beurteilung durch den Arbeiterrat ist es wegen Meinungsverschiedenheiten der Klägerin mit dem Arbeiterrat nicht gekommen.

Die Klägerin hat auf Feststellung geklagt,

daß der Beklagte in dem Lohnabschnitt vom 22. Juli bis 1. August 1929 wegen Schußbrüchen 1,50 RM weniger verdient hat als bei einwandfreier Arbeit.

Das Arbeitsgericht hat die Klage abgewiesen. Die von der Klägerin eingelegte Berufung hat das Landesarbeitsgericht zurückgewiesen. Die Revision des Klägers führte zur Aufhebung des Berufungsurteils.

Gründe:

Daß der für die Parteien geltende Tarifvertrag die Behandlung fehlerhafter Arbeit im Akkordvertrag nicht regelt, zieht die Revision nicht in Zweifel. Ihr Angriff richtet sich gegen den Entscheidungsgrund des Berufungsrichters: Soweit auf Grund von § 11 der Arbeitsordnung der Arbeiter für schlechte Arbeit aufzukommen habe, werde ihm eine Entschädigungspflicht auferlegt: kürze die Klägerin die Entschädigung vom unpfändbaren Lohn, so verstoße sie gegen das Lohnbeschlagnahmegesetz. Der Revision ist zuzugeben, daß diese Begründung der auszulegenden Bestimmung und der Eigenart des Akkordvertrages nicht gerechnet wird. Der Berufungsrichter geht davon aus, daß der verdiente Akkordlohn sich aus der mengenmäßigen Arbeitsleistung schlechthin ergebe. In dem Urteil vom 22. August 1929 RAG. 125/29 hat das Reichsarbeitsgericht für den Fall des Serienakkords die Beeinflussung des Lohnanspruchs durch das Vorkommen fehlerhafter Stücke untersucht und dahin beurteilt, daß es bei einem durch den Arbeiter verschuldeten Ausschuß Treu und Glauben widersprechen kann, wenn trotzdem der volle Akkordlohn gezahlt wird. Zwar habe auch der Akkordarbeiter nur Arbeitstätigkeit zu leisten und nicht wie der Unternehmer bei dem Werkvertrag für die Herstellung des Werkes einzutreten. Seine Arbeitsverantwortung sei andererseits aber auch verschieden von der des Stundenlöhners, weil es bei diesem schwierig sei, einen einigermaßen sicheren Maßstab für eine (sachlich gerechtfertigte) Lohnminderung zu finden. Beim Serienakkord biete sich aber der Maßstab von selbst in der Zahl der mangelhaft gearbeiteten Stücke. Diese Erwägungen treffen im wesentlichen auch für den vorliegenden Stückakkord in der Textilindustrie zu. Es ist eine allgemeine Regel des Arbeitsmarkts und auch die des Tarifvertrags, der zwischen den Parteien gilt, daß der Akkordarbeiter bei gleichem Zeitaufwand besser entlohnt wird als der Zeitarbeiter. Der Gegenwert für den Arbeitgeber liegt darin, daß er durch die in der Regel stärkere Bemühung des Akkordarbeiters mehr Ware im gleichen Zeitmaß erhält, als aus der Hand des Stundenlöhners. Der Vorteil des Arbeitgebers steigert sich mit der Leistung des Arbeiters und wird zum Maßstab des dem Arbeiter zukommenden Verdienstes. Diesem Verhältnis von Wert und Gegenwert sucht für den Fall der Fehlleistung die tarifliche und arbeitsvertragliche Übung in einem für den Arbeitnehmer tragbaren Maß auf den verschiedensten Wegen Rechnung zu tragen, insbesondere bei ursächlichem Verschulden des Arbeiters. Denn es entspricht bei dem erörterten Sinn des Akkordvertrags Treu und Glauben, daß der Arbeiter seine Bemühung nicht allein auf die Erstellung einer mengenmäßig starken Leistung richtet, sondern im Auge behält, daß er eine dem Arbeitgeber nützliche Leistung zu erbringen hat.

In dem Betrieb der Klägerin ist auf zwei verschiedenen Wegen unternommen worden, die Frage der Berücksichtigung fehlerhafter Leistung für die Akkordberechnung zu regeln. Zunächst durch die Bekanntmachung vom 30. Juli 1928 (die zu einer Zeit erlassen ist, als bei der Klägerin noch kein Arbeiterrat bestand) so, daß feste Fehlergrenzen gesetzt wurden, bis zu denen hin ein Stück schlechthin als Akkorderfüllung gelten, bei deren Überschreitung aber eine Entschädigung von 5 Pfg. je Stück in Ansatz gebracht werden solle. Die Klägerin hat nicht begründet, daß diese Berechnungsart im Verhältnis zwischen ihr und dem Beklagten als vertraglich vereinbart zu gelten hat. Es kommt aber darauf nicht an, da dieser Berechnungsgrundsatz dadurch überholt ist, daß der Betrieb dann einen Arbeiterrat bekam und § 11 Abs. 3 der Arbeitsordnung in Kraft erwuchs. Im Ausbau der gesetzlichen Regel des § 78 Ziff. 2 BRG., nach der der Arbeiterrat bei der Festsetzung der Akkord- und Stücklohnsätze oder der für ihre Festsetzung maßgebenden Grundsätze mitzuwirken hat, soll nach § 11 Abs. 3 der Arbeiterrat mit der Klägerin zusammenwirken, um im Einzelfall sowohl das Verschulden des Arbeiters an der Herstellung „schlechter oder verdorbener Ware“ festzustellen wie über die daraus zu ziehenden Folgerungen zu bestimmen. Der Berufungsrichter liest aus dieser Bestimmung, es handle sich nur darum, daß durch Zusammenwirken von Arbeiterrat und Arbeitgeber dem Arbeiter eine Entschädigungspflicht auferlegt werden könne, die aber den Lohnanspruch (bis auf die etwa zulässige Aufrechnung) unberührt lasse. Für diese Auffassung des Berufungsrichters ist nur so viel anzuführen, daß sich in § 11 Abs. 3 anschließend an die angeführte Bestimmung eine Vorschrift über Straffestsetzung findet. Andererseits steht die auszulegende Bestimmung in dem „Lohnberechnung“ benannten Abschnitt, und die sonstigen Absätze des § 11 betreffen alle die Lohnbestimmung. Entscheidendes Gewicht ist auf diese Erwägungen des systematischen Zusammenhangs bei der Auslegung der Betriebsvereinbarung weder nach der einen noch nach der anderen Seite zu legen, da die juristische Durchfeilung solcher Ordnungen regelmäßig unvollkommen ist. Vielmehr entscheidet gegen die Auffassung des Berufungsrichters die erörterte Eigenart des Akkordlohns.

Nach der Auslegung des Berufungsrichters könnte auch der Arbeiter, der mit grober Fahrlässigkeit ein völlig wertloses Stück hergestellt hat, den vollen Akkordlohn, der mengenmäßig auf dieses Stück entfällt, verlangen, und den Arbeitgeber auf die Ausklagung eines Entschädigungsanspruchs verweisen. Es erscheint offenbar, daß bei dieser Auffassung der Wert der Akkordvereinbarung für den Arbeitgeber (und für das Betriebsergebnis) verschwinden würde und das Kennzeichen dieser Lohnform, daß sie die wirtschaftlichen Interessen beider Arbeitsteile in der Arbeit auf das engste verknüpfen will, entfiele.

Vielmehr ist § 11 dahin zu verstehen, daß die gemeinsame Bestimmung, die der Arbeitgeber mit dem Arbeiterrat treffen soll, soweit Akkord gilt, die des Lohnes ist, der für das fahrlässig schlecht hergestellte Stück unter Berücksichtigung des Minderwerts, der Art der Fehler und des Verschuldens des Arbeiters, ferner der Betriebseinrichtungen und schließlich (nicht zum geringsten) der Höhe des dem Arbeiter verbleibenden Verdienstes, zu gelten hat. Ob diese Festsetzung dann die Form wählt, daß sie den Akkordsatz mindert oder von dem Akkordprodukt Abzüge macht, ist rechtlich ohne Belang. Auch in dem letzten Fall wird der Lohnanspruch in seinem Entstehen betroffen.

Der Berufungsrichter hat deshalb zu Unrecht die von der Klägerin beabsichtigte „Kürzung" unter dem Gesichtspunkt der Aufrechnung angesehen, während es sich darum handelt, ob der Lohnanspruch in dem bestrittenen Teile erwachsen ist. Wird der Streit von diesem Gesichtspunkt aus angesehen und nach § 11 der Arbeitsordnung beurteilt, so ergibt sich, daß die dort vorgesehene Lohnfeststellung durch Zusammenwirken von Arbeitgeber und Arbeiterrat hier nicht möglich ist, weil der Arbeitgeber sich mit dem Arbeiterrat über die Art, insbesondere die Zeit des Zusammenwirkens nicht hat einigen können. Daraus ist nicht mit dem Beklagten herzuleiten, daß nunmehr keine Lohnkürzung zulässig sei. Vielmehr bleibt in dem bestrittenen Teil der Lohn im Ungewissen und es stand und steht jeder Arbeitsseite frei, die gerichtliche Feststellung zu beantragen. Diese Feststellung wird unter Zuziehung eines Sachverständigen und unter Beachtung der Eigenart des Betriebs der Klägerin den gleichen Umständen Rechnung tragen müssen, die nach dem Vorangestellten der Klägerin und den Arbeiterrat hätten leiten müssen. In diesem Sinne bedarf die Sache erneuter Prüfung.

RAG. 5, 355.

Welche Gesichtspunkte sind für die Entscheidung der Frage maßgebend, ob ein den Arbeitern eines Betriebes gezahlter Lohn Akkordlohn ist?

Tarifvertrag für die Kölner Metallindustrie.

Reichsarbeitsgericht. Urt. v. 3. Mai 1930.

I. Arbeitsgericht Köln. — II. Landesarbeitsgericht daselbst.

Für das Arbeitsverhältnis der Kläger bei der Beklagten, die eine Automobilfabrik betreibt, ist der Tarifvertrag der Kölner Metallindustrie maßgebend, der unter V 1 folgende Bestimmung enthält:

„Die Arbeit wird im Lohn oder Akkord hergestellt. Eine andere Form der Entlohnung bedarf der Vereinbarung zwischen den Vertragsparteien."

Die Beklagte hat in ihrem Betriebe folgendes System der Entlohnung eingeführt: Der gesamte Fabrikationsbetrieb ist in sieben Abteilungen eingeteilt; jede Abteilung bildet für sich einen in sich abgeschlossenen Arbeitsvorgang. Die in den einzelnen Abteilungen beschäftigten Arbeiter erhalten einen sogenannten Grundlohn (Zeitlohn) und außerdem eine Zulage, die im Höchstmaße 45 Pfg. pro Stunde beträgt. Die Zulage wird in den einzelnen Abteilungen festgesetzt und gleichmäßig auf die der Abteilung angehörenden Arbeiter umgelegt. Sie wird für die einzelnen Abteilungen in der Weise errechnet, daß unter Berücksichtigung dessen, was in den vorausgegangenen Monaten die einzelnen Abteilungen an Arbeitseinheiten herausgebracht haben, jeder einzelnen Abteilung das von ihr in dem betreffenden Monat zu leistende Arbeitsprogramm zugeteilt wird. Wird das zugewiesene Arbeitsprogramm in dem Monat erreicht, so erhalten die Arbeiter der betreffenden Abteilung die ausgesetzte Zulage, die unter sie gleichmäßig verteilt wird. Je nach der Minderleistung der Abteilung vermindert sich die für die Abteilung ausgesetzte Zulage.

Durch Vereinbarung der Tarifvertragsparteien vom 29. März 1928 waren die Stundenlöhne erhöht. Gleichzeitig war für die Akkordarbeiter folgendes bestimmt:

„Die Akkordarbeiter erhalten unter Beibehaltung der bisherigen Akkordberechnung eine feste Zulage pro Stunde, und zwar

über 21 Jahre . . . . 4 Pfg.
von 20 bis 21 Jahren . . 4 Pfg."

Nach Inkrafttreten der Vereinbarung verlangten die Kläger Zahlung der darin festgesetzten Zulage von 4 Pfg. pro Stunde zu ihrem bisherigen Arbeitsverdienst, da sie der Auffassung waren, daß sie, indem sie von der Beklagten nach dem vorbezeichneten System entlohnt würden, in Akkord arbeiteten. Die Beklagte weigerte die Zahlung der Zulage, weil sie die Auffassung vertrat, daß das in ihrem Betriebe eingeführte Lohnsystem ein Zeitlohnsystem sei.

Während beide Vorinstanzen die Beklagte zur Bezahlung der Zulage verurteilten, führte die Revision der Beklagten zur Abweisung der Klage.

Gründe:

Das Landesarbeitsgericht hat seiner Entscheidung das Gutachten des von ihm vernommenen Sachverständigen L. zugrunde gelegt. Es ist deshalb bei der Nachprüfung der Entscheidung des Landesarbeitsgerichts neben den im angefochtenen Urteil selbst getroffenen tatsächlichen Feststellungen auch von den im Gutachten enthaltenen Feststellungen auszugehen. Danach haben die Kläger zur Zeit der Klagerhebung sämtlich einen Grundlohn gezahlt erhalten, der mindestens der Höhe der zu jener Zeit gültigen Tarifstundenlöhne entsprach. Die auf den einzelnen Arbeiter entfallende Zulage macht etwa $^1/_3$ bis $^1/_2$ des Grundlohnes aus. Während der Gutachter die Auffassung vertreten hat, daß die Kläger nicht als Akkordarbeiter anzusehen seien, da der Lohn sich nur zum Teil nach der Größe des Arbeitserfolges, in der Hauptsache jedoch nach dem freien Entschluß der Beklagten richte, hat das Landesarbeitsgericht angenommen, daß die Kläger Akkordarbeiter im Sinne der Vereinbarung vom 29. März 1928 seien und daher die feste Zulage von 4 Pfg. pro Arbeitsstunde zu beanspruchen hätten. Es hat zwar nicht verkannt, daß das im Betriebe der Beklagten angewandte Lohnsystem kein reines Akkordsystem sei, da es zum Wesen der Akkordarbeit gehöre, daß sich der Verdienst des Arbeiters, wenn auch häufig ein Mindestlohn garantiert sei, im wesentlichen doch nach der Größe des Arbeitserfolges richte und dem Lohne des Akkordarbeiters nach obenhin keine Grenze gezogen sei. Demgegenüber, so hat es weiter ausgeführt, sehe zwar das Lohnsystem der Beklagten eine obere Grenze vor, die die einzelne Abteilung nicht überschreiten könne, aber die Beklagte sei in der Lage, diese obere Grenze so zu ziehen, daß sie unter normalen Arbeitsverhältnissen kaum von der einzelnen Abteilung überschritten werden könne. Praktisch und wirtschaftlich wirke sich das System nicht als Zeitlöhnung, sondern weit mehr als Akkordlöhnung aus. Wenn aber, wie im vorliegenden Falle, ein Tarifvertrag nur Stundenlohn oder Akkordlohn vorsehe, dann müsse ein Lohnsystem, daß so wesentliche Merkmale der Akkordentlohnung an sich trage, als Akkordsystem gewertet werden.

Die gegen dieses Urteil gerichtete Revision der Beklagten ist für begründet zu erachten. Die Kläger beanspruchen die Zulage mit 4 Pfg. pro Stunde als Akkordarbeiter, indem sie geltend machen, daß der ihnen von der Beklagten gezahlte Lohn ein Akkordlohn sei. Um ein richtiges Urteil darüber zu gewinnen, ob der Lohn, den die Beklagte ihren Arbeitern zahlt, ein Akkordlohn ist, ist von der reinen Form des Akkordlohnes und seiner besonderen Eigenart, durch die er sich von der anderen Grundform des Lohnes, dem Zeitlohn, unterscheidet, auszugehen. Während das Wesen des Zeitlohnes darin besteht, daß der Arbeiter für jede Stunde, die er arbeitet, eine vertraglich festgelegte Vergütung erhält, ist der Akkordlohn im wesentlichen auf den Erfolg der Arbeit abgestellt; seine Höhe wird durch den Eifer, die Geschicklichkeit und durch sonstige die Arbeit fördernde Gaben und Eigenschaften des Akkordarbeiters bestimmt oder wenigstens mitbestimmt (RAG. Bd. 2 S. 264, 265). Die Eigenart der Akkordarbeit beruht darauf, daß der Akkordarbeiter selbst in der Lage ist, durch seine Arbeitsleistung eine Steigerung des Lohnes herbeizuführen. Beide Lohnsysteme, Zeitlohnsystem und Akkordlohnsystem, sind aber vielfach nicht rein durchgeführt, sondern miteinander vermengt. Es sind gemischte Systeme eingeführt, die zum Teil auf den Grundsätzen des Zeitlohnsystems beruhen, zum Teil aber auch die Eigenart des Akkordlohnsystems an sich tragen. Je nachdem, welches der charakteristischen Merkmale überwiegt, wird ein solches gemischtes System als Zeitlohn- und Akkordlohnsystem anzusprechen sein. Jedenfalls wird von einem Akkordlohn nicht immer schon dann gesprochen werden können, wenn das angewandte Lohnsystem dem Akkordlohnsystem wesenseigene Momente, wenn auch nur in ganz geringem Umfange, enthält, sondern nur dann, wenn der eigenen Arbeitsleistung des Akkordarbeiters immer noch ein so wesentlicher Einfluß auf die Höhe des Lohnes eingeräumt ist, daß dadurch dem System als Ganzem sein charakteristisches Gepräge gegeben wird. Geht man von diesen Grundgedanken aus, so kann der Auffassung des Landesarbeitsgerichts, daß das im Betriebe der Beklagten geübte Prämienlohnsystem ein Akkordlohnsystem sei, nicht beigetreten werden. Nach dem Gutachten des Sachverständigen, das auch vom Landesarbeitsgericht seiner Entscheidung zugrunde gelegt ist, ist die Arbeitsleistung des einzelnen Arbeiters auf die Lohnhöhe zwar insoweit von Einfluß, als es von seiner fleißigen Mitarbeit mit abhängt, ob das der in Betracht kommenden Abteilung gesetzte Arbeitspensum in der hierzu bestimmten Zeit erreicht und damit die hierfür in Aussicht gestellte Zulage in voller Höhe gezahlt wird. Dieser Einfluß des einzelnen Arbeiters ist aber schon infolge der großen Zahl der zu einer Abteilung gehörenden Arbeiter — zum Teil gehören etwa 60 Arbeiter zu einer Abteilung — ein verhältnismäßig geringer. Dem einzelnen Arbeiter ist es nicht möglich, durch seine besondere Geschicklichkeit und die Entwicklung sonstiger die Arbeit fördernder Gaben und Eigenschaften die Erreichung des der Abteilung gesetzten Pensums wesentlich zu fördern und dadurch einen wesentlich bestimmenden Einfluß auf die Höhe seines Lohnes auszuüben. Die Erreichung des Pensums der Abteilung in der hierfür bestimmten Zeit hängt vielmehr von der Leistung der gesamten Abteilung ab. Der einzelne Arbeiter kann zwar durch langsames Arbeiten die Erreichung des Pensums durch die Abteilungen hindern oder verzögern, und insofern ist auch für die Erreichung des Pensums durch die Abteilung von Bedeutung, daß jeder einzelne Arbeiter die bei der Errechnung des Pensums von ihm vorausgesetzte Arbeit leistet, aber eine weitergehende Möglichkeit, den Erfolg der Arbeit durch die eigene Arbeitsleistung zu steigern, ist nicht vorhanden. Hinzu kommt, daß im Betriebe der Beklagten die Arbeiter als Grundlohn einen reinen Zeitlohn erhalten, der den Tariflohn mindestens erreicht, daß die eingeführte Zulage nur etwa 1/3 bis 1/2 des Grundlohnes beträgt, daß weiterhin auch dieser Zulage nach obenhin eine Begrenzung dadurch gesetzt ist, daß sie 45 Pf. pro Stunde für den einzelnen Arbeiter nicht überschreiten darf. Es ist endlich zu berücksichtigen, daß nach dem Gutachten des Sachverständigen auch für die Höhe der Zulage nicht allein die Arbeitsleistung maßgebend ist, sondern, daß die Beklagte bei der Errechnung der Zulage stets noch andere Gesichtspunkte mitberücksichtigt hat. Nach alledem spielt der eigene Einfluß des einzelnen Arbeiters auf die Gestaltung des Arbeitslohnes eine verhältnismäßig so geringe Rolle, daß nicht mehr gesagt werden kann, das Lohnsystem erhalte dadurch sein charakteristisches Gepräge als Akkordlohnsystem. Das Lohnsystem, das bei der Beklagten geübt wird, ist vielmehr als ein mit Pensumprämien verbundenes Zeitlohnsystem zu bezeichnen. Ob es als solches der Bestimmung V 1 des Tarifvertrages entspricht, wonach die Arbeit im Lohn oder Akkord hergestellt wird und es zu einer anderen Form der Entlohnung der Vereinbarung zwischen den Vertragsparteien bedarf, oder ob es als tarifwidrig zu bezeichnen ist — eine Auffassung, die von den Klägern vertreten wird — bedarf der Entscheidung für den vorliegenden Rechtsstreit nicht. Denn da die Kläger nach Vorstehendem nicht Akkordarbeiter sind, steht ihnen auch die für die Akkordarbeiter festgesetzte Zulage nicht zu. Das angefochtene Urteil war hiernach aufzuheben und es war auf die gegen das Urteil des Arbeitsgerichts gerichtete Berufung der Beklagten in Abänderung dieses Urteils die Klage abzuweisen.

RAG. 5, 360.

Hat das Nichtbestehen der Prüfung zum Gehilfen im Bruchdruckgewerbe Einfluß auf die tarifliche Entlohnung?

Tarifvertragsverordnung § 1, Deutscher Buchdruckertarifvertrag vom 2. April 1927.

Reichsarbeitsgericht. Urt. v. 14. Mai 1930.

I. Arbeitsgericht Sonneberg. — II. Landesarbeitsgericht Jena.

Der Kläger, Buchdruckerlehrling bei der Beklagten seit dem 1. April 1925, hat sich im Frühjahr 1929 der Gehilfenprüfung unterzogen, sie aber nur in dem „praktischen Teil", nicht auch im „theoretischen Teil" bestanden. In der ihm auferlegten Ergänzung der Lehrzeit bis zum 30. Juni 1929 hat er wieder bei der Beklagten gearbeitet, sich aber nicht wieder zur Prüfung gemeldet. Er ist vielmehr nach Ablauf der Ergänzungslehrzeit weitere 11 Wochen im Betrieb der Beklagten beschäftigt worden, und zwar gegen Zahlung von Lehrlingslohn. Nunmehr beansprucht der Kläger für jene 11 Wochen die Spannung zu dem Gehilfenlohn, wie diesen der allgemeinverbindliche Deutsche Buchdruckertarif bestimmt. Alle Instanzen haben diesem Antrag entsprochen.

Gründe:

Die Angriffe der Revision gegen die Entscheidung des Landesarbeitsgerichts zur Sache sind nicht gerechtfertigt. Die Revision will das entscheidende Merkmal für den Begriff des „Gehilfen" im Sinne des Buchdruckertarifes und insbesondere für die Entlohnung als Gehilfe nach diesem Tarif in der erfolgreichen Ablegung der Gesellenprüfung finden und meint, daß diese Abgrenzung in § 33 der Lehrlingsvorschriften für das Buchdruckgewerbe im Handwerkskammerbezirk Meiningen ausgedrückt sei. Jene Vorschrift bestimmt unter der Überschrift: Gesellen (Gehilfen-) Prüfung:

Bedeutung der Gesellen (Gehilfen-) Prüfung:

Am Schlusse der Lehrzeit findet die Gesellen (Gehilfen-) Prüfung statt. Sie wird durch den Lehrvertrag vereinbart, und nur wer sich ihr unterwirft und sie besteht, wird als Gehilfe anerkannt und kann später zur Meisterprüfung zugelassen werden.

Der Berufungsrichter mißt dieser Vorschrift keine tarifliche, sondern nur eine gewerberechtliche Bedeutung bei. Die Ausbildung solle in dem durch die Lehrlingsvorschriften geregelten Stufengang dazu führen, daß der Lehrling an ihrem Schluß tatsächlich imstande sei, selbständig Arbeiten innerhalb einer Zeit herzustellen, die den lohntariflichen Bestimmungen entspricht. Zur Ablegung der Gesellenprüfung solle der Lehrherr den Lehrling zwar anhalten, irgendein Zwang könne aber nicht ausgeübt werden. An die Unterlassung der Ablegung der Gehilfenprüfung seien empfindliche Nachteile insofern geknüpft, als nach § 133 Abs. 3 RGewO. das Bestehen dieser Prüfung Bedingung für den Zugang zur Meisterprüfung, und deren Ablegung wiederum notwendig sei, um Lehrlinge halten zu dürfen (§ 129 Abs. 1 RGewO.). Auf diese Folgen wolle § 33 der Vorschriften hinweisen.

Demgegenüber hat das zu der Sache erstattete Gutachten der Handwerkskammer Meinungen vom 15. Oktober 1929 geltend gemacht, daß die Urheber der Lehrlingsvorschriften, die Handwerkskammer Meiningen und die thüringischen Organisationen der Tarifparteien des Deutschen Buchdruckertarifs, der Ablegung der Gesellenprüfung gerade eine weitergehende Bedeutung hätten beilegen und die Sollvorschrift des § 131 RGewO. zu einer Mußvorschrift hätten verstärken wollen. Die Revision führt das weiter dahin aus, daß für die Scheidung des Lehrlingsbegriffs von dem des Gehilfen, da sie der Tarifvertrag nicht vornehme, lediglich die für die Gewerbeorganisation maßgebenden Normen entscheiden könnten. Diese aber stellten klar, daß der Lehrling so lange weiter als Lehrling behandelt werde, bis er die Gesellenprüfung mit Erfolg abgelegt habe. Mit dieser Folgerung geht die Revision jedenfalls fehl. Es geht nach den Gewohnheiten und Bedürfnissen des Gewerbelebens ganz offenbar nicht an, den, der die Gesellenprüfung nicht besteht, unbegrenzt weiter als Lehrling zu behandeln und zu entlohnen. Das Reichsarbeitsgericht hat in dem Urteil RAG. Bd. 5 S. 64 auch dargelegt und eingehend begründet, daß § 130a Abs. 1 RGewO. einer Ausdehnung der Lehrzeit über die dort gegebene feste Grenze von vier Jahren entgegensteht. Es könnte deshalb nur in Frage kommen, daß im Sinn des Buchdruckertarifs derjenige, der nach vollendeter Lehrzeit die Gesellenprüfung nicht oder nicht mit Erfolg ablegt, weder Lehrling noch Gehilfe im Sinne des Buchdruckertarifs ist. Dann bliebe, da dieser Tarif nur das Arbeitsverhältnis von Gehilfen und Lehrlingen betrifft (§ 1 und § 23), allein die Annahme möglich, daß das Arbeitsverhältnis des nicht oder nicht mit Erfolg geprüften Buchdruckers jedes Tarifschutzes entbehrt. Der Berufungsrichter hat es mit Recht abgelehnt, aus den Bestimmungen der Lehrlingsvorschriften solche Schlüsse zu ziehen. Zwar bestimmt § 23a des Tarifvertrages:

> Soweit von Handwerks- und Gewerbekammern eine Lehrlingsordnung für das Buchdruckgewerbe mit Zustimmung der vertragschließenden Organisationen oder ihrer satzungsmäßigen Organe erlassen ist, gelten die entsprechenden Bestimmungen der Lehrlingsordnung.

Diese Vorschrift steht aber im Zusammenhang und unter der Überschrift der Lehrlingsbestimmungen. Ihr und damit den in Bezug genommenen örtlichen Vorschriften ist deshalb, soweit sie überhaupt tariflichen Wert haben sollten, nur im Rahmen des Lehrlingswesens Bedeutung zuzuerkennen, nicht aber für die Bestimmung des Gehilfenbegriffs und damit für den persönlichen Geltungsbereich des Tarifvertrags. Der Berufungsrichter hat schlagend auf die Folgen hingewiesen, die aus der entgegengesetzten Auffassung der Beklagten hervorgehen müßten. Der Tarif ist ein Reichstarifvertrag. Der Handwerkskammerbezirke, deren Regelungen in Frage kommen, sind aber im Reich viele und vielfach verschiedene. Könnte von ihrer Bestimmung der Gehilfenbegriff abhängen, so wäre der Zweck des Tarifvertrags, dem Buchdruckgewerbe im Reich einheitliche Arbeitsbedingungen zu setzen, gänzlich verfehlt. Es ist deshalb durchaus zutreffend, daß der Berufungsrichter die Entscheidung darüber, ob der Kläger den tariflichen Gehilfenlohn zu beanspruchen habe, nur aus der Bestimmung des Gehilfenbegriffs in § 1 des Tarifvertrags selbst zu entnehmen sucht. Dort wird unter „Geltungsbereich und Zweck" des Tarifvertrags der Begriff durch Aufführung der einzelnen Arbeitstypen des Buchdruckerhandwerks wie Setzer, Maschinensetzer, Korrektoren, Drucker . . . . . . erklärt. Der Berufungsrichter betont, daß dabei von der Ablegung der Gesellenprüfung als Merkmal nicht die Rede ist und schließt daraus, daß die Art der übertragenen Arbeit maßgebend sein solle. Ob im Sinne dieses Tarifvertrags die Beschäftigung auch da entscheiden könnte, wo es an einer ordnungsmäßigen Lehrzeit fehlt (vgl. für den Baugewerbstarif RAG. Bd. 3 S. 155), bedarf der Erörterung nicht, weil dem Kläger die

Lehrzeit nicht mangelt. Der Berufungsrichter nimmt aber zutreffend an, daß die Leistung als Kennzeichen der Tarifstellung im Vordergrund steht. Das ergibt sich außer der grundlegenden Bestimmung, die der Berufungsrichter anführt, auch aus einer Reihe von Einzelregelungen. So heißt es in den Sonderbestimmungen für Maschinensetzer, die einen Aufschlag auf den Tariflohn erhalten:

„An Monotoype-Gießmaschinen beschäftigte ‚Gehilfen' sind den Maschinensetzern gleichzustellen."

und in § 20 Ziff. 1:

„Als Gehilfenarbeit gilt jede technische Arbeit am ‚Stereo' und ‚Galvano' . . . . . ."

Auf die „Ausbildung" (nicht Prüfung) wird in zahlreichen Bestimmungen (§ 11 Ziff. 3, § 13, § 16 Ziff. 1, § 19 Ziff. 7) Wert in dem Sinne gelegt, daß sie die notwendige Voraussetzung für die Übertragung der oder jener Arbeit sein soll. Dieser Tarifinhalt allein rechtfertigt die Auffassung des Berufungsrichters. Es ist aber mit dem Berufungsrichter auch heranzuziehen, daß bei der für das Reich geltenden Regelung des Ausbildungswesens, dem der Gewerbeordnung, die Tarifparteien mit dem Rechts- und Sachbestand zu rechnen hatten, daß ein Zwang zur Ablegung der Gesellenprüfung für den Buchdrucker wie für andere Handwerker nicht besteht.

Danach konnte der teilweise Mißerfolg des Klägers in der Prüfung (übrigens nicht in deren praktischem Teil) seinem Anspruch auf Zahlung des tariflichen Gesellenlohnes nicht entgegengehalten werden, sofern er nur, was die Beklagte nicht bestritten hat, mit Gesellenarbeit betraut war. Falls er diese Arbeit, wie die Beklagte behauptet, schlecht ausgeführt hat, so mag das die Beklagte zu Kürzungen des Lohnes oder Gegenansprüchen berechtigen. Solche Ansprüche und Einwände hat sie nicht geltend gemacht. Wenn die Revision sich darauf beruft, daß die streitenden Parteien nicht ein reines Arbeitsverhältnis begründen, vielmehr das Lohnverhältnis hätten fortsetzen wollen, daß zum mindesten nach Treu und Glauben das Verhalten der Parteien so gedeutet werden müsse, so verkennt sie, daß die einzelvertragliche Abrede sich gegenüber dem zwingenden Gesetz (§ 130a RGewO.) und dem unabdingbaren Tarifvertrag nicht durchsetzen kann. Im übrigen hat die Beklagte auch nicht behauptet, daß sie in der streitigen Zeit noch eine Lehrtätigkeit dem Kläger habe zugute kommen lassen.

RAG. 6, 12.

Hat ein Arbeitnehmer, der Mitglied der Betriebsvertretung ist, das Recht, die Arbeit gegen den Willen des Arbeitgebers auszusetzen, um an einem von seiner Organisation veranstalteten Lehrkursus teilzunehmen?

RVerf. Art. 159, 160, 163, 165. Allg. Berggesetz §§ 84, 95, 96. BRG. §§ 82, 84.

Reichsarbeitsgericht. Urt. v. 7. Mai 1930.

I. Arbeitsgericht Finsterwalde. — II. Landesarbeitsgericht daselbst.

Seitens des Bergbauindustriearbeiterverbandes wurden in den Tagen vom 6. bis 13. April 1929 in Oybin und Johnsdorf Funktionärkurse abgehalten, zu denen auch die Kläger bestimmt worden waren. Beide baten bei der Beklagten, bei der sie in Arbeit standen und als Mitglieder des Betriebsrates tätig waren, um Urlaub für diese Zeit. Der Urlaub wurde ihnen versagt. Auf ihre Erklärung, sie blieben dann ohne Urlaub der Arbeit fern, wurden sie auf die Folgen ihres Fernbleibens hingewiesen. Gleichwohl erschienen sie zur Arbeit an den betreffenden Tagen nicht. Mit Einschreibebrief vom 9. April 1929 teilte ihnen die Beklagte mit, wie ihnen bereits mündlich eröffnet worden, habe der Urlaub aus betrieblichen Gründen nicht gewährt werden können. Sie hätten die Arbeit unbefugt verlassen, aus § 82 ABG. sei Beklagte zur fristlosen Entlassung berechtigt. Dafür habe sich auch der Arbeitgeberverband ausgesprochen. Sie seien also „mit dem heutigen Tage" entlassen. Die Briefe konnten zunächst nicht zugestellt werden, da die Empfänger nicht angetroffen wurden und die Ehefrauen die Annahme verweigerten. Am 13. April 1929 kamen sie in die Hände der Kläger. Sie riefen den Betriebsrat an, der vergeblich mit der Beklagten verhandelte und seinerseits den Einspruch als berechtigt anerkannte.

Mit der Klage wollen die Kläger die fristlose Kündigung für ungerechtfertigt erklärt haben. Sie machen geltend, sie hätten sich ordnungsgemäß abgemeldet, nach dem maßgebenden Tarifvertrage für den mitteldeutschen Braunkohlenbergbau ziehe unberechtigte Arbeitsversäumnis nur eine Kürzung des Urlaubs nach sich. Sie seien aber auch der Ansicht gewesen, sie dürften der Arbeit fernbleiben. Die Entlassung verletze die Rechte der Kläger aus der Reichsverfassung, sei eine Schikane und eine Beeinträchtigung ihrer Rechte als Betriebsratsmitglieder.

Die Vorinstanzen haben die Klage abgewiesen. Die Revision blieb ohne Erfolg.

Gründe:

Das Landesarbeitsgericht geht davon aus, die Kläger hätten auf Grund ihres Arbeitsvertrages an den betreffenden Tagen Arbeit zu leisten gehabt. Sie hätten aber die Erfüllung dieser Verpflichtung beharrlich verweigert und die Arbeit unbefugt verlassen. Ihre Berufung auf § 3 Abs. 2 der Arbeitsordnung sei verfehlt. Wenn dort bestimmt sei: „der Arbeiter darf ohne vorherige Abmeldung nicht feiern", so genüge die Abmeldung allein nicht, es müsse die Zustimmung des Arbeitgebers hinzutreten, andernfalls die Versäumnis unberechtigt bzw. unentschuldigt sei. Und wenn § 10 Nr. 6 des Tarifvertrages besage:

> Unentschuldigte und unberechtigte Arbeitsversäumnis wird von der Urlaubszeit, und zwar ohne Entgelt, in Abzug gebracht. Ob eine solche Arbeitsversäumnis vorliegt, entscheidet die Werksleitung mit der gesetzlichen Arbeitervertretung.

und die „protokollarischen Erklärungen" hierzu bestimmten:

> Willkürliche Feierschichten, welche nach genommenem Urlaub verfahren werden, können auf den nächsten Urlaub angerechnet werden.

so sei damit eine fristlose Entlassung wegen beharrlicher Arbeitsweigerung, die von diesen Bestimmungen überhaupt nicht erfaßt werde, nicht ausgeschlossen. Bei dem Verhalten der Kläger sei sie vielmehr aus § 82 Abs. 3 Allg. Berggesetzes gerechtfertigt. Ein Verstoß gegen § 226 BGB. sei nicht gegeben. Ebensowenig gebe eine Bestimmung der Reichsverfassung den Klägern das Recht, zwecks Teilnahme an einem von der Gewerkschaft veranstalteten Funktionärkursus die Arbeit entgegen dem Verbote des Arbeitgebers auszusetzen. Auch § 95 BRG. spreche den Arbeitnehmern ein solches Recht nicht zu. Wenn die Kläger die Rechtslage unrichtig aufgefaßt hätten, so gingen die rechtlichen Folgen zu ihren Lasten.

Die Revision rügt demgegenüber die Versetzung einer Anzahl gesetzlicher Vorschriften, wie der Art. 159, 160, 163 und 165 RVerf. in Verbindung mit der Vereinbarung zwischen den Arbeitgeber- und Arbeitnehmerverbänden vom 15. November 1918 (ReichsarbBl. S. 874), der §§ 84, 95, 96 BRG., §§ 133, 157, 226, 242 BGB., ferner der Bestimmungen der §§ 7, 10, 18 des Tarifvertrages, der §§ 3 und 12 der Arbeitsordnung und endlich der §§ 82 und 84 Allgemeines Berggesetzes.

Dem Landesarbeitsgericht ist zunächst darin zuzustimmen, daß ein Arbeitnehmer, der einen Dienstvertrag geschlossen hat, wie jeder andere Vertragschließende gehalten ist, seine Vertragspflichten im

Rahmen des Arbeitsvertrages, der Arbeitsordnung und des Tarifvertrags, falls ein solcher maßgebend ist, zu erfüllen, insbesondere die vorgeschriebene Arbeitszeit auszuhalten. Verläßt er unbefugt die Arbeit oder verweigert er beharrlich die Erfüllung der ihm obliegenden Pflichten, so gibt er damit dem Arbeitgeber das Recht an die Hand, zur fristlosen Entlassung zu schreiten (§ 123 Abs. 1 Nr. 3 RGewO., § 82 Abs. 1 Nr. 3 Allg. Berggesetzes). Anders würde die Sachlage nur dann zu beurteilen sein, wenn dem Arbeitnehmer entgegen dem Vertragsinhalte Verrichtungen zugemutet würden, zu denen er nicht verpflichtet ist, oder wenn ihm der Vertrag das Recht gäbe, den Weisungen des Arbeitgebers sich zu widersetzen. Für Mitglieder des Betriebsrates, denen das Betriebsrätegesetz weitergehende Rechte im Interesse der ihnen zugewiesenen Aufgaben zuspricht, würde von selbst ein Verstoß gegen die ihnen auf Grund des Arbeitsvertrages obliegenden Pflichten in Fortfall kommen, wenn sie durch eine befugte Ausübung der ihnen aufgetragenen Geschäftsführung oder durch berechtigte Wahrnehmung ihrer Rechte an der Erfüllung ihrer Pflichten verhindert sein würden. Nach beiden Richtungen, sowohl in bezug auf die Eigenschaften der Kläger als Arbeitnehmer als auch als Betriebsratsmitglieder, ist der vorliegende Fall zu prüfen.

Die Frage, ob ein unbefugtes Verlassen der Arbeit oder eine beharrliche Verweigerung der Erfüllung ihrer Vertragspflichten seitens der Kläger vorliegt, ist nach den tatsächlichen Feststellungen des Landesarbeitsgerichts zu bejahen. Danach wollten die Kläger zwecks Besuchs des Funktionärkursus für etwa eine Woche von der Arbeit fernbleiben. Die Beklagte hat ihnen die Erlaubnis hierzu verweigert und sie auf die Folgen eines etwaigen unerlaubten Fernbleibens ausdrücklich hingewiesen. Die Kläger haben diesen Hinweis, wie das Landesarbeitsgericht weiter feststellt, auch verstanden und gewußt, daß eine Zuwiderhandlung gegen das Verbot der Betriebsleitung die fristlose Entlassung nach sich ziehen könne. Sie sind gleichwohl der Arbeit fern geblieben, sie wollten es eben darauf ankommen lassen und ihren Willen gegen den Arbeitgeber durchsetzen. Sie haben eigenmächtig die Arbeit auf eine volle Woche ausgesetzt, zu deren Leistung sie nach ihrem Arbeitsvertrage verpflichtet waren. In diesem Verhalten tritt die Beharrlichkeit der Willensrichtung der Kläger, die ihnen obliegenden Dienste unter Nichtbeachtung der Aufforderung des Arbeitgebers zu verweigern, klar zutage. Daß hierin eine objektive Verletzung des § 82 Abs. 1 Nr. 3 AllgBergG. zu erblicken ist, bedarf im Anschluß an die Rechtsprechung des Reichsarbeitsgerichts keiner weiteren Darlegung.

Nach der subjektiven Seite suchen die Kläger sich damit zu entschuldigen, daß sie auf Grund des § 3 der Arbeitsordnung und des § 10 Nr. 6 des Tarifvertrages sich zu ihrem Vorgehen berechtigt gehalten und gegen eine fristlose Entlassung gesichert geglaubt hätten. Als Mitgliedern des Betriebsrates sei der Besuch des Kursus für die Ausübung ihres Amtes ihnen sehr wertvoll gewesen, sie hätten angenommen, sie seien im Rahmen ihrer Befugnisse berechtigt, auch gegen den Willen des Arbeitgebers daran teilzunehmen und zu diesem Zweck die Arbeit auszusetzen. Selbst wenn die Kläger diesen in seiner Richtigkeit von vornherein zum mindesten sehr zweifelhaften rechtlichen Standpunkt eingenommen haben sollten, müssen sie die Folgen ihres Handelns tragen, wenn er sich hinterher als unzutreffend erweist. Wer in einer nicht ganz klaren rechtlichen Lage sich für eine bestimmte Auffassung entscheidet und ihr sein ganzes Verhalten anpaßt, tut dies, wie das Reichsarbeitsgericht ständig ausgesprochen hat, auf seine Gefahr und muß die Folgen einer etwaigen Unrichtigkeit seines Standpunktes tragen.

Ein Recht zum Fernbleiben von der Arbeit wollen die Kläger zunächst aus § 3 Abs. 2 der Arbeitsordnung herleiten, sie hätten sich vorher abgemeldet. Die Bestimmung besagt, ein Arbeitnehmer dürfe ohne vorherige Abmeldung nicht feiern. Wenn die Kläger diesen Satz dahin umzukehren versuchen, daß nach Abmeldung jeder Arbeitnehmer auch gegen den Willen der Leitung feiern dürfe, so liegt die Unmöglichkeit einer solchen Auslegung eigentlich auf der Hand. Die Arbeitsordnung ist dazu da, eine geregelte und ordnungsmäßige Führung eines Betriebes sicherzustellen. Dazu gehört vor allem, daß jeder Angehörige des Betriebes rechtzeitig auf seinem Posten ist und seine Verrichtungen aufnimmt, daß sämtliche Arbeitsstellen besetzt sind, die im Interesse einer regelrechten Arbeit besetzt sein müssen. Wäre nun jeder Arbeitnehmer, wie die Kläger es angenommen haben wollen, in der Lage, auf eine einfache „Abmeldung" hin die Arbeit willkürlich und auf beliebig lange Zeit auszusetzen, so wäre damit nicht nur die Fortführung des Betriebes ständig gefährdet, sondern unter Umständen überhaupt unmöglich gemacht. Daß eine Arbeitsordnung, die gerade das Gegenteil erreichen will und soll, eine Bestimmung dieses Inhaltes aufgenommen haben sollte, muß als ausgeschlossen gelten.

Ist schon nach diesen allgemeinen Erwägungen die Deutung, die die Kläger der Bestimmung gegeben haben wollen, offenbar unrichtig, so spricht die Arbeitsordnung in § 3 Abs. 1 auch noch ausdrücklich aus, jeder Arbeiter habe die für den Beginn und die Beendigung der Werksarbeit festgesetzten Stunden pünktlich innezuhalten. Wenn dann der Absatz 2 von der Abmeldung und Absatz 3 von dem Gesuch um Urlaub in besonderen Fällen handeln, so kann mit dem Landesarbeitsgericht dahingestellt bleiben, ob es sich nicht im vorliegenden Falle um ein solches Gesuch statt um eine Abmeldung handelt. Denn auf alle Fälle ist dem angefochtenen Urteil darin beizutreten, daß auch zu einer Abmeldung die Zustimmung der Betriebsleitung erforderlich gewesen wäre. Dies ergibt sich aus dem Gesamtinhalt des § 3 ohne weitere Darlegung.

Ebensowenig kann den Klägern darin gefolgt werden, daß die unter den Vorschriften über Urlaub stehende Bestimmung des § 10 Nr. 6 des Tarifvertrags, wonach unberechtigtes und unentschuldigtes Versäumen der Arbeit mit einem Abzuge vom Urlaub geahndet werden kann, die fristlose Entlassung ausschließe. Im letzteren Falle handelt es sich lediglich um eine Frage der Bemessung des regelmäßigen Urlaubs, die mit der Aufkündigung oder Entlassung eines Arbeiters überhaupt nichts gemein hat. Aus ihr Schlüsse auf das Kündigungs- und Entlassungsrecht des Arbeitgebers, das an anderen Stellen geregelt ist, zu ziehen, geht nicht an. Dazu kommt, daß § 12 der Arbeitsordnung ausdrücklich vorschreibt, daß Arbeiter aus den in § 82 AllgBergG. angeführten Gründen entlassen werden können. Wenn die Revision dazu geltend macht, der Tarifvertrag gehe nach seinem § 18 der Arbeitsordnung vor, wenn Widersprüche zwischen beiden beständen, so verkennt sie, daß ein solcher hier nicht vorliegt. Die Befugnis des Arbeitgebers, unter Mitwirkung der Betriebsvertretung unberechtigt versäumte Arbeitszeit auf den Urlaub in Anrechnung zu bringen, schließt keineswegs das ihm allein zustehende Recht, diese Versäumnis zum Grunde einer fristlosen Entlassung zu machen, aus.

Sonach entfallen die von den Klägern aus dem Arbeitsvertrage selbst entnommenen Gründe. Im übrigen stellt das Landesarbeitsgericht tatsächlich fest, sie seien sich der Lage wohl bewußt und darüber klar gewesen, daß die Folge ihrer Handlungsweise die Entlassung sein könne, sie hätten es aber darauf ankommen lassen wollen. Diese tatsächliche, das Revisionsgericht bindende Feststellung beseitigt auch in subjektiver Hinsicht alle von der Revision erhobenen Einwendungen.

Wenn endlich die Revision auch noch die Verletzung des § 226 BGB. wiederholt geltend macht, weil die Entlassung nur erfolgt sei, um die Kläger zu schädigen, so übersieht sie dabei, daß das Landesarbeitsgericht gerade das Gegenteil festgestellt und ausgeführt hat, der Schritt der Beklagten sei durchaus verständlich, da sie Personen von der Vertragsuntreue der Kläger nicht länger in ihrem Betriebe haben wolle. Damit ist ein berechtigtes Interesse der Beklagten, von ihrem Entlassungsrechte Gebrauch zu machen, hinreichend festgestellt und die Anwendung des § 226 BGB., der nur dann Platz greift, wenn die Absicht der Schädigung allein der Grund der Rechtsausübung ist, ausgeschlossen.

Von der vertraglichen Seite aus gesehen ist also die Entlassung der Kläger mit dem Landesarbeitsgericht als durchaus berechtigt anzuerkennen. Es ist aber weiter zu untersuchen, ob ihre Eigenschaft als Mitglieder des Betriebsrates ihnen nicht das Recht gab, den Funktionärkursus zu besuchen, ob sie also im Rahmen ihrer gesetzlichen Befugnisse zu diesem Zwecke auch ohne Einwilligung des Arbeitgebers ihre Arbeit unterbrechen durften. Selbsterständlich kann dafür nicht ins Feld geführt werden, daß sie von der Gewerkschaft zur Teilnahme an dem Kurse bestimmt worden waren. Wenn auch der Einfluß der Gewerkschaften als der anerkannten Vertreter der Arbeitnehmer auf die einzelnen Betriebe zuzugeben ist, er geht doch nicht so weit, daß sie in die vertraglichen Beziehungen der Parteien eines Arbeitsvertrages in der Weise einzugreifen in der Lage sind, daß sie einen Arbeitnehmer von seinen vertraglichen Verpflichtungen gegen den Willen des Arbeitgebers entbinden und einem vertragswidrigen Verhalten des Arbeitnehmers diesen Charakter nehmen könnten. Es kann sich somit nur fragen, ob etwa gesetzliche Vorschriften, insbesondere die der Reichsverfassung und des Betriebsrätegesetzes, auf die die Revision sich beruft, ihnen das Recht zum Besuche des Kurses zubilligen.

In dieser Hinsicht macht die Revision zunächst geltend, nach dem Inhalte des Entlassungsschreibens vom 9. April 1929 handle es sich nur um eine Machtprobe des Arbeitgeberverbandes gegenüber dem Verbande der Bergbauindustriearbeiter. Die Benachteiligung der Kläger durch die Ausübung dieser Machtprobe verstoße gegen die Vereinbarung der beiderseitigen Organisationen vom 15. November 1918, worin die Gewerkschaften als berufene Vertreter der Arbeiterschaft anerkannt seien.

Es kann dahingestellt bleiben, ob diese Vereinbarung heute noch in Geltung ist, jedenfalls gilt der Satz an sich weiter. Es ist aber nicht ersichtlich und von der Revision nicht näher dargetan, inwiefern die Beklagte durch ihr Vorgehen gegen die Kläger gegen ihn verstoßen haben soll. In Nr. 6 der Vereinbarung ist auch vorgesehen, daß die Arbeitsbedingungen durch Kollektivvereinbarungen mit den Berufsvereinigungen der Arbeitnehmer festgesetzt werden sollen. Wenn dies, wie hier, geschehen ist, und sich im Anschlusse daran ein Streit über den Umfang der beiderseitigen Rechte zwischen dem Arbeitgeber und dem Arbeitnehmer entspinnt, etwa über die Berechtigung, zum Zwecke des Besuches eines Kurses zu feiern, wenn beide Streitteile bis zum äußersten auf ihren Standpunkt beharren und der Streit sich tatsächlich zu einer Machtprobe auswächst, so liegt darin doch kein Eingriff in die Vertretungsbefugnis der Gewerkschaften. Davon könnte nur dann die Rede sein, wenn die Gewerkschaften allein zu bestimmen hätten und der Arbeitgeber ihrer Ansicht folgen müßte. Dem ist aber nicht so, sein vermeintliches Recht zu schützen ist jedem der beiden Teile gleichmäßig gestattet.

Die Revision meint nun, den Klägern als Mitgliedern der Betriebsvertretung stehe das Recht zu, die Arbeit zwecks Besuches eines Kurses auch gegen den Willen des Arbeitgebers auszusetzen. Es mag sein, daß es wünschenswert ist, daß die Betriebsratsmitglieder mit den Bestimmungen, die sich auf ihre Aufgaben beziehen, Bescheid wissen, und daß der Besuch von Kursen sie zur Erfüllung ihrer Pflichten besser befähigt macht. Eine andere Frage aber ist es, ob sie zur Erreichung dieses Zweckes die freiwillig dem Arbeitgeber gegenüber übernommenen Verpflichtungen aus ihrem Arbeitsvertrage außer acht lassen dürfen. Ihr Vertrag verpflichtet sie, die festgesetzten Arbeitsstunden innezuhalten, er gibt ihnen ein solches Recht nicht, im Gegenteil stempelt er die Nichterfüllung dieser Pflicht zu einer Vertragsverletzung, aus der der Arbeitgeber die Folgen zu ziehen berechtigt ist. Es müßten also schon andere gesetzliche Vorschriften dieses Recht begründen.

Sie will die Revision in den Art. 159, 160, 163, 165 RVerf. gefunden haben, ohne allerdings eine Begründung für diese ihre Annahme zu geben.

Art. 159 gewährleistet für jedermann und für alle Berufe die Vereinigungsfreiheit zur Wahrung der Arbeits- und Wirtschaftsbedingungen und erklärt alle Abreden und Maßnahmen, die diese Freiheit einzuschränken oder zu behindern suchen, für rechtswidrig. Inwiefern die Vereinigungsfreiheit eingeschränkt sein soll, wenn ein Arbeitgeber auf der Erfüllung der Vertragspflichten seitens des Arbeitnehmers besteht und ihn davon zum Zwecke des Besuches eines Kurses nicht entbindet, ist nicht einzusehen. Noch weniger, inwiefern aus dieser Bestimmung ein Recht des Arbeitnehmers folgen soll, auch gegen den Willen des anderen Vertragsteils die Arbeit zu unterbrechen und sich so die freie Zeit zum Besuche zu verschaffen. Man hat bei der Abfassung der Gesetzesbestimmung absichtlich an Stelle des Wortes „Koalitionsfreiheit" die Vereinigungsfreiheit gesetzt, um nicht den Anschein zu erwecken, als wolle man die mit dem ersteren bis dahin in Verbindung gebrachte Streikfreiheit gewährleisten — Anschütz, die Verfassung, zu Art. 159 Anm. 3. — Auf keinen Fall wollte man damit aussprechen, daß durch Rechtssatz oder vertragliche Vereinbarung verbotene, also rechtswidrige Handlungen dadurch zu erlaubten werden, daß sie zur Wahrung und Förderung von Arbeits- und Wirtschaftsbedingungen vorgenommen werden. Die herrschende Meinung steht auf dem entgegengesetzten Standpunkt und für sie hat sich auch das Reichsgericht unter ausdrücklichem Hinweis auf § 626 BGB., § 123 Abs. 1 Nr. 3 RGewO. entschieden — RGSt. Bd. 56 S. 412 —. Diese Vorschrift zieht also die Revision zu Unrecht heran, aus ihr läßt sich weder ein Recht der Kläger, zum Zwecke des Besuches des Kurses willkürlich der Arbeit fernzubleiben, herleiten, noch ist sie dazu geeignet, die in dem Fernbleiben liegende Vertragsverletzung zu decken.

Art. 160 gewährt einem Arbeiter das Recht auf freie Zeit zur Wahrnehmung staatsbürgerlicher Rechte und zur Ausübung ihm übertragener öffentlicher Ehrenämter, letzteres aber nur insoweit, als dadurch der Betrieb, in dem er beschäftigt ist, nicht erheblich geschädigt wird. Eine Wahrnehmung eines staatsbürgerlichen Rechtes bedeutet nun der Besuch eines Funktionärkurses zweifellos nicht. Es kann aber auch keine Rede davon sein, daß er etwa ein öffentliches Ehrenamt darstellen könnte.

Ebenso verfehlt ist die Berufung auf Art. 163, der jedem Deutschen eine sittliche — nicht etwa eine Rechtspflicht — auferlegt, unbeschadet seiner persönlichen Freiheit seine geistigen und körperlichen Kräfte so zu betätigen, wie es das Wohl der Gesamtheit erfordert. Damit wird eine Arbeitspflicht festgelegt, der das in Abs. 2 ausgesprochene Recht auf Arbeit und auf Erwerb des Unterhaltes durch sie gegenübersteht. Damit sollte aber keineswegs gesagt werden, daß der Arbeiter das Recht haben solle, seiner vertraglich übernommenen Arbeitsverpflichtung zuwider diese gegen den Willen seines Vertragsgegners zu unterbrechen und sich seiner weiteren Fortbildung wegen bei noch bestehendem Arbeitsverhältnis anderen Beschäftigungen zu widmen. Hat er sich freiwillig in ein vertragliches Abhängigkeitsverhältnis begeben, so muß er seine Zeit auf dieses verwenden oder aber sich die Auflösung gefallen lassen.

Art. 165 stellt die Gleichberechtigung der Arbeiter und Angestellten mit den Unternehmern bei der Regelung der Lohn- und Arbeitsbedingungen und der gesamten wirtschaftlichen Entwicklung der produktiven Kräfte fest und erkennt die beiderseitigen Organisationen und ihre Vereinbarungen an; im weiteren umschreibt er den Aufbau der Räteorganisation. Auch er läßt nur das gelten, was die Vertretungen der Arbeitnehmer und Arbeitgeber als Lohn- und Arbeitsbedingungen vereinbart haben. Darüber hinaus gibt er dem Arbeitnehmer keine Rechte, bevollmächtigt auch die Arbeitervertretungen nicht dazu, einseitig von den einmal festgesetzten Bedingungen abzugehen oder weitergehende Rechte für die Arbeitnehmer in Anspruch zu nehmen. Soweit also hierin dem Arbeitnehmer ein Recht zum Besuche eines Kurses nicht zugestanden ist, und das ist vorliegend nicht der Fall, kann er es auch aus Art. 165 RVerf. nicht herleiten.

Die Berufung der Revision auf die Verfassung muß also versagen, in ihr sind auch den Mitgliedern der Betriebsvertretung weitergehende Rechte als den übrigen Arbeitnehmern, soweit die hier zu entscheidende Frage in Betracht kommt, nicht zugestanden.

Aus dem Betriebsrätegesetz will die Revision die §§ 84, 95, 96 zur Unterstützung ihrer Auffassung herangezogen wissen, sie soll das Landesarbeitsgericht verkannt haben.

§ 84 Nr. 1 betrifft die Arbeitnehmer überhaupt und untersagt die Kündigung wegen gewerkschaftlicher Betätigung. Hiervon kann im vorliegenden Falle überhaupt keine Rede sein. Ob man den Besuch eines von der Gewerkschaft eingerichteten Kurses zur gewerkschaftlichen Tätigkeit rechnet, kann dahingestellt bleiben, denn die Kündigung der Kläger ist nicht wegen des Besuches des Kurses an sich, sondern deshalb erfolgt, weil sie gegen den Willen des Arbeitgebers ihre Arbeit verlassen und so gegen ihre Pflichten aus dem Arbeitsvertrage verstoßen haben. Im übrigen werden die Rechte der Arbeitnehmer durch den Tarifvertrag und die Arbeitsordnung bestimmt. Weitere Rechte gewährt ihnen auch § 84 Abs. 1 Nr. 1 BRG. nicht, insbesondere keinen Anspruch auf Freistellung von ihren Vertragspflichten zum Besuche eines solchen Kurses.

§ 95 BRG. untersagt den Arbeitgebern, die gewählten Betriebsvertreter in der Ausübung der gesetzlichen Betriebsvertretung zu beschränken oder sie deswegen zu benachteiligen. Die Aufgaben der Betriebsvertretungen sind im Betriebsrätegesetz, insbesondere in § 66, auf dessen Nr. 3 die Revision besonders hinweist, festgelegt. Aber in keiner dieser Bestimmungen wird ihnen das Recht zugesprochen, zu ihrer Fortbildung und zu etwaigen diesem Zweck dienenden Kursen ihre vertraglichen Verpflichtungen nicht zu erfüllen. Soweit die Erledigung der ihnen ausdrücklich übertragenen Geschäfte ein Aussetzen der laufenden Arbeit erfordert, sind sie hierzu jederzeit befugt. Darüber hinaus aber berechtigt sie auch ein an sich zu billigender Zweck nicht, sich über ihre Pflichten aus dem Arbeitsvertrage, dem sie als Arbeitnehmer unterstehen, hinwegzusetzen. Nach § 1 BRG. geht ihre Aufgabe dahin, daß sie die gemeinsamen Interessen der Arbeitnehmer wirtschaftlicher Natur wahrzunehmen und den Arbeitgeber in der Erfüllung der Betriebszwecke zu unterstützen haben. Zu diesen wirtschaftlichen und gemeinsamen Interessen gehört der Besuch eines Kurses jedenfalls nicht, er liegt außerhalb des Rahmens der Aufgaben der Betriebsvertretung. Aus § 96 BRG. ist für die zu entscheidende Frage überhaupt nichts zu entnehmen. Da auch an keiner anderen Stelle des Betriebsrätegesetzes den Betriebsratsmitgliedern ein solches Recht zuerkannt ist, versagt auch die Berufung der Revision auf seine Vorschriften.

Haben aber die Kläger einen Anspruch auf Beurlaubung oder ein eigenes Recht zum Besuche des Kurses nicht gehabt, so liegt, wie oben bereits dargelegt, in ihrem Verhalten eine Verfehlung im Sinne des § 82 Abs. 1 Nr. 3 AllgBergG. und ihre fristlose Entlassung besteht zu Recht.

RAG. 6, 40.

Bedarf es der Zustimmung der Betriebsvertretung nach § 96 BRG., wenn der Arbeitgeber einen vom Arbeitsamt zugewiesenen Notstandsarbeiter, der Mitglied der Betriebsvertretung ist, nach Ablauf von drei Monaten entläßt?

BRG. § 96; AVAVG. § 139 Abs. 4; Richtlinien über die wertschaffende Arbeitslosenfürsorge v. 28. März 1928 (RArbBl. I S. 87) § 12 Abs. 4.

Reichsarbeitsgericht. Urt. v. 17. Mai 1930.

I. Arbeitsgericht Berlin. — II. Landesarbeitsgericht daselbst.

Die Beklagte hat als Unternehmerin für die Berl. St. El.W. A.-G. (Bewag), welche Trägerin von Notstandsarbeiten war, Tiefbauarbeiten ausgeführt und hierbei auch den Kläger vom 29. April 1929 ab als Notstandsarbeiter beschäftigt. Am 29. Juli 1929 erklärte sie den Arbeitsvertrag des Klägers, der Baudelegierter war, für beendet. Die Zustimmung der Betriebsvertretung hatte sie nicht eingeholt. Der Kläger, der infolge des Fehlens der Zustimmung der Betriebsvertretung zur Entlassung das Arbeitsverhältnis als fortbestehend betrachtete, klagte auf Zahlung von Arbeitslohn für einen nach der Entlassung liegenden Zeitraum und auf Feststellung, daß sein Arbeitsverhältnis bei der Beklagten noch fortbestehe. Das Arbeitsgericht wies die Klage ab. Die Berufung des Klägers wurde zurückgewiesen. Seine Revision hatte keinen Erfolg.

Gründe:

Das Landesarbeitsgericht hat im Anschluß an das Urteil des Reichsarbeitsgerichts vom 6. Februar 1929 — RAG. Bd. 3 S. 162 — angenommen, daß der von der Beklagten mit dem Kläger geschlossene Arbeitsvertrag in Ermangelung besonderer Vereinbarungen mit Rücksicht auf die gemäß § 12 Abs. 4 der Richtlinien über die wertschaffende Arbeitslosenfürsorge vom 28. März 1928 (RArbBl. I S. 87) grundsätzlich nach drei Monaten stattfindende Auswechselung der Notstandsarbeiter als längstens auf die Dauer von drei Monaten stillschweigend geschlossen gelten müsse und daß daher, da eine Verlängerung des Arbeitsverhältnisses nicht erfolgt sei, dieses mit Ablauf der drei Monate sein Ende gefunden habe, ohne daß es einer Kündigung bedurft hätte. Habe es aber einer Kündigung nicht bedurft, so sei auch die Zustimmung der Betriebsvertretung nach § 96 BRG. nicht erforderlich gewesen.

Die von der Revision als rechtsirrig bekämpfte Auffassung des Landesarbeitsgerichts läßt einen Rechtsirrtum nicht erkennen. An sich finden die Bestimmungen des Betriebsrätegesetzes auch auf die Notstandsarbeiter Anwendung (RAG. Bd. 3 S. 162, Bd. 4 S. 137). Daß im übrigen die Voraussetzungen für eine Anwendbarkeit der § 96, 97 BRG. auf den Kläger als Baudelegierten für den vorliegenden Fall auf Grund der besonderen tarifvertraglichen Regelung der Betriebsvertretung im Reichstarifvertrage für das Baugewerbe in Verbindung mit §§ 62, 98 BRG. an sich gegeben waren, ist unter den Parteien nicht streitig. Die Zustimmung nach § 96 BRG. war aber dann nicht erforderlich, wenn das Arbeitsverhältnis des Klägers auf andere Weise, ohne Kündigung endete. Letzteres hat das Landesarbeitsgericht im Anschluß an das oben erwähnte Urteil des Reichsarbeitsgerichts vom 6. Februar 1929 ohne ersichtlichen Rechtsirrtum angenommen. Nach § 12 Abs. 4 der Richtlinien des Verwaltungsrates der Reichsanstalt für Arbeitsvermittlung und Arbeitslosenversicherung über die wertschaffende Arbeitslosenfürsorge vom 28. März 1928 (RArbBl. I S. 87) soll die Beschäftigung eines Notstandsarbeiters grundsätzlich die Dauer von drei Monaten nicht übersteigen; nur ausnahmsweise darf das Landesarbeitsamt die Beschäftigungsdauer über die drei Monate hinaus bis zur Höchstdauer von sechs Monaten verlängern. Allerdings betrifft diese Bestimmung nur das sogenannte Förderungsverhältnis zwischen der Förderungsbehörde und dem Träger der Notstandsarbeit. Die Auswechselung der Notstandsarbeiter jeweils nach drei Monaten (mit dem Vorbehalt der ausnahmsweise zu gestattenden Verlängerung) bildet aber, wie in jenem Urteile vom 6. Februar 1929 ausgeführt ist, einen Hauptgrundsatz des Rechtes der sogenannten wertschaffenden Erwerbslosenfürsorge. Es dürfe, so hat das Reichsarbeitsgericht dort ausgeführt, unbedenklich angenommen werden, daß dies auch dem einzelnen Notstandsarbeiter, zumal dem erfahrenen und gewerkschaftlich geschulten Arbeiter, namentlich also dem zur Ausübung der Verrichtung als Mitglied der Betriebsvertretung berufenen ohne weiteres bekannt sei. Trete daher ein Arbeiter eine Stellung als Notstandsarbeiter an, ohne daß, wie im vorliegenden Falle, besondere Vereinbarungen über die Dauer des Arbeitsverhältnisses getroffen würden, so könne der Vertragswille der Vertragsparteien unter Berücksichtigung der Grundsätze der §§ 133, 157 BGB. nicht anders gedeutet werden, als daß er das Dienstverhältnis mit der Maßgabe eingehe, daß es nach Ablauf von drei Monaten jedenfalls dann endige, wenn es nicht (ausnahmsweise) mit Zustimmung des Landesarbeitsamts bzw. Arbeitsamtes verlängert werde. Diesen dem Urteile vom 6. Februar 1929 zugrunde liegenden Gedankengang hat sich das Landesarbeitsgericht zu eigen gemacht, indem es unter Berufung auf jene Entscheidung auch für den vorliegenden Fall den Eingang eines Arbeitsverhältnisses als mit der Maßgabe, daß es längstens nach Ablauf von drei Monaten endigen sollte, stillschweigend vereinbart angesehen hat. Hiergegen sind Rechtsbedenken nicht zu erheben. Insbesondere geben die Ausführungen der Revision, welche darauf hingewiesen hat, daß sowohl § 96 Abs. 2 Ziff. 1 BRG. als auch der Weg des Abschlusses des Arbeitsvertrages unter der auflösenden Bedingung der Abberufung die Möglichkeit böten, das Arbeitsverhältnis und das sogenannte Förderungsverhältnis in Übereinstimmung miteinander zu bringen, dem Reichsarbeitsgericht keinen Anlaß, von der in dem Urteile vom 6. Februar 1929 zum Ausdruck gebrachten grundsätzlichen Stellungnahme, welche auf der Erwägung beruht, daß die Beschäftigung der Notstandsarbeiter auf die Dauer von drei Monaten der gesetzlichen Rechtslage entspricht, abzugehen. Ob allerdings ein Arbeitsvertrag dieser gesetzlichen Rechtslage entsprechend als stillschweigend abgeschlossen anzusehen ist, ist im Einzelfalle unter Würdigung der jeweiligen besonderen Umstände zu entscheiden. Das hat das Landesarbeitsgericht, wie sich seinen Ausführungen entnehmen läßt, getan. Eine Verletzung der gesetzlichen Auslegungsregeln der §§ 133, 157 BGB. bei Feststellung des Vertragsinhalts ist nicht festzustellen. Mit Unrecht macht die Revision geltend, wenn man annehme, daß der

Inhalt des § 12 der Richtlinien stillschweigend Gegenstand der Vereinbarung zwischen den Parteien des Arbeitsvertrages geworden sei, so müsse man auch als stillschweigend vereinbart ansehen, daß das Notstandsarbeitsverhältnis so lange weiterlaufen solle, als eine Verlängerung des Beschäftigungsverhältnisses durch die Förderungsbehörde zugelassen werde; im vorliegenden Falle sei aber die Beschäftigung auf weitere drei Monate zugelassen worden. Daß eine solche Vereinbarung an sich möglich wäre, ist nicht zu bezweifeln. Es kann aber der Revision nicht zugegeben werden, daß die ausnahmsweise Zulassung der Weiterbeschäftigung über drei Monate hinaus im § 12 Abs. 4 der Richtlinien nun auch mit Notwendigkeit dahin führen müßte, anzunehmen daß das Notstandsarbeitsverhältnis von vornherein für den Fall dieser ausnahmsweisen Zulassung der Weiterbeschäftigung nach dem Willen der Vertragsparteien auch für die spätere Zeit habe weiterbestehen sollen. Die Annahme, daß die Vertragsparteien beim Abschlusse des Arbeitsvertrages von dem Normalfalle der Beschäftigungszeit von drei Monaten ausgegangen sind, ist die näherliegende. Irgendwelche Umstände, welche erkennen ließen, daß die Parteien auch bereits den Ausnahmefall in Rücksicht gezogen hätten, liegen erkennbar nicht vor. Der von dem Landesarbeitsgericht vertretenen Auslegung steht auch nicht, wie die Revision meint, entgegen, daß nach § 12 Abs. 1 der Richtlinien die Arbeitsverträge mit den Notstandsarbeitern so abzuschließen sind, daß sie beim Abruf des Notstandsarbeiters sofort gelöst werden können. Die Bestimmung ist, wie ihr Zusammenhang im Abs. 1 erkennen läßt, mit Rücksicht darauf getroffen, daß das Arbeitsamt den Notstandsarbeiter abrufen muß, sobald es ihm eine freie Arbeitsstelle vermitteln kann, soll also die jederzeitige Entlassung des Notstandsarbeiters auf Abruf des Arbeitsamtes ermöglichen. Ob und inwieweit für den Fall eines solchen jederzeit möglichen Abrufes des Arbeitsamtes von der Beklagten besondere Vereinbarungen mit dem Kläger getroffen oder ob sie mit Rücksicht auf die jederzeitige Kündbarkeit des Arbeitsverhältnisses nach dem Bauarbeitertarif überhaupt nötig waren, kann dahingestellt bleiben. Jedenfalls steht aber auch die Möglichkeit einer jederzeitigen Kündbarkeit des Arbeitsverhältnisses der Annahme, daß das Arbeitsverhältnis von vornherein längstens auf die Dauer der zulässigen Beschäftigung von drei Monaten abgeschlossen sei, nicht entgegen. Ist hiernach mit dem Landesarbeitsgericht davon auszugehen, daß das Arbeitsverhältnis des Klägers von vornherein als mit der Maßgabe abgeschlossen galt, daß es nach drei Monaten dann endigte, wenn es nicht mit Zustimmung des Arbeitsamtes verlängert wurde, so war dieser Ausnahmefall aber nicht, wie die Revision annimmt, schon dann eingetreten, wenn das Arbeitsamt seine Zustimmung zur Verlängerung des Arbeitsverhältnisses über die drei Monate hinaus erteilt hatte; denn damit war das Arbeitsverhältnis selbst noch nicht verlängert. Im vorliegenden Falle hat das Arbeitsamt zwar im Juli 1929 die Beschäftigung der Notstandsarbeiter auf weitere drei Monate zugelassen. Indessen berührte diese der Bewag als Trägerin der Notstandsarbeiten gegenüber abgegebene Zulassungserkärung das Vertragsverhältnis der Prozeßparteien nicht. Der Inhalt des zwischen diesen bestehenden Arbeitsvertrages wurde auch nicht etwa dadurch geändert, daß die Beklagte vor dem Ablauf der drei Monate von der Zulassung der Weiterbeschäftigung Kenntnis erhielt; das Arbeitsverhältnis endete vielmehr, auch wenn die Beklagte hiervon Kenntnis erlangt hatte, auf Grund der vom Landesarbeitsgericht angenommenen stillschweigenden Vereinbarung mit dem Ablauf der drei Monate, wenn es nicht, sei es ausdrücklich, sei es stillschweigend, fortgesetzt wurde. Die Ablehnung des Beweisantritts des Klägers, daß die Beklagte bereits vor dem 29. Juli 1929 von der Zulassungsverfügung des Arbeitsamtes Kenntnis erlangt habe, durch das Arbeitsgericht enthält daher keine Verletzung des § 286 ZPO., wie von der Revision geltend gemacht wird. Solange aber eine Verlängerung des Arbeitsverhältnisses unter den Vertragsparteien nicht vereinbart war, endete das nach den Feststellungen des Landesarbeitsgerichts auf drei Monate geschlossene Arbeitsverhältnis ohne Kündigung mit dem Ablauf der drei Monate; infolgedessen bedurfte es auch zur Beendigung des Arbeitsverhältnisses der Zustimmung der Betriebsvertretung nach § 98 BRG. nicht. Daß etwa eine stillschweigende Fortsetzung des Arbeitsverhältnisses über die drei Monate hinaus eingetreten sei, ist vom Landesarbeitsgericht in rechtlich nicht zu beanstandenden Ausführungen verneint worden. Die in dieser Beziehung in der schriftlichen Revisionsbegründung geltend gemachte Revisionsrüge ist vom Kläger in der mündlichen Verhandlung auch nicht mehr aufrechterhalten worden. Das gleiche gilt hinsichtlich der Rüge der Verletzung des § 95 BRG. . . .

RAG. 6, 45.

Welche Bedeutung hat die Tarifvertragsbestimmung: „Die Gedinge sind so zu vereinbaren, daß bei normaler Arbeitsleistung wenigstens 15 % über den tariflichen Schichtlohn verdient werden können?“

Tarifvertr.Vo. § 1. Manteltarifvertrag für das rhein.-westf. Steinkohlenrevier v. 18. März 1927 § 5 Ziff. 2.

Reichsarbeitsgericht. Urt. v. 17. Mai 1930.

I. Arbeitsgericht Gelsenkirchen. — II. Landesarbeitsgericht Essen.

Der Kläger war als Hauer auf Schacht 1/4 der der Beklagten gehörigen Zeche Gr. B. beschäftigt. Für sein Arbeitsvertragsverhältnis war der Tarifvertrag für das rheinisch-westfälische Steinkohlenrevier maßgebend, dessen § 5 in den Nummern 1 und 2 wie folgt lautet:

„1. Die Bergleute unter und über Tage erhalten . . . Mindestschichtlöhne nach der jeweils geltenden Lohntafel, die einen Teil dieses Vertrages bildet.

2. Gedingearbeiter erhalten als Mindestlohn den tariflichen Schichtlohn des höchstbezahlten Reparaturhauers. Die Gedinge sind so zu vereinbaren, daß bei normaler Arbeitsleistung wenigstens 15 % über diesen tariflichen Schichtlohn hinaus verdient werden können und der Durchschnitt aller Gedingearbeiter der Schachtanlage mindestens diesen Satz erreicht. . . .“

Nach der daneben geltenden Lohnordnung für das rheinisch-westfälische Steinkohlenrevier sollte der Leistungslohn der Vollhauer im Gedinge im Durchschnitt auf jeder einzelnen Schachtanlage bei normaler Arbeitsleistung im April 1929 mindestens 9,60 RM, im Mai und Juni 1929 mindestens 9,80 RM betragen (sog. Hauerdurchschnittslohn).

Im Monat April 1929 hatte der Kläger auf Grund des für seine Kameradschaft abgeschlossenen Gedinges einen Lohn von 9,93 RM je Schicht erreicht, also einen Lohn, der über den in der Lohnordnung für diesen Monat festgesetzten Hauerdurchschnittslohn hinausging. Für den Monat Mai 1929 wurde mit der an demselben Betriebspunkt weiterarbeitenden Kameradschaft das gleiche Gedinge vereinbart. Der Kläger erreichte jedoch bei 24 Schichten nur einen Verdienst von 9,18 RM je Schicht. Im Monat Juni 1929, für den das gleiche Gedinge vereinbart war, erzielte er bei 24 Schichten nur noch einen Verdienst von 8,53 RM je Schicht. Der Durchschnitt aller Gedingearbeiter der Schachtanlage 1/4 erreichte im Mai 1929 einen Satz von 9,50 RM, im Juni 1929 einen solchen von 9,53 RM täglich. Der in § 5 Nr. 2 des Tarifvertrages erwähnte tarifliche Schichtlohn des höchstbezahlten Reparaturhauers betrug während der in Frage kommenden Zeit 8,52 RM, ist also von dem Kläger auch in den Monaten Mai und Juni 1929 erreicht worden.

Der Kläger erhob Klage auf Nachzahlung der Differenz zwischen dem ihm ausgezahlten Lohne und dem nach der Lohnordnung vom 1. Mai 1929 ab 9,80 RM betragenden Vollhauerdurchschnittslohn für die Monate Mai und Juni 1929, indem er geltend machte, durch § 5 Ziff. 2 Satz 2 des Tarifvertrages sei der Vollhauerdurchschnittslohn garantiert worden, jedenfalls aber sei dieser Durchschnittslohn dann zu zahlen, wenn der Durchschnitt aller Gedingearbeiter auf der Schachtanlage diesen Satz nicht erreicht habe.

Während das Arbeitsgericht nach Klagantrag erkannte, wies das Landesarbeitsgericht die Klage ab. Die Revision des Klägers war ohne Erfolg.

Gründe:

Mit der Auslegung der hier in Frage kommenden Ziff. 2 des § 5 des Tarifvertrages für das rheinisch-westfälische Steinkohlenrevier hat sich das Reichsarbeitsgericht bereits im Urteile vom 11. Dezember 1929 (RAG. Bd. 4 S. 315) befaßt. Nach der Auslegung, die es dort der Bestimmung gegeben hat, ist diese zwar normativen Charakters. Sie gibt aber nur in ihrem ersten Satze dem Gedingearbeiter einen Anspruch auf einen bestimmten Mindestlohn, nämlich auf den tariflichen Schichtlohn des höchstbezahlten Reparaturhauers. Diesen hat der Kläger auch für die Monate Mai und Juni 1929 erhalten. Im übrigen enthält die Bestimmung eine Vorschrift zu dem Abschlusse des Gedinges, sie betrifft aber als solche auch nur den Abschluß. Ihre Bedeutung liegt darin, daß sie den Inhalt des Vorvertrages zum Gedinge bestimmt. Sie garantiert durch den Satz 2 nicht etwa jedem Gedingearbeiter (bei normaler Arbeitsleistung) den tariflichen Schichtlohn + 15 % als Durchschnittslohn, gewährt vielmehr dem Hauer lediglich ein Vertragsrecht dahin, daß der Arbeitgeber bzw. seine Beamten bei der Vereinbarung des Gedinges nach ihrer Kenntnis des Gebirges und des Betriebes ein dem § 5 Abs. 2 Satz 2 genügendes Gedinge zu erzielen suchen, es anbieten und zu diesem Zweck die Besonderheit der Förderverhältnisse in den einzelnen Betriebspunkten in Betracht ziehen, und in diesem Sinne liegt dem Arbeitgeber auch die im § 5 Ziff. 2 Satz 2 (2. Hälfte) genannte Gegenkontrolle der Gedinge durch die Ermittelung des Gesamtdurchschnittes ob. An dieser Auslegung der streitigen Tarifbestimmung ist festzuhalten. Die Ausführungen der Parteien in dem vorliegenden Rechtsstreit geben zu einer abweichenden Stellungnahme keinen Anlaß. Betrifft aber hiernach die Bestimmung des § 5 Abs. 2 Satz 2 nur den Vorvertrag zum Abschluß eines Gedingevertrages, so ergibt sich daraus, daß, wie auch in dem erwähnten Urteile hervorgehoben ist, der Gedingevertrag nicht notwendig genau zu dem Ergebnis führen muß, das durch § 5 Abs. 2 Satz 2 als Ziel der Vereinbarung bestimmt ist. Die Vereinbarung des Entgelts für die Fördereinheit im Gedingevertrag beruht auf der Schätzung b e i d e r Vertragsteile. Daß hierbei stets der Normallohn erreicht wird, ist nicht möglich. Seine Schätzung hängt gerade bei den Verhältnissen des Bergbaues, wie auch das Landesarbeitsgericht ausgeführt hat, von zu vielen unsicheren Faktoren ab. Deshalb übernimmt der Hauer, indem er mit seiner Kameradschaft das Gedinge auf Grund der vom Arbeitgeber abgeschlossenen Bedingung eingeht, stets ein gewisses Risiko hinsichtlich der Höhe des Verdienstes, die lediglich nach unten hin durch die im § 5 Abs. 2 Satz 1 des Tarifvertrages enthaltene Garantierung eines Mindestlohnes begrenzt wird. Dadurch aber, daß der Hauer mit seiner Kameradschaft das Gedinge auf Grund des ihm vom Arbeitgeber gutgläubig, d. h. in dem Glauben, damit ein dem § 5 Abs. 2 Satz 2 entsprechendes Angebot zu machen, unterbreiteten Angebotes den Gedingevertrag abschließt, ist der Arbeitgeber, wie bereits in dem oben bezeichneten Urteile zum Ausdruck gekommen ist, der ihm aus § 5 Abs. 2 Satz 2 obliegenden Verantwortung enthoben. Dem Hauer steht dann, soweit nicht etwa der nach § 5 Abs. 2 Satz 1 garantierte Mindestlohn unterschritten ist, lediglich der Anspruch zu, wie er sich aus dem Gedingevertrage selbst und seiner Ausführung ergibt. Daraus folgt aber, daß es nicht, wie die Revision meint, Sache des Arbeitgebers ist, das Nichtvorliegen eines Verschuldens auf seiner Seite nachzuweisen, wenn der vom Hauer erreichte Lohn hinter dem Hauerdurchschnittslohn zurückbleibt, vielmehr liegt dem Hauer die Beweislast ob, wenn er über den sich aus dem Gedingevertrage selbst und seiner Ausführung ergebenden Verdienst hinaus Ansprüche geltend machen will, entweder weil der Arbeitgeber das Gedingeangebot nicht gutgläubig, also unter Verletzung der ihm nach § 5 Nr. 2 Satz 2 des Tarifvertrages obliegenden Vertragspflicht gemacht habe, oder weil die Nichterreichung des Hauerdurchschnittslohnes auf besondere, nach Abschluß des Gedinges eingetretene Umstände zurückzuführen sei, die der Arbeitgeber zu vertreten habe. — Nach den Feststellungen des angefochtenen Urteils sind im vorliegenden Falle die Gedinge für die streitigen Monate Mai und Juni nach den Vorschriften des § 11 der Arbeitsordnung ordnungsmäßig vor Ort mit dem Ortsältesten vereinbart worden, und das Landesarbeitsgericht hat keineswegs die Beweislast verkannt, wenn es davon ausgegangen ist, daß der Kläger die besonderen Umstände zu beweisen habe, die einen über den erreichten Gedingeverdienst hinausgehenden Anspruch begründen könnten. Dieser Beweis ist aber, wie das Landesarbeitsgericht auf Grund der erhobenen Beweisaufnahme rechtlich einwandfrei festgestellt hat, vom Kläger nicht erbracht worden. Das Landesarbeitsgericht hat daher aus rechtlich zutreffenden Gründen auf Abweisung der Klage erkannt. . . .

RAG. 6, 49.

Sittenwidrigkeit im Wirtschaftskampf. Inwieweit sind die Anschauungen der beteiligten Berufskreise für maßgebend zu erachten?

BGB. §§ 138, 826.

Reichsarbeitsgericht. Urt. v. 21. Mai 1930.

I. Arbeitsgericht Augsburg. — II. Landesarbeitsgericht daselbst.

Im Juni 1929 haben die Fliesenleger in A. gestreikt, um höhere Löhne zu erzielen. Die Angehörigen dieses Berufszweiges sind in A. und Umgegend fast ausnahmslos in dem Deutschen Gewerkschaftsbund (Baugewerksbund) organisiert. Auch die Kläger waren es; sie hatten aber eine Arbeit in Tr. übernommen, die als Streikarbeit angesehen wurde, und waren darüber in Meinungsverschiedenheiten mit ihrer Organisation geraten. Nach ihrem Vorbringen befürchteten sie, keine Streikunterstützung zu bekommen, und sind deshalb noch während des A.er Streiks, im Juni 1929, bei der Firma H. in A. in Arbeit getreten. Nach beendigtem Streik sind die drei Beklagten eben dort in Arbeit getreten. Nachdem die Beklagten festgestellt hatten, daß auch die Kläger dort (auf einer anderen Baustelle) arbeiteten, erbaten sich die Beklagten von der Firma die Arbeitspapiere mit der Begründung, im Betrieb sei etwas nicht in Ordnung. Hierauf hat die Firma am 21. August 1929 die beiden Kläger entlassen; die Beklagten sind geblieben. Erst am 25. September 1929 haben die Kläger Arbeit gefunden, und zwar wiederum bei H. (worauf dann die Beklagten bei der Firma ausgetreten sind).

Mit der Klage verlangten die Kläger von den drei Beklagten als Gesamtschuldnern den Ersatz des ihnen entgangenen Arbeitsverdienstes in Höhe von 348,84 und 249,79 RM, weil die Beklagten mit ihrem Vorgehen die Kläger vorsätzlich sittenwidrig geschädigt hätten. Die Beklagten sind dem Klagantrag entgegengetreten. Das Arbeitsgericht hat die Klage abgewiesen. Das Landesarbeitsgericht hat die Berufung der Kläger zurückgewiesen und die Revision zugelassen. Die Revision der Kläger blieb ohne Erfolg.

Gründe:

Nach dem festgestellten Sachverhalt haben die drei Beklagten — sie waren damals neben den beiden Klägern die einzigen Fliesenleger, die dem Arbeitgeber zur Verfügung standen — auf Grund einer unter ihnen getroffenen Abrede gemeinschaftlich dem Arbeitgeber ihren Austritt angekündigt, in der Absicht, nicht mit den Klägern als Streikbrechern zusammen arbeiten zu müssen, und in dem Bewußtsein, daß der Arbeitgeber, damals von der Arbeit bedrängt, eher die zwei Kläger als die drei Beklagten entlassen werde. In der Tat hat der Arbeitgeber hierauf die Kläger entlassen. Den Klägern ist hieraus der Verdienstausfall entstanden, den sie mit der Klage ersetzt verlangen.

Die Kläger stützen den Klaganspruch einmal auf § 826 BGB., sodann auf § 823 Abs. 2 BGB. verbunden mit den Bestimmungen der Reichsverfassung, die ein Recht auf Arbeit festsetzen (Art. 151, 157, 163 RVerf.).

Der Berufungsrichter hat beide Klagebegründungen verworfen. Zu dem zweiten Klagegrund nimmt er an, die angeführten Vorschriften der Reichsverfassung seien lediglich programmatischer Natur und keine Schutzgesetze im Sinne des § 823 BGB. Hiergegen hat die Revision keine Angriffe erhoben. Ein Rechtsirrtum tritt insoweit auch nicht zutage.

Zu dem Klagegrund aus § 826 BGB. nimmt der Berufungsrichter an, daß die Beklagten den Klägern vorsätzlich Schaden zugefügt hätten. Sie hätten die Entlassung der Kläger als mögliche Folge ihrer (der Beklagten) Austrittsandrohung erkannt; das genüge zur Feststellung des Schädigungs**vorsatzes**. Den ursächlichen Zusammenhang nimmt der Berufungsrichter gleichfalls als gegeben an. — Nach diesen Richtungen sind keine Bedenken zu erheben.

Verneint hat der Berufungsrichter dagegen, daß das Verhalten der Beklagten gegen die guten Sitten verstoßen habe.

Er kennzeichnet das Verhalten der Beklagten als eine Verrufserklärung (Boykott) und legt an dieses Verhalten den Maßstab an, den die Rechtsprechung des Reichsgerichts und des Reichsarbeitsgerichts in zahlreichen Erkenntnissen herausgearbeitet hat. Danach nimmt der Berufungsrichter an, daß Maßnahmen der hier in Rede stehenden Art in den heutigen Wirtschaftskämpfen noch nicht an sich unstatthaft oder sittenwidrig sind, sondern daß sie es nur dann werden können, wenn gewisse Grenzen nicht eingehalten werden.

Zunächst prüft der Berufungsrichter den Beweggrund, der die Beklagten geleitet hat. Die Beklagten sahen in den Klägern Streikbrecher, und sie hielten es mit ihrer Standesehre nicht für vereinbar, mit den Klägern zusammenzuarbeiten. Streikbrecher sind die Kläger nun zweifellos insofern gewesen, als sie im Juni bei der Firma H. in A. während des bestehenden, ordnungsmäßigen (nicht „wilden") Streiks eingetreten sind. Infolge dieses Streikbruchs sind sie aus der Gewerkschaft ausgeschlossen worden. Die vorangegangene Tätigkeit der Kläger in Tr. war ebenfalls als Streikbruch beurteilt worden, hatte aber, wie der Berufungsrichter feststellt, in Wahrheit noch nicht zum Ausschluß der

Kläger geführt. Wohl aber hatten die Kläger selbst, nachdem man ihnen bei einem Rechtfertigungsversuch übel mitgespielt hatte, gefürchtet, keine Streikunterstützung von der Gewerkschaft zu bekommen, und hatten deshalb die Arbeit bei H. angenommen. Auf der anderen Seite haben, wie der Berufungsrichter wiederum feststellt, die Beklagten keinen Anlaß gehabt, zu bezweifeln, daß die Kläger wegen Streikarbeit aus der Gewerkschaft ausgeschlossen worden waren. — Diese Feststellungen genügen zur Rechtfertigung der Annahme des Berufungsrichters, daß die Beklagten hinsichtlich der Streikbrechereigenschaft der Kläger gutgläubig waren; die Revision überspannt die an die Beklagten zu stellenden Anforderungen, wenn sie meint, die Beklagten hätten noch ein weiteres tun müssen, um sich die Überzeugung von dem Streikbruch der Kläger zu verschaffen, insbesondere hätten die Beklagten die Kläger selbst befragen müssen.

Im Hinblick auf diesen Sachverhalt ist der Berufungsrichter der Ansicht, nach den Anschauungen der „beteiligten Berufskreise" sei den Beklagten ein Zusammenarbeiten mit den Klägern nicht zuzumuten gewesen; das gelte allgemein, es gelte aber insbesondere in der Zeit unmittelbar nach beendigtem Streik und am Orte des Streiks, wo die Erregung des durchgeführten Wirtschaftskampfes stark nachzittere. Dafür, daß die Ansicht der beteiligten Berufskreise maßgebend sei, bezieht sich der Berufungsrichter auf RAG. 98/27 vom 21. März 1928 RAG. Bd. 1 S. 273. Dem kann angefügt werden, daß auch das neuere Urteil RAG. 356/29 vom 8. Januar 1930 auf die Anschauungen der „maßgebenden Wirtschaftskreise" abstellt.

Andernteils hat das Urteil RAG. 246/28 vom 6. November 1929 RAG. Bd. 4 S. 253 (257) hierzu einschränkend bemerkt, daß es nicht allein auf die Anschauungen der Berufsgenossen ankommen, sondern auch die allgemeinen sittlichen Anschauungen des ganzen Volkes beachtet werden müssen, und daß eine Anschauung der Berufsgenossen nicht maßgebend sei, wenn sie mit der allgemeinen Volksüberzeugung in Widerspruch trete. Es fragt sich mithin, ob hier nicht ein Rechtsirrtum des Berufungsrichters vorliegt. Mit der allgemeinen Volksüberzeugung will es nicht recht im Einklang scheinen, daß wegen sachlicher und persönlicher Meinungsverschiedenheiten der eine Teil jede Zusammenarbeit mit dem anderen innerhalb des nun einmal gegebenen Berufsverhältnisses ablehnt. Davon gehen ersichtlich auch die Urteile RAG. 328/28 vom 23. Januar 1929 (RAG. Bd. 3 S. 125) und RAG. 550/28 vom 24. April 1929 (RAG. Bd. 4 S. 19) aus. In der Auffassung des Berufungsrichters ist indessen hier ein Rechtsirrtum zu verneinen. Mag auch in anderen Berufsverhältnissen eine Unduldsamkeit der in Rede stehenden Art sittlich mißbilligt werden, so ist doch einmal auf die besonderen Verhältnisse in der heutigen Arbeiterbewegung Rücksicht zu nehmen. Geschieht das, so werden auch weitere, unbeteiligte Kreise, die für ihren eigenen Kreis jene Unduldsamkeit nicht mitmachen und nicht billigen würden, doch ihre Mißbilligung zurücktreten lassen gegenüber dem Arbeiterstande, der auf die Zusammengehörigkeit („Solidarität") seiner Angehörigen ganz besonders angewiesen ist und dieser Eigenschaft auch viele Errungenschaften verdankt, zu denen er nur mit Kämpfen und Entbehrungen gekommen ist. Für den vorliegenden Fall tritt unterstützend hinzu, was der Berufungsrichter als Hilfserwägung heranzieht; die zeitliche und räumliche Nähe des eben zu Ende geführten Wirtschaftskampfes. In den beiden erwähnten Urteilen RAG. Bd. 3 S. 125 und Bd. 4 S. 19 ist allerdings die Verdrängung eines Arbeitskollegen von seinem Arbeitsplatz für sittenwidrig erklärt worden, dabei darf aber nicht unbeachtlich bleiben, daß diese beiden Urteile Fälle des sog. Organisationszwangs betrafen. Einen solchen Zwang auszuüben, läuft aber der Reichsverfassung zuwider; es war also dort das angestrebte Ziel schon unstatthaft. Außerdem kommt es für die Frage der Sittenwidrigkeit entscheidend stets auf die besonderen Umstände des einzelnen Falles an. Mit Rücksicht auf diese kann dem Berufungsrichter ein Rechtsverstoß nicht zur Last gelegt werden.

Er hat geprüft, welches im gegenwärtigen Falle das Ziel der Beklagten bei ihrem Vorgehen war. Es gehört zu den anerkannten Sätzen der Lehre, daß die angedrohte Maßregel nicht außer Verhältnis zu dem angestrebten Erfolg stehen darf. Wäre der Zweck der Beklagten nur der gewesen, die Kläger wegen des Streikbruchs gewissermaßen zu bestrafen oder sich an ihnen zu rächen, so würde ihr Verhalten sicherlich unsittlich; das verkennt auch der Berufungsrichter nicht. Er stellt ausdrücklich fest, daß die Kläger nicht bezweckt haben, Rache zu nehmen. Ersichtlich findet er den Beweggrund ihres Handelns entsprechend der Rechtsverteidigung der Beklagten einfach darin, daß sie es mit ihrer Standesehre nicht verträglich erachteten, mit den Klägern als Streikbrechern zusammen zu arbeiten. Nach dem, was soeben über die Würdigung der Arbeiterbewegung gesagt worden ist, ist dem Berufungsrichter nicht entgegenzutreten, wenn er diesem Beweggrund die Unsittlichkeit abspricht. — In diesem Zusammenhang setzt sich der Berufungsrichter mit dem Umstand auseinander, daß die Beklagten und die Kläger gar nicht eigentlich „zusammen" arbeiteten. Die Kläger und die Beklagten waren ja an verschiedenen Baustellen beschäftigt und kamen so wenig miteinander in Berührung, daß die Beklagten anfänglich Mühe gehabt haben, auch nur festzustellen, ob die Kläger bei H. beschäftigt waren. Damit erscheint es fernliegend, daß die Parteien miteinander in persönlicher Berührung kamen. Gleichwohl läßt der Berufungsrichter das nicht zugunsten der Kläger gelten. Er weist darauf hin, daß das Interesse der Arbeitnehmer in zahlreichen Betriebsangelegenheiten ein gewisses Einvernehmen der Beklagten mit den Klägern nötig machen und herbeiführen könne. Auch dem ist von Rechtsstandpunkt aus nicht entgegenzutreten. Allerdings wird im Baugewerbe die gesetzliche Betriebsvertretung durch sog. Baudelegierte wahrgenommen, deren einer für jede Baustelle aufzustellen ist, nicht durch einen kollegial zusammengesetzten Betriebsrat. Damit würde ein Anlaß entfallen, der die Parteien zu gemeinsamer Arbeit zusammenführen könnte. Allein der Berufungsrichter hat das nicht übersehen; seine Bemerkungen bleiben trotzdem richtig und mindestens nicht rechtsirrtümlich.

Einen Verstoß gegen die guten Sitten würde das Verhalten der Beklagten auch dann in sich schließen, wenn ihr Tun geeignet gewesen wäre, die wirtschaftliche Existenz der Kläger zu vernichten oder auch nur erheblich zu gefährden. Der Berufungsrichter hat auch diesen Gesichtspunkt geprüft, jedoch in eingehender tatrichterlicher Würdigung der Verhältnisse, namentlich im Hinblick auf die damalige günstige Lage des Arbeitsmarktes angenommen, daß die wirtschaftliche Existenz der Kläger nicht entscheidend gefährdet gewesen sei. Die Ausführungen des Berufungsurteils liegen insoweit auf dem Gebiete der tatrichterlichen Würdigung und sind den Angriffen der Revision entzogen.

Nach alledem ist das Rechtsmittel unbegründet. Gerade für die Frage der Sittenwidrigkeit müssen, wie erwähnt, die Einzelumstände gewürdigt werden. Da spricht es denn doch für die Beklagten, daß es nur ihrer drei waren, die gegen zwei aufgetreten sind; von einem übermäßigen Druck, von Ausnützung einer starken Machtposition kann also nicht geredet werden. Es war ferner doch von Hause aus zweifelhaft, ob nicht der Arbeitgeber doch lieber die drei Beklagten entlassen würde als die zwei Kläger. Endlich haben die Beklagten, als später der Arbeitgeber doch die Kläger wieder einstellte, sofort die Konsequenz gezogen und sind ausgetreten, obschon der Arbeitgeber sie zu halten suchte; ein Beweis, daß doch Rücksichten der Standesehre sie geleitet hatten.

Nach alledem war dem Rechtsmittel der Erfolg zu versagen.

RAG. 6, 63.

Sind die der Freien Arbeiterunion Deutschlands (FAUD) angeschlossenen Verbände wirtschaftliche Vereinigungen im Sinne der §§ 10, 11 ArbGG.

ArbGG. §§ 10, 11.

Reichsarbeitsgericht. Urt. v. 31. Mai 1930.

I. Arbeitsgericht Duisburg. — II. Landesarbeitsgericht daselbst.

Der Kläger, der bei der Beklagten als Steinhauer und Verlader beschäftigt war, hatte Klage auf Zahlung einer Urlaubsvergütung erhoben. Gegen das die Klage abweisende Urteil des Arbeitsgerichts legte der Kläger durch einen von dem mit Prozeßvollmacht versehenen Gewerkschaftssekretär H. M. aus M. unterzeichneten Schriftsatz Berufung ein. Das Landesarbeitsgericht beanstandete die Befugnis des M. zur Vertretung des Klägers nach § 11 Abs. 2 ArbGG. und verwarf, nachdem es Gelegenheit gegeben hatte, die Vertretungsbefugnis nachzuweisen, auf Grund mündlicher Verhandlung vor der Verhandlung zur Hauptsache die Berufung als unzulässig. Die Revision des Klägers war ohne Erfolg.

Gründe:

Nach dem Tatbestande des angefochtenen Urteils hat der Kläger die Befugnis des M., ihn vor dem Landesarbeitsgericht zu vertreten, damit begründet, daß M. und er Mitglieder der Freien Arbeiterunion Deutschlands (FAUD) und insbesondere der Kreisarbeitsbörse in D. seien; er hat eine Bescheinigung der Provinzialarbeitsbörse Rheinland vorgelegt, laut welcher er zur Vertretung der Freien Arbeiterunion Deutschlands vor den Arbeitsgerichten und Landesarbeitsgerichten der Rheinprovinz bevollmächtigt sei. Das Landesarbeitsgericht hat angenommen, daß der Kläger nicht der Vorschrift des § 11 ArbGG. entsprechend vertreten gewesen und daher die durch M. eingelegte Berufung unzulässig sei. Es hat der Satzung der Freien Arbeiterunion Deutschlands, der Prinzipienerklärung des Anarcho-Syndikalismus von 1919 und der programmatischen Grundlage der FAUD laut Beschluß vom 16. Kongreß (S. 3 flg. 8 flg. des Protokolls über die Verhandlungen vom 16. Kongreß der FAUD) entnommen, daß die FAUD jede Bindung an Tarifverträge ablehne, vielmehr mittels der direkten Aktion durch Streik, passive Resistenz, die kleine und große Sabotage und den Boykott (Kampfmittel, die vom Arbeiter im revolutionären Klassenkampf unmittelbar anzuwenden seien) möglichst hohe Reallöhne und möglichst kurze Arbeitszeit zu erkämpfen suche. Mit dem Wesen der direkten Aktion, so hat das Landesarbeitsgericht ausgeführt, sei der Abschluß von Tarifverträgen, der infolge der damit verbundenen Friedenspflicht zu einer zeitweisen Nichtanwendung der Kampfmittel verpflichten würde, nicht vereinbar. Die Tarifverträge sollten deshalb auch, wenn es sich nicht umgehen lasse, ebenso wie die anderen Methoden der direkten Aktion, nur Mittel des Tageskampfes zur Vermeidung einer Benachteiligung der Mitglieder im einzelnen Falle sein, aber stets mit dem nicht verhehlten Vorbehalte, die in den Tarifverträgen eingegangenen Verpflichtungen zu jeder Zeit, wenn es zum Zwecke des revolutionären Kampfes erforderlich erscheine, mit den anderen Methoden der direkten Aktion zu brechen. Aus diesen Erwägungen hat es das Landesarbeitsgericht für unerheblich erachtet, daß, wie der Kläger geltend gemacht hatte, die Vereinigungen der Fliesenleger in D. und Kr. und die Vereinigung der Kistenmacher in Groß-B. als der FAUD angehörige Vereinigungen Tarifverträge abgeschlossen hätten.

Die Revision bekämpft diese Auffassung als rechtsirrig und mit der bisherigen Rechtsprechung des Reichsarbeitsgerichts unvereinbar. Sie hat darauf hingewiesen, daß in dieser gerade auch auf die Betätigung der Verbände in der Richtung auf den Abschluß von Tarifverträgen Gewicht gelegt worden sei, daß bereits in der Berufungsinstanz der Tarifvertrag für das Fliesenlegergewerbe in Kr. vom 1. Juni 1929 und der Manteltarif für die Berliner Kistenindustrie vom 13. Mai 1929, beides von der FAUD angehörigen Arbeitnehmervereinigungen abgeschlossenen Tarifverträge, vorgelegt worden seien, daß aber auch aus weiteren in der Revisionsinstanz vorgelegten Tarifverträgen des Fliesenlegergewerbes in K., Groß-B., D., M. und Kr. sich ergebe, daß nicht nur in der letzten Zeit, sondern auch in früheren Jahren von den der FAUD angehörigen Vereinigungen Tarifverträge abgeschlossen worden seien, daß also die Organisation praktisch auf dem Boden der Tarifverträge stehe. Sie hat weiter darauf hingewiesen, daß die FAUD auf dem Boden der reinen wirtschaftlichen Organisation stehe und jede politische Tätigkeit ablehne, und ausgeführt, die Mittel der sog. direkten Aktion seien, wie sich aus der Prinzipienerklärung des Syndikalismus ergebe, nicht, wie das Landesarbeitsgericht annehme, von den Arbeitnehmern täglich anzuwendende Mittel, sondern nur Mittel des äußersten Klassenkampfes.

Die Revision ist für unbegründet zu erachten.

Das Landesarbeitsgericht ist in Übereinstimmung mit der Rechtsprechung des Reichsarbeitsgerichts (RAG. Bd. 1 S. 349, Bd. 2 S. 49,

289, 299, Bd. 3 S. 170) davon ausgegangen, daß eine wirtschaftliche Vereinigung im Sinne der §§ 10, 11 ArbGG. dann gegeben ist, wenn die Vereinigung Tariffähigkeit besitzt, und daß die Tariffähigkeit als satzungsmäßiges Ziel der Vereinigung oder als eines der mehreren Ziele erfordert:

> Den Arbeitgebern gegenüber die wirtschaftlichen Interessen ihrer Mitglieder zu wahren und zu deren Förderung Einfluß auf die Festsetzung von Lohn- und Arbeitsbedingungen zu gewinnen, (RGZ. Bd. 111 S. 355).

Das Landesarbeitsgericht hat geprüft, ob dieses letztere Erfordernis bei der FAUD vorhanden ist, diese Frage aber verneint, weil es angenommen hat, daß zwar die Satzung das Ziel enthalte, daß aber trotz des Wortlauts der Satzung der wirkliche Zweck der FAUD nicht, auch nicht nebenher, auf Abschluß ernstgemeinter Tarifverträge gerichtet sei. Wie das Reichsarbeitsgericht bereits im Urteil vom 22. November 1928 — RAG. 395/28 — (ArbRspr. 1929 S. 28) zum Ausdruck gebracht hat, setzt die Anerkennung der Tariffähigkeit allerdings voraus, daß der in Frage kommende Verband das geltende Schlichtungs- und Tarifvertragswesen, wenn er auch mit seinen Grundsätzen nicht einverstanden sein mag und daher seine Änderung oder Beseitigung erstrebt, doch als geltend anerkennt und auch seine Aufgabe darin erblickt, im Rahmen des geltenden Schlichtungs- und Tarifvertragswesens bei dem Abschluß von Tarifverträgen mitzuwirken. Die Tarifvertragsverordnung hat, indem sie durch die Einführung der Normativwirkung den über die Arbeitsbedingungen abschließenden Verbänden die Tarifgewalt über die Tarifunterworfenen verlieh, diese Verbände mit öffentlichrechtlichen Befugnissen und Pflichten ausgestattet (vgl. RAG. Bd. 4 S. 5). Es bedarf aber keiner weiteren Ausführung, daß der Gesetzgeber diese öffentlichrechtlichen Befugnisse und Pflichten nur solchen Verbänden hat verleihen wollen, die auch die durch das Gesetz vorgenommenen Regelung des Tarifvertrags- und Schlichtungswesens als für sie verbindlich anerkennen, und es kann deshalb kein Verband die durch die Tarifvertragsverordnung verliehene Tarifgewalt für sich in Anspruch nehmen, der jede Bindung an tarifvertragliche Vereinbarungen grundsätzlich ablehnt. Das Landesarbeitsgericht hat nun der Satzung, der Prinzipienerklärung des Anarcho-Syndikalismus und der programmatischen Grundlage der FAUD entnommen, daß diese einen solchen grundsätzlich ablehnenden Standpunkt einnehme. Die gegen diese Auffassung von der Revision erhobenen Einwendungen sind nicht begründet. Die FAUD setzt sich nach den Einleitungsworten ihrer Satzung zusammen aus Industrieföderationen (Gewerkschaftsbünden) und solchen Organisationen, für die eine Föderation noch nicht besteht, soweit diese den auf Verbesserung der Lebenshaltung und Arbeitsbedingungen gerichteten Tageskampf führen wollen und die Bestrebungen sich zu eigen machen, die in der Prinzipienerklärung ihren Ausdruck finden. Hiernach ist die FAUD nicht, wie das Landesarbeitsgericht annimmt, selbst eine Vereinigung von Arbeitnehmern, sondern, wie auch der Prozeßbevollmächtigte des Klägers in der Revisionsinstanz ausgeführt hat, grundsätzlich ein Zusammenschluß von solchen Vereinigungen, während die Einzelperson in den Ortsvereinen (Gewerkschaften) als Mitglieder zusammengeschlossen sind und nur durch die Ortsvereine mittelbar der FAUD angehören. Das entspricht auch dem Grundgedanken der syndikalistischen Auffassung, der jede zentrale Bindung verwirft und der örtlichen Gewerkschaft das vollkommene Selbstbestimmungsrecht zuerkennt (vgl. S. 5 des Protokolls vom 16. Kongreß). Die FAUD selbst kommt deshalb als Vereinigung von Arbeitnehmern für die Frage der Tariffähigkeit nicht in Betracht, es kann sich vielmehr nur darum handeln, ob die in ihr bzw. den Föderationen oder Kreis- und Provinz-Arbeitsbörsen zusammengeschlossenen Ortsvereine wirtschaftliche Vereinigungen sind und die FAUD bzw. die in Betracht kommende Provinz- oder Kreisarbeitsbörse insoweit einen Verband wirtschaftlicher Vereinigungen darstellt, als deren Bevollmächtigter M. den Kläger vor dem Landesarbeitsgericht zu vertreten befugt war. Da nach der Satzung der FAUD dieser nur solche Vereinigungen angehören können, die sich zu ihren Grundsätzen bekennen, ist in Übereinstimmung mit den Ausführungen des Prozeßbevollmächtigten des Klägers in der mündlichen Verhandlung davon auszugehen, daß die Grundsätze der FAUD auch für die Ortsvereine maßgebend sind, und es ist deshalb auch für die Frage, ob die der FAUD angeschlossenen Ortsvereine die Eigenschaft wirtschaftlicher Vereinigungen im Sinne des § 11 ArbGG. besitzen, die von dem Landesarbeitsgericht erörterte Frage von Bedeutung, ob die Grundsätze, wie sie sich aus den Satzungen, der Prinzipienerklärung und der programmatischen Grundlage der FAUD ergeben, der Annahme dieser Eigenschaft entgegenstehen. Zunächst läßt sich der Bestimmung in Ziff. 1 Abs. 2 der Satzung, daß der FAUD solche Gewerkschaften nicht angehören können, die den Klassenkampf verleugnen und statt der Gegensätzlichkeit eine Gemeinschaft der Interessen zwischen Unternehmertum und Arbeiterklasse anerkennen und erstreben, nichts entnehmen, was dazu berechtigte, die Tariffähigkeit zu verneinen. Denn auf dem Gedanken des Klassenkampfes und Gegensätze zwischen Unternehmertum und Arbeitern beruhen auch andere als tariffähig anerkannte Gewerkschaften; die Frage der Anerkennung des Tarifvertrages und Schlichtungswesens wird durch diese Fragen nicht berührt. Im übrigen gehört, wie auch das Landesarbeitsgericht nicht verkannt hat, nach Ziff. 1 der Satzung die Wahrung und Förderung der wirtschaftlichen Interessen der Mitglieder durch Abschluß von Vereinbarungen über die Höhe der Arbeitslöhne, die Länge des Arbeitstages, des Urlaubs usw. zu den Aufgaben der der FAUD angeschlossenen Vereinigungen, und insofern enthält die Satzung an sich das von der Rechtsprechung erforderte Ziel der Wahrung der wirtschaftlichen Interessen der Mitglieder gegenüber den Arbeitgebern und der Einflußnahme auf die Festsetzung von Lohn- und Arbeitsbedingungen. Indessen haben die Grundsätze über Tätigkeit, Zweck und Ziel der der FAUD angeschlossenen Vereinigungen in der Satzung allein nicht erschöpfenden Ausdruck gefunden, sie sind vielmehr vor allem auch in der auf dem 12. Syndikalistenkongreß angenommenen „Prinzipienerklärung des Anarcho-Syndikalismus" (abgedruckt im Protokoll über die Verhandlungen vom 16. Kongreß der Freien Arbeiterunion Deutschlands) enthalten, die in den Einleitungsworten der Satzung ausdrücklich als für die der FAUD angeschlossenen Vereinigungen maßgeblich in Bezug genommen ist. Dieser Prinzipienerklärung muß aber mit dem Landesarbeitsgericht entnommen werden, daß die FAUD eine Bindung an Tarifverträge grundsätzlich ablehnt. Hiernach sind bis zur Erreichung des erstrebten Endzieles (Übernahme der Verwaltung jedes einzelnen Betriebes durch die Produzenten selbst) die Bestrebungen aller anarcho-syndikalistischen Gewerkschaften darauf gerichtet, „vermittels der direkten Aktion möglichst hohe Reallöhne und möglichst kurze Arbeitszeit zu erkämpfen". Im Anschluß hieran heißt es dort weiter: „Auf diese Weise bildet die aktive Führung des täglichen Klassenkampfes gleichzeitig die Schule für die Vorbereitung der Mitglieder für die Übernahme der Konsumtion, Produktion und Verwaltung der späteren sozialistischen Gemeinschaft", und an einer anderen Stelle: „Die Anarcho-Syndikalisten stehen auf dem Boden der direkten Aktion", . . . „ihre Aufgabe ist es, die Massen geistig zu erziehen und in den wirtschaftliechn Kampforganisationen zu vereinigen, um dieselben durch die direkte wirtschaftliche Aktion, die im sozialen Generalstreik ihren höchsten Ausdruck findet, der Befreiung vom Joche der Lohnsklaverei und des modernen Klassenstaates entgegenzuführen." Was aber unter „direkter Aktion" zu verstehen ist, ergibt sich aus der im Protokollheft über die Verhandlungen des

15. Kongresses wiedergegebenen, auf dem 14. Kongreß einstimmig beschlossenen Resolution über „die Methoden der direkten Aktion im revolutionären Klassenkampfe." Dort heißt es u. a.: „Die Befreiung von Ausbeutung und Unterdrückung kann nur durch ununterbrochene Selbsttätigkeit der revolutionären Arbeiterschaft erfolgen, die ihren Ausdruck findet in der direkten Aktion. Soll die direkte Aktion von Erfolg gekrönt sein, dann muß der einzelne seine ganze Person als Einsatz in den Klassenkampf stellen. Tritt die werktätige Arbeiterschaft in den Betrieben vom unmittelbaren Kampf zurück und überläßt die Führung des Kampfes gewählten Beamten, dann hat nicht nur die direkte Aktion aufgehört, es wird auch der Ausgang des Kampfes in Frage gestellt und die Arbeiterbewegung auf Abwege gedrängt." Im weiteren Verlaufe der Resolution werden als die Anwendungsformen der direkten Aktion u. a. angeführt der Streik in seinen verschiedenen Formen, die passive Resistenz, die kleine und große Sabotage, der Boykott, das Label, die Obstruktion, die Besetzung der Betriebe und schließlich der Generalstreik. Alle diese Kampfesmittel sind nach der Resolution im revolutionären Klassenkampf anzuwenden. Am Schlusse der Resolution heißt es endlich noch: „Die direkte Aktion ist das Volk in wirtschaftlicher, politischer und kultureller Tätigkeit, sie ist der Hebel der Revolution. Nur durch ihre stete Anwendung wird die Befreiung errungen und die Freiheit dauernd gewährleistet." Hiernach kommt die Anwendung der Mittel der direkten Aktion nicht, wie der Prozeßbevollmächtigte des Klägers in der mündlichen Verhandlung darzulegen versucht hat, nur im Falle des äußersten Klassenkampfes, wenn es sich um die unmittelbare Erreichung des Endzieles handelt, in Frage, sondern es sollen b i s zur Erreichung des Endzieles vermittels der direkten Aktion möglichst hohe Reallöhne und möglichst kurze Arbeitszeit erkämpft, der tägliche Klassenkampf soll aktiv geführt werden, und zwar durch ununterbrochene Selbsttätigkeit der revolutionären Arbeiterschaft, die ihren Ausdruck findet in der direkten Aktion, mit anderen Worten: Die Erreichung möglichst hoher Reallöhne und möglichst kurzer Arbeitszeit, also besserer Wirtschaftsbedingungen, soll im täglichen Klassenkampf durch die Arbeiterschaft mit den Mitteln der direkten Aktion erkämpft werden. Diese Grundsätze sind in der Tat mit einer Bindung an, wenn auch nur kurzfristig abgeschlossene Tarifverträge nicht vereinbar. Eine Organisation, deren Bestrebung dahin geht, den Arbeiter zum täglichen Klassenkampf im Wege der direkten Aktion durch die eben bezeichneten Kampfesmittel zu veranlassen, kann nicht gleichzeitig Bindungen eingehen, wie sie der Ab-

schluß von, wenn auch nur kurzfristigen, Tarifverträgen zur Folge hat. Das eine schließt das andere aus. Wenn deshalb das Landesarbeitsgericht angenommen hat, daß trotz des in den Satzungen der FAUD ausgesprochenen Zieles, durch Abschluß von Vereinbarungen über die Höhe der Arbeitslöhne usw. die wirtschaftlichen Interessen der Arbeiter zu fördern, die Tariffähigkeit nicht gegeben sei, weil die FAUD jede Bindung an Tarifverträge grundsätzlich ablehne, so ist das rechtlich nicht zu beanstanden. Was aber für die FAUD selbst gilt, muß, wie bereits hervorgehoben, auch für die ihr angeschlossenen Ortsvereine gelten, da sie auf den gleichen grundsätzlichen Anschauungen beruhen. Bei dieser Sachlage kann es auch nicht beanstandet werden, wenn das Landesarbeitsgericht die Tatsache, daß vereinzelte der der FAUD angeschlossenen Vereinigungen trotzdem Tarifverträge abgeschlossen haben, für unerheblich erachtet hat. Es kann auch nicht in Betracht kommen, daß, wie der Kläger in der Revisionsinstanz vorgetragen hat, auch noch einige weitere der FAUD angeschlossene Ortsvereine Tarifverträge abgeschlossen haben und daß einige von ihnen schon seit mehreren Jahren in einem Tarifvertragsverhältnis stehen. Diesem Abschlusse einzelner Tarifverträge können Erwägungen rein taktischer Natur zugrunde liegen, die es haben angezeigt erscheinen lassen, die Durchführung der Grundsätze der Prinzipienerklärung auf Zeit zurückzustellen. Das Landesarbeitsgericht hat sich deshalb mit Recht auf den Standpunkt gestellt, es könne aus dem Abschluß einzelner Tarifverträge noch nicht ohne weiteres gefolgert werden, daß nun auch eine grundsätzliche Bereitschaft bestehe, die durch die Gesetzgebung getroffene Regelung des Tarifvertrags- und Schlichtungswesens als verbindlich anzuerkennen. Es muß angenommen werden, daß eine Organisation, die sich zu bestimmten Grundsätzen bekennt, diese auch ernstlich vertritt und sie jederzeit in die Tat umzusetzen bereit ist. Solange daher die der FAUD angeschlossenen Vereinigungen sich zu den Grundsätzen bekennen, wie sie vorstehend dargelegt sind, muß auch damit gerechnet werden, daß die den Vereinigungen angehörenden Arbeitnehmer ohne Rücksicht auf bestehende Tarifverträge diesen mit der Bindung an Tarifverträge nicht vereinbarten Grundsätzen entsprechend handeln. Solche Vereinigungen können, wie bereits ausgeführt, nicht Träger der vom Gesetzgeber den wirtschaftlichen Vereinigungen in bezug auf das Tarif- und Schlichtungswesen verliehenen öffentlichrechtlichen Pflichten und Befugnisse sein. Wie das Reichsarbeitsgericht im Beschlusse vom 30. April 1930 — RAG. R. B. 3/30 — zum Ausdruck gebracht hat, muß der Tarifkontrahent, der die im

Tarifvertrag bestimmten besonderen Verpflichtungen und die Friedenspflicht übernimmt, dem Vertragsgegner eine Gewähr der eigenen Tariftreue und der Einflußnahme auf die Mitglieder im Sinne des Vertrages bieten. Diese Gewähr ist aber bei einer Vereinigung von Arbeitnehmern, die sich die Grundsätze der FAUD über die durch die einzelnen Arbeiter zu betätigende direkte Aktion zu eigen macht, nicht gegeben. Das Landesarbeitsgericht hat daher mit Recht angenommen, daß der Bevollmächtigte M. nach § 11 ArbGG. nicht befugt war, den Kläger vor den Landesarbeitsgerichten zu vertreten. . . .

RAG. 6, 87.

Eine eintägige Aussperrung, die der Arbeitgeber als Erwiderung auf eine unzulässige Maifeier für den 2. Mai anordnet, ist unrechtmäßig.

Reichsarbeitsgericht. Urt. v. 4. Juni 1930.

I. Arbeitsgericht Altenburg. — II. Landesarbeitsgericht Jena.

Die Beklagte beschäftigt in ihrer Maschinenfabrik 400 Arbeiter, darunter die Kläger. Die Belegschaft wollte am 1. Mai 1929 feiern, beschloß in einer Belegschaftsversammlung die Maifeier und teilte diesen Beschluß auch der Beklagten mit. Darauf gab die Beklagte am 27. April 1929 durch Aushang an der Bekanntmachungstafel folgendes bekannt:

„Bekanntmachung.

Der 1. Mai ist in Thüringen kein gesetzlicher Feiertag, also Arbeitstag. Dem Betriebsrat wird eröffnet, daß diejenigen Arbeiter und Angestellten, die den 1. Mai feiern, dies auf ihre Kosten tun. Der 1. Mai kann als Urlaubstag nicht zugebilligt werden. Sollte die Belegschaft am 1. Mai feiern, so wird hiermit bekanntgegeben, daß die Arbeit dann am 2. Mai ebenfalls ruht. Gleiches Recht für alle!"

Der Beklagten wurde darauf am 30. April 1929 von dem Arbeiterratsvorsitzenden mitgeteilt, daß die Belegschaft mit dem Ruhen der Arbeit nicht einverstanden sei, vielmehr ihre Arbeitskraft für den 2. Mai zur Verfügung stelle.

Die Belegschaft feierte darauf am 1. Mai. Als sie sich am 2. Mai früh zur Arbeit einfand, waren die Fabriktore geschlossen, und die Belegschaft konnte erst am 3. Mai wieder arbeiten.

Die Kläger machen ihren Lohn für den 2. Mai geltend und stützen ihren Anspruch darauf, daß die Beklagte am 2. Mai in Annahmeverzug geraten sei.

Die Beklagte lehnt Zahlung ab mit folgender Begründung:

a) die Bekanntmachung vom 27. April 1929 habe angedroht, daß, wenn die Belegschaft wider Willen der Beklagten am 1. Mai feiere, auch die Arbeit am 2. Mai ruhen werde. Das sei den Klägern bekannt gewesen, sie hätten sich den Lohnausfall also selbst zuzuschreiben.

b) Sie hätte die Belegschaft, also auch die Kläger, wegen beharrlicher Verweigerung der Arbeit am 1. Mai fristlos entlassen können. Das habe sie nicht getan, sondern zugunsten der Kläger die mildere Maßnahme der Arbeitsaussetzung ergriffen. In der Bekanntmachung vom 27. April 1929 liege die sofortige Kündigung zum 30. April und das gleichzeitige Angebot zur Weiterarbeit für den 3. Mai.

Das Arbeitsgericht hat die Beklagte nach dem Klagantrag verurteilt. Die Berufung der Beklagten gegen dieses Urteil ist erfolglos geblieben. Hiergegen wendet sich die Revision der Beklagten. Sie blieb ohne Erfolg.

Gründe:

Der Hauptangriff der Revision richtet sich gegen die Ausführung des Berufungsurteils, daß die von der Beklagten für den 2. Mai 1929 angeordnete Arbeitsruhe unrechtmäßig gewesen sei. Bei der Nachprüfung dieses Ausspruchs muß davon ausgegangen werden, daß die Weigerung der Kläger, am 1. Mai 1929 zu arbeiten, obwohl dieser Tag kein gesetzlicher Feiertag und die Beklagte mit dem Feiern nicht einverstanden war, objektiv und subjektiv als eine Vertragsverletzung anzusehen ist. Ob sie im vorliegenden Falle auch eine beharrliche Arbeitsverweigerung im Sinne von § 123 Abs. 1 Ziffer 3 GO. darstellt (RAG. v. 6. März 1929 in RAG. 440, 441, 446/28 Arbeitsrechtspraxis 1929 S. 111, RAG. Bd. 4 S. 10 Urteil v. 18. April 1929) und ob sie der Beklagten das Recht gab, die Kläger aus ihrem Arbeitsverhältnis fristlos zu entlassen, kann dahingestellt bleiben.

Denn das sie diese Entlassung tatsächlich nicht ausgesprochen hat, hat das Landesarbeitsgericht ohne Rechtsirrtum angenommen. Da eine anderweite Willenserklärung der Beklagten nicht bekannt geworden ist, müßte die Aufkündigung in der Bekanntmachung vom 27. April 1929 zu finden sein. Ihre Auslegung im Sinne der Beklagten ist aber nicht möglich. Der Wortlaut dieser Erklärung kann nicht anders aufgefaßt werden, als dahin, daß das Arbeitsverhältnis nicht aufgelöst werden soll, daß aber, wie am 1. Mai von den Klägern, so am 2. Mai von der Beklagten ein Arbeitsruhetag eingelegt werde. Gerade aus dem Schlußsatze: „Gleiches Recht für alle" geht diese Willensmeinung mit Deutlichkeit hervor. Damit entfällt die Annahme, die in dieser Bekanntmachung eine Kündigung und gleichzeitig das Angebot zu einem neuen Arbeitsvertrage sehen will.

Die Revision macht weiter geltend, in der Aussperrung der Beklagten für einen Tag liege die Ausübung eines minderen Rechts gegenüber der Befugnis, die Kläger sofort und auf die Dauer zu entlassen. Das ist nicht richtig. Kündigung und Aussperrung stehen nicht in dem Verhältnis von weiterem zu engerem Recht, sondern sind verschiedene, in dieser Weise nicht vergleichbare Maßnahmen. Die Kündigung will das Vertragsverhältnis beenden, die Aussperrung für einen Tag soll im vorliegenden Falle gewissermaßen eine Disziplinarmaßregel innerhalb des fortlaufenden Arbeitsverhältnisses sein. Das erkennt auch Oertmann Anm. 6 zu § 626 BGB. an. Daraus aber ergibt sich der grundverschiedene Charakter beider Maßnahmen. Die Kündigung war das Recht des Arbeitgebers, das ihm die Rechtsordnung unter Umständen wegen des Vertragsbruches der anderen Seite einräumte. Die eintägige Aussperrung war eine einseitige Strafmaßnahme seitens des Arbeitgebers, die, als Vergeltungsmaßregel gegenüber den Arbeitern gedacht, weder nach Gesetz noch nach Vertrag gerechtfertigt, im Gegenteil vertragswidrig war. Das rechtswidrige Verhalten der Kläger, ihr Vertragsbruch gewährte der Beklagten, wie betont, gegebenenfalls das Recht zur Vertragsauflösung, nicht aber die Möglichkeit, ihrerseits Vergeltungsmaßregeln irgendwelcher Art innerhalb des Vertragsrahmens zu verhängen, die in die Rechte des anderen Teils eingriffen. Die einzige Möglichkeit, sich gegen eine Rechtswidrigkeit durch Eingriff in einen fremden Rechtskreis zu wehren, gewährt das Notwehrrecht des BGB. im § 227, aber unter den dort ausgeführten, sehr engen Voraussetzungen. Daß diese nicht gegeben sind, ist unzweifelhaft.

Nach einer anderen von Oertmann 3 d und von Hueck-Nipperdey (Lehrbuch des Arbeitsrechts Bd. 1 S. 151 Nr. 5) vertretenen Auffassung soll der Arbeitgeber, wenn ihm seine Arbeitnehmer an einem Tage die Arbeit verweigern, befugt sein, vorher ihnen anzudrohen, daß auch am nächstfolgenden Tage die Arbeit entschädigungslos ruhen soll. Für diesen Fall soll zwar den Arbeitnehmern das Recht zustehen, ihrerseits den Vertrag bei Verlust des Lohnanspruchs sofort zu lösen, sie sollen aber, wenn sie nicht kündigen, keinen Lohnanspruch auf die beiden Tage erhalten, an denen nicht gearbeitet worden ist. Diese Regelung mag eine Anregung für den Gesetzgeber sein, um einen Schutz gegen Vertragsbruch aufzurichten. Denn hier wird die Entscheidung, ob die Arbeiter lieber wegen ihres Vertragsbruchs die sofortige Lösung des Vertrags wünschen oder ob sie sich mit einer Vergeltungsmaßregel gegenüber ihrem Vertragsbruche abfinden wollen, den Arbeitern selbst zugeschoben. Nach dem geltenden Rechte ist aber eine solche Verschiebung des Rechts zur Vertragsauflösung vom vertragstreuen Teile an den vertragsbrüchigen Teil durch noch so weite Auslegung der bestehenden Vorschriften nicht zu rechtfertigen. Jedenfalls haben die Arbeiter von einem etwaigen Kündigungsrecht keinen Gebrauch gemacht und auch das Angebot der Beklagten, am 2. Mai zu feiern, nicht angenommen. Diese Anordnung der Beklagten konnte unter solchen Umständen nicht friedenfördernd, sondern nur friedenstörend wirken.

Auch die übrigen Versuche der Revision, die Lohnverweigerung zu rechtfertigen, können nicht zum Ziele führen. Der angezogene § 298 BGB. behandelt den ganz anders gearteten Fall, wo sich Leistung und Gegenleistung einander gegenüberstehen, während es sich im vorliegenden Falle nur um die gleichen Leistungen derselben Partei zu verschiedenen Zeiten handelt.

Endlich liegen auch die Voraussetzungen für die Anwendbarkeit einer allgemeinen Arglisteinrede nicht vor. Muß man in der eintägigen Aussperrung der Beklagten, wie oben ausgeführt worden ist, nicht eine von der Rechtsordnung erlaubte, sondern vielmehr eine von ihr nicht gebilligte Selbsthilfehandlung erblicken, so bildet das Verhalten der Kläger, wenn sie den Lohnanspruch für den 2. Mai 1929 erhoben, nicht eine Fortsetzung ihres vertragswidrigen Verhaltens vom 1. Mai 1929, sondern eine vom objektiven Recht gestattete Gegenwirkung gegen die von der Beklagten begangene Vertragswidrigkeit. Hiergegen läßt sich der Vorwurf eines Verstoßes gegen Treu und Glauben nicht erheben.

RAG. 6, 91.

Welche Bedeutung hat der Vorbehalt des Widerrufs bei einem freiwillig gewährten Ruhegehaltsversprechen?

BGB. §§ 133, 137, 242, 611.

Reichsarbeitsgericht. Urt. v. 18. Juni 1930.

I. Arbeitsgericht Königsberg. — II. Landesarbeitsgericht daselbst.

Der Kläger war lange Jahre, zuletzt als Prokurist bei der Beklagten tätig gewesen. Zum 30. Juni 1929 hat die Beklagte dem Kläger fristgerecht gekündigt. Mit Schreiben vom 25. April 1929 hatte die Beklagte dem Kläger mitgeteilt, daß sie ihm vom 1. Juli 1929 ab eine Pension von 1800 RM jährlich zahlen werde. Am Schluß fügte sie bei: „Die Pensionszahlung ist stets widerruflich." Schon mit Schreiben vom 23. Juli 1929 hat die Beklagte die Pensionszahlung widerrufen. Der

Kläger hält diesen Widerruf für ungerechtfertigt. Mit der Klage verlangt er die Pensionsbeträge für Juli, August und September 1929 mit 450 RM und die Zahlung der künftig fällig werdenden Beträge. Die Beklagte bittet, die Klage abzuweisen und erhebt Widerklage auf Feststellung, daß das Pensionsversprechen durch ihr Schreiben vom 23. Juli 1929 erloschen sei. Das Arbeitsgericht hat nach dem Klageantrag erkannt, die Widerklage abgewiesen und den Wert auf 6500 RM festgesetzt. Das Landesarbeitsgericht hat die Berufung der Beklagten zurückgewiesen. Auf die Revision der Beklagten ist das angefochtene Urteil aufgehoben, die Klage abgewiesen und dem Widerklageantrag stattgegeben worden.

Gründe:

Dem Rechtsmittel konnte der Erfolg nicht versagt werden.

Der Berufungsrichter erwägt: eine Ruhegehaltsversprechen bedeute die Gewährung eines Entgelts für die in der Vergangenheit geleisteten Dienste. Es sei bestimmt, dem Arbeitnehmer ein auskömmliches, wenn auch bescheidenes Dasein zu sichern. Mit diesem Zweck wäre es nicht vereinbar, wenn der versprechende Arbeitgeber berechtigt sein sollte, die Zusage alsbald ohne Grund wieder aufzuheben. Das mag richtig sein, liegt aber für den gegenwärtigen Fall neben der Sache. Hier hat die Beklagte dem Kläger das Ruhegehalt von vornherein nur als „stets widerruflich" zugesagt. Eine Verpflichtung oder sonstige rechtliche Notwendigkeit für die Beklagte, die Zusage überhaupt zu erteilen, hatte nicht bestanden. Die Beklagte hat mithin die Zusage aus freien Stücken, im Rahmen des Grundsatzes der Vertragsfreiheit erteilt; sie war also rechtlich nicht gehindert, das Versprechen von vornherein zu beschränken, und der Kläger hatte es so, wie es gegeben war, hinzunehmen, zumal er über die Tragweite der Zusage nicht im Zweifel sein konnte. Der Berufungsrichter meint, der Vorbehalt des Widerrufs sei mit dem Begriff des Ruhegehalts unvereinbar; er würde die Zusage zu einer bedeutungslosen Redensart herabsetzen. Bestünde in der Tat ein solcher innerer Widerspruch zwischen dem Ruhegehaltsversprechen und dem Widerrufsvorbehalt, so würde das dem Kläger nichts nutzen. Die rechtliche Unwirksamkeit des Vorbehalts würde gemäß § 139 BGB. die Unwirksamkeit der ganzen Ruhegehaltszusage nach sich ziehen, jedenfalls solange nicht festgestellt werden kann, daß beide Teile, auch die Beklagte, die Zusage auch ohne den Vorbehalt gewollt haben würden. Der Berufungsrichter zieht denn auch aus der vermeintlichen Unvereinbarkeit nicht diese Folgerung. Vielmehr will er dem Vorbehalt des Widerrufs die Bedeutung beimessen, daß die Beklagte sich ausbedungen habe, das Ruhegehaltsversprechen bei Vorliegen eines hinreichenden Grundes zu kündigen (und einen solchen Grund nimmt er nicht als vorhanden an). Der Berufungsrichter unterzieht also die Ruhegehaltszusage einer (ergänzenden) Auslegung. Dem steht jedoch entgegen, daß die Klausel so klar und eindeutig lautet, daß für eine Auslegung kein Raum ist. Daß eine Auslegung gegen den klaren Wortlaut unstatthaft ist, hat auch das Reichsarbeitsgericht schon anerkannt (RAG. 547/28 vom 12. Juli 1929, 175/29 vom 12. Oktober 1929). Demzufolge kann vom Rechtsstandpunkt aus dem erklärten Widerruf die Wirksamkeit nicht abgesprochen werden. Ob vom Standpunkt einer vornehmen Denkungsart aus des Verhalten der Beklagten zu billigen ist, steht nicht zur Entscheidung. Die von der Beklagten zur Rechtfertigung des Widerrufs angeführten Gründe sind jedenfalls von der Art, daß in dem Widerruf eine gegen die guten Sitten verstoßende Handlungsweise der Beklagten nicht erblickt werden kann.

Demnach rechtfertigte sich die getroffene Entscheidung.

RAG. 6, 93.

1. Unter welchen Umständen hat ein Handlungsgehilfe auch ohne ausdrückliche Vereinbarung einen vertraglichen, im Klagewege erzwingbaren Anspruch auf Auszahlung einer Weihnachtsgratifikation?

2. Kann der Handlungsgehilfe, dem ein solcher Anspruch zusteht, der im Lauf des Jahres von dem Prinzipal unter Einhaltung der vertraglichen Kündigungsfrist entlassen wird, einen seiner Dienstzeit entsprechenden Teil der Weihnachtsgratifikation fordern?

Reichsarbeitsgericht. Urt. v. 28. Juni 1930.

I. Arbeitsgericht Rostock. — II. Landesarbeitsgericht Güstrow.

Der Kläger war bei der Firma H. J. in der Zeit vom 26. Juli 1925 bis zum 31. Juli 1928 als Lehrling und seitdem gegen ein Monatsgehalt von 130 RM als Handlungsgehilfe tätig. Zu Weihnachten 1927 war ihm eine Gratifikation von 50, zu Weihnachten 1928 eine solche von 100 RM ausgezahlt worden. Im Frühjahr 1929 wurde über das Vermögen seiner Arbeitgeberin das Konkursverfahren eröffnet und der Beklagte zum Konkursverwalter bestellt. Dieser kündigte ihm seine Stellung zum 30. Juni 1929. Der Kläger glaubt Anspruch auf Zahlung von 50 RM als der Hälfte der ihm für das Jahr 1929 gebührenden Weihnachtsgratifikation erheben zu können und hat klagend die Feststellung des Bestehens und des Vorrechts dieser im Konkurse angemeldeten und bestrittenen Forderung begehrt. Das Arbeitsgericht gab der Klage statt. Das Landesarbeitsgericht wies sie ab. Die Revision des Klägers blieb erfolglos.

Gründe:

Für das Revisionsgericht handelt es sich nur darum, ob der Kläger auch ohne ausdrückliche Zusage einer Weihnachtsgratifikation einen vertraglichen, klagbaren Anspruch auf Gewährung einer solchen hatte und mit Rücksicht auf seine unverschuldete vorzeitige Dienstentlassung deren anteilige Auszahlung für das Jahr 1929 fordern darf. Das Berufungsgericht hat beide Frage, und zwar die erste in ausgesprochenem Gegensatz zur Entscheidung des Reichsarbeitsgerichts vom 15. Juni 1929 (RAG. Entsch. Bd. 4 S. 65 flg.) verneint. Von dem in dieser eingenommenen Standpunkte abzugehen, bieten seine Erwägungen jedoch keinen Anlaß. Ihm ist zuzugeben, daß der Ausdruck Gratifikation für eine vertragliche, im Klagewege erzwingbare Zuwendung sprachlich ungenau und rechtlich irreführend ist. Er erklärt sich aber aus der geschichtlichen und rechtlichen Entwicklung des Gratifikationsbegriffs innerhalb des geschäftlichen und gewerblichen Lebens. Ursprünglich als Schenkung gewollt, gegeben und genommen, haben sich die Weihnachtsgratifikationen im Laufe der Zeiten vielfach zu Sondervergütungen für geleistete Jahresarbeit umgewandelt, so daß für ihren Rechtscharakter nicht ihr Name, mit dem die Vertragsparteien sie bezeichnen, sondern allein der Inhalt, den sie ihnen geben wollen und im Einzelfall gegeben haben, entscheidend ist. Es mag sein, daß die Weihnachtsgratifikationen, wie der Berufungsrichter ausführt, früher häufig eine Belohnung für Überstundenarbeit dargestellt haben. Nicht beizupflichten ist aber seiner Erwägung, daß den Gratifikationen um deswillen, weil nach Einführung des gesetzlichen Zwanges zur Vergütung von Überstunden ein wesentlicher Grund für ihre Fortgewährung weggefallen sei, überall da, wo sie trotzdem ohne vorherige ausdrückliche Vereinbarung gezahlt werden, grundsätzlich die Eigenschaft freiwilliger Leistungen zukomme. Maßgebend ist vielmehr, wie schon hervorgehoben, lediglich der Wille der Parteien, der unter Berücksichtigung der heutigen Zeitverhältnisse und der heutigen Verkehrsauffassung in dem Geben und Nehmen von Weihnachtsgratifikationen zum Ausdruck kommt. Wenn ein Kaufmann jahrelang ohne jeden Vorbehalt und ohne Betonung ihres Schenkungscharakters Weihnachtsgratifikationen in bestimmter Höhe auszahlt, so werden und dürfen seine Angestellten in der Regel davon ausgehen, daß die Hingabe animo obligandi, d. h. zum Zweck der Erfüllung einer Verpflichtung und mit dem Versprechen ihrer Weitererfüllung erfolge. Eine solche Auffassung entspricht — dem Prinzipal erkennbar — der des täglichen Lebens und des allgemeinen Geschäftsverkehrs. Will er ihr vorbeugen und sie ausschließen, so gebieten Treu und Glauben, daß er die Angestellten auf die Freiwilligkeit und Widerruflichkeit seiner Zuwendungen und auf das Fehlen eines Verpflichtungswillens hinweist. Tut der Prinzipal das nicht, so ist er gegenüber der berechtigten Annahme der Angestellten, die Weihnachtsgratifikation bilde einen Teil ihrer vertraglichen Bezüge, nicht befugt, ihnen diese nach freiem Belieben für die Zukunft zu entziehen. Es muß dann eben, wenn nicht nach Lage des Einzelfalles etwas anderes anzunehmen ist, davon ausgegangen werden, daß eine stillschweigende vertragliche Einigung über die Gewährung von Weihnachtsgratifikationen zustande gekommen ist.

Damit ist aber noch nicht die Frage entschieden, ob ein Angestellter, der auf die geschilderte Weise einen Vertragsanspruch auf eine Weihnachtsgratifikation erworben hat und ihn hätte geltend machen können, wenn er zu Weihnachten noch dem Geschäfte seines Vertragsgegners angehört haben würde, einen entsprechenden Teil dieser Gratifikation um deswillen fordern dürfe, weil der Arbeitgeber, von seinem vertraglichen oder gesetzlichen Kündigungsrechte Gebrauch machend, ihn wider seinen Willen genötigt hat, im Laufe des Jahres aus dem Geschäfte auszuscheiden. Diese Frage ist für den Regelfall mit dem Berufungsrichter zu verneinen.

Gewiß ist, wie schon dargelegt, die Weihnachtsgratifikation im wesentlichen eine Sondervergütung für geleistete, also in der Vergangenheit liegende Dienste. Die Entstehung eines Rechtsanspruchs auf sie ist jedoch mangels entgegenstehender Abreden oder sonstiger Umstände nach allgemeiner Verkehrsauffassung dadurch bedingt, daß das Arbeitsverhältnis zu Weihnachten, d. h. zu dem Zeitpunkte, zu dem die Gratifikation ausgezahlt zu werden pflegt, noch fortbesteht. Endet es dagegen vorher, ohne daß den Prinzipal der Vorwurf einer möglicherweise zum Schadensersatz verpflichtenden Schikane oder Arglist (RAG. Entsch. Bd. 5 S. 22 flg.) trifft, so fehlt es an einer wesentlichen Voraussetzung für die Anspruchsentstehung. Nur in diesem Sinne ist der durch schlüssige Handlungen zwischen Arbeitgeber und Arbeitnehmer zustande kommende Gratifikationsvertrag verkehrsüblicherweise zu verstehen und auszulegen. So liegt der Fall auch hier. Besondere Umstände, die eine andere Beurteilung der Rechtslage zu rechtfertigen vermöchten, sind dem feststehenden Sachverhalte nicht zu entnehmen . . . .

RAG. 6, 101.

Wird der Lohnausgleich eines Schwerbeschädigten für die Zeit einer auf seiner Kriegsbeschädigung beruhenden Krankheit durch eine im Tarifvertrag oder in der Arbeitsordnung enthaltene Bestimmung, wonach in Krankheitsfällen kein Lohn gezahlt wird, auch dann ausgeschlossen, wenn diese Bestimmung Schwerbeschädigte nicht besonders erwähnt?

Schwerbeschädigtenges. § 13.

Reichsarbeitsgericht. Urt. v. 21. Juni 1930.

I. Arbeitsgericht Mannheim. — II. Landesarbeitsgericht daselbst.

Der Kläger, Schwerbeschädigter, stand im Arbeitsverhältnis bei der Beklagten. Er war vom 16. Juli bis 23. August 1929 infolge seiner Kriegsbeschädigung krank und hat für diese Zeit keinen Lohn erhalten. Er verlangt Zahlung des Unterschieds zwischen dem Tariflohn und dem erhaltenen Krankengeld. Das Arbeitsgericht hat die Klage abgewiesen, das Landesarbeitsgericht hat nach dem Klagantrag erkannt. Die Revision der Beklagten führte zur Wiederherstellung des ersten Urteils.

Gründe:

Das Landesarbeitsgericht ist der ständigen Rechtsprechung des Reichsarbeitsgerichts gefolgt, wonach der Lohnanspruch eines Schwerbeschädigten durch eine Erkrankung, die die Folge seiner Kriegsbeschädigung ist und die Arbeitsfähigkeit aufhebt, nicht berührt wird (vgl. Entsch. Bd. 2 S. 9). Es hat sich der Rechtsprechung des Reichsarbeitsgerichts auch insofern angeschlossen, als es angenommen hat, der Lohnanspruch des Schwerbeschädigten könne auch in dem bezeichneten Fall durch arbeitsvertragliche Abrede ausgeschlossen werden. Es hat aber diese Kraft den von der Beklagten für sich in Anspruch genommenen Vorschriften des § 9 des einschlägigen Tarifvertrags vom 12. Juli 1927 für die Arbeiter und Arbeiterinnen der Deutschen Papier-, Pappen-, Zellstoff- und Holzstoffindustrie und des § 4e der für den Betrieb der Beklagten geltenden Arbeitsordnung vom 4. Januar 1922 versagt. § 9 des Tarifvertrages besagt, daß „im Sinne des § 616 BGB." in bestimmt bezeichneten Fällen den Arbeitnehmern „die Versäumnis der Arbeit" in gewissem Umfang vergütet werde; Arbeitsunfähigkeit wird dabei nur genannt, soweit sie die Folge von nicht selbstverschuldeten Betriebsunfällen ist. In § 4e der Arbeitsordnung heißt es: „Bezahlt wird nur die Zeit, während deren wirklich gearbeitet worden ist." Das Landesarbeitsgericht meint, durch solche allgemeine Klauseln könne zwar an sich § 616 BGB. geändert werden; sie könnten jedoch auf Schwerbeschädigte nur dann Anwendung finden, wenn ausdrücklich gesagt sei, daß sie sich auch auf diese Gruppe von Arbeitnehmern beziehen sollten, andernfalls wäre die Abdingung des gesetzlichen Lohnanspruchs der Schwerbeschädigten allzusehr erleichtert. Durch solche Klauseln würden die Schwerbeschädigten stärker betroffen, als voll arbeitsfähige Arbeiter, weil den Schwerbeschädigten ein ihnen gesetzlich gewährtes Recht entzogen werde, das den übrigen Arbeitern nicht ohne weiteres zustehe. § 9 des Tarifvertrages enthalte keine ausdrückliche Bezugnahme auf Schwerbeschädigte, erwähne diese vielmehr gar nicht. Man habe offenbar an sie gar nicht gedacht und ihren Lohnanspruch nicht regeln wollen, zumal damals die einschlägige Rechtsprechung des Reichsarbeitsgerichts noch nicht habe bekannt sein können. Auch § 4e der Arbeitsordnung beziehe sich nicht auf Schwerbeschädigte; es könne deshalb dahingestellt bleiben, ob überhaupt durch eine Arbeitsordnung der Lohnanspruch des Schwerbeschädigten beseitigt werden könne.

Die Revision rügt unrichtige Auslegung der genannten Bestimmung des Tarifvertrages und der Arbeitsordnung. Sie mußte damit Erfolg haben.

Das Reichsarbeitsgericht hält an seiner Rechtsprechung über den Einfluß einer auf Kriegsbeschädigung des Schwerbeschädigten beruhenden Krankheit und dadurch verursachten Arbeitsunfähigkeit auch für den vorliegenden Fall fest, ebenso aber auch an seiner Auffassung über die abdingbare Wirkung arbeitsvertraglicher Abreden. Es kommt also darauf an, ob die fraglichen Bestimmungen des Tarifvertrages und der Arbeitsordnung sich auf die Arbeiter und Arbeiterinnen ganz allgemein beziehen oder vor den Ansprüchen der Schwerbeschädigten haltmachen. Für die letztere Annahme ist kein Anhalt gegeben. Beide Bestimmungen lauten ganz allgemein und machen von der Regel, wonach Zeit, in der nicht gearbeitet worden ist, nur in ganz bestimmten Fällen vergütet werden soll, keinerlei Ausnahmen für irgendeine Gruppe von Arbeitnehmern. Es ist deshalb auch nicht gerechtfertigt, eine solche Ausnahme in bezug auf die Schwerbeschädigten in die Bestimmungen lediglich deshalb hineinzutragen, weil die durch sie beseitigten gesetzlichen Lohnansprüche der Schwerbeschädigten an sich weitergehen und wertvoller sind als die Ansprüche, die den Arbeitern allgemein aus § 616 BGB. zustehen. Gerade wenn, worauf das Landesarbeitsgericht hinweist, bei der Abfassung des Tarifvertrages und der Arbeitsordnung die Rechtsprechung des Reichsarbeitsgerichts über den besonderen

Lohnanspruch der Schwerbeschädigten noch nicht bekannt sein konnte, kann man unmöglich annehmen, daß die betreffenden Klauseln diesen Sonderanspruch im Gegensatz zu den allgemeinen gesetzlichen Ansprüchen der Arbeitnehmer haben bestehen lassen wollen.

RAG. 6, 118.

Hat ein Arbeiter, auf dessen Arbeitsverhältnis der Reichstarifvertrag der chemischen Industrie Anwendung findet, auch während des Urlaubs Anspruch auf Fortzahlung der Schmutzzulage, die ihm entsprechend dem § 7 des Reichstarifvertrages für besonders schmutzige Arbeiten gewährt wird?

Reichstarifvertrag der chemischen Industrie v. 19. Juli 1919/15. Oktober 1927 §§ 7, 12.

Reichsarbeitsgericht. Urt. v. 28. Juni 1930.

I. Arbeitsgericht Leipzig. — II. Landesarbeitsgericht daselbst.

Der Kläger war von 1923 bis 29. August 1929 als Generatorenarbeiter im Dienste der Beklagten beschäftigt. Für das Arbeitsvertragsverhältnis waren der Reichstarifvertrag der chemischen Industrie vom 19. Juli 1919, und zwar zuletzt in seiner Fassung vom 15. Oktober 1927, und das zugehörige Bezirkslohnabkommen für das Gebiet der Sektion Vb, und zwar zuletzt dasjenige vom 21. März 1928, kraft Allgemeinverbindlicherklärung maßgebend. Der Kläger, der als Stocherer beschäftigt wurde, erhielt zuletzt einen tariflichen Stundenlohn von 79,5 Rpf. und eine Schmutzzulage, die in einem Zuschlage von 20% zum Stundenlohn bestand. Die Gewährung der Schmutzzulage an Generatorenarbeiter war entsprechend dem § 7 des Reichstarifvertrages folgenden Wortlauts:

„1. Die Festsetzung von besonderen Zuschlägen für Arbeiten gefährlicher und gesundheitsschädlicher Art sowie für besonders schmutzige Arbeiten unterliegt freier Vereinbarung zwischen der Betriebsleitung und der gesetzlichen Vertretung der Arbeiterschaft des Betriebes.

2. An Stelle der Zuschläge können feste Lohnsätze vereinbart werden."

durch Vereinbarung zwischen Betriebsleitung und Betriebsvertretung festgelegt.

Während seines elftägigen Urlaubs im Jahre 1929 hatte der Kläger den Stundenlohn von 79,5 Rpf., nicht aber die Schmutzzulage ausgezahlt erhalten. Er beansprucht auch letztere und erhob Klage auf deren Nachzahlung für die elf Urlaubstage. Während das Arbeitsgericht nach Klagantrag erkannte, wies das Landesarbeitsgericht die Klage ab. Die Revision des Klägers führte zur Wiederherstellung des erstinstanzlichen Urteils:

Gründe:

Das Landesarbeitsgericht ist davon ausgegangen, daß der Kläger, der bei der Beklagten als Stocherer beschäftigt wurde, auch an den Tagen, die für ihn als Urlaubstage in Frage kamen, als Stocherer beschäftigt gewesen sein würde, wenn er nicht Urlaub gehabt hätte, daß er also auch in diesen Tagen neben dem Stundenlohn die Schmutzzulage von 20 % verdient haben würde. Es entspreche, so hat es ausgeführt, an sich der natürlichen Auffassung, daß der Arbeitnehmer während des Urlaubs Zahlung desjenigen Lohnes beanspruchen könne, den er verdient haben würde, wenn er in dieser Zeit gearbeitet hätte, und aus diesem Gesichtspunkt würde auch der Kläger neben dem Stundenlohn die Zahlung der Schmutzzulage für die Tage des Urlaubs haben beanspruchen können. Das Landesarbeitsgericht hat aber angenommen, daß durch die im § 12 Nr. 1 und 2 des Reichstarifvertrages erfolgte besondere Regelung der Urlaubsvergütung der Anspruch auf Zahlung der Schmutzzulage ausgeschlossen sei.

Die Revision bekämpft diese Auffassung als rechtsirrig, indem sie unrichtige Auslegung des Reichstarifvertrages und des zugehörigen Bezirkslohnabkommens der Sektion Vb rügt.

Das Reichsarbeitsgericht hat wiederholt in seinen Entscheidungen hervorgehoben, daß die mit der Urlaubsgewährung zusammenhängenden Fragen stets aus den Bestimmungen des jeweilig maßgebenden Tarifvertrages heraus entschieden werden müßten. Auf der anderen Seite hat es aber in ständiger Rechtsprechung das Wesen des Urlaubsrechtes darin gefunden, daß es dem Arbeitnehmer einen Anspruch auf Freizeit und einen Anspruch auf Fortzahlung des Lohnes während der Urlaubstage gewährt (RAG. Bd. 1 S. 6, Bd. 3 S. 93, 312, Bd. 4 S. 134). In Fortentwicklung dieses Grundsatzes hat es insbesondere in dem von der Revision in Bezug genommenen Urteile vom 8. Juni 1929 — RAG. 596/28 — (ArbRspr. 1929 S. 253, Bensh. Samml. Bd. V S. 173) sich grundsätzlich zu der Auffassung bekannt, daß der Arbeitnehmer in Ermangelung anderer Vereinbarung während des Urlaubs Anspruch auf Zahlung desjenigen Arbeitslohnes hat, den er verdient haben würde, wenn er in den Urlaubstagen gearbeitet hätte, eine Auffassung, die auch bereits der einen Fall der Kurzarbeit betreffenden Entscheidung des Reichsarbeitsgerichts vom 17. April 1929 — RAG. 528/28 — (Arb-

Rspr. 1929 S. 286) zugrunde liegt. Auch das Berufungsgericht bezeichnet diese Auffassung als die „natürliche", und es hat deshalb erwogen, daß der Kläger, der stets als Stocherer beschäftigt worden ist, als solcher auch während der Urlaubstage beschäftigt worden sein und für diese Tätigkeit die im Betriebe der Beklagten auf 20 % des Stundenlohnes festgesetzte Schmutzzulage gezahlt erhalten haben würde, auch für die Zeit des Urlaubs die Fortzahlung der Schmutzzulage würde beanspruchen können, wenn nicht im Tarifvertrage eine abweichende besondere Regelung getroffen worden wäre. Diese die Fortzahlung der Schmutzzulage ausschließenden Regelung hat es in den Nummern 1 und 2 des die gesamte Urlaubsregelung enthaltenden § 12 des Reichstarifvertrages der chemischen Industrie vom 19. Juli 1919/15. Oktober 1927 erblickt, die folgenden Wortlaut haben:

„1. Alle Arbeiter erhalten nach mindestens einjähriger ununterbrochener Tätigkeit in demselben Betriebe unter Fortzahlung des Tagelohnes, d. h. des achtfachen des tariflichen Stundenlohnes, Urlaub.

2. Tariflicher Stundenlohn ist der im Bezirkslohnabkommen für den betreffenden Arbeitnehmer aufgeführte Stundenlohn."

Das Landesarbeitsgericht hat angenommen, daß unter dem tariflichen Stundenlohn lediglich der auf Grund des § 4 des Reichstarifvertrages, welcher die Festlegung der Löhne in den Sektionsbezirken vorsieht, im Bezirkslohnabkommen festgelegte Tariflohn, der für den Kläger 79,5 Rpf. betrug, zu verstehen sei, nicht aber die entsprechend dem § 7 des Reichstarifvertrages durch Betriebsvereinbarung festgelegte Schmutzzulage; denn im § 12 Abs. 2 des Reichstarifvertrages sei, so hat es ausgeführt, nur von dem im Bezirkslohnabkommen aufgeführten Stundenlohn die Rede, nicht aber von der die tariflichen Vereinbarungen weiter ergänzenden Betriebsvereinbarung. Allerdings sei im § 7 des Bezirkslohnabkommens vorgesehen, daß Gefährdungs- und Schmutzzulagen in der gleichen Höhe wie bisher gewährt werden sollten; indessen habe diese Bestimmung lediglich die Bedeutung einer Übergangsvorschrift. — Der Auffassung des Landesarbeitsgerichts vermag das Reichsarbeitsgericht nicht beizutreten. Wie bereits hervorgehoben, ist es in dem Wesen des Urlaubs begründet, daß der Arbeitnehmer an sich für die Urlaubstage Anspruch auf Fortzahlung desjenigen Lohnes hat, den er verdient haben würde, wenn er während der Urlaubstage gearbeitet hätte. Von dieser grundsätzlichen Auffassung aus muß auch im vorliegenden Falle der Anspruch des Klägers auf Fortzahlung der Schmutzzulage während des Urlaubs für begründet erachtet werden, wenn nicht durch besondere tarifliche Vereinbarung die Fortzahlung ausdrücklich ausgeschlossen worden ist. Die Tarifbestimmung des § 12 Ziff. 1 und 2 des Reichstarifvertrages, auf die sich die Beklagte stützt, bringt aber einen dahingehenden Willen der Tarifvertragsparteien nicht hinreichend klar zum Ausdruck. Die Schmutzzulage ist nicht etwa eine lediglich auf einer Betriebsvereinbarung beruhende Zulage, sie hat vielmehr ihre Grundlage in dem § 7 des Reichstarifvertrages; sie ist aber auch weiter im § 7 des Bezirkslohnabkommens aufgeführt, der die Fortzahlung der Zuschläge für Arbeiten gefährlicher und gesundheitsschädlicher Art, sowie für besonders schmutzige Arbeiten in gleicher Höhe wie bisher vorsieht. Daß diese letztere Bestimmung lediglich den Charakter einer Überleitungsvorschrift haben sollte, ist nicht ersichtlich. Allerdings war nach § 7 des Reichstarifvertrages mit Rücksicht auf die Verschiedenheit der Betriebsverhältnisse die Festsetzung der Höhe der Schmutzzulage der Vereinbarung in den einzelnen Betrieben vorbehalten; durch § 7 hat aber sichtlich die Weiterzahlung in der damals betrieblich vereinbarten Höhe als Mindestbetrag für die Dauer der Geltung des Bezirkslohnabkommens sichergestellt werden sollen. Es handelt sich also bei der Schmutzzulage um eine in den Tarifabkommen, und zwar auch in dem Bezirkslohnabkommen aufgeführte Lohnzulage. Wenn deshalb im § 12 Ziff. 2 des Reichstarifvertrages als tariflicher Stundenlohn der im Bezirkslohnabkommen für den betreffenden Arbeitnehmer aufgeführte Stundenlohn bezeichnet wird, so ist damit die Schmutzzulage nicht notwendig ausgeschlossen. Daß darunter lediglich der nach § 5 des Bezirkslohnabkommens in der Lohntafel festgesetzte Stundenlohn hat verstanden werden sollen, ist weder dem Wortlaute der Ziff. 2 noch den sonstigen Bestimmungen des Reichstarifvertrages, insbesondere den von der Beklagten in Bezug genommenen §§ 8 und 9 mit hinreichender Deutlichkeit zu entnehmen; auch die in den Ziff. 3 und 4 des § 12 des Reichstarifvertrages für die Überstunden und diejenigen Arbeiter, die überwiegend im Akkord gearbeitet haben, getroffenen besonderen Regelungen rechtfertigen nicht notwendig den Schluß, daß die Tarifvertragsparteien durch die gegenüber der früheren Fassung des Reichstarifvertrages in die Fassung vom 15. Oktober 1927 aufgenommene Erläuterung des Begriffes des tariflichen Stundenlohnes die Urlaubsvergütung — abgesehen von den in Ziff. 3 und 4 enthaltenen besonderen Bestimmungen — lediglich auf den in der Lohntafel zum Bezirkslohnabkommen festgesetzten Stundenlohn haben beschränken und damit die Fortzahlung der Schmutzzulage haben ausschließen wollen. Gegenüber dem sich aus dem natürlichen Urlaubsbegriffe ergebenden Anspruch auf Urlaubsvergütung hätte eine solche Beschränkung in einer klaren und Zweifel ausschließenden Fassung zum Ausdruck gebracht werden müssen. Die Annahme des Landesarbeitsgerichts, daß durch § 12 Ziff. 1 und 2 des Reichstarifvertrages der Anspruch des Klägers auf Fortzahlung der Schmutzzulage während der Urlaubstage tarifvertraglich ausgeschlossen sei, beruht daher auf einer unrichtigen Auslegung dieser Tarifvertragsbestimmungen. Da ein tarifvertraglicher Ausschluß der Fortzahlung der Schmutzzulage nicht festzustellen ist, ist der Klageanspruch als begründet anzuerkennen, und es war deshalb unter Aufhebung des angefochtenen Urteils die Berufung der Beklagten gegen das Urteil des Arbeitsgerichts zurückzuweisen.

RAG. 6, 139.

Sind die Arbeitnehmergruppen des Pommerschen Landbunds tariffähig?

ArbGG. § 10.

Reichsarbeitsgericht. Urt. v. 21. Mai 1930.

I. Arbeitsgericht Woldenberg. — II. Landesarbeitsgericht Frankfurt a. O.

Die Klägerin, Arbeitnehmergruppe des Pommerschen Landbunds, hat mit der Beklagten, einer Kreisarbeitgebergruppe desselben Bundes, unter dem 18. Dezember 1926 einen als „Tarifvertrag" bezeichneten Vertrag geschlossen. Ein Mitglied der Beklagten ist gegenüber seinen Arbeitnehmern einer Bestimmung dieses Vertrages nicht nachgekommen und hat sein Verhalten damit begründet, daß nach der Auffassung der Verwaltungsbehörden und der derzeitigen Rechtsprechung die Klägerin nicht tariffähig sei, also ein gültiger Tarifvertrag, dessen Innehaltung erzwungen werden könne, nicht vorliege. Den gleichen Standpunkt hatte die dieserhalb von der Klägerin angegangene Beklagte eingenommen. Darauf hat die Klägerin die vorliegende Klage erhoben, mit der sie die Feststellung begehrt, daß der Vertrag vom 18. Dezember 1926 ein rechtsgültiger Tarifvertrag sei. Das Arbeitsgericht hat der Klage stattgegeben. Das Reichsarbeitsgericht aber hat auf die hiergegen eingelegte Sprungrevision der Beklagten durch Urteil RAG. 24/28 vom 29. September 1928 (RAG. Bd. 2 S. 289 flg.) das arbeitsgerichtliche Urteil aufgehoben und die Sache zur Verhandlung und Entscheidung an das als Berufungsgericht zuständige Landesarbeitsgericht zurückverwiesen. Dieses hat nach Beweisaufnahme die Berufung der Beklagten gegen das arbeitsgerichtliche Urteil zurückgewiesen. Die Revision der Beklagten blieb erfolglos.

Gründe:

Das Berufungsgericht gelangt auf Grund der ihm durch das oben bezeichnete Urteil des Reichsarbeitsgerichts auferlegten Prüfung zu folgendem Ergebnis:

Die klagende Arbeitnehmergruppe nebst ihren Untergruppen bestehe nur aus Arbeitnehmern. Sie bringe, soweit sich das überhaupt feststellen lasse, ihre geldlichen Mittel selbst auf und empfange keinerlei Zuwendungen von seiten der Arbeitgeber einschließlich des Gesamtbundes und seiner Untergruppen. In der Verwaltung beständen gewisse Gemeinsamkeiten, so bei einer Bankvollmacht, hinsichtlich einer Buchprüfungsstelle und vor allem in der Tätigkeit der sogenannten Sozial-Sekretäre bei etwa der Hälfte der Kreisarbeitnehmergruppen, möglicherweise auch in dem räumlich nahen Nebeneinanderarbeiten von Arbeitnehmer- und Arbeitgebergruppen in demselben Gebäude. Unmittelbare Beeinflussungen der Arbeitnehmergruppen durch diese Verwaltungsgemeinsamkeiten hätten sich nicht feststellen lassen. Es fragt sich aber, ob die infolge solcher Gemeinsamkeiten gegebene Möglichkeit einer Beeinflussung genüge, um der Arbeitnehmergruppe im Gegensatz zu der Fassung der verschiedenen Satzungen des Pommerschen Landbunds die tatsächliche innere Unabhängigkeit und Selbständigkeit abzusprechen. Insoweit sei davon auszugehen, daß ein gelegentliches Ineinandergreifen der Verwaltung bei Vereinigungen, die sich zur Verfolgung gemeinsamer Ziele in einem gemeinschaftlichen Verband zusammengeschlossen hätten und dort ständig friedlich miteinander arbeiteten, von vornherein sehr nahe liege. Erkenne man aber mit dem Reichsarbeitsgericht die Möglichkeit der Tariffähigkeit einer solchen Vereinigung an sich grundsätzilch an, dann könne man sie nicht verneinen, wenn wirklich einzelne Erscheinungen festgestellt würden, die beim Ausbau dieser Vereinigung von vornherein zu erwarten seien. Anders wäre es, wenn die Beweisaufnahme so schwere Erscheinungen gezeitigt hätte, daß aus ihnen die Abhängigkeit und Unselbständigkeit der einen Gruppe klar ersichtlich würde. Das sei nun hinsichtlich der personalen Zusammensetzung und der finanziellen Selbständigkeit überhaupt nicht der Fall, und die festgestellten Verwaltungs-Gemeinsamkeiten einschließlich des immerhin nicht ganz unbedenklichen Instituts der Sozial-Sekretäre seien derartig, daß sie eine gewisse Beeinflussung der Arbeitnehmer durch Organe, die mehr von der Arbeitgeberseite abhingen, zwar möglich, aber nicht notwendig machten. Keinesfalls ergäben sich durch die festgestellten Erscheinungen größere Beeinflussungsmöglichkeiten als die durch den Gesamtaufbau des Pommerschen Landbunds von vornherein gegebenen;

diese kämen jedoch für das gegenwärtige Verfahren nicht in Betracht, da das Berufungsgericht die ihm vorliegende Streitfrage nicht voraussetzungslos zu prüfen und nicht ausschließlich nach seiner freien Überzeugung zu entscheiden habe, sondern gesetzlich an die rechtliche Beurteilung des reichsarbeitsgerichtlichen Urteils gebunden sei. Aus denselben Gründen sei vereinzelten sonst bekannt gewordenen Vorgängen keine ausschlaggebende Bedeutung beizumessen, denn man könne entweder einem Verband, wie dem der Klägerin, auf Grund seiner Zwecke und seiner Organisation von vornherein die Tariffähigkeit absprechen oder man tue das nicht, müsse dann aber zu dem Schluß kommen, daß die vorgenommene Beweisaufnahme eine weitergehende Abhängigkeit oder Unselbständigkeit, als sich aus der ganzen Art der Organisation der Klägerin von selbst ergebe, nicht erbracht habe. Andererseits habe die Klägerin in den letzten drei Jahren rund 150 Tarifverträge abgeschlossen. Die Durchsicht der eingeforderten und zum Teil mit den Verhandlungen vorgelegten Tarifverträge habe nichts von sonstigen Tarifverträgen und Tarifverhandlungen zuungunsten der Arbeitnehmer Abweichendes ergeben. Wenn in einem solchen Tarifvertrag oder den nebenhergehenden Verhandlungen den Angehörigen der Arbeitnehmergruppe des Pommerschen Landbunds besondere Zulagen zugestanden seien, so sei das allerdings ein Ausfluß der selbstverständlichen Begünstigung der Zugehörigkeit zum Landbund durch die Arbeitgeber, habe indessen jedenfalls solange für die zu entscheidende Frage keine Bedeutung, als Tarifvertragspartei auf der Arbeitnehmerseite eben nur die Arbeitnehmergruppe des Pommerschen Landbunds sei; wenn diese für ihre Mitglieder besondere Vorteile erstreite, so folge daraus jedenfalls nicht eine Abhängigkeit von der Arbeitgeberseite. Es sei ein Schiedsspruch des Schlichtungsausschusses Stettin vom 11. November 1926 vorgelegt, in dem die Verbindlichkeit des Landbundtrarifs gegen einen Arbeitgeber, der unter dem Satz des Tarifs habe arbeiten wollen, ausgesprochen werde. Es sei ferner gerichtsbekannt, daß in Pommern auch sonst die Landbundtarife zur Grundlage von Schiedssprüchen gemacht worden und günstigere Tarife seitens anderer Organisationen — gleichgültig aus welchen Gründen — kaum oder gar nicht erreicht worden seien. Damit habe die Klägerin sozusagen praktisch ihre Tariffähigkeit erwiesen. Möge endlich die Anerkennung ihrer Tariffähigkeit nicht einziges, vielleicht nicht einmal hauptsächliches Ziel der Klägerin sein, möge sie vielmehr ihre Gleichberechtigung in den verschiedenen sozialen Vertretungskörpern erstreben, so habe das mit dem vorliegenden Rechtsstreit nichts zu tun. Hinsichtlich der hier zu entscheidenden Frage der Tariffähigkeit habe die Beweisaufnahme über die tatsächliche Handhabung der Satzung und die sonstige Betätigung der Klägerin eine Abhängigkeit und Unselbständigkeit der klagenden Tarifvertragsparteien in dem erörterten Sinne nicht ergeben. Sei sonach die Tariffähigkeit der Klägerin und damit auch die der Beklagten gegeben, so sei zugleich die Frage der Rechtsgültigkeit des zwischen den Parteien geschlossenen, den Gegenstand des Rechtsstreites bildenden Tarifvertrages zu bejahen.

Die Revision bekämpft diese Ausführungen des Berufungsgerichts in erster Linie mit der Rüge einer Verletzung des § 1 TarifvertrVo. in Verbindung mit Art. 159 RVerf. und § 10 ArbGG. Sie erstrebt jedoch nach dem Wortlaut der schriftlichen Revisionsbegründung des weiteren die Nachprüfung, ob das Landesarbeitsgericht die ihm durch das Urteil des Reichsarbeitsgerichts zugewiesenen Feststellungen tatsächlicher Art soweit getroffen habe, daß darauf die Feststellungen rechtlicher Art hätten gestützt werden können. Damit erhebt sie — allerdings ohne die ihrer Ansicht nach verletzte Rechtsnorm anzugeben, was nach der Rechtsprechung des Reichsgerichts und des Reichsarbeitsgerichts gestattet ist — zugleich einen verfahrensrechtlichen Angriff. Rüge und Angriff können indessen keinen Erfolg haben.

Entgegen der Meinung der Revision hält sich das angefochtene Urteil zunächst in verfahrensrechtlicher Hinsicht durchaus im Rahmen der rechtlichen Beurteilung, welche das Reichsarbeitsgericht der Entscheidung vom 29. September 1928 zugrunde gelegt hat. Von einem Rechtsverstoß gegen den von der fraglichen Rüge offenbar getroffenen § 72 Abs. 2 ArbGG. in Verbindung mit § 565 Abs. 2 ZPO. kann mithin keine Rede sein.

Nicht minder geht der materiellrechtliche Angriff fehl. Das Reichsarbeitsgericht hat in der genannten Entscheidung (RAG. Bd. 2 S. 293) grundsätzlich ausgesprochen, daß die Tariffähigkeit einer Vereinigung dreierlei voraussetze: eine Zusammenfassung von Personen, die nur Arbeitgeber oder nur Arbeitnehmer sind, die dauernde Verbindung dieser Personen zum Zwecke der Einwirkung auf die Gestaltung der Arbeitsverhältnisse sowie die tatsächliche, auch finanzielle Unabhängigkeit und volle Selbständigkeit der so zusammengefaßten Personen gegenüber der wirtschaftlichen Gegenseite. Es hat damals ferner zum Ausdruck gebracht, daß auf Grund der Satzungen, wie sie in der ihnen zum Teil erst im Oktober 1927 gegebenen Fassung vorliegen, an sich eine solche Unabhängigkeit und Selbständigkeit angenommen werden könne und, da es sich zugleich um die von Amts wegen zu berücksichtigende Parteifähigkeit handelt, eine Reihe von Gesichtspunkten hervorgehoben, die unter Umständen gegen eine derartige Annahme sprechen würden. In weiteren Entscheidungen hat das Reichsarbeitsgericht hinzugefügt, daß für die Bejahung der Tariffähigkeit einer Vereinigung eine ernstliche Betätigung im Sinne des Abschlusses und der Einhaltung von Tarifverträgen, nicht aber die Einwirkung auf die Gestaltung der einzelnen Arbeitsverhältnisse im Wege des Arbeitskampfes erforderlich sei, sondern auch wirtschaftsfriedliche Verständigung genüge, sofern nur die Vereinigung in der Lage sei, ihre eigenen Belange gegenüber der anderen Partei, notfalls auch gegen deren Willen, in verkehrsüblicher Weise durchzusetzen (vgl. RAG. Bd. 2 S. 302, Bd. 3 S. 171 und Urteil vom 10. November 1928 — RAG. 395/28 — in ArbRspr. 1929 S. 28). An diesen Grundsätzen ist festzuhalten. Auch das Berufungsgericht hat sie nicht verkannt. Es hat vielmehr die von dem Reichsarbeitsgericht zur Klärung seinerzeit vorhandener zahlreicher Zweifel für notwendig erachteten ergänzenden tatsächlichen Feststellungen durch eingehende Beweisaufnahme in umfassendster Weise nachgeholt. Wenn es deren Ergebnis dahin würdigt, daß insbesondere das von der Revision vermißte Erfordernis der vollen Selbständigkeit gegeben sei und eine irgendwie erhebliche Abhängigkeit der Klägerin von der Beklagten nicht bestehe, so läßt diese Würdigung einen Rechtsirrtum nicht erkennen. Ebensowenig ist gegen die tatsächlichen Feststellungen selbst vom rechtlichen Standpunkt aus etwas einzuwenden. Es trifft allerdings zu, daß in dem angefochtenen Urteil Erwägungen enthalten sind, die bei Hinzukommen weiterer Umstände möglicherweise für eine nicht volle Unabhängigkeit und Selbständigkeit hätten verwertet werden können. Das muß aber dahingestellt bleiben, da gemäß § 561 Abs. 2 ZPO. das Revisionsgericht an die tatsächlichen Feststellungen und die tatrichterliche Würdigung des Berufungsgerichts gebunden ist. Überdies bedeutet „volle" Unabhängigkeit und Selbständigkeit im Sinne der Entscheidung vom 29. September 1928 nicht Unabhängigkeit und Selbständigkeit bis in alle, selbst unerhebliche Einzelheiten, sondern es reicht zur Erfüllung dieser Begriffe hin, daß sie im wesentlichen gegeben sind. Das indessen hat, wie oben gesagt, das angefochtene Urteil rechtsbedenkenfrei bejaht. Schließlich könnte auch eine etwa abweichende Beurteilung der Tariffähigkeit der Arbeitnehmergruppen des Pommerschen Landbunds durch das Reichsversicherungsamt oder die ihm nachgeordneten Spruchbehörden zu keinem anderen Ergebnis führen, denn für das Gebiet der Sozialversicherung zutreffende rechtliche Erwägungen sind nicht ohne weiteres auf andere Rechtsgebiete übertragbar, ganz abgesehen davon, daß jede Entscheidung durch die Arbeitsgerichtsbehörden einschließlich des Reichsarbeitsgerichts nach der Lage des einzelnen Falles zu erfolgen hat. Auch im übrigen weist das angefochtene Urteil keinen Rechtsirrtum auf.

RAG. 6, 154.

Wie ist die gesetzliche Kündigungsfrist zu ermitteln, wenn bei einem Dienstvertrag Geld- und Sachlohn gewährt wird, beide Lohnarten aber nach verschiedenen Zeitabschnitten bemessen sind?

BGB. § 621. KO. § 22.

Reichsarbeitsgericht. Urt. v. 10. September 1930.

I. Arbeitsgericht Schlochau. — II. Landesarbeitsgericht Schneidemühl.

Der Kläger war seit dem Jahre 1921 als landwirtschaftlicher Arbeiter bei dem inzwischen verstorbenen Rittergutsbesitzer K. auf dem Rittergut L. tätig. Er erhielt neben Barlohn freie Wohnung und gewisse Deputatbezüge. Der Arbeitsvertrag wurde im Februar 1929 bis zum 31. März 1931 verlängert. Am 18. März 1929 wurde über den Nachlaß K.s der Konkurs eröffnet und der Beklagte zum Konkursverwalter bestellt. Dieser kündigte dem Kläger das Dienstverhältnis am 1. Oktober 1929 zum 1. November 1929. Der Kläger hat eingewandt, der Beklagte habe am 22. März 1929 auf seine Kündigung verzichtet, auch sei ihm gegenüber die Kündigung wirkungslos, weil er im November 1929 zum Ersatzmann für die Betriebsvertretung gewählt worden und danach die (fehlende) Zustimmung derselben erforderlich gewesen sei (§ 96 BRG.). Hilfsweise hat er geltend gemacht, daß ihm nur mit vierteljährlicher Frist habe gekündigt werden können. Er hat die Feststellung begehrt, daß sein Arbeitsverhältnis zum Beklagten bis zum 31. März 1930 fortdauere. Der Beklagte hat bestritten, auf sein Kündigungsrecht verzichtet zu haben, hält die Rechtsausführungen des Klägers für falsch und hat um Abweisung der Klage gebeten. Das Arbeitsgericht hat sämtliche Einwendungen des Klägers gegen die Wirksamkeit der Kündigung für unbegründet erachtet und die Klage unter Festsetzung des Streitwerts auf 500 RM abgewiesen. Dagegen hat das Landesarbeitsgericht den dritten Einwand des Klägers für begründet gehalten und in Änderung des erstinstanzlichen Urteils festgestellt, daß das Arbeitsverhältnis nur bis zum 31. Dezember 1929 fortgedauert habe. Die zugelassene Revision des Beklagten wurde zurückgewiesen.

Gründe:

Das Berufungsgericht hat angenommen, daß der Konkursverwalter durch seine Kündigung vom 1. Oktober 1929 das Dienstverhältnis des Klägers erst mit dem 31. Dezember 1929 beendet habe, daß nämlich die Kündigungsbestimmung des § 621 Abs. 4 BGB. Platz greife. Es hat erwogen, daß Deputatdienstverträge ihrer Natur nach Jahresverträge seien, bei denen die Bezüge überwiegend, zum mindesten aber teilweise für das ganze Jahr bemessen seien. Dies treffe auch für den vorliegenden Dienstvertrag nach dem darauf anwendbaren Tarifvertrag für die Landwirtschaft des Kreises Schlochau zu; die in den §§ 13 flg. des Tarifvertrages aufgeführten Entschädigungen würden als Entgelt für die Arbeitsleistungen im ganzen Jahr vereinbart, insbesondere seien die Gewährung einer Wohnung und von Landbenutzung, die Gestattung von Viehhaltung und die Lieferung des Heues, der Wrucken, der Spreu, des Holzes und der übrigen Feuerung, des Getreides und der Kartoffeln für das ganze Jahr als Entgelt gedacht, also für das ganze Jahr als Vergütung bemessen.

Die Revision weist demgegenüber darauf hin, daß dem Kläger neben den Naturalbezügen ein Barlohn gewährt wurde und die Verabfolgung der Barlöhne nach dem Tarifvertrag spätestens alle Monate zu erfolgen hatte. Sie vertritt unter Berufung auf Staudinger, Erläuterungsbuch zum BGB., § 621 Anm. 5 die Ansicht, daß sich die Kündigungsfristen des § 621 BGB. beim Zusammentreffen von Naturallohn und Barlohn nach dem Barlohn richteten, es also darauf ankomme, für welchen Zeitabschnitt dieser bemessen sei. Dem kann nicht beigepflichtet werden. Zunächst ist mit dem Berufungsrichter darauf hinzuweisen, daß die im vorliegenden Fall nach § 22 der KO. maßgeblichen Kündigungsfristen und Kündigungstermine des § 621 BGB. vom Gesetz nicht mit den Terminen in Zusammenhang gebracht worden sind, an denen die vereinbarte Vergütung zu zahlen ist, sondern mit der Lohnbemessung, d. h. den Zeitabschnitten, für die nach dem Dienstvertrag der Lohn berechnet werden soll, so zwar, daß, je länger diese Zeitspannen sind, desto länger auch die Kündigungsfristen werden, z. B. bei Bemessung nach Tagen (Abs. 1) Kündigung an jedem Tage für den folgenden Tag, bei Bemessung nach Monaten (Abs. 3) Kündigung für den Schluß eines Kalendermonats, spätestens am 15. des Monats, bei Bemessung nach Vierteljahren oder längeren Zeitabschnitten (Abs. 4) Kündigung nur für den Schluß eines Kalendervierteljahres unter Einhaltung einer Frist von 6 Wochen. Dabei ist im § 621 nur von „Vergütung" die Rede, die nicht in Geld zu bestehen braucht, vielmehr nach der auch insoweit bestehenden Vertragsfreiheit (§ 611 Abs. 1 BGB.) auch in der Zuwendung anderer Vermögensvorteile, wie freier Wohnung, freier Landbenutzung und in den sog. Deputaten der landwirtschaftlichen Arbeiter allein oder neben Geld bestehen kann. Auch die für landwirtschaftliche und forstwirtschaftliche Betriebe geltende vorläufige Landarbeitsordnung vom 24. Januar 1919 setzt insofern der freien Vereinbarung keine Schranken. Sie bestimmt zwingend (§ 9) lediglich, daß in Jahresverträgen die Entlohnung auf die verschiedenen Jahreszeiten nicht so unangemessen verteilt werden darf, daß die Entlohnung in der Winterszeit in auffälligem Mißverhältnisse zu der auf sie entfallenden Arbeitsleistung und zur Entlohnung für das ganze Jahr steht. Es gelten also die Bestimmungen des § 621 BGB., wie übrigens Staudinger an der angeführten Stelle auch ausdrücklich anerkennt, ohne Unterschied der vereinbarten Vergütungsart, mithin auch für den Fall, daß nur Naturallohn vereinbart ist, und ebenso für den Fall des Nebeneinanderbestehens von Geld- und Naturallohn, und es fehlt im Gesetz an jedem Anhalt dafür, daß beim Nebeneinanderbestehen beider Lohnarten stets dem Geldlohn der Vorzug zu geben sei. Stehen hiernach beide Lohnarten bei Anwendung des § 621 BGB. einander gleich, so kann bei dem Auseinanderfallen der Zeitabschnitte für die Bemessung des Geldlohns und des Sachlohns nicht ohne weiteres der Barlohn die Kündigungsfrist bestimmen, vielmehr entspricht es in solchen Fällen dem Zweck des Gesetzes, den wesentlicheren Teil der Vergütung entscheiden zu lassen, und demgemäß festzustellen, worin nach dem Vertrage die Hauptvergütung für die Dienstleistungen besteht. Bei der Beurteilung der Frage, was in solchem Falle das Wesentlichere ist, mag unter Umständen in Anwendung der Grundsätze des § 157 BGB. auf die Ortsüblichkeit zurückgegriffen werden können; bei den landwirtschaftlichen Deputatverträgen wird aber vielfach ohne weiteres klar sein, daß der Arbeiter seine Existenzgrundlage in den Sachlöhnen findet, daß mithin nicht der Geldlohn, sondern freie Wohnung, freie Landbenutzung mit Viehhaltung und die Gewährung der Deputate die Hauptvergütung bilden. Daß Staudinger an der angeführten Stelle eine gegenteilige Meinung vertrete, kann nicht zugegeben werden. Wenn er dort unter Berufung auf Lotmar, Der Arbeitsvertrag, Bd. 1 S. 730 und Bd. 2 S. 409 ausführt, in Fällen, wo der Geldlohn für einen kürzeren oder einen längeren Zeitabschnitt bemessen sei als der Naturallohn, werde *regelmäßig* dem Geldlohn die maßgebliche Rolle zuzubilligen sein, so sagt Lotmar an der zuletzt angeführten Stelle ausdrücklich: „In den dem § 621 unterliegenden Fällen sollte jeweils der *längere* Zeitabschnitt für die Länge der Kündigungsfrist entscheidend sein, es sei denn, daß die für den längeren Zeitabschnitt bedingte Vergütung als ein Extraordinarium erscheint (wie da, wo sie unteilbar oder bedingt ist) oder ihrem ökonomischen Wert nach gegenüber dem Verdienste zurücktritt, den der Lohnsatz des kürzeren Zeitabschnitts verschafft." Nun erhält im vorliegenden Falle nach dem maßgeblichen Tarifvertrag der Deputant an Barlöhnen im Sommer 80 Pfg. und im Winter 70 Pfg. Wenn auch insoweit der Lohn nach Tagen bemessen ist, so macht er nach den vom Landesarbeitsgericht einbezogenen Angaben des Inspektors Johnson für das ganze Jahr doch nur 225 RM aus, während der Wert der Wohnung für das ganze Jahr und die übrigen Naturalbezüge, die dem Arbeitnehmer auf dem Gute Lissau zustehen und gewährt werden, auf zusammen 810 RM jährlich zu veranschlagen sind. Die Naturalbezüge bilden also gegenüber dem Barlohn im vorliegenden Falle den wirtschaftlich höheren Wert, sie sind mithin das Wesentliche an der vereinbarten Vergütung. Da sie nach der einwandfreien Feststellung des Berufungsrichters für einen ganzen Jahresabschnitt bemessen sind, kam diesem Abschnitte bei Bestimmung der Kündigungsfrist die ausschlaggebende Bedeutung zu. Es ist also der Ansicht des Berufungsrichters zuzustimmen, daß im vorliegenden Falle § 621 Abs. 4 des BGB. Platz griff und die am 1. Oktober 1929 ausgesprochene Kündigung das Dienstverhältnis erst am 31. Dezember 1929 beendet hat. Demgemäß war die Revision als unbegründet zurückzuweisen.

RAG. 6, 182.

Kann im arbeitsgerichtlichen Berufungsverfahren der Einspruch gegen ein Versäumnisurteil von der Partei selbst schriftlich eingelegt werden?

ArbGG. §§ 11, 59, 64; ZPO. § 78.

Reichsarbeitsgericht. Urt. v. 4. Juni 1930.

I. Arbeitsgericht Barmen. — II. Landesarbeitsgericht Elberfeld.

Nach vorangegangener Besprechung mit einem Bezirksdirektor der Beklagten trat der Kläger am 1. März 1929 als Generalvertreter in die Dienste der Beklagten. Über das Anstellungsverhältnis wurde zwischen den Parteien am 19. März 1929 ein schriftlicher Vertrag geschlossen, in welchem die Beklagte dem Kläger als Entgelt für seine Tätigkeit bei einer Mindestleistung von monatlich „25 Einheiten eigenes Geschäft" unter näherer Bestimmung für Mehr- oder Minderleistungen eine Provision von 250 RM garantierte. Mit der Behauptung, daß ihm in der oben erwähnten Besprechung für die Beklagte bindend ein festes Gehalt von 250 RM monatlich ohne jede Einschränkung zugesichert worden sei, focht der Kläger den schriftlichen Vertrag an und erhob die vorliegende Klage. Er beansprucht damit für März und April 1929 je 250 RM abzüglich ihm gezahlter 150 RM, im ganzen also 350 RM.

Das Arbeitsgericht hat nach Beweisaufnahme die Klage abgewiesen. Im zweiten, durch seine Berufung veranlaßten Rechtszug ist der darin ursprünglich durch einen Rechtsanwalt vertretene Kläger trotz ordnungsmäßig an seinen damaligen Prozeßbevollmächtigten erfolgter Ladung zur mündlichen Verhandlung über die Berufung weder erschienen noch in diesem Verhandlungstermin vertreten worden. Das Berufungsgericht hat daher auf Antrag der Beklagten die Berufung durch Versäumnisurteil vom 11. September 1929 zurückgewiesen. Das Versäumnisurteil ist dem Kläger von Amts wegen am 19. September 1929 zugestellt. Er hat zunächst mit Schreiben vom 21. September — beim Landesarbeitsgericht eingegangen am 24. September — und, nachdem ihm das Versäumnisurteil (und zwar unter Beifügung einer Rechtsbelehrung) am 3. Oktober auch von der Beklagten zugestellt war, mit Postkarte vom 7. Oktober 1929, die bei dem Landesarbeitsgericht am folgenden Tage einging, Einspruch eingelegt, demnächst auch einen neuen Prozeßbevollmächtigten für sich bestellt. Das Landesarbeitsgericht aber hat nunmehr durch Urteil vom 18. November 1929 den Einspruch des Klägers als unzulässig verworfen.

Die zugelassene Revision des Klägers blieb erfolglos.

Gründe:

Das Berufungsgericht geht, indem es auf Grund des § 64 Abs. 2 ArbGG. in Verbindung mit §§ 341, 542 Abs. 1 ZPO. die Zulässigkeit des Einspruchs und die Rechtzeitigkeit seiner Einlegung von Amts wegen prüft, davon aus, daß der Lauf der dreitägigen Notfrist, innerhalb deren im arbeitsgerichtlichen Verfahren gemäß § 59 ArbGG. gegen ein Versäumnisurteil Einspruch eingelegt werden könne, im Gegensatz zu dem ersten Rechtszug, für welchen § 50 a. a. O. die amtliche Zustellung der Urteile vorschreibe, nach § 64 Abs. 2 und 3 ArbGG., §§ 317 Abs. 1, 523 ZPO. im zweiten Rechtszug erst mit der im Parteibetrieb zu bewirkenden Zustellung beginne, daß aber die Einlegung des Einspruchs bereits vor Zustellung des Urteils statthaft und daß deshalb der mit dem Schreiben des Klägers vom 21. September am 24. September 1929 eingelegte Einspruch an sich fristgerecht angebracht sei. Das ist nicht rechtsirrig und wird auch von der Revision nicht beanstandet.

Das Berufungsgericht erörtert dann, ob der Kläger den Einspruch habe persönlich einlegen dürfen oder sich nicht vielmehr dazu gemäß § 11 Abs. 2 ArbGG. eines Vertreters hätte bedienen müssen. Es beantwortet die Frage unter eingehender Würdigung der im Schrifttum überwiegenden entgegengesetzten Meinung im zweitbezeichneten Sinne und verwirft deshalb den Einspruch des Klägers als unzulässig. In seinen weiteren Ausführungen wirft das Berufungsgericht „der Vollständigkeit halber" die Frage auf, ob im vorliegenden Fall ein ordnungsmäßiger Einspruch durch einen Rechtsanwalt noch möglich ist. Es verneint diese Frage mit Rücksicht auf die bei der Zustellung des Versäumnisurteils durch die Partei erfolgte, dem Wortlaut des § 59 Satz 3 ArbGG. entsprechende Rechtsmittelbelehrung des Klägers. Schließlich fügt es „rein informatorisch" hinzu, daß auch eine sachliche Nachprüfung zu keinem vom Urteil des Arbeitsgerichts abweichenden Ergebnis geführt haben würde.

Die Revision rügt Verletzung der §§ 11, 59, 64, 72 Abs. 2 ArbGG. und der §§ 78 Abs. 2, 551 Nr. 7 ZPO. Ihr muß jedoch ein Erfolg versagt bleiben.

Um die Rüge aus § 551 Nr. 7 ZPO. vorweg zu nehmen, so ist sie schon deshalb gegenstandslos, weil es sich, wie auch die Revision nicht verkennt, bei der diese Rüge veranlassenden, die sachliche Nachprüfung des ersten Urteils betreffenden Schlußbemerkung des Berufungsgerichts nicht um einen selbständigen Entscheidungsgrund handelt. Die Schlußbemerkung hat daher, wie die Revision insoweit zutreffend ausführt, als nicht geschrieben zu gelten. Für ihre sonstigen Rügen stützt sich die Revision auf die herrschende Lehre des Schrifttums, die dahin geht, daß die Einlegung des Einspruchs durch die Partei persönlich zulässig sei, und meint, daß andernfalls die Rechtsmittelbelehrung auch einen Hinweis auf den Vertretungszwang enthalten müßte; bei dem Mangel eines solchen Hinweises wäre die Einspruchsfrist noch nicht in Lauf gesetzt. Dem kann nicht beigetreten werden.

§ 11 ArbGG., welcher zu den den ersten Teil des Gesetzes bildenden allgemeinen Bestimmungen gehört und im besonderen die Prozeßvertretung vor den Arbeitsgerichtsbehörden regelt, unterscheidet zwischen dem Verfahren vor dem Arbeitsgericht (Abs. 1) und demjenigen vor dem Landes- und Reichsarbeitsgericht (Abs. 2). Er entspricht — von Abweichungen anderer Art abgesehen — in seinem Abs. 2 insofern dem für das Verfahren vor den ordentlichen Gerichten maßgebenden § 78 ZPO., als in ihm für den zweiten und dritten Rechtszug des arbeitsgerichtlichen Verfahrens ein Vertretungszwang angeordnet ist („müssen die Parteien sich . . . vertreten lassen"). Danach muß bei Beurteilung der hier im wesentlichen zu entscheidenden Frage, ob nämlich im Verfahren vor dem Landesarbeitsgericht eine Partei selbst schriftlich Einspruch einlegen kann oder ob für die schriftliche Einspruchseinlegung der auch sonst im zweiten Rechtszug geltende Vertretungszwang besteht, davon ausgegangen werden, daß alle Prozeßhandlungen vor und gegenüber dem Landesarbeitsgericht grundsätzlich nur durch einen Rechtsanwalt oder durch eine der in § 11 Abs. 2 ArbGG. bezeichneten Organisationsvertreter vorgenommen werden können. Zu den Prozeßhandlungen gehört an sich auch die Einlegung des Einspruchs. Hinsichtlich dieses Rechtsbehelfs schreibt nun § 59 a. a. O. für den ersten Rechtszug vor, daß der Einspruch gegen ein Versäumnisurteil von der Partei, gegen die das Urteil ergangen ist, binnen einer Notfrist von 3 Tagen nach seiner Zustellung beim Arbeitsgericht schriftlich oder durch Abgabe einer Erklärung zur Niederschrift der Geschäftsstelle einzulegen und daß die Partei hierauf zugleich mit der Zustellung des Urteils schriftlich hinzuweisen ist. Von den Verfahrensvorschriften für den zweiten Rechtszug besagt § 64 Abs. 2 allgemein, daß für das Verfahren vor den Landesarbeitsgerichten, soweit das ArbGG. nichts anderes bestimmt, die Vorschriften der ZPO. über die Berufung entsprechend gelten. Hiervon macht Abs. 3 a. a. O. aber insofern eine Ausnahme, als er u. a. den oben genannten § 59 für entsprechend anwendbar erklärt. Es fragt sich, ob diese Ausnahmebestimmung zugleich eine Abweichung von dem durch § 78 Abs. 1 ZPO. für die Einlegung des Einspruchs im Berufungsverfahren vorgesehenen Anwaltszwang bildet, dem — wie erwähnt — gemäß § 11 Abs. 2 ArbGG. der Zwang einer Vertretung durch Organisationsvertreter gleich steht. Dabei kann dahingestellt bleiben, ob die etwaige Abweichung auch für die Abgabe der Einspruchserklärung zur Niederschrift der Geschäftsstelle gilt (§ 59 Satz 2), da im vorliegenden Fall der Einspruch von dem Kläger bei dem Landesarbeitsgericht schriftlich eingelegt ist. Für die Zulassung sowohl einer schriftlichen Einspruchserklärung wie einer Abgabe dieser Erklärung zur Niederschrift der Geschäftsstelle wird im Schrifttum (vgl. Dersch, V., ArbGG. 3. Aufl. zu § 64 A 5e, Flatow, J., ArbGG. zu § 64 A 21, Schmincke-Sell, ArbGG. 2. Aufl. zu § 64 A 7, Stein-Jonas, ZPO. 14. Aufl. zu § 78 Erl. VII B 4) in erster Linie auf § 78 Abs. 2 ZPO. verwiesen, wonach der in Abs. 1 a. a. O. verordnete Anwaltszwang u. a. auf Prozeßhandlungen, welche vor dem Urkundsbeamten der Geschäftsstelle vorgenommen werden können, keine Anwendung findet. Das Schrifttum übersieht jedoch, daß — wie das Reichsarbeitsgericht bereits in dem Beschluß vom 30. November 1927 (RAG. Bd. 1 S. 57) entschieden hat — § 11 Abs. 2 ArbGG. keine Einschränkung im Sinne des § 78 Abs. 2 ZPO. macht. Daran ist, wenn sich auch die damalige Entscheidung nur auf das Rechtsbeschwerdeverfahren bezog und deshalb keine Erörterung über den Vertretungszwang in anderen Verfahrensarten erforderte, mit der Maßgabe festzuhalten, daß die Anwendbarkeit des § 78 Abs. 2 ZPO. für den zweiten und dritten Rechtszug des arbeitsgerichtlichen Verfahrens jedenfalls insoweit ausgeschlossen erscheint, als Prozeßhandlungen im Sinne der Zivilprozeßordnung in Betracht kommen, die auch im Verfahren vor den ordentlichen Gerichten dem Anwaltszwang unterworfen sind. Für diese Prozeßhandlungen, welche zweifellos alle Handlungen umfassen, die der Begründung, Führung und Erledigung des Rechtsstreites dienen und vom Prozeßgesetz in ihren Voraussetzungen und Wirkungen geregelt sind (RGZ. Bd. 77 S. 329), hat § 11 Abs. 2 ArbGG. eine erschöpfende und ausschließliche Regelung getroffen. Zu ihnen gehört im Urteilsverfahren auch die Einlegung des Einspruchs gegen ein Versäumnisurteil; denn im ordentlichen Berufungs- (und Revisions-)verfahren ist eine Einlegung des Einspruchs durch die Partei selbst vor dem Urkundsbeamten der Geschäftsstelle nicht möglich. Dem steht auch § 78 Abs. 1 ArbGG. nicht entgegen, da hier, wie das angefochtene Urteil mit Recht betont, eine Sonderregelung für das Beschwerdeverfahren getroffen ist. Gemäß dem danach im arbeitsgerichtlichen Beschwerdeverfahren entsprechend anwendbaren § 569 Abs. 2 ZPO. erfolgt die Einlegung der Beschwerde in der Regel (Satz 1) durch Einreichung einer Beschwerdeschrift und unterliegt dann, wenn sie bei einem Gericht des zweiten oder dritten Rechtszuges eingereicht wird, dem Anwaltszwang, widrigenfalls sie als unzulässig zu verwerfen ist (so unter Zugrundelegung der „auf Prozeßhandlungen überhaupt bezüglichen Vorschriften", insbesondere des § 78 ZPO., RGZ. Bd. 1 S. 431 ff. und ihm folgend ständige Rechtsprechung der ordentlichen Gerichte). Von dem Anwaltszwang läßt allerdings Satz 2 a. a. O. gewisse Ausnahmen zu, keine derselben berührt jedoch die Einlegung des Einspruchs. Dazu kommt, daß § 78 ArbGG., indem er in seinem Abs. 2 eine weitere Beschwerde nicht für unstatthaft erklärt, sich, wie überdies schon der Wortlaut des Abs. 1 zeigt, nur auf die Anfechtung erstinstanzlicher Entscheidungen erstreckt. Er bietet mithin für eine einschränkende Auslegung des § 11 Abs. 2 ArbGG. zum mindesten im Hinblick auf die Art der Einlegung des Einspruchs bei dem Landes-

oder Reichsarbeitsgericht keinen Anhalt (vgl. auch Kleinschmidt in DRZ. 1929 S. 299 f.).

Nicht minder geht die Meinung fehl, welche die Zulässigkeit einer schriftlichen Einlegung des Einspruchs im arbeitsgerichtlichen Berufungsverfahren durch die Partei selbst damit begründen will, daß § 64 Abs. 3 ArbGG. unter den Vorschriften über das Urteilsverfahren des ersten Rechtszuges, die „entsprechend gelten", ausdrücklich auch den § 59 aufführt, und welche deshalb sowie mit Rücksicht auf die nur 3 Tage betragende Einspruchsfrist in der Bejahung des Vertretungszwangs eine dem Gesetzeswortlaut und dem Sinn des Gesetzes widersprechende, insbesondere Billigkeitserwägungen nicht Rechnung tragende Auslegung erblickt (vgl. Flatow, J., a. a. O. Anm. 21 und Jonas in ArbRspr. 1929 S. 185 f.). Es mag unerörtert bleiben, ob allein aus der Tatsache, daß § 64 Abs. 3 a. a. O. nur eine „entsprechende" Anwendung des § 59 vorschreibt, gefolgert werden kann, daß nicht die Bejahung, sondern gerade die Verneinung des Vertretungszwangs bei der Einlegung des Einspruchs im Berufungsverfahren dem Wortlaut des Gesetzes zuwiderläuft. Jedenfalls kann dem diese Ansicht vertretenden Landesarbeitsgericht Berlin (ArbRspr. 1929 S. 185) insofern zugestimmt werden, daß eine entsprechende Anwendung nur da in Frage kommt, wo die allgemeinen verfahrensrechtlichen Grundsätze die unmittelbare Anwendung gestatten. Daß die allgemeinen verfahrensrechtlichen Grundsätze des § 11 Abs. 2 ArbGG. eine solche unmittelbare Anwendung nicht gestatten, ist oben näher dargelegt. Braucht danach aber die Partei für die Berufungseinlegung, für die Verhandlung im Termin wie überhaupt für alle die Begründung, Führung und Erledigung des Rechtsstreites betreffenden Prozeßhandlungen vor dem Landesarbeitsgericht einen Vertreter, so ist nicht einzusehen, weshalb sie gerade eine dieser Prozeßhandlungen sollte selbst vornehmen, d. h. gerade den schriftlichen Einspruch sollte selbst einlegen können (ähnlich Baumbach ArbGG. zu § 64 Anm. 8). Hätte der Gesetzgeber eine derart weitgehende Abweichung von den allgemeinen verfahrensrechtlichen Grundsätzen der ZPO. beabsichtigt, so hätte nichts näher gelegen, als dem in ähnlicher Weise Ausdruck zu geben, wie er es auch bei sonstigen wesentlichen Abweichungen von der ZPO., z. B. bezüglich des Ausschlusses der Rechtsanwälte und der das Verhandeln vor Gericht geschäftsmäßig betreibender Personen in § 11 Abs. 1 ArbGG. getan hat. Da er es nicht getan hat, sondern sich mit einer Verweisung auf eine andere Vorschrift des ArbGG. begnügt, kann man bei verständiger Auslegung unter „entsprechender" Geltung in § 64 Abs. 3 ArbGG. nichts anderes verstehen, als daß die Anwendung des § 59 nur insoweit stattfindet, als sie mit den allgemeinen verfahrensrechtlichen Grundsätzen des § 11 Abs. 2 für das Berufungsverfahren vereinbar ist. Und das wäre bei Zulassung der schriftlichen Einlegung des Einspruchs durch die Partei selbst, wie bereits erörtert, nicht der Fall. Daran vermag auch der Umstand nichts zu ändern, daß § 64 Abs. 3 seinerseits eine Sonderbestimmung gegenüber den im Abs. 2 a. a. O. für das Verfahren vor den Landesarbeitsgerichten entsprechend anwendbar erklärten Vorschriften der ZPO. über die Berufung bedeutet.

Endlich sprechen auch Billigkeitserwägungen nicht für eine Zulassung der schriftlichen Einlegung des Einspruchs im arbeitsgerichtlichen Berufungsverfahren durch die Partei selbst. Das angefochtene Urteil führt hierzu im wesentlichen aus, es sei freilich richtig, daß es bei der nur 3tägigen Einspruchsfrist des § 59 ArbGG. für die Partei erleichternd wirken könne, wenn sie persönlich den Einspruch schriftlich absetzen und einlegen dürfe. Allein das könne kaum ein durchschlagender Grund für die Befreiung des schriftlichen Einspruchs vom Vertreterzwang sein, wenn man beachte, daß vielfach gerade das Versäumnisverfahren im ordentlichen Prozeß zur Verschleppung des Rechtsstreits benutzt werde, das ArbGG. aber mit allen Mitteln das Verfahren beschleunigen wolle und die Partei doch gezwungen sei, für die Fortsetzung des Verfahrens alsbald einen zugelassenen Vertreter zu bestellen. Eine Partei, die das Verfahren nicht verschleppen wolle, werde regelmäßig längst vor der Zustellung des Versäumnisurteils im Parteibetriebe Kenntnis davon erlangt haben, daß ein Versäumnisurteil ergangen sei, so daß sie in Ruhe ihren Vertreter schon zur Einlegung des Einspruchs bestellen könne. Ferner sei zu erwägen, daß der Vertretungszwang des ArbGG. nicht unwesentliche Milderungen gegenüber denen des ordentlichen Verfahrens enthalte, indem jeder bei einem deutschen Gericht zugelassene Rechtsanwalt und die Organisationsvertreter zugelassen seien, so daß es der Partei erleichtert möglich sei, rechtzeitig einen Vertreter für die schriftliche Einlegung des Einspruchs zu beschaffen. Alles das müsse dazu zwingen, den von dem Gesetz für die Landesarbeitsgerichte eingeführten Vertretungszwang nicht einschränkend, sondern streng auszulegen. Diese Ausführungen sind rechtlich nicht zu beanstanden. Ihnen ist für den vorliegenden Fall um so mehr beizupflichten, als nach dem festgestellten Sachverhalt der im Berufungsverfahren ursprünglich durch einen Rechtsanwalt vertretene Kläger zu Händen dieses Vertreters bereits am 23. Juli für den auf den 11. September 1929 vor dem Landesarbeitsgericht anberaumten Verhandlungstermin geladen worden ist, also reichlich Zeit hatte, für eine geeignete Vertretung in dem Termin zu sorgen, und als er ferner von dem in diesem Termin gegen ihn erlassenen Versäumnisurteil bereits durch die am 19. September 1929 an ihn persönlich erfolgte amtliche Zustellung des Urteils Kenntnis erlangt hat, während die im Parteibetrieb bewirkte Urteilszustellung, von deren Durchführung der Lauf der dreitägigen Einspruchsfrist gar nicht beginnen konnte, erst am 3. Oktober 1929 vorgenommen ist.

Nach alledem bedurfte es weder eines Eingehens auf die in dem angefochtenen Urteil nur „der Vollständigkeit halber" aufgeworfene und in Anbetracht der im Wortlaut des § 59 Satz 3 ArbGG. entsprechenden Rechtsbelehrung an sich rechtsbedenkenfrei verneinte Frage der Nachholung des Einspruchs durch einen Rechtsanwalt (oder Organisationsvertreter) noch einer Prüfung, ob etwa — wofür allerdings die tatsächliche Feststellung des Berufungsgerichts keinen Anhalt bietet — eine Wiedereinsetzung in den vorigen Stand gegen die Versäumung der Einspruchsfrist möglich gewesen wäre. Vielmehr war das angefochtene Urteil im Ergebnis zu billigen und deshalb die Revision mit der Kostenfolge aus § 97 ZPO. zurückzuweisen.

RAG. 6, 208.

Wie hat das Wahlausschreiben zur Betriebsratswahl die Stelle zu bezeichnen, wo die Vorschlaglisten einzureichen sind?

WO. z. BRG. § 3 Abs. 2.

Reichsarbeitsgericht. Beschl. v. 27. August 1930.

I. Arbeitsgericht Berlin.

Am 10., 11. und 12. Mai 1930 haben die Wahlen zur örtlichen Betriebsvertretung beim Postamt SW 11 in B., zum Bezirksbetriebsrat bei der Oberpostdirektion daselbst und für den Zentralbetriebsrat beim Reichspostministerium in gemeinschaftlichem Verfahren stattgefunden, und zwar auf Grund eines Wahlausschreibens, das von allen drei Wahlvorständen gemeinschaftlich erlassen worden war unter Benutzung eines vom damaligen Zentralwahlvorstand im Amtsblatt des Reichspostministeriums als Einheitswahlausschreiben veröffentlichten Vordrucks. Die beiden Antragsteller, deren Antragsberechtigung nicht bemängelt worden ist, haben die Wahl zur örtlichen Betriebsvertretung und die Wahl zum Bezirksbetriebsrat rechtzeitig angefochten mit folgender Begründung:

1. Die Vorschlagliste mit dem Kennwort „Nationale Opposition" für die örtliche Betriebsvertretung sei vom Wahlvorstand zu Unrecht als verspätet eingereicht zurückgewiesen worden.

2. In dem Wahlausschreiben des Bezirkswahlvorstandes habe entgegen der Vorschrift in § 3 Abs. 2 letzter Satz der Wahlordnung zum BRG. die Anschrift des Vorsitzenden des Bezirkswahlvorstands gefehlt. Die Druckanordnung des Wahlausschreibens sei überdies so unzweckmäßig gewesen, daß die Ortsangabe bei der Unterschrift des Zentralwahlvorstandes als Anschrift des Vorsitzenden des Bezirkswahlvorstandes erschienen sei; die Antragsteller seien dadurch irregeführt worden.

Das Arbeitsgericht hat der Anfechtung stattgegeben. Die Rechtsbeschwerde ist zurückgewiesen worden aus folgenden

Gründen:

(Es wird zunächst eine Verfahrensrüge erörtert und dann fortgefahren:) Die Rechtsbeschwerde hat sodann die sachliche Begründung des angefochtenen Beschlusses als rechtsirrig bezeichnet.

Gegenüber den Gründen, aus denen das Arbeitsgericht die Wahl zur örtlichen Betriebsvertretung für ungültig erklärt hat, hat die Beschwerde keine näheren Ausführungen gemacht, namentlich keine bestimmten Rechtsverstöße gerügt. Gleichwohl ist eine Nachprüfung auch hier geboten. Festgestellt ist hierzu folgendes:

Das Wahlausschreiben, soweit es die örtliche Betriebsvertretung betraf, besagte, daß die Vorschlaglisten bis zum 26. April 1930 (Sonnabend) „bei dem unterzeichneten Wahlvorstand" einzureichen seien. Als Wahlvorstand hatten unterzeichnet der Vorsitzende Kl., der 1. Beisitzer M. und der 2. Beisitzer Ku., und zwar unter der Ortsangabe „Postamt 11 Berlin SW". Die Vorschlagliste „Nationale Opposition" ist am 26. April 1930 um 16 Uhr 45 Minuten im Postamt SW 11 im Zimmer des Betriebsrats abgegeben worden, dessen Vorsitzender Kl. war. Kl. hatte dieses und die Dienststelle schon gegen 14 Uhr verlassen. Anwesend war der 2. Beisitzer des Wahlvorstands Ku. Dieser will ausdrücklich erklärt haben, die Liste müsse bei dem Vorsitzenden Kl. eingereicht werden. Er hat aber die Liste entgegengenommen und darüber ein mit seinem persönlichen Namen unterzeichnetes Empfangsbekenntnis ausgestellt. In die Hände des Vorsitzenden Kl. ist die Liste erst am 28. April um 11 Uhr gelangt. Das Arbeitsgericht hat dazu ausgeführt:

Fasse man das Wahlausschreiben, in dem zur Unterschrift des örtlichen Wahlvorstands nur die allgemeine Ortsangabe „Postamt 11

Berlin SW", nicht aber die persönliche Anschrift des Vorsitzenden beigefügt gewesen sei, dahin auf, daß die Vorschlaglisten dem Vorsitzenden in der Dienststelle übergeben werden sollten, so hätte der Vorsitzende bis zum Ablauf des 26. April, also bis Mitternacht, in seiner Dienststelle anwesend sein müssen. Hätte aber in dem Wahlausschreiben gesagt sein sollen, die Vorschlaglisten seien im Geschäftszimmer des Betriebsrats abzugeben, so sei die Einreichung hier um 16 Uhr 45 Minuten des 26. April rechtzeitig gewesen ohne Rücksicht darauf, ob der Vorsitzende des Wahlvorstands hier anwesend gewesen sei oder nicht. Der zwingenden Vorschrift im letzten Satz des § 3 Abs. 2 WO., wonach die Adresse des Vorsitzenden in dem Wahlausschreiben angegeben sein müsse, sei nicht damit genügt, daß — wie behauptet sei — neben dem Wahlausschreiben ein besonderer Anschlag ausgehangen habe, in der der Vorsitzende des Betriebsrats die Namen und Anschriften der zum Wahlvorstand Gewählten bekanntgegeben habe.

Es braucht nicht entschieden zu werden, ob eine Vorschlagliste unter allen Umständen nur dem Vorsitzenden des Wahlvorstands gültig eingereicht werden kann. Es braucht auch nicht entschieden zu werden, ob der Wahlvorstand bestimmen kann, daß Vorschlaglisten in einem bestimmten Dienstzimmer, etwa dem des Betriebsrats, ohne Rücksicht auf die Anwesenheit eines Mitglieds des Wahlvorstands gültig abgegeben werden können. Endlich braucht auch nicht erörtert zu werden, ob, wie das Arbeitsgericht meint, der Vorsitzende des Wahlvorstands sich bis Mitternacht des letzten Tages der Frist zur Entgegennahme von Vorschlaglisten bereithalten muß. Auf alle Fälle muß verlangt werden, daß das Wahlausschreiben klar und deutlich erkennen läßt, wo Vorschlaglisten einzureichen sind, und daß an dieser Stelle auch tatsächlich Gelegenheit gegeben ist, zu angemessener Tageszeit Vorschlaglisten anzubringen. Diesem Mindesterfordernis war im vorliegenden Fall, soweit die Wahl zur örtlichen Betriebsvertretung in Frage steht, nicht genügt. Es konnte denjenigen, die eine Vorschlagliste einzureichen entschlossen waren, nicht zugemutet werden, auf die Suche nach dem Vorsitzenden des Wahlvorstands zu gehen, wenn er seine Dienststelle bereits um 14 Uhr des letzten Einreichungstages verlassen hatte. Auch konnte ihnen, wenn im Wahlausschreiben seine Privatwohnung nicht angegeben war und sie ihn zu geschäftsüblicher Zeit in seinem Dienstzimmer nicht angetroffen hatten, nicht angesonnen werden, nunmehr die Vorschlagliste nach seiner Privatwohnung zu bringen, mag ihnen diese, woher auch immer, bekannt gewesen sein. Das Arbeitsgericht hat also jedenfalls im Ergebnis mit Recht die Wahl zur örtlichen Betriebsvertretung für ungültig erklärt.

Die angefochtene Entscheidung hinsichtlich der Wahl zum Bezirksbetriebsrat beruht auf folgenden Feststellungen und Erwägungen: Das unter Benutzung des vom Zentralwahlvorstand ausgegebenen Vordrucks von den drei Wahlvorständen gemeinschaftlich erlassene Wahlausschreiben war von diesen hintereinander je unter Angabe von Ort und Zeit unterschrieben, und zwar jeweils von allen drei Mitgliedern. Diese Angabe von Ort und Zeit befand sich je links über den betreffenden Unterschriften. Vorgedruckt war sie zur Unterschrift des Zentralwahlvorstands („Berlin W 66, den 28. März 1930, Leipziger Straße 15, Zimmer 141"), und zwar war sie im Drucksatz derartig zusammengedrängt und so hoch gesetzt, daß sie mit ihrem vollständigen Wortlaut unmittelbar unter der Unterschrift des Vorsitzenden des Bezirkswahlvorstands zu stehen kam. Über den Unterschriften der Mitglieder des Bezirkswahlvorstandes stand: „Bln. SO 16, den 10. 4. 1930". Die beiden Antragsteller wollten eine Vorschlagliste zur Wahl des Bezirksbetriebsrats einreichen und haben sie in einem Rohrpostbrief an den Bezirkswahlvorstand, zu Händen des Vorsitzenden G., abgesandt und dabei als Anschrift, irregführt durch die Druckanordnung des Wahlausschreibens, „Berlin W 66, Leipziger Straße 15, Zimmer 141" angegeben. Der Brief gelangte infolgedessen erst am 28. April in die Hand des Bezirkswahlvorstands. Das Arbeitsgericht hält für durchschlagend, daß die Orts- und Zeitangabe: „Bln. SO 16, den 10. 4. 1930" als Adresse des Vorsitzenden im Sinn des § 3 Abs. 2 letzter Satz der Wahlordnung nicht genüge, daß die hier als Inhalt des Wahlausschreibens zwingend vorgeschriebene Adressenangabe nicht ersetzt werden könne durch eine gesondert an die Dienststellen ergangene, die Wohnung des Vorsitzenden angebende Mitteilung des Bezirkswahlvorstands und der Oberpostdirektion, und daß durch die Druckanordnung des Wahlausschreibens bei einem unbefangenen Leser der Eindruck erweckt worden sei, „Berlin W 66, Leipziger Straße 15, Zimmer 141" sei die Anschrift des Vorsitzenden des Bezirkswahlvorstandes.

Ohne Grund findet die Rechtsbeschwerde darin eine Verletzung des § 3 Abs. 2 der Wahlordnung zum BRG. Diese Bestimmung zeigt durch die Wahl des Wortes „muß" unzweideutig, daß es sich um eine wesentliche Vorschrift handelt, deren Verletzung eine Anfechtung der Wahl nach § 20 begründet, sofern nicht etwa — was hier ausscheidet — der Verstoß nachgewiesenermaßen ohne Bedeutung für das Wahlergebnis war. Es kann auch hier dahingestellt bleiben, ob im Wahlausschreiben bestimmt werden kann, daß die Vorschlaglisten in einem bestimmten Dienstzimmer abzugeben sind, und ob auch in diesem Fall die Angabe der persönlichen Anschrift des Vorsitzenden im Wahlausschreiben unerläßlich ist. Wenn, wie hier, entsprechend der Fassung des Gesetzes, Einreichung „bei dem Wahlvorstand" gefordert wird, muß das Wahlausschreiben selbst die Anschrift seines Vorsitzenden enthalten. Bei der einschneidenden Folge, die sich an die Versäumung der Einreichungsfrist knüpft, ist unbedingte Sicherheit dafür geboten, daß Wahlvorschläge fristgemäß an die bestimmte Stelle gelangen können. Das ist nur dann gewährleistet, wenn das Wahlausschreiben selbst diese Stelle eindeutig klar bezeichnet. Ob eine davon getrennte Mitteilung den Beteiligten zur Kenntnis kommt oder nicht, ist immer mehr oder weniger dem Zufall überlassen. Es kann deshalb auch nicht als ausreichend angesehen werden, wenn, wie behauptet ist, eine solche vom Betriebsrat oder der Oberpostdirektion ausgehende Mitteilung an sämtlichen Aushangsstellen des Wahlausschreibens neben diesem und während der ganzen Aushängezeit angeschlagen gewesen sein sollte.

Danach war, wie geschehen, die Rechtsbeschwerde zurückzuweisen.

RAG. 6, 212.

Über den Unterschied zwischen Nichtbenutzung von Betriebsanlagen im Sinne der StillVo. und Teilstillegung im Sinne BRG.

StillegungsVo. v. 8. 11. 1920/15. 10. 1923 § 1 Abs. 1 Nr. 2 Betriebsrätegesetz v. 4. 2. 1920 § 85 Abs. 2 Nr. 2, § 96 Abs. 2 Nr. 2.

Reichsarbeitsgericht. Urt. v. 10. September 1930.

I. Arbeitsgericht Offenburg. — II. Landesarbeitsgericht daselbst.

Das Unternehmen der Beklagten besteht aus „Spinnerei" und „Weberei". Für die Weberei hat sie, von dem diesem Betriebe bisher dienenden Gebäude durch eine Straße getrennt, einen Neubau errichten lassen, worin die Weberei auf Automatenwebstühlen betrieben wird. Der Betrieb in dieser „neuen Weberei" ist im September 1928 aufgenommen worden. Da die dafür vorgesehenen 408 Automatenwebstühle nach und nach geliefert und in Betrieb genommen wurden, ging neben dem Betrieb in der neuen Weberei der Betrieb in der „alten Weberei", in der mit mechanischen Webstühlen gearbeitet wurde, zunächst weiter. Für den gesamten Betrieb bestand ein einziger Betriebsrat, der sich aus 8 Mitgliedern und einem Ergänzungsmitglied für den Arbeiterrat zusammensetzte. Es waren weiter 7 Ersatzmitglieder vorhanden. Das Ergänzungsmitglied war der Kläger D. Der Kläger Z.

war der Vorsitzende des Betriebsrats, die Klägerin H. Mitglied des Betriebs- und Arbeiterrats. Sämtliche Kläger wurden im Akkordlohn in der alten Weberei beschäftigt. Während in dieser 3 bis 4 Webstühle von einem Weber oder einer Weberin bedient werden mußten, bedient in der neuen Weberei eine Weberin im allgeminen 18 bis 20 Webstühle; männliche Arbeitnehmer werden darin als Weber nicht beschäftigt. Um Weihnachten 1928 liefen in der neuen Weberei etwa 180, im März 1929 rund 200 und seit Mitte Juni 1929 laufen bis auf einen sämtliche Automatenwebstühle. Da die Weberinnen sich erst auf den neuen Maschinen einarbeiten mußten, wurden ihnen zunächst nur 6, dann 8 und 10 Automaten zur Bedienung überlassen, die weiteren Maschinen wurden ihnen erst seit März und April 1929 überlassen. So kam es, daß die volle Belegschaft für die neue Weberei bereit damals vollständig vorhanden war und weitere Einstellungen nicht mehr nötig wurden. Bei der Zusammensetzung der Belegschaft wurden die Arbeiter aus der alten Weberei herausgezogen, darunter auch 3 Mitglieder des Betriebsrats. Mitte Mai 1929 zeigte die Beklagte dem Landeskommissar an, daß sie die alte Weberei, in der wegen der Unrentabilität der veralteten Einrichtungen der Betrieb bereits seit einem Jahr auf etwa die Hälfte eingeschränkt worden war, wegen der schlechten wirtschaftlichen Lage der Textilindustrie ganz außer Betrieb setzen wolle und daß dadurch von den sämtlichen 213 männlichen und 470 weiblichen Arbeitern 60 Arbeiter und 63 Arbeiterinnen zur Entlassung kommen würden. Am 29. Mai 1929 fand die Stillegungsverhandlung statt, bei der die beabsichtigte Maßnahme gebilligt, aber beschlossen wurde, daß zur Vermeidung unbilliger Härten diejenigen Arbeiter mit den Abwicklungsarbeiten betraut werden sollten, welche 25 Jahre und länger im Betriebe gewesen seien. Demgemäß sprach die Beklagte zum 22. Juni 1929 die Kündigung aus. Es kamen daher an diesem Tage 34 Arbeiter und 54 Arbeiterinnen der alten Weberei, darunter die Kläger, zur Entlassung, während 8 Arbeitnehmer, die mehr als 25 Jahre im Betriebe waren, und 2 Meister, für die andere Kündigungsfristen liefen, weiter beschäftigt wurden. Etwa 3 Wochen später wurden 3 der entlassenen Arbeiterinnen in der alten Weberei auf tägliche Kündigung zur Erledigung der Aufräumungsarbeiten wieder eingestellt, weil sie angeblich in besonderer Notlage waren. Die Aufräumungs- bzw. Abwicklungsarbeiten bestanden in der Abwebung der auf den Webstühlen befindlichen Zettel. Während sie erledigt wurden, sind auf mehreren Webstühlen neue Zettel aufgelegt und abgewoben worden. Nach der Behauptung der Beklagten sollen dies nur kurze Zettel gewesen und sie nur aufgelegt worden sein, um den mit der Aufarbeitung der alten Zettel beschäftigten Arbeitern, die teils nur noch an einem einzigen Webstuhl zu tun hatten, für die Zeit ihrer dortigen Tätigkeit noch Beschäftigung zuzuweisen und so die dortige Arbeit einigermaßen rationell zu gestalten.

Die Kläger sind der Ansicht, daß im Sinne des Betriebsrätegesetzes keine Stillegung erfolgt und daher die ihnen erklärte Kündigung wegen der fehlenden Zustimmung des Betriebsrats unwirksam sei. Sie haben auf Fortzahlung ihres Lohnes bis vorläufig 16. August 1929 geklagt. Die Beklagte vertritt die Ansicht, daß eine Teilstillegung vorliege, die die Entlassung der Kläger erforderlich gemacht habe, daß mithin die Zustimmung des Betriebsrats nicht nötig gewesen sei. Sie hat um Abweisung der Klage gebeten. Arbeitsgericht und Landesarbeitsgericht haben der Ansicht der Beklagten beigepflichtet und die Klage abgewiesen. Die Revision der Kläger hatte Erfolg.

Gründe:

Nach den tatsächlichen Feststellungen des Berufungsgerichts sind die Betriebsanlagen in der „alten Weberei" außer Betrieb gesetzt; es liegt also im Sinne der Stillegungsverordnung eine Stillegung vor. Aber der Begriff der Stillegung im Sinne des § 96 Abs. 2 Nr. 2 des BRG. ist ein anderer als der der StillegungVo. (RGZ. Bd. 113 S. 87, RAG. Bd. 5 S. 326, Urt. d. RAG. v. 8. Mai 1929 — RAG. 578/28 — in ArbRspr. 1929 S. 237 und v. 12. März 1920 — RAG. 489/29 in ArbRechtspraxis 1930 S. 286.) Nach der ständigen Rechtsprechung des Reichsgerichts und des Reichsarbeitsgerichts setzt er voraus, daß eine endgültige Auflösung der zwischen dem Arbeitgeber und den Arbeitnehmern bestehenden Betriebs- und Produktionsgemeinschaft vorliegt, die ihren Grund und zugleich ihren sichtbaren Ausdruck darin findet, daß der Arbeitgeber (Unternehmer) die Warenerzeugung in der ernstlichen Absicht einstellt, auf die Weiterverfolgung des bisherigen gemeinsamen Betriebszwecks dauernd oder für einen seiner Dauer nach unbestimmten, wirtschaftlich nicht unbedeutenden Zeitraum zu verzichten. Trifft dies nur hinsichtlich einzelner Betriebszwecke zu, erfolgt z. B. die völlige Einstellung der Arbeit in einer bestimmten Betriebsabteilung für längere Zeit, so liegt Teilstillegung vor (RAG. Bd. 2 S. 214). Daß die teilweise Stillegung des Betriebes nach § 96 Abs. 2 Nr. 2 des BRG. ebenso zu beurteilen ist, wie die gänzliche Betriebsstillegung, ist in der Rechtsprechung anerkannt (RGZ. Bd. 113 S. 87 ff., RAG. Bd. 2 S. 214, 345 und ArbRspr. 1929 S. 237). Von diesen Gesichtspunkten geht das Landesarbeitsgericht in seinen Entscheidungsgründen auch aus und untersucht, ob die Beklagte einen einzelnen Produktionszweck aufgegeben habe und gerade dadurch zur Auflösung ihrer bisherigen Arbeitsgemeinschaft mit den Arbeitern der „alten Weberei" gekommen sei, nämlich der Arbeiter, deren spezielle Arbeitsverträge an diesen „Teilproduktionszweck" gebunden gewesen seien. Diese Frage bejaht es und führt dazu aus: Was unter Einzel- oder Teilbetriebszweck zu verstehen sei, sei keineswegs ohne weiteres klar, das Urteil des Reichsarbeitsgerichts vom 27. Februar 1929 — RAG. 420/28 — (abgedr. in der amtlichen Sammlung der Entscheidungen des Reichsarbeitsgerichts Bd. 3 S. 268 f.) zeige, daß man darunter nicht schlechthin die Erzeugung oder Erzielung bestimmter Waren oder wirtschaftlicher Werte und Leistungen verstehen dürfe, vielmehr die mit einer bestimmten Betriebsstätte und bestimmten Betriebsmitteln verbundene, technisch und wirtschaftlich sinnvoll geordnete Werterzeugungstätigkeit, wie sie einem beliebigen Betriebe gerade eigen sei. Daher müsse man auch im vorliegenden Streitfall zur Bejahung der Teilstillegung kommen. Die Beklagte habe nämlich in zwei räumlich getrennten, mit wesentlich verschiedenen Fabrikationsmitteln ausgestatteten Teilen ihres Gesamtbetriebes die Weberei betrieben, nur die Einrichtung des neuen Betriebsteils sei technisch auf zeitgemäßer Höhe gewesen, nur er habe bei der dermaligen Gestaltung der allgemeinen Wirtschaftsverhältnisse in der Baumwollindustrie noch ein nutzbringendes und damit privat- und volkswirtschaftlich überhaupt vertretbares Weiterarbeiten gewährleistet, dagegen habe sich die Fortsetzung der Fabrikation mit der veralteten Einrichtung in der alten Weberei so verlustbringend und unwirtschaftlich gestaltet, daß der Beklagten weder im Hinblick auf ihre berechtigten Unternehmerinteressen, noch mit Rücksicht auf das Interesse der Allgemeinheit das Weiterarbeiten in diesem Betriebsteil und mit diesen Betriebsmitteln habe zugemutet werden können; dies sei auch in der gesetzmäßig durchgeführten Stillegungsverhandlung festgestellt und anerkannt worden. Demgemäß sei die Arbeit in der alten Weberei eingestellt und damit in diesem Teile ihres Werkes der Zweck ihres Webereiunternehmens ausgeschaltet worden und für diesen Teil die Belegschaft weggefallen; es sei also ein Teilzweck ihres Betriebes ausgefallen und dadurch die Produktionsgemeinschaft zwischen der Beklagten und den bisherigen Arbeitern dieses Betriebsteils aufgelöst worden; der Fall liege ganz ähnlich wie der des erwähnten Urteils vom 27. Februar 1929; es liege eine richtige Teilbetriebsstillegung vor, die zwar nicht grundsätzlich als dauernd gedacht sei, bei der es aber jedenfalls verbleiben werde, wenn und solange die derzeitigen Produktions- und Absatzverhältnisse andauerten, was immerhin auf erhebliche und vorläufig nicht absehbare

Zeit hinaus der Fall sein würde. Der Berufungsrichter erwägt hierbei weiter, daß die von der alten auch räumlich getrennte neue Weberei neben der alten Weberei organisatorisch und fabrikatorisch als ein selbständiger Betriebsteil mit eigenem Vorwerk, eigener Spulerei und Zettlerei, einem besonderen Betriebsleiter und vollständig getrennter Buchführung zur besonderen statistischen Erfassung ihrer Produktion entstanden sei. Dies sei unbeschadet der selbstverständlichen rechtlichen und wirtschaftlichen Einheit mit den übrigen Betriebsanlagen und trotz der für den Gesamtbetrieb bestehenden einheitlichen Betriebsordnung möglich gewesen.

Die Revision rügt zutreffend Verkennung des Begriffs der Teilstillegung im Sinne des Betriebsrätegesetzes. Der Berufungsrichter stellt fest, daß die neue Weberei eine rechtliche und wirtschaftliche Einheit mit den übrigen Betriebsanlagen gebildet habe und für den Gesamtbetrieb auch eine einheitliche Betriebsordnung bestanden habe. Es bestand auch für den Betrieb nur ein einziger Betriebsrat. Der Berufungsrichter geht davon aus, daß in der neuen Weberei wie in der alten Weberei jeweils ein Teilproduktionszweck verfolgt worden sei, und beruft sich insofern auf die Entscheidung des Reichsarbeitsgerichts in RAG. Bd. 3 S. 268. In der damals entschiedenen Sachlage hatte eine Aktiengesellschaft in der ihr gehörenden Grube die Kohlenförderung betrieben. Das Kohlenvorkommen erstreckte sich auf vier übereinander gelagerte Flöze. Von diesen Flözen hatte einer stillgelegt werden müssen, bis zu ihm ein besserer Weg für den Spülversatz geschaffen wurde. Darin ist eine Teilstillegung erblickt worden. Die Ansicht, daß der betreffende Flöz eine Betriebsabteilung bilde, ist damit begründet worden, daß der Zweck des Bergwerks nicht Kohlenförderung schlechthin sei, vielmehr die Aufschließung und der Abbau des Kohlenvorkommens im Bezirk der Grube nach bergtechnischen Grundsätzen. Wenn aber im vorliegenden Falle der Berufungsrichter annimmt, in der alten Weberei sei im Verhältnis zur neuen Weberei ein Teilproduktionszweck oder ein Teilbetriebszweck verfolgt worden, so kann dem nicht zugestimmt werden. Der Berufungsrichter verkennt den Unterschied, der nach der oben erwähnten Rechtsprechung bei der Stillegung von Betriebsanlagen, darunter einzelnen Betriebsstätten, im Sinne der StillegungsVo. und bei einer Stillegung im Sinne des Betriebsrätegesetzes besteht. Letztere setzt voraus, daß einzelne Betriebszwecke weggefallen sind (so bereits RAG. Bd. 2 S. 214); es muß also bei einem Textilindustriebetrieb, um den es sich hier handelt, ein einzelner der bisher verfolgten Betriebszwecke erkennbar aufgegeben sein. Das trifft aber nicht schon zu, wenn irgendein Betriebsraum geschlossen wird, sondern nur dann, wenn der Raum einem eigenen Betriebszwecke diente und eben dieser Betriebszweck fortan nicht mehr verfolgt werden soll, mit anderen Worten, wenn eine selbständige Betriebsabteilung mit besonderem betriebstechnischen Zweck des wirtschaftlich einheitlichen Unternehmens aufgegeben wird (vgl. u. a. Urteil des RAG. vom 8. Mai 1929 — RAG. 578/28 — in ArbRspr. 1929 S. 237 und Urteil vom 12. März 1930 — RAG. 489/29 — in ArbRechtspraxis 1930 S. 286, auch die beiden Urteile vom 3. Mai 1930 — RAG. 120/30 und 121/30 —). Ob eine solche Aufgabe und damit eine Teilstillegung vorliegt, ist Sache tatrichterlicher Würdigung unter Berücksichtigung der Auffassung des Verkehrs. Keineswegs genügt dazu, daß ein Teil der Maschinen außer Betrieb gesetzt wird, der mit ihnen bisher verfolgte Arbeitsvorgang aber auf anderen, verbesserten Maschinen, also derselbe technische Betriebszweck inerhalb desselben Betriebes nur mit verbesserten Betriebsmitteln verfolgt wird. Im vorliegenden Falle ist in keiner Weise ersichtlich, daß der Produktions- und Betriebszweck sich verändert hat. Daß die Ware, die in der sog. neuen Weberei hergestellt wird, eine andere geworden ist, als diejenige, die in der alten Weberei hergestellt wurde, ist von der Beklagten in den Vorinstanzen nicht behauptet worden. Der Betriebszweck der Beklagten ist auf Herstellung von Webwaren aus Garnen gerichtet, die in der eigenen Spinnerei hergestellt werden. Die Gebäude liegen dicht beieinander, das neue Gebäude, in dem die vervollkommneten Webmaschinen, nämlich die automatischen Webstühle, aufgestellt sind, ist von dem alten Gebäude nur durch eine Straße getrennt, die später Fabrikhof werden soll. Der Betrieb ist also lediglich auf bessere Maschinen umgestellt worden; es wird in einem neuen Gebäude mit neuen vervollkommneten Maschinen dieselbe Ware wie bisher hergestellt; die neuen Maschinen arbeiten schneller und besser und benötigen zu ihrer Bedienung weniger Arbeiter. Es liegt also in technischer Beziehung lediglich eine Verbesserung des veralteten Webereibetriebes vor, keine Veränderung aber in der Herstellung der Ware. Dazu kommt, daß die Weberinnen, die die neuen Webstühle bedienen, allmählich aus der alten Weberei in die neue Weberei zur Bedienung der Automatenstühle übernommen worden sind. Zur Bedienung der automatischen Webstühle sind erheblich weniger Arbeitskräfte nötig. Aber dies ist für die Frage, ob eine Änderung des Betriebszweckes vorliegt, unerheblich. Wenn die Beklagte geltend macht, sie beschäftige an den automatischen Webstühlen nur noch Weberinnen, nicht aber männliche Arbeitskräfte, so ist auch dies für die Frage der

Änderung des Betriebszweckes unerheblich, da die Beklagte nicht behaupten kann, daß männliche Arbeiter die Webstühle nicht zu bedienen vermöchten. Unerheblich ist bei der Beurteilung der Frage, daß eine besondere Buchführung nach der Feststellung des Berufungsrichters in der neuen Weberei stattfindet und ein besonderer Betriebsleiter dort tätig ist. Dies um so mehr, als der Berufungsrichter ausführt, es sei die gesonderte Buchführung zur besonderen statistischen Erfassung der Produktion eingeführt worden. Daß die neue Weberei ebenso wie die alte ein eigenes Vorwerk, eine eigene Spulerei und eigene Zettlerei hat, kann gleichfalls nicht dazu führen, eine Betriebseinstellung anzunehmen, wie denn auch der Berufungsrichter davon ausgeht, daß die rechtliche und wirtschaftliche Einheit der Betriebsanlagen selbstverständlich sei. Es besteht also in technischer Beziehung und auch hinsichtlich der Arbeitnehmerschaft die Fortsetzung des bisherigen Betriebes, was auch darin besonders zutage getreten ist, daß die alte Weberei ihren Betrieb allmählich eingestellt hat, inzwischen aber in der neuen Weberei die Arbeit aufgenommen war und nach und nach erheblicheren Umfang angenommen hat. Ob die Produktionsmenge zurückgegangen ist, ist nicht ersichtlich; auch würde es darauf für die Entscheidung nicht ankommen Die vom Berufungsrichter aus dem festgestellten Sachverhalt gezogene rechtliche Folgerung, daß eine Teilstillegung im Sinne des Betriebsrätegesetzes vorgelegen habe, ist also unhaltbar. Daraus folgt, daß zur Entlassung der Kläger die Zustimmung des Betriebsrates erforderlich war und die ihnen erklärte Kündigung mangels dieser Zustimmung hinfällig ist. Falls die Beklagte für die Kläger wegen der Umstellung ihres Betriebes keine Verwendung in der neuen Weberei hatte, hätte sie bei Versagung der Zustimmung des Betriebsrates den Weg der §§ 96 Abs. 1, 97 BRG. beschreiten müssen.

RAG. 6, 225.

Wann genießt der Hausgewerbetreibende (Zwischenmeister) das Vorrecht im Konkurse für seine Lohnforderungen?

KO. § 61 Ziff. 1.

Reichsarbeitsgericht. Urt. v. 17. September 1930.

I. Arbeitsgericht Glauchau. — II. Landesarbeitsgericht Chemnitz.

Kläger hat als Lohnweber für die Gemeinschuldnerin und einige andere Firmen Webarbeiten ausgeführt. Die Rohstoffe erhielt er geliefert und entsprechend der abgelieferten Ware wurde ihm das Entgelt gezahlt. Der Kläger führte die Aufträge mit Hilfe seiner Frau und mit mehreren Gehilfen aus. Er arbeitete selbst im Betriebe mit, indem er die Garne ausgab, die Ware nachprüfte, versandte und die Post erledigte. Seine Arbeiter bedienten 20 elektrisch betriebene Webstühle. Die Maschinen, mit denen er arbeiten läßt, sind sein Eigentum.

Der Kläger hat eine im Konkurs anerkannte Forderung von 429,55 RM. Er begehrt mit der Klage die Feststellung seines Vorrechts aus der Lohnforderung gemäß § 61 Ziff. 1 KO., und behauptet, daß er als arbeitnehmerähnliche Person abhängige Arbeit leiste, er erhalte die Garne in genau begrenzten Mengen, die er nach Anweisung zu verweben und nach Fertigstellung gegen entsprechenden vom Auftraggeber bestimmten Weblohn abzuliefern habe. Er habe in der Zeit, als die streitigen Ansprüche entstanden seien, in der Regel nur 4—6 Arbeitnehmer beschäftigt. Er sei von einer begrenzten Zahl von Auftraggebern wirtschaftlich abhängig und die Gemeinschuldnerin sei sein zweitgrößter Auftraggeber gewesen.

Der Beklagte hat bestritten, daß der Kläger Lohnbediensteter im Sinne des § 61 KO. sei; der Betrieb des Klägers sei ein Fabrikunternehmen und der Reinverdienst des Klägers bilde zum Teil den Unternehmergewinn; der Kläger sei als Besitzer der Lohnweberei vollständig selbständig und ein unabhängiger Unternehmer. Es handele sich zudem um einen Werkvertrag, der den Verträgen mit Handwerksmeistern gleichkomme.

Das Arbeitsgericht hat die begehrte Feststellung getroffen und das Landesarbeitsgericht die Berufung zurückgewiesen.

Die Revision des Bekl. führte zur Aufhebung des Berufungsurteils.

Gründe:

Das Landesarbeitsgericht bejaht zunächst seine Zuständigkeit gemäß § 5 ArbGG. Angriffe hiergegen sind seitens der Revision nicht erhoben. Die Entscheidung des Landesarbeitsgerichts steht auch im Einklang mit der Entscheidung des Reichsarbeitsgerichts vom 27. November 1929, RAG. Bd. 4 S. 284.

Das Landesarbeitsgericht hat in sachlicher Beziehung die Anwendung des § 61 Ziff. 1 KO. bejaht. Es stellt zunächst tatsächlich fest, der Betrieb des Klägers sei nach Art und Umfang nur ein kleiner Betrieb, daran ändere nichts, daß Kläger in einem zweistöckigen eigenen Fabrikraum arbeiten lasse und 20 elektrische Webstühle besitze. Verschiedene Arbeiter bedienten mehrere Webstühle. Kläger sei kein selbständiger Geschäftsmann, denn er könne wegen der Kleinheit seines

Betriebes nicht in beliebiger Weise Geschäfte abschließen, er sei vielmehr von 3—4 größeren und einigen kleineren Firmen, also von einer begrenzten Zahl von Auftraggebern, abhängig. Hierdurch unterschieden sich die Lohngewerbetreibenden auch von den Handwerkern, die einen wechselnden Kundenkreis hätten. Außerdem leisteten sie ausgesprochene Lohnarbeit. Das Landesarbeitsgericht führt hinsichtlich der Anwendung des § 61 KO. aus, der Schutz dieser Bestimmung sei solchen Personen zu gewähren, die sich zur Leistung von Diensten für das Erwerbsgeschäft eines anderen verdungen hätten. Es genüge, daß der Betroffene seine Selbständigkeit in größerem oder kleinerem Umfange aufgebe, also auf die freie Verfügung über seine Arbeitskraft zugunsten der Auftraggeberin mehr oder weniger verzichte. Diese Voraussetzungen träfen nicht nur auf die eigentlichen Heimarbeiter, sondern auch auf derartige kleine Hausgewerbetreibende zu. Auch nach der wirtschaftlichen Seite bestehe insoweit ein Abhängigkeitsverhältnis, als im Regefalle vorgeschriebene Liefertermine streng einzuhalten seien und besondere Weisungen hinsichtlich der Ausführung der Ware genau befolgt werden müßten. Kläger lasse Zeichnungen und Muster nicht selbst anfertigen, sondern erhalte sie mit übersandt. Kläger leiste auch die Arbeit, die ein Werkmeister innerhalb eines Fabrikbetriebes zu leisten habe. Daß Kläger gleichzeitig für verschiedene Unternehmer arbeite, schließe die Anwendbarkeit des § 61 Ziff. 1 KO. nicht aus, zumal der Kreis der Auftraggeber sehr klein sei; es sei auch noch auf § 45 Hausarbeitergesetz (HAS.) hinzuweisen. Daß Kläger Gehilfen beschäftige, sei ebenfalls unerheblich.

Die Revision rügt Verletzung des § 61 KO. und macht geltend: Dieses Vorrecht komme nur Forderungen aus Dienstverträgen, nicht aber aus Werkverträgen zu, um die es sich im vorliegenden Falle handle. Der Besteller liefere das Rohmaterial und der Unternehmer müsse die Stoffe daraus herstellen. Außerdem sei eine Lohnweberei in keiner Weise abhängig vom Fabrikanten; es handle sich nicht um irgendeine Anstellung, sondern der Lohnweber suche sich seine Kundschaft genau wie jeder Handwerker oder Gewerbetreibender. Ferner bestehe irgendein Angestelltenverhältnis nicht, so daß der Lohnweber jederzeit erklären könne, nicht mehr für den Auftraggeber arbeiten zu wollen. Die Lohnweber machten auch regelmäßig von dem ihnen zustehenden Pfand- und Zurückbehaltungsrecht Gebrauch. Der Revisionsbeklagte hat demgegenüber ausführen lassen, Kläger leiste abhängige Arbeit sowohl nach der objektiven wie nach der subjektiven Seite.

Es ist zunächst davon auszugehen, daß die Erwägungen und Feststellungen, welche zur Anwendung des § 5 ArbGG. führen, für die Frage, ob es sich um einen Dienstlohn (Lidlohn) im Sinne des § 61 Ziff. 1 KO. handelt, nicht entscheidend sein können. Denn die dort zu entscheidende Frage, ob es sich um arbeitnehmerähnliche Personen und insbesondere um Zwischenmeister handle, die den überwiegenden Teil ihres Verdienstes aus ihrer eigenen Arbeit am Stück beziehen, besagt nichts Abschließendes über die Natur der Forderung selbst. Für die Anwendung des § 61 Ziff. 1 KO. muß aber in erster Linie entscheidend sein, ob es sich um Ansprüche aus einem Dienst- oder Werkvertrag handelt. Die Entscheidung dieser Frage ist lediglich dem bürgerlichen Recht zu entnehmen. Es geht nicht an, daraus, daß die Gesetze in Fürsorge für die Hausgewerbetreibenden und Zwischenmeister gewisse Bestimmungen wie die §§ 162, 165 und 1226 RVO., § 119 b RGewO., § 18 HAG. und §§ 3 und 11 BRG. und insbesondere auch im § 5 ArbGG. getroffen haben, einen allgemeinen Grundsatz herzuleiten, so daß nunmehr solchen Personen der Schutz anderer Gesetze einschlägigen Inhalts zuteil werden müsse. Es verbietet sich dies, ganz abgesehen von allgemeinen Erwägungen, schon deshalb, weil der Kreis der von den genannten Bestimmungen betroffenen Personen ein ganz verschiedener ist.

Das Landesarbeitsgericht hat den entscheidenden Gesichtspunkt verkannt. Es geht von einer rechtlich irrigen Grundlage aus, indem es nicht untersucht, ob Dienst- oder Werkvertrag vorliegt. Der Ansicht des Arbeitsgerichts, deren Mißbilligung das Landesarbeitsgericht nicht ausgesprochen hat, daß die Bestimmung des § 61 Ziff. 1 KO. auch auf Werkverträge angewendet werden könne, kann nicht beigetreten werden. Das Vorrecht erfordert nach dem klaren Wortlaut des Gesetzes ein Verdingen zur Leistung von Diensten (vgl. auch Mentzel, Erläuterungsbuch zur KO., Anm. 3 Abs. 2, Jäger, Anm. 15, Planck-Knoke, Vorbem. zu § 611 Note VIII 2).

Die bisherigen Feststellungen reichen nicht aus, um einen Dienstvertrag im Sinne des § 61 Ziff. 1 KO. anzunehmen. Wenn auch die vom Landesarbeitsgericht festgestellten Umstände in gewisser Beziehung für eine wirtschaftliche und personenrechtliche Gebundenheit des Klägers sprechen können, so bleibt doch die Möglichkeit, daß der Kläger nach Art seines Geschäftsverkehrs mit seinen verschiedenen Arbeitgebern und im Hinblick auf die Art seines Betriebes und das Kapital, mit dem er arbeitet, als selbständiger Unternehmer erscheint, und Werkverträge mit der Gemeinschuldnerin abgeschlossen hat.

Die herrschende Lehre und die Rechtsprechung des Reichsgerichts nimmt an, daß beim Dienstvertrag die Arbeit, die Tätigkeit als solche, ein bestimmtes Maß einzelner Dienstleistungen, ein Wirken geschuldet wird, beim Werkvertrag dagegen ein Arbeitserfolg, ein Arbeitsergebnis, ein Werk ohne Betrachtung der zur Vollendung erforderlich gewesenen Einzeldienstleistungen unter eigener Verantwortung des Leistenden (§§ 611 und 631 BGB.) — vgl. RGZ. Bd. 72 S. 179, Bd. 81 S. 9, Bd. 86 S. 75, NZ. f. AR. 1927 S. 309 und Staudinger-Nipperdey, Vorbem. zu § 611 BGB. Note I 1 c mit weiteren Nachweisungen.

Die Entscheidung mag im Einzelfalle schwierig sein, weil eine Arbeitsleistung sowohl in der Form des Werkvertrags wie in der des Dienstvertrags möglich ist. Es muß deshalb in erster Linie maßgebend sein, was die Parteien nach Lage der Umstände und ihrer Abmachungen im Einzelfalle gewollt haben, ferner müssen alle Momente gewürdigt werden, die für die Auslegung in Betracht kommen, insbesondere die besondere Gestaltung der Rechte und Pflichten der Vertragsparteien. Daß an sich Akkordarbeit geleistet wird, ist nebensächlich. Ebenso kann das in der Entscheidung RGZ. Bd. 72 S. 281 hervorgehobene Moment der Gefahrtragung nicht ausschließlich entscheidend sein. Denn diese ist immer die selbstverständliche Folge des Werkvertrages.

Ein sicheres Entscheidungsmerkmal hinsichtlich der von Hausgewerbetreibenden zu leistenden Akkordarbeit ist nur aus dem von den Parteien gewollten wirtschaftlichen Zweck der Arbeit unter gleichzeitiger und wesentlicher Berücksichtigung der zwischen Auftraggeber und Ausführendem hergestellten Beziehungen zu gewinnen.

In dieser Beziehung bedarf die Sachlage noch weiterer Klärung. Der Rechtsstreit war somit unter Aufhebung des angefochtenen Urteils an das Landesarbeitsgericht zurückzuverweisen, damit dieses von der richtigen Rechtsgrundlage aus entscheidet. Das Landesarbeitsgericht wird insbesondere aufzuklären haben: die genaue Art und Entwicklung des Betriebes des Klägers; in der Klageschrift hat der Kläger vortragen lassen, daß er bis zu 17 Arbeitern beschäftigt habe; ferner die rechtlichen und wirtschaftlichen Beziehungen zu seinen einzelnen Arbeitgebern, wobei der Umfang der verschiedenen Aufträge und die Entwicklung des Geschäftsverkehrs des Klägers zu erörtern sein wird. Die Geschäftsbedingungen für die Aufträge und die eigenen Arbeitsbedingungen (Tragung des Risikos für das Arbeitsprodukt, Einstehen für die Güte desselben) werden festzustellen sein. In dieser Beziehung ist auch aufzuklären, wie die Arbeit des Klägers sich in den allgemeinen Arbeitsprozeß hinsichtlich der fertigen, von der Gemeinschuldnerin vertriebenen Waren eingliederte. Es mag bemerkt werden, daß der vom Reichsarbeitsgericht in der Entscheidung vom 27. November 1929 (RAG. Bd. 4 S. 284) behandelte Fall wesentlich anders gelagert war, indem die seitens des dortigen Klägers geleistete Arbeit sich gegenüber dem gesamten Arbeitsprozeß als sehr geringfügig darstellte.

Endlich muß das in den Maschinen und in den Arbeitsräumen des Klägers angelegte Kapital festgestellt, und die Bilanzierung seines Betriebes erörtert werden. Auch dieser Umstand kann von erheblicher Bedeutung dafür sein, ob Kläger als selbständiger Unternehmer Werkverträge abschließt oder als Arbeiter in Dienstverträgen anzusehen ist. Daß die Liefertermine streng einzuhalten waren und besondere Weisungen hinsichtlich der Ausführung der Arbeit befolgt werden mußten, ist kein ausschlaggebendes Merkmal des Dienstvertrags im Gegensatz zum Werkvertrag. Auch der ein Werk Ausführende muß sich an Zeichnungen und Muster halten.

Schließlich mag noch hervorgehoben werden, daß der Hinweis auf § 45 HAG. ebenfalls nicht ausschlaggebend ist, da Kläger infolge Beschäftigung anderer Arbeiter nicht Hausarbeiter im Sinne des Hausarbeitsgesetzes ist (vgl. § 1 HAG. und Erläuterungsbuch von Gaebel zum HAG. S. 13 ff. und Rohmer S. 80). Der Kläger erscheint dagegen als Hausgewerbetreibender im Sinne des § 18 HAG., wobei dahingestellt bleiben kann, ob er als typischer Zwischenmeister im Sinne dieser Bestimmung angesehen werden kann (vgl. über die Abgrenzung Gaebel a. a. O. S. 16 ff., Rohmer a. a. O. S. 82). Es ist nicht festgestellt und auch nicht ersichtlich, daß infolge regionaler Regelung eine Gleichstellung hinsichtlich des Klägers mit den Hausarbeitern im Sinne der §§ 18, 45 HAG. stattgefunden hat. Es braucht deshalb auch nicht auf die Frage eingegangen zu werden, ob bei Anwendung des § 45 HAG. auch ein Lidlohn im Sinne des § 61 KO. vorliegen würde (vgl. auch Richtlinien zu § 18 HAG. vom 7. Mai 1925 [RMBl. S. 329], Rohmer a. a. O. S. 136, wobei auch darauf hinzuweisen ist, daß ein bei der 2. Beratung des HAG. im Plenum eingebrachter Antrag, dahingehend, daß für das Rechtsverhältnis die gesamten Vorschriften des BGB. für den Dienstvertrag Anwendung finden sollten, ausdrücklich abgelehnt wurde).

RAG. 6, 231.

Zum Begriff der arbeitnehmerähnlichen Person im Sinne von ArbGG. § 5.

ArbGG. § 5.

Reichsarbeitsgericht. Urt. v. 27. September 1930.

I. Arbeitsgericht Remscheid. — II. Landesarbeitsgericht Elberfeld.

Der Kläger betreibt seit etwa 1899 in Remscheid eine Lohnschleiferei in einer eigenen, etwa 100 qm großen Werkstatt mit 2 Schleifsteinen, einer Rutsche, einer Pliestmühle und 2 Pliestsellen. Er arbeitet selbst mit und beschäftigt außerdem noch 1—4 Arbeiter. Seit langen Jahren hat er, wie noch für einige andere Auftraggeber für den Betrieb der Beklagten Sägen geschliffen und dafür gegen Gewährung eines zwischen den Parteien besonders vereinbarten Rabatts einen Schleiflohn erhalten, der sich nach einer in der Zwangsinnung der Lohnschleifer herausgegebenen Preisliste bestimmte.

Die Beklagte schuldet unbestritten dem Kläger 3072,42 RM rückständigen Schleiflohn.

Diesen Schleiflohn klagt der Kläger im gegenwärtigen Verfahren vor dem Arbeitsgerichte ein.

Die Beklagte wendet die Unzuständigkeit des angerufenen Gerichts ein mit der Behauptung, der Kläger sei weder Arbeitnehmer, noch eine arbeitnehmerähnliche Person, sondern selbständiger Gewerbetreibender.

Das Arbeitsgericht hat die Klage wegen Unzuständigkeit abgewiesen. Das Landesarbeitsgericht hat unter Aufhebung des erstinstanzlichen Urteils die Beklagte dem Klagantrage gemäß verurteilt.

Hiergegen richtet sich die Revision der Beklagten mit dem Antrage, das Berufungsurteil aufzuheben und die Klage abzuweisen. Sie rügt die Verletzung von ArbGG. § 5. Der Kläger bittet, die Revision zurückzuweisen.

Gründe:

Die Revision rügt, daß das Berufungsgericht den Begriff „sonstige arbeitnehmerähnliche Personen" im ArbGG. § 5 zu Unrecht ausgelegt habe.

Im vorliegenden Falle ist mit dem Berufungsgericht davon auszugehen, daß die Zuständigkeit der Arbeitsgerichte nur dann gegeben ist, wenn der Kläger nach den tatsächlichen Feststellungen als eine arbeitnehmerähnliche Person anzusprechen ist, da er sicher nicht Arbeitnehmer im Sinne von ArbGG. § 5 Abs. 1 Satz 1 ist. Es steht weiter fest, daß der Kläger nicht „Hausgewerbetreibender" im Sinne von ArbGG. § 5 Abs. 1 Satz 2 ist. Er ist endlich auch nicht als ein Zwischenmeister im Sinne der soeben angezogenen Gesetzesstelle anzusehen, der sich in der Regel von einem unselbständigen Werkmeister in der Fabrik nur dadurch unterscheidet, daß er seine Tätigkeit, die der Verteilung von Rohstoffen und Arbeit an die eigentlichen Arbeiter, außerhalb der Fabrik ausübt. Deshalb kann auch die Entscheidung des Reichsarbeitsgerichts vom 27. November 1929 (RAG. Bd. 4 S. 285), die sich ausdrücklich mit Zwischenmeistern beschäftigt, nicht ohne weiteres auf den vorliegenden Fall angewandt werden. Es bedarf also der Erörterung, was das Gesetz unter „sonstiger arbeitnehmerähnlicher Person" versteht.

Eine eigentliche Begriffsbestimmung gibt das ArbGG. hierfür nicht. Es stellt lediglich Richtlinien auf, die es in dem Relativsatz vor der Klammer im Satz 2 des § 5 Abs. 1 zusammenstellt. Von den dort genannten 4 Voraussetzungen treffen 2 ohne weiteres auf den Kläger zu: es fehlt ein Arbeitnehmerverhältnis zwischen ihm und der Beklagten, und er leistet Arbeit „im Auftrage bestimmter Personen". Das Berufungsgericht stellt in dieser Richtung fest, daß er seit Jahren für 7 Firmen, darunter die Beklagte, ständig gearbeitet hat, daneben noch für eine Reihe anderer Auftraggeber mehr oder weniger vorübergehend.

Zweifelhaft kann schon sein, ob der Kläger im Sinne der Gesetzesstelle „Arbeit leistet", ob es dienstvertragsähnliche Arbeit ist (Dersch S. 206), die er der Beklagten liefert. Noch zweifelhafter aber ist, ob er die Arbeit „für Rechnung bestimmter anderer Personen" leistet, worunter verstanden wird, daß eine wirtschaftliche Abhängigkeit der arbeitnehmerähnlichen Person von bestimmten Unternehmern bestehen muß, dergestalt, daß die Person kein eigenes Unternehmerrisiko trägt und somit nicht für eigene Rechnung tätig wird (Dersch S. 206). Diese im Einzelfalle zum Teil sehr schwierigen Feststellungen wird man dann nur mit Sicherheit treffen können, wenn man sich vergegenwärtigt, daß mit der Bezeichnung „Hausgewerbetreibende, Zwischenmeister und arbeitnehmerähnliche Personen" eine Gruppe zusammengefaßt werden sollte, die nicht mehr reine Arbeitnehmer sind, sondern sich auf einer Zwischenstufe zum selbständigen Unternehmer befinden, von diesem aber immer noch so entfernt stehen, daß sie als arbeitnehmerähnlich bezeichnet werden können. Dagegen scheiden alle diejenigen aus, die sich dem Unternehmertum schon so genähert haben, daß ihre Arbeit und deren Organisation als ein Betrieb, ein Unternehmen angesprochen werden muß. Liegt dieses Merkmal vor, dann kann der Inhaber dieses Betriebs nicht mehr als eine arbeitnehmerähnliche Person angesehen werden. Das ist aber im vorliegenden Falle nach den Feststellungen des Berufungsgericht zu bejahen. Der Betrieb des Klägers, der auf eigenem Grund und Boden wirtschaftet und eine Anzahl, wenn auch geringwertiger Maschinen unterhält, hat eine gewisse Selbständigkeit erlangt, was schon daraus hervorgeht, daß er an mehrere Kunden liefert und in deren Zahl nicht beschränkt ist. Er hat ein gewisses, nicht großes Kapital in sein Unternehmen hineingesteckt und zieht deshalb auch einen Unternehmergewinn, wie sich schon daraus ergibt, daß er einzelnen Kunden Rabatt einräumen kann. Er gehört einer Innung an, also einer Unternehmerorganisation des Handwerks und wird insoweit auch im Verkehr und in der Öffentlichkeit als ein Kleingewerbetreibender angesehen, wie er ja auch steuerlich als selbständiger Unternehmer erfaßt wird. Beim Vorliegen solcher charakteristischen Merkmale, die alle mehr auf einen Unternehmer als auf einen Arbeitnehmer hinweisen, kann von einer arbeitnehmerähnlichen Person nicht mehr gesprochen werden. Damit aber erweist sich, daß das Arbeitsgericht für den Klaganspruch nicht zuständig war.

RAG. 6, 233.

1. Wichtiger Grund zu fristloser Kündigung.

2. Die Vereinbarung zwischen Dienstherrn und Kioskverkäufern über Fehlbetragshaftung.

HGB. § 70. BGB. § 138.

Reichsarbeitsgericht. Urt. v. 27. September 1930.

I. Arbeitsgericht Hamburg. — II. Landesarbeitsgericht daselbst.

Die Beklagte, die die Wirtschaft auf dem Hamburger Hauptbahnhof betreibt, unterhält dort auch noch eine Reihe von Verkaufsstellen mit Schokolade, Rauchwerk und ähnlichen Waren dergestalt, daß der Verkauf in jeder Stelle von zwei Verkäuferinnen in umschichtiger Ablösung und einer dritten Verkäuferin, die bei Ausfall einer der ersten Verkäuferinnen infolge von Urlaub oder Erkrankung vertretungsweise einspringt, ausgeführt wird. Dabei wird eine Bestandsaufnahme und Abrechnung zwischen den Ablösungen und bei Eintritt einer Vertretung nicht vorgenommen, sondern nur in größeren mehrmonatigen Abständen.

Die Klägerin war seit 30. Mai 1928 in einer dieser Verkaufsstellen als Verkäuferin von der Beklagten angestellt worden. Am 30. April

1929 wurde über diesen Vertrag eine Urkunde aufgesetzt, in der es u. a. hieß:

„Es arbeiten in dem Verkaufsstande wechselweise außer der Klägerin noch eine weitere Verkäuferin und die Vertretung an den freien Tagen der beiden Verkäuferinnen.

Alle drei Angestellte verkaufen aus einem gemeinsamen Vorrat in eine gemeinsame Kasse, womit die Klägerin durch Unterzeichnung dieses Vertrags sich ausdrücklich einverstanden erklärt.

Die Klägerin hat als Sicherheit für die ihr im Laden anvertrauten und ausnahmslos von der Beklagten gelieferten Waren bzw. die dafür eingenommenen Beträge, der Beklagten eine Kaution in Höhe von 300 RM gestellt.

Für jeden in der Abrechnung festgestellten Fehlbetrag haftet die Klägerin und die Mitverkäuferinnen mit ihrer Kaution, und zwar jede für die Hälfte des festgestellten Fehlbetrags. Es wird ausdrücklich festgelegt, daß die Beklagte nicht verpflichtet ist, ein Verschulden der Verkäuferin nachzuweisen."

Danach arbeitete die Klägerin mit einem Fräulein B., die noch jetzt bei der Beklagten tätig ist, in einer Verkaufsstelle weiter. Es wurden seitdem 3 Inventuren vorgenommen, und zwar im Mai, Oktober und November 1929. Bei der ersten wurde ein Fehlbetrag von etwa 180 RM, bei der zweiten ein solcher von 310 RM, bei der letzten kein Fehlbetrag festgestellt. Am 28. November 1929 enthob die Beklagte die Klägerin ihrer Stellung mit der Begründung, durch die Fehlbeträge sei ihr Vertrauen zu ihr erschüttert, und verlangte von ihr, sie solle bis zum 31. Dezember 1929, an welchem Tage der Vertrag enden solle, als Büfettmädchen am Wirtschaftsbüfett tätig sein. Als die Klägerin ablehnte, diese Stellung zu übernehmen, wurde sie am 30. November 1929 wegen Arbeitsverweigerung fristlos entlassen und ihr die Rückzahlung der Kaution von 300 RM mit Rücksicht auf die in der Verkaufsstelle festgestellten Fehlbeträge verweigert.

Die Klägerin erachtet die fristlose Entlassung für unbegründet, fordert deshalb für den Dezember 1929 an Gehalt und durchschnittlicher Provision 130 RM und verlangt die Auszahlung der vollen Kaution von 300 RM, da die über die Mankohaftung im Vertrage enthaltenen Bestimmungen wegen Sittenwidrigkeit nichtig seien.

Die Beklagte hält die fristlose Kündigung für berechtigt, ebenso die Vereinbarungen über den Ersatz von Fehlbeträgen.

Das Rechenwerk der Klage ist unter den Parteien unstreitig.

Das Arbeitsgericht hat die Beklagte antragsgemäß verurteilt. Die Berufung der Beklagten hiergegen blieb ohne Erfolg.

Hiergegen richtet sich die Berufung der Beklagten mit dem Antrage, das Urteil aufzuheben und nach den Anträgen in der Berufungsinstanz zu erkennen.

Die Klägerin bittet, die Revision zurückzuweisen.

Gründe:

Der Revision ist der Erfolg zu versagen.

Sie versucht in erster Linie auszuführen, daß die Beklagte schon auf Grund der zwei festgestellten Fehlbeträge befugt gewesen wäre, die Klägerin sofort fristlos zu entlassen und beruft sich auf die Entscheidung des Reichsarbeitsgerichts vom 15. Mai 1929 (Bensheimer Bd. 6 S. 575). Diese Berufung ist in ihrer Allgemeinheit sicherlich unzutreffend. Dort handelt es sich um einen unmittelbaren Kassenfehlbetrag in der recht erheblichen Höhe von 1300 RM. Ferner ist aus dem Tatbestand nicht ersichtlich, unter welchen näheren Umständen der Angestellte die Kasse zu betreuen hatte. Im vorliegenden Falle liegen gegen die Klägerin nach dem eigenen Vorbringen der Beklagten nur die Verdachtsanzeigen in der Berufungsbegründung (Bl. 49 flg.) vor und besteht die Möglichkeit, daß die weit geringeren Fehlbeträge auch noch durch das Verschulden anderer Angestellten entstanden sein können. Wie schon das Berufungsgericht zutreffend ausgeführt hat, reichen die Einzelbehauptungen der Beklagten, selbst wenn sie sich bewahrheiten sollten, durchaus nicht aus, um einen hinreichenden Verdacht gegen die Klägerin zu begründen; sie weisen auch nicht zwingend auf eine schlechte, fehlerhafte Geschäftsführung hin. Danach kann ein Grund für die Beklagte, die Klägerin fristlos zu entlassen, nicht als vorliegend erachtet werden. Das erkennende Gericht tritt auch insoweit dem Berufungsgericht bei, daß kein ausreichender Anlaß bestand, die Klägerin ihrer Stellung in dem Verkaufsstande zu entheben, namentlich nachdem seit der Feststellung des letzten Fehlbetrags im Oktober 1929 ein Monat verflossen war und sich bei einer Kassenprüfung im November 1929, wie das Berufungsgericht feststellt, ein Fehlbetrag nicht ergeben hatte. Da in keiner Weise von der Beklagten dargetan ist, daß der Fehlbetrag allein auf eine Schuld der Klägerin zurückzuführen ist, vielmehr ebenso die Möglichkeit besteht, daß auch ein Verschulden der anderen ständigen Verkäuferin oder der sonstigen Vertreter im Spiele sein kann, so müßte es für die Klägerin, deren sofortige fristlose Entlassung auch die Beklagte offensichtlich nicht für ausreichend begründet hielt, eine Kränkung bedeuten, wenn sie von dem verantwortlichen Posten einer Alleinverkäuferin abberufen und an das Büfett versetzt würde. Wenn das Berufungsgericht unter Würdigung aller Begleitumstände dazu kommt, daß der Klägerin ein solcher Platzwechsel nicht zumutbar war, wohl aber der Beklagten angesonnen werden konnte, die Klägerin noch einen Monat lang in der Verkaufsstelle zu belassen, so ist das auf Grund der vor allem das Arbeitsrecht beherrschenden Grundsätze von Treu und Glauben im Verkehre eine bedenkenfreie Abwägung der beiderseitigen Interessen, der das Revisionsgericht beitritt. Stellt sich danach die Weigerung der Klägerin, die Stellung am Büfett anzunehmen, als berechtigt dar, so war die darauf erfolgende fristlose Entlassung durch die Beklagte unbegründet: sie schuldet ihr daher das durchschnittliche Gehalt für den Dezember 1929.

Auch die zweite Rüge der Revision, die sich dagegen wendet, daß das Berufungsgericht die vertragliche Vereinbarung der Parteien über die Haftung für Fehlbeträge wegen Verstoßes gegen die guten Sitten als nichtig erachtet, ist nicht gerechtfertigt. Das Berufungsgericht steht durchaus im Einklang mit Rechtsprechung und Wissenschaft (vgl. Titze Handbuch des gesamten Handelsrechts Bd. 2 S. 774, Krönig Gelbe Arbeitsrechtskartothek Heft 273, Stritzke Neue Zeitschr. f. AR. 1929 S. 23) auf dem Standpunkte, daß solche Vereinbarungen über die Fehlbetragshaftung durchaus zulässig und gültig sind. Wenn es aber im vorliegenden Falle die konkrete Vertragsbestimmung unter BGB. § 138 Abs. 1 fallen läßt, so begründet es dies mit den besonderen Umständen des Falles, was wiederum Rechtsprechung und Rechtslehre entspricht (vgl. Titze a. a. O. S. 633, KG. München vom 10. April 1915 im GewKfGer. Jahrgang 21 S. 119, LAG. Duisburg vom 23. Februar 1928 in Bensheimer Bd. 3 S. 15, AG. Reutlingen vom 17. August 1927 in Potthoffs Rechtsprechung des Arbeitsrechts Nr. 397). Das erkennende Gericht tritt dieser Würdigung durch das Berufungsgericht bei. Wenn die Klägerin eine so weit reichende Haftung wie im Vertrage vom 30. April 1929 übernahm, dann mußte ihr mindestens ein Gehalt bewilligt werden, das die Übernahme eines solchen Risikos einigermaßen ausglich. Daß ein festes Monatsgehalt von 65 RM, das sich durch Tantieme monatlich auf 120 bis 140 RM steigerte, diesen Anforderungen nicht entsprach, erscheint bedenkenfrei. Im vorliegenden Falle kommt als besonderer Umstand, der die Haftung der Klägerin noch erhöhte, hinzu, daß die Beklagte mindestens im Widerspruch mit dem Sinn des Vertrages von ihr beliebig bestimmte Vertreter aushilfsweise in dem Verkaufsstande tätig werden ließ, ohne hierzu die Klägerin irgendwie zu hören. Wenn unter diesen Verhältnissen das Berufungsgericht zu der Feststellung gelangt, daß die Vereinbarung über die Haftung und damit auch die über die Kaution mit den guten Sitten nicht in Einklang zu bringen ist, so ist darin ein Rechtsverstoß nicht zu erblicken.

RAG. 6, 243.

1. Erwächst dem kriegsbeschädigten Arbeitnehmer, der infolge einer auf seine Kriegsbeschädigung zurückzuführenden Krankheit arbeitsunfähig wird, trotzdem ein Anspruch auf Fortzahlung des Lohnes bis zur gesetzmäßigen Lösung des Arbeitsverhältnisses?

2. Kann dieser Anspruch durch gesamtvertragliche Vereinbarungen eingeschränkt oder beseitigt werden?

3. Bedeutung und Tragweite der tarifvertraglichen Klausel: „§ 63 HGB. wird in beiden Absätzen als zwingendes Recht anerkannt."

Reichsarbeitsgericht. Urt. v. 4. Oktober 1930.
I. Arbeitsgericht Berlin. — II. Landesarbeitsgericht daselbst.

Der Kläger war im Jahre 1921 der Beklagten als Schwerbeschädigter zugewiesen und seitdem als kaufmännischer Angestellter, zuletzt gegen ein Monatsgehalt von 205 RM, bei ihr tätig. Infolge seiner Kriegsbeschädigung erkrankte er Anfang des Jahres 1928 an einem Lungenleiden derart, daß er fast völlig arbeitsunfähig wurde. Er arbeitete bei der Beklagten nur noch in der Zeit vom 27. Mai bis 18. Juni, vom 21. Juni bis zum 11. Juli, vom 15. Juli bis zum 31. Juli, vom 17. Oktober bis zum 9. November mit Ausnahme zweier Tage, vom 25. November bis zum 16. Dezember, vom 22. bis 24. Dezember 1928 und vom 3. Januar bis 8. Januar 1929. Seit diesem Tage blieb er bis zu seiner am 31. Januar 1930 mit Zustimmung der Hauptfürsorgestelle erfolgten Entlassung dem Geschäft der Beklagten fern. Sie hat ihm für Juni, Juli, August und Dezember 1928 das volle Gehalt, in den übrigen Monaten bis einschließlich Januar 1929 kleinere, zwischen 43 und 102 RM schwankende Beträge ausgezahlt. Von da an hat er nichts mehr erhalten. Mit der Behauptung, daß er für die Jahre 1928 und 1929 sein volles Gehalt beanspruchen könne, hat er im Oktober 1929 Klage auf Zahlung von 2146,30 RM erhoben. Die Beklagte will in erster Reihe aus dem unstreitig für das Arbeitsverhältnis der Parteien maßgebenden Tarifvertrage des Groß-Berliner Einzelhandels, und zwar aus Ziffer 11 daselbst, die dahin lautet:

„§ 63 HGB. wird in beiden Absätzen als zwingendes Recht anerkannt",

gefolgert wissen, daß der Kläger sein Monatsgehalt nur für 6 Wochen nach Beginn seiner Arbeitssäumnis fordern dürfe und daher schon mehr empfangen habe, als er verlangen könne. Ferner macht sie geltend, daß der Kläger durch vorbehaltlose Annahme der Minderzahlungen und dadurch, daß er im Januar 1929 dauernd nach Havelberg verzogen sei, auf weitere Gehaltsbezüge verzichtet habe. Der Kläger ist den beiden Schlußfolgerungen der Beklagten entgegengetreten und hat behauptet, er hätte erst im Juni 1929 seinen Wohnsitz nach Havelberg verlegt und auf Verlangen der Beklagten jederzeit seine bisherige Wohnung in Falkensee bei Berlin wieder beziehen können.

Das Arbeitsgericht gab der Klage statt. Das Landesarbeitsgericht wies die Berufung der Beklagten zurück und verurteilte sie auf die Anschlußberufung des Klägers noch zur Zahlung des Gehalts für Januar 1930 in Höhe von 205 RM. Die Revision der Beklagten führte zur Zurückverweisung der Sache an das Berufungsgericht.

Gründe:

In Übereinstimmung mit der Rechtsprechung des Reichsarbeitsgerichts (vgl. z. B. RAG. Bd. 2 S. 9 flg., Bd. 4 S. 60 flg., Bd. 5 S. 44 flg.) geht das Landesarbeitsgericht zutreffend davon aus, daß ein Kriegsbeschädigter, der infolge einer auf seine Kriegsbeschädigung zurückzuführenden Krankheit die vertraglich übernommenen Arbeiten nicht leisten kann, seinen Lohnanspruch bis zur ordnungsmäßigen Lösung des Dienstverhältnisses nicht verliert. Ebenso zutreffend nimmt es aber auch im Einklang mit der Rechtsauffassung des Reichsarbeitsgerichts (vgl. z. B. RAG. Bd. 5 S. 44 flg.) an, daß dieser Lohnanspruch abdingbar sei und daher durch gesamtvertragliche Regelung, d. h. durch Tarifverträge oder Betriebsvereinbarungen wie z. B. Arbeitsordnungen hinfällig gemacht werden könne. Infolge der zahlreichen Angriffe, welchen die in den angezogenen Urteilen des Reichsarbeitsgerichts niedergelegte Rechtsauffassung ausgesetzt ist, hat dieses sie erneut einer eingehenden Prüfung unterzogen, zu ihrer Aufgabe jedoch keinen Anlaß gefunden.

Das Schwerbeschädigtengesetz ist ein Fürsorgegesetz. Das kann füglich nicht bestritten werden. Zweifel können nur darüber auftauchen, in welcher Richtung und in welchem Umfange der Gesetzgeber den Arbeitgebern eine Fürsorgepflicht ihren kriegsbeschädigten Arbeitnehmern gegenüber auferlegt hat. Die Gegner der Ansicht des Reichsarbeitsgerichts glauben aus dem Wortlaut des Schwerbeschädigtengesetzes folgern zu sollen, daß es dem Schwerbeschädigten nur Kündigungsschutz und damit eine Sicherung der Arbeitsstelle ohne gleichzeitige Sicherung des Lohnanspruchs gewähren wolle. Dem vermag das Reichsarbeitsgericht mit Rücksicht auf den Gesamtzweck und den Gesamtinhalt des Gesetzes nicht beizutreten. Daß die Rente, welche den Kriegsbeschädigten für die Opfer, die sie mit ihrem Körper und ihrer Gesundheit dem Vaterlande gebracht haben, vom Reich gezahlt wird, nur zur Deckung der allernotwendigsten Lebensbedürfnisse ausreicht und keinen genügenden Ausgleich für ihre im Interesse der Allgemeinheit erlittenen Verluste an Arbeitskraft und Arbeitsfähigkeit schafft, bedarf keiner Ausführung. Das hatte auch der Gesetzgeber erkannt, er sollte den Kriegsbeschädigten daher, wie Anthes in „Der Arbeitgeber" Jahrgang 1930 Heft 12 S. 338 unter Berufung auf Gesetzesmaterialien zutreffend ausführt, über ihren Rentenanspruch hinaus ermöglicht werden, durch Verwendung ihrer restlichen Arbeitskraft „eine befriedigende Existenz" zu finden und zugleich der Gesamtheit zu nützen. Eine „befriedigende Existenz" wird und kann dem Kriegsbeschädigten jedoch nur ein Arbeitsplatz bieten, der ihm in Verbindung mit der Rente die Mittel zu einer angemessenen, d. h. einer sozialen und wirtschaftlichen Stellung entsprechenden Lebensführung gewährt, nicht aber ein solcher, der sie ihm in Zeiten versagt, in denen er ihn, nachdem er ihn einmal erhalten, infolge der Kriegsbeschädigung nicht auszufüllen vermag und unter dieser besonders leidet. Die Arbeitsbeschaffung ist also nicht Selbstzweck, sie ist vielmehr ein Mittel sowohl zur Erhöhung der Arbeitsfreude als auch vor allem zur Verbesserung und Sicherung der wirtschaftlichen Lage Schwerbeschädigter. Dieser Zweck und diese Aufgabe der Arbeitsbeschaffung tritt klar und unzweideutig in § 9 Schwerbeschädigtengesetzes zutage. Der Arbeitgeber kann sich von der Einstellung Schwerbeschädigter und allen damit für ihn verknüpften Unannehmlichkeiten und Unbequemlichkeiten dadurch loskaufen, daß er durch Überlassung von Siedlungsstellen zur Pacht oder zu Eigentum dieselben Ziele, die der Gesetzgeber durch die Einstellung Schwerbeschädigter als Arbeiter erreichen will, insbesondere also „die Sicherung ihres und ihrer Familien angemessenen Unterhalts" erreicht. Nur wenn das letztere der Fall ist, wird und darf die Hauptfürsorgestelle die Ersetzung der Einstellung als Arbeitnehmer durch eine Siedlungsüberlassung genehmigen. Es ist nicht der geringste Anhalt dafür gegeben, daß der Gesetzgeber in § 9 a. a. O. nicht einen gleichwertigen Ersatz für die Einstellung schaffen, sondern darüber hinaus dem Schwerbeschädigten noch größere Vorteile, als diese ihm gewährte, hätte zuwenden wollen. Das letztere träfe aber zu, wenn der Kriegsbeschädigte in Krankheitsfällen, die auf seine Kriegsbeschädigung zurückzuführen sind, für sich und seine Angehörigen nicht in der Arbeitsstelle wenigstens ungefähr dieselbe Unterhaltssicherung fände wie in dem Siedlungsbesitz. Unrichtig ist es, wenn behauptet wird, der Gesetzgeber sei davon ausgegangen, nur die e i g e n e Arbeit auf der Siedlung solle und werde dem Schwerbeschädigten den Unterhalt verschaffen. Auch auf ihr sind Schwerbeschädigte den Folgen ihrer Kriegsverletzungen ebenso unterworfen wie als gewerbliche Arbeiter oder Handlungsgehilfen. Mit der Kriegsbeschädigung zusammenhängende Krankheiten können sie auch als Siedlungsbesitzer arbeitsunfähig machen und noch dazu zu Zeiten, in denen Ackerbestellung oder Ernte ihre Arbeit dringend erfordern. Ist der Schwerbeschädigte nur auf sich und seine Arbeitskraft angewiesen, so wird er für eine Siedlungsstelle nach Maßgabe des § 9 a. a. O. nur in seltenen Fällen in Frage kommen. Er wird es regelmäßig nur dann — und das setzt auch der Gesetzgeber voraus —, wenn er in der Lage ist, mit Hilfe seiner Familie oder fremder Kräfte die Siedlung zu bewirtschaften, und wenn eine eigene zeitweise Arbeitsunfähigkeit die Bewirtschaftung nicht gefährdet.

Der Gesetzgeber wollte daher durch den Kündigungsschutz des § 13 Abs. 2 a. a. O. nicht nur die Kündigungsbestimmungen des § 72 Nr. 3 HGB. und 122 Nr. 8 RGewO. für Schwerbeschädigte mildern, sondern ihnen unter Ausbau und Erweiterung des in den § 616 BGB., § 63 HGB. und § 133c RGewO. enthaltenen sozialen Gedankens für die Dauer des auf Grund ihrer Krankheit eingetretenen Kündigungsschutzes auch ihren bisherigen Lohn sichern. Daß das im Gesetz nicht ausdrücklich ausgesprochen ist, trifft zu, es erhellt aber, wie gezeigt, aus seinem Fürsorgecharakter und der Gesamtheit seines Inhalts.

Nun hat man dem Reichsarbeitsgericht auch Mangel an Folgerichtigkeit vorgeworfen, wenn es zulasse, daß die dem Arbeitgeber vom Gesetz auferlegte Lohnzahlungspflicht im Wege der Gesamtvereinbarung abdingbar sei (vgl. RAG. Bd. 5 S. 44 flg., Bd. 6 S. 102 flg.). Auch dieser Vorwurf ist unberechtigt. Daß die Lohnbegünstigung der Schwerbeschädigten zwingendes Recht darstelle, hat das Reichsarbeitsgericht nie ausgesprochen. Ist sie das aber nicht, so kann sie selbstverständlich durch die Tarifvertragsparteien auch zum Nachteil der Begünstigten abgeändert werden. Es sei daran erinnert, daß nach dem Gesetz ein Verzicht des Arbeitnehmers auf Teile des verdienten Tariflohns unwirksam ist, wenn er unter wirtschaftlichem Druck erfolgt, — und doch kann tariflich festgelegt werden, daß etwaige Lohnrückstände bei Vermeidung ihres Verlustes innerhalb bestimmter Frist nach der

Lohnzahlung geltend gemacht werden müssen (vgl. Urt. vom 21. März 1928 in RAG. 101/27 und Urteil vom 12. Juli 1930 RAG. Bd. 6 S. 126 flg.). Läßt der Arbeitnehmer diese Frist aus Furcht vor einer Kündigung verstreichen, so hat er, trotz des wirtschaftlichen Drucks, unter dem er steht und handelt, seine an sich berechtigte Forderung verwirkt. Auch in diesem Falle geht zuungunsten der Arbeitnehmer Tarifmacht vor Gesetzeskraft. Im übrigen kann auf die in dem Eingang der Gründe angezogenen Urteile des Reichsarbeitsgerichts und die in ihnen niedergelegten Erwägungen verwiesen werden.

Da das Berufungsgericht einen tarifvertraglichen Ausschluß der Lohnansprüche erkrankter Kriegsbeschädigter für den vorliegenden Fall verneint, hat es die Beklagte zur Nachzahlung der rückständigen Gehaltsteile für etwa 2 Jahre verurteilt. Es sei hier bemerkt, daß die Beklagte die Möglichkeit einer solchen sie stark belastenden Entscheidung sich selbst zuzuschreiben hat. Sie hat den seit dem 1. Januar 1928 fast völlig arbeitsunfähigen Kläger etwa 2 Jahre lang in ihren Listen als kriegsbeschädigten Angestellten geführt, ohne von ihrer Befugnis Gebrauch zu machen, die Hauptfürsorgestelle um deren Kündigungsgenehmigung anzugehen, die unter den gegebenen Umständen nach menschlichem Ermessen erteilt worden wäre. Dadurch hat sie, ohne — wie sie glaubte berechtigterweise — Gehaltszahlungen an den arbeitsunfähigen Kläger zu leisten, einem anderen arbeitsfähigen Schwerbeschädigten die Gelegenheit zur Betätigung genommen und tatsächlich keinen Schwerbeschädigten oder einen Schwerbeschädigten weniger, als ihr nach dem Gesetz oblag, b e s c h ä f t i g t. Daß ein solches Verhalten dem Sinn und Zweck des Schwerbeschädigtengesetzes widerspricht, liegt offen zutage.

Im vorliegenden Falle kann allerdings der Ansicht des Berufungsgerichts, daß der Beklagten keine tarifvertragliche Bestimmung zur Seite stehe, nicht beigetreten werden. Ziffer 11 des im Tatbestande erwähnten Tarifvertrags, die den § 63 des HGB. für z w i n g e n d e s Recht erklärt, enthält die in die Arbeitsverträge übergehende Norm, daß der Prinzipal verpflichtet ist, jedem kaufmännischen Angestellten, der durch unverschuldetes Unglück — also auch infolge unverschuldeter Krankheit — an der Leistung der vertraglichen Dienste verhindert wird, trotzdem für 6 Wochen das Gehalt fortzuzahlen. Diese Vorschrift soll, wie schon betont, z w i n g e n d e s Recht schaffen und schließt somit nicht nur jede andere vertragliche Vereinbarung, sondern auch die Anwendung anderen, die Handelsgehilfen in Einzelfällen besserstellenden, nachgiebigen Rechts aus. Daraus folgt, daß auch die den Angestellten günstigere Lohnregelung des Schwerbeschädigtengesetzes dem Willen und der Tarifmacht der Tarifvertragsparteien weichen muß. Hätten die Schwerbeschädigten von der „zwingenden", also nach keiner Richtung hin abänderbaren, Nummer 11 des Tarifvertrags nicht getroffen werden sollen, so hätte es einer besonderen Hervorhebung ihrer Ausnahme im Tarifvertrage bedurft (vgl. RAG. Bd. 5 S. 44 flg., Bd. 6 S. 102 flg.).

Zu einer Endentscheidung ist der Rechtsstreit aber trotzdem noch nicht reif. Denn nach dem Wortlaute und Zweck des § 63 HGB. erwächst dem Angestellten, der nach Wiedereintritt in den Dienst, wenn auch vom medizinischen Standpunkt aus infolge desselben Grundleidens, das seine frühere Arbeitsunfähigkeit hervorgerufen hat, von neuem erkrankt, auch ein neuer Anspruch auf ein Sechswochengehalt, es sei denn, daß der Handlungsgehilfe trotz fortdauernder Krankheit sich durch vorübergehenden Diensteintritt eine neue Gehaltsforderung erschleichen will (vgl. Staub-Koenige, Anm. 3c zu § 63 HGB.). Ob und wieweit bei dem chronischen Lungenleiden des Klägers diese Voraussetzungen nach der einen oder anderen Richtung vorliegen, das zu beurteilen ist Sache des Tatrichters. Es war daher unter Aufhebung des angefochtenen Urteils, wie geschehen, zu erkennen.

RAG. 6, 268.

Verstößt eine vom Arbeitgeber ausgesprochene Kündigung schon deswegen gegen Art. 159 der Reichsverfassung, weil der Arbeitgeber sich mit der Kündigung der Pflicht zur Entrichtung der durch einen Zwangstarifvertrag eingeführten, von ihm für untragbar erachteten höheren Löhne entziehen will?

RVerf. Art. 159. BGB. § 134.

Reichsarbeitsgericht. Urt. v. 18. Oktober 1930.

I. Arbeitsgericht Stralsund. — II. Landesarbeitsgericht Stettin.

Der Kläger war landwirtschaftlicher Deputatarbeiter auf dem Gute des Beklagten in B. Der Beklagte gehörte dem Landbund, der Kläger dem Deutschen Landarbeiterverband an. Für die Mitglieder dieses Verbands ist durch Schiedsspruch des Schlichtungsausschusses für den Bezirk Stralsund vom 27. Februar 1929 und Verbindlichkeitserklärung des Schlichters in Stettin vom 23. März 1929 ein Zwangstarifvertrag zustande gekommen, der den Arbeitnehmern eine Erhöhung des Barlohns brachte. Ende März 1929 hat der Beklagte dem Kläger fristgerecht zum 1. Oktober 1929 gekündigt. Das dem Kläger zugegangene Kündigungsschreiben hat folgenden Wortlaut:

„Nach einem . . . Schiedsspruch des Schlichtungsausschusses in Stralsund besteht die Gefahr einer Lohnänderung, die der Betrieb Sch.-B. nicht tragen kann. Daher bin ich gezwungen, Ihnen Ihre Stelle in Sch.-B. zum 1. Oktober 1929 zu kündigen."

Wie der Beklagte ohne Widerspruch des Klägers vorgetragen hat, hat der Kläger gegenüber der Kündigung zunächst den Weg der Einspruchsklage (§ 84 BRG.) beschritten, diese Klage aber zurückgenommen. Der Kläger hält aber die Kündigung für gesetz- und sittenwidrig und daher für nichtig (§§ 134, 138 BGB., Art. 159 RVerf.) und beantragt mit der Klage die Feststellung dieser Nichtigkeit und die Reichung des Bar- und Naturallohns für die Zeit vom 1. Oktober bis 30. November 1929. Der Beklagte wendet ein, seine Kündigung habe sich nicht gegen die gewerkschaftliche Betätigung des Klägers gerichtet; sie sei lediglich erfolgt, weil die aus der Lohnerhöhung sich ergebende Mehrbelastung für ihn untragbar gewesen sei. — Das Arbeitsgericht hat den Beklagten nach dem Klagantrag verurteilt und den Wert auf 350 RM festgesetzt. Das Landesarbeitsgericht hat die Berufung des Beklagten zurückgewiesen und die Revision zugelassen. Auf die Revision des Beklagten ist das angefochtene Urteil aufgehoben und ist die Sache an das Berufungsgericht zurückverwiesen worden.

Gründe:

Der Berufungsrichter erwägt: der Beklagte habe, nach dem Kündigungsschreiben, die Kündigung deshalb ausgesprochen, weil nach dem Zwangstarifvertrag dem Kläger als einem Mitglied des Landarbeiterverbandes fortan ein höherer Lohn zukam. Der Beklagte sei, wie der Berufungsrichter zu seinen Gunsten unterstellt, mit der Kündigung nicht einer Weisung des Landbunds gefolgt, sondern durch wirtschaftliche Rücksichten bestimmt worden, die in der bekannten großen Notlage der Landwirtschaft und in den Verlustabschlüssen der Güter des Beklagten ihre Erklärung fänden. Die gewerkschaftliche Zugehörigkeit seiner Arbeitnehmer möge dem Beklagten im allgemeinen gleichgültig gewesen sein. Aber hier sei sie dem Beklagten nicht gleichgültig gewesen. Vielmehr habe die Zugehörigkeit des Klägers zum Landarbeiterverband den Beklagten zur Kündigung bestimmt; denn sie habe dem Kläger den Anspruch auf höheren Lohn gewährleistet, dessen Abwehr der Beklagte bezweckte. Hätte der Kläger seine Zugehörigkeit zum Landarbeiterverband aufgegeben, so hätte er seine Arbeitsstelle behalten können. Demnach habe der Beklagte durch die Kündigung in Wirklichkeit den Kläger in der Geltendmachung seiner tariflichen Rechte zu behindern und in seiner Vereinigungsfreiheit, entgegen dem

Art. 159 RVerf., zu beeinträchtigen gesucht. Demzufolge sei die Kündigung nichtig, § 134 BGB. Ob die Kündigung auch gegen die guten Sitten verstoße und aus § 138 BGB. nichtig sei, läßt der Berufungsrichter dahingestellt.

Die Revision rügt Verletzung der §§ 134, 138 BGB., des Art. 159 RVerf. und der §§ 139, 286 ZPO. — Die zuletztgenannten Verfahrensrügen sind nicht prozeßgerecht erhoben (§ 554 Abs. 3 Ziff. 2 b ZPO.) und schon deshalb nicht zu beachten. Die Rüge einer Verletzung des § 138 BGB. ist schon insofern unbegründet, als der Berufungsrichter seine Entscheidung auf diese Vorschrift nicht gestützt hat. Dagegen ist der Rüge einer Verletzung des § 134 BGB. und des Art. 159 RVerf. der Erfolg nicht zu versagen.

Wie die Revision richtig bemerkt, bleibt nach den tatrichterlichen Feststellungen des Berufungsrichters gegen den Beklagten nur soviel übrig, daß er rein aus wirtschaftlichen, und zwar vom Berufungsrichter als berechtigt anerkannten wirtschaftlichen Gründen dem Kläger gekündigt hat, um sich der Pflicht zur Entrichtung des höheren Tariflohns zu entziehen. Sicherlich ist der Arbeitgeber im allgemeinen ohne weiteres befugt, dem Arbeitnehmer unter Einhaltung der gesetzlichen oder vertragsmäßigen Kündigungsfrist zu kündigen. Vom Rechtsstandpunkt aus ist insbesondere auch dagegen nichts zu erinnern, daß der Arbeitgeber von der Kündigungsbefugnis Gebrauch macht, wenn die aus einer Lohnerhöhung zu erwartende Mehrbelastung für ihn untragbar ist; denn der Arbeitgeber hat auch auf die Wirtschaftlichkeit seines Betriebs und auf die Belange seiner Gläubiger Rücksicht zu nehmen. Den besonderen Kündigungsschutzbehelf, den die §§ 84 flg. BRG. dem Arbeitnehmer gewähren, hat der Kläger hier nicht durchgeführt. Hiernach geht der Streit nur darum, ob der Arbeitgeber, indem er unter den hier obwaltenden Umständen die Kündigung ausspricht, dem Art. 159 RVerf. deswegen zuwiderhandelt, weil die Lohnerhöhung auf einem Zwangstarifvertrag beruht.

Zu dieser Frage hat das Reichsarbeitsgericht bereits beiläufig Stellung genommen. In dem Urteil RAG. 510/1929 vom 2. Juli 1930 ist, zwar nur nebenbei, aber ohne Erwähnung irgendeines rechtlichen Bedenkens, ausgesprochen, daß der Arbeitgeber, wenn der Arbeitnehmer während bestehenden Arbeitsverhältnisses einer die Belange seines Berufs vertretenden wirtschaftlichen Vereinigung beitritt und nunmehr den Tariflohn beansprucht, dem Arbeitnehmer kündigen kann. Andernteils hat das Reichsarbeitsgericht in dem Urteil 533/1929 vom 24. April 1930 RAG. Bd. 4 S. 23 anerkannt, daß eine Kündigung mit

Rücksicht auf ihren Beweggrund und Zweck gegen ein gesetzliches Verbot, und zwar gerade gegen Art. 159 RVerf. verstoßen und daher gemäß § 134 BGB. nichtig sein könne. Daran ist festzuhalten. Aber dieses Urteil ist für sich allein noch nicht zugunsten der Klage entscheidend (was übrigens auch der Berufungsrichter anerkennt). Vielmehr kommt es auf die Feststellungen an, welche der Tatrichter über Beweggrund und Zweck der Kündigung getroffen hat. Für den vorliegenden Fall genügen, wie die Revision mit Recht geltend macht, die Feststellungen des Berufungsrichters nicht, um die Nichtigkeit der Kündigung zu begründen. Der Inhalt eines Tarifvertrags geht nach näherer Maßgabe des § 1 TarifvertagsVo. in die bestehenden Einzelarbeitsverträge mit unabdingbarer Wirkung ein. Der Tarifvertrag setzt mithin stets ein bestehendes Einzelarbeitsverhältnis voraus. Darüber aber, ob ein solches abgeschlossen werden soll oder ob und unter welchen Voraussetzungen ein bestehendes Arbeitsverhältnis gelöst werden kann, sagt der Tarifvertrag, auch in der Gestalt eines Zwangstarifvertrags, nichts; aus ihm ist, wie die Revision mit Recht bemerkt, ein Kontrahierungszwang nicht abzuleiten, weder in bezug auf die Eingehung eines Arbeitsverhältnisses, noch in bezug auf die Lösung eines solchen bestehenden Verhältnisses. Aus dem Bestehen eines Tarifvertrags kann mithin keine Beeinträchtigung des Arbeitgebers in der Eingehung oder der Lösung des Einzelarbeitsvertrags abgeleitet werden. Einer sonst rechtmäßigen Kündigung des Arbeitgebers gegenüber läßt sich daher nicht schon aus dem Bestehen eines Tarifvertrags ein Bedenken ableiten. Sonst könnte umgekehrt gegebenenfalls auch der Arbeitgeber die Kündigung eines — tarifgebundenen — Arbeitnehmers als nichtig ansprechen wollen, wenn der letztere das Verhältnis lösen will, um sich anderwärts ein besseres Fortkommen zu verschaffen.

Nach alledem beruht das angefochtene Urteil insofern auf Rechtsirrtum, als der Berufungsrichter die Kündigung des Beklagten schon allein deswegen für nichtig erachtet hat, weil der Beklagte sich der Pflicht zur Entrichtung des höheren Tariflohnes entziehen wollte. Das Berufungsurteil unterliegt mithin der Aufhebung. Die Sache ist an das Berufungsgericht zurückzuverweisen, das nunmehr erneut darüber zu verhandeln und zu befinden haben wird, ob der festzustellende Sachverhalt ausreichende Anhaltspunkte dafür bietet, daß der Beklagte die Vereinigungsfreiheit des Beklagten antasten wollte. Dafür könnte namentlich in Betracht kommen, ob der Beklagte planmäßißg, etwa im Zusammenwirken mit anderen Arbeitgebern oder auf Weisung seiner Organisation die Kündigung ausgesprochen hat. Daß der Beklagte nicht einer Weisung seiner Organisation Folge geleistet habe, hat der Berufungsrichter bisher nur zugunsten des Beklagten unterstellt; bei der erneuten Verhandlung wird er positive Feststellungen darüber zu treffen haben, ob die entsprechende tatsächliche Behauptung des Klägers für wahr oder für nicht wahr zu erachten ist. Auch den zweiten Klaggrund eines Verstoßes gegen die guten Sitten, § 138 BGB., wird der Berufungsrichter nötigenfalls zu erörtern haben.

RAG. 6, 275.

1. Ein Arbeitgeber, der dem Arbeitnehmer unberechtigterweise einen untertariflichen Lohn zahlt, verletzt damit nur seine vertraglichen Verpflichtungen, nicht außerhalb dieser liegende Rechtsgrundsätze.

2. Tritt ein Arbeitnehmer während eines auf Grund niedrigeren Lohnes eingegangenen Arbeitsverhältnisses einer Arbeitnehmervereinigung bei, für die ein höherer Tariflohn gilt, und unterläßt er es schuldhaft, seinem Arbeitgeber von diesem Beitritt alsbald oder binnen angemessener Frist Mitteilung zu machen, so kann er sich dem berechtigten Vorwurf der Arglist aussetzen, wenn er nachträglich den höheren Tariflohn fordert.

TarifvertrVo. § 1. BGB. §§ 123, 611 flg.

Reichsarbeitsgericht. Urt. v. 2. Juli 1930.

I. Arbeitsgericht Stralsund. — II. Landesarbeitsgericht Stettin.

Der seit November 1928 bei dem Beklagten als landwirtschaftlicher Freiarbeiter beschäftigte Kläger gehörte bis zum 1. Januar 1929 keiner Organisation an. Er wurde bis dahin nach den Sätzen des zwischen der Arbeitgeber- und der Arbeitnehmergruppe des Pommerschen Landbunds bestehenden Tarifvertrags (kurz: Landbundtarif) entlohnt. Am 1. Januar 1929 trat der Kläger dem Pommerschen Landarbeiterverband bei, machte dem Beklagten, der Mitglied des Pommerschen Landbundes ist, davon aber erst kurz vor der gleichzeitig mit der Anfang August 1929 erfolgten Erhebung der vorliegenden Klage Mitteilung und verlangte nunmehr Entlohnung nach den höheren Sätzen des durch einen am 8. Mai 1929 für verbindlich erklärten Schiedsspruch vom 13. April 1929 zustande gekommenen und rückwirkend ab 11. November 1928 geltenden Tarifvertrags für die Landarbeiterschaft des Kreises Franzburg (kurz: Landarbeitertarif). Da der Beklagte die Entlohnung nach diesen Sätzen verweigert, begehrt der Kläger Verurteilung des Beklagten zur Zahlung des Unterschieds zwischen den Sätzen der beiden Tarifverträge für die Zeit vom 1. Januar bis 31. Juli 1929 in der unbestrittenen Höhe von 49,14 RM nebst 6 % Zinsen seit dem Tage der Klagezustellung. Der Beklagte hat Klageabweisung beantragt.

Beide Vorinstanzen haben der Klage stattgegeben.

Die Revision der Beklagten führte zur Aufhebung des Berufungsurteils und zur Zurückverweisung der Sache an das Berufungsgericht.

Gründe:

Das Berufungsgericht geht davon aus, daß eine Tarifkonkurrenz zwischen Landbund- und Landarbeitertarif im Sinne des § 2 Abs. 2 TarifvertrVo. nicht vorliege. Es läßt ferner dahingestellt, ob die Arbeitnehmergruppe des Pommerschen Landbundes, wie der Beklagte im zweiten Rechtszug unter Hinweis auf ein Urteil des Landesarbeitsgerichts Frankfurt a. O. vom 2. Dezember 1929 vorgetragen hatte, tariffähig sei. Wohl aber steht es in Übereinstimmung mit dem ersten Richter auf dem Standpunkt, daß nach § 1 TarifvertrVo. durch den Beitritt des Klägers zum Landarbeiterverband der Landarbeitertarif ohne weiteres auf sein Arbeitsverhältnis bei dem Beklagten anwendbar geworden sei. Auch ein Verzicht des Klägers auf den verdienten Lohn sei nicht anzunehmen, weil die zwischen Landbund und Landarbeiterverband strittig gewesene Frage über die Rechtswirksamkeit des Landarbeitertarifs erst durch das Urteil des Reichsarbeitsgerichts vom 21. September 1929 zugunsten des Landarbeiterverbands entschieden worden sei und aus dem Umstand, daß der Kläger es bei der bis dahin nicht völlig geklärten Rechtslage zunächst unterlassen habe, den höheren Lohn zu fordern, auf einen Verzichtswillen nicht geschlossen werden könne. . . .

Das Reichsarbeitsgericht hat sich mit der Frage, ob ein Arbeitnehmer, der während bestehenden Arbeitsvertrags einer die Belange seines Berufs vertretenden wirtschaftlichen Vereinigung beitritt, vom Zeitpunkt dieses Beitritts an Anspruch auf die Lohnsätze des für Mitglieder der Vereinigung geltenden Tarifvertrags hat, schon wiederholt befaßt (vgl. Urt. vom 8. Dezember 1928 RAG. 210/28 in Bd. 3 S. 27, vom gleichen Tage RAG. 256/28 und vom 22. Juni 1929 RAG. 14/29). In den genannten Entscheidungen ist ausgesprochen, es sei allerdings zu mißbilligen, daß ein Arbeitnehmer, der erst im Laufe eines auf Grund niedrigeren Lohns eingegangenen Arbeitsverhältnisses einer wirtschaftlichen Vereinigung beitritt, für die ein höherer Tariflohn gilt, dem Arbeitgeber nicht alsbald Mitteilung von dem Beitritt mache, sondern erst später, für den Arbeitgeber überraschend, an diesen mit der Forderung auf den höheren Lohn herantrete; da jedoch § 1 TarifvertrVo. dem Arbeitnehmer ein gesetzliches unabdingbares Recht gewähre, der ihm nach dem Tarifvertrag zustehenden Lohn zu verlangen, so handle derjenige, welcher lediglich von einem gesetzlich gewährleisteten Recht Gebrauch mache, weder arglistig noch verstoße er gegen Treu und Glauben. An dieser Stellungnahme kann jedoch auf Grund erneuter Prüfung nicht in vollem Umfang festgehalten werden.

Die Rechtsbeziehungen der Parteien sind lediglich auf den Arbeitsvertrag gegründet. In ihm sind die Bestimmungen des Landarbeitertarifs betreffs der Höhe des dem Kläger zu zahlenden Lohns gemäß § 1 TarifvertragsVo. mit dem Zeitpunkt des Beitritts des Klägers zu dem Landarbeiterverband übergegangen. Sie sind dadurch vertragliche Abmachungen geworden, so daß der Kläger an sich einen Anspruch hätte, nach den Sätzen dieses Tarifs entlohnt zu werden. Ebenso aber, wie der Arbeitgeber, wenn er dem Arbeitnehmer unberechtigterweise einen untertariflichen Lohn zahlt, damit nur seine vertraglichen Verpflichtungen, nicht außerhalb der vertraglichen Rechtsbeziehungen liegende Rechtsgrundsätze verletzt (RAG. 523/28, Urt. vom 13. April 1929), kann trotz der unmittelbaren und unabdingbaren Wirkung der tariflichen Arbeitsbedingungen auch bei dem Arbeitnehmer eine Verletzung vertraglicher Verpflichtungen in Frage kommen. In der Rechtsprechung des Reichsgerichts (vgl. u. a. RGZ. Bd. 62 S. 149, Bd. 69 S. 15, Bd. 77 S. 314 und Bd. 111 S. 234) wird eine Verletzung vertraglicher Verpflichtungen insbesondere dann als vorliegend angenommen, wenn eine Pflicht zur Mitteilung eines für die Entschließungen des Vertragsgegners erheblichen Umstands besteht. Eine solche Offenbarungspflicht liegt indessen einem Vertragsteil nicht allgemin, sondern nur dann ob, wenn Treu und Glauben mit Rücksicht auf die Verkehrssitte es erfordern. Handelt er dieser Pflicht zuwider, schweigt er, wo er reden mußte und der andere Vertragsteil ein Erklärung erwarten durfte, so kann das bloße Schweigen sich als arglistige Täuschung im Sinne des § 123 BGB. darstellen, es sei denn, daß der Vertragsgegner von dem für seine Entschließungen erheblichen Umstand auf andere Weise Kenntnis erhalten hat. Ob solche Voraussetzungen gegeben sind, muß auf Grund der zwischen den Vertragsparteien bestehenden Rechtsbeziehungen nach den Verhältnissen des einzelnen Falls beurteilt werden und ist im wesentlichen Tatfrage.

Die vorstehenden, für das bürgerlichrechtliche Vertragsrecht anerkannten Grundsätze auch auf einen Arbeitsvertrag anzuwenden, bestehen um so weniger Bedenken, als der Arbeits- oder Dienstvertrag gemäß §§ 611 flg. BGB. dem bürgerlichen Recht zuzurechnen ist. Die zwingende öffentlichrechtliche Vorschrift des § 1 TarifvertrVo. steht insoweit nicht entgegen. Hieraus folgt, daß ein Arbeitnehmer, der es schuldhaft unterläßt, seinem Arbeitgeber alsbald oder mindestens binnen angemessener Frist von einer so wesentlichen Änderung Mitteilung zu machen, wie sie nach § 1 a. a. O. der Beitritt zu einer wirtschaftlichen (tarifgebundenen) Vereinigung mit sich bringt, sich dem berechtigten Vorwurf der Arglist aussetzen kann. Da nun das Berufungsgericht zwar die Einrede des Verzichts, nicht aber die dem Vorbringen des Beklagten wenigstens dem Zusammenhang nach ebenfalls zu entnehmende Einrede der Arglist geprüft hat, eine Prüfung in dieser Richtung jedoch nach dem Gesagten notwendig ist und weitere tasächliche Feststellungen erfordert, kann das angefochtene Urteil aus diesem Grunde nicht aufrecht erhalten werden. Vielmehr erscheint seine Aufhebung und die Zurückverweisung der Sache an den Vorderrichter zur Nachholung des Fehlenden geboten.

RAG. 6, 279.

1. Tritt ein Arbeitnehmer während eines auf Grund niedrigeren Lohns eingegangenen Arbeitsverhältnisses einer Arbeitnehmervereinigung bei, für die ein höherer Tariflohn gilt, und macht er von diesem Beitritt seinem Arbeitgeber alsbald oder binnen angemessener Frist Mitteilung, so kann er vom Zeitpunkt des Beitritts ab den höheren Tariflohn beanspruchen.

2. Eine Tarifkonkurrenz im Sinne des § 2 Abs. 2 TarifvertrVo. liegt nur vor, wenn mehrere allgemeinverbindliche Tarifverträge zusammentreffen.

TarifvertrVo. §§ 1 und 2. BGB. §§ 242 und 611 flg.

Reichsarbeitsgericht. Urt. v. 2. Juli 1930.

I. Arbeitsgericht Greifswald. — II. Landesarbeitsgericht Stettin.

Der seit November 1928 bei der Beklagten als landwirtschaftlicher Freiarbeiter beschäftigte Kläger gehörte bis zum 1. April 1929 keiner Organisation an. Er wurde bis dahin nach den Sätzen des zwischen der Arbeitgeber- und der Arbeitnehmer-Gruppe des Pommerschen Landbundes bestehenden Tarifvertrags (kurz Landbundtarif) entlohnt. Am 1. April 1929 trat der Kläger dem Pommerschen Landarbeiterverband bei und verlangte daraufhin von der Beklagten, die Mitglied des Pommerschen Landbundes ist, Entlohnung nach den höheren Sätzen des durch einen am 23. März 1929 für verbindlich erklärten Schiedsspruch vom 26. Februar 1929 zustande gekommenen und rückwirkend ab 11. November 1928 geltenden Tarifvertrags für die Landarbeiterschaft des Kreises Greifswald (kurz: Landarbeitertarif). Da die Beklagte die

Entlohnung nach diesen Sätzen verweigerte, auch die Rechtswirksamkeit des Landarbeitertarifs leugnete, beantragte der Kläger mit der Ende Juni 1929 erhobenen Klage Verurteilung der Beklagten zur Zahlung des Unterschieds zwischen den Sätzen der beiden Tarifverträge für die Zeit vom 6. bis 30. April 1929 in der unbestrittenen Höhe von 8,21 RM, indem er sich auf die Unabdingbarkeit des Landarbeitertarifs stützte und ferner geltend machte, daß zwischen ihm und der Beklagten mangels Tariffähigkeit der Arbeitnehmergruppe des Pommerschen Landbundes bis zum 1. April 1929 überhaupt keine tarifmäßige Gebundenheit bestanden habe.

Während das Arbeitsgericht der Klage stattgab, hatte der Kläger vor dem Landesarbeitsgericht auf die Berufung der Beklagten keinen Erfolg. Im Laufe des Rechtsstreits wurde eine Klage der Arbeitgebergruppe des Pommerschen Landbundes, Kreisgruppe 5, gegen den Deutschen Landarbeiterverband, Gaustelle Stettin, mit welcher die damalige Klägerin Feststellung der Nichtigkeit des Landarbeitertarifs begehrt hatte, rechtskräftig abgewiesen (Urteil des Reichsarbeitsgerichts vom 21. September 1929 Bd. 4 S. 176).

Die Revision des Klägers führte zur Aufhebung des Berufungsurteils und zur Zurückweisung der Berufung der Beklagten.

Gründe:

Die Parteien streiten im wesentlichen darüber, ob durch den Beitritt des Klägers zum Landarbeiterverband während bestehenden Arbeitsvertrags der Landarbeitertarif ohne weiteres auf sein Arbeitsverhältnis bei der Beklagten Anwendung findet oder ob es dazu einer vorherigen Kündigung des Arbeitsvertrags und einer neuen Vereinbarung zwischen Arbeitgeber und Arbeitnehmer bedarf. Im Gegensatz zu dem ersten Richter, welcher die Auffassung vertritt, daß der Landarbeitertarif auf Grund des § 1 TarifvertrVo. mit rückwirkender Kraft ab 11. November 1928 oder doch seit dem Eintritt des Klägers in den Landarbeiterverband selbst gegen den Willen des Arbeitgebers und des Arbeitnehmers ungeachtet bisher zwischen ihnen bestehender Abmachungen in Wirksamkeit gesetzt sei, steht das Berufungsgericht auf dem Standpunkt, daß durch den beim Abschluß des Einzelvertrags zwischen Kläger und Beklagten mindestens stillschweigend vorhanden gewesenen beiderseitigen Willen, die Sätze des Landbundtarifs gelten zu lassen, die vertragliche Gebundenheit der Parteien festgelegt worden sei. Einem solchen Vertrag könne nicht plötzlich einseitig von einer Partei dadurch ein anderer Inhalt gegeben werden, daß sie Mitglied einer Organisation werde, für die ein anderer Tarifvertrag gelte. Eine derartige Rechtsfolge würde dem Begriff des Vertrags widersprechen. Hätte der Kläger die Vorteile des Tarifs des Deutschen Landarbeiterverbandes genießen wollen, so hätte er seine Stelle rechtzeitig kündigen und über eine Weiterbeschäftigung auf Grund dieses Tarifs mit der Beklagten neue Vereinbarungen treffen müssen. Da er das nicht getan habe, könne er nichts mehr beanspruchen.

Die Revision bekämpft diese Ausführungen, indem sie dem Berufungsgericht Verletzung des § 1 TarifvertrVo., der §§ 157, 242 BGB. und des Landarbeitertarifs vorwirft. Sie ist begründet.

Das Reichsarbeitsgericht hat sich mit der Frage, ob ein Arbeitnehmer, der während bestehenden Arbeitsvertrags einer die Belange seines Berufs vertretenden wirtschaftlichen Vereinigung beitritt, vom Zeitpunkt dieses Beitritts ab Anspruch auf die Lohnsätze des für Mitglieder der Vereinigung geltenden Tarifvertrags hat, schon wiederholt befaßt (vgl. Urteil vom 8. Dezember 1928 RAG. 210/28 in Bd. 3 S. 27, vom gleichen Tage RAG. 256/28 und vom 22. Juni 1929 RAG. 14/29). In den genannten Entscheidungen ist ausgesprochen, es sei allerdings zu mißbilligen, daß ein Arbeitnehmer, der erst im Laufe eines auf Grund niedrigeren Lohns eingegangenen Arbeitsverhältnisses einer wirtschaftlichen Vereinigung beitritt, für die ein höherer Tariflohn gilt, dem Arbeitgeber nicht alsbald Mitteilung von dem Beitritt mache, sondern erst später, für den Arbeitgeber überraschend, an diesen mit der Forderung auf den höheren Lohn herantrete; da jedoch § 1 TarifvertrVo. dem Arbeitnehmer ein gesetzliches unabdingbares Recht gewähre, den ihm nach dem Tarifvertrag zustehenden Lohn zu verlangen, so handle derjenige, welcher lediglich von einem gesetzlich gewährleisteten Recht Gebrauch mache, weder arglistig noch verstoße er gegen Treu und Glauben. Von dieser grundsätzlichen Stellungnahme abzugehen bietet der vorliegende Fall keinen Anlaß, da der Kläger nach dem festgestellten Sachverhalt von der Beklagten als seinem Arbeitgeber unmittelbar oder wenigstens binnen angemessener Frist nach seinem Beitritt zum Landarbeiterverband Entlohnung auf Grund der Sätze des für Mitglieder dieses Verbandes maßgeblichen Tarifvertrags verlangt hat. Er hat damit alles getan, wozu er als Dienstverpflichteter gegenüber dem Dienstberechtigten im Sinne der §§ 611 flg. BGB., aber auch nach Treu und Glauben mit Rücksicht auf die Verkehrssitte gemäß § 242 BGB. verpflichtet war. Kündigte die Beklagte auf diese Mitteilung hin nicht ihrerseits dem Kläger, sondern beschäftigte sie ihn weiter, so hat sie die Folgen ihres Verhaltens zu tragen und es muß daher — entgegen der Auffassung des Berufungsgerichts — bejaht werden, daß der

Landarbeitertarif auf das Arbeitsverhältnis des Klägers bei der Beklagten vom 1. April 1929 ab an sich anwendbar ist. Es fragt sich aber weiter, ob die Anwendbarkeit etwa deshalb ausgeschlossen ist, weil, wie das angefochtene Urteil ausführt, der Arbeitsvertrag des Klägers, wenn auch nicht ausdrücklich, so doch stillschweigend unter Bezugnahme auf den Landbundtarif abgeschlossen ist und dieser für die größte Zahl von Arbeitsverträgen in dem Betrieb der Beklagten Bestimmungen enthält. Abgesehen davon, daß der festgestellte Sachverhalt für eine Annahme der letzteren Art überhaupt keinen Anhalt bietet, ist die Frage des Vorliegens einer Tarifkonkurrenz im Sinne des § 2 Abs. 2 Tarifvertr.-Vo. schon deshalb zu verneinen, weil es sich nicht um „mehrere allgemeinverbindliche Tarifverträge" handelt (vgl. Urteil vom 19. Dezember 1928 RAG., Bd. 3 S. 111); vielmehr ist der Landarbeitertarif nur für verbindlich erklärt und bezüglich des Landbundtarifs ist eine allgemeine Verbindlichkeit nicht einmal behauptet. Da endlich dem erhobenen Anspruch auch sonstige rechtliche Bedenken nicht entgegenstehen, insbesondere nach der das Reichsarbeitsgericht bindenden tatsächlichen Feststellung des Berufungsgerichts die Beklagte nicht eingewendet hat, daß der Kläger auf die höheren Sätze des Landarbeitertarifs wirksam verzichtet habe, und im übrigen die Klageforderung der Höhe nach nicht bestritten, also die Sache zur Entscheidung reif ist, erscheint gemäß §§ 564 Abs. 1, 565 Abs. 3 ZPO. die Aufhebung des die Klage abweisenden Berufungsurteils und die Wiederherstellung des der Klage stattgebenden erstinstanzlichen Urteils geboten.

RAG. 6, 288.

Kann ein Arbeitnehmer, der Mitglied einer Berufsvereinigung ist, Ansprüche aus einem von dieser Vereinigung abgeschlossenen, während bestehenden Arbeitsverhältnisses in Kraft getretenen Tarifvertrag geltend machen, wenn er seine Zugehörigkeit zu der Vereinigung dem Arbeitgeber trotz Nachfrage verschwiegen hat?

TarifvertrVo. v. 23. Dezember 1918 § 1. BGB. § 242.

Reichsarbeitsgericht. Urt .v. 22. Oktober 1930.

I. Arbeitsgericht Köln. — II. Landesarbeitsgericht daselbst.

Der Kläger war vom 9. Mai 1928 bis zum 6. August 1929 als Weber bei der Beklagten beschäftigt. Er war Mitglied des Zentralverbandes christlicher Fabrik- und Transportarbeiter. Bei seinem Eintritt bei der Beklagten trat er dem in ihrem Betrieb bestehenden Werkverein bei und erkannte durch Unterschrift die von diesem mit der Beklagten getroffene Lohnvereinbarung an. Am 19. Juli 1928 erging in einem Schlichtungsverfahren zwischen dem Zentralverband und dem Arbeitgeberverband, dem die Beklagte angehörte, ein demnächst von beiden Seiten angenommener Schiedsspruch, dessen Sätze zum Teil über denen des Werktarifs lagen und der auch im Gegensatz zum Werktarif einen Urlaubsanspruch vorsah. Die Beklagte forderte noch im Juli 1928 diejenigen ihrer Arbeiter, die Mitglieder des Zentralverbandes seien, zur Meldung zwecks Lohnverrechnung auf. Der Kläger meldete sich nicht, nahm auch weiter den ihm nach den Werktarifsätzen ausgezahlten Lohn vorbehaltlos an und verlangte auch bis zu seinem Dienstaustritt keinen Urlaub, obgleich er nach dem Zentralverbandstarif seit dem 9. Mai 1929, d. h. nach einjähriger Beschäftigungszeit, Anspruch auf drei Tage Erholungsurlaub unter Fortzahlung des Lohns hatte. Alsbald nach seinem Austritt erhob er Klage auf Auszahlung seines ihm vorenthaltenen letzten Wochenlohns, sowie auf Lohn für drei Tage Urlaub. Streitig ist jetzt nur noch der Anspruch auf Urlaubsvergütung. Das Landesarbeitsgericht hat ihm diesen zugesprochen. Die Revision der Beklagten hatte Erfolg.

Gründe:

Das Berufungsgericht hat angenommen, daß für den Kläger der günstigere Zentralverbandstarif gelte, daß er seine Ansprüche daraus nicht durch Unterlassung einer Meldung auf die Aufforderung vom Juli 1928 verwirkt habe, daß auch ein Verzicht auf den Urlaub nicht darin zu finden sei, daß der Kläger den Anspruch darauf erst am 6. August 1929 geltend gemacht habe. Die Annahme, daß die Mitgliedschaft des Klägers beim Werkverein kein Hindernis für die Wirksamkeit des günstigeren Zentralverbandstarifs bildete, ist rechtlich unbedenklich, auch von der Revision nicht bemängelt. Dagegen kann dem Berufungsgericht nicht beigetreten werden, wenn es meint, das Verhalten des Klägers verstoße nicht gegen Treu und Glauben, denn wer nur von einem ihm gesetzlich gewährleisteten unverzichtbaren Recht Gebrauch mache, handle niemals arglistig. Das Reichsarbeitsgericht hat schon in seinem RAG. Bd. 6 S. 275 der amtlichen Sammlung abgedruckten Urteil vom 2. Juli 1930 — RAG. 28/1930 — ausgesprochen, daß ein Arbeitnehmer nach den Umständen des Falls sich allerdings dem berechtigten Vorwurf der Arglist aussetzen kann, wenn er während bestehenden Arbeitsverhältnisses einer Arbeitnehmervereinigung beitritt, für deren Mitglieder ein günstigerer Tarifvertrag besteht, und es schuldhaft unterläßt, dem Arbeitgeber alsbald oder doch in angemessener Frist Mitteilung davon zu machen. Entsprechendes hat für einen Fall wie den hier vorliegenden zu gelten, wo während bestehenden Arbeitsverhältnisses für den Arbeitnehmer kraft seiner schon bestehenden, aber dem Arbeitgeber unbekannten Mitgliedschaft zu einer Berufsvereinigung ein Tarifvertrag in Wirksamkeit tritt, durch den die Verpflichtungen des Arbeitgebers erweitert werden. Darin, daß der Kläger beim Dienstantritt seine Mitgliedschaft beim Zentralverband geflissentlich verschwiegen und sich dem in scharfem Gegensatz zu diesem stehenden Werkverein angeschlossen, auch auf die ausdrückliche Aufforderung vom Juli 1928 sich absichtlich nicht gemeldet und etwa ein Jahr lang den ihm nach den Werkvereinstarif gezahlten Lohn weiter vorbehaltlos angenommen hat, kann ein arglistiges Verhalten gefunden werden. Die Folge würde sein, daß der Kläger nicht nachträglich Ansprüche aus dem Zentralverbandstarif geltend machen könnte. Dazu würde der streitige Urlaubsanspruch gehören. Er wäre nach diesem Tarif am 9. Mai 1929 erworben gewesen; daß der Urlaub nicht alsbald an diesem Tage verlangt werden mußte, die nach dem Tarif den Arbeitnehmern freigestellte Äußerung von Wünschen in bezug auf die Urlaubszeit auch noch später möglich war, verschlägt nichts. Entscheidend ist, daß es sich bei der Urlaubsgewährung um die Erfüllung eines in der zurückliegenden Zeit erworbenen Anspruchs handelt, ebenso wie bei der Nachzahlung des Unterschieds zwischen dem tatsächlich gezahlten und dem tariflich geschuldeten Lohn.

Ob nach den Umständen des Falls die Einrede der Arglist gerechtfertigt ist, hat das Berufungsgericht noch nicht geprüft. Es handelt sich dabei zum wesentlichen Teil um eine Beurteilung der tatsächlichen Verhältnisse, die dem Revisionsgericht nicht möglich ist, sondern dem Berufungsrichter überlassen werden muß.

RAG. 6, 308.

Bedarf es der Zustimmung der Hauptfürsorgestelle, wenn auf Grund der Arbeitsordnung durch Betriebsvereinbarung Kurzarbeit eingeführt wird?

BRG. § 78 Ziff. 2 SchwBeschG. § 7 Abs. 2.

Reichsarbeitsgericht. Urt. v. 1. November 1930.

I. Arbeitsgericht Guben. — II. Landesarbeitsgericht Frankfurt a. O.

Der Kläger, ein Schwerbeschädigter, ist im Betriebe der Beklagten seit längerer Zeit tätig. Für den Zeitraum vom 3. bis 23. Dezember führte die Beklagte wegen der damaligen Geschäftslage Kurzarbeit ein. Von dieser Regelung wurde auch die Abteilung betroffen, in welcher der Kläger tätig war. Er hat infolgedessen 18 Stunden weniger als die Normalarbeitszeit gearbeitet. Der Kläger verlangte den Lohnausfall, weil er als Schwerbeschädigter durch derartige Änderungen im Betriebe nicht berührt werde und keine Einbuße am Verdienst erleiden könne, solange nicht etwa die Hauptfürsorgestelle einer solchen Änderung seiner Beschäftigung auch ihrerseits zugestimmt habe. Die Beklagte hat demgegenüber darauf hingewiesen, daß die Arbeitsordnung die Kürzung der Arbeitszeit vorsehe und behauptet, daß die Verkürzung der Arbeitszeit im Einverständnis mit dem Arbeiterrat ordnungsmäßig bekannt gemacht worden sei. Hiervon sei der Kläger mitbetroffen worden. Das Arbeitsgericht hat die Klage abgewiesen. Auf die Berufung des Klägers ist die Beklagte verurteilt worden. Die für zulässig erklärte Revision führte zur Aufhebung des Urteils und zur Zurückverweisung.

Gründe:

Das Landesarbeitsgericht führt aus, die Schwerbeschädigten seien durch die Bestimmung des Gesetzes aus der Zahl der in einem Betrieb beschäftigten Arbeitnehmer dadurch herausgehoben, daß ihnen gegenüber eine Kündigung und damit eine Entziehung der Arbeitsstelle nur unter erschwerten Bedingungen möglich sei; nach dem Grundgedanken des Gesetzes solle ihnen der einmal erlangte Arbeitsplatz auch mit seinen Lohnbezügen tunlichst erhalten bleiben. Eine Änderung des Arbeitsvertrages des Schwerbeschädigten zu seinem Nachteile sei, sofern er nicht einverstanden sei, nur auf dem Wege einer Kündigung möglich. Das gelte auch bei einer Änderung der Arbeitsbedingungen hinsichtlich des Schwerbeschädigten, und zu dieser Kündigung bedürfe es der Zustimmung der Hauptfürsorgestelle.

Diese Ausführungen bieten zu rechtlichen Bedenken keine Veranlassung und stehen im Einklang mit der ständigen Rechtsprechung des Reichsarbeitsgerichts (RAG. Bd. 2 S. 9, 19. Januar 1929; RAG. 193/28 Bensh. Slg. Bd. 5 S. 21 u. a.). Das Landesarbeitsgericht berücksichtigt aber nicht die Wirkungen, welche die Arbeitsordnung und die behauptete Betriebsvereinbarung gemäß § 78 Ziff. 2 und 3 BRG. für den mit dem Schwerbeschädigten abgeschlossenen Einzelarbeitsvertrag hatte. Wenn das Landesarbeitsgericht darauf hinweist, daß nur im letzten Satz des § 7 Abs. 2 SchwBeschG. Tarifvertrag und Betriebsvereinbarung nebeneinander als gleichwertig aufgezählt seien, und aus der besonderen Bedeutung dieser Bestimmung folgert, daß im übrigen Tarifvertrag, Betriebsvereinbarung und Arbeitsordnung sich in ihren rechtlichen Wirkungen nicht gleich stehen, so ist dieser Ausgangspunkt verfehlt und verkennt die Bedeutung und Wirkung der Arbeitsordnung, als einer von der Gesetzgebung so bezeichneten schriftlichen Betriebsvereinbarung. Die Arbeitsordnung, wie auch die jeweiligen nach § 78 Ziff. 2 BRG. gültig zustande gekommenen Betriebsvereinbarungen, welche keiner schriftlichen Form bedürfen (RAG. Bensh. Slg. Bd. 9 S. 140), haben als Gesamtvereinbarungen normativen Charakter (RAG. Bensh. Slg. Bd. 8 S. 124) und ihre jeweiligen Bestimmungen wirken unmittelbar auf alle Arbeitsverträge, mithin auch auf die mit Schwerbeschädigten abgeschlossenen Arbeitsverträge ein (RAG. Bd. 5 S. 45). Dies gilt infolge der unmittelbaren Normwirkung auch hinsichtlich der jeweils gültigen Arbeitsordnung oder der für den Einzelfall gemäß § 78 Ziff. 2 BRG. getroffenen Betriebsvereinbarung. Es ist rechtsirrig und verstößt gegen die Bedeutung und die Wirkungen der Gesamtvereinbarungen, wenn das Landesarbeitsgericht den Schwerbeschädigten nur derjenigen Arbeitsordnung unterwirft, die zur Zeit seiner Einstellung in Geltung war.

Hat aber die Arbeitsordnung die Einführung der Kurzarbeit zugelassen oder ist durch Vereinbarung der Werkleitung mit der Betriebsvertretung gemäß § 78 Ziff. 2 BRG. eine gültige Betriebsvereinbarung über die Einführung von Kurzarbeit zustande gekommen, so wird davon auch der mit den Schwerbeschädigten geschlossene Arbeitsvertrag unmittelbar berührt, derart, daß der Schwerbeschädigte nur die eingeführte Kurzarbeit zu leisten hat und ihr entsprechend zu entlohnen ist. Es handelt sich also in einem solchen Falle nicht um eine einseitige Änderung eines Einzelarbeitsvertrages und seine Kündigung durch den Arbeitgeber. Die Mitwirkung der Hauptfürsorgestelle kommt daher nicht in Frage. . . .

RAG. 6, 327.

Zum Begriffe der Betriebseinheit.

BRG. § 9.

Reichsarbeitsgericht. Urt. v. 5. November 1930.

I. Arbeitsgericht Hamburg. — II. Landesarbeitsgericht daselbst.

Die Kläger waren als Arbeiter auf der Vulkanwerft in Hamburg, die der „Deschimag“ gehörte, beschäftigt und waren Mitglieder des Betriebs- bzw. Arbeiterrats. Vertragsgemäß konnten sie ohne Einhaltung einer Kündigungsfrist aus dem Arbeitsverhältnis entlassen werden.

Am 31. Dezember 1929 stellte die Deschimag den Werftbetrieb auf der Vulkanwerft ein, nachdem sie am 4. Oktober 1929 dem Gewerbeaufsichtsamt Hamburg Stillegungsanzeige erstattet hatte. Einen Teil der Bauwerke und der Helgen der Vulkanwerft erwarb die Beklagte käuflich von der Deschimag und trat auch in bezug auf einen Teil des Geländes der Vulkanwerft in den Pachtvertrag der Deschimag mit dem Hamburger Staate ein. Der Hamburger Staat gab hierzu seine Zustimmung.

Am 31. Dezember 1929 händigte die Deschimag bei Arbeitsschluß der gesamten, etwa 2500 Mann betragenden Belegschaft, darunter auch den Klägern ihren Restlohn und ihre Entlassungspapiere aus, wobei 450 Arbeitern durch einen Zettel in ihrer Lohntüte mitgeteilt wurde, daß sie sich am 2. Januar 1930 bei der Beklagten zwecks Arbeitsaufnahme einfinden sollten. Die Kläger erhielten keine derartige Aufforderung. Zu ihrer Kündigung war die Zustimmung der Betriebsvertretung weder beantragt noch erteilt worden.

Seit 2. Januar 1930 unterhält die Beklagte auf dem von der Deschimag übernommenen Gelände mit den erworbenen Werken und Helgen einen Werftbetrieb, und zwar neben ihrer bisherigen Werft Tollerort. In diesem Betriebe hat sie durch Neueinstellungen die Belegschaft auf etwa 1000 Arbeiter erhöht.

Die Kläger machen geltend, sie hätten ohne Zustimmung der Betriebsvertretung als Mitglieder der Betriebsvertretung nicht entlassen werden können, da eine Stillegung der Vulkanwerft oder einer ihrer Abteilungen nicht erfolgt sei. Da die Beklagte den Betrieb der Vulkanwerft fortgeführt habe, habe sie auch die Löhne an die Kläger weiterzahlen müssen. Sie fordern deshalb mit der gegenwärtigen Klage insgesamt 364,34 RM.

Die Beklagte lehnt die Ansprüche ab mit folgender Ausführung: Die Deschimag habe die Vulkanwerft am 31. Dezember 1929 stillgelegt, und sie selbst habe auf einem Teile des Geländes am 2. Januar 1930 einen neuen Werftbetrieb eröffnet, mit dem die bisherige Betriebsvertretung an der Vulkanwerft nichts zu tun hätte. Die Kläger seien am 31. Dezember 1929 ordnungsmäßig von der Deschimag entlassen worden. Da für sie kein Einstellungszwang bestehe, seien sie auch in kein Arbeitsverhältnis zu ihr getreten. Endlich hätten die Kläger am 2. Januar 1930 ihre Dienste ihr auch nicht angeboten.

Das Arbeitsgericht Hamburg hat die Klage abgewiesen. Die Berufung der Kläger hiergegen beim Landesarbeitsgericht ist ohne Erfolg geblieben. Auch der Revision wurde der Erfolg versagt.

Gründe:

Die Revision greift das Urteil des Berufungsgerichts um deswillen an, weil es aus der Tatsache, daß der Betrieb der Deschimag in einem gewissen Umfange von der Beklagten fortgesetzt worden ist, nicht die Folgerung gezogen habe, daß auch die bisherige Betriebsvertretung im fortgesetzten Betriebe fortbestehen müsse und daß mithin die bisherigen Betriebsratsmitglieder auch in ein arbeitsrechtliches Verhältnis zu der Beklagten getreten seien, auf das dann der geltend gemachte Lohnanspruch gestützt werde.

Beide Vorinstanzen sind mit Recht davon ausgegangen, daß bei der Fortsetzung eines Teils der Vulkanwerft durch die Beklagte kein privatrechtlicher Gesichtspunkt zutage getreten ist, aus dem etwa die Schuld aus dem Arbeitsvertrag von der Deschimag auf die Beklagte übergegangen wäre, etwa ein Tatbestand nach BGB. § 419 (Vermögensübernahme) oder nach HGB. § 25 (Fortführung eines Handelsgeschäfts unter der bisherigen Firma).

Sonach bleibt als Klagegrund nur die auch von den Vorinstanzen schon erörterte und von der Revision aufgegriffene Erwägung übrig, ob die Kläger um deswillen, weil sie Mitglieder der Betriebsvertretung der Vulkanwerft gewesen sind und der Betrieb der Vulkanwerft in einem gewissen Umfange auf die Beklagte übergegangen ist, von der Beklagten als Betriebsratsmitglieder übernommen werden mußten und daher auch privatrechtliche Lohnansprüche gegen sie geltend machen können. Dabei muß unterstellt werden, daß der Betrieb der Vulkanwerft im weitesten Sinne auf die Beklagte übergegangen ist. Denn die Vorinstanzen haben diese Frage nicht erörtert, obwohl die Parteien darüber widerstreitende Behauptungen aufstellen. Während die Beklagte behauptet, die Vulkanwerft sei ordnungsmäßig stillgelegt und lediglich mit Teilen dieser Werft ein n e u e r Betrieb durch die Beklagte eröffnet worden, führen die Kläger aus, daß der alte Werftbetrieb fortgeführt worden sei, wenn auch mit einer verringerten Belegschaft, und mithin eine Stillegung des Betriebs der Vulkanwerft nicht vorgenommen worden sei. Daß die Lohnansprüche der Kläger nicht zu begründen sind, wenn die Darstellung der Beklagten über die Betriebsstillegung der Vulkanwerft zutrifft, bedarf keiner näheren Begründung: sie ist vom Berufungsgericht bedenkenfrei gegeben worden. Es muß daher von den Behauptungen der Kläger ausgegangen werden, daß der Betrieb der Vulkanwerft in einem bestimmten, verkleinerten Umfange auf die Beklagte übergegangen ist, so daß eine Fortsetzung des Betriebs nicht zu verkennen ist.

Damit erhebt sich die im Schrifttum und in der Rechtsprechung umstrittene Frage, welche Folgerungen aus der Einheit eines Betriebs zu ziehen sind, wie sie sich insbesondere auswirken, wenn ein Personenwechsel, vor allem auf der Seite des Arbeitgebers, eingetreten ist. Es ist nicht zu verkennen, daß sowohl in der Rechtsprechung als auch in der Gesetzgebung die Tendenz zutage tritt, das Arbeitsverhältnis in steigendem Maße an den „Betrieb“ und weniger an die Person des Arbeitgebers zu knüpfen. Ausflüsse dieser Bestrebungen sind im Betriebsrätegesetz deutlich zu erkennen, z. B. § 20 Abs. 2, wo bei der Feststellung der Wählbarkeit zu den Betriebsvertretung die Wartezeit, die hierfür gefordert wird, bemessen werden soll nach der Zugehörigkeit zum „Betriebe“, nicht nach der Arbeit für einen bestimmten Unternehmer, § 87 Abs. 1, wo die Entschädigung, die einem zu Unrecht gekündigten Arbeitnehmer unter Umständen zugebilligt werden soll, ebenfalls nach der Zeit zu bemessen ist, während deren der Arbeitnehmer in dem Betriebe, nicht bei dem nämlichen Arbeitgeber beschäftigt war. Auch in dem Gesetze über die Fristen für die Kündigung von Angestellten vom 9. Juli 1926 wird die Kündigungsfrist berechnet nach der Zeit, in der der Angestellte bei dem Arbeitgeber und seinen Rechtsvorgängern beschäftigt gewesen ist, wobei auch hier die Rechtsnachfolge im weitesten Sinne genommen und überall da bejaht wird, wo von einem einheitlichen Betrieb die Rede sein kann. Voraussetzung für die Vorteile, die dem Arbeitnehmer zufließen, wenn von einer Betriebseinheit ausgegangen wird, ist aber in allen diesen Fällen, daß der Arbeitnehmer in dem „fortgesetzten“ Betriebe tatsächlich wieder beschäftigt worden ist. Andernfalls würde ja jeder Grund wegfallen, in dem fortgesetzten Betriebe dem Arbeitnehmer noch die Zeit zuzurechnen, wenn er während dieser Zeit nicht in diesem fortgesetzten Betriebe beschäftigt war. Das wird ausdrücklich gefordert in dem Urteile des Reichsarbeitsgerichts vom 26. Oktober 1927 RAG. 1/27, wo es sich um die Kündigungsfrist nach dem Reichsgesetze vom 9. Juli 1926 handelt. Es ist also hervorzuheben, daß die Folgerungen, die aus der Betriebseinheit und Betriebsfortdauer zugunsten des Arbeitnehmers auf öffentlichrechtlichem und privatrechtlichem Gebiete gezogen werden, davon abhängen, daß der Arbeitnehmer auf Grund seines Arbeitsverhältnisses dem fortgesetzten Betriebe angehört. Dabei soll es gleichgültig sein, ob der Arbeitnehmer in den alten Arbeitsvertrag eingetreten ist oder ob er mit dem neuen Inhaber des alten Betriebs einen neuen Vertrag abschließt. Man wird auch zugestehen können, daß in der Annahme eines stillschweigenden Vertragsschlusses des Arbeitnehmers mit dem Nachfolger im Betriebe auf Arbeitgeberseite eine weitgehende Auslegung Platz greifen kann. Aber immer bleibt die Voraussetzung, daß das arbeitsrechtliche Verhältnis zwischen dem

Arbeitnehmer und dem neuen Arbeitgeber fortgedauert hat. Derselbe Grundsatz muß auch in der vorliegenden Frage angewandt werden: nur wenn die Mitglieder der Betriebsvertretungen von dem neuen Betriebsinhaber als Arbeitnehmer übernommen werden, wird man die Fortdauer der Betriebsvertretung auch im fortgesetzten Betriebe annehmen können. Mit Recht hat das Berufungsgericht schon darauf hingewiesen, wie das Amt eines Betriebsratsmitgliedes auf dem Arbeitsverhältnisse beruht und nicht umgekehrt. Das gilt sowohl für den Anfang (BRG. § 20), als auch für das Ende (BRG. § 39). Ginge man von der gegenteiligen Ansicht der Revision aus, die aus der Fortdauer des Amtes eines Betriebsratsmitgliedes auf die Fortdauer des Arbeitsverhältnisses schließt, so müßte man aus dem Betriebsrätegesetze folgern — und zwar nur aus seiner allgemeinen Tendenz, denn eine ausdrückliche Bestimmung, die diesen Gedanken ausspricht, findet sich nirgends — daß hier das dem öffentlichen Rechte angehörende Betriebsorganisationsrecht einen privatrechtlichen Einstellungszwang für den Arbeitgeber nach sich zöge. Eine so weitgehende Folgerung zu ziehen, lehnt das Reichsarbeitsgericht in Übereinstimmung mit den Vorinstanzen ab. Es tritt damit auch nicht in Widerspruch mit dem Urteil vom 3. Juli 1929 RAG. 51/29, denn dort ist lediglich der Fall behandelt, in dem es sich nicht um die Fortsetzung eines alten, sondern um die Eröffnung eines neuen Betriebs handelt. Aus seinen Ausführungen sind zwingende Schlüsse auf den vorliegenden Fall nicht zu entnehmen.

Im vorliegenden Falle sind nun die Kläger von der Beklagten nicht mit übernommen worden. Die Beklagte hat nur mit ganz bestimmten Arbeitnehmern des alten Betriebs neue Verträge abgeschlossen. Damit entfällt die Annahme eines Arbeitsverhältnisses zwischen den Parteien. Ein Lohnanspruch der Kläger besteht nicht.

Wie schon die Vorinstanzen bemerkt haben, ist hier nicht zu erörtern, inwieweit die Kündigung der Kläger durch die Deschimag zu Recht erfolgt ist. Denn selbst wenn sie rechtsunwirksam sein sollte, weil, wie die Revision ausführt, der § 96 BRG. verletzt worden sei. würde diese Feststellung nur das Vertragsverhältnis zwischen den Klägern und dem Deschimag betreffen und auf die Beklagte ohne alle Rückwirkung sein.

RAG. 7, 1.

Inwieweit hat die Arbeitnehmerschaft die Gefahr betrieblichen Verhaltens einzelner Arbeitnehmer zu tragen?

BGB. §§ 323, 615, 242.

Reichsarbeitsgericht. Urt. v. 24. September 1930.

I. Arbeitsgericht Herzberg (Elster). — II. Landesarbeitsgericht Halle a. S.

Die Arbeiterschaft der Beklagten, darunter der Kläger, hat zwei Tage feiern müssen, weil die Antriebsmaschine durch Fahrlässigkeit des Maschinenführers beschädigt war. Der Kläger fordert für die beiden Tage Lohn in der unstreitigen Höhe von 14,11 RM. Während das Arbeitsgericht die Klage abgewiesen hatte, hat das Landesarbeitsgericht die Beklagte antragsgemäß verurteilt. Mit der für zulässig erklärten Revision erstrebt die Beklagte Wiederherstellung des ersten Urteils, der Kläger bittet um Zurückweisung der Revision.

Gründe:

Das Landesarbeitsgericht geht davon aus, daß weder im Tarifvertrag noch in der Arbeitsordnung noch in einer einzelvertraglichen Abmachung eine Bestimmung getroffen ist, aus der sich die Entscheidung des vorliegenden Falles entnehmen ließe. Insoweit hat die Revision nichts bemängelt, und rechtliche Bedenken sind auch nicht ersichtlich. Es fragt sich daher, ob sich eine Haftung der Beklagten für den Verdienstausfall des Klägers und seiner Mitarbeiter aus den allgemeinen Rechtsgrundsätzen über die Tragung der Betriebsgefahr ergibt. Solche Rechtsgrundsätze hat das Reichsarbeitsgericht in seinem Urteil vom 20. Juni 1928 (RAG. Bd. 2 S. 74) festgelegt; an ihnen ist festzuhalten. Danach hat einerseits der Arbeitgeber, anderseits die Gesamtheit der Arbeitnehmer — abgesehen von Verschulden, das hier weder auf seiten der Beklagten noch auf seiten des Klägers oder der mit ihm damals beschäftigungslos gewordenen anderen Arbeiter vorliegt — für alles das einzustehen, was in den Kreis der von der einen oder der anderen Seite zu vertretenden Gefahr fällt, und es ist in letzter Linie unter Berücksichtigung der besonderen Umstände des einzelnen Falles zu entscheiden, ob nach Treu und Glauben eine bestimmte Gefahr von dem einen der beiden Teile, und von welchem, oder ob sie von beiden Teilen gemeinsam zu tragen ist. Aus der Verbundenheit der Arbeitnehmer untereinander ergibt sich, daß die Gefahr solcher Ereignisse, die auf dem Verhalten der Arbeitnehmerschaft beruhen, von den Arbeitnehmern getragen werden muß, auch soweit diese an ihnen nicht beteiligt sind. Diese Rechtsgedanken hat das Landesarbeitsgericht ausdrücklich zum Ausgangspunkt seiner Entscheidung gemacht. Es hat sie auch richtig auf den vorliegenden Fall angewendet. Es meint, nicht jedes Verschulden eines einzelnen Arbeiters reiche aus, um den Schaden des dadurch verursachten Arbeitsausfalls der gesamten Arbeiterschaft aufzubürden. Das sei nur zulässig bei einem irgendwie organisierten Verhalten der Arbeitnehmerschaft oder eines Teiles von ihr, d. h. wenn ein Zusammenwirken mit der Belegschaft oder einem Teil von ihr vorliege, so daß in dem Verhalten des schuldigen Arbeiters ein gemeinsamer Wille in Erscheinung trete. Das sei hier nicht der Fall, wo der Schaden durch eine rein persönliche Nachlässigkeit des Maschinisten verursacht worden sei, an dessen Einstellung und Überwachung die Arbeitnehmerschaft in keiner Weise beteiligt gewesen sei, wo auch nicht der Bestand des Betriebs beeinträchtigt, sondern nur die Betriebsführung betroffen worden sei, und zwar durch einen Umstand, der von der Beklagten zwar im besonderen Fall nicht hätte vermieden, aber doch, weil häufiger vorkommend, von vornherein in Rechnung hätte gestellt werden können und müssen.

Dem ist beizutreten. Es ist nicht richtig und auch nicht, wie die Revision meint, im Urteil vom 20. Juni 1928 ausgesprochen, daß die Bedeutung des Kollektivgedankens in Fällen wie dem vorliegenden dahin gehe, daß sämtliche Arbeitnehmer des Betriebes zu einer Gemeinschaft derart verbunden seien, daß die einzelnen schlechthin für einander einzustehen hätten. Von einer Verbundenheit der Arbeitnehmer eines Betriebs untereinander in dem Sinne, wie sie vom Arbeitsgericht angenommen worden war und auch von der Revision vertreten wird, daß alle Arbeiter eines Betriebes die Gefahr jeglichen betrieblichen Tuns und Unterlassens eines jeden einzelnen von ihnen oder auch nur jeden schuldhaften Verhaltens eines einzelnen zu tragen hätten, kann nicht die Rede sein. Das Urteil vom 20. Juni 1928 bürdet den Arbeitnehmern lediglich die Gefahr solcher Ereignisse auf, die von der Arbeitnehmerschaft als einem organischen Ganzen herbeigeführt sind oder von einem Teil der Arbeitnehmerschaft, wenn dieser Teil dabei in einem organischen Zusammenhang mit der Arbeitnehmerschaft beteiligt ist. Diese Voraussetzung liegt nicht vor, wenn wie hier ein Maschinist ein Versehen bei der Bedienung seiner Maschine begeht. Wie es Vertragspflicht des Unternehmers ist, die für die Tätigkeit der Belegschaft erforderlichen Maschinen in brauchbarem Zustand und sachgemäßem Gang zur Verfügung zu stellen und dazu namentlich auch für ordnungsmäßige Bedienung der Antriebsmaschine zu sorgen, so trifft auch die Gefahr sowohl der ordnungsmäßigen Beschaffenheit dieser Maschine als auch ihrer richtigen Bedienung in erster Linie den Arbeitgeber, mindestens für Fälle, wo, wie hier, das Versagen von Maschine oder Bedienung nicht den Bestand des Betriebs vernichtet oder den Betrieb für längere Zeit lahmgelegt, sondern nur eine kurze Betriebsstörung zur Folge hat, wie sie in jedem Betrieb einmal vorkommt und, wenn auch nicht vom Arbeitgeber vermieden oder durch Bereitstellung von Hilfsmaschinen unschädlich gemacht, so doch bis zu einem gewissen Grade in Rechnung gestellt werden kann.

Das Landesarbeitsgericht hat den Fall auch unter dem Gesichtspunkt des § 242 BGB. geprüft. Es handelt sich hierbei im wesentlichen um eine tatrichterliche Abwägung der besonderen Verhältnisse des einzelnen Falles. Daß der Berufungsrichter dabei rechtlich geirrt, daß er namentlich etwa nicht alle in Betracht kommenden Umstände, z. B. nicht oder nicht ausreichend die Höhe des von der Beklagten behaupteten Gesamtschadens, berücksichtigt hätte, ist nicht ersichtlich.

Danach war wie geschehen zu entscheiden.

RAG. 7, 25.

Kann das Arbeitsgericht neben dem Erlöschen der Mitgliedschaft zum Betriebsrat die zeitliche oder dauernde Unfähigkeit zur Bekleidung des Betriebsratsamts aussprechen?

BRG. § 39.

Reichsarbeitsgericht. Beschl. v. 15. Oktober 1930.

I. Arbeitsgericht Rosenheim.

Gründe:

Der Antragsgegner ist als Arbeiter bei der Antragstellerin tätig und seit dem 1. April 1927 Vorsitzender des Betriebsrats. Wegen verschiedener Vorgänge aus früherer und jüngerer Zeit, in denen sie eine gröbliche Verletzung der ihm in dieser Amtseigenschaft obliegenden gesetzlichen Pflichten erblickt, hat die Antragstellerin bei dem Arbeitsgericht beantragt, das Erlöschen der Mitgliedschaft des Antragsgegners zum Betriebsrat zu beschließen und gleichzeitig seine Wiederwahl wenigstens auf die Dauer von zwei Jahren auszuschalten.

Das Arbeitsgericht hat nach Beweisaufnahme durch Beschluß vom 21. März 1930 das Erlöschen der Mitgliedschaft des Antragsgegners zum Betriebsrat der Antragstellerin ausgesprochen, im übrigen aber den Antrag abgewiesen. Es erachtet auf Grund des Ergebnisses der Beweisaufnahme die Voraussetzungen der §§ 66, 78, 45 flg., 26 flg. und 39

BRG. für das Erlöschen der Mitgliedschaft des Antragsgegners als gegeben, lehnt jedoch den weitergehenden Antrag auf Aberkennung der Fähigkeit zur Bekleidung des Betriebsratsamts ab, weil dieser Antrag im Betriebsrätegesetz keine Stütze finde und die Heranziehung von Sonderbestimmungen eines anderen Gesetzes sich nicht begründen lasse.

Der gegen diese Ablehnung gerichteten, gemäß § 87 Abs. 1 ArbGG. frist- und formgerecht bei dem nach § 85 Abs. 1 a. a. O. zur Entscheidung zuständigen Reichsarbeitsgerichts eingelegten Rechtsbeschwerde muß ein Erfolg versagt bleiben.

Die Rechtsbeschwerde gibt zu, daß der angefochtene Beschluß und dessen Begründung dem Wortlaut des § 39 BRG. entsprächen, sie macht indessen geltend, daß sie der Bedeutung und dem Inhalt der Bestimmung nicht gerecht würden; denn so, wie der Beschluß laute, stehe er auf dem Papier und habe keine praktische Bedeutung, da der Antragsgegner bereits am 27. März mit Wirkung vom 1. April 1930 zum Betriebsrat wiedergewählt sei und somit bei sofortiger Rechtskraft des angefochtenen Beschlusses nur 11 Tage dem Betriebsrat nicht angehören, bei erst nach dem 1. April eintretender Rechtskraft aber überhaupt nicht aus der Betriebsvertretung ausscheiden würde. Um den vom Gesetz gewollten Zweck zu erreichen, sei daher mindestens die Feststellung notwendig, daß der Antragsgegner bis zur Rechtskraft des Beschlusses nicht habe wiedergewählt werden können, und ferner, daß er unfähig sei, für die Dauer eines Jahres dem Betriebsrat der Antragstellerin anzugehören.

Dem kann nicht beigetreten werden. Soweit die Rechtsbeschwerde sich auf eine neue Tatsache, nämlich die angeblich mit Wirkung vom 1. April 1930 erfolgte Wiederwahl des Antragsgegners stützt, kann sie damit in dem gegenwärtigen Verfahren, das sich nach § 86 Abs. 1 ArbGG. auf die rechtliche Nachprüfung des von dem Vorderrichter festgestellten Sachverhalts zu beschränken hat, nicht gehört werden. Aber selbst die Richtigkeit dieser Tatsache unterstellt, würde dadurch zugunsten der Beschwerdeführerin nichts gewonnen sein; denn so beachtenswert ihre Ausführungen für den Gesetzgeber im Sinne einer künftigen Änderung der einschlägigen Bestimmungen sein mögen, finden sie doch — wie der Vorderrichter mit Recht betont — in dem Betriebsrätegesetz jetzt geltender Fassung keine Stütze (vgl. Flatow, BRG. 12. Aufl. zu § 18 Anm. 6; Kieschke-Syrup BRG. 6. Aufl. zu § 39 Anm. 11; und Mansfeld BRG. 2. Aufl. zu § 41 Erl. 3). Auch die Entstehungsgeschichte gibt keinen Anhalt für eine so weitgehende Auslegung. Ebensowenig kann die Beschwerdeführerin sich für ihre Auffassung mit Erfolg auf die Stellungnahme verschiedener Behörden und Gerichte berufen, insbesondere nicht auf den Bescheid des Reichsarbeitsministers vom 16. Juni 1921 (RArbBl. 1921 I S. 926 Nr. 462) oder auf den Beschluß des Landesarbeitsgerichts Frankfurt a. O. vom 13. Juni 1929 (2 A. T. 15/29), da sowohl der Bescheid wie der Beschluß nur die Frage der Wiederwahl abgesetzter Betriebsratsmitglieder innerhalb einer Wahlperiode betreffen und es in den Gründen des fraglichen Beschlusses sogar ausdrücklich heißt, daß „nach wohl als herrschend zu bezeichnender Meinung der Abgesetzte nach Ablauf der Wahlperiode wiedergewählt werden kann". Das ist auch richtig, der Arbeitnehmerschaft steht es an sich frei, einem solchen Betriebsratsmitglied erneut die Wahrnehmung ihrer Belange anzuvertrauen. Endlich spricht für den Standpunkt des angefochtenen Beschlusses auch der Umstand, daß andere Gesetze (z. B. §§ 31, 33 flg., 128 flg., 358 StGB., § 1781 Nr. 4 BGB. und § 5 Abs. 2 Gesetz über Entsendung von Betriebsratsmitgliedern in den Aufsichtsrat) ausdrückliche Vorschriften über die zeitliche oder dauernde Unfähigkeit zur Bekleidung eines (öffentlichen) Amts, also über die Beschränkung oder den Ausschluß der Wiederwählbarkeit zu diesem Amt enthalten, während das Betriebsrätegesetz, trotzdem es erst aus neuerer oder etwa derselben Zeit stammt, eine solche oder ähnliche Bestimmung nicht aufweist. Eine es im Sinne der Rechtsbeschwerde ergänzende Auslegung würde demnach über die dem Richter durch § 133 BGB. gesteckten Auslegungsgrenzen hinausgehen; denn bei der Auslegung eines Gesetzes kann der Richter zwar jedes ihm zur Aufklärung des Gesetzeswillens erforderlich oder dienlich erscheinende Mittel anwenden, er muß aber vor allem prüfen, ob das, was als ermittelt angenommen werden soll, im Gesetz selbst einen geeigneten Ausdruck gefunden hat, der den entsprechenden Willen des Gesetzgebers erkennen läßt (RGZ. Bd. 81 S. 282), und das ist hier zu verneinen.

RAG. 7, 31.

1. Zur Anwendung des § 140 BGB.

2. Nach welchen Grundsätzen ist die Wirkung einer Betriebsstilllegung auf ein bestehendes Lehrlingsverhältnis zu beurteilen?

BGB. §§ 140, 323 flg., 242.

Reichsarbeitsgericht. Urt. v. 25. Oktober 1930.

I. Arbeitsgericht Torgau. — II. Landesarbeitsgericht Halle a. S.

Zwischen den Parteien war unter Beitritt des Vaters des Klägers am 2. März 1927 ein schriftlicher Lehrvertrag geschlossen worden, durch den sich die Klägerin verpflichtet hatte, den Beklagten in ihr Werk „Motorenwerke", Abteilung Modelltischlerei, als Modelltischlerlehrling aufzunehmen, ihn in den bei ihrem Betriebe vorkommenden Arbeiten seines Faches den Zwecken der Ausbildung entsprechend zu unterweisen, ihm Gelegenheit zu geben, sich nach seinen Fähigkeiten zu einem tüchtigen Facharbeiter herauszubilden und ihn zur Arbeitsamkeit und zu guten Sitten anzuhalten. Die Lehrzeit war auf die Zeit vom 1. April 1927 bis 31. März 1931 festgesetzt. Im § 6 des Lehrvertrages war bestimmt, daß das Lehrverhältnis außer in den im § 24 des Lehrvertrages angeführten — hier nicht in Betracht kommenden — Fällen vorzeitig gelöst werden könne, wenn ein gesetzlicher Auflösungsgrund nach den §§ 127b und 127e in Verbindung mit den §§ 123, 124 Ziff. 1, 3 bis 5 RGewO. vorliege, ferner dann, wenn die Firma gezwungen sei, den Betrieb ganz oder teilweise stillzulegen, und daß in den Fällen der vorzeitigen Vertragsauflösung der Lehrling aller Ansprüche gegen den Lehrherrn verlustig gehe.

Im Oktober 1929 legte die Beklagte ihren Betrieb nach Einholung der Genehmigung des Regierungspräsidenten wegen Arbeits- und Kapitalmangels still und entließ ihre sämtlichen Arbeiter und Angestellten; gleichzeitig erklärte sie den mit dem Kläger geschlossenen Lehrvertrag zum 1. November 1929 für aufgehoben.

Der Kläger erhob Klage auf Feststellung, daß das im Lehrvertrag zwischen den Parteien eingegangene Arbeitsverhältnis noch fortbestehe und daß die Beklagte im Falle der Nichterfüllung schadensersatzpflichtig sei.

Während das Arbeitsgericht nach Klagantrag erkannte, wies das Landesarbeitsgericht die Klage ab. Die Revision führte zur Zurückverweisung der Sache an das Landesarbeitsgericht.

Gründe:

I. . . . (Die Ausführungen betreffen die Zulässigkeit der Feststellungsklage.)

II. Sachlich hat das Landesarbeitsgericht die im § 6 Abs. 2 des Lehrvertrages enthaltene Vereinbarung der Befugnis zur vorzeitigen Auflösung des Lehrvertrages für den Fall der Stillegung des Betriebes aus zwei Gründen für unwirksam erachtet. Es hat einmal den Standpunkt vertreten, daß § 126b Abs. 2 RGewO. die Entlassungsgründe erschöpfend aufzähle und die Vereinbarung weiterer Entlassungsgründe ausschließe, dann aber die Annahme der Unwirksamkeit der Vereinbarung auch darauf gestützt, daß die für den Betrieb der Beklagten nach § 134a RGewO. obligatorische Arbeitsordnung den im Lehrvertrag vereinbarten besonderen Auflösungsgrund nicht enthalte. Ob die Auffassung des Landesarbeitsgerichts über die Bedeutung des § 126b Abs. 2 RGewO. zutrifft, kann dahingestellt bleiben. Jedenfalls ergibt sich die Nichtigkeit der Vereinbarung aus dem zweiten vom Landesarbeitsgericht angeführten Gesichtspunkt. Nach § 134b Nr. 3 muß die Arbeitsordnung, sofern es nicht bei den gesetzlichen Bestimmungen bewenden soll, über die Gründe, aus welchen die Entlassung und der Austritt aus der Arbeit ohne Aufkündigung erfolgen darf, Bestimmungen enthalten. Nach § 134c Abs. 2 dürfen andere als die in der Arbeitsordnung und den gesetzlichen Bestimmungen vorgesehenen Gründe der Entlassung und des Austritts aus der Arbeit im Arbeitsvertrage nicht vereinbart werden. Daß diese Bestimmungen auch auf die Lehrlinge Anwendung finden, ergibt sich mittelbar aus § 139aa der RGewO., der „im übrigen" auf Arbeiter, wenn sie als Lehrlinge anzusehen sind, die Bestimmungen der §§ 126 bis 128 der RGewO. für anwendbar erklärt. Da der in dem Lehrvertrage des Klägers vorgesehene besondere Auflösungsgrund der Betriebsstillegung unstreitig in der bei der Beklagten geltenden Arbeitsordnung nicht enthalten ist, hat das Landesarbeitsgericht mit Recht die Nichtigkeit der Vereinbarung dieses besonderen Auflösungsgrundes aus § 134 BGB. wegen Verstoßes gegen ein gesetzliches Verbot gefolgert. Es hat aber dann weiter angenommen, daß in jener Abmachung gleichzeitig die Regelung der Betriebsgefahr für den Fall der völligen oder teilweisen Betriebsstillegung liege und daß als solche die Vereinbarung nach § 140 BGB. Rechtsgültigkeit habe. Daß die Parteien diesen Erfolg mit ihrer Vereinbarung hätten herbeiführen wollen, ergebe sich, so hat es hierzu ausgeführt, auch aus ihrer Vereinbarung im Abs. 3 des § 6 des Lehrvertrages, in welchem dem Kläger das Betriebsrisiko auch bei vorübergehenden Betriebsstillegungen, Arbeitseinschränkungen, Betriebsstörungen usw. auferlegt worden sei. Es sei daher offensichtlich der Wille der Parteien gewesen, die Frage der Übernahme der Betriebsgefahr erschöpfend und abschließend zu regeln. Sei aber von den Parteien vereinbart worden, daß im Falle der völligen Betriebsstillegung der Kläger die Betriebsgefahr zu tragen habe, so könne dieser aus der notwendig gewordenen und unverschuldeten Betriebsstillegung Ansprüche gegen die Beklagte nicht herleiten.

Die Revision bekämpft diese Auffassung mit Recht. Die Entscheidung des Landesarbeitsgerichts beruht auf einer unrichtigen Anwendung des § 140 BGB. Dort ist bestimmt, daß, wenn ein nichtiges Rechtsgeschäft den Erfordernissen eines anderen Rechtsgeschäfts entspricht, dieses letztere gilt, wenn anzunehmen ist, daß dessen Geltung bei Kenntnis der Nichtigkeit gewollt sein würde. Voraussetzung der Anwendung des § 140 BGB. ist also, daß ein Rechtsgeschäft infolge Fehlens, sei es eines formellen, sei es eines materiellen Erfordernisses, zwar nicht geeignet ist, die von den Beteiligten beabsichtigten Rechtsfolgen hervorzubringen, daß es aber in der Gesamtheit seiner Willenserklärungen gleichzeitig den Erfordernissen eines anderen Rechtsgeschäfts genügt. Immer muß es sich um den gleichen Komplex der Willenserklärungen handeln, von dem festzustellen ist, daß er zwar nicht den Erfordernissen des beabsichtigten, wohl aber denen eines anderen Rechtsgeschäfts entspricht. Das hat das Landesarbeitsgericht im vorliegenden Falle verkannt. Die Vertragsparteien hatten vereinbart, daß der Lehrvertrag vorzeitig aufgelöst werden könne, wenn der Lehrherr gezwungen sein sollte, den Betrieb ganz oder teilweise stillzulegen, und daß im Falle dieser vorzeitigen Vertragsauflösung der Lehrling aller Ansprüche gegen den Lehrherrn verlustig gehen solle. Diese Vereinbarung war nichtig, nicht etwa, weil sie einem gesetzlichen Erfordernis nicht entsprach, sondern weil ihr Inhalt gegen ein gesetzliches Verbot verstieß. Das Landesarbeitsgericht will trotzdem diese Vereinbarung unter dem Gesichtspunkt einer Regelung der Betriebsgefahr für den Fall der völligen oder teilweisen Betriebsstillegung für gültig erachten. Damit beschränkt es sich aber nicht auf die Prüfung, ob etwa die von den Parteien geschlossene Vereinbarung den Erfordernissen eines anderen Rechtsgeschäfts genügt, sondern gibt der Vereinbarung einen anderen, durch den Wortlaut des § 134c der RGewO. nicht verbotenen Inhalt, indem es die Frage der Vertragsauflösung ganz ausschaltet. Das entspricht nicht dem Wesen der Konversion. § 140 BGB. gestattet nicht, an die Stelle eines nichtigen Geschäfts ein solches anderen Inhalts mit der Begründung zu setzen, daß die Beteiligten bei Kenntnis der Nichtigkeit ein Geschäft dieses anderen Inhalts abgeschlossen haben würden (vgl. SeuffArch. Bd. 80 Nr. 110). Das Landesarbeitsgericht hat daher in unrichtiger Anwendung des § 140 BGB. die im § 6 des Lehrvertrags enthaltene Vereinbarung über den Verlust aller Ansprüche des Klägers bei vorzeitiger Auflösung des Lehrvertrages wegen Betriebsstillegung für rechtswirkam erklärt und die aus diesem Gesichtspunkt erfolgte Abweisung der Klage beruht auf einem Rechtsverstoß. Im übrigen bedeutet aber auch die vom Landesarbeitsgericht in Anwendung des § 140 BGB. angenommene Vereinbarung der Vertragsparteien über die Tragung der Betriebsgefahr für den Fall der völligen oder teilweisen Betriebsstillegung insofern eine Umgehung des in dem § 134 c Abs. 2 RGewO. enthaltenen gesetzlichen Verbots, als die Vereinbarung auch mit dem vom Landesarbeitsgericht angenommenen Inhalt bezweckte, eine, wenn auch nicht rechtliche, so doch tatsächliche Beendigung des Lehrlingsverhältnisses unter Ausschluß jeder Haftung der Beklagten und damit letzten Endes den gleichen Erfolg herbeizuführen, der durch die nach dem Wortlaute des Vertrags geschlossene und infolge Verstoßes gegen § 134 c Abs. 2 RGewO. nichtige Vereinbarung erstrebt worden war. Es würde deshalb auch vom Standpunkt des Landesarbeitsgerichts aus die in Anwendung des § 140 anzunehmende Vereinbarung der Parteien, weil gegen ein gesetzliches Verbot verstoßend, nach § 134 BGB. als nichtig angesehen werden müssen.

Da es hiernach an einer rechtswirksamen Vereinbarung über die Auflösung des Vertragsverhältnisses fehlt, ist die Frage, ob die Beklagte berechtigt war, sich gänzlich von dem Vertrage loszusagen, nach den allgemeinen Grundsätzen zu beurteilen. Das Landesarbeitsgericht hat hierbei ausgeführt, daß die Entscheidung des Rechtsstreits überhaupt nicht auf die Rechtssätze des bürgerlichen Rechts abzustellen sei, sondern auf die Frage, ob unter den gegebenen Verhältnissen die infolge Auftrags- und Kapitalmangels verursachte Betriebsstillegung nach arbeitsrechtlichen Grundsätzen zu Lasten der Beklagten oder zu Lasten des Klägers gehe; denn auch der Lehrling sei als Arbeitnehmer mit dem Betriebe, in den er eintrete, verbunden, und es liege kein Grund vor, die vom Reichsarbeitsgericht in ständiger Rechtsprechung aufgestellten Grundsätze über die Tragung der Betriebsgefahr bei Lehrlingsverträgen nicht zur Anwendung zu bringen. Daß das Lehrlingsverhältnis insoweit den arbeitsrechtlichen Grundsätzen unterliegt, als der Lehrlingsvertrag als Arbeitsvertrag anzusehen ist, hat auch das Reichsarbeitsgericht bereits anerkannt. Es hat hierzu in dem Urteil vom 2. Juli 1930 — RAG. 113/30 — (abgedruckt in Arbeitsrechtspraxis 1930 S. 322) ausgeführt, auch der Lehrlingsvertrag müsse, soweit er als Arbeitsvertrag anzusehen sei, nach den Grundsätzen des Arbeitsrechts beurteilt werden, und der Lehrling könne in der Beziehung, in der er dem Vollarbeiter grundsätzlich gleichstehe, nämlich in der Lohnfrage, nicht schlechter gestellt werden als der Vollarbeiter. Bei der engen Verknüpfung aber der rechtlichen Beziehungen, die sich aus der arbeitsrechtlichen Seite des Lehrvertrages ergeben, mit den rechtlichen Beziehungen, soweit sie sich aus der Natur des Vertrages als Lehrvertrag ergeben, kann es auch nicht als rechtsirrig bezeichnet werden, wenn das Landesarbeitsgericht die für das Arbeitsrecht entwickelten Grundsätze über die Betriebsgefahr auch auf das ganze Vertragsverhältnis für anwendbar erklärt. Daraus folgt, daß für den vorliegenden Rechtsstreit den Vorschriften der §§ 323 flg. BGB. zwar der allgemeine Rechtsgedanke entnommen werden kann, daß die Folgen der Betriebsstillegung den treffen, der dieses Ereignis zu vertreten hat, daß aber die Frage, was in den Kreis der von dem einen oder anderen zu tragenden Gefahr fällt, in letzter Linie aus § 242 BGB. unter dem Gesichtspunkt von Treu und Glauben zu entscheiden ist (vgl. RAG. Bd. 2 S. 74 flg.). Hierbei wird auf die besondere Natur des Vertrags als eines Lehrvertrags, der nicht nur die Elemente des Arbeitsvertrages enthält, Rücksicht zu nehmen sein und es wird insbesondere auch zu prüfen sein ob die Beklagte ihrerseits alles getan hat, was sie tun konnte, um den sich ihr aus dem Lehrvertag ergebenden Verpflichtungen nachzukommen, ob sich nicht aus der besonderen Natur des Vertrages die Verpflichtung für sie ergab, für die Unterbringung des Klägers an einer anderen geeigneten Lehrstelle zu sorgen und inwieweit dies nach den gegebenen tatsächlichen Verhältnissen im Bereiche der zumutbaren Möglichkeit lag. Zur Entscheidung aller dieser Fragen bedarf es aber noch der näheren Erörterung der in Betracht kommenden tatsächlichen Verhältnisse.

Das angefochtene Urteil war hiernach aufzuheben und die Sache zur anderweiten Verhandlung und Entscheidung an das Landesarbeitsgericht zurückzuverweisen. . . .

RAG. 7, 53.

1. Eine längere Jahre hindurch vorbehaltlos erfolgte Lieferung von Deputatkohlen an invalidisierte Bergarbeiter kann einen Anspruch auf weitere Belieferung begründen.

2. Die wohlerworbenen Rechte pensionierter Bergarbeiter werden durch spätere Tarifverträge nicht berührt.

Reichsarbeitsgericht. Urt. v. 12. November 1930.

I. Arbeitsgericht Waldenburg. — II. Landesarbeitsgericht Breslau.

Der Kläger war vom Jahre 1896 ab auf der der Beklagten gehörigen Fuchsgrube als Bergmann tätig und ist im Jahre 1910 invalidisiert worden. Neben seiner Rente wurden ihm Deputatkohlen geliefert. Im Jahre 1927 verweigerte die Beklagte die Weiterlieferung, die Kläger nunmehr mit der Klage für die Jahre 1928 und 1929 mit je 40 Zentnern fordert.

Das Arbeitsgericht hat die Klage abgewiesen, das Landesarbeitsgericht hat ihr stattgegeben. Die Revision blieb ohne Erfolg.

Gründe:

Das Arbeitsgericht hatte die Klage abgewiesen, weil der Anspruch des Klägers weder auf eine tarifliche noch auf eine gewohnheitsrechtliche Grundlage gestützt werden könne. Auch das Landesarbeitsgericht nimmt an, es liege weder eine tarifliche noch auch eine ausdrückliche Bestimmung des Einzelarbeitsvertrages vor, die den Anspruch rechtfertige. Aber mangels einer ausdrücklichen könne er durch eine stillschweigende Vereinbarung begründet sein und eine solche sei getroffen. Dem Kläger seien die Deputatkohlen 17 Jahre lang geliefert worden. Die Beklagte habe nicht bestritten, daß in all dieser Zeit niemals zum Ausdruck gekommen sei, daß es sich nur um eine freiwillige, nicht aber um eine auf einem Rechtsanspruch beruhende Leistung handele. Diese regelmäßig und vorbehaltlose Lieferung schließe den Gedanken der Freiwilligkeit aus. Kläger habe damit rechnen dürfen, daß ihm die Kohle für die ganze Zeit seiner Invalidisierung gewährt sei. Es sei bei der Beklagten so gehandhabt worden, daß der Invalide einen Antrag auf Lieferung der Deputatkohle gestellt und dieser dann geprüft worden sei. Wenn gewisse Voraussetzungen — Familienstand, Bedürftigkeit — gegeben gewesen seien, sei dem Antrage stattgegeben worden. Danach seien die Kohlen geliefert worden oder nicht. Nach dem eigenen Zugeständnis der Beklagten habe nur ein geringer Hundertsatz der Invaliden die Kohlen nicht erhalten. Hieraus folgert das Landesarbeitsgericht das Bestehen einer allgemeinen Übung bei der Beklagten dahingehend, daß den Invaliden Deputatkohlen gewährt worden sind, es sei denn — was aber nur in wenigen Fällen in Frage kam —, daß gewisse Voraussetzungen betreffs Familienstand, Bedürftigkeit usw. nicht zutrafen. Wenn somit eine spezielle Bindung zur Lieferung an den Kläger nicht gegeben wäre, sei sein Anspruch jedenfalls auf Grund der allgemeinen Übung gerechtfertigt. Von einer Schenkung könne keine Rede sein, es handle sich bei den Deputatkohlen um die Gewährung eines Entgelts für die vorausgegangene langjährige Arbeitsleistung. Die Arbeitsordnung aus der Zeit, da der Kläger noch in Arbeit gestanden habe, erkläre die Lieferung der Deputatkohle für widerruflich, wenn ein Arbeitnehmer widersetzlich und unfleißig sei, die Kohle verkaufe, verschenke oder vertausche. Sie beziehe sich aber nur auf die tätige Arbeiterschaft, nicht auf Invaliden. Für letztere enthalte sie überhaupt keine Bestimmungen, sei also für den vorliegenden Fall ohne Bedeutung. Auf die Änderung der Verhältnisse gegenüber der Zeit, da die Kohlengewährung erfolgt sei, könne Beklagte sich nicht berufen, auch nicht darauf, daß damals die Invalidenrente niedriger gewesen sei. Die Änderung befreie nicht ohne weiteres; daß ihr die Lieferung nicht weiter zuzumuten sei, habe Beklagte nicht geltend gemacht. Die Erhöhung der Pension sei unwesentlich, daß die Bedürftigkeit des Klägers damit beseitigt sei, habe Beklagte nicht einmal behauptet.

Die Beklagte macht geltend, eine stillschweigende Vereinbarung binde sie nicht, die Grube sei erst im Jahre 1928 in ihren Besitz übergegangen. Diese letztere Behauptung ist in den Vorinstanzen nicht vorgetragen worden. Sie kann als neue tatsächliche Behauptung in der Revisionsinstanz nicht mehr beachtet werden. Damit entfällt dieser Einwand der Beklagten überhaupt.

Aber auch die Annahme einer stillschweigenden, die Beklagte zur Lieferung der Deputatkohle verpflichtenden Vereinbarung zieht die Revision zu Unrecht in Zweifel. Der Kläger hat seit seiner Invalidisierung im Jahre 1910 bis zum Jahre 1927, also 17 Jahre lang die Deputatkohle erhalten, ohne daß jemals darauf hingewiesen worden ist, daß ihm ein Rechtsanspruch auf sie nicht zustehe oder daß die Lieferung eine rein freiwillige Leistung der Beklagten darstelle. Nun hat das Reichsarbeitsgericht betreffs der in kaufmännischen Betrieben üblichen Gratifikationen ausgesprochen, eine eine Reihe von Jahren hindurch regelmäßig und ohne Vorbehalt oder Hinweis auf die Freiwilligkeit der Zahlung erfolgte Gewährung einer solchen Gratifikation könne einen Rechtsanspruch eines Angestellten auf die weitere Gewährung erzeugen. In einem solchen Verhalten des Geschäftsherrn dürfte der Angestellte die Erklärung seines Willens dahin erblicken, daß ihm, dem Angestellten, die Gratifikation für die ganze Dauer seines Dienstverhältnisses gewährt werden solle. Er dürfe sie zu seinem Gehalt rechnen und seine Lebenshaltung entsprechend einrichten. Selbst ohne einen vorherigen Bezug könne jeder Angestellte bei seinem Eintritt in ein Geschäft einen Anspruch auf die Gratifikation dann erwerben, wenn sie allen Angestellten üblicherweise im Geschäfte gezahlt und für ihn keine Ausnahme gemacht worden sei. Es sei in solchen Fällen eine stillschweigende Vereinbarung eingegangen, die einen Anspruch begründe. Die Übertragung dieser Grundsätze auf einen einem Invaliden gewährten und lange Jahre hindurch vorbehaltlos durchgeführten Deputatkohlenbezug, der als Entgelt für langjährige Dienstleistungen zu gelten hat, begegnet keinen rechtlichen Bedenken. Dem Landesarbeitsgericht ist also in der Annahme einer stillschweigenden Vereinbarung und einer daraus sich ergebenden Verpflichtung der Beklagten zur Weiterlieferung beizutreten. Es hätte sogar die Frage aufgeworfen werden können, ob hier nicht eine ausdrückliche Zusage abgegeben worden ist. Nach den Feststellungen des Landesarbeitsgerichts bestand bei der Beklagten eine allgemeine Übung dahin, daß allen Invaliden, bei denen die Voraussetzungen dazu vorlagen, die Deputatkohlen bewilligt wurden, daß das Vorhandensein dieser Voraussetzungen nur in ganz seltenen Fällen verneint wurde. Es stellte der Invalide vor der erstmaligen Belieferung einen Antrag, wurde ihm stattgegeben, so wurden daraufhin die Kohlen für die Folge ohne weiteres geliefert. In diesen Vorgängen eine ausdrückliche Zusage auf Lieferung der Kohlen für die Zeit der Invalidität zu erblicken, liegt sehr nahe.

Die Revision macht nun endlich noch geltend, durch die Vereinbarung vom 29. August 1927 vor dem Schlichter für den Bezirk Niederschlesien, die zwischen den maßgebenden Tarifvertragsparteien geschlossen worden sei, seien die Ansprüche der Invaliden beseitigt worden. Die Parteien der Einigung hätten auch die Invaliden einbeziehen wollen, die zur Zeit des Abschlusses von Tarifverträgen überhaupt, also vor dem Jahre 1920, invalidisiert worden seien. Es sei dabei auch zum Ausdruck gekommen, daß es den Arbeitgebern besonders darauf angekommen sei, die Rechtsansprüche zu beseitigen, die sich etwa aus der bisherigen Regelung und Übung hätten ergeben haben können.

Wie die Revision sich diese Auswirkung der Vereinbarung vom 29. August 1927 rechtlich erklärt, ist nicht recht ersichtlich. Sie scheint anzunehmen, ein Arbeitnehmer sei den Vereinbarungen von Tarifvertragsparteien für alle Zeit unterstellt. Dann verkennt sie eben die Tragweite derartiger Abkommen. Der Kläger ist im Jahre 1910 invalidisiert worden. Es wurde ihm die Invalidenrente und darüber hinaus von der Beklagten der Bezug von Deputatkohlen für die Dauer seines Lebens zugesprochen, sie sollten für den Rest seines Lebens als seine Pension gewährt werden und sind ihm 17 Jahre lang gewährt worden. Auf diese Bezüge hatte also der Kläger ein wohlbegründetes und wohlerworbenes Recht. Von irgendwelchen tarifvertraglichen Abmachungen, die in die Einzelarbeitsverträge überzugehen bestimmt waren, war damals noch keine Rede, der Rechtsanspruch des Klägers ist aus einem freien, durch Tarifbestimmungen nicht gebundenen Arbeitsvertragsverhältnis heraus begründet worden. Soweit der Kohlenbezug in Frage steht, beruht er auf einer freien ruhegehaltsartigen Vereinbarung zwischen ihm und der Beklagten. Nur durch eine weitere Vereinbarung zwischen dieser und ihm konnte diese Vereinbarung beseitigt oder geändert werden, niemals aber durch ein Übereinkommen der Beklagten mit dritten Vertragsparteien, auch dann nicht, wenn diese Dritten Tarifbeteiligte waren. Es gibt keinen Rechtssatz, der derartige Eingriffe in wohlerworbene Rechte zuläßt. Ein Tarifvertrag kann sich nur dann und nur insoweit auf Einzelarbeitsverträge auswirken, als er auf solche trifft, also nur, insoweit sie zur Zeit seines Abschlusses bestehen. Wer in keinem Arbeitsvertragsverhältnis steht, kann auch von einem Tarifvertrage in seinen Rechten nicht mehr getroffen werden, für ihn sind die Vereinbarungen der Tarifvertragsparteien gegenstandslos. Sie finden eben keinen Boden mehr vor, auf dem sie Platz greifen und sich auswirken könnten. Dies gilt vor allem in Fällen wie dem vorliegenden, da das Arbeitsverhältnis bereits zu einer Zeit beendet worden ist, als ein Abschluß von Tarifverträgen für das Bergbaugewerbe überhaupt noch nicht in Frage kam. Die Ausführungen, die die Revision zu diesem Punkte gemacht hat, sind nicht geeignet, ihrem Standpunkt zum Erfolg zu verhelfen.

RAG. 7, 89.

Ist der Arbeitgeber kraft seines Direktionsrechtes befugt, einem Schwerbeschädigten eine andere Arbeitsstelle anzuweisen?

SchwerbeschG. v. 12. Januar 1923 § 13.

Reichsarbeitsgericht. Urt. v. 26. November 1930.

I. Arbeitsgericht Hamborn. — II. Landesarbeitsgericht Duisburg-Hamborn.

Der Kläger, der einen verkümmerten linken Oberarm hat und als Schwerbeschädigter durch die Fürsorgestelle für Schwerbeschädigte in Hamborn der Beklagten vermittelt worden ist, war seit etwa 4 Jahren bei dieser auf deren Baustellen als Wächter tätig gewesen, zuletzt auf einer Baustelle auf dem Gelände der Aug.-Th.-Hütte in H. Er erhielt einen Stundenlohn von 64 Pfg. Mit der Behauptung, er sei am 27. Januar 1930 ohne Grund fristlos entlassen worden, erhob er am 29. Januar 1930 Klage auf

1. Feststellung des Fortbestehens des Arbeitsverhältnisses bis zur anderweitigen Auflösung,
2. Verurteilung der Beklagten zur Fortzahlung des bisherigen Lohnes.

Die Beklagte bestritt, ihn entlassen zu haben, und behauptet ihrerseits, sie habe dem Kläger nur erklärt, er werde vom 27. Januar 1930 ab nicht mehr als Wächter beschäftigt, da für einen solchen keine Beschäftigung mehr vorhanden sei, sondern bei einer Betonkolonne; dabei sei ihm ausdrücklich bemerkt worden, daß auf seinen körperlichen Zustand weitgehend Rücksicht genommen würde. Der Kläger sei daraufhin nicht mehr zur Arbeit erschienen.

Das Arbeitsgericht wies die Klage ab. Das Landesarbeitsgericht dagegen stellte das Fortbestehen des Arbeitsverhältnisses bei der Beklagten fest und verurteilte diese zur Zahlung rückständigen Lohnes in Höhe von 491,52 RM. Die nur gegen die Verurteilung zur Zahlung gerichtete Revison führt insoweit zur Aufhebung und Zurückverweisung.

Gründe:

Da die Revision der Beklagten sich nur gegen ihre Verurteilung zur Zahlung von 491,52 RM, nicht aber gegen die durch das angefochtene Urteil getroffene Feststellung des Fortbestehens des Arbeitsverhältnisses richtet, ist für die Revisionsinstanz davon auszugehen, daß das Arbeitsverhältnis des Klägers bei der Beklagten auch über den 27. Januar 1930 hinaus fortbesteht. Unstreitig hat der Kläger nach dem 27. Januar 1930 keine Arbeit mehr geleistet. Trotzdem kann er nach § 615 BGB. den vereinbarten Lohn beanspruchen, wenn und soweit die Beklagte mit der Annahme der Arbeitsleistung in Verzug gekommen ist. Das Landesarbeitsgericht hat angenommen, daß das jedenfalls bis zum 31. März 1930, dem Tage der letzten mündlichen Verhandlung des Rechtsstreits in der Berufungsinstanz, der Fall gewesen sei, und dementsprechend die Beklagte zur Zahlung des Lohnes bis zu diesem Tage verurteilt. Es hat auf Grund der Beweisaufnahme für festgestellt erachtet, daß der Kläger, bei dem nicht eine Zwangszuweisung gemäß § 7 SchwerbG. vorliege, der vielmehr einen freiwilligen Arbeitsvertrag mit der Beklagten abgeschlossen habe, nach dem Willen der Vertragsparteien mit Rücksicht auf seine körperliche Beschaffenheit lediglich als Wächter habe eingestellt werden sollen und eingestellt worden sei, und angenommen, daß die Beklagte auch kraft ihres Direktionsrechtes nicht befugt gewesen sei, ihn gegen seinen Willen in einer Betonkolonne, wo körperliche Arbeit zu leisten gewesen sei, zu beschäftigen. Die Arbeiten in einer Betonkolonne, so hat es erwogen, seien, auch wenn sie, wie z. B. das Herausziehen von Nägeln, nur leichter Art seien, doch vollkommen anders geartet wie die eines Wächters, und hätten deshalb dem Kläger mit Rücksicht auf den Inhalt des Arbeitsvertrages nach Treu und Glauben nicht zugemutet werden dürfen. Das Landesarbeitsgericht hat aus diesem Grunde den Kläger für berechtigt gehalten, die Beschäftigung in einer Betonkolonne abzulehnen.

Die Revision rügt demgegenüber Verletzung der §§ 611 flg., 133, 242 BGB. Sie macht geltend, nach der Rechtsprechung des Reichsarbeitsgerichts sei jeder Arbeitgeber befugt, einem Arbeiter einen anderen Arbeitsplatz anzuweisen, wenn er dies im Interesse des Betriebes für notwendig und zweckmäßig erachte; er dürfe es nur dann nicht tun, wenn mit der anderweitigen Beschäftigung etwa eine Lohnherabsetzung verbunden sei, oder wenn die Zuteilung des neuen Arbeitsplatzes eine unberechtigte Maßregelung bedeute, oder endlich, sofern es sich um einen Schwerbeschädigten handele, wenn dieser infolge seines körperlichen Zustandes die neue Arbeit nicht zu verrichten vermöge. Alles komme im vorliegenden Falle nicht in Frage. — Allerdings hat das Reichsarbeitsgericht in den Urteilen vom 16. Oktober 1929 (RAG. Bd. 4 S. 212) und 14. Dezember 1929 — RAG. 315/29 — (ArbRspr. 1930 S. 66) ausgesprochen, daß grundsätzlich jeder Arbeitgeber kraft seines Direktionsrechts befugt ist, einem Arbeitnehmer eine andere Arbeitsstelle anzuweisen, wenn er dies im Interesse des Betriebes für erforderlich oder wünschenswert hält, sofern die Zuteilung des neuen Arbeitsplatzes für den Arbeitnehmer nicht eine unberechtigte Maßregelung bedeutet, auch eine Schmälerung des Lohnes nicht im Gefolge hat, und sofern nicht etwa, falls es sich um einen Schwerbeschädigten handelt, dieser die ihm zugedachte neue Arbeit infolge seines körperlichen Zustandes nicht zu verrichten vermag. Dieser allgemeine Grundsatz kann aber durch den Inhalt des Einzelarbeitsvertrages eine Abänderung erfahren und er ist deshalb nur dann anwendbar, wenn sich nicht aus dem Inhalte des im einzelnen Falle in Betracht kommenden Arbeitsvertrages etwas anderes ergibt. Im vorliegenden Falle hat das Landesarbeitsgericht aus den Umständen, unter denen der Kläger nach der Beweisaufnahme eingestellt worden ist, entnommen, daß der Kläger lediglich als Wächter hat angestellt werden sollen. Soweit es sich dabei um die Feststellung des Ergebnisses der Beweisaufnahme handelt, liegt diese auf dem Gebiete tatrichterlicher Erwägungen, deren Nachprüfung dem Revisionsgericht entzogen ist. Soweit das Landesarbeitsgericht aber den Inhalt des Arbeitsvertrages dahin ausgelegt hat, daß er lediglich als Wächter habe beschäftigt werden sollen, ist sein Rechtsverstoß, insbesondere eine Verletzung der gesetzlichen Auslegungsregeln der §§ 133, 157 BGB. nicht ersichtlich. Wenn es weiter daraus gefolgert hat, daß die Beklagte ihm mit Rücksicht auf die vollkommen andere Art der Tätigkeit, die körperliche Arbeit erfordert habe, die Beschäftigung in einer Betonkolonne nicht habe zumuten dürfen, so ist auch darin mit Rücksicht auf den festgestellten besonderen Inhalt des Arbeitsvertrages ein Rechtsverstoß, insbesondere eine Verletzung des § 242 BGB. nicht zu erblicken. Hat hiernach das Landesarbeitsgericht zwar ohne ersichtlichen Rechtsirrtum angenommen, daß die Beschäftigung in einer Betonkolonne mit dem bei Einstellung des Klägers geschlossenen Arbeitsvertrage nicht vereinbar gewesen sei, so hat es aber außer acht gelassen, daß nach dem Inhalte des in dem angefochtenen Urteils als vorgetragen in Bezug genommenen Schriftsatzes vom 25. März 1930 die Beklagte darauf verwiesen hatte, daß sie in dem in dem Vorprozesse der Parteien am 8. November 1928 vor dem Landesarbeitsgericht geschlossenen Vergleiche dem Kläger lediglich eine Beschäftigung auf einer Baustelle ohne spezielle Angabe einer Beschäftigung zugesichert habe. Mit Recht rügt die Revision, daß das Landesarbeitsgericht den Inhalt dieses Vergleiches bei der Entscheidung nicht gewürdigt habe. Wie sich aus den im angefochtenen Urteil in Bezug genommenen Akten des Vorprozesses ergibt, hatte die Beklagte damals geltend gemacht, daß der Kläger sein Arbeitsverhältnis freiwillig aufgegeben und sie inzwischen einen anderen Wächter eingestellt habe. In dem Vergleich vom 8. November 1928 hatte die Beklagte anerkannt, daß das Arbeitsverhältnis des Klägers bei ihr fortbestehe, und erklärt, sie werde ihn nach Beendigung einer damals bestehenden Aussperrung nach Möglichkeit auf einer anderen Baustelle beschäftigen. Der Auffassung der Beklagten, aus dem Vergleiche ergebe sich, daß der Kläger nicht lediglich als Wächter habe beschäftigt werden sollen, steht der Wortlaut des Vergleichs jedenfalls nicht entgegen. In welchem Sinne aber der Vergleich auszulegen und ob etwa durch den Abschluß des Vergleiches eine Abänderung des ursprünglichen Inhalts des Arbeitsvertrages dahin erfolgt ist, daß sich der Kläger unter Umständen gefallen lassen mußte, auch in anderer Weise als in einer Wächterstelle beschäftigt zu werden, kann nicht vom Revisionsgericht entschieden werden, die Auslegung ist vielmehr Aufgabe des Landesarbeitsgerichts als Tatsacheninstanz. Letzteres wird daher unter diesem Gesichtspunkte den Rechtsstreit erneut einer Prüfung zu unterziehen haben.

Das angefochtene Urteil war hiernach insoweit, als die Beklagte zur Zahlung von 491,52 RM verurteilt worden ist, und in der Kostenentscheidung aufzuheben. In diesem Umfange war die Sache zur anderweiten Verhandlung und Entscheidung an das Landesarbeitsgericht zurückzuverweisen.

RAG. 7, 99.

1. „Im Betriebe übliche“ Kündigungsfrist.

2. Ergreift eine tariflich zugelassene einseitige Arbeitsverkürzung durch den Arbeitgeber auch die im Betriebe beschäftigten Schwerbeschädigten?

TarifvertragsVo. § 1. SchwerbG. §§ 13 und 16.

Reichsarbeitsgericht. Urt. v. 8. November 1930.

I. Arbeitsgericht Barmen. — II. Landesarbeitsgericht Elberfeld

Der Kläger ist Schwerkriegsbeschädigter und war bei der Beklagten als Hilfsarbeiter beschäftigt. Im Sommer 1929 schränkte die Beklagte ihren Betrieb ein, indem sie etwa 1000 Arbeiter entließ und nur noch etwa 20 Schwerkriegsbeschädigte und etwa 80 andere Arbeiter behielt. Am 9. Oktober 1929 beantragte sie bei der Hauptfürsorgestelle die Zustimmung zur Entlassung der Schwerkriegsbeschädigten, darunter des Klägers. Mit Schreiben vom 24. Oktober 1929 erteilte die Hauptfürsorgestelle unter Bezugnahme auf § 16 des Schwerkriegsbeschädigtengesetzes die erbetene Zustimmung.

Im November 1929 verkürzte die Beklagte auf Grund des § 18 des Tarifvertrages für die Metallindustrie im Bergischen Industriebezirk, dem der Arbeitsvertag des Klägers unstreitig unterliegt, die Arbeitszeit von 48 auf 40 Stunden in der Woche und zahlte vom 11. November 1929 ab nur den dieser kürzeren Arbeitszeit entsprechenden Lohn aus.

Der Kläger ist der Ansicht, daß Arbeitszeitverkürzung gegen die §§ 13 und 16 des Schwerkriegsbeschädigtengesetzes verstoße und deshalb unwirksam sei; er fordert den Unterschiedsbetrag zwischen den ihm bisher zugeflossenen Lohnbezügen und den durch Verkürzung der Arbeitszeit herabgesetzten Bezügen. Er ist mit seiner Klage in allen Instanzen unterlegen.

Gründe:

Der für das Arbeitsverhältnis maßgebende Tarifvertrag für die Metallindustrie im Bergischen Industriebezirk bestimmt in dem hier in Betracht kommenden § 18: „Der Arbeitgeber ist berechtigt, nach Anhörung der gesetzlichen Betriebsvertretung durch Ankündigung eine Verkürzung der Arbeitszeit vorzunehmen, sofern die wirtschaftlichen Verhältnisse dies verlangen. Die Arbeitskürzung (Streckung) muß mindestens 24 Stunden vorher angekündigt werden. Eine Lohnkürzung kann, sofern mit den Arbeitnehmern keine anderweitigen Vereinbarungen hierüber getroffen werden, erst nach Ablauf der im Betriebe üblichen Kündigungsfrist eintreten."

Wie das Berufungsgericht tatsächlich festgestellt hat und auch von der Revision nicht bemängelt ist, ist die Beklagte zu der Arbeitsverkürzung von 48 auf 40 Stunden durch die wirtschaftlichen Verhältnisse veranlaßt worden und hat die Verkürzung nach Anhörung der gesetzlichen Betriebsvertretung vorgenommen. Weiter stellt das Berufungsgericht fest, daß die Lohnkürzung mindestens 24 Stunden vorher angekündigt worden und nicht vor Ablauf der im Betriebe üblichen

Kündigungsfrist erfolgt ist. Gegen diese Feststellung erhebt die Revision das Bedenken, daß dem Kläger bereits vorher gekündigt gewesen sei, und daß daher von einer Einhaltung der im Betriebe üblichen Kündigungsfrist ihm gegenüber gar nicht die Rede sein könne, zumal die Kündigungsfrist für ihn nach dem Schwerbeschädigtengesetz auch erheblich länger laufe. Damit verkennt die Revision aber den Sinn des Erfordernisses der „im Betriebe üblichen Kündigungsfrist". Mit dieser Frist, die vor Durchführung einer Arbeitsstreckung und der mit ihr verbundenen Lohnkürzung einzuhalten ist, kann im Rahmen eines Tarifvertrages nur die für die Allgemeinheit der Arbeiter übliche Kündigungsfrist gemeint sein, deren Einhaltung das Berufungsgericht feststellt, nicht dagegen die für einzelne Arbeiter aus besonderen Gründen laufende längere Kündigungsfrist. Denn die Maßnahme der Arbeitsstreckung, die der Gesamtheit der Arbeiter dienen soll, indem durch sie die Zahl der sonst notwendigen Entlassungen möglichst herabgesetzt wird, kann ihrem Sinne nach auch nur von den Verhältnissen der gesamten Arbeiterschaft in ihrer Allgemeinheit abhängig gemacht werden. Das Interesse des einzelnen Arbeiters, dessen Verhältnisse besonders liegen mögen, muß insofern hinter dem Gesamtinteresse zurücktreten. Dementsprechend ist denn auch § 18 des Tarifvertrages dahin auszulegen, daß die Lohnkürzung, falls die für die Allgemeinheit der Arbeiter geltende Kündigungsfrist eingehalten ist, für alle Arbeiter, auch für diejenigen mit längerer Kündigungsfrist und auch für solche gilt, denen gegenüber die Kündigungsfrist durch eine vorherige Kündigung bereits in Lauf gesetzt ist.

Der Kläger erhebt weiter grundsätzliche Bedenken dagegen, daß § 18 des Tarifvertrages auch auf Schwerbeschädigte anzuwenden sei, und verweist auf die §§ 13 und 16 SchwerbG. Auch diese Bedenken sind unbegründet. § 13 SchwerbG. bestimmt, daß einem Schwerbeschädigten nur mit Zustimmung der Hauptfürsorgestelle gekündigt werden kann, und setzt zugleich die Mindestkündigungsfrist fest. Es ist nicht zu erkennen, inwiefern diese Bestimmung der Möglichkeit einer tariflichen Vereinbarung über die Zulässigkeit von Lohnkürzungen entgegenstehen soll. § 16 SchwerbG. weist die Hauptfürsorgestelle an, die erbetene Zustimmung zur Kündigung eines Schwerbeschädigten dann zu erteilen, wenn der Betrieb, nicht nur vorübergehend, vollständig eingestellt oder wesentlich eingeschränkt wird, knüpft diese Weisung aber an die weitere Bedingung, daß zwischen dem Tage der Kündigung und dem Tage, bis zu dem der Lohn weitergezahlt wird, mindestens 3 Monate liegen müssen. Auch aus dieser Bestimmung ist nicht zu entnehmen, daß dem Schwerbeschädigten der Lohn unter allen Umständen in der vollen Höhe weiterzuzahlen ist, die zur Zeit der Kündigung gilt. Der Sinn der Bestimmung ist vielmehr nur der, den Schwerbeschädigten auch hinsichtlich der allgemeinen Arbeitsbedingungen ebenso zu stellen wie seine Arbeitskollegen (vgl. Bescheid des Reichsarbeitsministers vom 6. November 1924 Reichsarbeitsblatt 1924 amtl. Teil S. 466; Richter Anm. 6 zu § 16 SchwerbG.; Knaak Bem. 2c bb S. 111; Entscheidung des Schwerbeschädigtenausschusses bei der Reichsarbeitsverwaltung vom 20. März 1925 Reichsarbeitsblatt 1925 amtl. Teil S. 157 Nr. 4). Wenn der Kläger sich auf die zuletzt erwähnte Entscheidung des Schwerbeschädigtenausschusses gerade für seine abweichende Auffassung bezieht, so hat er sie mißverstanden. Die Entscheidung sagt ausdrücklich, daß dem Schwerbeschädigten bei einem Ausscheiden aus dem Betriebe vor Ablauf der Dreimonatsfrist ein Anspruch nur auf denjenigen Lohn gegeben wird, den er bei Arbeitsleistung im Betriebe hätte fordern können, daß er also, sofern der Betrieb nicht völlig eingestellt wird, seinen bisherigen Mitarbeitern auch für die Zeit nach seiner Entlassung gleichgestellt sein soll. „Arbeiten sie verkürzt, so erhält auch er den verkürzten Lohn; wird der Lohn (z. B. durch Übergang zur Vollarbeit oder durch Tarifänderung) erhöht, so erhöht sich auch sein Lohn." Jener Fall trifft hier zu. Die Lohnkürzung, die die Mitarbeiter des Klägers getroffen hat, gilt auch für ihn. — Der weiter vom Schwerbeschädigtenausschuß in Betracht gezogene Fall gänzlicher Betriebseinstellung, in dem der Schwerbeschädigte allerdings den vor der Stillegung erhaltenen Lohn weiterbeziehen soll, liegt, wie das Berufungsgericht einwandfrei festgestellt hat, nicht vor, da der Betrieb vorliegend nur erheblich eingeschränkt, aber nicht völlig stillgelegt worden ist.

Wenn der Kläger weiter meint, es hätte einer Bestimmung im Tarifvertrage bedurft, wenn dieser Vertrag auch auf die Schwerbeschädigten überhaupt angewendet werden soll, so findet dieses Erfordernis im Gesetz keinen Anhalt. Die von der Revision angezogene Entscheidung vom 14. Dezember 1929 RAG. 315/29 betrifft einen völlig anders gelagerten Fall. Es handelt sich dort um die Frage, ob ein Arbeitgeber kraft des ihm zustehenden sogen. „Direktionsrechts" befugt ist, einem Schwerbeschädigten einen anderen Arbeitsplatz zuzuweisen, für den eine andere Entlohnungsart gilt; übrigens hat das Reichsarbeitsgericht in jener Entscheidung die Frage, ob ein Schwerbeschädigter eine etwa dahingehende Tarifvereinbarung angesichts des mit dem § 13 Abs. 1 SchwerbG. verfolgten Zweckes überhaupt gegen sich gelten lassen müsse, ausdrücklich offen gelassen. Aber auch wenn sie zugunsten des

Schwerbeschädigten zu entscheiden wäre, so könnten hieraus Schlüsse für die Frage seiner Beteiligung an einer allgemeinen Lohnkürzung in keiner Richtung gezogen werden.

RAG. 7, 108.

Sind Schlafwagenschaffner der Mitropa Angestellte?

KündSchG. § 1. AngestVersG. § 1.

Reichsarbeitsgericht. Urt. v. 29. November 1929.

I. Arbeitsgericht Berlin. — II. Landesarbeitsgericht daselbst.

Dem seit dem 4. Februar 1918 bei der Beklagten, zuletzt gegen ein Monatsgehalt von 245 RM als Schlafwagenschaffner beschäftigten Kläger ist am 31. Mai 1929 zum 1. Juli 1929 gekündigt worden. Er behauptet, er sei Angestellter im Sinne des Gesetzes vom 9. Juli 1926 über die Fristen für die Kündigung von Angestellten gewesen; die Kündigung habe daher erst Wirkung für den 31. Dezember 1929 haben können. Er hat vor dem Arbeitsgericht Feststellung beantragt, daß das Dienstverhältnis bis zum 31. Dezember 1929 fortbestehe. Das Reichsarbeitsgericht hat der Klage stattgegeben.

Gründe:

Die Entscheidung hängt davon ab, ob der Kläger Angestellter im Sinne des Gesetzes vom 9. Juli 1926 war. Diese Frage deckt sich zufolge § 1 dieses Gesetzes im vorliegenden Falle mit der Frage, ob er nach § 1 des Versicherungsgesetzes für Angestellte versicherungspflichtig war. Zwar hat das Reichsversicherungsamt in der grundsätzlichen Entscheidung vom 31. Oktober 1929 — in der Streitsache über die Versicherungspflicht des Schlafwagenschaffners der Beklagten J. — ausgesprochen, daß dieser der Invalidenversicherung nach § 1226 RVO. und nicht der Versicherungspflicht der Angestellten unterliege. Aber wie schon die Vorinstanzen zutreffend bemerkt haben, bindet diese Entscheidung die arbeitsgerichtlichen Behörden nicht. Diese sind vielmehr berechtigt und verpflichtet, die Zugehörigkeit eines Arbeitnehmers zu der einen oder der anderen Versicherungsanstalt selbständig zu prüfen, wenn diese Zugehörigkeit so wie hier eine Vorfrage für eine bürgerliche Rechtsstreitigkeit bildet.

Das Reichsarbeitsgericht tritt dem Berufungsgericht darin bei, daß die Schlafwagenschaffner der Beklagten weder in die im § 1 Nr. 1 bis 6 AngestVersG., noch in die im sogenannten Berufskatalogs des Reichsarbeitsministers aufgezählten Berufsgruppen unmittelbar einzureihen sind. Auch eine durch die geschichtliche Entwicklung begründete Verkehrsanschauung, die die Schlafwagenschaffner in die Gruppe der Angestellten verwiese, wird vom Kläger selbst nicht behauptet; eine solche Behauptung würde auch in Widerspruch dazu stehen, daß die Schlafwagenschaffner bisher sowohl in bezug auf die Sozialversicherung, als auch auf die Betriebsvertretung als Arbeiter behandelt worden sind. Es kommt also, wie das Berufungsgericht richtig erkannt hat, darauf an, ob die Tätigkeit des Schlafwagenschaffners diejenigen Merkmale aufweist, durch die sich im allgemeinen die Tätigkeit der Angestellten von der der Arbeiter unterscheidet, nämlich darauf, ob diese Tätigkeit so, wie sie sich unter Berücksichtigung der maßgeblichen Dienstvorschriften und ihrer Handhabung tatsächlich gestaltet, überwiegend körperliche Arbeit ist oder nicht.

Die Diensttätigkeit des Schlafwagenschaffners setzt sich aus einer großen Zahl verschieden gearteter Verrichtungen zusammen, die zum Teil zweifellos überwiegend körperliche Betätigung darstellen, zum andern Teil aber als eine Tätigkeit anzusehen sind, wie sie das Kennzeichen der Angestellten ist. Bei derart gemischter Arbeitstätigkeit entscheidet nicht schlechthin der Aufwand von Zeit, der innerhalb einer Arbeitsperiode auf die eine und auf die andere Gruppe von Verrichtuntungen entfällt. Maßgeblich ist vielmehr, von welcher der beiden Tätigkeitsgruppen das Arbeitsverhältnis in seiner Gesamtheit in seiner für den Zweck des Betriebes wesentlichen Erscheinungsform sein besonderes ihn kennzeichnendes Gepräge erhält.

Das Berufungsgericht hat offen gelassen, ob für das Dienstverhältnis des Klägers die „Dienstanweisung“ vom Juli 1918 oder die „Arbeitsordnung“ maßgebend sei. Die Revision unterstellt, wozu sie danach ohne Zweifel befugt ist, den letzteren Fall und gründet ihren Standpunkt, daß der Kläger als Angestellter anzusehen sei, auf die Bestimmungen der Arbeitsordnung, die nach ihrer Ansicht entscheidende Neuerungen gegenüber der Dienstanweisung enthält. Ob die Dienstanweisung oder die Arbeitsordnung zugrunde zu legen ist, braucht nicht entschieden zu werden, weil auch schon bei Anwendung der Dienstanweisung der Kläger als Angestellter angesehen werden muß.

Den Schlafwagenschaffnern liegt während der Fahrt die Fürsorge für den Wagen und seine Einrichtungen und Zubehörteile ob, sowie eine weitgehende persönliche Bedienung der Reisenden. Dem legt aber das Berufungsgericht rechtsirrig ein zu großes Gewicht bei. Es ist hier zu berücksichtigen, daß der Schlafwagenschaffner den Wagen in ordnungsmäßig hergerichtetem Zustande übernimmt und daß es sich während der Fahrt im wesentlichen nur um seine Überwachung und um gelegentliches Zugreifen handelt, das sich tatsächlich meist mit wenigen leichten Handgriffen erledigt, und daß auch die Handreichungen, die der Schaffner zur persönlichen Bedienung der Reisenden zu leisten hat, in Wirklichkeit weder übermäßig viel Zeit beanspruchen, noch sich durchweg als Tätigkeiten darstellen, die mit der Stellung eines Angestellten nicht ohne weiteres verträglich wären. Aus § 39 Nr. 3 der Dienstanweisung ergibt sich nicht, wie das Berufungsgericht meint, daß der Schaffner verpflichtet ist, Gepäckstücke, die wegen ihrer Größe und ihres Gewichtes nicht als Handgepäck im Schlafwagen befördert werden können, sondern als Reisegepäck abgefertigt werden müssen, persönlich zum Gepäckwagen zu tragen. Abgesehen davon, daß der Fall nicht häufig eintritt, wird, wie die Erfahrung lehrt, dabei regelmäßig ein Gepäckträger zugezogen. Anderseits werden vom Berufungsgericht Verrichtungen des Schaffners, wie die Nachprüfung des Wagens und seines Zubehörs bei der Übernahme, die verantwortliche Verwaltung der übernommenen Vorräte, die selbständige Verfügung über nicht im Vorverkauf abgegebene Bettplätze, die dem Schaffner überlassene Verteilung der Reisenden bei schwach besetztem Wagen, die Nachprüfung der Bettkarten und der Freifahrtsausweise, seine mannigfache Schreibarbeit, seine Stellung gegenüber den Reisenden im allgemeinen, namentlich gegenüber solchen, die sich den Ordnungsvorschriften nicht fügen, ihre Beratung in Paß- und Zollangelegenheiten, teils zu Unrecht der Gruppe körperlicher Arbeiten zugewiesen, teils in ihrer Bedeutung für den Gesamtcharakter der Tätigkeit des Schlafwagenschaffners unterschätzt. Die Verwaltung der dem Wagen beigegebenen Bestände an Lebensmitteln, Wäsche usw. ist ihrem Wesen nach die Tätigkeit eines Materialienverwalters im Sinne der Nr. XVII 2 des Berufskatalogs. Die dem Schaffner obliegenden Schreibarbeiten sind nicht wesentlich andere als die von vielen Büroangestellten verrichteten, fordern überdies erhebliche Zeit und Aufmerksamkeit und sind für eine reibungslose Betriebsgestaltung von großer Bedeutung. Auch der Tatsache, daß die Schlafwagenschaffner wenn möglich fremdsprachliche Kenntnisse besitzen sollen und tatsächlich zumeist auch besitzen, wird das Berufungsgericht nicht gerecht, wenn es darauf verweist, daß häufig auch Hotelkellner und Hotelzimmerpersonal fremdsprachenkundig sind, denn bei diesen Berufsgruppen handelt es sich im Verhältnis zu der Gesamtheit ihrer Angehörigen um verschwindende Ausnahmen, während Sprachkenntnisse bei nahezu allen Schlafwagenschaffnern vorhanden sind. Nicht ausreichend gewürdigt hat das Berufungsgericht endlich auch die Vielseitigkeit der gerade dem Schlafwagenschaffner obliegenden Dienstpflichten, die ein großes Maß geistiger Regsamkeit und Betätigung erfordern (vgl. Entsch. des RVA. vom 21. Juni 1924, AN. 1924 S. 205 Nr. 2817), sowie die Tatsache, daß der Schlafwagenschaffner während der Fahrt als Repräsentant der Beklagten den Reisenden gegenüberzutreten berufen ist. Nach alledem erscheint er seinem Wesen nach als Angestellter, dem notgedrungen — weil die Beistellung einer Mehrzahl von Arbeitskräften zu einem Wagen nicht lohnt — auch eine Anzahl körperlicher Tätigkeit übertragen ist, die aber seine Stellung als Angestellter nicht wesentlich beeinträchtigen.

RAG. 7, 166.

Hat der Handlungsagent, der durch die Dienste für einen Geschäftsherrn vollständig oder nahezu vollständig in Anspruch genommen wird, ein Vorrecht im Konkurse des Geschäftsherrn?

HGB. § 84. KO. § 61 Ziff. 1.

Reichsarbeitsgericht. Urt. v. 10. Dezember 1930.

I. Arbeitsgericht Weißwasser, O.-L. — II. Landesarbeitsgericht Görlitz

Der Kläger hatte im Juli 1927 die Reisevertretung für die Gemeinschuldnerin für den Mitteldeutschen Industriebezirk übernommen. Es war u. a. bestimmt worden: Der Kläger sollte während der Vertragsdauer und innerhalb seines Vertretungsbezirks für alle Lieferungen der Vertragsgegnerin prozentuale Vergütung erhalten. Alle Reisespesen und sonstigen Unkosten innerhalb seines Vertreterbezirks sollte der Kläger selbst tragen. Für größere Reisen außerhalb seines Vertreterbezirks, die mit Genehmigung der A.-G. vorgenommen würden, sollten jeweils besondere, von der A.-G. zu leistende Spesenzuschüsse vereinbart werden; über sonstige „große Ausgaben", die dem Kläger in einzelnen Fällen im Interesse der Firma erwachsen und von ihr getragen werden sollten, sollte von Fall zu Fall eine Verständigung stattfinden. Endlich verpflichtete sich der Kläger ausdrücklich, während der Vertragsdauer, soweit die Branche oder die Fabrikate der A.-G. in Betracht kämen, ausschließlich für die A.-G. tätig zu sein und deren Interesse nach jeder Richtung hin wahrzunehmen. Während des Vertrags hat der Kläger die Einkommensteuer selbst bezahlt. Zur Krankenkasse war er freiwillig angemeldet; eigene Geschäftsräume hatte er nicht, ebensowenig Angestellte, er war nicht im Handelsregister eingetragen und führte — außer seinen Aufzeichnungen als Reisender — keine Geschäftsbücher. Außer für die A.-G. war er nur noch für eine Firma K. in B. tätig, und zwar im ausdrücklichen Einverständnis der A.-G.; von K. hatte er durchschnittlich kaum 50 RM monatlich Bruttoverdienst; sein gesamt s Bruttoeinkommen — einschließlich der Einnahmen aus der Tätigkeit für K. betrug monatlich im Durchschnitt 376,47 RM; davon hatte er noch seine Spesen zu bestreiten. Er hat für die A.-G. nicht nur Geschäfte vermittelt, sondern das Werk hat von ihm noch mehrfach verlangt, er solle Geldzahlungen bei säumigen Kunden einziehen.

In dem Konkurse über das Vermögen der Gemeinschuldnerin meldete der Kläger eine Provisionsforderung von 2980,59 RM an, die ihm aus dem letzten Jahre vor der Konkurseröffnung noch zustand, und zwar zu bevorrechtigter Befriedigung. Der Beklagte hat die Forderung anerkannt, das Vorrecht jedoch bestritten.

Der Kläger verlangt Feststellung seines Konkursvorrechts gemäß § 61 Ziff. 1 KO. Der Beklagte ist dem entgegengetreten.

Die Vorinstanzen haben der Klage stattgegeben. Sie haben angenommen, daß der Kläger zu den arbeitnehmerähnlichen Personen zu rechnen sei und haben die Zuständigkeit des Arbeitsgerichts gemäß § 5 ArbGG. bejaht. Sie haben ferner das Konkursvorrecht dem Kläger zugebilligt, da er verpflichtet gewesen sei, seine Dienste hauptsächlich dem Dienstberechtigten zu leisten, und sich in wirtschaftlicher Abhängigkeit von diesem befunden habe.

Die Revision des Beklagten führte zur Aufhebung und Zurückverweisung.

Gründe:

Die Bedenken, welche die Revision gegen die Annahme der Zuständigeit auf Grund des § 5 ArbGG. äußert, sind nicht begründet. Wie das Reichsarbeitsgericht in der Entscheidung vom 10. August 1928 RAG. Bd. 2 S. 141 ausführt, sind Handlungsagenten in Rechtslehre und Rechtsprechung schon öfters zu den arbeitnehmerähnlichen Personen gerechnet worden, insbesondere wenn ihr Geschäftsbetrieb nicht über den des Kleingewerbes hinausgeht. Letzteres hat das Landesarbeitsgericht bedenkenfrei im Hinblick auf Art, Einrichtung und Umfang des Betriebes des Klägers festgestellt. Das Landesarbeitsgericht stellt ferner ohne Rechtsirrtum fest, daß der Kläger zu der Gemeinschuldnerin in einem gewissen Verhältnis wirtschaftlicher und rechtlicher Gebundenheit stand, die seine Stellung der eines Arbeitnehmers ähnlich gestaltete. Der Kläger war fast ausschließlich für sie tätig; durch die Vertretung der Firma K. erzielte er kaum 50 RM monatlich an Provision, also etwa 1/5 seines Verdienstes bei der Gemeinschuldnerin. Das Landesarbeitsgericht stellt ferner fest, daß die Gemeinschuldnerin dem Kläger in ihrem Interesse Weisungen zum Besuche bestimmter Kunden erteilte und daß beide von der Anschauung ausgingen, daß der Kläger diesen Weisungen nachzukommen habe. Ferner hat sich der Kläger der Einziehung von Außenständen bei säumigen Kunden und der Ausräumung von Unstimmigkeiten im Geschäftsverkehr mit einem bestimmten Kunden unterzogen.

Bei dieser festgestellten Sachlage muß die im wesentlichen auf dem Gebiete tatsächlicher Würdigung liegende Annahme, daß der Kläger zu den arbeitnehmerähnlichen Personen i. S. des § 5 ArbGG. zu rechnen ist, rechtlich unbedenklich erscheinen. (Entsch. RAG. vom 23. Februar 1929 353/28, ArbRspr. 1929 S. 194 vom 16. November 1929 408/29, ArbRspr. 1930 S. 53 vom 5. März 1930 484/30 ArbRspr. 1930 S. 225.)

Die Revision rügt in der Sache selbst, daß in Verletzung des § 61 Ziff. 1 KO. dem Kläger als selbständigen Agenten das konkursrechtliche Vorrecht zugebilligt sei. Das Landesarbeitsgericht geht auch davon aus, daß der Kläger nicht Handlungsgehilfe, sondern Agent i. S. des § 84 HGB. sei. Es bejaht gleichwohl, daß der Kläger sich der Gemeinschuldnerin für ihr Erwerbsgeschäft i. S. des § 61 Ziff. 1 KO. zur Leistung von Diensten verdungen habe. Das Landesarbeitsgericht erwägt, daß zum Begriff des Verdingens ein gewisses Aufgeben der Selbständigkeit des Dienstberechtigten gehöre, wobei nicht die Unterwerfung unter die Botmäßigkeit erforderlich sei, sondern es genüge, daß der sich Verdingende seine Dienste ausschließlich oder doch hauptsächlich dem Dienstberechtigten zu leisten sich verpflichte. Hierzu müsse, da die Bestimmung den Schutz des wirtschaftlich Schwachen, in dienender, abhängiger Stellung Befindlichen im Auge habe, noch wirtschaftliche und rechtliche Abhängigkeit des Dienstverpflichteten hinzukommen. Dieses Merkmal findet der Berufungsrichter darin, daß der Kläger so gut wie ausschließlich auf seine Einkünfte aus der Tätigkeit für die Gemeinschuldnerin angewiesen sei, welche kaum zu seinem Lebensunterhalt reichten. Er habe seine Tätigkeit somit aus wirtschaftlichen Gründen nicht ohne weiteres aufgeben können, wenn die Gemeinschuldnerin mit der Zahlung in Verzug geriet und habe auch aus Rücksicht auf seine Stellung nicht sogleich mit der Klage vorgehen können. Er habe sich daher als wirtschaftlich Schwacher in einer Abhängigkeit zur Gemeinschuldnerin befunden. Da auch die rechtliche Abhängigkeit gegeben sei, so sei dem Kläger das Vorrecht zu gewähren.

Es ist der Revision darin beizutreten, daß diese Ausführungen in rechtlicher Beziehung die Stellung des Handlungsagenten und den Begriff des Sichverdingens verkennen. Der Handlungsagent ist nach § 1

Abs. 2 Ziff. 7, § 84 HGB. im Gegensatz zum Handlungsgehilfen selbständiger Kaufmann (RAG. vom 16. November 1929 408/29, ArbRspr. 1930 S. 53). Diese Eigenschaft verliert er nicht, wenn auch sein Betrieb über den des Kleingewerbes nicht hinausgeht. Er leistet zwar im Gewerbe des Geschäftsherrn für diesen Dienste, jedoch nicht auf Grund einer personenrechtlichen Abhängigkeit, sondern auf Grund seines eigenen freien Gewerbebetriebes als selbständiger Kaufmann. Der Begriff des Sichverdingens, welcher die Aufgabe der eigenen Selbständigkeit in größerem oder geringerem Umfange voraussetzt, ist unvereinbar mit der rechtlich selbständigen und in Ausübung des eigenen Gewerbebetriebs erfolgenden Vermittlungs- oder Abschlußtätigkeit des Handlungsagenten. Hierbei erscheint es auch unerheblich, ob der Handlungsagent sich verpflichtet hat, für den Geschäftsherrn tätig zu werden oder ob ihm nur das Recht hierzu zusteht. Denn auch in ersterem Falle übt der Handlungsagent einen eigenen Gewerbebetrieb selbständig aus. In Übereinstimmung hiermit haben auch in neuerer Zeit Rechtslehre und Rechtsprechung die Gewährung des konkursrechtlichen Vorrechts dem Handlungsagenten überwiegend versagt. (Jaeger, Erläuterungsbuch zur KO. Note 14, 15 zu § 61 KO. unter Aufgabe der Ansicht in früheren Auflagen; Staub-Bondi § 1 Anm. 21 zu § 88 HGB., Düringer im Recht 1902 S. 602—603, Düringer-Hachenburg-Höninger 1930 Anm. 18 zu § 88, Schmidt-Rimpler in Ehrenburgs Handbuch Bd. V, 1 S. 167, Albrecht-Tentler, Das Recht des Agenten 1908 S. 181; Kammergericht DJZ. 1903 S. 179; Oberlandesgericht Hamburg DJZ. 1905 S. 968). Das Konkursvorrecht wird bejaht von Wilmowski-Kurlbaum, ErlBuch zur KO. Anm. 4 zu § 61, Goldmann, Erl. zum HGB. § 88 Anm. 3 V; Jacusiel, 2. Aufl. 1904 das Recht des Agenten I S. 82, OLG. Jena Recht 1901 Nr. 987. Mentzel, der das Konkursvorrecht des Agenten sonst ablehnt (Erl. zur KO. 1928 § 61 Anm. 3 S. 321), und Volkmar (ArbRspr. 1929 S. 363) wollen das Vorrecht in dem Fall gewähren, in welchem der Handlungsagent durch die für e i n e n Geschäftsherrn übernommenen Dienste vollständig oder doch nahezu vollständig in Anspruch genommen ist und in welchem dadurch ein Abhängigkeitsverhältnis geschaffen werde. Dieser Ansicht ist nicht beizutreten. Mit ihr wird die Natur des Agentenverhältnisses als einer freien, selbständigen Gewerbetätigkeit verkannt und die Grenzziehung zur Stellung des unselbständigen Handlungsgehilfen verwischt. Die Leistung der Arbeit lediglich für einen Geschäftsherrn bedeutet noch kein Aufgeben der eigenen Selbständigkeit. Die freie Verfügung über seine Zeit und die eigene Einteilung der Arbeit verbleiben trotzdem dem Handlungsagenten. Die wirtschaftliche Gebundenheit, die sich ergeben mag, bedeutet auch noch nicht die Begründung eines arbeitsrechtlichen Abhängigkeitsverhältnisses. Das Landesarbeitsgericht verkennt, daß auch große Agenten mit ansehnlichem Betriebe in wirtschaftlicher Abhängigkeit von den Handlungshäusern, für die sie arbeiten, stehen können (RAG. vom 15. Februar 1930 371/29, ArbRspr. 1930 S. 193). Auch der Umstand, daß der Agent, der nur einen geringen Umsatz erzielt, zu den wirtschaftlich Schwachen gehört, kann die Aufgabe einer eigenen Selbständigkeit nicht begründen. § 61 Ziff. 1 KO. stellt, wie auch RGZ. Bd. 62 S. 231 und RGUrt. vom 21. Dezember 1926 III 632/25 JW. 1927 S. 848 betonen, eine Ausnahme vom allgemeinen Grundsatz der Gleichberechtigung aller Konkursgläubiger dar. Eine ausdehnende Auslegung kann wegen wirtschaftlicher Gesichtspunkte nicht geboten sein. Es ist daher unerheblich, ob der Kläger fast ausschließlich für die Gemeinschuldnerin arbeitete und zu den wirtschaftlich Schwächeren im Vergleich zu ihr gehörte. Entscheidend konnte lediglich sein, ob die „Verdingung" durch Aufgabe der eigenen Selbständigkeit vorlag. Diese Voraussetzung kann den Feststellungen des Landesarbeitsgerichts, sofern in Wahrheit ein Agentenverhältnis vorliegt, nicht entnommen werden. Es ist jedoch in solchen Fällen wie dem vorliegenden, in welchem der Vertreter sich dem Direktionsrecht des Geschäftsherrn in gewissen Beziehungen unterworfen hat, stets zu prüfen, ob tatsächlich ein Agentenverhältnis und nicht vielmehr eine Stellung als Handlungsgehilfe gegeben ist (RAG. Bd. 1 S. 252, Bd. 3 S. 15, Bd. 5 S. 151, ArbRspr. 1929 S. 69, 187, 194). Für letztere Annahme ist die Feststellung einer geringeren Selbständigkeit des Vertreters und vor allem der Ein- und Unterordnung in den Geschäftsbetrieb des Geschäftsherrn erforderlich. Die bisherigen Feststellungen des Landesarbeitsgerichts reichen zu dieser Annahme allerdings nicht aus. Die Weisungen, die die Gemeinschuldnerin erteilt hatte, betrafen augenscheinlich bestimmte Einzelfälle. Gegen die Annahme eines Handlungsgehilfenverhältnisses kann, wenn auch nicht ausschlaggebend, die Abmachung sprechen, daß der Kläger alle Reisespesen und sonstigen Unkosten, abgesehen von größeren Reisen, selbst zu tragen hatte. Andererseits hat der Kläger in der Klageschrift vorgetragen, daß er nach Prüfung durch das Finanzamt zur Gewerbesteuer nicht herangezogen wurde. Alle diese Umstände bedürfen noch der tatsächlichen Aufklärung.

RAG. 7, 172.

1. Findet das Lohnbeschlagnahmegesetz auf die Provisionsforderungen eines Handlungsagenten Anwendung, wenn dieser ausschließlich für einen Geschäftsherrn tätig ist?

2. Abgrenzung der Stellung des Handlungsagenten von der des gegen Provision tätigen Handlungsgehilfen.

HGB. § 84. BGB. § 394. Lohnbeschlagnahmegesetz § 1.

Reichsarbeitsgericht. Urt. v. 10. Dezember 1930.

I. Arbeitsgericht Stendal. — II. Landesarbeitsgericht Magdeburg

Die Klägerin hat wegen einer ihr gegen ihren von ihr getrennt lebenden Ehemann zustehenden, vollstreckbaren Unterhaltungsforderung von 600 RM die Gehalts- und Provisionsforderung ihres Ehemanns gegen den Beklagten pfänden und sich überweisen lassen.

Der Ehemann der Klägerin war durch „Agentur-Vertrag" vom 10. November 1928 von dem Beklagten als Versicherungsagent für den Bezirk von A. gegen Provision angestellt worden. Der Beklagte ist Generalagent verschiedener Versicherungsgesellschaften. Die Klägerin verlangt auf Grund der Pfändung von dem Beklagten Zahlung von 600 RM. Sie beziffert die nach der Wirksamkeit der Pfändung für ihren Ehemann fällig gewordenen Provisionsbeträge auf monatlich mindestens 300 RM.

Der Beklagte macht geltend, daß der Ehemann der Klägerin nach § 7 des Anstellungsvertrags erheblich mehr Vorschüsse erhalten habe, als ihm seitdem Provisionsansprüche erwachsen seien. Da eine Reihe von vermittelten Geschäften nicht zur Durchführung gekommen seien, müßten die Vorschüsse insoweit wieder zurückgezahlt oder verrechnet werden. Einen Verdienst habe er erst dann, wenn die Gutschrift der eingegangenen Abschlüsse seine Vorschüsse übersteige. Dies sei nicht der Fall.

Die Klägerin hält die Aufrechnung für unzulässig, insoweit der Provisionsanspruch unpfändbar sei, da die Stellung ihres Ehemanns bei dem Beklagten kein freies Agentenverhältnis, sondern ein abhängiges Angestelltenverhältnis im arbeitsrechtlichen Sinne gewesen sei. Beide Vorinstanzen haben verurteilt, indem sie die Aufrechnung mit den Vorschüssen in Höhe des den unpfändbaren Teil übersteigenden Betrags der Provisionsforderung für unzulässig erachtet haben. Die zugelassene Revision führte zur Aufhebung und Zurückverweisung.

Gründe:

Das Landesarbeitsgericht geht davon aus, daß nach § 832 ZPO. das Pfandrecht sich auch auf die nach der Pfändung fällig gewordenen Beträge erstrecke und daß der Anspruch des Ehemanns gegen den Beklagten der Klägerin gegenüber gemäß § 4 Ziffer 3 des Lohnbeschlagnahmegesetzes (LBeschlG.) unbeschränkt der Pfändung unterlegen habe. Das Landesarbeitsgericht hält die von dem Beklagten geltend gemachte Aufrechnung für unzulässig, weil der Ehemann der Klägerin nicht selbständiger Agent gewesen sei, sondern sich in einem abhängigen Arbeitsverhältnis zu dem Beklagten befunden habe. Das Landesarbeitsgericht entnimmt § 4 des Vertrags, daß der Ehemann der Klägerin ohne Einwilligung des Beklagten für keine andere Unternehmer tätig sein durfte und daß ihm nicht lediglich die Vermittlung in Versicherungszweigen untersagt war. Diese Bestimmung, so führt das Landesarbeitsgericht aus, bringe zum Ausdruck, in welcher erheblichen Weise seine persönliche und wirtschaftliche Freiheit eingeschränkt gewesen sei. Ferner sei nach § 1 der Ehemann der Klägerin zur Entfaltung der Tätigkeit verpflichtet gewesen. Auf das freie Verdienenwollen habe es der Vertrag nicht abgestellt. Dies ergebe sich auch aus der Gewährung der erheblichen Vorschüsse, deren Hingabe im Interesse des Beklagten erfolgt sei, um hierdurch dem Ehemann der Klägerin die Entfaltung einer Tätigkeit zu ermöglichen. Bei Abschluß eines Vertrags mit einem freien Gewerbetreibenden sei die Hergabe so erheblicher Vorschüsse weder verständlich noch wirtschaftlich gerechtfertigt gewesen. Es sei somit offensichtlich, daß der Ehemann der Klägerin derart angestellt worden sei, daß weder Art noch Umfang seiner Tätigkeit in sein freies Ermessen gestellt worden sei. Das Landesarbeitsgericht erwägt weiter, daß eine Ausnahme von dem Aufrechnungsverbot nicht vorliege; es habe sich nicht um Gehaltsvorschüsse, sondern um eine Art Darlehen gehandelt.

Die Revision stellt zunächst zur Nachprüfung, ob § 832 ZPO. zu Recht angewendet ist. Diese Bestimmung erstreckt die Pfändung von Gehaltsforderungen oder ähnlichen in fortlaufenden Bezügen bestehenden Forderungen auch auf die nach der Pfändung fällig werdenden Beträge. Die Provisionsforderungen entspringen einem einheitlichen, auf Dienstleistung gerichteten Rechtsverhältnis und stellen fortlaufende, sich mehrfach wiederholende Geldgegenleistungen dar, die ähnlich einem Gehalt dem Unterhalt des Dienstverpflichteten mit dienen sollen. Daß die Leistungen sich nicht in regelmäßigen Zeitabständen zu wiederholen brauchen und von einem bestimmten Erfolg abhängig sind, kann einen ausreichenden Gegengrund gegen die Anwendung des § 832 ZPO. nicht bilden, da dieser Umstand nur den Entstehungsgrund, nicht aber die Art der Leistungen als in fortlaufenden Bezügen bestehende Forderungen betrifft.

Die Revision rügt weiter Verletzung der § 84 HGB., § 394 BGB. Es ist der Revision zuzustimmen, daß eine Anwendung des Lohnbeschlagnahmegesetzes und damit des § 394 BGB. ausgeschlossen ist, falls die Stellung des Ehemanns der Klägerin die eines Handlungsagenten i. S. des § 84 HGB. war. Denn beim Handlungsagenten fehlt es an dem Erfordernis eines stetigen Verhältnisses persönlicher und wirtschaftlicher Abhängigkeit (Stein-Jonas nach § 850 II 1 b Note 22, Schmidt-Rimpler, Ehrenbergs Handbuch Bd. V 1 S. 166, Albrecht-Tentler, Das Recht des Agenten 1908 S. 123; Jacusiel, Das Recht des Agenten 3. Aufl. S. 94; Düringer-Hachenburg-Hoeniger 1930 Bd. 1 S. 696 zu § 88 Anm. 18; RGZ. Bd. 63 S. 73, auch KG. in OLG.-Entsch. Bd. 13 S. 209, OLG. Hamburg das. S. 210, OLG. München das. Bd. 19 S. 17). Der abweichenden Ansicht von Staub-Koenige Note 22 zu § 88 HGB. kann nicht beigetreten werden, denn der Agenturvertrag ist zwar ein Dienstvertrag, begründet aber kein Dienstverhältnis i. S. des § 1 LBeschlG. Der Agent tritt seinem Auftraggeber als selbständiger Kaufmann gegenüber (§ 1 Abs. 2 Ziff. 7 HGB.). Es fehlt bei ihm die zum begrifflichen Merkmal eines Dienstverhältnisses gehörende Voraussetzung (RGZ. Bd. 71 S. 335, Bd. 91 S. 160), daß ein gewisses Maß von Abhängigkeit des Dienstverpflichteten zu dem Dienstherrn bestehen muß. Ebensowenig kann der Ansicht von Falkmann, Zwangsvollstrekkung S. 765 zugestimmt werden, der eine Ausnahme dann eintreten läßt, wenn der Agent sich in die ausschließlichen Dienste eines Geschäftsherrn gestellt hat oder zur Befolgung der ihm zugehenden Weisungen verpflichtet ist. Denn indem er seine Dienste einem einzigen Dienstherrn widmet, gibt der Handlungsagent, wenn er in Wahrheit ein solcher und nicht Handlungsgehilfe ist, seine selbständige Stellung als Kaufmann nicht auf, und in den Fällen, in denen der Handlungsagent dem Direktionsrecht des Geschäftsherrn untersteht (vgl. Meyer, Erläuterungsbuch zur Beschlagnahme von Dienstlohn 6. Aufl. S. 36), wird ein Agenturverhältnis i. S. des § 84 flg. HGB. meist nicht vorliegen.

Das Landesarbeitsgericht hat nun allerdings in Übereinstimmung mit dem Arbeitsgericht tatsächlich verneint, daß der Ehemann der Klägerin selbständiger Agent war. Es hat sich aber nicht des näheren darüber ausgelassen, wie seine Stellung vom Standpunkt des Gesetzes aufzufassen sei. Offenbar will das Landesarbeitsgericht sein Dienstverhältnis als das eines gegen Provision angestellten Handlungsgehilfen auffassen. Diese Annahme kann aber nicht als rechtsirrtumsfrei begründet angesehen werden. Wie das Reichsarbeitsgericht bereits in mehrfachen Entscheidungen (RAG. Bd. 1 S. 252, 263, Bd. 2 S. 141, Bd. 3 S. 15, Bd. 5 S. 151, Entsch. vom 5. Januar 1929 268/28 ArbRspr. 1929 S 69, vom 23. Februar 1929 419/28 ArbRspr. 1929 S. 187) ausgeführt hat, kommt es auf die größere oder geringere Selbständigkeit des Vertreters und darauf an, ob er dem Betrieb des Geschäftsherrn ein- oder untergeordnet ist. Für die Beurteilung des Maßes der nach dem Vertrag dem Ehemann der Klägerin belassenen persönlichen Selbständigkeit konnte naturgemäß erheblich sein, ob er, wie das Landesarbeitsgericht in möglicher Auslegung des Vertrags annimmt, nur für den Beklagten tätig sein durfte und somit an diesen gebunden war. Dieser Umstand kann aber noch nicht für sich allein als ausschlaggebend erachtet werden; denn auch der Handlungsagent kann zur ausschließlichen Tätigkeit für den Geschäftsherrn verpflichtet werden, wenn auch im allgemeinen nur Konkurrenzvertretungen ausgeschlossen zu sein pflegen. Es müssen noch andere Umstände hinzukommen, um die notwendige Eingliederung und Unterordnung in die Generalagentur des Beklagten anzunehmen. Hierfür könnten die Auferlegung besonderer Pflichten hinsichtlich der zu leistenden Arbeit, Kontrollmaßnahmen des Geschäftsherrn, regelmäßige Entgegennahme von Weisungen desselben in Betracht kommen. Ferner könnte erheblich sein, ob eine eigene Anmeldung zum Gewerbebetrieb, zur Krankenkasse, die Benutzung eigener Briefbogen mit der Firma des Vertreters, eines eigenen Geschäftslokals, Führung eigener Handelsbücher stattgefunden hat. (Entsch. vom 5. Januar 1929 a. a. O., RAG. Bd. 1 S. 254.) Das Landesarbeitsgericht entnimmt dem Vertrag, daß der Ehemann der Klägerin nicht nur berechtigt war, Versicherungsverträge zu vermitteln, sondern sich auch hierzu verpflichtet hatte. Irgendein bestimmtes Maß dieser Arbeitsverpflichtung stellt das Landesarbeitsgericht aber nicht fest; es ist auch dem Angestelltenvertrag sonst nicht zu entnehmen, insbesondere ist nicht gesagt, daß der Ehemann der Klägerin etwa allmonatlich eine bestimmte Anzahl von Versicherungen zu vermitteln hatte. Das Maß der zu leistenden Arbeit war somit in sein Belieben gestellt. Das Landesarbeitsgericht muß auch zugeben, daß er bei Ausübung seiner Tätigkeit nicht an genaue, ins einzelne gehende Vorschriften gebunden war. Das Landesarbeitsgericht zieht weiter aus der Tatsache und Art der Gewährung von Vorschüssen Schlüsse auf den Umfang der Verpflichtung des Ehemanns der Klägerin, Dienste zu leisten. Eine zwingende Folgerung ist hieraus aber nicht zu ziehen. Nach dem Vertrag konnte die Provision mit 50% bei Einreichung der Anträge diskontiert werden. Es handelte sich insoweit in klarer Weise um Vorschüsse, welche auf die nur bedingt erwachsenen Provisionsansprüche gegeben wurden. Hierdurch wurde aber eher die Selbständigkeit der Art der Betätigung betont, ohne daß irgendeine Verpflichtung, in bestimmtem Umfang tätig zu sein, sich ergab. Wenn der Beklagte nach den Feststellungen des Arbeitsgerichts und nach seinem eigenen erstinstanzlichen Vortrag auch Beiträge aus anderer Veranlassung hingegeben hat, so erschienen diese allerdings als selbständige Darlehen. Aber auch aus ihrer Gewährung kann auf die Aufgabe einer eigenen Selbständigkeit oder die Eingliederung in den Betrieb des Beklagten nicht ohne weiteres geschlossen werden.

Die Sache bedarf daher der weiteren Aufklärung, zumal das Landesarbeitsgericht — wie hervorgehoben — sich nicht klar darüber ausgesprochen hat, ob ein Handlungsgehilfenverhältnis vorliegt. Sollte das Landesarbeitsgericht nach erneuter Verhandlung letzteres bejahen, so wird weiterhin aufzuklären sein, ob und inwieweit die gemäß des Vertrags gegebenen Vorschüsse Vorauszahlungen darstellen (RAG. ArbRspr. 1930 S. 43, 369), durch welche die in Betracht kommenden Provisionsforderungen bereits zum Teil getilgt wurden, so daß insoweit eine Aufrechnung nicht in Betracht kommen würde.

RAG. 7, 189

Liegt notwendige Arbeitszeitversäumnis im Sinne des § 35 BRG. vor, wenn in einem von einer größeren Anzahl von Arbeitnehmern gegen den Arbeitgeber auf Zahlung rückständigen Lohnes anhängig gemachten Rechtsstreit ein Mitglied der Betriebsvertretung in deren Auftrag der Verhandlung vor dem Arbeitsgericht beiwohnt, weil in dem Rechtsstreit mittelbar die Belegschaft betreffende Lohnakkordfragen berührt werden?

Betriebsrätegesetz §§ 35, 66 Nr. 3, 78 Nr. 2.

Reichsarbeitsgericht. Urt. v. 13. Dezember 1930.

I. Arbeitsgericht Remscheid-Lennep. — II. Landesarbeitsgericht Wuppertal-Elberfeld.

Der Kläger war in der von der Beklagten betriebenen Tuchweberei tätig und Vorsitzender des Arbeiterrats. In einer besonderen Abteilung des Betriebs, der Stopferei und Nopperei, werden die Tuche geprüft und etwa vorhandene Webfehler beseitigt, und zwar geschieht dies in Akkordlohn. Etwa 30, ungefähr ²/₃ der in dieser Abteilung beschäftigten Arbeiterinnen waren der Ansicht, daß die Festsetzung der Akkordsätze durch die Beklagte nicht richtig erfolge. Während die Beklagte, der die

Festsetzung der Akkordsätze tarifmäßig oblag, für alle zu bearbeitenden Stücke einen durchschnittlichen Akkordsatz festsetzte, waren die Arbeiterinnen der Meinung, daß für jedes einzelne Stück ein besonderer Akkordsatz festgesetzt werden müsse, da neben Stücken mit normaler Zahl von Fehlern auch Stücke vorkämen, die eine den Durchschnitt übersteigende Zahl von Fehlern aufwiesen und daher zur Prüfung und Bearbeitung besonders lange Zeit beanspruchten. Der Streit zwischen den Arbeiterinnen und der Betriebsleitung hatte sich schon mehrere Monate hingezogen und im Juli 1929 auch zu einem wilden Streik der Arbeiterinnen geführt. Nachdem dann die Streitfrage Ende November 1929 in einer Sitzung des Arbeiterrats unter Zuziehung des Direktors Pl. der Beklagten verhandelt worden war, erhoben die Arbeiterinnen ohne Kenntnis des Arbeiterrats Anfang Dezember 1929 mit der Begründung, daß sie infolge der schlechten Stücke den Akkordmindestverdienst nicht erreicht hätten, beim Arbeitsgericht in Einzelklagen Anspruch auf Nachzahlung der Differenz zwischen dem wirklich verdienten Lohn und dem Akkordmindestverdienst für je einen Tag. In dem am 14. Januar 1930 stattgefundenen Gütetermin vor dem Arbeitsgericht waren mit den persönlich anwesenden Klägerinnen die Gewerkschaftssekretäre Pr. und Str. als Prozeßbevollmächtigte anwesend. Die Güteverhandlung endete mit einem mit jeder Klägerin in ihrer besonderen Prozeßsache abgeschlossenen Vergleich, wonach die Beklagte sich verpflichtete, für die schlechten Stücke den Zeitlohn + 15 % an ihre Arbeiterinnen zu zahlen, unabhängig von den für die guten und normal fehlerhaften Stücke, für die wie bisher ein Durchschnittsakkordsatz festgesetzt werden sollte, zu leistenden Akkordlöhnen. In dieser Güteverhandlung waren auch der Kläger und noch ein weiteres Arbeiterratsmitglied anwesend gewesen; ersterem war durch die Anwesenheit in dem Termin ein Lohnausfall von 4 RM entstanden. Er erhob Klage auf Nachzahlung des Lohnes mit der Begründung, daß er in seiner Eigenschaft als Vorsitzender des Arbeiterrats an dem Termin teilgenommen habe und die dadurch entstandene Arbeitszeitversäumung eine notwendige gewesen sei. Die Beklagte berief sich darauf, daß die Anwesenheit in dem Termin nicht zu den Obliegenheiten eines Arbeiterratsmitglieds gehört habe.

Während Arbeitsgericht und Landesarbeitsgericht nach Klagantrag erkannt hatten, führte die Revision der Beklagten zur Abweisung der Klage.

Mit der Klage macht der Kläger den arbeitsvertraglichen Lohnanspruch geltend. Er stützt sich auf § 35 BRG., wonach notwendige

Versäumnis von Arbeitszeit durch Wahrnehmung des Amtes als Mitglied einer Betriebsvertretung eine Minderung der Entlohnung nicht zur Folge haben darf. Die Entscheidung des Klaganspruchs hängt lediglich von der Frage ab, ob die durch die Anwesenheit des Klägers im Termin vom 14. Januar 1930 entstandene Arbeitszeitversäumnis eine durch die Wahrnehmung des Amtes als Mitglied des Arbeiterrats verursachte notwendige Zeitversäumnis im Sinne des § 35 BRG. war. Der Umstand, daß es sich mittelbar auch um einen Streit über die Geschäftsführung einer Betriebsvertretung handelt, über den nach § 93 Nr. 3 BRG., § 2 Nr. 5 ArbGG. das Arbeitsgericht nach §§ 80 flg. ArbGG. im Beschlußverfahren zu entscheiden haben würde, steht der Entscheidung im Urteilsverfahren nicht entgegen. Die Entscheidungen des Reichsarbeitsgerichts vom 4. Dezember 1929 — RAG. 267/29 (RAG. Bd. 4 S. 293) — und vom 12. Juli 1930 — RAG. RB. 10/30 (Bensheim. Slg. Bd. 10 Nr. 5) —, in dem für die dort behandelten Fälle auf Grund des § 93 Nr. 4 BRG. der Aufschluß des Rechtswegs im Urteilsverfahren angenommen und die Feststellung der Notwendigkeit der Geschäftsführungskosten im Beschlußverfahren für erforderlich erachtet ist, beziehen sich, wie die Entscheidungen ausdrücklich hervorheben, nur auf solche Fälle, in denen ein Anspruch auf Erstattung von Geschäftsführungsunkosten unmittelbar aus § 36 BRG. hergeleitet wird. Für den vorliegenden Fall lassen sich daraus irgendwelche Folgerungen nicht ziehen. Es besteht kein Anlaß, anzunehmen, daß in einem Fall wie in dem vorliegenden, in welchem vom Arbeitnehmer Anspruch auf rückständigen Lohn im Wege der Vertragsklage geltend gemacht wird, die Entscheidung des Arbeitsgerichts über die Frage der Notwendigkeit der Zeitversäumnis im Sinne des § 35 BRG. ausschließlich dem besonderen Beschlußverfahren hat vorbehalten werden sollen.

Sachlich hat das Landesarbeitsgericht über die Veranlassung der Teilnahme des Klägers am Termine vom 14. Januar 1930 und den Hergang in der Verhandlung folgende tatsächlichen Feststellungen getroffen: Eine Ladung des Klägers vor das Arbeitsgericht war nicht erfolgt. Vielmehr hatte der Arbeiterrat, nachdem die Arbeitnehmerorganisation, der die Klägerinnen angehörten und deren Gewerkschaftssekretäre diese als Prozeßbevollmächtigte vertraten, dringend darum gebeten hatte, daß nicht nur der Betriebsratsvorsitzende, sondern noch ein weiteres Mitglied der Betriebsvertretung an dem Termin teilnähmen, in der Sitzung vom 23. Dezember 1929 beschlossen, den Kläger und das Arbeiterratsmitglied W. zur Teilnahme zum Arbeitsgericht zu entsenden.

Das Landesarbeitsgericht hat angenommen, daß der Kläger, indem er nunmehr an der Verhandlung vor dem Arbeitsgericht teilnahm, in Erfüllung der gesetzlichen Aufgaben des Arbeiterrats gehandelt hat. Es hat zwar nicht verkannt, daß es, abgesehen von den im Gesetze hervorgehobenen besonderen Fällen, nicht in den Aufgabenkreis der Betriebsvertretung falle, einzelne Arbeitnehmer vor dem Gericht zu vertreten; das sei auch, so hat es aufgeführt, hier nicht der Fall gewesen, denn die 30 Klägerinnen seien durch die Gewerkschaftssekretäre vertreten worden. Auf der anderen Seite habe es sich aber um einen Streit gehandelt, der die Akkordberechnung für eine ganze Abteilung mit 40 bis 50 Arbeiterinnen betroffen habe, der den Arbeiterrat schon seit längerer Zeit beschäftigt und den Betrieb sogar bis zu einem wilden Streik beunruhigt habe. Zweck der Anwesenheit der beiden Arbeiterratsmitglieder im Termin sei nicht nur der gewesen, sich unmittelbar über den Gang der Verhandlung zu unterrichten, sondern dabei auch dem Gericht zur Aufklärung zur Verfügung zu sein und in Erfüllung der dem Arbeiterrat zustehenden Aufgaben dessen Standpunkt zu vertreten. Die Berechtigung hierzu ergebe sich sowohl aus § 66 Nr. 3 als auch aus § 78 Nr. 2 BRG. Das Landesarbeitsgericht hat aber auch weiter die Anwesenheit des Klägers im Termin und damit die dadurch entstandene Zeitversäumnis als eine notwendige angesehen und hierbei auf die Feststellungen des Urteils des Arbeitsgerichts verwiesen, daß in dem Termin außer zwei Klägerinnen auch die beiden Arbeiterratsmitglieder nach der Handhabung der Akkordberechnung bezüglich der schlechten Stücke befragt worden seien und daß der jetzige Kläger besser als die damals klagenden Arbeiterinnen in der Lage gewesen sei, darüber Auskunft zu geben.

Die Revision, welche rechtsirrige Anwendung der §§ 35, 38 BRG. in Verbindung mit §§ 66 Nr. 3, 78 Nr. 2 BRG. rügt, ist begründet. Die Bestimmung des § 35 Satz 2 BRG., daß notwendige Versäumnis von Arbeitszeit eine Minderung der Entlohnung nicht zur Folge haben darf, kann nur dann in Frage kommen, wenn die Tätigkeit des Betriebsvertretungsmitglieds, durch welche die Arbeitszeitversäumnis verursacht worden ist, in den Kreis der der Betriebsvertretung nach dem Gesetz obliegenden Aufgaben fällt. Ist das nicht der Fall, so kann sich das Betriebsvertretungsmitglied auf § 35 BRG. überhaupt nicht berufen, und es kommt darauf, ob die Zeitversäumnis eine notwendige war, oder ob das Betriebsvertretungsmitglied sie für notwendig halten durfte, nicht an. Bei der Frage, ob eine die Zeitversäumnis verursachende Tätigkeit innerhalb der gesetzlichen Aufgaben der Betriebsvertretung lag, spielt das subjektive Moment überhaupt keine Rolle, es bedarf vielmehr insofern lediglich der Nachprüfung, ob objektiv die Voraussetzungen für ein Tätigwerden des Betriebsvertretungsmitglieds gegeben waren. Das Landesarbeitsgericht hat das Vorliegen dieser Voraussetzungen sowohl unter dem Gesichtspunkt des § 66 Nr. 3 als auch unter dem des § 78 Nr. 2 BRG. geprüft. Es kann vorliegend unerörtert bleiben, ob mit der im Schrifttum mehrfach vertretenen Ansicht anzunehmen ist, daß durch die erst vom sozialpolitischen Ausschuß der Nationalversammlung durchgeführte Trennung in der Aufzählung der Aufgaben des Betriebsrats und des Arbeiterrats in den §§ 66 und 78 BRG. eine feste Abgrenzung der beiderseitigen Aufgaben und Zuständigkeitsbereiche vorgenommen worden ist, oder ob, wie das Landesarbeitsgericht im Anschluß an die von Flatow, Bem. IV vor § 66 und Anm. 2 zu § 66 Nr. 3 BRG. vertretene Auffassung angenommen hat, auch für die Erfüllung der im § 66 umschriebenen Aufgaben der Gruppenrat dann zuständig ist, wenn es sich um die Erledigung einer reinen Gruppenangelegenheit handelt. Auch für den letzteren Fall kann die Auffassung des Landesarbeitsgerichts, daß die Teilnahme des Klägers am Termin vom 14. Januar 1930 noch als in den Kreis der sich aus § 66 Nr. 3 BRG. ergebenden Aufgaben eines Arbeiterrats fallend angesehen werden könne, nicht gebilligt werden. Das Landesarbeitsgericht verkennt, daß es sich bei den Einzelklagen der Klägerinnen lediglich um die Frage handelte, ob diese aus dem Arbeitsvertrag für einen einzelnen in der Vergangenheit liegenden Arbeitstag den Akkordmindestverdienst zu beanspruchen hatten. Es ist nicht ersichtlich und von dem Kläger nicht dargetan, inwiefern durch eine gerichtliche Austragung dieser Fragen eine Erschütterung des Betriebs zu befürchten gewesen wäre. Der Streit dagegen, der nach der Auffassung des Landesarbeitsgerichts hierzu geeignet war, nämlich die Frage, in welcher Weise die Akkordsätze von der Beklagten in Zukunft festgesetzt werden sollten, kam durch die Einzelklagen vor dem Arbeitsgericht nicht zum Austrag; das Arbeitsgericht war auch an sich nicht die zu einer Regelung dieser Frage zuständige Stelle. Es ist daher rechtsirrig, wenn das Landesarbeitsgericht angenommen hat, die Teilnahme des Klägers an dem arbeitsgerichtlichen Termin vom 14. Januar 1930 rechtfertige sich aus § 66 Nr. 3 BRG. Ebensowenig läßt sich aber die Teilnahme aus § 78 Nr. 2 BRG. rechtfertigen. Das Landesarbeitsgericht hat in dieser Beziehung ausgeführt, der maßgebende Tarifvertag für die Textilindustrie des rechtsrheinischen Bezirks sei durch Kündigung am 30. November 1929 abgelaufen gewesen; in diesem sei bestimmt gewesen, daß die Akkordsätze von der Betriebsleitung festzusetzen seien, und zwar so, daß der Arbeiter bei durchschnittlicher Leistungsfähigkeit den in den allgemeinen Bestimmungen des Lohnabkommens niedergelegten Prozentsatz verdienen könne, widrigenfalls die gesetzliche Betriebsvertretung die Neufestsetzung notfalls durch Anrufung des tariflichen Schlichtungsausschusses verlangen könne. In den allgemeinen Bestimmungen des noch in Geltung befindlichen Lohnabkommens heiße es weiter, daß die Akkordsätze in der Regel so zu bemessen seien, daß Arbeiter durchschnittlicher Leistungsfähigkeit einen Verdienst erreichen könnten, der 15 % über den in den Branchentarifen festgelegten Löhnen liege, und in diesen Branchentarifen seien dann der Zeitlohn und die Akkordbasis festgelegt. Eine erschöpfende Regelung sei damit, wie gerade der vorliegende Fall zeige, nicht erreicht worden, und es habe sich in jenen Klagen der 30 Klägerinnen um eine Frage gehandelt, an deren Regelung der Arbeiterrat gemäß § 78 Abs. 2 BRG. mitzuwirken berufen gewesen sei. Allerdings ist der Arbeiterrat nach dieser Bestimmung insbesondere bei der Festsetzung der Akkordsätze mitzuwirken berufen, soweit eine erschöpfende tarifvertragliche Regelung nicht besteht. Der Termin vor dem Arbeitsgericht war aber zu einer solchen Regelung nicht bestimmt. Es handelte sich, wie bereits hervorgehoben, lediglich um einen von einer Anzahl von Klägerinnen für die Vergangenheit erhobenen Lohnanspruch, über den von dem Arbeitsgericht auf Grund derjenigen tarifvertraglichen Bestimmungen, die zu jener Zeit in Geltung gewesen waren, zu entscheiden war. Das Arbeitsgericht war auch nicht die zu einer solchen Regelung zuständige Stelle. Entweder war die Akkordfrage in den bisherigen Bestimmungen erschöpfend geregelt, und es handelte sich bei dem Streit lediglich um eine Auslegung der vorhandenen Bestimmungen; dann war es Sache der Tarifvertragsparteien, eine authentische Auslegung im Wege der Feststellungsklage herbeizuführen, oder es mußte den einzelnen Arbeitnehmern überlassen werden, ihre Rechte aus den bestehenden Bestimmungen geltend zu machen. War aber die Akkordfrage nicht erschöpfend geregelt, und bedurfte sie noch einer weiteren Vereinbarung, so war, sofern die unmittelbaren Verhandlungen zwischen Arbeitnehmer und Arbeitgeber nicht zum Ziele führten, der Schlichtungsausschuß die zur Anrufung zuständige Stelle. Zu einer Mitwirkung des Arbeiterrats oder eines seiner Mitglieder in einem von einem einzelnen Arbeitnehmer zur Durchführung eines von ihm erhobenen Anspruchs anhängig gemachten Rechtsstreit gibt auch der § 78 Nr. 2 BRG. keine Handhabe. Wenn der Arbeiterrat auf Anrufung der Arbeitnehmerorganisation beschloß, den

Kläger und ein weiteres Arbeiterratsmitglied zu dem Termine zu entsenden, so handelte es nicht im Rahmen der ihm nach den Bestimmungen des Betriebsrätegesetzes obliegenden gesetzlichen Aufgaben; deshalb handelte auch der Kläger nicht in Erfüllung einer ihm als Arbeiterratsmitglied obliegenden Aufgabe, wenn er dem Termin vom 14. Januar 1930 beiwohnte. Es kann sich nur fragen, ob die Anwesenheit des Klägers im Termin etwa deshalb als innerhalb der gesetzlichen Aufgaben liegend angesehen werden muß, weil er infolge seiner Anwesenheit von dem Richter über die Handhabung der Akordberechnung befragt und auch zwichen den Klägerinnen und der Beklagten ein Vergleich geschlossen worden ist, in dem sich die Beklagte allgemein verpflichtet hat, die Akkordfrage in Zukunft in bestimmter Weise zu behandeln. Aber auch das ist zu verneinen. Falls eine Aufklärung des tatsächlichen Sachverhalts in bezug auf die Akkordberechnung erforderlich war, war der Richter in der Lage, auf Antrag der Klägerinnen die Arbeiterratsmitglieder als Zeugen zu vernehmen. Alsdann wäre der Kläger für den durch die Zeitversäumnis entstandenen Ausfall durch Auszahlung von Zeugengebühren entschädigt worden und die Zeugengebühren wären als Prozeßkosten von demjenigen zu tragen gewesen, von dem diese überhaupt zu tragen waren. Dadurch aber, daß der Richter die zufällige Anwesenheit eines Arbeiterratsmitgliedes, dem irgendeine Verrichtung in dem Verhandlungstermin nicht oblag, benutzt hat, das Mitglied informatorisch zu hören, ist diese Anwesenheit nicht nunmehr zu einer solchen geworden, durch die das Arbeiterratsmitglied eine ihm gesetzlich obliegende Verrichtung ausgeübt hat. Nur dann aber, wenn das Mitglied einer Betriebsvertretung Arbeitszeit in Erfüllung der dieser durch das Gesetz übertragenen Aufgaben versäumt hat, kann eine Anwendung des § 35 BRG. in Frage kommen.

Das Landesarbeitsgericht hat hiernach in unrichtiger Anwendung des § 35 BRG. den Klaganspruch für gerechtfertigt erachtet. Da auch das Arbeitsgericht nach Klagantrag erkannte, war unter Aufhebung des angefochtenen Urteils und in Abänderung des Urteils des Arbeitsgerichts die Klage abzuweisen.

RAG. 7, 206.

Inwieweit ist das Rechtsbeschwerdegericht in der Lage, die Frage der Notwendigkeit von Geschäftsführungskosten im Sinne des § 36 BRG. nachzuprüfen?

Betriebsrätegesetz § 36. Arbeitsgerichtsgesetz § 86.

Reichsarbeitsgericht. Beschl. v. 20. Dezember 1930.

I. Arbeitsgericht Rottweil.

Im Betriebe der Antragsgegnerin war Kurzarbeit eingeführt, und zwar wurde seit längerer Zeit regelmäßig nur am Mittwoch, Donnerstag und Freitag jeder Woche gearbeitet. In der Karwoche 1930 dagegen wurde am Montag, Dienstag und Mittwoch gearbeitet, während die übrigen 3 Tage ausfielen. Das Arbeitsamt wollte den Karfreitag als Ausfalltag im Sinne der Verordnung über Kurzarbeiterunterstützung nicht anerkennen. Hiergegen erhob der Antragsteller durch seinen Vorsitzenden Einspruch, der durch Beschluß des Spruchausschusses beim Arbeitsamt als unbegründet zurückgewiesen wurde. In dem auf die Berufung des Antragstellers stattgefundenen Verfahren vor der Spruchkammer für die Arbeitslosenversicherung des Württ. Oberversicherungsamts in St. wurde auf den 9. September 1930 Verhandlungstermin anberaumt. Der Termin wurde dem den Antragsteller auch in dem jetzigen Verfahren vertretenden Prozeßbevollmächtigten K. mit dem ausdrücklichen Hinweis, daß sein oder seines Vollmachtgebers Erscheinen nicht erforderlich sei, mitgeteilt. Auf Grund der Verhandlung vom 9. September 1930, in der neben dem Prozeßbevollmächtigten K. auch der Vorsitzende des Antragstellers anwesend war, entschied die Spruchkammer dahin, daß den Arbeitern der Antragsgegnerin Kurzarbeiterunterstützung für die Karwoche zu gewähren sei.

Dem Vorsitzenden des Antragstellers waren durch die Wahrnehmung des Termins in St. 20 RM Kosten (14,40 RM Fahrkosten und 5,60 RM Zehrungsaufwand) entstanden. Die Antragsgegnerin weigerte sich, die Kosten zu erstatten. Den Antrag des Antragstellers, festzustellen, daß die seinem Vorsitzenden erwachsenen Auslagen von 20 RM notwendige Kosten der Geschäftsführung der Betriebsvertretung im Sinne des § 36 BRG. seien, wies das Arbeitsgericht zurück. Die von dem Antragsteller hiergegen eingelegte Rechtsbeschwerde, mit der unrichtige Anwendung des § 36 BRG. gerügt und geltend gemacht wurde, daß die Anwesenheit des Vorsitzenden im Termine vom 9. September 1930 mit Rücksicht auf die Tragweite der zur Entscheidung stehenden Frage zweckentsprechend und notwendig gewesen sei, wurde zurückgewiesen aus folgenden

Gründen:

Die Zulässigkeit des Beschlußverfahrens ergibt sich aus § 36 BRG. in Verbindung mit §§ 93 Nr. 3 BRG., 2 Nr. 5, 80 ArbGG. Es kann vorliegend dahingestellt bleiben, ob der Auffassung des Arbeitsgerichts, die Wahrnehmung der Rechte der Arbeiterschaft in der Frage der Kurzarbeiterunterstützung vor dem Arbeitsamte und in dem sich daran anschließenden Verfahren habe an sich zu den der Betriebsvertretung obliegenden gesetzlichen Aufgaben gehört und deshalb seien die dadurch erwachsenen Kosten zu den Geschäftsführungskosten der Betriebsvertretung im Sinne des § 36 BRG. zu rechnen, obgleich die Antragsgegnerin zu diesem Verfahren selbst nicht hinzugezogen war, mit Rücksicht auf die §§ 130, 186 des Gesetzes über Arbeitsvermittlung und Arbeitslosenversicherung in Verbindung mit Art. 9 der Vo. über Kurzarbeiterunterstützung vom 30. Oktober 1928 (RArbBl. S. 258) beizustimmen sein würde. Denn auch dann würde die Antragsgegnerin die Kosten nach § 36 BRG. nur zu tragen haben, wenn sie notwendige waren. Das aber hat das Arbeitsgericht ohne ersichtlichen Rechtsirrtum verneint. Ob Kosten notwendig im Sinne des § 36 BRG. sind, ist im wesentlichen Tatfrage, die Entscheidung hängt von den Umständen des einzelnen Falles ab. Das Rechtsbeschwerdegericht ist deshalb nur in der Lage, nachzuprüfen, ob der Begriff des „Notwendigen" nicht verkannt und alle Gesichtspunkte berücksichtigt sind, die für die Beurteilung in Frage kommen können. Bei einem vor Behörden anhängigen Verfahren sind diejenigen Kosten als notwendig im Sinne des § 36 BRG. anzusehen, die zu einer zweckentsprechenden Wahrnehmung der Rechte (vgl. § 91 ZPO.) objektiv erforderlich sind oder jedenfalls von der in Betracht kommenden Partei bei ruhiger und vernünftiger Erwägung als zur zweckentsprechenden Wahrnehmung der Rechte erforderlich angesehen werden dürfen. Dabei wird die Betriebsvertretung stets darauf bedacht sein müssen, bei der Aufwendung von Kosten auch die Interessen des erstattungspflichtigen Arbeitgebers im Auge zu behalten und deshalb die Kosten so niedrig zu halten, wie es mit einer pflicht- und ordnungsgemäßen Wahrnehmung ihrer Aufgaben vereinbar ist (vgl. RAG. Bd. 4 S. 36). Von diesen Gesichtspunkten hat sich auch das Arbeitsgericht bei seinen Erwägungen sichtlich leiten lassen. Es hat erwogen, daß die sachliche Seite des zur Entscheidung stehenden Streitfalls durchaus einfach und außer Streit war und keinerlei Aufklärung in tatsächlicher Hinsicht bedurfte, daß eine nochmalige Darlegung des Standpunkts des Antragstellers vor dem Termin vom 9. September 1930 schriftlich hätte erfolgen können, daß der Antragsteller durch einen Prozeßbevollmächtigten vertreten war und daß in der Terminsbenachrichtigung noch ausdrücklich darauf verwiesen war, daß weder des Prozeßbevollmächtigten noch des Vollmachtgebers Anwesenheit im Termin erforderlich sei. Wenn das Arbeitsgericht auf Grund dieser Erwägungen zu dem Ergebnis gelangt ist, daß die durch die Wahrnehmung des Termins durch den Vorsitzenden des Antragstellers entstandenen Kosten keine notwendigen im Sinne des § 36 BRG. gewesen seien, so kann dem aus Rechtsgründen nicht entgegengetreten werden.

RAG. 7, 212.

Ist die Wahl eines Betriebsausschusses anfechtbar, weil an Stelle aus dem Arbeitsverhältnis entlassener oder zeitweilig verhinderter Betriebratsmitglieder Ersatzmitglieder nicht hinzugezogen worden sind? Ist die Hinzuziehung der Ersatzmitglieder auch dann erforderlich, wenn ohne sie die vorhandene Zahl der Betriebsratsmitglieder immer noch der seit der Vornahme der letzten Betriebsratswahl erheblich verringerten Belegschaftsstärke entspricht?

Betriebsrätegesetz §§ 27, 15, 40. Wahlordnung zum BRG. v. 5. Februar 1920 (RGBl. S. 175) § 33 Abs. 5.

Reichsarbeitsgericht. Beschl. v. 20. Dezember 1930.
I. Arbeitsgericht Hamborn.

Für den die Schachtanlage Rh. I mitumfassenden Betrieb der Schachtanlage Fr. Th. mit einer Belegschaftsstärke von 4727 Mann bestand ein Betriebsrat von 18 Mitgliedern. Aus Anlaß der Stillegung der Schachtanlage Rh. I wurden am 17. Juni 1930 etwa 1200 Arbeiter entlassen, so daß sich die Gesamtbelegschaftszahl auf 3558 Mann verringerte. Zu den infolge der Stillegung Entlassenen gehörten auch die Betriebsratsmitglieder B. und Th., von denen letzterer gleichzeitig Mitglied des Betriebsausschusses war. Dieser erhob bei dem Arbeitsgericht Klage auf Feststellung, daß die Entlassung nach § 96 BRG. rechtsunwirksam sei. Das Arbeitsgericht wies die Klage ab. Während die Sache noch in der Berufungsinstanz schwebte, nahm der Betriebsrat am 11. September 1930 eine Neuwahl des Betriebsausschusses vor. Es wurden drei Vorschlagslisten eingereicht, Vorschlagsliste I mit 2 Namen, Vorschlagsliste II mit 1 Namen und Vorschlagsliste III mit 4 Namen. Die Liste I erhielt 6 Stimmen, Liste II 3 Stimmen und Liste III 5 Stimmen. Zu der Wahl waren weder B. und Th. noch statt ihrer Ersatzmitglieder geladen worden. Der Antragsteller, welcher Mitglied des Betriebsrats ist, hat die Wahl am 24. September 1930 angefochten mit dem Antrag, sie für ungültig zu erklären. Er hat geltend gemacht, die Neuwahl des Betriebsausschusses sei nicht zulässig gewesen, solange über die von Th. erhobene Feststellungsklage auf Rechtsunwirksamkeit seiner Entlassung noch nicht rechtskräftig entschieden gewesen sei; außerdem hätten für B. und Th. zwei Ersatzmitglieder zur Wahl hinzugezogen werden müssen. Demgegenüber hat der Antragsgegner darauf verwiesen, daß durch die Verringerung der Belegschaftszahl die nach § 15 BRG. erforderliche Zahl von Betriebsratsmitgliedern auf 16 gesunken sei, daß also nach dem durch ihre Entlassung erfolgten Ausscheiden von B. und Th. die noch vorhandene Zahl der verminderten Belegschaftsstärke entsprochen habe und infolgedessen ein Einrücken von Ersatzmitgliedern nicht in Frage gekommen sei. Im übrigen entspreche die Neuwahl, so hat er weiter geltend gemacht, einem am 23. Juni 1930 gefaßten Beschluß des Betriebsrats, daß die Wahl nach der Entscheidung des Arbeitsgerichts über die Klage des Th. vorgenommen werden solle; die Wahl sei notwendig gewesen, da beim Wegfall von Betriebsausschußmitgliedern ein Einrücken von Ersatzmitgliedern in den Betriebsausschuß vom Gesetz nicht vorgesehen sei.

Das Arbeitsgericht hat die Wahl des Betriebsausschusses für ungültig erklärt. Es hat, ohne die Frage der Zulässigkeit der Neuwahl an sich zu erörtern, einen die Ungültigkeit der Wahl nach § 20 der WahlO. z. BRG. begründenden Verstoß gegen wesentliche Vorschriften über das Wahlverfahren darin erblickt, daß zu der Wahl für die entlassenen Betriebsratsmitglieder B. und Th. keine Ersatzmitglieder hinzugezogen worden seien.

Die von dem Antragsgegner eingelegte Rechtsbeschwerde ist zurückgewiesen worden aus folgenden

Gründen:

Nach § 33 Abs. 5 der WahlO. z. BRG. vom 5. Februar 1920 (RGBl. S. 175) finden auf die Anfechtung der Wahl des Betriebsausschusses die §§ 19, 20, 21 Abs. 1 und 2 der WahlO. entsprechende Anwendung. Der Antragsteller ist als Mitglied des Betriebsrats zur Anfechtung legitimiert. Die Anfechtung ist auch innerhalb der nach § 33 Abs. 5 der Wahlordnung vom Tage der Wahl ab laufenden zweiwöchigen Frist (§§ 19 Abs. 1 Satz 1, 18 der WahlO.) erfolgt. Die Auffassung des Arbeitsgerichts, daß zu einer Neuwahl des Betriebsausschusses für die entlassenen Betriebsratsmitglieder B. und Th. zwei Ersatzmitglieder hätten hinzugezogen werden müssen, ist frei von Rechtsirrtum. Der Betriebsrat bestand entsprechend einer Belegschaftsstärke von 4727 Arbeitern aus 18 Mitgliedern und entsprach damit der Vorschrift des § 15 BRG. Für die dort vorgeschriebene Mitgliederzahl ist der Stand der Belegschaft zur Zeit der Errichtung des Betriebsrates maßgebend. Diese Mitgliederzahl ist eine für die ganze Wahlperiode bleibende, eine Veränderung der Zahl, etwa durch Sinken des Standes der Belegschaft auf eine Zahl, die nach § 15 BRG. nur eine geringere Mitgliederzahl ergeben würde, ist im Gesetz nicht vorgesehen (ebenso Kieschke-Syrup Anm. 1 Abs. 2 zu § 15 BRG.; Feig-Sitzler Anm. 5 zu § 18 BRG.; Flatow Anm. 3 zu § 15 BRG.; Mansfeld Anm. 2 zu § 15 BRG.). Das Herabsinken der Belegschaft des Betriebes der Schachtanlage auf 3558 Arbeiter infolge Stillegung der Schachtanlage Rh. I war daher auf den Bestand der Mitgliederzahl des Betriebsrates ohne Einfluß. Die Mitgliederzahl betrug nach wie vor 18, und sofern Mitglieder dauernd ausschieden oder vorübergehend verhindert waren, traten gemäß § 40 BRG. die Ersatzmitglieder ein. Entgegen der von der Rechtsbeschwerde vertretenen Auffassung bestand daher auch zur Zeit der Vornahme der Neuwahl des Betriebsausschusses der Betriebsrat aus 18 Mitgliedern, indem für den durch Entlassung ausgeschiedenen B. und für den, solange der Rechtsstreit über die Rechtswirksamkeit der Entlassung noch nicht rechtskräftig entschieden war, als verhindert geltenden Th. je ein Ersatzmitglied einzutreten hatte. Diese Ersatzmitglieder waren deshalb auch, da nach § 27 BRG. der Betriebsausschuß von dem gesamten Betriebsrat aus seiner Mitte heraus gewählt wird, zur Wahl zu laden. Die Unterlassung der Zuziehung zur Wahl bedeutete die Verletzung einer wesentlichen Vorschrift über das Wahlverfahren im Sinne des § 20 der Wahlordnung. Da weder eine nachträgliche Ergänzung der am 11. September 1930 stattgefundenen und abgeschlossenen Wahlhandlung möglich noch nachgewiesen ist, daß durch den Verstoß das Wahlergebnis nicht verändert werden konnte, hat das Arbeitsgericht ohne Rechtsirrtum die Ungültigkeit der Wahl festgestellt. . . .

RAG. 7, 215.

Kann, wenn die im Tarifvertrag bezeichnete regelmäßige Arbeitszeit zulässigerweise gekürzt wird, ein geringeres als das tarifliche Gehalt vereinbart werden?

TarifVo. § 1.

Reichsarbeitsgericht. Urt. v. 20. Dezember 1930.

I. Arbeitsgericht Brandenburg a. H. — II. Landesarbeitsgericht Berlin.

Der Kläger war seit 1914 Kontorist bei der Beklagten. Diese hat ihm Ende Juni 1930 zum 30. September 1930, d. i. unter Berücksichtigung seines Lebensalters (§ 2 Abs. 1 Satz 3 KündSchG.) fristgemäß, gekündigt. Am 30. Juli 1930 hat sie ihm mitgeteilt, daß vom 1. August ab Arbeitszeit und Gehalt um 20 v. H. gekürzt werden würden. Sie stützt sich hierfür auf einen im Jahr 1920 vom Kläger unterschriebenen

Anstellungsvertrag, nach dem sie im Fall einer eintretenden Arbeitsstreckung berechtigt sein sollte, vom Tag des Eintritts der Arbeitsstreckung ab den Kläger ohne vorherige Ankündigung mit verkürzter Arbeitszeit zu beschäftigen und seine Bezüge vom gleichen Tag ab entsprechend zu kürzen. Der Kläger hält die Gehaltskürzung, durch die seine Bezüge unter den ihm nach dem geltenden Tarifvertrag zustehenden Satz sinken würden, für tarifwidrig und deshalb unzulässig, jedenfalls könne sie nicht vor Ablauf der ihm als älterem Angestellten zukommenden Kündigungsfrist wirksam werden. Er hat deshalb beim Arbeitsgericht geklagt mit dem Antrag festzustellen, daß die Beklagte verpflichtet sei, auch über den 1. August 1930 hinaus ihm das volle zuletzt bezogene Gehalt von 169 RM monatlich zu zahlen. Das Arbeitsgericht hat nach diesem Antrag erkannt. Auf Berufung der Beklagten hat das Landesarbeitsgericht die Klage abgewiesen. Die Revision hatte keinen Erfolg.

Gründe:

Der einschlägige Tarifvertrag für die kaufmännischen und technischen Angestellten und Werkmeister der Beklagten (Haustarif), der auf einem für verbindlich erklärten Schiedsspruch des Schlichtungsausschusses beruht und seit dem 1. Januar 1929 gilt, bestimmt in § 3:

„Die regelmäßige Arbeitszeit ohne Pausen beträgt 48 Stunden in der Woche; für Angestellte, deren Tätigkeit sich in Verbindung mit derjenigen der Arbeiterschaft des Betriebes vollzieht (Betriebsangestellte), ist jedoch die Arbeitszeit gleich der der Arbeiterschaft."

Die Bezüge der Angestellten sind in Monatsbeträgen festgesetzt.

Das Arbeitsgericht hat — unter Hinweis auf die Verkehrsanschauung, wonach die Höhe der Angestelltengehälter als feststehend und von der Zahl der geleisteten Arbeitsstunden unabhängig angesehen werde, und unter Betonung der Tatsache, daß danach jeder Angestellte ganz allgemein zum Monatsschluß mit dem Tarifgehalt rechne — den Tarifvertrag dahin ausgelegt, daß er den Angestellten das Tarifgehalt auf alle Fälle habe garantieren wollen. Das Landesarbeitsgericht hat seine entgegengesetzte Ansicht wie folgt begründet. Die dem Schiedsspruch vorangegangenen Schlichtungsverhandlungen böten für die Auslegung in dem in Betracht kommenden Punkt keinen Anhalt, denn unstreitig sei hierbei nicht die Rede davon gewesen, ob und unter welchen Voraussetzungen Kurzarbeit verbunden mit Gehaltskürzung zulässig sein solle. Die Bestimmung des § 3, daß die regelmäßige Arbeitszeit 48 Stunden wöchentlich betrage, lege im Regelfall — und Anhalt für einen von der Regel abweichenden Willen des Tarifvertrags sei nicht gegeben — nur die Höchstarbeitszeit fest, garantiere aber keine Mindestarbeitszeit. Werde die regelmäßige Arbeitszeit verkürzt, so folge daraus — gemäß dem aus § 614 BGB. zu entnehmenden Grundsatz, daß sich beim Zeitlohnvertrag die Vergütung nach dem Maß der geleisteten Arbeitszeit richte — notwendig die entsprechende Gehaltskürzung. Das Landesarbeitsgericht macht sich im weiteren die Darlegungen Nipperdeys in einem dem Verband von Arbeitgebern der Sächsischen Textilindustrie, Sitz Chemnitz, erstatteten Rechtsgutachten zu eigen, wo u. a. gesagt ist, die einzelvertragliche Vereinbarung von Kurzarbeit sei deshalb nicht tarifwidrig, weil sie, ohne den Tarifvertrag selbst anzutasten, für die wegfallenden Arbeitsstunden das Arbeitsverhältnis vorübergehend außer Funktion setze. Das Berufungsgericht meint weiter: daß die Angestellten in dieser Beziehung nicht besser gestellt werden könnten als die Arbeiter, folge aus § 2 Abs. 3 StillVo., wo für den Fall der behördlich gebotenen Arbeitsstreckung dem Arbeitgeber das Recht nicht nur zu Lohn-, sondern auch zu Gehaltskürzungen eingeräumt sei. Daß ein Angestellter Monatsgehalt beziehe, besage nicht, daß das Gehalt von der Zahl der monatlich geleisteten Arbeitsstunden unabhängig sei. Das tarifliche Monatsgehalt beruhe auf der tariflich bestimmten regelmäßigen Arbeitszeit und müsse sie mindern, wenn vereinbarungsgemäß diese Arbeitszeit nicht erreicht werde, ebenso wie ein Gehaltsabzug eintrete, wenn der Angestellte Arbeitszeit unerlaubt versäume. Auch aus der Bestimmung des § 3 des Tarifvertrags, daß die Arbeitszeit der Betriebsangestellten sich nach der der Arbeiterschaft richte, könne nicht gefolgert werden, daß eine Relation zwischen Arbeitszeit und Gehalt nicht bestehe. Die Klausel des Einzelarbeitsvertrags, daß die Beklagte jederzeit ohne Einhaltung einer Frist Arbeits- und Gehaltskürzung anordnen könne, verstoße auch nicht gegen das KündSchG., denn die Anordnung stelle nicht eine Kündigung zum Zwecke der Änderung des Vertragsinhaltes dar, sondern die Ausübung einer bei Vertragsschluß der Beklagten von Anfang eingeräumten Befugnis.

Diesen Ausführungen muß im Ergebnis beigetreten werden. Die Bestimmung in § 3 des Tarifvertrags über die regelmäßige Arbeitszeit ist unbedenklich dahin auszulegen, daß damit nur eine Höchstarbeitszeit festgesetzt, nicht aber den Angestellten unter allen Umständen eine bezahlte Beschäftigung in diesem Ausmaß gewährleistet sein soll. Dann aber ist es kein Verstoß gegen unabdingbare Normen des Tarifvertrags, wenn eine Verkürzung der regelmäßigen Arbeitszeit vereinbart wird. Insoweit ist also der Einzelarbeitsvertrag von 1920 nicht tarifwidrig. Mit diesem Vertrag hat sich aber der Kläger im voraus auch mit entsprechender Gehaltskürzung einverstanden erklärt, und es fragt sich, ob das vereinbar ist mit dem Tarifvertrag. Der Kläger meint, der Tarifvertrag sichere den Angestellten das Tarifgehalt ohne Rücksicht auf die Arbeitszeit zu. Wenn das Berufungsgericht dem gegenüber den § 614 BGB. heranzieht, so ist das allerdings nicht richtig. Dort ist nur bestimmt, daß mangels entgegenstehender Abrede die Dienstvergütung nachträglich zu entrichten ist. Auch das Gutachten Nipperdeys, auf das sich der Berufungsrichter stützt, trifft in dem hier herangezogenen Teil seiner Gedankengänge nicht oder doch nicht unmittelbar auf das Rechtsverhältnis der Angestellten zu. Die Rechtsauffassung, daß bei einer Arbeitszeitverkürzung das Arbeitsverhältnis für die wegfallenden Arbeitsstunden vorübergehend außer Kraft gesetzt werde, ohne daß der Tarifvertrag selbst angetastet werde, mag möglich sein in bezug auf Tarifverträge für Arbeiter, in denen Stundenlöhne festgesetzt sind. Wird nämlich für abgekürzte Arbeitszeit der tarifmäßige Stundenlohn gezahlt, so ist dem Tarifvertrag Genüge getan, sofern er nicht dem Arbeiter eine Mindestzahl von Arbeitsstunden in der Woche garantiert — was aber ohne besondere Anhaltspunkte, wie sie etwa in dem im Urteil des Reichsarbeitsgerichts vom 30. April 1928 (Entsch. Bd. 1 S. 301) entschiedenen Fall vorlagen, nicht angenommen werden kann —. Ist aber, wie im vorliegenden Fall und überhaupt regelmäßig bei Angestellten, der Lohnzahlungsabschnitt der Monat und der Gehaltssatz für den Monat bestimmt, so bedeutet es allerdings eine Abweichung vom Tarifvertrag, wenn der Angestellte für eine Monatsarbeit nicht das volle tarifliche Monatsgehalt, sondern eine geringere Bezahlung erhält.

Entscheidend ist jedoch, daß das Monatsgehalt des Angestellten — ebenso wie der Stundenlohn des Arbeiters — die Gegenleistung für geleistete Arbeit ist. Wenn im Tarifvertrag die regelmäßige Arbeitszeit auf 8 Stunden in der Woche festgesetzt ist, so ist damit zum Ausdruck gebracht, daß das Monatsgehalt das Entgelt für eine Arbeitsleistung ist, die diesem Maß entspricht. Garantiert ist damit also zunächst nur das Tarifgehalt als Entgelt für die tarifmäßig bemessene Arbeitsleistung. Es würde dem Grundsatz von Leistung und Gegenleistung widersprechen, wenn der Tarifvertrag das Entgelt für die monatliche Arbeitsleistung ohne Rücksicht auf ihren Umfang festsetzen wollte. Ein solcher Wille müßte klar und unzweideutig zum Ausdruck gebracht sein. Er ergibt sich nicht etwa daraus, daß das Monatsgehalt in jedem Monat in gleicher Höhe ohne Rücksicht auf die Länge des betreffenden Monats und die Zahl der in den Monat fallenden Feiertage zu zahlen ist. Denn das ist lediglich die Eigenart des Monatsgehalts und läßt die Tatsache unberührt, daß, um das Tarifgehalt fordern zu können, der Angestellte an den Arbeitstagen des Monats die der regelmäßigen Arbeitszeit entsprechende Arbeitsleistung erfüllt haben muß. Noch weniger steht dieser Auffassung die Tarifbestimmung über die Arbeitszeit der Betriebsangestellten im Wege. Daß das tarifliche Monatsgehalt Gegenleistung lediglich für die regelmäßige Arbeitsleistung des Angestellten ist, ergibt sich deutlich auch daraus, daß nach dem Tarifvertrag jede geleistete Überstunde mit 6/1000, unter Umständen sogar mit 8/1000 des Monatsgehalts zu bezahlen ist. Es kann auch nicht zweifelhaft sein, daß der Arbeitgeber berechtigt ist, bei unerlaubter Arbeitsversäumnis des Angestellten einen Abzug vom Tariflohn zu machen. Ob in der Praxis immer so streng verfahren wird, daß tatsächlich für jede einzelne unerlaubt versäumte Arbeitsstunde ein entsprechender Betrag des Monatsgehalts einbehalten wird, ist nicht entscheidend. Die Vorschrift der StillVo. § 2 Abs. 3, die in gleicher Weise von Lohn- und Gehaltskürzungen spricht, bietet keinen Anhalt dafür, daß sie eine gesetzliche Ausnahme gegenüber dem regelmäßigen Inhalt von Angestelltentarifverträgen aufstellen will. Es ist aus ihr vielmehr umgekehrt zu folgern, daß der Gesetzgeber die Gleichartigkeit von Arbeiter- und Angestelltentarifverträgen in diesem Punkt als selbstverständlich vorausgesetzt hat.

(Es folgen Ausführungen, daß das Kündigungsschutzgesetz der für den 1. August 1930 ausgesprochenen Gehaltsminderung nicht im Wege steht.)

RAG. 7, 235.

Sind vertrauliche Angaben, welche der Arbeitgeber in Erfüllung der ihm gegenüber dem Betriebsausschuß oder Betriebsrat obliegenden Aufschluß-, Vorlegungs- und Berichterstattungspflicht macht, vor jeder Offenbarung, insbesondere auch vor einer Verbreitung geschützt?

BRG. § 71.

Reichsarbeitsgericht. Beschl. v. 20. Dezember 1930.

I. Arbeitsgericht Berlin.

Gründe:

Der Antragsgegner ist in dem Betrieb „Fabriken Brunnenstraße" der Antragstellerin Vorsitzender des Arbeiterrats, Mitglied des Betriebsrats und Mitglied des Betriebsausschusses. In letzterer Eigenschaft nahm er am 29. Januar 1930 an einer Sitzung des Betriebsausschusses teil, in welcher die Antragstellerin den ihr nach § 71 Abs. 2 BRG. obliegenden Verteljahresbericht über Lage und Gang des Unternehmens und ihres Gewerbes im allgemeinen sowie über die Leistungen des Betriebs und den zu erwartenden Arbeitsbedarf im besonderen erstattete. Der Antragsgegner machte sich hierbei schriftlich Aufzeichnungen und verarbeitete sie dann zu einem sog. „Geschäftsbericht", der unter den Überschriften „Rationalisierung", „Wie sieht es bei dem Unternehmen aus", „Sparmaßnahmen und natürlicher Abgang" und „Wahrheit über Stillegungsverhandlungen" neben allgemeinen Ausführungen, u. a. Einzelheiten über eingegangene, schwebende und annullierte Bestellungen, über den Auftragsbestand, über den statistischen Wert der Lieferungen, über gezahlte Löhne und Gehälter sowie über die Zahlen der beschäftigten Arbeiter und Angestellten enthielt. Von diesem „Geschäftsbericht" stellte der Antragsgegner mindestens 2 Stücke her, eines derselben gelangte an den im Betrieb tätigen, dem Betriebsausschuß jedoch nicht angehörenden Arbeiter D. Daraufhin beantragte die Antragstellerin bei dem Arbeitsgericht, das Erlöschen der Mitgliedschaft des Antragsgegners wegen gröblicher Verletzung seiner gesetzlichen Pflichten zu beschließen. Sie machte zur Begründung dieses Antrags geltend, daß der Antragsgegner den „Geschäftsbericht" durch Weitergabe an D. verbreitet und damit zugleich der ihm durch § 71 Abs. 3 BRG. auferlegten Schweigepflicht zuwidergehandelt habe, weil sämtliche Angaben ihres Vierteljahresberichts vertraulich gemacht worden seien, daß er aber auch durch den Inhalt des nach ihrer Meinung verbreiteten Geschäftsberichts gegen die ihm als Mitglied des Betriebsrats nach § 66 Nr. 3 und § 68 BRG. obliegenden Pflichten verstoßen habe und zwar, obwohl er gerade am Tage der Sitzung des Betriebsausschusses wegen eines anderen, eine Amtsüberschreitung politischer Art betreffenden Vorfalls von der Betriebsleitung vor Überschreitung seiner Rechte als Mitglied der Betriebsvertretung gewarnt worden sei.

Das Arbeitsgericht hat nach Anhörung der Beteiligten und nach Vernehmung zweier Zeugen dem Antrag stattgegeben. Es stellt als unstreitig fest, daß die Angaben der Betriebsleitung in der fraglichen Sitzung des Betriebsausschusses, insbesondere soweit sie den Auftragsbestand, schwebende Auftragsverhandlungen und die Gesamthöhe der gezahlten Löhne und Gehälter betrafen, vertraulich gemacht worden seien. Es sieht ferner auf Grund der Beweisaufnahme und der Äußerungen der Beteiligten als erwiesen an, daß der diese Angaben im wesentlichen wiedergebende „Geschäftsbericht" des Antragsgegners von ihm nicht zum Zweck des eigenen Gebrauchs hergestellt, sondern nach Form und Inhalt für die Weitergabe an andere, also zur Verbreitung bestimmt gewesen sei. Eine solche Verbreitung sei durch die Weitergabe an den nicht zum Betriebsrat gehörenden Arbeiter D. erfolgt. Hierin liege ein Verstoß gegen das in § 71 Abs. 3 BRG. vorgeschriebene Schweigegebot. Der Verstoß stelle eine gröbliche Verletzung der dem Antragsgegner als Mitglied des Betriebsausschusses obliegenden gesetzlichen Pflichten dar. Die Gröblichkeit der Verletzung ergebe sich auch daraus, daß der Antragsgegner trotz der ihm am Tage der Betriebsausschußsitzung erteilten Warnung vertrauliche Mitteilungen verbreitet habe, durch deren Bekanntgabe der Antragstellerin erheblicher Schaden habe entstehen können. Das gelte namentlich von den Angaben über schwebende Verhandlungen wegen der Bestellung von 200 Motoren für Eisschränke und von der zahlenmäßigen Aufstellung über den Beschäftigungsgrad der einzelnen Abteilungen. Hierdurch habe es der Konkurrenz ermöglicht werden können, auf die Lage der Antragstellerin abgestimmte Aufträge für sich zu erlangen. Daß auch der Gesetzgeber die Verschwiegenheitspflicht des § 71 Abs. 3 als besonders bedeutsam ansehe, zeige die Strafbestimmung des § 100 Abs. 1 BRG. Endlich müsse das Verhalten des Antragsgegners auch deshalb verurteilt werden, weil die Verbreitung der vertraulichen Angaben in einer Form erfolgt sei, die offensichtlich weder den Betrieb vor Erschütterungen hätte bewahren noch das Einvernehmen innerhalb der Arbeiterschaft und zwischen ihr und dem Arbeitgeber hätte fördern können (§ 66 Nr. 3 und 6 BRG.). Es handle sich vielmehr nach dem Inhalt des Berichts um eine vornehmlich politischen Zwecken dienende Verbreitung.

Die hiergegen gerichtete Rechtsbeschwerde des Antragsgegners, mit welcher Verletzung der §§ 66 Abs. 2, 3 und 71 Abs. 3 BRG. gerügt wird, ist form- und fristgerecht bei dem für ihre Erledigung zuständigen Reichsarbeitsgericht eingelegt (§§ 85, 87 ArbGG.), ihr muß indessen ein Erfolg versagt bleiben.

Soweit die Rechtsbeschwerde sich gegen die tatsächliche Feststellung und die tatrichterliche Würdigung des angefochtenen Beschlusses wendet, ist sie ohne weiteres unbeachtlich, da das Rechtsbeschwerdegericht gemäß § 86 ArbGG. ebenso wie das Revisionsgericht lediglich zu prüfen hat, ob die rechtliche Beurteilung des Streitstoffes durch den Vorderrichter zu Bedenken Anlaß gibt (vgl. Beschlüsse vom 3. November 1927 RAG. RB. 3/27, vom 9. März 1929 RAG. RB. 41/28 und vom 12. Juli 1930 RAG. RB. 2/30). Die rechtliche Beurteilung des Streitstoffs durch das Arbeitsgericht aber ist entgegen der Meinung des Beschwerdeführers frei von Rechtsirrtum. Allerdings ist, da weder aus dem Wortlaut noch aus Sinn und Zweck des Gesetzes etwas anderes hervorgeht, nach der in Rechtsprechung und Schrifttum herrschenden und zutreffenden Ansicht ein Mitglied des Betriebsausschusses für befugt zu erachten, über die Mitteilungen, welche der Arbeitgeber in Erfüllung der ihm nach § 71 Abs. 1 und 2 BRG. obliegenden Aufschluß-, Vorlegungs- und Berichterstattungspflicht gibt, Aufzeichnungen und Auszüge zu machen, da es sonst kaum in der Lage sein dürfte, die ihm gemachten Mitteilungen in sich aufzunehmen. Das hat selbst von solchen Mitteilungen zu gelten, welche ausdrücklich als vertraulich bezeichnet oder doch nach den Umständen des einzelnen Falls erkennbar vertraulich sind. Dieses Befugnis berechtigt aber das Mitglied des Betriebsausschusses keineswegs, seine Aufzeichnungen und Auszüge, soweit sie vertrauliche Angaben betreffen, Dritten zu offenbaren, und zwar auch nicht in Gestalt eines sog. Geschäftsberichts, wie es nach dem festgestellten Sachverhalt hier geschehen ist; denn damit würde die Vertraulichkeit ohne weiteres aufgehoben. Vielmehr findet das aus § 71 Abs. 1 und 2 BRG. sich ergebende Recht des Betriebsausschusses ebenso wie die ihm entsprechende Pflicht des Arbeitgebers seine natürliche Grenze in den schutzbedürftigen Belangen des Betriebs; es darf insbesondere nicht dazu führen, daß Betriebsgeheimnisse preisgegeben oder auch nur gefährdet werden (Beschluß vom 26. Februar 1930 RAG. RB. 42/28, RAG. Bd. 5 S. 314). Eine solche Preisgabe oder Gefährdung kann namentlich auch eine bloße Weitergabe der Aufzeichnungen und Auszüge an Dritte mit sich bringen. Daß ferner die Weitergabe im gegebenen Fall erweislich nur an eine dritte Person erfolgt ist, steht der Annahme des angefochtenen Beschlusses, daß darin eine „Verbreitung" liege, nicht entgegen, da eine Verbreitung schon dann gegeben sein kann, wenn auch nur eine Person über gewisse Tatsachen in Kenntnis gesetzt oder ihr die Kenntnisnahme ermöglicht wird; die Bekanntgabe an einen größeren Personenkreis ist begrifflich nicht erforderlich. Rechtsbedenkenfrei und zudem mit seiner tatsächlichen Feststellung übereinstimmend nimmt der Vorderrichter weiter an, daß die so in Gestalt eines „Geschäftsberichts" verbreiteten Aufzeichnungen und Auszüge des Beschwerdeführers Angaben vertraulicher Art enthalten. Nicht minder ist es zu billigen, daß er in der vorliegenden Verbreitung eine Zuwiderhandlung gegen das Schweigegebot des § 71 Abs. 3 BRG. und zwar mit Rücksicht auf die Strafvorschrift des § 100 Abs. 1 a. a. O. eine besonders schwerwiegende Zuwiderhandlung erblickt; denn es ist nach dem oben Gesagten selbstverständliche Pflicht eines Mitglieds des Betriebsausschusses, daß es die ihm in dieser Eigenschaft gemachten vertraulichen Angaben des Arbeitgebers, auch wenn es davon Aufzeichnungen und Auszüge fertigen darf, vor jeder Offenbarung, d. h. vor der Kenntnis- und Einsichtnahme durch irgendeinen Dritten schützt. Dazu kommt, daß der Beschwerdeführer, worauf der angefochtene Beschluß ebenfalls mit Recht hinweist, gerade an dem Tage der Betriebsausschußsitzung von der Betriebsleitung vor einer Amtsüberschreitung gewarnt worden war. Er hat mithin nicht nur objektiv dem Schweigegebot zuwidergehandelt, sondern mit dem Bewußtsein, daß er dies nicht tun dürfe, also nach § 100 Abs. 1 BRG. zweifellos „unbefugt". Ob eine derartige Zuwiderhandlung zugleich eine „gröbliche" Verletzung der gesetzlichen Pflichten eines Betriebsvertretungsmitglieds im Sinne des § 39 Abs. 2 BRG. bildet, ist, ähnlich wie das Vorhandensein eines wichtigen Grundes nach § 626 BGB., im allgemeinen Tatfrage (vgl. RAG. Bd. 1 S. 108, 224, 297 und Bd. 3 S. 283) und daher der Nachprüfung durch das Rechtsbeschwerdegericht entzogen. Jedenfalls aber läßt auch die Bejahung dieser Frage durch den Vorderrichter keinen Rechtsverstoß erkennen.

Ist danach schon aus vorstehenden Erwägungen dem angefochtenen Beschluß beizutreten, so bedarf es erst keines Eingehens auf den von dem Vorderrichter überdies nur hilfsweise herangezogenen § 66 BRG. Vielmehr ist das von ihm beschlossene Erlöschen der Mitgliedschaft des Beschwerdeführers zum Betriebsrat gemäß § 39 Abs. 2 BRG. lediglich zu bestätigen.

RAG. 7, 240.

Ist mit einem Angestelltentarifvertrag, der Monatsgehälter festsetzt, nach dem die regelmäßige Wochenarbeitszeit der Angestellten 48 Std. beträgt, ein Abkommen vereinbar, daß der Angestellte bei nur halbtägiger Arbeit ein geringeres Monatsgehalt als das tariflich festgesetzte erhalten soll? Wie hoch muß mindestens das vereinbarte Gehalt sein?

TarifVO. § 1.

Reichsarbeitsgericht. Urt. v. 20. Dezember 1930.

I. Arbeitsgericht Stuttgart. — II. Landesarbeitsgericht daselbst.

Die Klägerin war seit dem 1. Januar 1920 bei der Beklagten als Maschinenschreiberin und Fakturistin in Stellung und unterfiel dem Tarifvertrag für die kaufmännischen Angestellten im Groß- und Einzelhandel für Groß-Stuttgart und Heilbronn. Sie bezog bis zum 31. Mai

1930 ein Monatsgehalt von 230 RM, das sich mit dem 1. April 1930 infolge Änderung der Gehaltsstaffel auf 232 RM erhöhte. Es waren das die Sätze für männliche Angestellte. Der tarifmäßige Abschlag von 10 v. H. für weibliche Angestellte sollte vereinbarungsgemäß als Entgelt für die Mehrarbeit der Klägerin über die im Tarif festgesetzte regelmäßige Arbeitszeit von wöchentlich 48 Std. dienen. Am 1. April 1930 schlug die Beklagte der Klägerin vor, sie sollte vom 1. Mai 1930 ab nur halbtägig arbeiten gegen eine Monatsvergütung von 90 RM. Am nächsten Tag erhöhte sie ihr Angebot auf 100 RM und blieb auch dabei, als die Klägerin 110 RM forderte. Schließlich erklärte die Klägerin: „Da wird mir eben keine andere Wahl übrig bleiben." Am 3. April widerrief die Klägerin ihre Erklärung. Sie hat Mitte 1930 Klage erhoben und vor dem Arbeitsgericht beantragt, festzustellen, daß am 2. April 1930 eine rechtsgültige Vereinbarung, wonach sie vom 1. Mai 1930 ab halbtägig zu einem Monatsgehalt von 100 RM weiterbeschäftigt werden solle, nicht zustande gekommen sei. Das Arbeitsgericht hat der Klage stattgegeben, das Landesarbeitsgericht hat die Berufung der Beklagten zurückgewiesen. Die Revision hatte teilweisen Erfolg.

Gründe:

Die Klägerin hat das rechtsgültige Zustandekommen einer Vereinbarung halbtägiger Arbeit gegen 100 RM Monatslohn u. a. deshalb bestritten, weil eine solche Vereinbarung gegen unabdingbare Normen des Tarifvertrags verstoße. (Es folgen zunächst Ausführungen zu anderen Einwendungen der Klägerin, dann wird fortgefahren:)

Einen Verstoß gegen den Tarifvertrag findet das Berufungsgericht in der Vereinbarung eines unter dem Tarifsatz bleibenden Monatsgehalt bei entsprechender Kürzung der Arbeitszeit nicht. Es meint jedoch, die für die geminderte Arbeitsleistung vereinbarte Vergütung habe genau den Bruchteil des Tarifgehaltes betragen müssen, der dem Verhältnis der vereinbarten Arbeitszeit zur tarifmäßigen entspreche. Das halbe Tarifgehalt habe mindestens 104,50 RM betragen. Ein Abkommen mit diesem Satz habe aber die Beklagte nicht abschließen wollen, denn sie habe mit aller Entschiedenheit die Bewilligung von mehr als 100 RM abgelehnt. Anderseits sei die zustande gekommene Vereinbarung tarifwidrig gewesen und habe demzufolge den bestehenden Arbeitsvertrag nicht aufheben können.

Ob die zustande gekommene Vereinbarung gegen den Tarifvertrag verstößt, hängt in erster Linie davon ab, ob ein Anstellungsvertrag auf halbtägige Arbeitsleistung überhaupt von dem Tarifvertrag umfaßt wird. Die Beklagte hat in ihrer Berufungsbegründung Fälle erwähnt, in denen es jemand übernehme, für kleinere Betriebe eine Buchhaltung einzurichten und auf dem laufenden zu halten, was etwa einen Arbeitsaufwand von sechs oder noch weniger Wochenstunden erfordere. Solche Fälle scheiden allerdings aus, weil hier kein Anstellungsverhältnis im Sinne des Tarifvertrags vorliegt, der Verkerhrsanschauung entspricht es nicht, solche Kräfte als Angestellte anzusehen. Im vorliegenden Falle sollte sich aber durch das neue Abkommen an dem Verhältnis der Parteien, das unzweifelhaft ein Angestelltenverhältnis im Sinne des einschlagenden Tarifvertrags war, weiter nichts ändern, als daß die Arbeitszeit von regelmäßig 54 Wochenstunden auf regelmäßig 27 oder auch 24 herabgesetzt werden sollte. Die Klägerin blieb danach Angestellte im Sinne des Tarifvertrags.

Das Berufungsgericht nimmt an, daß der Tarifvertrag nicht verbiete, in Verbindung mit einer Kündigung der regelmäßigen Arbeitszeit ein geringeres als das tarifliche Monatsgehalt zu vereinbaren. Dem ist beizutreten. Ein ausdrückliches Verbot enthält der Tarifvertrag nicht. Wie in dem gleichzeitig mit dem vorliegenden verkündeten Urteil des Reichsarbeitsgerichts RAG. 359/30 (RAG. Bd. 7 S. 269) dargelegt ist, folgt daraus, daß der Tarifvertrag das Gehalt nach Monatssätzen bestimmt, nicht, daß das Gehalt grundsätzlich unabhängig von dem Maß der Arbeitsleistung ist. Das Gehalt ist Entgelt für Arbeitsleistung. Es widerspricht dem im Arbeitsvertragsrecht allgemein geltenden Grundsatze von Leistung und Gegenleistung, wenn das gleiche Arbeitsentgelt für größere und für geringere Arbeitsleistung gezahlt werden soll. Solche Abweichung müßte deutlich erkennbar zum Ausdruck gebracht sein. Das ist hier nicht der Fall. Im Gegenteil ergibt sich aus der ausdrücklichen Festsetzung regelmäßiger Arbeitszeit und besonderer Bezahlung der Überstunden, daß das festgesetzte Monatsgehalt das Entgelt für eine Arbeitsleistung des Angestellten in dem regelmäßigen Ausmaß darstellen soll. Da der Tarifvertrag, wie nicht zweifelhaft sein kann, den Angestellten eine Beschäftigung in der Dauer von 48 Wochenstunden nicht garantieren will, so widerspricht es auch dem Tarifvertrag nicht, bei vereinbarter Kurzarbeit das Gehalt entsprechend niedriger zu bemessen.

Der Tarifvertrag bleibt in seinen Gehaltssätzen aber immerhin insofern wirksam, als das für die abgekürzte Arbeitszeit vereinbarte Gehalt zu dem tariflichen für Vollarbeit in demselben Verhältnis stehen muß, wie die Zahl der vereinbarten Arbeitsstunden zur tariflichen regelmäßigen Arbeitszeit. Das hat das Berufungsgericht richtig erkannt. Nicht richtig aber ist es, wenn es daraus den Schluß zieht, die neue

Vereinbarung sei schlechthin wirkungslos, weil die Beklagte sich entschieden und endgültig geweigert habe, mehr als 100 RM monatlich zu zahlen. Eine solche Weigerung, mehr als die schließlich vereinbarte Vergütung zu gewähren, liegt in jedem Fall vor, wo der Arbeitnehmer ursprünglich mehr gefordert hatte. Erreicht die vereinbarte Arbeitsvergütung den Tarifsatz nicht, so ist in aller Regel der Arbeitsvertrag gleichwohl zustande gekommen, jedoch zu den unabdingbaren Tarifvertragsbedingungen. Ob es sich dabei um den Neuabschluß eines Arbeitsvertrags handelt oder, wie hier, um ein Abkommen über Änderung eines bestehenden, macht für die hier zu entscheidende Frage nichts aus. Es ist nach der Sachlage ausgeschlossen, daß die Beklagte es lieber bei dem bestehenden Verhältnis belassen würde, als auch nur ein Geringes mehr als 100 RM monatlich zu zahlen. Danach erweist sich zwar der Anspruch der Klägerin auf Feststellung, daß das Abkommen vom 2. April 1930 überhaupt keine Wirksamkeit habe, als unbegründet. Andererseits war aber auch eine Klagabweisung nicht möglich, weil sie die positive Feststellung der Wirksamkeit des Abkommens bedeuten würde. Die Entscheidung war deshalb so wie geschehen zu fassen. (Abweisung der Klage, soweit sie festgestellt haben will, daß am 2. April 1930 eine rechtsgültige Vereinbarung überhaupt nicht zustande gekommen ist; Feststellung, daß eine rechtsgültige Vereinbarung des Inhaltes zustande gekommen ist, daß die Klägerin vom 7. Mai 1930 ab mit halber regelmäßiger Arbeitszeit zum halben Tariflohn beschäftigt werden solle.)

RAG. 7, 250.

Ist der Betriebsschreiber Handlungsgehilfe?

HGB. §§ 59, 66, 67.

Reichsarbeitsgericht. Urt. v. 7. Januar 1931.

I. Arbeitsgericht Elberfeld. — II. Landesarbeitsgericht daselbst.

Die Beklagte betreibt eine Maschinenfabrik, in der Gegenstände aus Stahlguß hergestellt werden. Der Kläger trat am 27. April 1927 als Betriebsschreiber in ihre Dienste. Er erhielt eine wöchentliche Vergütung von 47,17 RM. Am 6. März 1930 ist er entlassen worden. Er nimmt für sich die Kündigungsbestimmungen der §§ 66, 67 HGB. in Anspruch, weil er kaufmännische Dienste geleistet habe und daher als Handlungsgehilfe anzusehen sei; es habe ihm gegenüber eine Kündigungsfrist von 1 Monat für den Schluß des Monats eingehalten werden müssen. Demgemäß verlangt er die Weiterzahlung der Vergütung für die Zeit vom 6. März bis 30. April 1930. Die Beklagte wendet unter Bestreiten des Klägers ein, der Arbeitsvertrag sei im gegenseitigen Übereinkommen gelöst worden. Daß die Tätigkeit des Klägers die eines kaufmännischen Angestellten gewesen sei, bestreitet sie; Werkstattschreiber könnten nicht als Handlungsgehilfen angesehen werden. Während das Arbeitsgericht dem Kläger Recht gegeben hat, hat das Landesarbeitsgericht zwar den Einwand der Beklagten, daß das Arbeitsverhältnis im gegenseitigen Einverständnis gelöst worden sei, zurückgewiesen, aber angenommen, daß der Kläger keine kaufmännischen Dienste geleistet und daher auf die Innehaltung der Kündigungsfristen des HGB. keinen Anspruch gehabt habe. Es hat daher, das Urteil des Arbeitsgerichts ändernd, die Klage abgewiesen. Die Revision führte zur Wiederherstellung des ersten Urteils.

Gründe:

Die Annahme des Berufungsgerichts, daß der Kläger mit seiner Entlassung nicht einverstanden gewesen und also ein Dienstbeendigungsvertrag nicht zustande gekommen sei, unterliegt keinem rechtlichen Bedenken, wird auch von der Beklagten nicht beanstandet. Es kommt also für die Entscheidung lediglich darauf an, ob der Kläger im Verhältnis zur Beklagten Handlungsgehilfe war. Ist die Frage zu bejahen, so kann er sich auf die angeführten Kündigungsbestimmungen des Handelsgesetzbuches berufen. Die Vorinstanzen haben die Frage verschieden beantwortet, das Arbeitsgericht hat sie nach Anhörung eines Sachverständigen bejaht, das Landesarbeitsgericht hat sie verneint. Letzteres begründet seine Ansicht damit, daß die Tätigkeit des Klägers in der Ausfüllung von Kontrollzetteln, die er auf Grund von Arbeitsnotizen und Aufträgen der Kunden fertigstellte, und in der Vermerkung der jeweils angefertigten Zahl der Stücke und der Preise auf den Aufträgen selbst bestanden habe. Früher sei er gelegentlich noch mit Lohnabrechnungen für die auswärts auf Montage befindlichen Arbeiter beschäftigt worden, doch seit Frühjahr 1929 sei dies nicht mehr geschehen. Hiernach fehle der Tätigkeit des Klägers die „kaufmännische Signatur". Er habe die Tätigkeit auszuüben gehabt, die in kleineren Betrieben dem technischen Meister neben der Beaufsichtigung und Leitung der ihm unterstellten Arbeiter obliege. In größeren Betrieben mit entsprechend durchgeführter Spezialisierung und Arbeitsteilung würden zur Entlastung der Meister mit dieser Arbeit besondere Werkstattschreiber betraut. Es handle sich also um Arbeiten, die, wenn sie auch als Unterlage für Lohnabrechnung und Kalkulation eine Rolle spielen möchten, doch in der Hauptsache mit dem kaufmännischen

Betriebsteil, der den An- und Verkauf von Waren umfasse, nicht im Zusammenhang stünden, vielmehr ganz in der Sphäre des technischen Betriebes fielen, der die Erzeugung der Ware umfasse. Solche Dienste seien nicht kaufmännischer Art. Es ließen sich zwar Fälle denken, in denen mit solcher Tätigkeit komplizierter Berechnungen verbunden seien, die für die Kalkulation besondere Bedeutung hätten und die man aus diesem Grunde als „kaufmännische Signatur" tragend ansehen könne. Davon sei hier aber keine Rede. Ganz überwiegend handele es sich um mechanischer Ausfüllung von Formularen und einfache Rechenarbeiten. Daß der Kläger gelegentlich Irrtümer auf ihm unterbreiteten Unterlagen aufgeklärt und eine gewisse Kontrolltätigkeit ausgeübt habe, die Aufmerksamkeit und Gewissenhaftigkeit erfordert habe, stempele seine Arbeit nicht zu einer kaufmännischen. Der gegenteiligen Ansicht des im ersten Rechtszuge gehörten Sachverständigen könne nicht beigetreten werden. Es sei unerheblich, daß der Kläger kaufmännisch ausgebildet, vom kaufmännischen Arbeitsnachweis angefordert sei und aus Zweckmäßigkeitsgründen im kaufmännischen Büro seinen Platz erhalten habe, zumal die Anforderung bei dem kaufmännischen Arbeitsnachweis nach der Angabe der Beklagten nur erfolgt sei, um einen Angestellten mit guter Handschrift zu bekommen.

Die Revision rügt, daß vom Berufungsrichter der Begriff der „kaufmännischen Dienste" verkannt worden sei, und macht geltend, daß der Werkstattschreiber des Kaufmanns regelmäßig als Handelsgehilfe zu gelten habe und auch die Tätigkeit des Klägers, wie sie nach seinem Anstellungsvertrage zu leisten gewesen sei, als die eines Handlungsgehilfen angesehen werden müsse.

In der Tat gehen die Ausführungen des Berufungsrichters von einer zu engen, der heutigen Verkehrsauffassung nicht mehr genügenden Begriffsbestimmung der kaufmännischen Dienste aus. Sie berücksichtigen nicht genügend, daß zwar ein großes kaufmännisches Betriebsunternehmen, wie es die Beklagte betreibt, in den der Warenherstellung dienenden technischen Betriebsteil und den dem Warenvertrieb dienenden kaufmännischen Teil zerfällt, aber über beiden Teilen die einheitliche Leitung mit ihren Hilfskräften steht, daß der Handlungsgehilfe nach Vertrag oder Ortsgebrauch (vgl. § 59 HGB.) verpflichtet sein kann, neben den ihm obliegenden kaufmännischen Diensten solche nicht kaufmännischer Art zu leisten, und daß für die Beurteilung der Frage, ob der Kläger Handlungsgehilfe war, von den Dienstleistungen auszugehen ist, die ihm der Anstellungsvertrag auferlegt hatte.

Das Berufungsgericht legt entscheidenden Wert darauf, ob die Dienste des Klägers eine „kaufmännische Signatur" trugen, und knüpft damit an die Entscheidung des Reichsoberhandelsgerichts aus dem Jahre 1875 (ROHG. Bd. 17 S. 307, 309, vgl. auch RGZ. Bd. 1 S. 268) an. Dort ist ausgeführt, daß „Handlungsgehilfe" die übliche Bezeichnung für denjenigen sei, welcher kaufmännische Dienste im hergebrachten Sinne des Wortes in einem Handelsgewerbe verrichte. Darunter sei die Vornahme solcher Geschäfte zu verstehen, in denen derjenige Geschäftsbetrieb bestehe, welcher in historischem Sinne als kaufmännischer Betrieb, als Handel bezeichnet werde. Gleichgültig sei, ob diese Geschäftstätigkeit auf den Abschluß von Rechtsgeschäften gerichtet und also der Handlungsgehilfe zugleich Handlungsbevollmächtigter sei, oder ob nur sog. tatsächliche Dienste (Buchführung, Korrespondenz) den Gegenstand derselben bildeten. Das sie charakterisierende Moment sei die sog. „kaufmännische Signatur". Fehle diese, so sei der zur Vornahme der Dienste Bestellte nicht Handlungsgehilfe. Damit ist nun allerdings ein Begriff geschaffen, der keineswegs unzweideutig ist. Worin das Wesen der „kaufmännischen Signatur" bestehen soll, ist zwar für die Haupttätigkeiten von Handlungsgehilfen, nämlich für die Tätigkeit beim Ein- und Verkauf und für die Buchführung und Korrespondenz gesagt, inwieweit aber dieses Merkmal auch bei demjenigen zutrifft, die auf den Büros eines Kaufmanns zur Unterstützung desselben Dienste leisten, die nicht rein mechanischer Art sind, bleibt zweifelhaft. Entscheidend soll nach der späteren Rechtsprechung des Reichsoberhandelsgerichts und des Reichsgerichts (ROHG. Bd. 17 S. 309, RG. in LZ. 1909 S. 236) die Verkehrssitte sein. Danach muß es darauf ankommen, ob die vom Kläger übernommenen Dienste nach der Verkehrsauffassung als kaufmännisch angesehen werden. Geht man hiervon aus, so ist zunächst zu beachten, daß nach der Rechtsprechung des früheren Berliner Kaufmanns- und Gewerbegerichts der Werkstattschreiber des Kaufmanns regelmäßig als Handlungsgehilfe angesehen worden ist (vgl. Staub-Bondi 12. und 13. Aufl. HGB. § 59 Anm. 14 gegen Ende), daß auch andere Kaufmannsgerichte diesen Standpunkt geteilt haben und nur dann, wenn der Werkstattschreiber nur ein Arbeits-Ausgabenbuch zu führen hatte, die Eigenschaft des Handlungsgehilfen (vgl. Kaufmannsgericht Ludwigsburg in der Zeitschrift „Das Gewerbe- und Kaufmannsgericht" Jahrg. 1915 S. 205) verneint worden ist. Hueck-Nipperdey im Lehrbuch des Arbeitsrechts Bd. 1 bezeichnen als kaufmännisch die Dienste, die mit dem Ein- oder Verkauf von Waren oder Wertpapieren oder mit Kontorgeschäften, Kassenwesen, Buchführung oder verwandten

Geschäften in Beziehung stehen und nicht lediglich mechanischer Natur sind (vgl. auch Titze „Das kaufmännische Hilfspersonal" in Ehrenbergs Handbuch des gesamten Handelsrechts Bd. 2 S. 573 flg.). Nach der Rechtsprechung des Reichsarbeitsgerichts (Bensh. Slg. Bd. 3 S. 168 und ArbRspr. 1929 Nr. 245) kann dieser Begriffsbestimmung zugestimmt werden, sofern nicht die Dienstleistungen sich in den einfachsten, keine Vorbildung erfordernden Formen vollziehen, sondern dazu gewisse kaufmännische Fähigkeiten oder Kenntnisse, mindestens aber kaufmännische Übung, notwendig sind. Jedenfalls kann die erwähnte Begriffsbestimmung des Reichsoberhandelsgerichts heute nicht mehr als erschöpfend angesehen werden. Demgemäß weist im Anschluß an Neumann von Schulz im Gewerbe- und Kaufmannsgericht Jahrg. 1923 Sp. 3, 4, 9 flg. darauf hin, daß der vom Reichsoberhandelsgericht angelegte Maßstab um deswillen für die heutigen Verhältnisse nicht mehr verwendbar sei, weil durch die Ausdehnung der Großbetriebe und den steigenden Verkehr sich vieles geändert habe. Die Ausbildung der Großbetriebe ermögliche immer weitergehende Arbeitsteilung. Die Art der Auszeichnung, der Verkauf gleichartiger Gegenstände, mache die Umsatztätigkeit fast zur mechanischen Arbeit, die oft nur wenig Übersicht und Kenntnisse erfordere. Viele Angestellte blieben ständig bei der einmal übernommenen Arbeit und erwürben darin größte Geschicklichkeit und Gewandtheit, ohne daß man von einer „kaufmännischen Signatur" bei ihrer Tätigkeit reden könne. Der Verkehr zwischen dem Publikum und Kaufmann verliere seinen individuellen Charakter, der Verkauf gewisser Massenartikel spiele sich fast automatisch ab. Es müßten daher objektive Merkmale gesucht werden, die sich aus der Eigenschaft des Kaufmanns und den ihm eigentümlichen Pflichten entnehmen ließen. Das gelte sowohl für den kaufmännischen Umsatz, als auch für Personen, die in einem Handelsgewerbe sog. innergeschäftliche Dienste leisteten, wie Buchhalter, Kassierer, Korrespondenten, Expedienten und Lageristen. Von Schulz rechnet den Werkstattschreiber zu ihnen namentlich dann, wenn seine Arbeit zur ordnungsmäßigen Buchführung mit erforderlich ist, und führt unter Bezugnahme auf Neumann im Jahrbuch des Kaufmannsgerichts Berlin Bd. 3 S. 79 flg. an: Die buchhalterischen Arbeiten werden in einem größeren Betriebe in geordneter Arbeitsteilung von mehreren Personen erledigt. Die Führung von Hilfsbüchern, die als wesentliche Unterlage den Eintragungen in die Hauptbücher dienen, ist ebenfalls kaufmännisch. Weitere Vorarbeiten können in Kalkulationen und Berechnungen liegen. Die Kontrolle von Lohnbüchern, die Übertragung von Arbeitsbüchern, die

Prüfung von in Zahlung gegebenen Bons . . . sind zur ordnungsmäßigen Buchführung nötig. Die moderne Gestaltung der Buchhaltung kennt ein Kartensystem, das bezüglich der Kundenkontrolle die Führung der Bücher ersetzt. Die Ordnung und Fertigung einer Kartothek erfordert, wenn auch in geringem Maße, Vertrautheit mit der einfachen Buchführung. Ebenso ist die Registrierung, die Ordnung der Auftragzettel nach dem Alphabet, da sie eine Auskunft über die abgeschlossenen Geschäfte ist, kaufmännische Buchführung und es ist dabei gleichgültig, wo die buchhalterischen Arbeiten ausgeführt werden; sie können in der räumlich von dem Geschäfte getrennten Werkstatt oder Fabrik, abgesondert von sonstigen kaufmännischen Arbeiten, Erledigung finden. Freilich kann diese Tätigkeit auch in einem anderen Betriebe vorkommen; als kaufmännisch gilt sie nur, wenn sie von einem Kaufmanne geleistet wird; eine kaufmännische Vorbildung setzt sie nicht bedingungslos voraus." Von Schulz bemerkt weiter, „wohl ohne Ausnahme werden Werkstattschreiber wohl für die Buchhaltung tätig sein und nicht etwa n u r zur Unterstützung des Werkmeisters dienen. Sie sind angestellt in den kaufmännischen Abteilungen für Kalkulation und Lohnberechnung. Die Werkstattschreiber wirken dadurch immerhin indirekt bei der Produktion mit, man kann jedoch nicht behaupten, daß ihre Tätigkeit infolgedessen als eine gewerblich technische zu bezeichnen ist; sie ist eine kalkulatorische und buchhalterische und bleibt es, selbst wenn sie zu der Fabrikation nötig ist." Es wird dort weiter auf ein Gutachten der Ältesten der Kaufmannschaft zu Berlin vom 15. Oktober 1908 verwiesen, in welchem gesagt ist, daß der als Werkstattschreiber angestellte damalige Kläger auf Grund der aus den Akten ersichtlichen Art der Beschäftigung als Handlungsgehilfe anzusehen sei, und es wird weiter erwähnt, daß nach einer Rundfrage des Werkmeisterverbandes viele Arbeitgeber ihre Werkstattschreiber als Handlungsgehilfen behandeln und als Angestellte ihrer kaufmännischen Kalkulations- und Lohnbüros bei der Angestelltenversicherung versichern. Daß also auch von der Versicherungsanstalt die Werkstattschreiber als Handlungsgehilfen und nicht als gewerbliche Arbeiter eingeschätzt werden, darauf weist von Schulz besonders hin. Der Kläger hatte in der Berufungsbeantwortung ausdrücklich geltend gemacht, daß die Beklagte ihm bei seinem Eintritt in ihre Dienste zunächst eine Invalidenkarte ausgehändigt habe, er sich aber dann an den zuständigen Revisionsbeamten der Reichsversicherung wandte, der entschied, daß der Kläger als Angestellter zu versichern sei. Nun ist damit zwar nicht entschieden, daß der Kläger als Handlungsgehilfe zu gelten habe, auch würde eine solche Entscheidung die Arbeitsgerichtsbehörden nicht binden. § 1 des AngestelltenversicherungsG. könnte sogar eher für die Meinung angeführt werden, daß der Werkstattschreiber nicht als Handlungsgehilfe anzusehen sei, denn er unterscheidet als Angestellte, die zu versichern sind, 1. solche in leitender Stellung, 2. Betriebsbeamte, Werkmeister und andere Angestellte in einer ähnlich gehobenen oder höheren Stellung, 3. Büroangestellte, soweit sie nicht ausschließlich mit Botengängen, Reinigung, Aufräumen und ähnlichen Arbeiten beschäftigt werden, einschließlich der Bürolehrlinge und Werkstattschreiber, 4. Handlungsgehilfen und Handlungslehrlinge, andere Angestellte für kaufmännische Dienste, auch wenn der Gegenstand des Unternehmens kein Handelsgewerbe ist . . . . Aber daraus ist nicht zu schließen, daß ein Werkstattschreiber nicht Handlungsgehilfe sein könne. § 1 des AngestelltenversicherungsG. führt nur beispielsweise aus, welche Personen insbesondere als Angestellte zu gelten haben, und brauchte daher nicht dazu Stellung zu nehmen, ob und unter welchen Umständen ein Werkstattschreiber als Handlungsgehilfe zu gelten hat. Zuzugeben ist und vom Kläger selbst wird es zugegeben, daß nicht jeder Werkstattschreiber Handlungsgehilfe ist, daß dies insbesondere dann nicht zutrifft, wenn er nur Gehilfe der Meister oder gar einem Meister unterstellt ist. Demgemäß hebt auch das Kaufmannsgericht Stuttgart in einer Entscheidung vom 11. Februar 1921 (Gew. u. Kaufm. Ger. 27. Jahrg. Sp. 21) zutreffend hervor, die früher in Rechtsprechung und Schrifttum vertretene Ansicht, die kaufmännische Signatur sei maßgebend, es müßten Dienste sein, zu denen die Schulung und Fertigkeit gehören, die man in ihrer Vollendung die kaufmännische Tüchtigkeit nenne, entspreche den heutigen Verhältnissen, die bei den Industrie-Unternehmungen eine meist klare Abgrenzung zwischen Fabrikation und kaufmännischer Abteilung gebracht habe, nicht mehr. Bei den heutigen Verhältnissen sei weniger auf die Voraussetzungen abzustellen, die zur Leistung der Dienste erforderlich seien, als vielmehr zunächst darauf, ob die Dienste für den technischen oder für den kaufmännischen Betrieb geleistet werden; zum technischen Betriebe gehören insbesondere die Herstellung, Be- oder Verarbeitung der Waren, zum kaufmännischen Betrieb namentlich der Warenumsatz, die Buchhaltung (einschl. Lohnbuchhaltung), die Kassenführung (einschl. Lohn- und Gehaltszahlung) und der Schriftwechsel (mit Abnehmern und Lieferern). Bei dieser Unterscheidungsweise seien dann noch rein mechanische oder niedere Büroarbeiten aus den kaufmännischen Diensten auszuscheiden, weil sie von der Verkehrsanschauung nicht als

„kaufmännische" angesehen werden. Als kaufmännische seien danach solche Dienste zu bezeichnen, die ihrem Wesen nach zum kaufmännischen Betrieb eines Unternehmens gehörten und eine gewisse selbständige geistige Arbeit erforderten. Dies treffe nicht bei jedem Werkstattschreiber zu, dessen Tätigkeit ihrem Wesen nach nicht zum kaufmännischen, sondern zum technischen Betrieb gehören oder rein mechanisch sein k ö n n e ; es werde immer auf den einzelnen Fall ankommen. Das genannte Kaufmannsgericht hat damals die Handlungsgehilfeneigenschaft für einen Werkstattschreiber bejaht bei folgendem Sachverhalt. Er hatte die von den Arbeitern teilweise ausgefüllten Akkordkarten der Abteilung zu ordnen, zu vergleichen, zu verrechnen, teilweise auszufüllen und den Inhalt der Akkordkarten in ein Stundenbuch, in ein Akkordbuch und in ein Reparaturbüch zu übertragen. Zudem hatte er die durch eine Kontrolluhr gestempelten Lohntüten in der Weise nachzurechnen, daß er zu prüfen hatte, ob der Arbeiter die in der Akkordkarte festgesetzte Akkordzeit nicht überschritten und was der Arbeiter in einer Stunde verdient habe. Diese Tätigkeit bildete nach der Annahme jenes Urteils einen wichtigen Teil der Lohnbuchhaltung, der Kalkulation und der Rechnungstellung für die Kunden der damaligen Beklagten, gehörte also ihrem Wesen nach zu deren kaufmännischen Betriebe. Zudem bot die Dienstleistung des Klägers gewisse Schwierigeiten, war ziemlich verwickelt und forderte deshalb eine selbständige geistige Tätigkeit. Das Kaufmannsgericht in Berlin hat in einer Entscheidung vom 6. April 1911 (Jahrbuch des Kaufmannsgerichts Berlin 1912 S. 336 Nr. 241) als Handlungsgehilfen sogar einen Werkstattschreiber angesehen, der einem Meister unterstellt war, aber die vom kaufmännischen Büro eingegangenen Orderzettel und Zählkarten daraufhin zu kontrollieren hatte, ob sie übereinstimmten, um sie dann in das Werkstatt- oder Orderbuch des Meisters einzutragen, der ferner die Polygraphenzettel ausfüllte und die von den Arbeitern selbst ausgerechneten Lohnbücher kontrollierte und ins Arbeitsbuch des Meisters eintrug; es hat diese Tätigkeit als umfangreiche kalkulatorische Rechenarbeit nicht rein mechanischer Art und mithin als Kontorarbeit gewertet, wie sie in jedem größeren kaufmännischen Betriebe von besonders dazu angestellten Handlungsgehilfen erledigt werde. In einer Entscheidung vom 8. Mai 1906 (das. 1908 S. 311 Nr. 160) hat dasselbe Gericht einen Werkstattschreiber als Handlungsgehilfen bezeichnet, der Lohnbücher zu führen, Materialzettel und Kommissionskarten auszustellen und Aufstellungen anzufertigen hatte, obwohl er seine Arbeiten in einem vom Kontor getrennten Fabrikraum auszuführen hatte. Der damalige Kläger hatte, wie im vorliegenden Falle, eine kaufmännische Lehre durchgemacht. Er hatte die Arbeitsweise und die Arbeitsquanten in ein Lohnbuch einzutragen und danach die Löhne zu berechnen. Ende jeder Woche wurden die Lohnbücher nach Durchsicht seitens eines Meisters in das Kontor weitergegeben und dienten dort als Unterlagen für die Hauptbücher. Das Kaufmannsgericht hat ausgeführt, diese Arbeiten trügen eine „kaufmännische Signatur", da der Kläger ein die wesentliche Unterlage für die Hauptbücher bildendes Hilfsbuch geführt habe, dessen nach dem Ergebnis der Beweisaufnahme immerhin kompliziert rechnerische Bearbeitung insoweit die Fähigkeiten eines Buchhalters erforderte; unerheblich sei, daß der Kläger unter Aufsicht und Leitung zweier technischer Angestellten gearbeitet und seine Arbeitsstätte von dem übrigen kaufmännischen Personal getrennt im Fabrikgebäude gehabt habe. Aus all diesen Entscheidungen, gutachtlichen Äußerungen und Anführungen des Schrifttums folgt, daß der Verkehr bereits seit längerer Zeit den in größeren Betrieben tätigen Werkstattschreiber vermöge der ihm regelmäßig obliegenden Aufgaben als Handlungsgehilfen ansieht und diese Auffassung nur dann nicht Platz greift, wenn der Werkstattschreiber dem kaufmännischen Betriebe als solchem entweder keine Dienste zu leisten hat, also nur im technischen Betriebe zur Unterstützung des Werkmeisters tätig ist, oder die ihm für den kaufmännischen Teil obliegenden Dienstleistungen rein mechanischer und einfachster Art sind, also weder kaufmännische Vorbildung noch kaufmännische Übung erfordern. Wenn also das Landesarbeitsgericht den Werkstattschreiber nur dann als Handlungsgehilfen gelten lassen will, wenn er komplizierte Berechnungen, die für die Kalkulation von besonderer Bedeutung sind, vorzunehmen hat, so kann dem nicht beigepflichtet werden. In den industriellen Unternehmungen sind bei der Leitung der Buchhaltung und der Kassenführung viele Angestellte als Handlungsgehilfen tätig, obwohl von ihnen komplizierte Berechnungen nicht gefordert werden, bei denen eben ihre kaufmännische Ausbildung und Übung, die Vertrautheit mit den Büroeinrichtungen und dem Ineineinandergreifen der verschiedenen Betriebsteile und ihre Zuverlässigkeit notwendige Eigenschaften sind, die ihre Dienste nach der Verkehrsauffassung zu kaufmännischen machen. Nach alledem kann es, wie bereits hervorgehoben, auch nicht darauf ankommen, ob in kleineren Betrieben der technische Meister neben der Beaufsichtigung und Leitung der ihm unterstellten Arbeiter eine Tätigkeit zu entfalten pflegt, wie sie in größeren Betrieben mit zeitgemäßer Rationalisierung, Spezialisierung, Teilung und Normung vom Werkstatt- und Betriebsschreiber vorgenommen wird. Denn in jenem Falle handelt es sich um eine Nebentätigkeit des nur bei der Fertigung der Werkstücke in der Werkstatt tätigen Meisters, der seine Aufträge unmittelbar vom Betriebsinhaber erhält und von ihm leicht überwacht und beaufsichtigt werden kann, der also lediglich dem technischen Betriebsteil im engeren Sinne dient. Wie die Beklagte selbst anerkennt, kann in mittleren und größeren Betrieben diese Nebentätigkeit von den Meistern nicht geleistet werden, sie wird dort von Werkstattschreibern als eine selbständige Tätigkeit, in durchorganisierten Industriebetrieben an der Hand bestimmter Weisungen, der Stücklisten und der Arbeitszeitlisten, in Verbindung mit anderen Aufgaben durchgeführt.

Geht man hiervon aus, so ist im vorliegenden Falle mit dem im ersten Rechtszuge gehörten Sachverständigen und dem ersten Richter die Handlungsgehilfeneigenschaft des Klägers zu bejahen. Die Beklagte betreibt, soweit erkennbar ist, die Herstellung von Maschinen oder Maschinenteilen. Der Kläger, der nach einer dreijährigen kaufmännischen Lehrzeit in einer Metallwarenfabrik 15 Jahre lang als Handlungsgehilfe tätig gewesen war, war in ihre Dienste durch Vermittlung des Arbeitsnachweises für Angestellte getreten; die Beklagte will ihn freilich dort lediglich angefordert haben, um eine Kraft mit leserlicher Handschrift zu erhalten. Jedenfalls war er als gewerblicher Arbeiter oder Gehilfe niemals tätig gewesen. Er ist auch von der Beklagten keinem Werkmeister unterstellt oder zugeteilt worden, fand vielmehr seinen Arbeitsplatz im kaufmännischen Büro. Seine Tätigkeit bei der Beklagten bestand darin: Er hatte bei den der Werkstatt gemäß den Bestellungen der Kunden nach bestimmten Formularen erteilten Herstellungsaufträgen die für die einzelnen Gegenstände nach den Stücklisten der Beklagten in Frage kommenden Akkordlöhne für die beteiligten Former, Kernmacher, Putzer, Säger und Bläser, gegebenenfalls auch nach Arbeitszeitlisten die Stundenlöhne festzustellen, die von den Meistern für die einzelnen Arbeiter vermerkten Arbeitsleistungen und Löhne an der Hand der Aufträge und Listen zu vergleichen, Unstimmigkeiten zur Sprache zu bringen und ihre Erledigung herbeizuführen, danach die die Unterlagen für die Lohnbuchhaltung bildenden Akkordzettel der einzelnen Arbeiter abzuschließen und die jeweils angefertigten Stücke der Zahl und dem Preise nach auf den Aufträgen selbst zu vermerken. Diese Tätigkeit erforderte neben Aufmerksamkeit und Gewissenhaftigkeit Kenntnis der Arbeitsvorgänge; sie diente der Preiskalkulation und Nachkalkulation und der Vorbereitung der Lohnbuchhaltung. Ist hiernach schon die Annahme des Sachverständigen, daß die Dienste des Klägers kaufmännische waren, nicht zu beanstanden, so kommt noch hinzu, daß der Kläger bis zum Frühjahr 1929 gelegentlich auch mit den Lohnabrechnungen für die auswärts auf Montage befindlichen Arbeiter beschäftigt worden ist und damit zweifellos kaufmännische Dienste geleistet hat. Er war also Handlungsgehilfe.

RAG. 7, 289.

1. Erwächst auf jahrelang gezahlte Lohnzuschläge durch stillschweigende Vereinbarung ein Rechtsanspruch, wenn sie nach anderweiten, wechselnden Grundlagen berechnet werden?

2. Ist in einer Bekanntmachung einseitiger Änderung der Lohnbedingungen, deren Eintritt eine gewisse Frist hinausgeschoben wird, stets die Kündigung der Einzelarbeitsverträge zu finden?

3. Welche Bedeutung hat die Fortsetzung der Arbeit durch den Arbeitnehmer?

BGB. § 242.

Reichsarbeitsgericht. Urt. v. 21. Januar 1931.

I. Arbeitsgericht Wandsbeck. — II. Landesarbeitsgericht Altona.

Die Klägerin ist in dem Betriebe der Beklagten als Arbeiterin an einer Strecke beschäftigt. Sie erhielt außer dem Tariflohn nach einer jahrelang bei der Beklagten ausgeübten Praxis einen Zuschlag, welcher bis zum 6. Januar 1930 prozentual nach dem Akkordverdienst von anderen, in dem Produktionsgang nachgeordneten Arbeitnehmergruppen berechnet wurde. Am 3. Januar gab die Beklagte nach vorheriger Rücksprache mit dem Betriebsratsvorsitzenden ihren Arbeitnehmern durch Aushang am schwarzen Brett eine am 6. Januar 1930 eintretende neue Lohnverrechnung bekannt.

Der Aushang trug die Überschrift:

„Bekanntmachung.

Abt. Vorbereitung. Betr. Neue Lohnverrechnung ab 6. I. 1930."

Die Beklagte hat in der dem 6. Januar 1930 folgenden Lohnwochenperiode die niedrigeren Löhne zur Auszahlung gebracht. Die Klägerin vertritt die Ansicht, daß eine Lohnreduktion ohne die nicht erfolgte gleichzeitige Aufkündigung des Arbeitsvertrages unzulässig sei. Sie fordert mit der Klage den Unterschied mit dem bisherigen Lohn für die erste Lohnwoche in Höhe von 2,88 RM. Die Beklagte hält die Nachforderung für ungerechtfertigt. Nach ihrer Ansicht habe die Klägerin keinen vertraglichen Anspruch auf die tarifliche Überbezahlung, da diese von ihr völlig freiwillig und zudem in wechselnder Höhe gewährt worden sei, ferner sei in der Bekanntmachung eine Kündigung der Arbeitsverträge zu erblicken, da die Lohnreduktion erst nach Ablauf einer Frist, die der Kündigungsfrist Rechnung getragen habe, eintreten sollte. Endlich habe auch die Klägerin durch Weiterarbeit sich mit der Lohnherabsetzung einverstanden erklärt. Ein etwaiger Protest demgegenüber komme nicht in Betracht. Das Arbeitsgericht hat die Klage abgewiesen, auf die Berufung der Klägerin hat das Landesarbeitsgericht die Klage zugesprochen.

Die für zulässig erklärte Revision der Beklagten wurde zurückgewiesen.

Gründe:

Das Landesarbeitsgericht geht in tatsächlicher Beziehung mit dem Arbeitsgericht davon aus, daß die Klägerin im Zeitlohn und nicht im Akkordlohn arbeite. Gegen diese der Beklagten günstige Feststellung sind Bedenken rechtlicher Art nicht zu erheben. Das Landesarbeitsgericht nimmt ferner in Übereinstimmung mit dem Arbeitsgericht an, daß die Zahlung der Zuschläge zu dem tariflichen Zeitlohn durch die jahrelang in dieser Weise erfolgte Handhabung der Lohnberechnung Inhalt des Arbeitsvertrages mit der Klägerin geworden sei und daß daher eine Abänderung durch einseitige Erklärung der Beklagten nicht zulässig gewesen sei. Diese Würdigung des in der Lohnzahlung liegenden Verhaltens der Beklagten steht im Einklang mit der Rechtsprechung des Reichsarbeitsgerichts über das Zustandekommen stillschweigender Lohn- und Gehaltsvereinbarungen, wie sie insbesondere hinsichtlich der Verpflichtung zur Fortgewähr von Gratifikationen ihren Niederschlag gefunden hat (RAG. Bd. 4 S. 67, Bd. 5 S. 22; ArbRspr. 1930 S. 271). Mag auch ein Lohnzuschlag zunächst nur als freiwillige Leistung gewährt werden, so liegt in der regelmäßigen Weiterzahlung für eine Reihe von Jahren, ohne das die Freiwilligkeit besonders zum Ausdruck kommt, ein Verhalten des Arbeitgebers, das die Erklärung seines Willens enthält, den Lohnzuschlag auch für die Zukunft für die Dauer des bestehenden Arbeitsvertrages weiter zahlen zu wollen und welches nach Treu und Glauben von dem Arbeitnehmer auch dahin verstanden werden muß (vgl. ferner auch RAGUrt. vom 28. September 1929 140/29; ArbRspr. 1930 S. 18). Dem steht nicht entgegen, daß es sich im vorliegenden Fall nicht um einen der Höhe nach fest bestimmten Zuschlag handelte, sondern daß die zusätzliche Vergütung sich nach einem bestimmten Errechnungsschlüssel entsprechend dem Akkordverdienst anderer Arbeitnehmergruppen berechnete und somit der Höhe nach naturgemäß schwankte. Denn diese Berechnungsart betraf nur die Art und Weise der Ausrechnung. Sie stellte trotzdem eine bestimmbare Leistung dar, und die Höhe der Zahlungen war nicht lediglich in das Belieben der Beklagten gestellt. Auf die Behauptung der Beklagten, daß auch der Errechnungsschlüssel hin und wieder geändert worden sei, ist die Revision nicht zurückgekommen. Aber selbst bei Unterstellung der Richtigkeit dieser Behauptung hatte die Beklagte ihren Willen in einer sie nach Treu und Glauben verpflichtenden Weise kundgegeben, die Zuschläge nach einem jeweilig festgesetzten Errechnungsschlüssel zu zahlen und konnte daher jegliche Zahlung des Zuschlags nicht ohne Änderung des Einzelarbeitsvertrages einstellen. Ob und inwieweit eine einseitige Änderung des Errechnungsschlüssels schon unzulässig ist, bedarf keiner Prüfung, da jedenfalls die Klägerin berechtigt war, den Zuschlag nach dem zuletzt zur Anwendung gebrachten Schlüssel zu fordern.

Das Landesarbeitsgericht hat ferner in der am 3. Januar durch Anschlag erfolgten Bekanntmachung eine Kündigung der Einzelarbeitsverträge nicht erblickt, weil der Wille zur Lösung des Vertragsverhältnisses nicht so klar und eindeutig zum Ausdruck gebracht worden sei, daß für den Vertragsgegner kein Zweifel hinsichtlich der Rechtslage bestehen konnte. Das Landesarbeitsgericht äußert schon Bedenken, ob überhaupt der Wille der Beklagten dahin gegangen sei, die bestehenden Arbeitsverhältnisse zu lösen. Es fehlt mithin bereits an der erforderlichen Feststellung des Kündigungswillens der Beklagten (RAG. Bd. 3 S. 66). Aber auch bei Unterstellung dieses Willens wird die Ansicht des Landesarbeitsgerichts von der tatsächlichen Feststellung und möglichen Auslegung der Bekanntmachung getragen, daß der Wille zur Lösung der Arbeitsverhältnisse nicht eindeutig zum Ausdruck gebracht worden sei. Wie das Reichsarbeitsgericht in mehrfachen Entscheidungen zum Ausdruck gebracht hat, ist es letzten Endes Tatfrage und nur nach den Umständen des einzelnen Falles zu beurteilen, ob der Wille zur Kündigung bei einem solchen Anschlage mit unverkennbarer Deutlichkeit erklärt ist (RAG. vom 27. März 1929, 494/28; ArbRspr. 1929 S. 259; RAG. Bd. 3 S. 67). Das Landesarbeitsgericht hat nicht verkannt, daß nach der Rechtsprechung des Reichsarbeitsgerichts eine Bekanntmachung, in welcher für einen nach Ablauf der vertragsmäßigen Kündigungsfrist liegenden Zeitpunkt eine Änderung der Arbeitsbedingungen angezeigt wird, den Kündigungswillen auch ohne Gebrauch des Wortes selbst in genügender Weise zum Ausdruck bringen kann (RAG. Bd. 2 S. 30, Bd. 3 S. 67). Das Landesarbeitsgericht hat aber im vorliegenden

Fall festgestellt, daß der Bekanntmachung eine Kündigung nicht zu entnehmen war. Diese Auslegung ist möglich und der Nachprüfung in der Revisionsinstanz entzogen. Irgendeinen rechtlichen Verstoß, insbesondere gegen § 133 BGB., wie ihn die Revision rügt, läßt die erfolgte Auslegung nicht erkennen. Das Landesarbeitsgericht hat die Entscheidung nicht darauf abgestellt, daß der Arbeitgeber unterlassen habe, ausdrücklich auf die Beendigung der Arbeitsverhältnisse hinzuweisen. Vielmehr hat das Landesarbeitsgericht der Erklärung lediglich die Willenskundgebung entnommen, daß vom 6. Januar 1930 ab — dieser Termin war zugleich der Beginn einer neuen Lohnwochenperiode — nur eine neue Lohnverrechnung eingeführt werden sollte. Gerade der Ausdruck Lohnverrechnung konnte aber auf den Willen der Beibehaltung der Arbeitsbedingungen im übrigen hindeuten. Auf die Hinausschiebung des Inkrafttretens um einige Tage brauchte mithin das Landesarbeitsgericht kein entscheidendes Gewicht zu legen. Es kann auch nicht darauf an, ob die Arbeitnehmerschaft durch ihre Organisation besonders über die einschlägigen rechtlichen Bestimmungen und Judikatur unterrichtet war.

Der Fall liegt wesentlich anders als in den von der Beklagten angezogenen Entscheidungen des Reichsarbeitsgerichts = Bensheimer Slg. Bd. 8 S. 68, Bd. 9 S. 136, 140, in welchen der Wille zur Kündigung in klarer Weise zum Ausdruck gebracht worden war.

Das Landesarbeitsgericht hat ferner die Sachlage unter dem Gesichtspunkt geprüft, ob das in der Bekanntmachung liegende Angebot zur vertraglichen Änderung der Lohnsätze von der Klägerin stillschweigend durch ihr Verhalten angenommen worden sei. Es hat dies verneint, da die Klägerin durch ihren bei dem Betriebsratsvorsitzenden alsbald ausgesprochenen Einspruch, der an die Beklagte weitergeleitet worden sei, klar zum Ausdruck gebracht habe, daß sie mit der neuen Lohnberechnung nicht einverstanden sei. Ein rechtlicher Verstoß ist in dieser tatsächlichen Würdigung des Verhaltens des Klägerin nicht zu finden.

Die Revision rügt, daß die Klägerin sich durch die Fortsetzung des Arbeitsverhältnisses im Widerspruch zu ihrem mündlichen Protest gesetzt habe und sich somit auf diesen nicht berufen könne. Die Rüge ist unbegründet. Sie verkennt, daß mangels Kündigung der frühere Einzelarbeitsvertrag mit seiner über dem Tariflohn liegenden Lohnfestsetzung weiter bestand und die Klägerin sich somit auf ein neues Vertragsangebot überhaupt nicht einzulassen brauchte. Die von den Beklagten angezogene Entscheidung des Reichsarbeitsgerichts RAG.

Bd. 3 S. 67 ging von der durch eine gültige Kündigung geschaffenen Rechtslage aus. Hat aber die Klägerin sich nicht schweigend verhalten, sondern sogar widersprochen, so kann von der Annahme eines auf Änderung des bisherigen Arbeitsvertrages abzielenden Angebots durch Fortsetzung des alten Arbeitsverhältnisses, zu welcher die Klägerin berechtigt und verpflichtet war, keine Rede sein. Außerdem hat der Berufungsrichter zutreffend darauf hingewiesen, daß es sich vorliegend nur um die eine Lohnwoche handelte, welche mit dem 6. Januar 1930 begann.

RAG. 7, 349.

Die Anordnung schriftlicher Abfassung von Einzelabreden im Tarifvertrag ist nicht notwendig als Formvorschrift zu behandeln. Schriftform für Akkordabreden.

Vereinbarung über Akkordarbeit zum Reichstarifvertrag für das Baugewerbe vom 30. März 1929.

Reichsarbeitsgericht. Urt. v. 4. Februar 1931.

I. Arbeitsgericht Berlin. — II. Landesarbeitsgericht daselbst.

Für ein Bauvorhaben der Beklagten in Charlottenburg haben die klagenden Wölber und Einschaler durch den Kläger zu 1, ihren Kolonnenführer, die Herstellung von Massivdecken übernommen und ausgeführt. Nach mündlicher Absprache der Akkordbedingungen haben sie am 13. oder 14. Januar 1930 zu arbeiten begonnen. Unter dem 17. Januar 1930 hat die Beklagte an den Kolonnenführer ein Schreiben gerichtet, in dem sie „unsere Vereinbarungen hinsichtlich Übertragung der Ausführung von Massivdecken . . . . wie folgt" . . . . „bestätigte." Gemäß dem Ersuchen dieses Schreibens haben die Kläger zur Erklärung ihres Einverständnisses auf der Rückseite ihre Unterschrift geleistet.

Zwischen Arbeitsbeginn und Bestätigung, und zwar am 15. Januar 1930, ist nach seinem § 12 Ziff. 1 der für die Parteien kraft Beteiligung geltende Tarifvertrag für Steindecken vom 21. Dezember 1929 in Kraft getreten, der nach Meinung der Kläger höhere Akkordsätze vorsieht, als ihrer Abrede mit der Beklagten entspricht. Sie haben daraufhin Nachzahlung von insgesamt 737 RM verlangt. Die Beklagte hat geltend gemacht, der Akkord richte sich nicht nach dem Tarifvertrag, weil dessen § 12 Abs. 2 bestimmt:

„Bei dem Inkrafttreten dieses Tarifvertrags bereits für einzelne Baustellen abgeschlossene Einzel-Akkordverträge bleiben bis zur Beendigung der Arbeiten bestehen."

Das Arbeitsgericht hat der Klage stattgegeben. Auf die Berufung der Beklagten hat das Landesarbeitsgericht die Klage abgewiesen. Die Revision der Kläger blieb erfolglos.

Gründe:

Der Berufungsrichter stellt angesichts der Bestimmung in § 12 Abs. 2 des Steindecken-Tarifvertrages die Entscheidung zutreffend darauf ab, ob dieser Tarifvertrag bei seinem Inkrafttreten am 15. Januar 1930 einen schon bestehenden Akkordvertrag vorfand oder nicht. In diesem Sinn prüft er die Zweifel, die trotz des Arbeitsbeginns am 13. oder 14. Januar 1930 infolge der tariflichen Formvorschriften gegen die Gültigkeit der mündlichen Abmachung, die den Arbeitsbeginn begleitete, bestehen können. Insoweit kommt nicht in Betracht die von dem Berufungsrichter herangezogene Bestimmung in § 7 Abs. 2 des Steindecken-Tarifvertrags, weil sie nur für die von dem Tarifvertrag zeitlich beherrschten Abreden Geltung beanspruchen könnte. Ebensowenig ist aus der Übergangsvorschrift des § 12 Ziff. 2 für die Entscheidung etwas zu entnehmen, weil in dieser Norm zwischen schriftlich und mündlich abgeschlossenen Einzelakkorden nicht unterschieden wird. Es galt aber unstreitig für die Parteien zur Zeit des Arbeitsbeginns am 13./14. Januar mit dem allgemeinverbindlichen Reichstarifvertrag für das Baugewerbe vom 30. März 1929 auch dessen Vereinbarung über Akkordarbeit vom 30. März 1929, die in Ziff. 2 bestimmt:

„Der Einzelakkord für die einzelne Baustelle wird von dem Unternehmer mit den für den Akkord in Frage kommenden Arbeitern vor Beginn der Arbeit schriftlich vereinbart."

Für die Auslegung dieser Bestimmung kann in Frage kommen, ob es sich um eine rechtsgeschäftliche Formvorschrift im Sinne der §§ 125 Satz 2, 127 BGB. handelt oder nur darum, daß den Parteien des Arbeitsvertrags damit ein Anspruch auf schriftliche Niederlegung der Abreden eingeräumt wird. Der Berufungsrichter geht von der Auffassung als Formvorschrift aus, meint sie aber so deuten zu können, daß bei nachträglicher Erfüllung der Schriftform der Abschluß als zustandegekommen im Augenblick des Arbeitsbeginns gelten solle. Auch bei dieser Wendung, die die Bestimmung über die Tatsache und den Zeitpunkt des Vertragsschlusses in die Hand der Tarifparteien legt, besteht das Bedenken, ob eine so gemeinte Vorschrift fähig wäre, in den Einzelvertrag überzugehen.

Das Reichsarbeitsgericht hat in dem Urteil vom 3. Dezember 1930 RAG. 291/30 — RAG. Bd. 7 S. 118 — gegenüber der tarifvertraglichen Anordnung der Schriftform für den Landarbeitervertrag dahin Stellung genommen, daß die Satzung von Formvorschriften für den Arbeitsvertrag im Tarifvertrag der normativen Kraft entbehre, weil sie nicht den Inhalt des Arbeitsvertrags, die Setzung von Arbeitsbedingungen betrifft. Die Revision ficht das nicht grundsätzlich an, meint aber, die Rechtslage sei bei der Akkordabrede anders. Da es sich um einen innerhalb des Arbeitsverhältnisses geschlossenen Vertrag handle, der nur in einer bestimmten Richtung das Arbeitsverhältnis gestalte, gehöre die Akkordabrede zum Vertragsinhalt. Das Arbeitsverhältnis der Kläger habe mit der Übernahme der Arbeiten begonnen, aber es sei infolge der Tarifnorm durch den Abschluß der Akkordabrede nicht inhaltlich bestimmt, sondern habe bis zur schriftlichen Bestätigung als Zeitlohnverhältnis bestanden. Es kann unentschieden bleiben, inwieweit diese Auffassung (aus der folgen würde, daß die Klage zum Teil nicht schlüssig wäre) haltbar ist, insbesondere für einen Fall wie den vorliegenden, in dem die Begründung des Arbeitsverhältnisses mit dem Zustandekommen der Akkordabrede zusammenfällt. Denn es besteht kein Zwang und nach der Sachlage kein Anlaß, in der Bestimmung zu Ziff. 2 der Vereinbarung über Akkordarbeit eine Formvorschrift zu finden. Ob die zu § 125 Satz 2 BGB. für den Einzelvertrag in der Rechtsprechung entwickelte Regel, die Vermutung spreche dafür, es sei bei Abrede schriftlicher Abfassung der Formzwang gewollt (Komm. RGR. § 125 Ziff. 4), auch für die andersartige Anordnung schriftlicher Abfassung in Tarifverträgen gilt, bedarf hier keiner grundsätzlichen Entscheidung. Die Frage, ob Schriftlichkeit als Form oder als Beweismittel bestimmt ist, hängt von den verfolgten Parteizwecken ab. Im Rechtsverkehr sonst soll die Niederlegung des Verabredeten oft das Anzeichen der endgültigen Einigung im Sinne von § 154 Abs. 2 BGB. sein. Wenn das Akkordabkommen schriftliche Abfassung der Akkordabrede verlangt, handelt es sich aber allein darum, die Grundlage der oft nicht einfachen Faktoren des Bauakkords festzulegen und dem Streit vorzubeugen. Damit von Anfang an Meinungsverschiedenheiten vermieden werden, soll diese Niederlegung vor Arbeitsbeginn geschehen. Ein Zweifel wegen des Willens zum festen Abschluß wird in aller Regel nicht bestehen können, sobald die Arbeit aufgenommen ist. Es liegt auch, wie der Berufungsrichter mit Recht annimmt, fern, die Tarifparteien könnten daran gedacht haben, daß ohne schriftliche Feststellung des abgesprochenen Akkords noch nach der Arbeitsaufnahme ein vertragsloser Zustand bestehen solle. Die von der Revision vertretene Auffassung, es solle der auf Akkord abgeschlossene Arbeitsvertrag bis zur schriftlichen Abfassung als Zeitlohnvertrag gelten, kommt in der

„Akkord-Vereinbarung" nicht zum Ausdruck. Gegen sie besteht auch das Bedenken, daß die Übernahme von Arbeit in dieser Lohnform gerade im Baugewerbe für jede der Arbeitsparteien so wesentlich ist, daß die Vergebung und Annahme der Arbeit bei Zeitlohn oft nicht zustandekommen würde. Könnte ferner jede Seite durch Nichtmitwirken zur schriftlichen Abfassung die Lohnform ändern, so würde ein Weg eröffnet, um wesentliche Vertragsrechte des anderen zu vereiteln. Den Zwecken des Tarifvertrags entspricht es vielmehr, den mündlichen Vertrag hinzunehmen, aber jeder Akkordpartei das Recht auf schriftliche Abfassung zu geben. Daß die Schaffung eines solchen Anspruchs in den Bereich der Arbeitsbedingungen und deshalb zum normativen Tarifteil gehört, unterliegt keinem Bedenken. Diesen Erwägungen gegenüber ist auf die Wortwahl „werden schriftlich vereinbart", die bei einem Gesetz für Formsetzung sprechen würde, bei einer Tarifvereinbarung kein entscheidendes Gewicht zu legen. Es verstieß deshalb gegen keine Tarifnorm, falls die streitenden Parteien den Akkordvertrag am 13. oder 14. Januar 1930 mündlich fest abgeschlossen haben.

Es bedarf aber noch einer besonderen Erörterung, ob das wirklich der Fall ist, ob nicht vielmehr gemäß § 154 Abs. 2 BGB. nach den Einzelabreden der Akkordvertrag erst mit der schriftlichen Bestätigung in Kraft treten sollte. Der Berufungsrichter hat diese Frage zwar nicht besonders unter dem Gesichtspunkt des Einzelvertrags erörtert. Seine Entscheidung ergibt aber, daß die Erwägungen, die er hinsichtlich der Auffassung der Tarifparteien anstellt, nicht weniger für den Fall gelten sollen, daß es auf die Bestimmung des Einzelvertrages ankommt. Dem entspricht insbesondere die Darlegung, daß nach der Auffassung der beteiligten Kreise, „auch der Tarifvertragsparteien", „in jedem Falle der Arbeitsvertrag mit Arbeitsbeginn als zustande gekommen anzusehen ist" und daß eine andere Auffassung den Interessen beider Seiten des Arbeitsvertrages auf das Entschiedenste widersprechen würde. Somit hat der Berufungsrichter auch für die Einzelabrede der Parteien die gleiche Feststellung treffen wollen, wie für die der Tarifparteien. Diese Feststellung zum Einzelvertrag bindet das Revisionsgericht.

Also war vor dem Inkrafttreten des Steindecken-Tarifvertrags der Einzelakkord abgeschlossen und ist nach § 12 Abs. 2 dieser Vereinbarung in Kraft geblieben. Das rechtfertigt die abweisende Entscheidung des Berufungsrichters.

RAG. 7, 353.

Bedeutet „Auflösung des Lehrverhältnisses" im § 127f Abs. 2 der Reichsgewerbeordnung die tatsächliche oder die rechtliche Beendigung?

Reichsgewerbeordnung § 127 f.

Reichsarbeitsgericht. Urt. v. 7. Februar 1931.

I. Arbeitsgericht Emden. — II. Landesarbeitsgericht Osnabrück.

Der Kläger war auf Grund schriftlichen Lehrvertrages vom 27. Juli 1925 als Lehrling zur Erlernung des Maurerhandwerks bei der Beklagten beschäftigt; das Ende der Lehrzeit war auf Ostern 1929 festgesetzt. Am 21. August 1928 wurde er von der Beklagten mit der Begründung entlassen, daß ihr die Fortsetzung des Lehrverhältnisses nicht mehr zugemutet werden könne, nachdem sie durch eine rechtskräftige Entscheidung des Arbeitsgerichts für verpflichtet erachtet sei, dem Kläger statt der im Lehrvertrage vereinbarten Lehrlingsentschädigung die höhere tarifliche Lehrlingsvergütung zu zahlen. Unmittelbar nach der Entlassung wandte sich der Kläger an den Innungsausschuß für Lehrlingsstreitigkeiten mit dem Antrage, die Beklagte zur Wiedereinstellung zwecks Fortsetzung der Lehre zu verurteilen. In der Verhandlung vor dem Innungsausschuß am 26. Oktober 1928 wurde der Antrag dahin erweitert, die Beklagte auch zur Zahlung einer Lohnausfallentschädigung seit dem Tage der Entlassung zu verurteilen. Nachdem der Innungsausschuß den Antrag des Klägers abgewiesen hatte, erhob dieser Anfang November 1928 beim Arbeitsgericht Klage auf Wiedereinstellung und Zahlung des Lohnausfalles für die Zeit nach der Entlassung. Im Laufe des Rechtsstreits ließ er, nachdem er die Lehrzeit in einer anderen Lehrstelle, in die er am 27. September 1928 eingetreten war, beendet hatte, den Antrag auf Wiedereinstellung fallen und verlangte lediglich Zahlung vom Lohnausfall für die Zeit vom 22. August bis 11. Dezember 1928.

Das Arbeitsgericht wies die Klage ab. Auf die Berufung des Klägers wurde die Beklagte zunächst durch Teilurteil zur Zahlung eines Teilbetrags verurteilt. Die hiergegen gerichtete Revision der Beklagten war ohne Erfolg.

Gründe:

Das Landesarbeitsgericht hat durch das angefochtene Urteil dem Kläger den Lohnausfall in Höhe der tarifmäßigen Lehrlingsvergütung für die Zeit vom 22. August bis 26. September 1928 zuerkannt. Das ist der Zeitraum, in welchem der Kläger nach den Feststellungen des angefochtenen Urteils völlig beschäftigungslos gewesen ist und auch einen anderweitigen Verdienst nicht gehabt hat. Im Gegensatz zum Arbeitsgericht, das den Klaganspruch abgewiesen hat, weil der Entschädigungsanspruch nicht innerhalb der in § 127 f Abs. 2 der RGewO. vorgesehenen Frist von 4 Wochen geltend gemacht worden sei, hat das Landesarbeitsgericht die Frist des § 127 f der RGewO. durch die am 26. Oktober 1928 vor dem Innungsausschuß erfolgte Geltendmachung des Entschädigungsanspruchs als gewahrt erachtet. Es hat angenommen, daß unter „Auflösung des Lehrverhältnisses" im Sinne des § 127 f Abs. 2 nicht die tatsächliche, sondern die rechtliche Beendigung des Lehrverhältnisses zu verstehen sei; dieser Zeitpunkt sei aber, so hat es ausgeführt, im vorliegenden Falle nicht vor dem Jahre 1929 eingetreten.

Die Revision, welche die Annahme des Landesarbeitsgerichts, daß es sich im vorliegenden Falle um die Geltendmachung eines Entschädigungsanspruchs im Sinne des § 127 f der RGewO. handle, sich zu eigen macht, rügt die im angefochtenen Urteil zum Ausdruck gebrachte Auffassung, daß unter „Auflösung des Lehrverhältnisses" im Sinne des Abs. 2 die rechtliche Beendigung zu verstehen sei, als rechtsirrig. Der Revisionsangriff ist jedoch unbegründet. Die Deutung der Worte „Auflösung des Lehrverhältnisses" im Sinne der Beendigung des zwischen Lehrherrn und Lehrling bestehenden Rechtsverhältnisses und nicht etwa nur im Sinne der Beendigung eines tatsächlichen Zustandes entspricht nicht nur dem eigentlichen Wortsinne, sondern auch, wie das Landesarbeitsgericht unter Hinweis auf die §§ 127 b Abs. 1 und 2, 127 d, 127 e, 127 g RGewO. hervorhebt, insbesondere dem Sprachgebrauch des Gesetzes selbst. In allen diesen Fällen handelt es sich um die Aufhebung des Lehrverhältnisses als Rechtsverhältnisses, also um die rechtliche Aufhebung des Lehrverhältnisses. Es liegt kein Grund vor, anzunehmen, daß im § 127 f Abs. 2 darunter hätte etwas anderes verstanden werden sollen. Im Gegenteil kann die Erwägung, daß, solange das Lehrverhältnis rechtlich noch nicht aufgelöst ist, täglich neue Schadensersatzansprüche aus dem noch fortbestehenden Rechtsverhältnis entstehen können, nur die Auffassung stützen, daß nach dem Sinn und Willen des Gesetzes der Lauf der für die Geltendmachung des Entschädigungsanspruches gesetzten Frist erst dann hat beginnen sollen, wenn das Lehrverhältnis rechtlich sein Ende gefunden hat und damit der Zeitpunkt eingetreten ist, in welchem abschließend übersehen werden kann, welche Entschädigungsansprüche aus ihm erwachsen sind.

Das Landesarbeitsgericht hat aber auch weiter ohne Rechtsirrtum festgestellt, daß das Lehrverhältnis rechtlich nicht vor dem Jahre 1929 sein Ende erreicht hat. Daß es nicht durch die am 21. August 1928 erfolgte Entlassung des Klägers aufgelöst worden ist, sondern über diesen

Zeitpunkt hinaus in Geltung geblieben ist, ist in dem zwischen den Parteien anhängig gewesenen, durch das Urteil des Reichsarbeitsgerichts vom 22. Juni 1929 — RAG. 670/28 — abgeschlossenen Rechtsstreit rechtskräftig festgestellt. Die Revision will eine Auflösung des Lehrverhältnisses darin erblicken, daß der Kläger am 27. September 1928 in eine andere Lehrstelle eingetreten ist. Sie sieht darin die Kundgebung des Einverständnisses des Klägers und seines Vaters mit der Auflösung des Lehrverhältnisses. Das Landesarbeitsgericht, das sich hierzu nicht ausdrücklich ausgesprochen, aber, wie die Urteilsgründe ergeben, die Tatsache des Eintritts des Klägers in eine neue Lehrstelle keineswegs übersehen hat, hat sichtlich ein Einverständnis mit der Auflösung des Lehrverhältnisses daraus nicht entnommen. Einer solchen Annahme stand auch schon die Tatsache entgegen, daß der Kläger den unmittelbar nach der Entlassung beim Innungsausschuß gestellten Antrag auf Wiedereinstellung auch nach dem 27. September 1928 aufrechterhalten und nach Abweisung durch den Innungsausschuß auch noch beim Arbeitsgericht weiterverfolgt hat. Angesichts dieser Sachlage konnte auch die Beklagte nicht auf den Gedanken kommen, daß der Kläger mit einer Aufhebung des Lehrverhältnisses einverstanden sei. Auch dadurch, daß der Kläger schließlich nicht mehr auf Erfüllung des Lehrvertrages bestand, sondern Schadensersatz wegen Nichterfüllung geltend machte, wurde das Lehrverhältnis nicht zum Erlöschen gebracht, es bestand vielmehr weiter, nur mit der Maßgabe, daß an die Stelle der ursprünglichen Vertragspflicht beider Teile eine einseitige reine Geldforderung des Klägers trat (RGZ. Bd. 102 S. 62, Bd. 127 S. 248). Es ist also nicht ersichtlich, wodurch das Lehrvertragsverhältnis vor der Anfang November 1928 beim Arbeitsgericht eingereichten Klage im Sinne des § 127 f Abs. 2 RGewO. zur Auflösung gelangt sein könnte. Der Anspruch des Klägers ist daher als Entschädigungsanspruch in jedem Falle rechtzeitig durch Erhebung der Klage beim Arbeitsgericht geltend gemacht, und es bedarf einer Stellungnahme zu der Frage, ob die Geltendmachung des Entschädigungsanspruches beim Innungsausschuß schon einer Geltendmachung im Wege der Klage im Sinne des § 127 f Abs. 2 RGewO. gleichzuerachten sein würde, nicht . . .

RAG. 7, 360.

Werden, wenn für den Beginn der allgemeinen Verbindlichkeit eines Tarifvertrages ein der Allgemeinverbindlicherklärung vorausgehender Zeitpunkt bestimmt worden ist, von der Allgemeinverbindlichkeit auch diejenigen Arbeitsverträge erfaßt, die zwar zur Zeit des Erlasses der

Allgemeinverbindlicherklärung bereits erloschen waren, aber innerhalb der Zeitspanne, für die die Allgemeinverbindlichkeit rückwirkend festgesetzt ist, einmal bestanden haben?

TarifVo. § 2.

Reichsarbeitsgericht. Urt. v. 7. Februar 1931.

I. Arbeitsgericht Stolp. — II. Landesarbeitsgericht Köslin.

Durch Vertrag vom 15. Mai 1929 hatten die Beklagte und die Bauunternehmerfirma H. in St., die sich zu diesem Zwecke zu einer Arbeitsgemeinschaft zusammengeschlossen und für die örtliche Bauleitung auf der bei R. gelegenen Baustelle ein Baubüro eingerichtet hatten, die Ausführung der Regulierungsarbeiten der Wipper auf einer bestimmten Strecke von der Wassergenossenschaft zur Regulierung der Wipper übertragen erhalten. In dem Vertrage hatten sich die Unternehmer verpflichtet, außer einer gewissen Anzahl von Stammarbeitern nur Erwerbslose zu beschäftigen, die von den zuständigen Arbeitsämtern K. und St. überwiesen sein mußten. Ferner war in dem Vertrage bestimmt, daß die Entlohnung aller Arbeiter tarifmäßig zu erfolgen habe. Zwecks Beschaffung der notwendigen Arbeiter wandte sich der auf dem Baubüro R. für die Arbeitsgemeinschaft K.-H. tätige Bauleiter an die in R. bestehende Nebenstelle des Arbeitsamtes K. Da diese nicht über die genügende Zahl von Arbeitskräften verfügte, setzte sie sich mit den Arbeitsämtern K. und St. in Verbindung. Auf diese Weise wurden mit anderen Arbeitern auch die Kläger der Arbeitsgemeinschaft K.-H. als Notstandsarbeiter vermittelt, von dieser mit dem Hinweis, daß die Entlohnung nach Tarif erfolge, als Tiefbauarbeiter eingestellt und als solche auf der bei R. belegenen Arbeitsstelle mehrere Wochen hindurch beschäftigt. Die Einstellung und Entlassung der einzelnen Kläger erfolgte zu verschiedenen Zeiten; die Einstellung fiel in den Zeitraum vom 10. Juni 1929 bis zum 22. Juli 1929, die Entlassung in den Zeitraum vom 7. August 1929 bis zum 14. September 1929. Die Beklagte ist Mitglied des Reichsverbandes des Deutschen Tiefbaugewerbes, die Kläger gehören dem Deutschen Baugewerksbunde an.

Nach ihrer Entlassung erhoben die Kläger Klage auf Nachzahlung der Differenz zwischen dem ihnen gezahlten Lohne und den Lohnbeträgen, die sich bei Zugrundelegung des baugewerblichen Tarifes ergeben, indem sie von der Auffassung ausgingen, daß die Bestimmungen des Lohn- und Arbeitstarifs für Hoch-, Beton- und Tiefbauarbeiten in der Provinz Pommern vom 3. Juni 1929, in dessen § 9 der Geltungsbeginn auf den 15. Mai 1929 festgesetzt ist, auf ihr Arbeitsvertragsverhältnis während der ganzen Dauer ihrer Beschäftigungszeit bei der Arbeitsgemeinschaft K.-H. anzuwenden seien. Die Beklagte machte u. a. geltend, daß dieser pommersche Bezirkstarifvertrag keine Anwendung finden könne, da er erst am 1. März 1930 von ihrem Verbande, dem Reichsverbande des Deutschen Tiefbaugewerbes, unterzeichnet, auch seine Allgemeinverbindlicherklärung erst am 28. Oktober 1929, also nach Beendigung des Arbeitsverhältnisses der sämtlichen Kläger erfolgt sei.

Das Arbeitsgericht erkannte nach Klagantrag. Die Berufung der Beklagten wurde zurückgewiesen. Ihre Revision führt zur Aufhebung des angefochtenen Urteils und Zurückverweisung der Sache in die Vorinstanz.

Gründe:

Mit Recht ist das Berufungsgericht davon ausgegangen, daß es auf die Frage, ob der Pommersche Bezirkstarifvertrag, d. i. der Lohn- und Arbeitstarif für Hoch-, Beton- und Tiefbauarbeiten vom 3. Juni 1929 für das Arbeitsverhältnis der Kläger bei der Arbeitsgemeinschaft K.-H. auf Grund der den Klägern bei der Einstellung abgegebenen Erklärung, sie würden nach Tarif bezahlt, maßgebend ist, dann nicht ankommt, wenn dieser Tarifvertrag ohnedies schon kraft Tarifbeteiligung der Parteien oder kraft seiner Allgemeinverbindlichkeit Anwendung zu finden hat. Das Landesarbeitsgericht hat beides bejaht. Es hat einmal angenommen, daß der Bezirkstarifvertrag vom 3. Juni 1929 infolge der am 28. Oktober 1929 ausgesprochenen Allgemeinverbindlicherklärung, durch die er mit Wirkung vom 15. August 1929 für allgemeinverbindlich erklärt worden sei, kraft Rückwirkung von diesem Zeitpunkt ab auch für das Arbeitsverhältnis der Kläger verbindlich geworden sei, obgleich das Arbeitsverhältnis im Zeitpunkte der Allgemeinverbindlicherklärung bereits erloschen gewesen sei. Es hat ferner angenommen, daß auch für die vor dem 15. August 1929 liegende Zeit das Arbeitsverhältnis der Kläger nach dem Tarifvertrage vom 3. Juni 1929 zu beurteilen sei, da der Tarifvertrag, wenn er auch erst am 1. März 1930 von dem Reichsverbande des Deutschen Tiefbaugewerbes, dessen Mitglied die Beklagte ist, unterzeichnet worden sei, doch infolge der durch den Spruch des Haupttarifamtes vom 10. September 1929 erfolgten Bestätigung des Schiedsspruches des Tarifamtes in Stettin vom 22. Mai 1929 auch für den Reichsverband des Deutschen Tiefbaugewerbes verbindlich geworden sei und zwar mit der sich aus § 9 des Bezirkstarifvertrages selbst ergebenden Rückwirkung vom 15. Mai 1929 an.

Diese letztere Auffassung des Landesarbeitsgerichts ist nicht frei von Rechtsirrtum. . . . (Die folgenden Ausführungen des Urteils betreffen die Anwendbarkeit des Tarifvertrages für die vor dem 15. August 1929 liegende Zeit.)

Dagegen sind keine Rechtsbedenken zu erheben, soweit das Landesarbeitsgericht angenommen hat, daß der Bezirkstarifvertrag vom 3. Juni 1929 kraft Allgemeinverbindlichkeit vom 15. August 1929 ab auf das Arbeitsverhältnis der Kläger Anwendung finde. Nach der Allgemeinverbindlicherklärung (RArbBl. 1929 VI. S. 348) ist der Tarifvertrag vom 3. Juni 1929 mit Wirkung vom 15. August 1929 ab für allgemeinverbindlich erklärt worden. Daß für den Beginn der allgemeinen Verbindlichkeit eines Tarifvertrages auch ein der Allgemeinverbindlicherklärung vorausgehender Zeitpunkt bestimmt werden kann, ist seit der Entscheidung des Reichsgerichts vom 30. September 1921 (RGZ. Bd. 103 S. 23) ein in der Rechtsprechung allgemein anerkannter Grundsatz, und es kann sich im vorliegenden Falle nur fragen, ob trotz der Festsetzung des Beginnes der Allgemeinverbindlichkeit auf den 15. August 1929 die Arbeitsverträge der Kläger von dieser deshalb nicht mehr ergriffen worden sind, weil sie zwar zur Zeit des Beginnes der Allgemeinverbindlichkeit bestanden haben, aber zur Zeit des Erlasses der Allgemeinverbindlicherklärung bereits erloschen gewesen sind. In den Entscheidungen vom 3. November 1929 (RAG. Bd. 2 S. 347) und vom 23. Februar 1929 (RAG. Bd. 3 S. 238) hat das Reichsarbeitsgericht angenommen, daß ein, sei es durch freie Vereinbarung, sei es durch verbindlichen Schiedsspruch zustandegekommener Tarifvertrag, wenn er sich rückwirkende Kraft beilegt, auch auf solche Arbeitnehmer Anwendung finden kann, deren Arbeitsvertrag zwar in dem Zeitpunkte des Zustandekommens des Tarifvertrages erloschen gewesen ist, aber innerhalb der Zeitspanne, für welche der Tarifvertrag sich rückwirkende Kraft beilegt, einmal bestanden hat. In Fortentwicklung dieses Gedankens muß aber in Übereinstimmung mit der im Schrifttum weitaus überwiegenden Auffassung (vgl. Hueck-Nipperdey, Lehrbuch des Arbeitsrechts Bd. 2 S. 277, Sitzler-Goldschmidt, Anm. 5 zu § 4 derTarif Vo., Molitor Bem. 12 zu § 4 der TarifVo., Kaskel, Arbeitsrecht S. 65 Anm. 3, Jacobi, Grundlehren des Arbeitsrechts S. 122/123) angenommen werden, daß auch im Falle der Allgemeinverbindlicherklärung mit rückwirkender Kraft diejenigen Arbeitsverträge, die zwar zur Zeit des Erlasses der Allgemeinverbindlicherklärung erloschen waren, die aber innerhalb der Zeitspanne, für die die Allgemeinverbindlichkeit rückwirkend festgesetzt ist, einmal bestanden haben, nachträglich der Beurteilung nach den

Bestimmungen des für allgemeinverbindlich erklärten Tarifvertrages unterworfen sein können, sofern der persönliche, räumliche und berufliche Geltungsbereich auf sie zutrifft. Die Entscheidung des Reichsarbeitsgerichts vom 26. Januar 1929 (RAG. Bd. 3 S. 137) steht einer solchen Auffassung nicht entgegen; denn sie beruht lediglich auf dem Gedanken, daß eine einmal eingetretene Beendigung des Arbeitsverhältnisses durch eine mit rückwirkender Kraft geltende Tarifbestimmung, daß ausgesprochene Kündigungen als zurückgenommen gelten sollen, nicht beseitigt werden könne. Ob im Einzelfalle die Rückwirkung der Allgemeinverbindlicherklärung auch auf zur Zeit des Erlasses der Allgemeinverbindlicherklärung bereits erloschene Arbeitsverträge sich erstreckt, hängt von der Tragweite ab, die der Allgemeinverbindlicherklärung des einzelnen Tarifvertrags beizumessen ist. Indessen wird in der Regel davon auszugehen sein, daß der Zurückverlegung des Beginnes der Allgemeinverbindlichkeit durch den Reichsarbeitsminister der Gedanke zugrunde liegt, daß auch in der zurückliegenden Zeit die wirtschaftlichen Verhältnisse bereits eine allgemeine, dem Tarifvertrage entsprechende Regelung der Lohn- und Arbeitsverhältnisse erheischt hatten, und es muß deshalb in solchen Fällen, sofern nicht die besonderen Umstände des Einzelfalles eine andere Auffassung rechtfertigen, als im Sinne der Allgemeinverbindlicherklärung liegend angesehen werden, daß die Rückwirkung der Allgemeinverbindlichkeit sich, wenigstens soweit der Tarifvertrag günstigere Lohnbedingungen enthält, auch auf die zur Zeit der Allgemeinverbindlicherklärung bereits erloschenen Arbeitsverträge erstreckt. Die sich auf die besonderen Verhältnisse des damals zur Entscheidung stehenden Einzelfalls stützende Entscheidung des Reichsarbeitsgerichts vom 26. Juni 1929 — RAG. 8/29 — steht dieser Auffassung nicht entgegen. Daß im übrigen der Bezirkstarifvertrag vom 3. Juni 1929 nach dem persönlichen, räumlichen und beruflichen Geltungsbereich sowohl des Tarifvertrages als auch der Allgemeinverbindlicherklärung auf das Arbeitsverhältnis der Kläger sich erstreckt, kann nicht zweifelhaft sein. Wenn die Revision geltend macht, der Bezirkstarifvertrag finde deshalb keine Anwendung, weil die Firma der Beklagten in St. und nicht in R. ihren Sitz habe, so übersieht sie, daß beide Orte im Gebiete des Tarifbereiches gelegen sind und lediglich verschiedenen Lohnbezirken angehören.

Hiernach finden die Bestimmungen des Bezirkstarifvertrages vom 3. Juni 1929 auf das Arbeitsverhältnis der Kläger jedenfalls für die Zeit vom 15. August 1929 ab Anwendung. . . .

RAG. 8, 15.

Über die Notwendigkeit der Zustimmung der Hauptfürsorgestelle zur Einführung von Kurzarbeit (Feierschichten) gegenüber Schwerbeschädigten.

SchwerbG. § 13 Abs. 1.

Reichsarbeitsgericht. Urt. v. 7. Februar 1931.

I. Arbeitsgericht Leipzig (Zweigstelle Borna). — II. Landesarbeitsgericht daselbst.

Der Kläger ist Schwerkriegsbeschädigter, bezieht als solcher eine Rente von 70 % und wird im Magazin der Beklagten nach erfolgter Zuweisung durch die Hauptfürsorgestelle seit dem 15. April 1929 gegen einen Schichtlohn von brutto 6,50 RM beschäftigt. Im Januar und Februar 1930 hat die Beklagte in ihrem Betriebe wegen andauernd ungünstiger Absatzverhältnisse wöchentlich 1 bis 3 unbezahlte Feierschichten eingelegt und in den diese Feierschichten bekanntgebenden Anschlägen gleichzeitig zum Ausdruck gebracht, daß sie das Arbeitsverhältnis ihrer Belegschaftsmitgliieder kündige, aber bereit sei, auf der Grundlage der bekanntgegebenen Feierschichten mit ihnen neue Arbeitsverträge abzuschließen, die bei denjenigen Belegschaftsmitgliedern, welche sich am ersten Arbeitstag nach einem bestimmten Datum (10. Januar, 31. Janurar und 28. Februar) zur Arbeit meldeten, als abgeschlossen gelten sollten. Der Kläger hat sein Einverständnis zu den geänderten Arbeitsbedingungen nicht erteilt und an den Tagen, an denen Feierschichten stattfanden, seine Dienste angeboten, auch (vergebliche) Vorstellungen bei seinen Dienstvorgesetzten erhoben. Er behauptet, als Schwerkriegsbeschädigter von den Feierschichten und der mit ihrer Einführung verbundenen Kündigung seines Arbeitsvertrages mangels Zustimmung der Hauptfürsorgestelle zu dieser Kündigung nicht erfaßt zu sein, und verlangt daher von der Beklagten Ersatz des ihm durch Lohnausfall infolge der Feierschichten entstandenen Schadens mit zunächst 78 RM. Die Beklagte hat, bevor sie die Feierschichten einlegte, bei der Abteilung für Schwerbeschädigtenfürsorge der Amtshauptmannschaft Leipzig angefragt, ob sie die Zustimmung der Hauptfürsorgestelle einholen müsse, und auf diese Anfrage unter dem 8. März 1930 eine Antwort erhalten, die darauf hinauslief, daß die Frage strittig sei, daß aber nach der von der Hauptfürsorgestelle vertretenen herrschenden Ansicht für Schwerbeschädigte bei Einführung von Kurzarbeit die Zustimmung nicht erforderlich sei. Zur Zeit der Einstellung des Klägers in den Betrieb der Beklagten hat es daselbst keine Feierschichten gegeben.

Beide Vorinstanzen haben der Klage entsprochen. Die zugelassene Revision der Beklagten wurde zurückgewiesen.

Gründe:

Das Berufungsgericht stellt in Übereinstimmung mit dem ersten Richter fest, daß weder durch den für die arbeitsrechtlichen Beziehungen der Parteien maßgebenden Tarifvertrag für den mitteldeutschen Braunkohlenbergbau noch durch eine Arbeitsordnung der Beklagten die Befugnis zur einseitigen Einführung von Kurzarbeit im allgemeinen oder der einseitigen Einlegung von Feierschichten im besonderen eingeräumt sei. Die Beklagte könne deshalb wie für ihre sonstigen Arbeitnehmer so auch für den schwerbeschädigten Kläger, da dieser mit ihr trotz der Zuweisung durch die Hauptfürsorgestelle in einem bürgerlichrechtlichen Dienstvertragsverhältnis stehe, den Übergang der Vollbeschäftigung zur Kurzarbeit nur auf Grund einzelvertraglicher Vereinbarung gemäß § 305 BGB. vornehmen. Der von ihr zu diesem Zweck eingeschlagene Weg einer Kündigung der Arbeitsverträge sämtlicher Belegschaftsmitglieder unter gleichzeitigem Angebot neuer, die Kurzarbeit berücksichtigender Arbeitsbedingungen sei an sich zulässig, dem Kläger gegenüber aber bedürfe die Kündigung mit Rücksicht auf seine Schwerbeschädigteneigenschaft der Zustimmung der Hauptfürsorgestelle und sei zudem an eine vierwöchige Frist gebunden (§ 13 SchwerbG.). Diese beiden gesetzlichen Voraussetzungen seien, wie in längeren Ausführungen dargelegt wird, im vorliegenden Falle nicht erfüllt. Der seiner Höhe nach nicht bestrittene Klaganspruch sei daher mit dem ersten Richter als begründet zu erachten.

Die Revision bekämpft diese Auffassung des Berufungsgerichts, indem sie ihm Verletzung des § 13 SchwerbG. und der §§ 157, 242 BGB. vorwirft. Ihr muß indessen ein Erfolg versagt bleiben.

Dem angefochtenen Urteil ist zunächst darin beizutreten, daß mit der Zuweisung des Klägers an die Beklagte durch die Hauptfürsorgestelle zwischen den Parteien ein Arbeitsvertrag zustande gekommen ist, der an sich den Vorschriften des bürgerlichen Rechts, insbesondere also auch dem § 305 BGB. unterliegt, soweit nicht sein Inhalt durch die Hauptfürsorgestelle, durch einen Tarifvertrag oder durch eine Betriebsvereinbarung bestimmt ist (§ 7 Abs. 2 SchwerbG.). Dafür, daß eine derartige Bestimmung in Betracht käme, bietet der festgestellte Sachverhalt keinen Anhalt. Nicht minder rechtsbedenkenfrei ist der Standpunkt des Berufungsgerichts, daß, da es zur Zeit der Einstellung des Klägers in den Betrieb der Beklagten dort noch keine Feierschichten gegeben habe, Vollarbeit und dieser entsprechende Verdienstmöglichkeit Inhalt eines Arbeitsvertrags geworden sei und die Beklagte deshalb wie bei allen anderen vollbeschäftigten Belegschaftsmitgliedern auch ihm gegenüber die von ihr erstrebte Kurzarbeit, deren Einführung eine geringere Verdienstmöglichkeit nach sich zog, lediglich im Wege der Vertragsinhaltsänderung erreichen konnte. Daß eine solche Änderung bei mangelnder Zustimmung des anderen Teils auch durch eine mit dem Angebot zur Eingehung eines neuen Arbeitsverhältnisses auf der Grundlage neuer Arbeitsbedingungen verbundene Kündigung des bisherigen Arbeitsvertrages versucht werden kann, wie sie in den Bekanntmachungen der Beklagten zum Ausdruck gebracht ist, entspricht der Rechtsprechung des Reichsarbeitsgerichts (vgl. RAG. Bd. 2 S. 30, Bd. 3 S. 66 und 348). Es ist daher weiter zu prüfen, ob die Beklagte zu der so erfolgten Kündigung des Arbeitsvertrages gegenüber dem schwerbeschädigten Kläger der Zustimmung der Hauptfürsorgestelle bedurfte und bei der Kündigung eine vierwöchentliche Kündigungsfrist wahren mußte. Auch die Bejahung dieser Fragen durch das angefochtene Urteil unter Hinweis auf § 13 Abs. 1 SchwerbG. ist rechtlich nicht zu beanstanden. Sie steht im Einklang mit dem in wiederholten Entscheidungen des Reichsarbeitsgerichts hervorgehobenen Grundgedanken des Schwerbeschädigtengesetzes, daß dem Schwerbeschädigten der einmal erlangte Arbeitsplatz auch mit seinen Lohnbezügen tunlichst erhalten bleiben und eine Änderung des Arbeitsvertrags eines Schwerbeschädigten zu seinem Nachteil, sofern er damit nicht einverstanden ist, nur im Wege einer der Zustimmung der Hauptfürsorgestelle bedürftigen Kündigung möglich sein soll, bei fehlender Zustimmung jedoch die Lohnzahlungspflicht des Arbeitgebers für die Dauer des Arbeitsvertrags weiterbesteht (vgl. RAG. Bd. 1 S. 172, Bd. 2 S. 11, 188, Bd. 3 S. 262, Bd. 5 S. 150 und Urteil vom 19. Januar 1929 RAG. 193/28), es sei denn, daß eine nach obigem hier nicht gegebene anderweite Regelung durch den Arbeitsvertrag selbst, durch einen Tarifvertrag oder durch eine Betriebsvereinbarung getroffen ist (vgl. RAG. Bd. 7 S. 99). An dieser in RAG. Bd. 6 S. 309 für den Fall der Einführung von Kurzarbeit ausdrücklich bestätigten Stellungnahme ist festzuhalten. Die Revision gibt selbst zu, daß es nach der zur Zeit herrschenden Ansicht zur Einführung von Kurzarbeit mit entsprechender Vergütungskürzung einer Kündigung zwecks Änderung der Arbeitsbedingungen bedarf. Für jede Kündigung eines Schwerbeschädigten aber ist — abgesehen von den bereits erwähnten, vorliegend nicht zu berücksichtigenden Ausnahmen — durch § 13 Abs. 1 SchwerbG. die Zustimmung der Hauptfürsorgestelle und die Einhaltung einer mindestens vierwöchigen Kündigungsfrist vorgeschrieben. Auch die Entstehungsgeschichte dieser Vorschrift rechtfertigt nicht den entgegengesetzten Standpunkt der Revision; denn damit würde gerade der von dem Gesetzgeber für den Regelfall verfolgte Zweck der Schaffung eines verstärkten Kündigungsschutzes für Schwerbeschädigte zunichte gemacht (vgl. Begründung zu dem Entwurf eines Änderungsgesetzes über die Beschäftigung Schwerbeschädigter in Reichstagsdrucksachen I. Wahlperiode 1920/22 Bd. 375 Nr. 5295 S. 7 und Schneider-Günther SchwerbG. 2. Aufl. zu § 13 S. 169 flg.). Ebensowenig gebieten Treu und Glauben mit Rücksicht auf die Verkehrssitte, von der bisherigen Rechtsprechung abzugehen, in der unzweideutig zum Ausdruck gebracht ist, daß das Schwerbeschädigtengesetz nicht nur, wie die Revision es auslegt, den Arbeitsplatz des Schwerbeschädigten unter den Schutz und die Aufsicht der Hauptfüsrorgestelle bringen will, sondern daß es ihm neben der hierin liegenden Sicherung der Beschäftigungsmöglichkeit in Verbindung mit der Rente auch die Mittel zu einer angemessenen, d. h. seiner sozialen und wirtschaftlichen Stellung entsprechenden Lebensführung gewährt (vgl. RAG. Bd. 6 S. 245). Insbesondere läßt sich ein von der Revision anscheinend für möglich gehaltener Grundsatz des Inhalts, daß der Schwerbeschädigte sich infolge seines Arbeitsvertrages nach § 242 BGB. den Notwendigkeiten des Betriebes beugen und deshalb auch die Einführung von Kurzarbeit dulden müsse, nicht aufstellen. Davon ist übrigens selbst die Beklagte nicht ausgegangen; denn sie hat zum Zwecke der Einführung von Kurzarbeit das Arbeitsverhältnis ihrer Belegschaftsmitglieder, darunter auch des schwerbeschädigten Klägers gekündigt. Zwischen einer Kündigung des Arbeitsverhältnisses als solchen und einer Kündigung des Inhalts eines Arbeitsvertrags zum Zwecke der Einführung von Kurzarbeit aber besteht, wenn nicht wie z. B. beim Gedingevertrag innerhalb des Arbeitsverhältnisses besondere, selbständige Vereinbarungen getroffen sind, kein Unterschied. Wer kündigt, um eine Änderung des Inhalts des Arbeitsvertrages herbeizuführen, will zugleich für den Fall, daß der Arbeitnehmer mit der Änderung nicht einverstanden ist, die Lösung des Arbeitsverhältnisses als solchen. Deshalb fällt auch eine zum Zwecke der Herbeiführung von Kurzarbeit ausgesprochene Kündigung an sich stets unter § 13 Abs. 1 SchwerbG.

Was sodann die Frage betrifft, ob der Kläger die ihm gegenüber erklärte Kündigung wenigstens mit Ablauf der im § 13 Abs. 1 SchwerbG. festgesetzten Kündigungsfrist deshalb gegen sich gelten lassen müsse, weil die Beklagte auf Anfrage bei der Hauptfürsorgestelle die Antwort erhielt, daß deren Zustimmung „nach der bisher herrschenden Ansicht" bei Einführung von Kurzarbeit nicht erforderlich sei und die Hauptfürsorgestelle ‚bei der Verworrenheit der derzeitigen Rechtslage . . . nicht in der Lage sei, dem dortigen Wunsche Rechnung zu tragen, aber die Streitfrage höheren Orts einberichtet und um eine neuerliche Stellungnahme des Herrn Reichsarbeitsministers gebeten" habe, so vermag auch dieser — von dem Berufungsgericht nur gestreifte — Gesichtspunkt zu keiner anderen rechtlichen Beurteilung zu führen. Allerdings hat das Reichsarbeitsgericht in dem von der Revision angezogenen Urteil RAG. 53/30 vom 12. Juli 1930 für den Bereich der Stillegungsverordnung ausgesprochen, es sei, wenn die zuständige Behörde auf ein Gesuch um Genehmigung der Stillegung eines Betriebes keine Stellung nehme, weil sie die Verordnung nicht für anwendbar halte, damit nicht irgendwie bindend entschieden, daß ein Tatbestand des § 1 dieser Verordnung nicht vorliege, und es solle, wenn sich später herausstelle, daß sich die Behörde geirrt habe und tatsächlich doch die Verordnung Anwendung finde, die Sache so behandelt werden, als hätte die Behörde die nachgesuchte Genehmigung erteilt, da der Betriebsinhaber, wenn er eine Erklärung jenes Inhalts von seiten der Behörde in der Hand habe, sich darauf müsse verlassen können, daß er ohne die Gefahr bürgerlich- oder strafrechtlicher Folgen die beabsichtigte, der Behörde ordnungsmäßig angezeigte Maßnahme durchführen dürfe, und ihm nicht zugemutet werden könne, vorsorglich die Sperrfrist abzuwarten oder gar gegen sein eigenes Interesse die vorgesetzte Dienstbehörde anzurufen und die Anerkennung eines Stilllegungsfalles durchzusetzen, um eine Genehmigung oder auch deren Versagung zu erhalten. Das Reichsarbeitsgericht hat in der genannten Entscheidung weiter zum Ausdruck gebracht, es beruhe auf demselben Rechtsgedanken, wenn § 2 Nr. 4 der Bundesratsverordnung vom 15. März 1918 über den Verkehr mit landwirtschaftlichen Grundstücken bestimme, daß die Genehmigung dann nicht notwendig sei, wenn die zuständige Behörde bescheinige, es bedürfe keiner Genehmigung, und es beweise der Umstand, daß in der Stillegungsverordnung eine dementsprechende Vorschrift fehle, nicht, daß dieser aus der Sache selbst sich ergebende Grundsatz in ihrem Bereich nicht gelten solle. Trotz dieser Verallgemeinerung kann die Revision sich nicht mit Erfolg auf das Urteil vom 12. Juli 1930 berufen; denn abgesehen davon, daß Stillegung und Kurzarbeit zwei voneinander völlig verschiedene Begriffe sind (RAG. Bd. 4 S. 239), ist der dort entschiedene Fall schon deshalb anders gelagert, weil ein bestimmter Antrag des Betriebsinhabers auf behördliche Genehmigung vorlag, während hier nach der das Revisionsgericht gemäß § 561 Abs. 2 ZPO. bindenden tatsächlichen Feststellung des Berufungsgerichts die Beklagte sich auf eine Anfrage bei der Hauptfürsorgestelle beschränkt hat. Selbst wenn man jedoch bei weitgehender Auslegung die „Anfrage" zugleich als „Antrag" gelten lassen wollte, würde dadurch für die Beklagte nichts gewonnen sein; denn sie hat nach dem festgestellten Sachverhalt die Kurzarbeit längst vor der ihr unter dem 8. März 1930 erteilten Antwort der Hauptfürsorgestelle eingeführt, nämlich bereits im Januar desselben Jahres. Dazu kommt, daß nach dem Inhalt der Antwort die Anfrage der Beklagten überhaupt erst am 7. März 1930 an die Hauptfürsorgestelle gerichtet worden ist. Bis dahin aber waren die Feierschichten, die den mit der Klage geltend gemachten Schaden durch Lohnausfall begründen, schon erledigt, so daß es eines Eingehens auf die schließlich von der Revision vertretene Meinung, daß der Klage nur für den Zeitraum hätte stattgegeben werden dürfen, in dem trotz noch laufender Kündigungsfrist schon verkürzt gearbeitet worden sei, nicht erst bedarf.

RAG. 8, 32.

Können die Lohn- und Arbeitsbedingungen der Zwischenmeister durch Tarifvertrag geregelt werden?

TarifVo. § 1.

Reichsarbeitsgericht. Urt. v. 28. Februar 1931.

I. Arbeitsgericht Berlin. — II. Landesarbeitsgericht daselbst.

Die Klägerin, eine Lohngewerbetreibende, stand zu der Beklagten, einer Herrenkonfektionsfirma, dergestalt in vertraglichen Beziehungen, daß sie für diese Westen anfertigte, wobei sie ihrerseits 6 bis 8 Hilfskräfte beschäftigte. Sie erhielt hierfür einen mit der Beklagten vereinbarten Preis von 1,50 bzw. 1,60 bzw. 1,72 RM für das Stück. Von der Auffassung ausgehend, daß sie auf Grund des für allgemeinverbindlich erklärten Reichstarifvertrages für die Herrenkonfektion und des zugehörigen ebenfalls für allgemeinverbindlich erklärten 8. Lohnabkommens vom 21. September 1928 den für Zwischenmeister festgesetzten Lohn von 1,81 RM für jede Weste zu beanspruchen habe, erhob sie Klage auf Nachzahlung der Differenz.

Das Arbeitsgericht wies die Klage ab. Die Berufung der Klägerin wurde zurückgewiesen. Ihre Revision führte zur Aufhebung des Berufungsurteils und Zurückverweisung der Sache in die Vorinstanz.

Gründe:

Die Klägerin stützt ihren Klaganspruch auf das 8. Lohnabkommen zum Reichstarifvertrag für die Herrenkonfektion vom 21. September 1928, das als Nachtrag zu dem allgemein verbindlichen, am 5. Mai 1924 in Kraft getretenen Reichstarifvertrage mit Wirkung vom 1. November 1928 für allgemein verbindlich erklärt worden ist (RArbBl. 1929 S. 22). Nach der Allgemeinverbindlicherklärung umfaßt der berufliche Geltungsbereich der Allgemeinverbindlichkeit „Bügler, Einrichterinnen, Büglerinnen usw. (im Umfange des Lohnabkommens) in der Herren- und Knabenkonfektion mit Ausnahme der Knaben- und Burschenkonfektion in Berlin". Indem die Allgemeinverbindlicherklärung hierbei auf den Umfang des Lohnabkommens Bezug genommen hat, ist zum Ausdruck gebracht, daß der Umfang des beruflichen Geltungsbereiches der Allgemeinverbindlichkeit sich — mit Ausnahme der besonders erwähnten Knaben- und Burschenkonfektion in Berlin — decken soll mit dem durch den Tarifvertrag festgesetzten beruflichen Geltungsbereich. In dem 8. Lohnabkommen sind nun unter III „Heimarbeiterzuschlag" und unter IV „Heimarbeiter und Zwischenmeister" die Lohnverhältnisse auch der Zwischenmeister — und als solcher will die Klägerin angesehen werden — tariflich geregelt. Das Landesarbeitsgericht hat aber zu der Frage, ob die Klägerin als Zwischenmeister im Sinne dieser tarifvertraglichen Bestimmung anzusehen ist, gar nicht Stellung genommen. Es brauchte auch von seinem Standpunkte aus zu der Frage keine Stellung zu nehmen, weil es angenommen hat, daß Zwischenmeister überhaupt nicht Arbeitnehmer im Sinne des § 1 TarifVo. seien, daß infolgedessen auch ihre Lohn- und Arbeitsbedingungen einer tarifvertraglichen Regelung nicht unterworfen werden könnten. Würde diese Auffassung zutreffen, so würde allerdings auch insoweit der Allgemeinverbindlicherklärung keine Bedeutung beizumessen sein, da sie das Vorhandensein rechtswirksamer tarifvertraglicher Bestimmungen zur Voraussetzung hat. Die Auffassung des Landesarbeitsgerichts wird jedoch mit Recht von der Revision als rechtsirrig bekämpft. Dieses hat zunächst außer acht gelassen, daß schon nach § 28 Abs. 2 des Hausarbeitsgesetzes vom 30. Juni 1923 alle Hausarbeiter und die ihnen gleichgestellten Personen (§ 18 Abs. 2) für die nach Abs. 1 zu erstrebenden tariflichen Vereinbarungen als Arbeitnehmer im Sinne des § 1 TarifVo. gelten. Hierzu gehören nach § 18 auch Zwischenmeister, die den überwiegenden Teil ihres Verdienstes aus ihrer eigenen Arbeit am Stücke beziehen, sofern sie durch die nach § 2 berufene Stelle (vgl. § 19) den Hausarbeitern gleichgestellt worden sind. Schon daraus ergibt sich die Unrichtigkeit der Auffassung des Landesarbeitsgerichts, daß das Arbeitsverhältnis der Zwischenmeister einer tarifvertraglichen Regelung überhaupt nicht unterliege. Aber auch abgesehen davon kann die Auffassung, daß Zwischenmeister keine Arbeitnehmer im Sinne der Tarifvertragsverordnung seien, in dieser Allgemeinheit nicht gebilligt werden. Arbeitnehmer im Sinne des § 1 TarifVo. ist jeder, der einem Dritten abhängige Arbeit auf Grund eines Arbeitsvertrages leistet (vgl. auch RAG. Bd. 4 S. 80). Von dem größeren oder geringeren Grade der Abhängigkeit, in der die Arbeit geleistet wird, hängt es ab, ob der die Arbeit Leistende als ein im Arbeitsverhältnis zu einem Dritten, dem Arbeitgeber, stehender Arbeitnehmer anzusehen ist oder nicht. Dabei kommt es nicht darauf an, ob er seine ganze Arbeitskraft nur dem einen Arbeitgeber zur Verfügung stellt oder zur Verfügung zu stellen verpflichtet ist. In jedem Falle hängt es aber von den tatsächlichen Verhältnissen des Einzelfalles ab, ob jemand als im Arbeitsverhältnis zu einem anderen stehend anzusehen ist. Das trifft auch auf den sog. Zwischenmeister zu. Der Begriff des Zwischenmeisters ist kein absolut feststehender und festumgrenzter. Zwischenmeister sind in der Regel Personen, die, wenn sie in der Fabrik oder dem Geschäft eines ihrer Auftraggeber beschäftigt wären, dort die Stellung eines Werkmeisters einnehmen würden (RAG. Bd. 4 S. 287). Im übrigen ist aber ihre Stellung, insbesondere ihre Rechtsstellung keine überall einheitliche und klare. Es kann namentlich nicht mit dem Landesarbeitsgericht allgemein gesagt werden, daß ein Zwischenmeister niemals in einem Arbeitsverhältnis zu seinem Auftraggeber stehe. Das kann, wird vielleicht sogar meistens der Fall sein; seine Stellung kann aber auch derart gestaltet sein, daß er auf der einen Seite, nämlich dem Unternehmer gegenüber, als Arbeitnehmer, auf der anderen Seite, den von ihm beschäftigten Hilfskräften gegenüber, als der Arbeitgeber erscheint (ebenso Hueck — Nipperdey Lehrb. d. ArbR. Bd. I S. 42, 45 flg., 68; Bd. II S. 143[17]; Molitor „TarifVo." S. 44; Goldschmidt-Sitzler, „TarifVo." S. 18; Gäbler „Hausarbeitsgesetz" S. 15). Es ist deshalb auch unrichtig, wenn das Landesarbeitsgericht daraus, daß in § 5 ArbGG. Zwischenmeister, die den überwiegenden Teil ihres Verdienstes aus ihrer eigenen Arbeit am Stück beziehen, als arbeitnehmerähnliche Personen bezeichnet werden, den zwingenden Schluß ziehen will, daß auch der Gesetzgeber die Zwischenmeister an sich nicht als im Arbeitsverhältnis stehend ansehe. Die Bestimmung rechtfertigt nur den Schluß, daß das Gesetz auch diejenigen Zwischenmeister, die nicht in einem Arbeitnehmerverhältnis stehen, den Arbeitnehmern gleich behandelt wissen will, sofern sie die bezeichneten Voraussetzungen erfüllen. Sofern aber die Zwischenmeister als Arbeitnehmer im Sinne des § 1 TarifVo. anzusehen sind, sind ihre Lohn- und Arbeitsbedingungen auch einer tarifvertraglichen Regelung zugängig. Das Landesarbeitsgericht ist daher von einer rechtsirrigen Auffassung ausgegangen, wenn es angenommen hat, daß eine tarifvertragliche Regelung der Lohn- und Arbeitsbedingungen von Zwischenmeistern überhaupt unzulässig sei. Grundsätzlich ist vielmehr davon auszugehen, daß eine tarifvertragliche Regelung der Lohn- und Arbeitsbedingungen derjenigen Zwischenmeister zulässig ist, die als Arbeitnehmer anzusehen sind, und es hängt von der Nachprüfung der Stellung des Zwischenmeisters im Einzelfalle ab, ob auf ihn diese Voraussetzung zutrifft.

Das auf einem Rechtsirrtum beruhende angefochtene Urteil bedarf hiernach der Aufhebung. . . .

RAG. 8, 50.

Unter welchen Umständen kann von der Einhaltung der Formen und Fristen, an die ein Tarifvertrag die Geltendmachung von Lohnrückständen geknüpft hat, abgesehen werden?

BGB. § 157.

Reichsarbeitsgericht. Urt. v. 11. Februar 1931.

I. Arbeitsgericht Wesermünde. — II. Landesarbeitsgericht Bremen.

Der Kläger ist bei dem Beklagten als Maler beschäftigt gewesen und hat in der Zeit vom 1. Juli 1929 ab insgesamt 241½ Stunden gearbeitet. Er erhielt Stundenlohn von 1,17 RM wöchentlich ausgezahlt.

Zwischen den Parteien gilt der für allgemein verbindlich erklärte Reichstarifvertrag des Deutschen Maler- und Lackierer-Handwerks für das Vertragsgebiet Norddeutschland und Niedersachsen vom 1. Mai 1928, der durch den ebenfalls für allgemein verbindlich erklärten und im Reichsarbeitsblatt vom 5. August 1929 veröffentlichten Schiedsspruch des Reichsarbeitsministers vom 29. Juli 1929 dahin ergänzt worden ist, daß die Städte Wesermünde und Bremerhaven in den Reichstarifvertrag mit rückwirkender Kraft vom 1. Juli 1929 ab mit einbezogen worden sind. Ein nachträglicher Einspruch der Lohn- und Tarifkommission der Arbeitgeber im Malergewerbe an der Unterweser gegen die Allgemeinverbindlichkeitserklärung ist im Januar 1930 zurückgewiesen worden.

In dem Tarifvertrage heißt es im § 5 Ziff. 5:

„Einsprüche gegen die Entlohnung sind jeweils nur innerhalb von 2 Lohnwochen zulässig. Der Einspruch ist dem Meister gegenüber zu erklären. Nach Ablauf dieser Frist ist eine Lohnnachforderung nicht mehr statthaft."

Ferner betrug nach dem Tarifvertrage der Stundenlohn ab 1. Juli 1929 1,25 RM.

Durch Schreiben vom 15. August 1929 wurde der Verwaltung des Verbands der Maler in Bremerhaven im Auftrage der Lohn- und Tarifkommission für das Malergewerbe an der Unterweser mitgeteilt, daß eine Versammlung der Malerzwangsinnung Wesermünde und des Vereins selbständiger Malermeister Bremerhavens einstimmig beschlossen habe, die Erweiterung der Verbindlichkeit des Tarifvertrags auf die Städte Wesermünde und Bremerhaven abzulehnen.

Der Kläger behauptet, er habe nach dem Tarifvertrage 8 Rpf. für die Stunde zu wenig ausgezahlt erhalten, und erhebt wegen dieses Unterschieds Klage auf Zahlung von insgesamt 19,24 RM. Der Beklagte wendet ein, der Kläger habe gegen die Lohnzahlung keinen Einspruch erhoben und könne deshalb keine Nachzahlung mehr verlangen.

Hierauf erwidert der Kläger:

1. Er habe im August 1929 nach der Veröffentlichung der Allgemeinverbindlicherklärung des Tarifvertrags für Bremerhaven und Wesermünde sofort von dem Beklagten den tariflichen Stundenlohn von 1,25 RM verlangt. Der Beklagte habe sich aber auf den Beschluß der Innungsversammlung vom 14. August 1929 berufen und erklärt: „Wir zahlen überhaupt nichts."

2. Überdies hätte es eines Einspruchs nicht bedurft, da ein solcher zwecklos gewesen wäre, nachdem in dem Schreiben der Arbeitgeber vom 15. August 1929 eine allgemeine Ablehnung der Meister, die höheren Löhne zu zahlen, ausgesprochen worden sei.

Der Kläger hat die Behauptung unter 1 unter Beweis gestellt.

Das Arbeitsgericht hat die Klage abgewiesen, das Landesarbeitsgericht hat ihr stattgegeben. Auf die Revision wurde das Urteil des Landesarbeitsgerichts aufgehoben.

Gründe:

Die Parteien streiten darum, ob nach den Umständen des Falles der Kläger zur Erhaltung seines tariflichen Lohnanspruchs den im § 5 des für allgemein verbindlich erklärten Tarifvertrages vorgesehenen Einspruch gegenüber dem Beklagten erheben mußte oder ob hiervon bei der gegebenen Sachlage abgesehen werden konnte.

Während das Arbeitsgericht den Einspruch für nötig erachtet und deshalb die Nachforderung des Klägers zurückgewiesen hat, ist das Berufungsgericht der Ansicht, daß der Kläger unter den obwaltenden Umständen, da die Arbeitgeber einhellig die Tariferhöhung abgelehnt hatten, von der Einlegung des Einspruchs als einer reinen Formalität absehen konnte.

Hiergegen richtet sich die Revision des Beklagten, der, wie schon in den Vorinstanzen die Meinung vertritt, der Kläger habe ihm gegenüber den vorgeschriebenen Einspruch einlegen müssen.

Zunächst muß davon ausgegangen werden, daß an sich der Kläger nach § 5 des Tarifvertrages verpflichtet war, bei Lohnunstimmigkeiten binnen zwei Lohnwochen nach Auszahlung des Lohns beim Meister Einspruch einzulegen. Derartige Tarifvertragsbestimmungen, die die Geltendmachung von Lohnrückständen an die Einhaltung bestimmter Fristen und Formen knüpfen, hat das Reichsarbeitsgericht in ständiger Rechtsprechung als rechtswirksam erklärt (RAGUrt. vom 21. März 1928 101/27; vom 12. Juli 1930 RAG. Bd. 6 S. 126; vom 4. Oktober 1930 178/30).

Das Landesarbeitsgericht glaubt, mit Hilfe des § 157 BGB. die Nichtinnehaltung der im § 5 Ziff. 5 des Tarifvertrags aufgestellten Formvorschrift als unschädlich ansehen zu können. Dem kann nicht beigetreten werden. Die Tarifvertragsparteien haben offensichtlich, um langwierige Lohnstreitigkeiten abzuschneiden und die Arbeitnehmer anzuhalten, ihre angeblichen Nachforderungen sobald als möglich zu erheben, die Ausschlußfrist des § 5 Ziff. 5 des Tarifvertrags und das Erfordernis der Einspruchserhebung eingeführt. Dieser Zweck der Vorschrift würde vollständig in Frage gestellt, wenn je nach den Umständen des Falles von der Innehaltung der Formvorschrift abgesehen werden könnte. Es mögen Einzelfälle denkbar sein, wo dem Arbeitnehmer nachgelassen werden kann, auch ohne Innehaltung der Ausschlußfrist noch nachträglich Lohnansprüche zu erheben, z. B. wenn er durch unabwendbaren Zufall an der Erhebung des Einspruchs verhindert worden ist. Im vorliegenden Falle liegt kein derartiger Umstand vor, der den Kläger von der Wahrung der vorgeschriebenen Form entbinden könnte. Er mußte, wollte er sich die Lohnforderung erhalten, auch unter den vom Berufungsgericht festgestellten Verhältnissen den Einspruch bei dem Beklagten einlegen. Mithin mußte das Landesarbeitsgericht auf die Behauptung des Klägers, daß er tatsächlich den Einspruch eingelegt habe, eingehen und den hierzu angebotenen Beweis erheben.

Das angefochtene Urteil war deshalb aufzuheben und die Sache zu neuer Verhandlung und Entscheidung an die Vorinstanz zurückzuverweisen.

RAG. 8, 64.

Hat eine durch Tarifvertrag erfolgte Erhöhung des Stundenlohnes ohne weiteres eine Erhöhung des der Berechnung des Zeitakkordes zugrunde zu legenden Geldfaktors zur Folge?

TarifVo. § 1.

Reichsarbeitsgericht. Urt. v. 28. Februar 1931.

I. Arbeitsgericht Ückermünde. — II. Landesarbeitgericht Stettin.

Die Kläger sind bei der Beklagten in der Eisengießerei E.-Werk im Akkord beschäftigt. Sie sind Mitglieder des Deutschen Metallarbeiterverbandes, während die Beklagte dem Verbande der Eisenwerke Pommerns und angrenzender Gebiete angehört. Für ihr Arbeitsverhältnis ist der von den bezeichneten Organisationen mit abgeschlossene Tarifvertrag vom 9. Oktober 1928 maßgebend, dessen § 4 in seiner ursprünglichen Fassung unter a und b folgende Bestimmungen enthielt:

a) Die Akkorde sind in Zeit-, Stückakkord, nach Kasten oder in Gewichtslohn herzustellen.

b) Die Festsetzung der Akkordpreise oder Stückzeiten erfolgt nach der Leistung eines Vollarbeiters in der Weise, daß bei voller Arbeitsleistung mindestens 10 % über den Stundenlohn verdient wird.

Nachdem am 12. Februar 1929 ein Schiedsspruch des Schlichtungsausschusses ergangen war, der eine Erhöhung der Stundenlöhne vorsah, darunter eine Erhöhung des Stundenlohnes für gelernte Facharbeiter über 24 Jahre von 74 auf 77 Pfennig, wurde am 5. März 1929 vor dem Schlichter der Provinz Pommern von den Tarifvertragsparteien ein Abkommen folgenden Inhalts getroffen:

1. Der Schiedsspruch des Schlichtungsausschusses in St. vom 12. Februar 1929 wird zwischen den Parteien als Tarifvertrag vereinbart.
2. a) Im Manteltarifvertrag vom 9. Oktober 1928 heißt es in 4 b, d und h anstatt „10" „20". Diese Bestimmung tritt gleichzeitig mit dem Lohntarif in Kraft.

   b) Die Parteien vereinbaren, daß, falls der Manteltarifvertrag zum 31. August 1929 gekündigt wird, das Abkommen zu 2 a in den neu abzuschließenden Vertrag übernommen wird.

Der Akkord, in dem die Kläger bei der Beklagten arbeiteten, war ein Zeitakkord, und zwar ein Minutenzeitakkord, bei dem für jedes

Arbeitsstück eine bestimmte Arbeitszeit, die sogenannte Stückzeit festgesetzt ist und der Akkordlohn in der Weise errechnet wird, daß die Stückzeit mit dem Akkordminutenlohn, dem sogenannten Minutenfaktor, vervielfacht wird. Für die Kläger betrug dieser Minutenfaktor zur Zeit der Geltung des Stundenlohnes von 74 Pfg. 1,233 d.i. $^1/_{60}$ von 74. Auch nach der Erhöhung des Stundenlohnes auf 77 Pfg. wurde der Akkordlohnberechnung der Kläger weiterhin der Minutenfaktor von 1,233 zugrunde gelegt. Die Kläger sind der Ansicht, daß nach der Erhöhung des Stundenlohnes von 74 auf 77 Pfg. auch der dem Akkordlohn zugrunde zu legende Minutenfaktor auf $^1/_{60}$ von 77 = 1,283 habe erhöht werden müssen. Sie haben auf Nachzahlung der Differenz Klage erhoben.

Das Arbeitsgericht und das Landesarbeitsgericht haben die Ansprüche abgewiesen. Die Revision der Kläger war ohne Erfolg.

Gründe:

In Übereinstimmung mit dem Arbeitsgericht hat das Landesarbeitsgericht angenommen, daß beim Zeitakkord ebensowenig wie beim Stückakkord die Erhöhung des Stundenlohnes ohne weiteres eine Erhöhung des Akkordlohnes zur Folge habe, daß auch der an sich klare § 4 des Tarifvertrages für eine solche Auslegung keinen Raum biete, daß vielmehr der Vorschrift des § 4 des Tarifvertrages stets dann schon genügt sei, wenn die Kläger 20 % über den erhöhten Stundenlohn von 77 Pfg. verdient hätten; dieses Erfordernis sei aber erfüllt, da die Kläger auch nach Erhöhung des Stundenlohnes auf 77 Pfg. unstreitig stets einen mindestens 20 % über diesem Stundenlohn liegenden Akkordverdienst erreicht hätten.

Die Revision rügt demgegenüber fehlerhafte Auslegung des § 4 des Tarifvertrages in Verbindung mit den §§ 242, 157 BGB. Sie meint, das Landesarbeitsgericht verkenne das Wesen des Zeitakkordes. Die Einführung des Zeitakkordes sei erfolgt, um zu verhüten, daß bei Änderung der Grundlöhne jeder Akkord neu berechnet werden müsse. Das Wesen des Zeitakkordes bestehe darin, daß der jeweils gültige Grundlohn zur Basis der Akkordverdienste gemacht werde, sofern nicht ausdrücklich etwas anderes festgesetzt werde.

Die Revision ist nicht begründet. Der hier in Frage kommende Tarifvertrag läßt in seinem § 4 unter a den Zeitakkord zu, enthält sich aber einer näheren Regelung und bestimmt lediglich unter b, daß die Festsetzung der Akkordpreise oder Stückzeiten nach der Leistung eines Vollarbeiters in der Weise zu erfolgen hat, daß bei voller Arbeitsleistung mindestens ein bestimmter Prozentsatz über den Stundenlohn verdient wird. Abgesehen von dieser letzteren, dem Akkordarbeiter einen bestimmten Mindestverdienst garantierenden Tarifnorm sind tarifliche Bestimmungen über die Höhe des Akkordlohnes, insbesondere über die Beziehungen des tariflichen Stundenlohnes zu dem Akkordlohn in dem Tarifvertrage nicht enthalten. Vielmehr ist die Festsetzung des Akkordlohnes im übrigen der freien Vereinbarung überlassen. Der dem Tarifabkommen vom 5. März 1929 zugrundeliegende Schiedsspruch vom 12. Februar 1929 sieht lediglich eine Erhöhung der Stundenlöhne vor, und zwar setzt er Mindestlöhne fest. Ohne Rechtsirrtum und in Übereinstimmung mit der Rechtsprechung des Reichsarbeitsgerichts (vgl. Urteil vom 7. März 1928 — RAG. 83/27 — in RAG. Bd. 1 S. 213 und vom 17. Oktober 1928 — RAG. 97/28 — in ArbRspr. 1929 S. 12) hat aber das Landesarbeitsgericht angenommen, daß eine Neufestsetzung der Mindeststundenlöhne die auf besonderer Vereinbarung beruhenden Akkordlöhne an sich nicht berührt. Die Revision will ihre Annahme, daß die in dem Tarifvertrage ausgesprochene Erhöhung der Stundenlöhne auch eine Erhöhung des der Akkordberechnung zugrunde zu legenden Minutenfaktor zur Folge gehabt habe. nicht etwa aus dem besonderen Inhalt des Tarifabkommens vom 5. März 1929 oder des ihm zugrundeliegenden Schiedsspruches vom 12. Februar 1929 herleiten, denn sie macht selbst nicht geltend, daß darin irgendwie ein auch auf die Erhöhung der Akkordlöhne gerichteter Wille zum Ausdruck gekommen sei; vielmehr sieht sie die von den Klägern in Anspruch genommene Erhöhung des Akkordlohnes als eine aus dem Wesen des Zeitakkordes, insbesondere des Minutenzeitakkordes zwangsläufig sich ergebende Folge der Erhöhung des Stundenlohnes an und rügt, daß das Landesarbeitsgericht in dieser Beziehung das Wesen des Zeitakkordes verkannt habe. Dem kann jedoch nicht beigetreten werden. Es ist kein mit dem Begriffe des Zeitakkordes notwendig verbundenes Merkmal, daß der Berechnung der jeweilige Stundenlohn zugrunde gelegt oder daß dieser überhaupt in eine feste Beziehung zum Akkordlohn gebracht wird. Das Wesen des Zeitakkordes besteht lediglich darin, daß der Berechnung eines für die Anfertigung eines bestimmten Stückes zu zahlenden Lohnes ohne Rücksicht darauf, in welcher Zeit die Anfertigung des Stückes wirklich erfolgt, eine im voraus festgesetzte Stückzeit zugrunde gelegt und diese mit einem gleichfalls festgesetzten Geldfaktor vervielfacht wird. Je nachdem die Arbeitszeit als Stundenzeit oder als Minutenzeit zugrunde gelegt wird, wird der Geldfaktor als Akkordstundenlohn oder Akkordminutenlohn eingesetzt. Der Minutenzeitakkord unterscheidet sich also von dem sonst üblichen Stundenzeitakkord lediglich dadurch, daß die Stückzeit in Minuten berechnet und dementsprechend auch der Geldfaktor auf Minutenzeit eingestellt ist; er findet seine wesentliche Zweckbestimmung darin, den Arbeiter zu einer möglichst hohen Ausnutzung der Zeit zu veranlassen. Der als Geldfaktor dienende Akkordstunden- oder Akkordminutenlohn kann zwar zu dem jeweiligen Stundenlohn in ein bestimmtes Verhältnis in der Weise gesetzt werden, daß er sich in dem Maße der Erhöhung oder Senkung des Stundenlohnes gleichfalls erhöht oder ermäßigt, es ist dies aber keineswegs erforderlich, und es kann deshalb auch aus dem Wesen des Zeitakkordes eine solche Abhängigkeit von der jeweiligen Höhe des Stundenlohnes nicht gefolgert werden. Es mag zutreffen, daß gerade die Verhältnisse der Inflationszeit manche Betriebe dazu veranlaßt haben, den Zeitakkord einzuführen, weil er gegenüber dem als Einheit erscheinenden Stückakkordlohn infolge seiner nach außen in der Erscheinung tretenden Zusammensetzung als Zeitfaktor und Geldfaktor die damals notwendige Anpassung an den von Tag zu Tag sinkenden Wert des Geldes erleichterte. Es mag auch richtig sein, daß man, um den sich aus dem fortgesetzten Sinken des Geldwertes ergebenden Schwierigkeiten einer angemessenen Entlohnung zu begegnen, damals jeweils mit der Erhöhung des Stundenlohnes vielfach eine automatische Erhöhung des dem Zeitakkord zugrunde zu legenden Geldfaktors hat eintreten lassen. Diese in der Not der Zeit begründeten Maßnahmen haben aber keine Änderung in dem Wesen des Zeitakkordes zur Folge gehabt, insbesondere auch nicht etwa zu einer allgemeinen Übung geführt, so daß eine Abhängigkeit des Geldfaktors vom jeweiligen Stundenlohn oder sogar eine Übereinstimmung mit ihm nunmehr als zum Wesen des Zeitakkordes gehörend angesehen werden müßte. Eine solche Abhängigkeit besteht, wenn nicht besondere Umstände des Einzelfalles eine solche als gewollt erkennen lassen, nicht, und es ist deshalb nicht zu beanstanden, wenn auch im vorliegenden Falle das Landesarbeitsgericht angenommen hat, daß beim Fehlen einer besonderen, den Akkordlohn betreffenden Bestimmung im Schiedsspruche vom 12. Februar oder im Abkommen vom 5. März 1929 lediglich die Erhöhung des Stundenlohnes nicht ohne weiteres eine Erhöhung des Zeitakkordlohnes zur Folge gehabt habe.

Die Revision rügt aber auch weiter, das Landesarbeitsgericht habe sich der entscheidenden Frage entzogen, ob nicht kraft individuellen Akkordvertrages die Erhöhung der jeweiligen Grundlohnsätze automatisch zur Erhöhung der Akkordverdienste führen müsse, so daß nach dem Willen der Vertragsparteien mit einer Veränderung der Grundlöhne automatisch eine Veränderung der Akkordverdienste verbunden sei. Soweit die Revision einen solchen Inhalt des individuellen Akkordvertrages aus der langjährigen Übung bei der Beklagten und aus etwa mündlich getroffenen Abreden herleiten will, ist weder aus dem Tatbestande der vorinstanzlichen Urteile noch aus dem sonstigen Inhalt der Akten ersichtlich, daß seitens der Kläger irgendwie hierauf Bezug genommen wäre. Ohne daß in dieser Beziehung aber auch nur irgendeine Behauptung aufgestellt oder auch nur ein Hinweis gemacht worden wäre, hatte das Landesarbeitsgericht keine Veranlassung, diesem Gesichtspunkte näherzutreten. Soweit insoweit von der Revision etwa eine Verletzung des § 139 ZPO. hat gerügt werden sollen, ist eine solche nicht festzustellen. — Die Frage, ob etwa aus der Tatsache, daß bisher der Geldfaktor tatsächlich einem $^1/_{60}$ des Stundenlohnes von 74 Pfg. entsprochen hatte, auf eine Vereinbarung dahin, daß der Minutenfaktor stets $^1/_{60}$ des jeweiligen Stundenlohnes betragen solle, geschlossen werden könne, hat das Landesarbeitsgericht zwar nicht ausdrücklich erörtert. Daß es sich aber dieser Tatsache bewußt gewesen ist, läßt das angefochtene Urteil deutlich erkennen. Wenn es sie allein nicht als genügend angesehen hat, um annehmen zu können, daß nach dem Willen der Beteiligten der Minutenfaktor stets $^1/_{60}$ des jeweiligen Stundenlohnes betragen solle, so ist das rechtlich nicht zu beanstanden, steht auch nicht im Widerspruch mit den die Entscheidung auf den Willen der Vertragsparteien abstellenden Ausführungen des von der Revision in Bezug genommenen Urteils des Reichsarbeitsgerichts vom 19. Dezember 1928 — RAG. 229/28 —. Daß übrigens auch die Tarifvertragsparteien nicht angenommen haben, daß die Erhöhung der Stundenlöhne zwangsläufig eine Erhöhung auch der Akkordlöhne zur Folge haben werde, läßt sich daraus entnehmen, daß sie bei der Vereinbarung vom 5. März 1929 Veranlassung genommen haben, gleichzeitig mit der Erhöhung der Stundenlöhne den Prozentsatz, um den der garantierte Mindestakkordlohn den Tarifstundenlohn zu überschreiten hat, von 10 auf 20 % zu erhöhen. Sichtlich sollte diese Erhöhung dazu dienen, auch die Akkordlohnarbeiter an der den Stundenlohnarbeiter zuteil gewordenen Erhöhung ihres Einkommens in gewissem Umfange teilnehmen zu lassen. Da aber der Akkordverdienst der Kläger auch bei Berechnung nach dem bisherigen Geldfaktor von 1,233 den erhöhten, im § 4 des Tarifvertrags garantierten Akkordmindestverdienst stets erreicht hat, hat das Landesarbeitsgericht mit Recht die Klage abgewiesen.

RAG. 8, 69.

1. Kann eine Tarifvertragspartei die Haftung wegen Verletzung der Friedenspflicht um deswillen ablehnen, weil sie ihr objektiv tarifwidriges Verhalten für berechtigt erachtet und sich zu ihm erst nach Einholung des Rechtsrats in Wirtschaftsangelegenheiten erfahrener Rechtskundiger entschlossen habe?

2. Sind die Geldunterstützungen, welche ein Arbeitnehmerverband seinen infolge Tarifbruchs des Tarifvertragsgegners ausgesperrten oder streikenden Mitgliedern gezahlt hat, auch dann ersatzpflichtig, wenn diese nach der Satzung ihres Verbandes keinen Rechtsanspruch auf Streikgelder oder sonstige Beihilfen hatten?

BGB. §§ 276, 249.

Reichsarbeitsgericht. Urt. v. 28. Februar 1931.

I. Arbeitsgericht Frankfurt a. M. — II. Landesarbeitsgericht daselbst.

Nach § 1 des Reichstarifvertrages für die Chemische Industrie vom 19. Juli 1919/15. Oktober 1927 erstreckt sich dieser nur auf solche Betriebe, die innerhalb des Deutschen Reichs der Berufsgenossenschaft der chemischen Industrie angeschlossen sind, sowie auf solche chemischen Betriebe, die als Nebenbetriebe anderer Industrien bestehen und sich dieser Vereinbarung anschließen. Der Betrieb der Beklagten fiel nicht unter diesen Tarifvertrag. Denn sie gehörte zwar dem Arbeitgeberverbande, nicht aber der Berufsgenossenchaft der chemischen Industrie an. Ihr Betrieb ist auch nicht als Nebenbetrieb im Sinne des § 1 a. a. O. anzusehen. Ende Dezember 1929 trat die Beklagte aus dem Arbeitgeberverbande der Chemischen Industrie aus.

Am 6. Juni 1929 ist „zwischen dem Arbeitgeberverband der chemischen Industrie Deutschlands Sektion VII und dem Verband der Fabrikarbeiter Deutschlands, Ortsverwaltung Frankfurt a. M. für die Betriebe Niederrad und Bornheim der Frankfurter Asbestwerke A.-G. (vormals Louis Wertheim)" eine tarifliche Vereinbarung getroffen worden.

Nach Ziff. 1 daselbst gilt für die bei der Beklagten beschäftigten Arbeiter der Reichstarifvertrag der chemischen Industrie Deutschlands und das Bezirksabkommen der chemischen Industrie Sektion VII mit Ausnahme der Lohnsätze und des Artikels III. In den Ziffern 2 bis 6 der genannten Vereinbarung sind mit Wirkung ab 21. April 1929 die einzelnen Lohnsätze festgelegt.

Ziff. 7 der Vereinbarung lautet wie folgt:

„Diese Lohnregelung gilt für die Dauer der derzeitigen Lohnregelung für die chemische Industrie Sektion VII."

Der Reichstarifvertrag sowie das Bezirkslohnabkommen, die nach § 15 des Tarifvertrages und Ziff. 15 des Lohnabkommens mit dreimonatiger Frist kündbar sind, waren zur Zeit des Erlasses des Berufungsurteils noch nicht gekündigt worden. Die Löhne der chemischen Industrie Sektion VII lagen auf Grund der Vereinbarung vom 30. April 1929 noch bis zum 30. September 1930 fest und konnten mit einmonatiger Frist erstmals zum 30. September 1930 gekündigt werden.

Am 20. Dezember 1929 hat die Beklagte folgende „Bekanntmachung in ihren beiden Betrieben angeschlagen:

„Mit dem 31. Dezember d. J. scheiden wir als Mitglieder des Chemischen Verbandes aus. Infolgedessen haben die Bestimmungen des Chemie-Mantel-Tarifs und des dazu gehörigen Bezirkslohnabkommens alsdann für uns keine Gültigkeit mehr. Ein neuer Mantel-Tarif ist in Vorbereitung."

Am 7. Februar 1930 erfolgte eine weitere Bekanntmachung mit folgendem Inhalt:

„Wir verweisen auf unsere Bekanntmachung vom 20. Dezember 1929. Hiernach sind wir mit Wirkung vom 1. Januar 1930 ab aus dem Arbeitgeberverband der chemischen Industrie ausgeschieden. Unter nochmaliger Mitteilung dieser Tatsache sprechen wir nochmals vorsorglich sämtlichen Arbeitnehmern gegenüber die Kündigung des vor dem 31. Dezember 1929 bestandenen Arbeitsverhältnisses aus. Diese Kündigung hat den Zweck, die Wirksamkeit der einzelnen Bestimmungen des Reichstarifvertages der chemischen Industrie sowie des Bezirkslohnabkommens der Sektion VII der chemischen Industrie außer Kraft zu setzen. Arbeitnehmer, die hiermit nicht einverstanden sind, haben sich als gekündigt zu betrachten und können ihre Papiere im Lohnbüro in Empfang nehmen.

Ein neuer Mantel-Tarif-Vertrag ist in Vorbereitung zur Behebung des tariflosen Zustandes.

Von einer Kündigung der bisher in unserem Betriebe fälligen Lohnsätze wird vorerst Abstand genommen. Es bleibt bei der Auszahlung der bisherigen Lohnsätze. Prämien und sonstige Zulagen, die bereits gekündigt waren, bleiben auch weiterhin außer Kraft.

Wir sehen uns zu der Form dieser Veröffentlichung durch ergangene Entscheidungen des Arbeitsgerichts gezwungen."

Die Arbeitnehmerschaft lehnte die Fortsetzung des Arbeitsverhältnisses zu den von der Beklagten angebotenen Bedingungen ab und legte die Arbeit nieder. Die Betriebe der Beklagten standen vom 10. Februar bis 12. März 1930 still.

Am 14. März 1930 wurde die Arbeit mit etwa 90 bis 100 Arbeitnehmern von den ursprünglich beschäftigten 140 Arbeitern wieder aufgenommen.

Während der Stillegung zahlte der Kläger den Arbeitnehmern Unterstützungen von angeblich mehr als 10 000 RM.

Die Arbeiter, die sich auch am 14. März 1930 den neuen Bedingungen nicht unterwarfen, blieben weiter außerhalb des Betriebes.

Der Kläger behauptet, die Vereinbarung vom 6. Juni 1929 stelle sich als Firmentarif und nicht als Verbandstarif dar. Die Beklagte sei daher Tarifvertragspartei. Durch Austritt aus dem Arbeitgeberverbande habe sie sich ihren tariflichen Verpflichtungen nicht entziehen können. Es handle sich vorliegend um eine Aussperrung, die sich als Friedensbruch darstelle und zum Schadensersatz verpflichte.

Im vorliegenden Rechtsstreit verlangt der Kläger Erstattung von 1000 RM als eines Teils der von ihm an Ausgesperrte gewährten Unterstützungen. Die Beklagte steht auf dem Standpunkt, die Vereinbarung vom 6. Juni 1929 sei ein zwischen dem Arbeitgeberverbande der chemischen Industrie und dem Kläger geschlossener Verbandstarif, der sie seit dem 31. Dezember 1929 nicht mehr binde. Abgesehen davon sei er, wie sie weiter behauptet, durch den Schriftwechsel der Parteien vom 14./15. November 1929 in gegenseitigem Einverständnis aufgehoben oder zum mindesten durch ihren Brief vom 14. November 1929 und durch den Anschlag vom 14. Februar 1930 ordnungsmäßig gekündigt.

Das Arbeitsgericht und das Landesarbeitsgericht gaben der Klage statt. Auch die Revision der Beklagten blieb erfolglos.

Gründe:

Das Landesarbeitsgericht ist hinsichtlich der Rechtsnatur des Abkommens vom 6. Juni 1929 der Auffassung des Klägers beigetreten. Es führt aus, daß die Beklagte, die trotz ihrer Zugehörigkeit zu dem Arbeitgeberverbande der chemischen Industrie dessen Tarifvertrag nicht unterstand, das Bedürfnis und Verlangen hatte, mit ihren Arbeitnehmern zu einer tariflichen Einigung zu gelangen, daß sie aber satzungsgemäß nicht selbst, sondern nur durch ihren Verband mit den Arbeitnehmerverbänden verhandeln und abschließen durfte und daß ihr deshalb nichts übrig geblieben sei, als sich zur Erreichung ihres Ziels an den Syndikus der Sektion VII, deren Mitglied sie gewesen, Dr. Z., zu wenden und ihn zu bitten und zu ermächtigen, den Abschluß eines Tarifvertrages herbeizuführen. Dieser habe dann namens der Beklagten und für sie mit dem Kläger verhandelt und abgeschlossen und ihre Stellung als Vertragspartei in den im Tatbestande wiedergegebenen Eingangsworten der Urkunde hinreichend deutlich zum Ausdruck gebracht. Diese Erwägungen bewegen sich im wesentlichen auf tatsächlichem Gebiet, und der aus ihnen gezogene Schluß, daß es sich um einen Firmentarif handele, unterliegt keinen rechtlichen Bedenken.

Die Revision rügt zwar, der Berufungsrichter habe bei dieser Feststellung übersehen, daß das Abkommen von Dr. Z. nicht als Einzelperson und als Vertreter der Beklagten, sondern in seiner Eigenschaft als Syndikus des Arbeitgeberverbandes der chemischen Industrie namens dieses Verbandes unterzeichnet sei und daß diese Art der Unterzeichnung unverkennbar auf den Abschluß eines Verbandtarifs deute. Dieser Vorwurf ist unbegründet. Der Berufungsrichter beginnt seine Ausführungen mit der Erwägung, der Beklagten sei zuzugeben, daß der Charakter der Vereinbarung vom 6. Juni 1929 als eines Firmentarifvertrages nicht ohne weiteres zutage trete. Er hat also die Bedenken, die sich gegen eine derartige Charakterisierung, namentlich aus der Unterschrift auf der Arbeitgeberseite ergeben, nicht verkannt. Wenn er sie aber nicht für durchschlagend und nicht für geeignet gehalten hat, seine aus dem sonstigen von ihm festgestellten Sachverhalt gewonnene Überzeugung von der Rechtsnatur der streitigen Vereinbarung zu erschüttern, so ist das prozessual und materiellrechtlich nicht zu beanstanden. Unterstützend sei noch darauf hingewiesen, daß schon das Schreiben der Sektion VII des chemischen Arbeitgeberverbandes vom 1. September 1927, das der Beklagten ihre Aufnahme in die Sektion und die Notwendigkeit von Tarifvertragsverhandlungen mit dem Fabrikarbeiterverbande Deutschlands anzeigt, mit den Worten schließt: „Wir werden diese Verhandlungen in Ihrem Namen führen und stellen fest, daß Sie uns hierzu bevollmächtigt haben.“ Gegen diesen Satz hat die Beklagte nie Widerspruch erhoben, und dafür, daß von dieser 1927 getroffenen Regelung im Jahre 1929 abgewichen ist, liegt nicht nur nicht der geringste Anhalt vor, sondern erscheint nach dem vom Berufungsrichter für glaubhaft erachteten Zeugnis des Dr. Z. geradezu ausgeschlossen. Die Revision meint weiter, es fehle die Feststellung, daß der Wille des Arbeitgeberverbandes der chemischen Industrie, für die Beklagte zu handeln, bei den Vertragsverhandlungen dem anderen Teile erkennbar gemacht sei. Auch das trifft nicht zu. Das Berufungsgericht erachtet ausdrücklich für erwiesen, „das der genannte

Arbeitgeberverband als Bevollmächtigter der Beklagten für sie aufgetreten sei, ohne sich mit dem Inhalt der Vereinbarung als Verband zu identifizieren". Auch die Rüge der Revision, der Berufungsrichter habe den angeblich in der Berufungsrechtfertigung hinsichtlich der Unrichtigkeit des Z.schen Zeugnisses angetretenen Beweis zu Unrecht nicht erhoben, ist unbegründet. Ob das Berufungsgericht Dr. Z. noch einmal hören wollte oder es bei seiner erstinstanzlichen Vernehmung bewenden ließ, stand in seinem pflichtgemäßen Ermessen, einen sonstigen beachtlichen, zur Entkräftung der Auslage Z.s geeigneten Beweisantritt enthält aber der Berufungsschriftsatz vom 12. Juli 1930 nicht. Ist danach der Vertrag vom 6. Juni 1929 ein Firmentarifvertrag, so erlosch er durch den Austritt der Beklagten aus dem Arbeitgeberverbande der chemischen Industrie nicht. Hinsichtlich seiner Geltung ist die Rechtslage dieselbe, wie sie es gewesen wäre, wenn die Beklagte ihn nach Beendigung ihrer Mitgliedschaft bei der Sektion VII mit demselben Wortlaut sei es selbst, sei es durch Dr. Z. oder einen anderen Vertreter abgeschlossen hätte. Selbstverständlich war sie nicht für alle Zukunft an ihn gebunden, auch nicht so lange als der Reichstarifvertrag vom 19. Juli 1919/15. Oktober 1927 für die Arbeitgeber der chemischen Industrie in Kraft war. Ihr stand vielmehr ein selbständiges Kündigungsrecht nach Maßgabe der in der „Vereinbarung" vom 6. Juni 1929 in bezug genommenen Tarifverträge zu. Zu welchem Termin sie es hätte ausüben dürfen, kann jedoch dahingestellt bleiben, wenn, wie das Berufungsgericht meint, überhaupt keine ordnungsmäßige Kündigung des Abkommens vom 6. Juni 1929 vorliegt. Sie konnte, da es sich um eine Gesamtvereinbarung handelt, nicht der Belegschaft, sondern nur dem Vertragsgegner, d. h. dem Kläger gegenüber ausgesprochen werden. Deshalb scheidet der Anschlag vom 7. Februar 1930 als Kündigung völlig aus. Dr. N. teilte nun am 14. November 1929 dem Kläger namens der Beklagten u. a. folgendes mit:

> „Ebenso werde ich, da mit dem 1. Januar 1930 die Firma Frankfurter Asbestwerke A.-G. aus dem Verbande der chemischen Industrie ausscheidet und damit auch ab diesem Zeitpunkt der Manteltarifvertrag nicht mehr in Frage kommt, einen Sondertarif ausarbeiten und Ihnen diesen zu ihrer Stellungnahme zusenden. Ich werde den Entwurf Ihnen so rechtzeitig zugehen lassen, daß eine endgültige Vereinbarung zum 1. Januar 1930 möglich ist."

Der Berufungsrichter sieht in diesem Brief keine Kündigung, einmal deshalb, weil die Beklagte von ihrem Standpunkte des zwangsläufigen Erlöschens des Tarifvertrages aus keinen Kündigungswillen hätte haben können, zweitens aber auch deshalb, weil ihm seiner Fassung nach eine solche nicht zu entnehmen gewesen sei. Am 15. November 1929 bestätigte der Kläger den Eingang des Schreibens vom Tage vorher und entgegnete in bezug auf den für den Rechtsstreit allein interessierenden Punkt folgendes:

„. . . Über den Entwurf eines neuen Manteltarifs wollen wir Ihnen mitteilen, daß wir der Ansicht sind, daß diese Arbeit sehr einfach sein kann. Wir haben die Absicht, den Chemie-Tarif in seiner vollen Auswirkung als Manteltarif zu übernehmen, mit Ausnahme der darin enthaltenen Bestimmungen über Tarifamt und Schiedsgerichte. Es dürfte dies die einzige Lösung sein, da unserer Ansicht nach auf diese Weise unnötige Verhandlungen und auch unnötige Verärgerung erspart werden können.

Wir teilen Ihnen dieses mit und bitten, den Vorschlag zu prüfen."

Der klägerische Brief enthält zwar keine Bekämpfung, aber auch keine Anerkennung der Auffassung der Beklagten, daß für sie der Mantel-Tarif-Vertrag der chemischen Industrie am 1. Januar 1930 seine Geltung verliere. Wenn das Berufungsgericht daher die beiden Briefe im Zusammenhang dahin würdigt, daß der Kläger in dem vom 14. November 1929 nur die Äußerung einer — und zwar einer irrigen — Rechtsansicht zu sehen brauchte und gesehen habe und daß er in seiner Antwort nur die in dem Schreiben vom 4. Januar 1930 wieder zurückgezogene Bereitschaft zu neuen Tarifvertragsverhandlungen mit dem gleichzeitigen Vorschlage, den Inhalt des Manteltarifs der chemischen Industrie — von bestimmten Ausnahmen abgesehen — in einen etwaigen neuen Mantel-Tarif-Vertrag der Parteien zu übernehmen, so ist in dieser Auslegung kein Rechtsirrtum zu erblicken. Ist sie somit für das Reichsarbeitsgericht bindend, so bildete das Angebot der Beklagten an ihre Arbeiter, das Arbeitsverhältnis unter anderen tarifwidrigen Bedingungen fortzusetzen und die damit verbundene Drohung, daß die Arbeiter, die hiermit nicht einverstanden seien, sich als gekündigt zu betrachten hätten, dem Kläger gegenüber einen Vertragsbruch. Ob in der nach § 2a der Arbeitsordnung fristlosen Kündigung sämtlicher Arbeitsverträge mit dem gleichzeitgen Antrage auf Abschluß eines anderen mit zunächst noch unbekannten Bedingungen, wie der Berufungsrichter meint, eine Aussperrung im Sinne des Gesetzes lag oder ob sie einer solchen gleichzuachten ist, kann dahingestellt bleiben. Jedenfalls bedeutete das Vorgehen der Beklagten, mit dem sie durch wirtschaftlichen Druck auf ihre Arbeiter eine Abänderung noch gültiger tarifvertraglicher Vorschriften erreichen und erzwingen wollte und den Arbeitern selbst ein tarifwidriges Verhalten zumutete, dem Kläger gegenüber eine die tarifvertragliche Friedenspflicht verletzende, wirtschaftliche Kampfmaßnahme, die ihn zur Ergreifung angemessener Abwehrmaßregeln berechtigte. Daß der Kläger den ihm aufgezwungenen Arbeitskampf aufnahm und seine Mitglieder anwies, sich dem tarifwidrigen Verlangen der Beklagten nicht zu fügen, kann ihm daher nicht verdacht werden. Auch wenn man mit dem Berufungsgericht von dem Begriff der Aussperrung ausgeht, war der Kläger nach Sinn und Zweck seiner Satzung berechtigt, die tarifwidrig Ausgesperrten wirtschaftlich zu unterstützen. Leugnet man aber mit der Beklagten eine Aussperrung von ihrer Seite und tritt damit ihrer Auffassung, der Kläger habe den Anschlag vom 7. Februar 1930 mit einer erfolgreichen Streikerklärung beantwortet, bei, so kann auch diese Kampfmaßnahme und die Auszahlung von Streikgeldern an die Streikenden ihm nicht als Verschulden angerechnet werden. Die Unterlassung einer Beweiserhebung über die Streikaufforderung des Klägers ist deshalb für die Entscheidung bedeutungslos. Man kann dem Kläger auch nicht vorwerfen, er habe vorschnell gehandelt und hätte vor dem Streikbeginn den Tarifstreit auf gütlichem Wege zu regeln versuchen müssen. Denn einmal war er der angegriffene Teil, zweitens stellt der Berufungsrichter aber auch fest, daß die Beklagte auch einem solchen Versuch gegenüber auf ihrem Standpunkte, der Vertrag vom 6. Juni 1929 binde sie nicht mehr, verharrt hätte.

Schließlich möchte die Beklagte auch ihr Verschulden verneint wissen, da sie nur dem Rechtsrat in Wirtschaftsangelegenheiten erfahrener Rechtskundiger gefolgt sei. Diesen Einwand hat schon das Landesarbeitsgericht unter Hinweis auf die Rechtsprechung des Reichsarbeitsgerichts mit der zutreffenden Erwägung verworfen, daß derjenige, der sich auf eine bestimmte, vom Vertragsgegner bekämpfte Rechtsauffassung einstelle und nach ihr sein Gesamtverhalten einrichte, die Folgen ihrer etwaigen Unrichtigkeit tragen müsse und daher auf eigene Gefahr handele. Die Beklagte hat sich somit schadensersatzpflichtig gemacht (§ 276 BGB.). Der Schaden des Klägers besteht in der Unterstützung der streikenden oder ausgesperrten Arbeiter. Die Revision bestreitet das zwar, weil die ausgesperrten oder streikenden Arbeiter nach der klägerischen Satzung keinen Rechtsanspruch auf Unterstützung gehabt hätten, freiwillig, ohne rechtliche Verpflichtung dazu, gezahlte Streikgelder aber nicht als ein mit dem Vorgehen der Beklagten ursächlicher Schaden des Klägers anzusehen seien. Dem ist nicht beizutreten. Bei Wirtschaftskämpfen umfaßt der Schaden des zu Unrecht angegriffenen und in seinen Vertragsrechten verletzten Verbandes in erster Reihe die von ihm zweckentsprechend anfgewendeten Kampfkosten. Nun liegt es aber auf der Hand, daß ein Arbeitnehmerverband einen ihm aufgezwungenen Wirtschaftskampf mit Aussicht auf Erfolg nur führen kann, wenn er seinen streikenden oder ausgesperrten Mitglieder die Mittel zum Lebensunterhalt gewährt und sie für die Lohnausfälle wenigstens zum Teil entschädigt. Die zu solchem Zwecke aufgewendeten Geldbeträge sind ebenso wie etwaige von einem Arbeitgeberverbande an seine tarifvertragswidrig bestreikten Mitglieder geleisteten Unterstützungen (vgl. RGZ. Bd. 73 S. 92 flg. insbes. S. 106) notwendige Kampfkosten, die durch das vertragsuntreue Verhalten des Vertragsgegners verursacht und daher ersatzfähig sind. . . .

RAG. 8, 101.

Hat der Wahlvorstand oder das älteste Betriebsratsmitglied die Wahl der beiden Vorsitzenden des Betriebsrats zu leiten?

BRG. §§ 26, 27, 29; WO. z. BRG. §§ 33, 34.

Reichsarbeitsgericht. Beschl. v. 6. Dezember 1930.

I. Arbeitsgericht Königsberg i. Pr.

Gründe:

Bei dem Heeresbekleidungsamt in Königsberg i. Pr. fand im März 1930 eine Betriebsratswahl statt. Der hierbei tätig gewesene Wahlvorstand beraumte nach Durchführung dieser Wahl Termin zur Vornahme der Wahl der Bertiebsratsvorsitzenden auf den 24. März an und gab in dem Termin nicht nur Aufklärung darüber, wie die Wahl zu erfolgen habe, sondern führte die Wahl auch selbst durch, indem er den Kandidaten der Liste 2 von zwei in einem Papierbogen steckenden Zetteln, welche die Namen der zu Wählenden enthielten, einen herausziehen ließ und dann die auf diesem Zettel verzeichneten Kandidaten als gewählt erklärte. Die Antragsteller halten die so zustande gekommene Wahl der Betriebsratsvorsitzenden wegen Verstoßes gegen wesentliche Wahlverfahrensvorschriften für ungültig und haben sie unter Hinweis auf § 33 WO. z. BRG., den sie auch für den Fall des § 29 Abs. 1 Satz 1 BRG. angewendet wissen wollen, mit dem Antrag auf Ungültigkeitserklärung rechtzeitig bei dem Arbeitsgericht angefochten. Das Arbeitsgericht hat den Antrag zurückgewiesen. Es ist der Auffassung, daß bei dem Mangel einer ausdrücklichen gesetzlichen Bestimmung § 33 WO. z. BRG., der lediglich die Wahl des Betriebsausschusses regle, auf die hier in Frage kommende Wahl der Betriebsratsvorsitzenden nicht entprechend anwendbar sei; es erachtet ferner den Wahlvorstand zur Durchführung der Wahl für befugt und hält auch die Art ihrer Durchführung durch Losentscheidung für unbedenklich, zumal für die Behauptung eines unlauteren Vorgehens nicht der geringste Beweis erbracht sei.

Der gegen diesen Beschluß gerichteten, gemäß § 87 Abs. 1 und 2 ArbGG. form- und fristgerecht bei dem für ihre Entscheidung nach § 85 Abs. 1 a. a. O. zuständigen Reichsarbeitsgericht eingelegter Rechtsbeschwerde der Antragsteller, mit welcher sie Aufhebung des Beschlusses und Entscheidung nach ihrem bei dem Arbeitsgericht gestellten Antrag begehren, kann ein Erfolg nicht versagt werden.

Laut § 29 Abs. 1 Satz 1 BRG. hat „der Wahlvorstand die Mitglieder des Betriebsrats spätestens eine Woche nach ihrer Wahl zur Vornahme der nach den §§ 26, 27 erforderlichen Wahlen", d. h. der Wahlen sowohl des ersten und zweiten Vorsitzenden des Betriebsrats (§ 26) wie des Betriebsausschusses (§ 27) „zusammenzuberufen". Während für die letztere Wahl in § 33 Abs. 1 Satz 1 der WO. z. BRG. ausdrücklich vorgeschrieben ist, daß sie „in der zu diesem Zwecke zusammenberufenen Betriebsratssitzung (§ 29 des Gesetzes) unter der Leitung des ältesten Betriebsratsmitglieds stattfindet", fehlt es an einer solchen oder ähnlichen Bestimmung für die gemäß § 26 BRG. vorzunehmende Wahl der Betriebsratsvorsitzenden. Muß man daher die vorhandene Gesetzeslücke durch Auslegung ergänzen, was nach der Rechtsprechung des Reichsgerichts und des Reichsarbeitsgerichts an sich zulässig ist (vgl. RAG. Bd. 3 S. 215 und Bd. 5 S. 134), so darf doch diese Ergänzung nicht in der Weise erfolgen, wie es der angefochtene Beschluß im Anschluß an Flatows BRG.-Kommentar, 12. Aufl. zu § 29 Anm. 3 tut. Eine derartige Auslegung widerspricht, wenngleich sie, was nicht verkannt werden soll, auch von dem sonstigen maßgebenden Schrifttum geteilt wird (s. insbes. Feig-Sitzler, BRG. 11./12. Aufl. zu § 29 Anm. 2, Kieschke-Syrup, BRG. 6. Aufl. zu § 29 Anm. 1 und Mansfeld, BRG. 2. Aufl. zu § 29 Erl. 2 a) und bei dem Mangel einer ihr unmittelbar entgegenstehenden Vorschrift auf den ersten Anschein vielleicht naheliegen mag, wie unten zu erörtern sein wird, sowohl dem Wortlaut, Sinn und Zweck des Gesetzes als auch dem hieraus folgenden Willen des Gesetzgebers. Sie verstößt mithin gegen § 133 BGB.; denn bei der Auslegung eines Gesetzes kann der Richter zwar jedes ihm zur Aufklärung des Gesetzeswillens erforderlich oder dienlich erscheinende Mittel anwenden, er muß aber vor allem prüfen, ob das, was als ermittelt gelten soll, im Gesetz selbst einen geeigneten Ausdruck gefunden hat, der auf den entsprechenden Willen des Gesetzgebers schließen läßt (RAG. Bd. 7 S. 27). Das gilt namentlich auch für das Betriebsrätegesetz (vgl. RGZ. Bd. 111 S. 415).

Prüft man unter den vorbezeichneten Gesichtspunkten die einschlägigen gesetzlichen Bestimmungen, so ist zunächst festzustellen, daß nach § 29 Abs. 1 Satz 1 BRG. der Wahlvorstand die Mitglieder des Betriebsrats lediglich „zur Vornahme der nach den §§ 26, 27 erforderlichen Wahlen zusammenzuberufen hat, d. h. er hat dafür Sorge zu tragen, daß die Mitglieder des Betriebsrats die fraglichen Wahlen vornehmen. Daß der Wahlvorstand diese Wahlen auch durchzuführen oder bei ihnen irgendwie mitzuwirken hätte, ist der Fassung des Gesetzes nicht zu entnehmen. Der Ausdruck „zusammenzuberufen" aber kann schon nach dem allgemeinen Sprachgebrauch dem Wort „Leiten" nicht gleichgestellt werden. Er bedeutet nicht mehr und nicht weniger als „einberufen" oder „einladen". Der Wahlvorstand hat also seine Pflicht erfüllt, wenn er binnen der vom Gesetz vorgesehenen einwöchigen Frist den ordnungsmäßigen Zusammentritt der Mitglieder des Betriebsrats veranlaßt. Damit ist seine Tätigkeit, die an sich mit dem Abschluß d. h. mit der gehörigen, dem § 18 WO. z. BRG. entsprechenden Bekanntmachung des Wahlergebnisses und mit der Aushändigung der Wahlakten an den Betriebsrat (§ 22 a. a. O.) endet, auch erschöpft (s. Warneyer, BRG. zu § 29 Anm. 1); denn ebensowenig wie der Wahlvorstand in einem nach vollzogener Betriebsratswahl anhängig werdenden Streitverfahren als „Beteiligter" im Sinne des § 83 ArbGG. angesehen werden kann (vgl. RAG. Bd. 2 S. 206), stehen ihm nach diesem Zeitpunkt andere Befugnisse als die ihm durch § 29 Abs. 1 Satz 1 BRG. ausdrücklich und ausnahmsweise zugewiesene Aufgabe der „Zusammenberufung" der gewählten Betriebsratsmitglieder zu. Der Zweck dieser Ausnahmebestimmung besteht offensichtlich darin, den Betriebsrat überhaupt lebensfähig zu machen und seine Geschäftsführung in Gang zu bringen (Schlicht.-Wesen 1921 S. 255). Dafür, daß dem so ist, bietet die Entstehungsgeschichte einen gewissen Fingerzeig. Aus ihr geht nämlich hervor, daß der Entwurf zum BRG. in § 21 (jetzt 29) Abs. 1 Satz 1 an Stelle des Wahlvorstandes dem „Arbeitgeber" die Aufgabe der „Zusammenberufung" der Betriebsratsmitglieder zuweisen wollte und daß gegen die Übertragung des Vorsitzes an den Arbeitgeber lebhafte Einwände erhoben wurden (vgl. Drucksachen der verfassunggebenden Deutschen Nationalversammlung Nr. 928 S. 21, 26, Nr. 1838 S. 1909, 1922, 1932, 1974, 1985, 1995, Nr. 1988 S. 5 und Nr. 2028 S. 6). Diese Einwände zeitigten zur zweiten Beratung des Gesetzentwurfs einen Antrag Nr. 1912 Ziff. 21 a, der in § 29 Abs. 1 Satz 1 die Worte des Entwurfs „Der Arbeitgeber" in „Das älteste Betriebsratsmitglied änderte. Zu dessen Begründung führte ein Abgeordneter in der 137. Sitzung der Nationalversammlung vom 15. Januar 1920 im wesentlichen aus, der Antrag wolle ausmerzen, daß der Arbeitgeber die erste Sitzung des Betriebsrats „einzuberufen habe"; der Betriebsrat werde auch „aus seiner Mitte heraus" ein Mitglied für befähigt erklären können, jederzeit und an jedem Orte eine Sitzung „einzuberufen"; das älteste Mitglied des Betriebsrats werde dafür das gegebene Mitglied sein, wie ja auch in der Nationalversammlung das ältetse Mitglied allemal dasjenige sei, das zu Anfang „bevor . . . der Vorsitzende gewählt sei, die Sitzung eröffne". Der Antrag wurde zwar ohne weitere Erörterung abgelehnt, es wurde dafür aber ein nicht näher begründeter Antrag Nr. 1939 Ziff. 14 angenommen, welcher sich von dem ersteren Antrag lediglich dadurch unterschied, daß er das Wort „Arbeitgeber" durch „Wahlvorstand" ersetzte (vgl stenographischen Bericht über die genannte Sitzung, Drucksachen S. 4321 flg.). Die Entstehungsgeschichte bestätigt also die von dem angefochtenen Beschluß abweichende Auffassung des Reichsarbeitsgerichts jedenfalls insoweit, als „zusammenberufen" in § 29 Abs. 1 Satz 1 BRG. gleichbedeutend mit „einberufen" ist. Aus ihr folgt ferner, daß derjenige, welcher die erste Sitzung des Betriebsrats zusammenberufen hat, sie nur „eröffnen", nicht aber sich auch „leiten" soll. Daß auch das Gesetz zwischen „Zusammenberufen" und „Leiten" unterscheidet, zeigen, wie die Rechtsbeschwerde zutreffend hervorhebt, § 29 Abs. 1 Satz 2 BRG. und § 33 Abs. 1 Satz 1 WO. z. BRG. zur Genüge. Dazu kommt, daß gemäß § 26 BRG. — worauf die Rechtsbeschwerde ebenfalls mit Recht hinweist — der Betriebsrat den ersten und zweiten Vorsitzenden „aus seiner Mitte" wählt, daß also auch hiernach von einer „Leitung" der Wahl durch den Wahlvorstand oder auch nur von dessen „Mitwirkung" bei der Wahl keine Rede sein kann. Nicht minder ist der Rechtsbeschwerde darin beizutreten, daß sie zur Unterstützung ihrer Ansicht auf § 33 Abs. 1 im Zusammenhang mit § 34 Satz 1 WO. z. BRG. Bezug nimmt. Allerdings betrifft die erstere Vorschrift nur die in § 27 BRG. angeordnete Wahl des Betriebsausschusses, der übrigens ebenso wie nach § 26 a. a. O. die beiden Vorsitzenden des Betriebsrats aus dessen „Mitte" zu wählen ist. Sie fügt jedoch, indem sie — wie bereits gesagt — zwischen der zu diesem Zwecke „zusammenberufenen" Betriebsratssitzung und der „Leitung" der Wahl unterscheidet, dem Worte „Betriebsratssitzung" in einer Klammer den „§ 29 des Gesetzes" hinzu und läßt dadurch deutlich erkennen, daß sie dieselbe Sitzung im Auge hat, in der nach § 29 Abs. 1 Satz 1 a. a. O. nicht allein die auf Grund des § 27, sondern auch die gemäß § 26 erforderliche Wahl vorzunehmen ist, d. h. die überhaupt erste Sitzung der Mitglieder des Betriebsrats nach ihrer Wahl. Wenn in dieser Sitzung die Wahl des Betriebsausschusses gemäß § 33 Abs. 1 Satz 1 WO. z. BRG. „unter der Leitung des ältesten Betriebsratsmitglieds" zu erfolgen hat, so ist nicht einzusehen, warum die in derselben Sitzung erfolgende Wahl der Betriebsratsvorsitzenden unter anderer Leitung stattfinden soll. Das um so weniger, als auch der Betriebsobmann nach § 34 Abs. 1 Satz 1 a. a. O. unter der Leitung eines Ältesten, nämlich des ältesten Arbeitnehmers des Betriebs, gewählt wird. Endlich geben § 33 Abs. 1 Satz 1 und § 34 Abs. 1 Satz 1 WO. z. BRG. als solche, bei denen es sich wie bei den übrigen Vorschriften über das Wahlverfahren um öffentlichrechtliche, im öffentlichrechtlichen Interesse erlassene Bestimmungen handelt (RAG. Bd. 3 S. 104), in Verbindung mit dem oben Dargelegten noch einen weiteren beachtenswerten Anhalt für den Willen des Gesetzgebers. Er läßt sich alles in allem dahin zusammenfassen, daß entsprechend der Stellung des Betriebsrats als einer öffentlichrechtlichen Körperschaft (RAG. Bd. 5 S. 213) die im unmittelbaren Anschluß an seinen Zusammentritt vorzunehmenden e r s t e n Wahlen, zu denen die Wahl der Betriebsratsvorsitzenden unbedenklich gerechnet werden kann, von dem (an Lebensjahren) „ä l t e s t e n" Beteiligten in ähnlicher Weise vorgenommen werden müssen, wie es bei den ersten Wahlen in sonstigen öffentlichrechtlichen Körperschaften, insbesondere bei den Wahlen der Vorsitzenden dieser Körperschaften geschieht und zudem nach den getroffenen Feststellungen bei der zweiten Beratung des Gesetzentwurfs in der Nationalversammlung ohne Widerspruch ausdrücklich betont worden ist. Hiernach aber erweist sich die im vorliegenden Fall von dem Wahlvorstand ausgeübte Leitung der Wahl der beiden Betriebsratsvorsitzenden als mit dem Wortlaut, Zweck und Sinn des Betriebsrätegesetzes wie mit dem Willen des Gesetzgebers unvereinbar. Sie enthält zugleich einen Verstoß gegen wesentliche Vorschriften über das Wahlverfahren (RAG. Bd. 2 S. 364) und ist, da der Natur der Sache nach auch die übrigen Voraussetzungen des § 20 WO. z. BRG. gegeben sind, ungültig.

Demzufolge war, ohne daß es eines Eingehens auf die weitere, gegen die Art der Durchführung der Wahl durch Losziehung gerichtete Rüge der Rechtsbeschwerde bedurfte, der angefochtene Beschluß aufzuheben und dem Antrag auf Ungültigkeitserklärung stattzugeben. Immerhin sei zu der zweiten Rüge bemerkt, daß auch sie in Anbetracht der strengen Anforderungen, welche — wie das Reichsarbeitsgericht schon wiederholt ausgesprochen hat (vgl. u. a. Beschluß vom 9. März 1929 RB. 41/28 und vom 28. Februar 1931 RB. 61/30) — an eine einwandfreie Vornahme der im BRG. vorgesehenen Wahlen gestellt werden müssen, nicht von vornherein unbegründet erscheint.

RAG. 8, 117.

Ist die dienstvertragsmäßige Verpflichtung des Arbeitgebers zur Gewährung von Hinterbliebenenbezügen an die Witwe eines Angestellten im Konkurse des Arbeitgebers Masseschuld?

KO. §§ 1, 59, 65, 69.

Reichsarbeitsgericht. Urt. v. 14. März 1931.

I. Arbeitsgericht Emden. — II. Landesarbeitsgericht Osnabrück.

Der im Jahre 1920 verstorbene Ehemann der Klägerin war Eisenbahnsekretär im Dienste der Kreisbahn L.-A.-W. GmbH. gewesen. Nach dem dem Dienstverhältnis zugrunde liegenden Dienstvertrag steht der Klägerin als der Hinterbliebenen ein Ruhegehaltsanspruch gegen die Bahn zu. Die Klägerin erhielt nach dem Tode ihres Ehemannes diese Bezüge auch ausbezahlt, bis am 28. April 1930 das Konkursverfahren über das Vermögen der Bahn eröffnet wurde. Der beklagte Konkursverwalter hat die Zahlungen nicht mehr geleistet. Die Klägerin fordert vom Beklagten Zahlung der Hinterbliebenen-Bezüge für die drei Monate Mai, Juni und Juli 1930 (ein weiterer Klagantrag kommt für den Rechtszug der Revision nicht in Betracht). Der Beklagte hat den Anspruch auf Zahlung bestritten. Das Arbeitsgericht hat den Beklagten durch Teilurteil zur Zahlung verurteilt. Auf die Berufung des Beklagten hat das Landesarbeitsgericht das Urteil des Arbeitsgerichts abgeändert, die Klage auf Zahlung abgewiesen und die Revision zugelassen. Die Revision der Klägerin ist zurückgewiesen worden.

Gründe:

Der eingeklagte Versorgungsanspruch der Klägerin, beruhend auf dem seinerzeit zwischen ihrem Ehemann und der Kreisbahn abgeschlossenen Dienstvertrag, ist an sich unstreitig. In Frage steht nur, wie sich die Befriedigung der Klägerin gestaltet, nachdem die Bahn in Konkurs gefallen ist. Zutreffend geht der Berufungsrichter davon aus, daß die Klägerin Zahlung von dem beklagten Konkursverwalter nur verlangen kann, wenn ihr Anspruch Masseschuld ist. Die Klägerin beruft sich darauf, daß ihr Anspruch aus einem zweiseitigen Vertrag, dem Dienstvertrag, herrühre, dessen Erfüllung für die Zeit nach der Eröffnung des Verfahrens erfolgen müsse, § 59 Nr. 2 zweiter Fall KO. Der Berufungsrichter ist dem nicht gefolgt. Zwar liege, so führt er aus, ein zweiseitiger Vertrag vor; aber dessen Erfüllung müsse nicht für die Zeit nach eröffnetem Verfahren erfolgen.

Dem ist beizutreten. Zutreffend weist der Berufungsrichter darauf hin, daß schon seit dem Tode des Ehemanns der Klägerin eine Erfüllung des Dienstvertrags durch Leistung von Diensten seitens des Dienstschuldners nicht mehr in Frage gekommen sei. Die Witwe habe das Witwengeld ausbezahlt erhalten, ohne daß ihr irgendwelche Verpflichtung aus dem Dienstvertrag obgelegen hätte. Auch nicht etwa irgendwelche Treu- oder Friedenspflicht als Nachwirkung des früheren Dienstverhältnisses habe für die Klägerin bestanden. Der Sinn des § 59 Nr. 2 KO. sei ein anderer, als die Klägerin annehme. Masseschulden entstünden nur insoweit, als der Vertragsgegner des Gemeinschuldners seinerseits zu erfüllen hätte. — Das ist im Ergebnis richtig. Mit dem Tode des Ehemanns Gr. war die Leistung der vertragsmäßigen Dienste durch ihn unmöglich geworden. Gewiß ist damit die Pflicht des Arbeitgebers zur Gewährung des Witwengeldes an die Klägerin nicht weggefallen, im Gegenteil erst ausgelöst worden. Auch die eingetretene Beendigung der Kreisbahn als GmbH. gemäß § 60 Nr. 4 GmbHG. hat daran nichts geändert, wie schon der erste Richter zutreffend hervorgehoben hatte. Wohl aber hatte mit dem Tode des Dienstschuldners Gr. das Austauschverhältnis (§§ 320 flg. BGB.) sein Ende gefunden. Die Verpflichtung der Bahn zur Entrichtung der Versorgungsbeträge an die Klägerin beruhte zwar in ihrer Entstehung noch auf dem Dienstvertrag; aber sie war nach dem Wegfall der Dienstleistungspflicht (durch den Tod des Dienstschuldners) zu einer einseitigen reinen Geldzahlungspflicht der Bahn geworden. Ihre hieraus sich ergebende Zahlungspflicht hatte die Bahn nicht anders zu erfüllen als jede andere Zahlungspflicht auch; die Klägerin hatte also zur Zeit der Eröffnung des Konkurses einen begründeten, nur teilweise noch nicht fälligen einseitigen Zahlungsanspruch; sie hatte sich dieserhalb gemäß § 3, verbunden mit §§ 65, 69 KO., als Konkursgläubigerin an die Konkursmasse zu halten und aus dieser anteilige Befriedigung zu fordern. Zum Nachweis dessen, daß ihre Forderung nach der Eröffnung des Verfahrens zu erfüllen sei, kann Klägerin lediglich das anführen, daß die einzelnen Monatsraten auch noch in der Zeit nach eröffnetem Konkursverfahren erfallen. Das kann unmöglich zur Erfüllung des Erfordernisses des § 59 Nr. 2 KO. genügen; sonst könnte jeder Konkursgläubiger, dessen Forderung erst nach eröffnetem Konkurse fällig wird, sich mit dem nämlichen Recht auf § 59 Nr. 2 berufen. In Wahrheit hat § 59 Nr. 2 KO. nur solche Fälle im Auge, in denen kraft besonderer gesetzlicher Vorschrift der Konkursverwalter aus der Masse zu erfüllen hat. Dies sind, wie die Rechtslehre übereinstimmend annimmt, die Fälle des Vermieters oder Verpächters gemäß § 19 KO., soweit die Miet- oder Pachtzinsforderung für die Zeit nach eröffnetem Konkurs entsteht; die Ansprüche des Mieters oder Pächters im Falle des § 21; die Ansprüche des Dienstverpflichteten gemäß § 22, soweit der Dienstschuldner zur Leistung von Diensten nach eröffnetem Konkurse verpflichtet bleibt. Dagegen liegt eine Masseschuld nach § 59 Nr. 2 KO. nicht mehr vor, wenn die Dienstleistungspflicht schon zuvor ihre Ende gefunden hat und es sich nur noch um nachträgliche Vergütung früher geleisteter Dienste handelt. — Auf sich beruhen kann, wie der Fall zu beurteilen wäre, wenn auf der Seite des Dienstschuldners wenigstens noch eine Nebenpflicht wie Enthaltung von Wettbewerb oder dergl., zurückgeblieben wäre. — Nur die hier vertretene, von Rechtslehre und Rechtsprechung einhellig geteilte Auffassung wird den Zwecken des Konkursverfahrens und der aus §§ 3, 65 flg. KO. ersichtlichen Ordnung desselben gerecht. Die einzige bisher laut gewordene abweichende Stimme (Budziszeski in ArbG. 1930 S. 415) kann keine Bedeutung beanspruchen. Budziszeski begnügt sich mit dem Hinweis darauf, daß die Versorgungsansprüche nach eröffnetem Verfahren fällig werden; das kann nach der Auffassung der Konkurseröffnung nicht bedeuten, daß sie für diese Zeit auch im Sinne des § 59 Nr. 2 zu erfüllen sind. Die a. a. O. vertretene Auslegung des Gesetzes haftet am Wortlaut, § 133 BGB., und läßt die sonstige Ordnung des Konkursverfahrens völlig außer acht.

In der mündlichen Verhandlung hat der Vertreter der Revision wenigstens eine sinngemäße Anwendung des § 59 Nr. 2 KO. auf den vorliegenden Fall als wünschenswert bezeichnet. Dieser sinngemäßen Anwendung oder richtiger: erweiternden Auslegung, steht das Wesen der zwingenden gesetzlichen Ordnung des Konkursverfahrens entscheidend entgegen.

Der Versuch der Revision, die Eigenschaft der Forderung der Klägerin als Masseschuld aus einer rechtlosen Bereicherung der Masse und damit aus § 59 Nr. 3 KO. abzuleiten, bedeutet eine Klageänderung, die im dritten Rechtszug unstatthaft ist.

Sollten in der Tat, wie die Revision behauptet, vom Berufungsrichter übrigens nicht festgestellt ist, einige Kreise und der Preußische

Staat die Gesellschafter der in Konkurs gefallenen Kreisbahn gewesen sein, so wäre dies geeignet, die Entscheidung als besondere Härte für die betroffene Klägerin erscheinen zu lassen. An der rechtlichen Beurteilung vermöchte auch dieser Umstand nichts zu ändern.

Nach alledem war das Rechtsmittel zurückzuweisen.

RAG. 8, 133.

Kann der Arbeitnehmer nach Erwerb des Urlaubsanspruchs wegen eingetretener Unmöglichkeit der Gewährung von Freizeit die Urlaubsvergütung beanspruchen, so ist dieser Anspruch übertragbar und vererblich.

BGB. §§ 611, 1922.

Reichsarbeitsgericht. Urt. v. 21. März 1931.

I. Arbeitsgericht Essen. — II. Landesarbeitsgericht daselbst.

Der Ehemann der Klägerin war Bergarbeiter auf einer Zeche des Beklagten. Seine letzte Schicht verfuhr er am 18. April 1929; am 15. Juni 1929 erhielt er seine Abkehr. Nach dem maßgeblichen Tarifvertrag für das Rheinisch-Westfälische Steinkohlenrevier stand ihm für das Urlaubsjahr 1928/29 ein Urlaub von 9 Tagen zu. Er hat den Urlaub nicht erhalten. Am 27. August 1929 ist er verstorben. Seine Witwe als seine Alleinerbin fordert mit der Klage die Urlaubsvergütung von 60,84 RM. Der Beklagte hat um Abweisung der Klage gebeten; er ist der Ansicht, daß auch der Anspruch auf das Urlaubsentgelt ein höchstpersönliches Recht sei, das sich nicht vererbe. Die Vorinstanzen haben diese Ansicht nicht gebilligt und daher der Klage stattgegeben. Die zugelassene Revision blieb erfolglos.

Gründe:

Für den hier fraglichen Tarifvertrag ist in der Rechtsprechung des Reichsarbeitsgericht anerkannt worden, daß der am Stichtag, dem 1. April eines jeden Jahres, erworbene Urlaubsanspruch, der wegen Beendigung des Dienstverhältnisses nicht mehr durch Gewährung von Freizeit erfüllt werden kann, durch Zahlung des Urlaubsentgelts vom bisherigen Arbeitgeber abzugelten ist (vgl. RAG. Bd. 3 S. 330 und Bd. 6 S. 336). Nur wenn an dem für den Erwerb des Urlaubsanspruchs maßgebenden Stichtage, eben dem 1. April, bereits dauernde Arbeitsunfähigkeit vorliegt, also bereits an diesem Tage die Möglichkeit der Gewährung von Freizeit entfallen ist, gelangt ein Urlaubsanspruch überhaupt nicht mehr zur Entstehung (RAG. Bd. 5 S. 222 und 247, Bd. 6 S. 107

und 343). Denn es kann, wie jene Entscheidungen näher darlegen, der Urlaubsanspruch nur mit dem Inhalte der Gewährung von freier Zeit unter Fortzahlung des Lohnes erworben werden. Es muß also am ersten Tage des neuen Urlaubsjahres, dem 1. April, noch das Arbeitsverhältnis bestehen und es darf nicht schon an diesem Tage dauernde Arbeitsunfähigkeit und damit Unmöglichkeit der Gewährung von Freizeit vorliegen. Mit anderen Worten, der Urlaubsvergütungsanspruch wird nicht selbständig für sich erworben, wird vielmehr zu einem selbständigen Anspruch erst dann, wenn der erworbene Anspruch auf Freizeit nachträglich aus irgendeinem Grunde, z. B. wegen längeren Krankfeierns (Urt. des RAG. vom 20. Dezember 1930 — RAG. 330/30 —) nicht mehr erfüllt werden kann. Insbesondere gilt das für den Fall, daß ein Arbeitgeber nach dem 1. April vor Gewährung der Freizeit entlassen wird (RAG. Bd. 5 S. 48, Bd. 6 S. 336). In solchem Falle bleibt nur die Erfüllung durch Zahlung des Urlaubsentgelts möglich. Der einmal erworbene Urlaubsanspruch verwandelt sich dann in einen reinen Geldanspruch, der eine zusätzliche Gegenleistung für die Arbeitsleistung eines ganzen Jahres bildet. Geldansprüche aber gehen regelmäßig beim Tode des Berechtigten auf den Erben über. Grundsätzlich sind sie auch alle übertragbar. Wo etwas Gegenteiliges gelten soll, muß es im Gesetz ausgesprochen werden oder sich aus der Natur des Anspruchs ohne weiteres ergeben. Der Beklagte will den höchstpersönlichen Charakter des Urlaubsanspruchs aus dem Zwecke des Urlaubs überhaupt herleiten und bezieht sich für seine Ansicht auf die Urteile des Reichsarbeitsgerichts in RAG. Bd. 5 S. 115 und 157. Aber diese beiden Entscheidungen betreffen Fälle in denen w ä h r e n d des bestehenden Dienstverhältnisses der urlaubsberechtigte Arbeitnehmer vor Gewährung der Freizeit verstorben war. In ihnen ist anerkannt worden, daß bei bestehendem Dienstverhältnis der Urlaub nur durch Gewährung der Freizeit unter Fortzahlung des Lohnes zu erfüllen ist, also ein selbständig verfolgbarer Urlaubsvergütungsanspruch, zumal während des Urlaubs keine andere Lohnarbeit ausgeführt werden darf, bei bestehendem Arbeitsverhältnis nicht anzuerkennen ist. Deshalb und wegen des mit der Gewährung der Freizeit verfolgten Zweckes kann bei bestehendem Arbeitsverhältnis die Fortzahlung des Lohnes nur im Zusammenhange mit der Freizeit gefordert werden und deshalb ist, solange das Arbeitsverhältnis dauert, der ganze Anspruch höchstpersönlicher Art. Ist aber das Arbeitsverhältnis gelöst worden, so entfällt die Gebundenheit des Vergütungsanspruchs an den Freistellungsanspruch und damit das Hindernis, das der selbständigen Geltendmachung des Vergütungsanspruchs bisher entgegenstand; es besteht nunmehr nur noch der selbständige Vergütungsanspruch. In der zweiten Entscheidung ist die Möglichkeit zugegeben worden, daß es auch in dem dort behandelten Falle des Todes im Arbeitsverhältnis im Sinne einer Tarifvereinbarung liegen könne, den dem Arbeiter erwachsenen Urlaubsvergütungsanspruch auf die Erben übergehen zu lassen, wenn auch dem Regelfall eine solche Auffassung nicht entsprechen werde. In dem zuerst erwähnten Urteil ist die Entscheidung der Frage, ob für den Fall, daß infolge eines Ausscheidens des Arbeitnehmers aus dem Arbeitsverhältnis und der damit herbeigeführten Unmöglichkeit der Gewährung der Freizeit der verbliebene, selbständig verfolgbare Urlaubsvergütungsanspruch vererblich sei oder als höchstpersönlicher auf die Erben nicht übergehen könne, ausdrücklich dahingestellt geblieben. Beide Entscheidungen stehen also, wie das Berufungsgericht zutreffend angeführt hat, der Annahme der Vererblichkeit eines auf Urlaubsentgelt nach beendigtem Arbeitsverhältnis beschränkten Anspruchs nicht entgegen. Auch sonst bestehen keine Bestimmungen, die die Vererblichkeit eines solchen Anspruchs ausschließen. Mit dem Schmerzensgeldanspruch des § 847 BGB. oder dem Anspruch der verlassenen Braut auf Kranzgeld (§ 1300 BGB.) läßt sich ein solcher Anspruch nicht vergleichen. Aus der höchstpersönlichen Natur dieser Ansprüche und der für sie gegebenen gesetzlichen Regelung, daß sie nur im Falle vertraglicher Anerkennung oder der Rechtshängigkeit übertragbar und vererblich sind, läßt sich also ein Bedenken gegen die Vererblichkeit des Anspruchs auf Urlaubsentgelt nicht herleiten; die Vererblichkeit eines solchen Anspruchs ist nicht nur in dem Falle vorhanden, wenn er von dem ausgeschiedenen Arbeitnehmer bereits eingeklagt worden war und der Arbeiter während des Rechtsstreites verstorben ist, sondern auch dann, wenn es, wie im vorliegenden Falle, zur Einklagung durch den verstorbenen Arbeiter nicht mehr gekommen ist. Der Erholungszweck des Urlaubs kann für die Übertragbarkeit des zum reinen Geldanspruch gewordenen Urlaubsvergütungsanspruchs nicht mehr entscheidend in Betracht kommen.

RAG. 8, 161.+

1. . . .

2. Ist ein Arbeitgeber, der die Anmeldung seiner Arbeitnehmer zur Versicherung übernommen hat, verpflichtet, sie zur richtigen Versicherung anzumelden?

Angestelltenversicherungsgesetz (Fassung v. 28. Mai 1924) Nr. 1.
BGB. §§ 157, 242.

Reichsarbeitsgericht. Urt. v. 14. Januar 1931.

I. Arbeitsgericht Dortmund. — II. Landesarbeitsgericht daselbst.

. . .

Gründe:

. . .

Nach dem Tatbestande des Berufungsurteils hatten die Kläger vorgetragen, die Beklagte sei für den Schaden verantwortlich, weil sie es fahrlässig unterlassen habe, den verstorbenen H. statt in der Invalidenversicherung in der Angestelltenversicherung zu versichern, trotzdem er wiederholt darauf gedrungen und der Direktor B. es zugesagt habe. Die Beklagte hatte erwidert, sie habe dem H. gegenüber eine Verpflichtung, eine bestimmte Versicherung abzuschließen nicht übernommen. Aus diesem den Sachverhalt in keiner Weise näher darlegenden Parteivortrage konnte das Berufungsgericht nicht ohne Verletzung der ihm obliegenden Fragepflicht zu der von ihm getroffenen (summarischen) Feststellung gelangen, daß die Beklagte es allgemein übernommen habe, ihre Arbeitnehmer zur Versicherung, und zwar zur richtigen Versicherung, anzumelden und für die ordnungsmäßige Abführung der Beiträge zu sorgen. Allerdings können die Umstände eines Falles so liegen, daß der Arbeitgeber, dem ohnehin die gesetzliche Pflicht zur Abführung der Beiträge obliegt, stillschweigend die gesamte Fürsorge für die Versicherung des Arbeitnehmers übernimmt, insbesondere auch nach Treu und Glauben für verpflichtet zu erachten ist, für die Anmeldung des Arbeitnehmers zur richtigen Versicherung Sorge zu tragen. So wie die Feststellung des Berufungsgerichts getroffen ist, entbehrt sie aber der Unterlagen, insbesondere einer Darlegung der näheren Umstände, aus denen vorliegend die Übernahme einer soweit gehenden stillschweigenden Verpflichtungserklärung gefolgert werden könnte. Es mußte näher aufgeklärt werden, wie sich die tatsächlichen Verhältnisse entwickelt haben, namentlich wie sie beim Eintritt des Arbeitnehmers in das versicherungspflichtige Verhältnis lagen, und ob und inwiefern sie sich später geändert haben. Unstreitig ist der verstorbene H., der bereits im Jahre 1914 bei der Beklagten eingetreten ist, anfänglich nur zur Invalidenversicherung angemeldet und jahrelang in ihr geführt worden. Ebenso ist es unstreitig, daß er zuletzt (nur für die Erfüllung der Wartefrist zu spät) in die Angestelltenversicherung überführt worden ist. Die Kläger hatten behauptet, H. sei schon früher wiederholt wegen Überführung in die Angestelltenversicherung vorstellig geworden. Es bedurfte unter diesen Umständen näherer Aufklärung, ob, wann und in welcher Weise H. vorstellig geworden war, welchen Bescheid er auf seine Vorstellungen erhalten hatte, und ob und weshalb er sich bei diesem Bescheide beruhigt hat.

Zur Aufklärung in der bezeichneten Richtung war die Sache daher unter Aufhebung des angegriffenen Urteils in die Berufungsinstanz zurückzuverweisen.

RAG. 8, 165.

Ist der Deutsche Industrieschutzverband tariffähig?

Reichsarbeitsgericht. Urt. v. 7. Februar 1931.

I. Arbeitsgericht Dresden. — II. Landesarbeitsgericht daselbst.

Die Klägerin hat gegen die Beklagte, bei welcher sie vom 15. Januar 1929 bis zum 15. Februar 1930 als Näherin mit dem Ausbessern von Säcken beschäftigt war, einen Anspruch auf Nachzahlung des Unterschiedsbetrages zwischen dem ihr gezahlten Lohn und den ihr angeblich zustehenden Sätzen des allgemeinverbindlichen Tarifvertrags für den Dresdner Großhandel erhoben. Das Arbeitsgericht hat ihrer Klage zu einem erheblichen Teil stattgegeben. In dem Verhandlungstermin über die hiergegen von der Beklagten durch einen Rechtsanwalt eingelegte Berufung ist vor dem Landesarbeitsgericht für die Beklagte nicht dieser Rechtsanwalt, sondern ein Angestellter des Deutschen Industrieschutzverbandes in Dresden aufgetreten und hat die Erklärung abgegeben, daß der Rechtsanwalt die Vertretung der Beklagten niedergelegt habe. Da der Prozeßbevollmächtigte der Klägerin die Berechtigung des fraglichen Angestellten zum Auftreten vor dem Landesarbeitsgericht mit der Begründung bestritt, daß der Deutsche Industrieschutzverband keine wirtschaftliche Vereinigung im Sinne des § 11 Abs. 2 ArbGG. sei, hat das Landesarbeitsgericht die Berufungsverhandlung auf diese Vorfrage beschränkt und demnächst unter Billigung des Standpunkts der Klägerin auf deren Antrag die Berufung der Beklagten durch Versäumnisurteil „zurückgewiesen". Der gegen dieses Versäumnisurteil von dem Angestellten des Deutschen Industrieschutzverbandes für die Beklagte eingelegte Einspruch ist durch ein weiteres Urteil des Landesarbeitsgerichts als unzulässig verworfen worden. Die zugelassene Revision der Beklagten wurde zurückgewiesen.

Gründe:

Ohne Rechtsirrtum geht das Berufungsgericht unter Hinweis auf die Entscheidung des Reichsarbeitsgerichts vom 4. Juni 1930 (RAG. Bd. 6 S. 182) davon aus, daß vor dem Landesarbeitsgericht der Einspruch gegen ein Versäumnisurteil nur durch einen Rechtsanwalt oder einen der in § 11 Abs. 2 ArbGG. bezeichneten Organisationsvertreter eingelegt werden könne. Es prüft alsdann, ob der Deutsche Industrieschutzverband, dessen Angestellter die Beklagte im zweiten Rechtszuge vertreten und auch den Einspruch gegen das wegen des Mangels seiner Vertretungsbefugnis erlassene Versäumnisurteil eingelegt hat, als „wirtschaftliche Vereinigung" im Sinne der genannten Bestimmung anzuerkennen sei, und verneint diese Frage in Übereinstimmung mit der in dem Versäumnisurteil zum Ausdruck gebrachten Ansicht, die sich ihrerseits auf ein Urteil des Landesarbeitsgerichts Chemnitz vom 15. April 1930 (1 Arb.D. 44/30) stützt, im wesentlichen deshalb, weil der Deutsche Industrieschutzverband weder nach seiner Satzung, noch nach deren Handhabung und der Art seiner Betätigung tariffähig sei. Um Tariffähigkeit zu besitzen, müsse eine Vereinigung satzungsgemäß befugt sein, als Tarifpartei einen Tarifvertrag abzuschließen und nicht nur bei dem Abschluß von Tarifverträgen mitzuwirken. Der bisherigen Satzung des Deutschen Industrieschutzverbandes sei eine solche Befugnis nicht zu entnehmen. Sollte die am 30. Mai 1930 vorgenommene Satzungsänderung die Befugnis zum Abschluß von Tarifverträgen als Tarifpartei einschließen, so sei damit doch nicht bewiesen, daß der Verband, der seinem ganzen Aufbau nach einen Streikschutzverband darstelle, eine neue Aufgabe erhalten habe. Dies könnte erst dann angenommen werden, wenn er durch Abschluß einer Reihe von Tarifverträgen seinen Aufgabenkreis tatsächlich geändert hätte. Hierfür fehle es indessen an einem genügenden Anhalt; denn er habe zwar als Vertreter eines Verbandes und mehrerer Firmen sich an dem Zustandekommen von Tarifverträgen beteiligt, er sei ferner in einer Bekanntmachung des Reichsarbeitsministers und in einem Schiedsspruch als Tarifvertragspartei aufgeführt, aber in Wirklichkeit habe er auch hier nur bei dem Abschluß als Bevollmächtigter oder Beistand tarifbeteiligt r Dritter mitgewirkt und sei nicht selbständig und im eigenen Namen handelnd als Tarifvertragspartei aufgetreten oder in Betracht gekommen. Zudem erscheine der Verband für Tarifverhandlungen und -abschlüsse viel weniger geeignet als die fachlich gegliederten Arbeitgebervereinigungen, weil seine Organe nicht über dieselben fachlichen Kenntnisse und Erfahrungen verfügen könnten wie jene. Die Satzungsänderung sei offenbar nur zu dem Zweck erfolgt, den Organen des Verbandes die Vertretungsbefugnis vor den Arbeitsgerichtsbehörden zu verschaffen.

Die Revision erblickt in diesen Ausführungen des Berufungsgerichts eine Verkennung des Begriffs der wirtschaftlichen Vereinigung im Sinne der §§ 10, 11 Abs. 2 ArbGG. und nimmt für ihre die Tariffähigkeit des Deutschen Industrieschutzverbandes bejahende Auffassung neben der Rechtsprechung des Reichsgerichts und des Reichsarbeitsgerichts namentlich auf zwei von dem Deutschen Industrieschutzverband eingeholte Gutachten der Professoren Nipperdey-Köln und Hueck-Jena Bezug. Ihr muß indessen ein Erfolg versagt werden.

Das Reichsarbeitsgericht hat in Übereinstimmung mit dem Reichsgericht (s. RGZ. Bd. 107 S. 144, 164 flg., Bd. 111 S. 354, Bd. 115 S. 177, Bd. 119 S. 14 flg., JW. 1927 S. 2363) und dem maßgebenden Schrifttum in ständiger, auch von dem Berufungsgericht zum Teil angeführter Rechtsprechung (vgl. RAG. Bd. 1 S. 349 flg., Bd. 2 S. 293, 302, Bd. 3 S. 172, 359, Bd. 4 S. 3 flg., Bd. 6 S. 65 flg., 143, Urteil RAG. 395/28 vom 22. November 1928 in ArbRspr. 1929 S. 28 u. a.) als Voraussetzungen der Tariffähigkeit und damit der Eigenschaft eines Verbandes von Arbeitgebern oder Arbeitnehmern als „wirtschaftliche Vereinigung" im Sinne der §§ 10 und 11 ArbGG. bezeichnet:

1. daß es sich um eine vereinsmäßig gebildete Einheit handelt, der nur Arbeitgeber oder nur Arbeitnehmer in ihrer Eigenschaft als solche angehören,
2. daß diese Arbeitgeber oder Arbeitnehmer ausschließlich oder doch mit zu dem Zweck zusammengeschlossen sind, gegenüber dem anderen Teil auf die Gestaltung der Einzelarbeitsverhältnisse einzuwirken,
3. daß das so geschlossene Gebilde von der wirtschaftlichen Gegenseite völlig, auch finanziell, unabhängig und durchaus selbständig ist.

Der Streit der Parteien im gegenwärtigen Verfahren geht lediglich darum, ob das wesentliche Merkmal der vorstehend an zweiter Stelle aufgeführten Voraussetzung bei dem Industrieschutzverband gegeben ist, ob nämlich dieser Verband — wie es insbesondere in RGZ. Bd. 111 S. 354 und RAG. Bd. 3 S. 359 näher dargelegt ist — nach dem Inhalt seiner Satzung und nach deren tatsächlicher Handhabung auch die Aufgabe hat, der Arbeitnehmerseite gegenüber die wirtschaftlichen Interessen seiner Mitglieder wahrzunehmen und auf die Lohn- und Arbeitsbedingungen Einfluß zu gewinnen, in sie handelnd einzugreifen. Daß der Abschluß von Tarifverträgen der Hauptzweck eines tariffähigen Verbandes sein müsse, erfordert die Rechtsprechung des Reichsarbeitsgerichts im Einklang mit der neueren Rechtsprechung des Reichsgerichts ebensowenig wie eine ausdrückliche Satzungsbestimmung, daß der Verband den Abschluß von Tarifverträgen bezwecke (vgl. RGZ. Bd. 119 S. 14 und RAG. Bd. 4 S. 3); die hiervon abweichende Auffassung des Berufungsgerichts kann nicht gebilligt werden. Wohl aber muß der Abschluß von Tarifverträgen einer der Zwecke des Verbandes sein und dieser Verbandszweck aus der Satzung wenigstens mittelbar entnommen werden können. Es muß ferner aus der praktischen Betätigung des Verbandes, aus seinem nach außen in die Erscheinung tretenden Verhalten hervorgehen, daß er sich als solcher mit der Wahrnehmung der wirtschaftlichen Interessen seiner Mitglieder gegenüber der Gegenseite befaßt, auch tatsächlich auf die Lohn- und Arbeitsbedingungen Einfluß zu gewinnen sucht, indem er nicht nur bei ihrer Gestaltung mitwirkt, sondern sie auch im eigenen Namen handelnd fördert. Ähnlich sehen es auch Hueck und Nipperdey, die Verfasser der beiden zur Revisionsbegründung vorgenannten Gutachten für die Frage der Tariffähigkeit eines Verbandes als entscheidend an, ob der Verband „sich selbst ausdrücklich oder stillschweigend die Aufgabe gestellt hat, Tarifverträge abzuschließen" (vgl. Hueck in NZ. f. AR. 1926 S. 641 flg., Nipperdey in „Die Rechtsprechung des Reichsgerichts zum Arbeitsrecht" Bd. 1 S. 9 flg. und Hueck-Nipperdey, Lehrbuch des Arbeitsrechts 2. Aufl. Bd. 2 S. 150). Wollte man einen anderen Standpunkt einnehmen und den Begriff „mitwirken", welcher allerdings an sich ein aktives Handeln erfordert (vgl. RAG. Bd. 3 S. 348), dem „Handeln im eignen Namen" gleichstellen, so würde das dazu führen, eine bloße Unterstützung der Verbandsmitglieder durch Rat und Tat, insbesondere durch Gewährung der Prozeßvertretung genügen zu lassen, um das oben erwähnte wesentliche Merkmal der hier fraglichen zweiten Voraussetzung der Tariffähigkeit als erfüllt zu erachten. Hierdurch würde indessen die Zubilligung der Tariffähigkeit und damit die Anerkennung eines Verbandes als wirtschaftliche Vereinigung im Sinne der §§ 10 und 11 ArbGG. eine Ausdehnung erfahren, die sowohl nach dem Wortlaut, Sinn und Zweck des Gesetzes, wie nach seiner Entstehungsgeschichte dem Willen des Gesetzgebers nicht entspricht. Das Urteil des Reichsarbeitsgerichts Bd. 2 S. 299 flg (302), in welchem davon die Rede ist, daß es zu den Aufgaben wirtschaftlicher Vereinigungen gehört, beim Abschluß von Tarifverträgen „mitzuwirken", steht dem nicht entgegen, zumal unmittelbar vorher als weitere Aufgabe das „Eintreten" für gute Lohn- und Arbeitsverhältnisse bezeichnet wird. Gleiches gilt von dem Urteil Bd. 3 S. 357 flg. (362), soweit darin zum Ausdruck kommt, es könne bei Prüfung des

Gesamtinhalts der Satzung und der Geschäftshandhabung eines Verbandes „auch" daraus ein tatsächlicher Schluß auf seine Tariffähigkeit gezogen werden, daß er „in zahlreichen Reichsstreitigkeiten . . . seine Mitglieder vor Arbeitsgericht und Landesarbeitsgericht gemäß § 11 ArbGG. vertreten läßt". Beide Urteile behandeln überdies anders gelagerte Fälle als den jetzt zur Entscheidung stehenden Rechtsstreit, wie denn überhaupt — soweit feststellbar — ein Fall der vorliegenden Art bisher weder vom Reichsgericht noch vom Reichsarbeitsgericht entschieden worden ist.

Hat man also davon auszugehen, daß der Deutsche Industrieschutzverband, um als „tariffähig" anerkannt werden zu können, nach seiner Satzung und deren praktischer Anwendung nicht nur die Verbandsmitglieder durch Rat und Tat, insbesondere durch Gewährung der Prozeßvertretung unterstützen, sondern auch bei der Gestaltung der Lohn- und Arbeitsbedingungen, namentlich bei dem Abschluß von Tarifverträgen im eigenen Namen handelnd auftreten muß, so hängt — wie auch das angefochtene Urteil nicht verkennt — die zu treffende Entscheidung allein davon ab, was die Satzung dazu besagt und wie sie bisher gehandhabt worden ist. Das Reichsarbeitsgericht ist insoweit gemäß § 561 Abs. 2 ZPO. an die tatsächlichen Feststellungen des Berufungsgerichts gebunden. Sie ergeben zunächst, daß die Satzung des Deutschen Industrieschutzverbandes bis zu ihrer erst im Laufe dieses Rechtsstreits und auch mit Rücksicht auf ihn erfolgten Änderung in dem hier allein interessierenden § 2 lautete:

„(1) Zweck des Verbandes ist, die allgemeinen Arbeitgeberinteressen seiner Mitglieder zu vertreten, Arbeitseinstellungen von Angestellten und Arbeitern in den Betrieben seiner Mitglieder möglichst zu verhindern und die wirtschaftlichen Folgen von unvermeidlichen Arbeitseinstellungen, die durch Differenzen auf Grund der besonderen Rechtsverhältnisse zwischen dem Arbeitgeber und dessen Arbeitnehmern hervorgerufen werden, zu mildern, indem er seinen Mitgliedern die dadurch entstehenden Verluste nach Maßgabe seiner Satzung tragen helfen will.

(2) Der Verband trifft dabei aber keine Verabredungen zur Erlangung bestimmter Lohn- und Arbeitsbedingungen, verpflichtet seine Mitglieder nicht aus solchen und ebenso nicht zur Entlassung von Arbeitnehmern zum Zwecke der Durchführung derartiger Verabredungen."

Deutlicher als es in Abs. 2 des § 2 geschehen ist, konnte die oben als wesentliches Merkmal der Tariffähigkeit gekennzeichnete Einflußnahme auf die Lohn- und Arbeitsbedingungen nicht ausgeschlossen werden, so daß es jedenfalls nicht rechtsirrig war, daß das Berufungsgericht schon auf Grund dieser zur Zeit des Erlasses des Versäumnisurteils vom 11. Juni 1930 noch geltenden Satzungsbestimmung die Tariffähigkeit des Deutschen Industrieschutzverbandes verneinte. Es fragt sich aber weiter, ob das Berufungsgericht, wie die Revision geltend macht, insofern in rechtlich zu beanstandender Weise entschieden hat, als es diesen Standpunkt in seinem jetzt angefochtenen Endurteil aufrechterhält, obwohl in der Zwischenzeit der Abs. 2 des § 2 der Satzung die folgende Fassung erhalten hat:

„Die Tätigkeit des Verbandes erstreckt sich auch auf den Abschluß von Tarifverträgen für einzelne oder Gruppen seiner Mitglieder und auf der Vertretung der Mitglieder vor Arbeitsgerichten, Schlichtungsinstanzen, Schwerbeschädigtenausschüssen und Arbeitsämtern, sowie etwaigen sonstigen Stellen, vor denen die Wahrnehmung der Arbeitgeberrechte der Mitglieder in Frage kommen kann."

Entgegen der Meinung der Revision ist auch in der jetzigen Stellungnahme des Berufungsgerichts kein Rechtsverstoß zu finden. Sie rechtfertigt sich einmal durch den Wortlaut auch der geänderten Fassung. Er bringt zum mindesten nicht klar zum Ausdruck, daß der Verband bei dem Abschluß von Tarifverträgen, wie es oben zur Bejahung der Tariffähigkeit als erforderlich bezeichnet worden ist, „im eigenen Namen handelnd" auftreten darf, und eröffnet sogar die Möglichkeit, daß seine diesbezügliche Tätigkeit sich nur auf den Abschluß von Tarifverträgen für andere, nämlich „für einzelne oder Gruppen seiner Mitglieder" beschränken soll. Wollte der Verband gegenüber der früheren Satzung hinsichtlich seiner Tariffähigkeit eine grundlegende Änderung vornehmen, so hätte nichts näher gelegen, als gerade in einem Zeitpunkt, in dem er aus dem Urteil des Landesarbeitsgerichts Chemnitz bereits wußte oder wissen mußte, daß insoweit Zweifel bestanden, eine über jeden Zweifel erhabene Ausdrucksform zu wählen, welche den Willen, sich Tariffähigkeit beizulegen, unmißverständlich wiedergab. Das hätte z. B. leicht dadurch geschehen können, daß der einleitende Teil des Abs. 2 auf die Worte beschränkt wurde: „Die Tätigkeit des Verbandes erstreckt sich auch auf den Abschluß von Tarifverträgen." Statt dessen hat man nicht nur hinzugefügt: „für einzelne oder Gruppen seiner Mitglieder", sondern — wie das angefochtene Urteil mit Recht betont — auch noch in dem Verbandsorgan (Nr. 205 der Zeitschrift „Industrieschutz" vom 1. Juni 1930) der Bekanntmachung der neuen Fassung des § 2 die Erläuterung gegeben:

„Zu vorstehender Bekanntmachung wird darauf hingewiesen, daß durch die angegebene Satzungsänderung keine Änderung in den rechtlichen Beziehungen zwischen Mitgliedern und Verband und ebenso praktisch keine Änderung in der Tätigkeit des Verbandes eintritt. Die Änderung der Satzung hat sich als notwendig erwiesen im Interesse derjenigen unserer Mitglieder, die aus zwingenden Gründen keinem Arbeitgeberverband ihrer Branche angehören können oder keinem solchen, der ihnen eine arbeitsrechtliche Vertretung zur Verfügung stellen kann. Dagegen wird durch die in Rede stehende Satzungsänderung in keiner Weise etwas geändert für diejenigen unserer Mitglieder, die Arbeitgeber-Organisationen angehören, durch die sie sich in allen arbeitsrechtlichen Streitfragen wie auch beim Abschluß von Arbeitsverträgen und bei Wahrnehmung ihrer sonstigen Interessen als Arbeitgeber vertreten lassen können."

Wenn daher das angefochtene Urteil aus dem Wortlaut der Fassung in Verbindung mit der ihre Bekanntmachung begleitenden Erläuterung folgert, daß die Satzungsänderung lediglich zu dem Zweck beschlossen worden sei, den Organen des Verbandes die Vertretungsbefugnis vor den Arbeitsgerichtsbehörden zu verschaffen und an dem Wesen des Verbandes nichts ändern sollte, so kann dem aus Rechtsgründen nicht entgegengetreten werden; insbesondere ist die Auslegung, welche das Berufungsgericht der Satzungsänderung und der Bekanntmachung gibt, mit den gesetzlichen Auslegungsregeln der §§ 133, 157 BGB. durchaus vereinbar. Das gibt auch Professor Dr. Nipperdey in seinem von der Revision angezogenen Gutachten zu, er bezeichnet ebenfalls als einen der Hauptzwecke der Satzungsänderung, den Organen des Verbandes die Vertretungsbefugnis vor den Arbeitsgerichtsbehörden zu verschaffen. Wenn er aber anschließend ausführt, daß § 2 Abs. 2 (neuer Fassung) „nach seinem klaren Wortlaut in erster Linie den Abschluß von Tarifverträgen durch den Verband im Auge" habe, sei ganz selbstverständlich, so genügt es, demgegenüber auf das dazu bereits Gesagte zu verweisen.

Kann mithin schon nach der alten und neuen Satzung des Deutschen Industrieschutzverbandes seine Tariffähigkeit nicht oder doch nicht zweifelsfrei bejaht werden, so gelangt man ebensowenig zu einem anderen Ergebnis, wenn man an Hand des festgestellten Sachverhalts die praktische Betätigung des Verbandes nachprüft. Daß diese Prüfung bei Verneinung oder nicht zweifelsfreier Bejahung der Tariffähigkeit eines Verbandes notwendig ist, verkennt auch die Revision nicht; denn sie erkennt an, daß in einem solchen Fall der wiederholte Abschluß von Tarifverträgen von Bedeutung sein kann, um die Zweckbestimmung des Verbandes, seinen Aufgabenkreis zu ermitteln und daraus dann auch ohne besondere Satzungsbestimmung auf die Tariffähigkeit zu schließen. Der Revision und dem von ihr in Bezug genommenen Gutachten von Professor Dr. Hueck kann auch darin gefolgt werden, daß es nicht angeht, die Tariffähigkeit eines Verbandes stets davon abhängig zu machen, ob er bereits Tarifverträge abgeschlossen hat. Darum handelt es sich aber hier, wo die Satzung nicht mit Erfolg für die Bejahung der Tariffähigkeit herangezogen werden kann, gar nicht. Gerade weil die Satzung dafür, daß der Deutsche Industrieschutzverband Tarifverträge abschließen, und zwar, wie früher erörtert ist, „im eigenen Namen" abschließen darf, also dafür, daß ein derartiger Abschluß zu seinem Aufgabenkreis gehört, nicht verwertbar ist, könnte die Tariffähigkeit nur bejaht werden, falls der Verband sich in dem genannten Sinne bereits praktisch betätigt hat. Das Berufungsgericht hat das Zustandekommen der wenigen zu diesem Punkt aufgeführten Tarifverträge, an deren Abschluß der Deutsche Industrieschutzverband beteiligt gewesen sein will, sowie einen dazu gehörigen Schiedsspruch und eine Allgemeinverbindlichkeitserklärung, aus denen sich seine Tarifbeteiligung ergeben soll, eingehend gewürdigt. Soweit es hieraus Folgerungen auf die tatsächliche Zwecksetzung und Zweckverfolgung des Verbandes gezogen hat, tritt in ihnen ein Rechtsirrtum nicht zutage; sie sind infolgedessen der Nachprüfung in der Revisionsinstanz entzogen (RAG. Bd. 3 S. 362).

Hat nach alledem das Berufungsgericht die Tariffähigkeit des Deutschen Industrieschutzverbandes zutreffend verneint, ist also dieser Verband keine wirtschaftliche Vereinigung im Sinne der §§ 10, 11 ArbGG., so konnte gemäß § 11 Abs. 2 a. a. O. auch keiner seiner Angestellten die Beklagte vor dem Landesarbeitsgericht vertreten. Das wegen dieses Mangels die Berufung als unzulässig verwerfende Urteil des Landesarbeitsgerichts ist daher mit Recht ergangen (§ 64 Abs. 2 ArbGG., §§ 518, 519b ZPO.).

RAG. 8, 188.

Kann der Angestellte einer wirtschaftlichen Arbeitnehmervereinigung ein Verbandsmitglied auch in Rechtsstreitigkeiten vor dem Landesarbeitsgericht vertreten, die das Mitglied als Arbeitgeber führt?

Arbeitsgerichtsgesetz § 11.

Reichsarbeitsgericht. Beschluß vom 28. März 1931.

I. Arbeitsgericht Oberhausen. — II. Landesarbeitsgericht Duisburg.

Gründe:

Der Beklagte wird in diesem Rechtsstreit als Inhaber einer Reparaturwerkstatt von dem Kläger, den er dort als Lehrling beschäftigt hat, auf tariflichen Hilfsarbeiterlohn in Anspruch genommen.

Das Arbeitsgericht hat den Beklagten zur Zahlung eines Teilbetrags von 299,40 RM nebst Zinsen verurteilt.

Berufung gegen dies am 28. November 1930 zugestellte Urteil hat in Vollmacht des Beklagten der Angestellte des Gesamtverbands der Arbeitnehmer der öffentlichen Betriebe und des Personen- und Warenverkehrs R. innerhalb der Rechtsmittelfrist eingelegt und begründet. Durch Schreiben vom 16. Dezember 1930 wies der Vorsitzende des Landesarbeitsgerichts diesen Verbandsvertreter darauf hin, daß er nur Arbeitnehmer vor dem Landesarbeitsgericht vertreten könne. Durch Postkarte vom 31. Dezember 1930 erklärte R. zu den Akten, er ziehe die Berufung zurück. Inzwischen hatte ein Rechtsanwalt für den Beklagten Berufung eingelegt und wegen Versäumung der Berufungsfrist Wiedereinsetzung in den vorigen Stand beantragt. Diesen Antrag hat das Landesarbeitsgericht durch Beschluß vom 19. Januar 1931 abgelehnt und gleichzeitig die verspätet eingelegte Berufung als unzulässig verworfen. Danach hat der Beklagte durch seinen Anwalt geltend gemacht, daß die Erklärung der Berufungszurücknahme in der Postkarte vom 31. Dezember 1930 nicht zur Zustellung gelangt sei und hat Entscheidung zu dem seitens des Verbandsvertreters eingelegten Rechtsmittels begehrt.

Durch den angefochtenen Beschluß hat der Berufungsrichter auch diese Berufung als unzulässig verworfen und hat gegen diesen Beschluß die Revisionsbeschwerde zugelassen, die der Beklagte rechtzeitig eingelegt hat.

Der Beklagte hatte sich darauf berufen, daß er neben der Führung seines Werkstattbetriebs gleichzeitig Kraftwagenführer in fremdem Dienst sei und in Zusammenhang mit diesem Erwerb dem Gesamtverband der Arbeitnehmer, dessen Angestellter R. ist, seit Jahren als Mitglied angehöre. Der Berufungsrichter verneint, daß diese Mitgliedschaft, die sich nur an die Arbeitnehmereigenschaft des Beklagten knüpft, die Vertretungsbefugnis des Arbeitnehmerverbands nach § 11 auch für die Fälle nach sich ziehe, in denen Arbeitgeberbelange des Beklagten wahrzunehmen sind. Denn mit der Einführung des Begriffs der wirtschaftlichen Vereinigung knüpfe § 11 an den Begriff der tariffähigen Vereinigung an, die im Interessenwiderstreit beider Arbeitsseiten die Belange der einen Partei, und nur diese, der anderen Seite gegenüber wahrzunehmen habe. Lediglich in diesem Zusammenhang sei den Vereinigungen auch der Rechtsschutz ihrer Mitglieder anvertraut worden, also den Arbeitgebervereinigungen, soweit Mitglieder Arbeitgeberbelange gegenüber Arbeitnehmern verfolgten und entsprechend den Verbänden der Arbeitnehmerseite. Diese Auffassung des Landesarbeitsgerichts steht mit der ständigen Rechtsprechung des Reichsarbeitsgerichts zu dem Begriff der „wirtschaftlichen Vereinigung" im Sinne der §§ 10, 11 ArbGG. im Einklang (RAG. Bd. 1 S. 349, Bd. 2 S. 49, 289, 299, Bd. 3 S. 170, Bd. 6 S. 63). Der Umstand, daß nach der Begründung des Entwurfs zum Arbeitsgerichtsgesetz (S. 36 und 37) die Rechtsverfolgung in Arbeitsgerichtssachen möglichst, auch durch dieses Mittel, billig gestellt werden sollte, kann keinesfalls zu der Auffassung führen, den Verbandsvertretern der einen wie der anderen Seite habe eine von ihren allgemeinen Aufgaben unabhängige Befugnis zur Prozeßvertretung für Verbandsmitglieder erteilt werden sollen. Die Verweisung auf die satzungsmäßige Vollmacht der Vertreter im Gesetz und ebenso die Beschränkung auf den Mitgliederkreis stellen klar, daß vielmehr der Rechtsschutz im Rahmen der satzungsmäßigen Verbandsaufgabe bleiben soll, also in der Wahrnehmung der Belange einer Arbeitsseite gegenüber der anderen. Nur diese Auffassung genügt auch den Erfordernissen des Rechtslebens. Der Gesetzgeber erwartet von dem Verbandsvertreter eine besondere Vertrautheit mit den Belangen und Rechtsverhältnissen, die der Verband schützen soll. Hinsichtlich der Interessenlage der Gegenseite trifft diese Vermutung, die die Sonderstellung der Verbandsvertreter erklärt, nicht zu. Schließlich ist auch nicht unbeachtlich, daß die Zulassung der Wahrnehmung von Arbeitgeberinteressen durch Verbandsvertreter der Arbeitnehmerseite und umgekehrt zu bedenklichen Pflichtenkonflikten führen könnte. — Die Sachlage gibt keinen Anlaß, mit dem Berufungsrichter die Befugnisse zu erörtern, die Vertretern eines Verbands zuzugestehen wären, der satzungsmäßig seine Mitglieder (Zwischenmeister, Kapellmeister) in ihrer berufsmäßigen Doppelstellung als Arbeitgeber und Arbeitnehmer nach beiden Seiten hin schützen soll. — Nach alledem hat der Berufungsrichter zutreffend, auch in Übereinstimmung mit der von dem Reichsarbeitsgericht in der Sache RAG. B 1/31 schon eingenommenen Stellung der durch den Verbandsvertreter eingelegten Berufung die Zulassung versagt.

RAG. 8, 195.

Inwieweit können deutsche Arbeitnehmer durch Übereinkunft mit dem deutschen Arbeitgeber die Bestimmungen des Betriebsrätegesetzes, namentlich dessen Kündigungsschutzbestimmungen, für einen im Auslande belegenen Betrieb in Kraft setzen?

§§ 1 flg., 39, 96, 97 BRG.

Reichsarbeitsgericht. Urteil v. 1. April 1931.

I. Arbeitsgericht Köln. — II. Landesarbeitsgericht daselbst.

Zur Ausführung einer Talsperre in Südfrankreich haben sich die beklagten Firmen zu einer Arbeitsgemeinschaft zusammengeschlossen. Die dort beschäftigten Arbeiter sind größtenteils Deutsche, zu einem geringen Teil Nichtdeutsche. Die deutschen Arbeiter werden in Köln eingestellt; den schriftlichen Arbeitsverträgen dieser Arbeiter liegt ein Musterarbeitsvertrag zugrunde, der auf einer Vereinbarung zwischen der Arbeitsgemeinschaft des Deutschen Hoch- und Tiefbaugewerbes und verschiedenen Arbeitnehmerverbänden, auch den Bauarbeiterverbänden beruht. Auf Grund eines solchen Vertrags ist der Kläger am 13. Februar 1929 in Köln bei den Beklagten als Schachtmeister eingestellt worden. Nach § 5 des Vertrags verpflichtete sich der Kläger, für die Dauer eines Jahres von seiner Einstellung an auf der Baustelle in Frankreich tätig zu sein. Am 28. Januar 1930 haben die Beklagten dem Kläger zum 28. Februar 1930 gekündigt. Kläger behauptet, Mitglied des Angestelltenrats gewesen zu sein. Da die Beklagten die Zustimmung einer Betriebsvertretung zu der Kündigung des Klägers nicht eingeholt haben, hält der Kläger die Kündigung für rechtsunwirksam. Mit der Klage hat er von der Beklagten die Zahlung von 2659,09 RM gefordert (Gehalt für die Monate März bis Juli 1930 sowie Entschädigung für Verpflegung und Wohnung für dieselbe Zeit). Die Beklagten haben den Klaganspruch bestritten. Auf Grund eines Teilvergleichs vom 3. Juni 1930 haben die Beklagten 1100 RM an den Kläger bezahlt. Noch im Laufe des ersten Rechtszuges haben die Beklagten den Vergleich wegen Irrtums angefochten, weil Kläger in Wahrheit gar nicht Mitglied der Betriebsvertretung gewesen sei; sie haben dann aber die Anfechtung zurückgenommen. — Das Arbeitsgericht hat die Beklagten zur Zahlung von 751,20 RM und gewissen Zinsen verurteilt, zu dem Mehrbetrag die Klage abgewiesen. Gegen dieses Urteil haben beide Teile die Berufung eingelegt. Kläger hat über die zuerkannten 751,20 RM hinaus die Verurteilung der Beklagten in Höhe von 817,02 RM (für Verpflegung) beantragt. Die Beklagten haben beantragt, die Klage vollen

Umfangs abzuweisen, ferner den Teilvergleich für nichtig zu erklären und den Kläger zur Zurückerstattung der gezahlten 1100 RM zu verurteilen. Das Landesarbeitsgericht hat die Berufung des Klägers zurückgewiesen und auf die Berufung der Beklagten die Klage abgewiesen, aber auch die Widerklage abgewiesen. Die Revision der Klägerin ist zurückgewiesen worden.

Gründe:

Der Kläger will — das ist sein einziger Klagegrund — Mitglied der Belegschaftsvertretung in dem südfranzösischen Betrieb der Beklagten gewesen sein. Der Berufungsrichter hat diese Klagebehauptung nicht untersucht. Er hat vielmehr die Klage deshalb abgewiesen, weil das Betriebsrätegesetz als deutsches Gesetz nur auf die in Deutschland bestehenden Betriebe Anwendung finde, nicht aber auf den Baubetrieb in Frankreich, für den der Kläger ausschließlich eingestellt war, und weil dem Kläger demgemäß die Schutzbestimmung des § 96 BRG. auf keinen Fall zur Seite stehe.

Der Auffassung des Berufungsrichters, daß das Betriebsrätegesetz in Frankreich nicht gelte, ist unbedenklich beizutreten, mindestens insoweit, als das Betriebsrätegesetz öffentliches Recht enthält; und das ist bei dem Betriebsrätegesetz überwiegend der Fall, namentlich auch soweit es eine Betriebsvertretung öffentlichrechtlicher Natur einführt und dieser Vertretung öffentlichrechtliche Vergünstigungen und Befugnisse einräumt. Die Angriffe der Revision gegen diese Rechtsauffassung des Berufungsrichters sind unbegründet. Daß es sich bei dem Unternehmen der Beklagten in Frankreich nicht um bloße sog. „Ausstrahlungen" eines deutschen Betriebes handelt, hat der Berufungsrichter rechtsirrtumsfrei dargelegt. Er erkennt an, daß Arbeitnehmer, die aus einem in Deutschland geführten Betrieb in das Ausland entsandt werden, um dort Montage- und ähnliche Arbeiten auszuführen, auch für die Dauer dieser Tätigkeit dem innerdeutschen Betrieb angehören, so daß dessen deutscher Betriebsrat für sie zuständig bleibt und auch sie selbst, falls sie Mitglieder der Betriebsvertretung sind, den Schutz des § 96 BRG. genießen. Damit hat der Berufungsrichter den Begriff der „Ausstrahlung" richtig bezeichnet. Um eine solche handelt es sich hier nicht. Die Beteiligung an den Bauarbeiten am V.-fluß mag für die einzelnen Unternehmer, die sich zur gemeinsamen Ausführung dieser Arbeiten zusammengeschlossen haben, ein Ausfluß ihrer gewerblichen Betätigung als Unternehmer gewesen sein; aber der B e t r i e b der Arbeiten war eine neue, selbständige Sache und schon nach seiner Natur als Arbeit an einem im Ausland gelegenen Flusse an die ausländische

Betriebsstätte gebunden. Eine Vertretung der deutschen Arbeitnehmer durch Betriebsvertretungen innerhalb Deutschlands kommt hiernach in keiner Weise in Frage.

Daß das Arbeitsverhältnis des Klägers zu den Beklagten nach seiner privatrechtlichen Seite den deutschen Gesetzen kraft vermuteten Parteiwillens unterstehe, kann der Revision zugegeben werden. Dies, und mehr nicht, ist in den von der Revision angezogenen höchtsrichterlichen Entscheidungen ausgesprochen. Aber dies genügt nicht, um die Annahme zu rechtfertigen, daß darum auch die öffentlichrechtlichen Vorschriften des Betriebsrätegesetzes außerhalb des Deutschen Reiches, in Frankreich, als solche, d. h. als gesetzliches Recht gelten.

Nun haben freilich die Streitteile in dem Musterarbeitsvertrag, also im Benehmen mit den Berufsvereinigungen der Arbeitnehmer und der Arbeitgeber, in § 34 Abs. 1 das. die Bestimmungen des Reichstarifvertrages für das Baugewerbe bzw. das Lohn- und Arbeitsvertragsgebiet Rheinland zum Bestandteil ihres A r b e i t s v e r t r a g s gemacht. Das ist unbedenklich als zulässig und wirksam anzuerkennen. So konnten die Parteien z. B. die Lohn-, Urlaubs- und etwa Versorgungsbestimmungen jenes Tarifvertrages zu Bestandteilen ihres Arbeitsvertrages machen. Ebenso konnten sie auch die Kündigungsbestimmungen des Tarifvertrages zu Bestandteilen ihres Arbeitsvertrags machen, soweit diese nicht durch öffentlichrechtliche Normen geregelt sind. In Frage steht, ob diese Möglichkeit auch ausreicht, um die Kündigungsvorschriften der §§ 96, 98 BRG. als V e r t r a g s r e c h t der Parteien erscheinen zu lassen. Der Berufungsrichter hat dies verneint. Wohl habe, so erwägt er, der Arbeitgeber wirksam vereinbaren können, daß er gewählte Vertreter der Arbeitnehmer als Vertretung der Belegschaft anerkennen wolle; er habe sich auch in bezug auf die Kündigung den Beschränkungen unterwerfen können, die gegenüber einer nach dem Betriebsrätegesetz gewählten Betriebsvertretung bestehen. Aber die dergestalt gewählten Belegschaftsvertreter erlangten durch die Wahl nicht die Stellung des kraft Betriebsrätegesetz gewählten Betriebsrats; die Mitgliedschaft im Betriebsrat sei kein privatrechtliches Verhältnis; die Rechte und Pflichten des Betriebsrats gehörten dem öffentlichen Rechte an und seien privater Regelung unzugänglich. Die Anwendung sowohl des § 39 BRG. wie der §§ 96, 97, 98 das. wäre undurchführbar; denn das Arbeitsgericht könne seine im Beschlußverfahren zu treffenden Entscheidungen nur gegenüber wirklichen Betriebsratsmitgliedern (im gesetzlichen Sinne) erlassen; die Zuweisung dieser Aufgaben an das Prozeßgericht wäre im Hinblick auf dessen ganz anders gestaltete Aufgaben und auf das abweichende Verfahren nicht angängig (RAG. Bd. 6 S. 71).

In diesen Ausführungen tritt kein Rechtsirrtum zutage. Der an sich zutreffende Ausgangspunkt des Berufungsrichters, der ja insoweit dem Kläger nicht ungünstig ist, führt doch immer nur dazu, daß der Arbeitgeber privatrechtlich gehalten war, in tunlichster Anlehnung an das Betriebsrätegesetz die Wahl einer Vertretung durch die Belegschaft zu dulden und anzuerkennen und dieser Vertretung in tunlichst weitem Umfang diejenige Rechtsstellung einzuräumen, wie sie innerhalb des Deutschen Reiches eine Betriebsvertretung hat. Die sinngemäße, auf Vereinbarung der Beteiligten beruhende, Anwendung der innerdeutschen Vorschriften muß aber, wie der Berufungsrichter richtig herausgehoben hat, da ihre Grenze finden, wo die deutschen Bestimmungen öffentliches und zwingendes Recht enthalten. Zu diesen öffentlichrechtlichen und insoweit zwingenden Vorschriften gehört z. B. § 39 Abs. 2 BRG., eine Vorschrift, die im Ausland schlechthin undurchführbar ist. Dahin gehören aber auch die §§ 96, 97 BRG.; auch die in § 97 vorgesehene Ersetzung der Zustimmung der Betriebsvertretung durch das Arbeitsgericht im Beschlußverfahren läßt sich für ein ausländisches Arbeitsverhältnis gleichfalls nicht durchführen. Auch das hat der Berufungsrichter durchaus zutreffend ausgeführt. Die von der Revision vertretene Meinung, daß angesichts der Unmöglichkeit der Herbeiführung einer Ersatzzustimmung des Arbeitsgerichts die Kündigungsbefugnis des Arbeitgebers gegenüber einem Mitglied der Betriebsvertretung überhaupt entfalle und der Arbeitgeber den Arbeitnehmer, der Mitglied einer Betriebsvertretung ist, bis zum Ablauf dieses Amtes unkündbar im Dienste behalten müsse, zeigt in ihrer Unmöglichkeit deutlich, wie unhaltbar der Rechtsstand des Klägers ist.

Nach alledem ist dem Berufungsrichter sowohl im Ergebnis wie in der Begründung seines Urteils beizutreten und demzufolge die Revision zurückzuweisen, ohne daß es darauf ankäme, ob der Kläger Mitglied der Betriebsvertretung wirklich gewesen ist. Nur nebenbei sei bemerkt, daß das Vorbringen des Klägers, der als Schachtmeister Angestellter war, auch in dieser Richtung mehrfachen erheblichen Bedenken unterliegen würde.

RAG. 8, 207.

Hat eine tarifvertragliche Bestimmung „alle Kündigungen haben schriftlich zu erfolgen" die Bedeutung, daß eine mündlich erklärte Kündigung nichtig ist?

Tarifvertrag für die kaufmännischen und technischen Angestellten in Halle a. S. und Vororte § 9 Nr. 1 BGB. §§ 125 S. 2, 127 BGB.

Reichsarbeitsgericht. Urt. v. 22. April 1931.

I. Arbeitsgericht Halle a. S. — II. Landesarbeitsgericht daselbst.

Die 32jährige Klägerin war seit Mai 1928 bei der Beklagten als Buchhalterin und Kontoristin beschäftigt gewesen. Am 15. November 1929 war das Anstellungsverhältnis von der Beklagten schriftlich gekündigt, jedoch weiter fortgesetzt worden. Am 15. Mai 1930 kündigte das Vorstandsmitglied der Beklagten, Fleischermeister G., der Klägerin das Dienstverhältnis und setzte hinzu, es bestände die Möglichkeit, daß die Klägerin in einem Arbeitsverhältnis mit 14tägiger Kündigung weiter beschäftigt werden könnte. Die Klägerin erbat sich Bedenkzeit. Nach der bestrittenen Behauptung der Beklagten hat G. gesagt: „Betrachten Sie sich demzufolge als gekündigt" und die Klägerin geantwortet: „Jawohl". Später fanden weitere Verhandlungen über die Weiterbeschäftigung der Klägerin in einem Arbeitsverhältnis statt. Die Klägerin lehnte dies jedoch ab. Am 30. Juni wurde der Klägerin eröffnet, daß ihr Vertragsverhältnis beendet sei. Am 1. Juli 1930 schrieb die Klägerin an die Beklagte, daß die Kündigung nach ihr indessen gewordener Information schriftlich hätte erfolgen müssen.

Die Klägerin verlangt Zahlung ihres Gehalts für weitere drei Monate, ferner tarifliche Mehrvergütung für die zurückliegende Zeit und eine Urlaubsentschädigung. Sie hat entsprechende Beträge eingeklagt. Die Klägerin beruft sich auf § 9 des maßgebenden Tarifvertrages für die kaufmännischen und technischen Angestellten in Halle a. S. und Vororte vom 1. April 1928, nach welchem die Kündigung schriftlich zu erfolgen habe. Sie macht weiter geltend, daß eine Kündigung überhaupt nicht vorgelegen habe, weil ihr nur angesonnen sei, in ein Arbeitsverhältnis mit 14tägiger Kündigungsfrist zu treten; sie habe deshalb die Kündigung nur als Formsache angesehen. Die Beklagte hat demgegenüber die Meinung vertreten, daß die Klägerin die Kündigung gegen sich gelten lassen müßte, weil sie ihr nicht widersprochen, ihr sogar zugestimmt hätte, und daß die Klägerin arglistig und sittenwidrig handelte, wenn sie sich nachträglich auf die Nichtbeobachtung der Schriftform beriefe, nachdem sie sich erst nach ihrem Ausscheiden informiert und erfahren hätte, daß der Tarifvertrag schriftliche Kündigung vorschriebe. Arbeitsgericht und Landesarbeitsgericht haben der Klägerin das Gehalt für die Zeit vom 1. Juli bis 30. September zugebilligt. Die Revision der Klägerin ist zurückgewiesen worden aus folgenden:

Gründen:

Der Berufungsrichter geht davon aus, daß der zwischen den Parteien abgeschlossene Anstellungsvertrag dem allgemeinverbindlich erklärten Tarifvertrag für die kaufmännischen und technischen Angestellten in Halle a. S. und Vororte vom 1. April 1928 unterliegt. Bedenken sind hiergegen nicht zu erheben und auch von der Revision nicht geltend gemacht worden. § 9 Nr. 1 TV. besagt:

„Für alle Kündigungen gelten die gesetzlichen Bestimmungen des HGB. und Kündigungsschutzgesetzes. . . . Alle Kündigungen haben schriftlich zu erfolgen."

Diese Bestimmung hat normativen Charakter, da sie die Beendigung des Arbeitsvertrages regelt (vgl. Hueck-Nipperdey, Lehrbuch Bd. 2 § 9 IV S. 87). Sie ist somit infolge ihrer unmittelbaren Einwirkung auf das zwischen den Parteien abgeschlossene Arbeitsverhältnis unabdingbarer Inhalt des Einzelarbeitsvertrags geworden. Sie hatte also, wie der Berufungsrichter nicht verkennt, die Wirkung einer vertraglich vereinbarten Form (§ 127 BGB.), und es konnte jedenfalls vor Ausübung der Kündigung zwischen den Parteien auf die Einhaltung der Form nicht verzichtet werden. Ihre Nichteinhaltung hatte damit gemäß § 125 Satz 2 BGB. im Zweifel die Nichtigkeit der Kündigung zur Folge. Der Berufungsrichter prüft in Auslegung des Tarifvertrages, ob die Nichtbeobachtung der Form Nichtigkeit oder Unwirksamkeit nach sich ziehe. Unter Unwirksamkeit versteht er offenbar eine Ungültigkeit, die durch spätere Genehmigung geheilt werden konnte. Auch die Revision spricht in gleicher Weise von einer unheilbaren Unwirksamkeit. Damit sind die Begriffe Nichtigkeit und Unwirksamkeit verkannt. Nichtigkeit ist neben Anfechtbarkeit nur eine Form der allgemeinen Unwirksamkeit (Staudinger Einleitung zum 3. Abschnitt vor § 103 BGB., von Tuhr Bd. 2 § 55 S. 273 flg.). In Gegensatz zu den nichtigen Rechtsgeschäften treten nur diejenigen unwirksamen Rechtsgeschäfte, bei denen noch nicht der volle, vom Gesetz für das Wirksamwerden erforderte Tatbestand erfüllt ist, z. B. wenn es an der nötigen Einwilligung eines Dritten fehlt (§§ 108, 177, 182, 185 BGB., schwebende Unwirksamkeit).

Hinsichtlich der Wirkung, welche die Formvorschrift für das Zustandekommen von Rechtsgeschäften hat, muß zwischen gesetzlichen Formvorschriften und denjenigen, welche auf Grund Rechtsgeschäfts vereinbart sind, unterschieden werden. Ein infolge Nichtbeachtung gesetzlicher Form unwirksames Rechtsgeschäft ist nichtig und kann — abgesehen von den gesetzlich besonders zugelassenen Fällen der Heilung (vgl. z. B. §§ 313, 518 Abs. 2 BGB.) — nach § 141 BGB. nur durch erneute Vornahme, für welche die gleichen Erfordernisse und Formvorschriften gelten, geheilt, d. h. bestätigt werden. Dagegen kann eine durch Vertrag vereinbarte Schriftform auch die Bedeutung haben, daß die Form nur zu Beweiszwecken dienen soll. In diesem Fall tritt bei Nichtbeobachtung der Form eine Nichtigkeit des Rechtsgeschäfts überhaupt nicht ein. Ferner können bei jeder gewillkürten Formvorschrift die Parteien das Formerfordernis durch eine keiner Form bedürfende Einigung wieder beseitigen und dadurch das zunächst unwirksam vorgenommene Rechtsgeschäft wirksam werden lassen. Infolge der Unabdingbarkeit (§ 1 TarifVo.) ist allerdings, wie schon hervorgehoben, ein vorheriger Verzicht auf eine in einem Tarifvertrag bestimmte Form unwirksam. Es ist somit hinsichtlich der Wirksamkeit der Kündigung lediglich zu prüfen, ob der Tarifvertrag die Schriftform als Erfordernis der Gültigkeit der Kündigung oder lediglich zu Beweiszwecken bestimmt hat und ob im ersteren Fall ein nachträglicher rechtsgültiger Verzicht auf das Formerfordernis vorliegt.

In Übereinstimmung mit dem Berufungsrichter ist erstere Frage zu bejahen, die zweite zu verneinen. Es ist zwar an sich denkbar, daß auch bei einer Kündigung eine Schriftform nur zum Zweck des Beweises angeordnet wird, damit eine zuverlässige Kenntnis über die Tatsache der Kündigung besteht. Dies ist namentlich dann angenommen worden, wenn für eine Kündigung die Mitteilung durch eingeschriebenen Brief vorgesehen wurde (RAG. 481/29 vom 29. März 1930, WarnRspr. 1927 Nr. 50). In diesem Fall wird eben nur ein Nachdruck auf die Führung eines Beweises für das Vorliegen der Kündigung gelegt. Bei der vorliegenden tariflichen Bestimmung sind aber keine Umstände gegeben, welche gegen die aus § 125 Satz 2 BGB. zu entnehmende gesetzliche Vermutung sprechen. Auch die Ausdrucksweise: Kündigungen „haben schriftlich zu erfolgen" spricht dafür, daß die Tarifvertragsparteien die Formvorschrift als Bedingung der Gültigkeit der Kündigung aufstellen wollten. Der Nachdruck liegt hier auf der schriftlichen Erklärung der Willenserklärung als solcher. Nur diese soll gelten. Dieser Standpunkt wird auch hinsichtlich derartiger Bestimmungen im Schrifttum vertreten (Hueck-Nipperdey Lehrbuch, Bd. 1, § 53 III S. 259 für Einzelverträge, Bd. 2 § 16 B 3 hinsichtlich der Kündigung von Tarifverträgen; Staub-Koenige § 66 HGB. Note 9; Staudinger-Nipperdey Vorbem. III 1 d vor § 620 BGB.; Hueck Kündigung nach geltendem Recht 1922 S. 18; Landsberg Gewerbe- und Kaufmannsgericht Bd. 20 S. 344).

Die nur mündlich ausgesprochene Kündigung war somit nichtig und wirkungslos. Sie ist auch nicht durch einen Verzicht der Klägerin nachträglich rechtswirksam geworden. Es kann dahingestellt bleiben, ob der im Schrifttum ausgesprochenen Ansicht, daß in der widerspruchslosen Hinnahme der formlosen Kündigung regelmäßig ein stillschweigender Verzicht auf die Form durch nachträgliche stillschweigende vertragliche Aufhebung der Formabrede zu finden ist (Hueck-Nipperdey a. a. O.; Staub a. a. O.), auch für den Fall einer tarifvertraglichen Bestimmung der Form beizutreten ist. In diesem Fall können erhebliche Bedenken bestehen, ob unter der Wirkung eines Tarifvertrages dem stillschweigenden Verhalten der gekündigten Parteien ein Verzichtswille nach Treu und Glauben zu entnehmen ist. Für den vorliegenden Fall scheitert aber die Annahme eines Verzichts trotz der bejahenden Antwort der Klägerin schon daran, daß der Klägerin, wie der Berufungsrichter feststellt, ihr tarifliches Recht, eine formlose Kündigung als unwirksam zurückweisen zu können, unbekannt war. Ein Verzicht kann aber nur in den Fällen angenommen werden, in denen dem Verzichtenden sein Recht bekannt ist oder er doch mit der Möglichkeit des Bestehens rechnet.

Es bleibt schließlich die weiter vom Berufungsrichter geprüfte und von der Revision ebenfalls zur Nachprüfung unterstellte Möglichkeit, daß in dem Verhalten der Parteien eine vertragsmäßige Aufhebung des Anstellungsverhältnisses zu erblicken ist. Es kann dabei dahingestellt bleiben, ob eine Umdeutung der Kündigungserklärung nach § 140 BGB. (vgl. Hueck Kündigung nach geltendem Recht 1921 S. 25) Platz zu greifen hat, gegen welche Bedenken bestehen können, da der Vertragsantrag gemäß § 145 BGB. nicht als eigenes Rechtsgeschäft von selbständiger Bedeutung anzusehen ist. Es handelt sich aber in jedem Fall um die Bedeutung und Auslegung des Verhaltens des Vertreters der Beklagten und der Klägerin. Der Berufungsrichter hat gewürdigt, daß die seitens des Vertreters der Beklagten ausgesprochene Kündigung mit dem Angebot verbunden war, das Anstellungsverhältnis der Klägerin in ein Arbeitsverhältnis mit 14tägiger Kündigung umzuändern und daß die Klägerin sich Bedenkzeit ausbedungen hatte. Es könne daher, so führt der Berufungsrichter weiter aus, der bejahenden Erwiderung der Klägerin auf die Erklärung des Zeugen: „Betrachten sie sich also als gekündigt" nicht ohne weiteres die unbedingte Zustimmung zu der Aufhebung des Anstellungsverhältnisses zum 30. Juni 1930 entnommen werden; vielmehr sei glaubhaft, wenn die Klägerin angebe, sie habe die Kündigung im Hinblick auf das Angebot auf Abänderung des Vertragsverhältnisses nur als Formsache betrachtet und sei davon ausgegangen, daß sie nach dem 30. Juni weiter beschäftigt werden würde. Es sei jedenfalls nicht unwahrscheinlich, daß die Klägerin angenommen habe, es handle sich bei den Vorgängen nur darum, ihr Angestelltenverhältnis in ein Arbeiterverhältnis umzuändern und daß sie sich über die wirkliche Absicht der Beklagten nicht völlig klar gewesen sei. Die Klägerin habe dementsprechend auch unmittelbar nach ihrer Entlassung den Rat ihrer Gewerkschaft eingeholt, um zu erfahren, ob ihre Entlassung berechtigt war.

Gegen diese Ausführungen bestehen keine rechtlichen Bedenken. . . . Die Klägerin sah sich einer Kündigung gegenübergestellt. Wenn sie aus Unkenntnis, daß die Kündigung unwirksam war, sich zustimmend verhielt, so bezog sich ihr Verhalten auf die vermeintliche Kündigung, nicht aber auf eine beiderseitige und freiwillige Aufhebung des Vertragsverhältnisses.

Mit Recht ist somit der Berufungsrichter davon ausgegangen, daß das Anstellungsverhältnis der Klägerin noch über den 1. Juli hinaus fortgedauert hat. Da endlich die Klägerin mit der Forderung ihres tariflichen Gehalts für die Folgezeit ihr gutes Recht verfolgt, so ist hierin in Übereinstimmung mit dem Berufungsrichter ein Verstoß gegen Treu und Glauben und gegen die guten Sitten nicht zu finden. Der Beklagten steht somit die Einrede der Arglist nicht zur Seite. Ohne Rechtsverstoß hat der Berufungsrichter der Klägerin ihren Gehaltsanspruch bis zum 30. September 1930 zuerkannt. Die Revision ist daher zurückzuweisen.

RAG. 8, 216.

Verstößt ein Arbeitgeber, der einen Arbeiter unter Einhaltung der vertraglichen Kündigungsfrist entläßt, weil ihm der von diesem geforderte Tariflohn unbillig hoch oder wirtschaftlich untragbar erscheint, gegen Art. 159 RVerf. oder § 138 BGB.?

Reichsarbeitsgericht. Urt. v. 25. April 1931.

I. Arbeitsgericht Stralsund. — II. Landesarbeitsgericht Stettin.

Der Kläger war seit dem 29. April 1929 bei der Beklagten als landwirtschaftlicher Arbeiter beschäftigt und ist am 29. Juni 1929 unter Einhaltung der vertraglichen Kündigungsfrist entlassen. Er gehört dem Deutschen Landarbeiterverbande, Gau St., an, während die Beklagte Mitglied der Arbeitgebergruppe des Pommerschen Landbundes, Kreisgruppe R., ist. Das Arbeitsverhältnis der Parteien unterstand dem Tarifvertrag für die Landarbeiter des Kreises R. vom 23. April/31. Mai 1929, der zwischen den genannten Verbänden durch einen für verbindlich erklärten Schiedsspruch zustande gekommen war. Mit der am 17. März 1930 bei Gericht eingegangenen Klage verlangt der Kläger Zahlung seines Lohns für die Zeit vom 29. Juni bis 5. August 1929 in Höhe von 150,04 RM mit der Behauptung, daß seine Entlassung unter Verstoß gegen die guten Sitten und Art. 159 RVerf. lediglich deshalb erfolgt sei, weil er sich gewerkschaftlich betätigt, d. h. sich nicht mit dem geringeren Lohn des Landbundtarifs begnügt, sondern auf Verlangen seiner Organisation die höheren Sätze des Landarbeitertarifs gefordert habe. Die Beklagte machte dagegen geltend, daß die Kündigung lediglich aus wirtschaftlichen Gründen ausgesprochen sei und daß es gegen Treu und Glauben verstoße, wenn der Kläger, der sich der Kündigung widerspruchslos gefügt habe, sie 9 Monate später als nichtig anfechte und Lohnforderungen für die Zeit nach seiner Entlassung erhebe.

Das Arbeitsgericht hat sich den Erwägungen des Klägers angeschlossen und der Klage stattgegeben. Das Landesarbeitsgericht wies sie ab. Die Revision des Klägers hatte keinen Erfolg.

Gründe:

Der Berufungsrichter hat den Beweis dafür, daß die Entlassung des Klägers eine seine Vereinigungsfreiheit einschränkende oder verhindernde Maßnahme gewesen sei, nicht für geführt erachtet und weiter angenommen, daß der Kläger durch die widerspruchslose Hinnahme der Kündigung und sein Schweigen bis zur Klagerhebung auf etwaige ihm nach dem 29. Juni 1929 erwachsene Lohnforderungen verzichtet habe. Gegen beide Entscheidungsgründe wendet sich die Revision. Ihr ist zuzugeben, daß einzelne Ausführungen des angefochtenen Urteils rechtlichen Bedenken unterliegen. Im Ergebnis ist dem Berufungsgericht aber beizutreten. Auszugehen ist davon, daß Art. 159 RVerf. nur die Vereinigungsfreiheit als solche, nicht aber jede gewerkschaftliche Betätigung eines Arbeitnehmers innerhalb seiner Organisation zu schützen bestimmt ist (vgl. Urteil vom 15. November 1930 RAG. 266/30). Niemand soll in seiner Willens- oder Entschlußfreihit, sich zur Wahrung und Förderung seiner auf arbeitsrechtlichem Gebiet liegenden Interessen diesem oder jenem Verbande anzuschließen oder in ihm zu verbleiben, durch wirtschaftlichen Druck oder andere koalitionsfeindliche Maßnahmen eingeengt werden. Daß zu ihnen unter Umständen auch eine Kündigung, wenn sie im Hinblick auf ihren Beweggrund die Zugehörigkeit eines Arbeitnehmers zu einem bestimmten Verbande unmöglich zu machen oder zu erschweren bezweckt (vgl. RAG. Bd. 6 S. 271), gehören kann, ist zweifellos und vom Landesarbeitsgericht auch nicht verkannt.

Andererseits ist aber auch der Ausspruch der ordentlichen im Vertrage vorgesehenen Kündigung ein Akt der freien Willensbetätigung, welcher der Gesetzgeber — abgesehen von bestimmten Einzelfällen wie z. B. in den §§ 95, 96 BRG., den § 13 SchwerbG. und dem Art. 159 RVerf. — in der Regel keine Schranken setzt. Hiernach erscheint es schon von vornherein mehr als zweifelhaft, ob das, was der Kläger anführt, überhaupt geeignet ist, den objektiven Tatbestand einer Zuwiderhandlung gegen Art. 159 RVerf. zu erfüllen. Jedenfalls ist der oben erwähnten Kündigungsfreiheit des Arbeitgebers gegenüber der Kläger dafür beweispflichtig, daß dieser Tatbestand und mit ihm zugleich ein subjektives Verschulden der Beklagten vorliegen. Nun hat der Kläger aber nur vorgetragen, ihm sei gekündigt worden, als er Bezahlung nach dem Landarbeitertarif gefordert habe, die höher gewesen sei als der mit ihm vereinbarte und ihm gewährte Lohn des Landbundtarifs. Das wird von dem als Zeugen gehörten Inspektor H. auch bestätigt, der bekundet hat, er habe auf das Lohnverlangen des Klägers erwidert: „er könne sich dann andere Arbeit suchen, wo er mehr verdiene, sie könnten das nicht bezahlen." Geht man von diesem Sachverhalt aus, so fehlt es an jedem Anhalt für die Annahme, daß sich die Kündigung in rechtswidriger Weise gegen die Vereinigungsfreiheit oder Verbandszugehörigkeit des Klägers als solche richtete, daß unmittelbar oder mittelbar sein Austritt aus dem Landarbeiterverband oder sein Beitritt zu einer anderen Vereinigung betrieben wurde oder daß seine tariflichen Beziehungen zu dem Landarbeiterverbande beeinträchtigt werden sollten. Die aus dem Arbeitsvertrage sich ergebenden Rechte und Pflichten des Arbeitgebers und des Arbeitnehmers haben mit dem durch Art. 159 a. a. O. gewährleisteten Schutz der Vereinigungsfreiheit im allgemeinen nichts zu tun. Lehnt ein Arbeitgeber eine berechtigte Tariflohnforderung ab, so haftet er dem Arbeitnehmer aus dem Vertrage, nicht aber aus Art. 159 RVerf. Dieser hindert den Arbeitgeber, wie schon betont, auch nicht daran, wegen der von ihm als unbillig empfundenen Höhe des Tariflohns von seinem vertraglichen Kündigungsrecht Gebrauch zu machen. Das will auch die Beklagte getan haben, und das Landesarbeitsgericht steht in tatrichterlicher Würdigung der Verhältnisse auf dem Standpunkte, daß der, wie oben bezeigt, beweispflichtige Kläger diese Behauptung nicht widerlegt und auch durch die Bezugnahme auf Rundschreiben des Landbundes, durch die seine Mitglieder aufgefordert sind, sich auf Zahlung der Löhne des Landarbeitertarifs verklagen zu lassen, nicht dargetan habe, daß die Beklagte „aus koalitionsfeindlichen Beweggründen" zur Kündigung geschritten ist. Diese Beurteilung des Sachverhalts gehört dem rein tatsächlichen Gebiet an und kann durch die in gegenteiliger Richtung sich bewegenden Ausführungen der Revision nicht erschüttert werden. Das Berufungsgericht hat alles das, was der Kläger hinsichtlich des Verhaltens der Zentralleitung des Pommerschen Landbundes und vieler seiner Mitglieder vorgebracht hat, nicht für genügend erachtet, ihm die Überzeugung zu verschaffen, daß das Verhalten der Beklagten dem Kläger gegenüber durch andere als in den eigenen wirtschaftlichen Verhältnissen zu suchende Beweggründe bestimmt worden ist. Unter diesen Umständen fehlt es objektiv und subjektiv an den Voraussetzungen für die Möglichkeit, die Unwirksamkeit oder Nichtigkeit der Kündigung auf Grund des Art. 159 RVerf. in Verbindung mit § 134 BGB. festzustellen. Aus demselben Grunde ist der Beklagten auch eine Sittenwidrigkeit im Sinne des § 138 BGB. nicht zur Last zu legen.

Die Revision war daher, ohne daß es eines Eingehens auf den zweiten Entscheidungsgrund des Berufungsgerichts bedarf, wie geschehen, zurückzuweisen.

RAG. 8, 219.

Muß ein durch vertragswidriges Fernbleiben vom Betriebe entstandener Arbeitszeitverlust durch zuschlagsfreie Überstundenarbeit nachgeholt werden?

Arbeitszeitverordnung vom 21. Dezember 1923/14. April 1927 §§ 1, 5, 6 a. Firmen-Tarifvertrag der Beklagten mit dem Verbande der Fabrikarbeiter Deutschlands vom 19. November 1929 §§ 1 und 2. BGB. § 242.

Reichsarbeitsgericht. Urt. v. 25. April 1931.

I. Arbeitsgericht Bremen. — II. Landesarbeitsgericht daselbst.

Der Betrieb der Beklagten zerfällt in drei selbständige Abteilungen:

a) die Lumpensortiererei, in der etwa 40 Arbeiterinnen beschäftigt werden,
b) die Auf- und Abladerei mit einigen männlichen Arbeitern,
c) die Ballenpresse mit etwa 4 männlichen Arbeitern.

Am 1. Mai 1930 feierte die ganze Belegschaft der Beklagten. Den Beschluß, an dem genannten Tage nicht zu arbeiten, teilte der Betriebsrat dem Prokuristen der Beklagten einige Tage vor dem 1. Mai mit. Ihm wurde erwidert, daß die Direktion damit nicht einverstanden sei und zum mindesten verlange, daß eine Kolonne zum Entladen von

Eisenbahnwagen gestellt werde. Auch dies lehnte der Betriebsrat ab und fragte, ob die Arbeiter dieserhalb gemaßregelt werden würden. Darauf wurde von dem Prokuristen entgegnet, es passiere nichts, aber die Direktion erhebe gegen die Arbeitsniederlegung ausdrücklich Widerspruch. Am 2. Mai stellte sich die Notwendigkeit einer Überarbeit heraus. Infolgedessen mußten der Kläger und die mit ihm an der Ballenpresse beschäftigten Arbeiter am Sonnabend, den 3. Mai anstatt der sonst üblichen Arbeitszeit von 7 bis 11.20 Uhr noch weitere 4½ Stunden arbeiten. Die Betriebsvertretung war mit der Arbeit an sich einverstanden. Eine Einigung über die Zuschlagspflichtigkeit oder Zuschlagsfreiheit kam jedoch nicht zustande. Der Kläger glaubt, für die in Rede stehenden 4½ Stunden den tarifmäßigen 25 %igen Überstundenzuschlag verlangen zu können, während die Beklagte die Berechtigung der Forderung um deswillen bestreitet, weil durch die Mehrarbeit am 3. Mai nur der Arbeitsausfall vom 1. Mai zum Teil ausgeglichen worden sei. Die auf Zahlung von 1,18 RM gerichtete Klage ist vom Arbeitsgericht und Landesarbeitsgericht abgewiesen worden. Die Revision des Klägers blieb erfolglos.

Gründe:

Das Arbeitsverhältnis der Parteien wird von dem zwischen der Beklagten und dem Verbande der Fabrikarbeiter Deutschlands, Zahlstelle Bremen, am 19. November 1929 geschlossenen Firmentarifvertrag beherrscht, dessen §§ 1 und 2, soweit sie hier interessieren, wie folgt lauten:

§ 1.

Arbeitszeit

Die regelmäßige tägliche Arbeitszeit ausschließlich der Pausen beträgt 8 Stunden. In Ausnahmefällen kann die tägliche Arbeitszeit zeitlich begrenzt im Einverständnis mit der gesetzlichen Betriebsvertretung der Arbeitnehmer für den ganzen Betrieb, für einzelne Betriebsabteilungen oder einzelne Arbeitnehmer auf 9 Stunden ausgedehnt werden.

Wird die Arbeitszeit an den Tagen vor Sonn- und Festtagen durch Vereinbarung zwischen Betriebsleitung und der gesetzlichen Vertretung der Arbeitnehmer verkürzt, so kann der Ausfall der Arbeitszeit an diesen Tagen auf die übrigen Werktage verteilt werden. Die über 8 Stunden an solchen Tagen geleistete Arbeit gilt nicht als Überstundenarbeit.

pp.

§ 2.

Für Überstunden wird ein Aufschlag von 25 % gezahlt. . . .

Das Berufungsgericht geht ebenso wie das Arbeitsgericht davon aus, daß § 1 des Tarifvertrages eine dem § 1 Satz 2 und 3 der Arbeitszeitverordnung vom 21. Dezember 1923 i. d. F. des Gesetzes vom 14. April 1927 entsprechende vertragliche Regelung der Arbeitszeit enthalte und daß nach dem Willen der Tarifvertragsparteien ein durch vertragswidriges Verhalten der Arbeitnehmer entstandener Arbeitszeitverlust durch zuschlagsfreie Überstunden an den übrigen Werktagen derselben oder der folgenden Woche ausgeglichen werden könne. Die Revision bestreitet das und rügt Verletzung der §§ 1, 5 und 6 a ArbZVo. sowie der §§ 1 und 2 des Tarifvertrages vom 19. November 1929. Sie führt aus, der Umstand, daß § 1 des Tarifvertrages in Übereinstimmung mit § 1 Satz 2 ArbZVo. den achtstündigen Arbeitstag als Regel vorschreibe, beweise keinesfalls, daß auch die übrigen Bestimmungen der Arbeitszeitverordnung insbesondere ihr § 1 Abs. 1 Satz 3 Tarifvertragsinhalt geworden seien. Das Gegenteil ergebe sich, soweit der Ausgleich ausgefallener Arbeitszeit in Betracht komme, unzweideutig aus § 1 Abs. 2 des Tarifvertrages, der völlig überflüssig gewesen wäre, wenn die Tarifvertragsparteien den Satz 3 des § 1 ArbZVo. schlechthin zum Vertragsinhalt hätten machen wollen. Gerade durch die Regelung eines Sonderfalles zuschlagsfreier Nachholung ausgefallener Arbeitsstunden sei erkennbar zum Ausdruck gebracht, daß es in allen anderen Fällen der Arbeitszeitverkürzung zwar bei Abs. 1 Satz 2 des Tarifvertrages, wonach bei Arbeitszeitausfällen die tägliche Arbeitszeit im Einverständnis mit der gesetzlichen Betriebsvertretung auf 9 Stunden erhöht werden dürfe, sein Bewenden behalte, daß aber dann auch § 6 a ArbZVo. in Verbindung mit § 2 Abs. 1 des Tarifvertrages hinsichtlich der Überstundenvergütung Platz greife.

Der Revision ist zuzugeben, daß § 1 Satz 3 ArbZVo. die Ausgleichsmöglichkeit und Ausgleichszulässigkeit nur vom öffentlichrechtlichen Standpunkt aus regelt (vgl. RAG. Bd. 2 S. 175, 268) und daß dem Arbeitnehmer eine privatrechtliche Verpflichtung zum zuschlagsfreien Ausgleich versäumter Arbeitsstunden nur insoweit obliegt, als eine solche aus dem Arbeitsvertrage, sei es auf Grund einer tarifvertraglichen Norm oder ohne solche auf Grund ausdrücklicher oder stillschweigender Vereinbarung im Hinblick auf die Betriebsverbundenheit von Arbeitgebern und Arbeitnehmern oder auf die Grundsätze von Treu und Glauben folgt. § 6 a ArbZVo. verleiht dem Arbeitnehmer einen privatrechtlichen Anspruch auf Überstundenvergütung für die

Arbeit, die auf Grund der §§ 3, 5, 6 oder 10 ArbZVo. über die 48stündige Arbeitswoche hinaus geleistet werden muß und geleistet wird, nicht aber, wie aus seinem Wortlaut zweifelsfrei erhellt, auch dann, wenn ihm auf Grund des § 1 Satz 3 a. a. O. mit Recht eine Überschreitung der achtstündigen Arbeitszeit, aber nicht die der 48stündigen Arbeitswoche zugemutet wird. Obschon nun § 2 des Tarifvertrages schlechthin jede Überstunde für zuschlagspflichtig erklärt, darf doch mangels entgegenstehender Umstände mit dem Berufungsrichter ohne weiteres davon ausgegangen werden, daß die tarifvertragliche Regelung von der gesetzlichen nicht abweichen wollte, daß also im Rahmen des § 1 Satz 3 ArbZVo. und des Arbeitsvertrages zulässigerweise angeordnete, innerhalb der 48stündigen Arbeitswoche liegende Überschreitung des achtstündigen Arbeitstages keinen Anspruch des Arbeitnehmers auf Lohnzuschlag auslösen sollte. Dem steht auch § 1 Abs. 2 des Tarifvertrages nicht entgegen. Er enthält in der Tat eine selbstverständliche Bestimmung, die zur Vermeidung von Zweifeln und Streitigkeiten klarstellt, was sich schon nach den Grundsätzen von Treu und Glauben ergibt. Auch ohne sie würde bei einer nach dem Tarifvertrage zulässigen Verteilung der Wochenarbeitszeit derart, daß an einzelnen Tagen mehr, an anderen weniger als 8 Stunden, in der ganzen Woche aber nicht über 48 Stunden gearbeitet wird, dem Arbeitnehmer eine Forderung auf Überstundenvergütung nicht erwachsen (vgl. RAG. Bd. 1 S. 96/97).

Alle Verträge, auch die Arbeitsverträge und die sich aus ihnen ergebenden Erfüllungspflichten stehen unter der Herrschaft von Treu und Glauben. Wie man danach bei Betriebsstörungen, die unter das von dem Unternehmer zu tragende Betriebsrisiko fallen, eine Ausgleichspflicht der Arbeiter ohne Überstundenvergütung in der Regel verneinen wird (vgl. RAG. Bd. 2 S. 305 flg., insbesondere 310, Bd. 3 S. 68 flg.), muß man sie in Fällen wie dem vorliegenden, in welchem der Arbeitszeitausfall durch vertragswidrige Arbeitssäumnis der Belegschaft verursacht ist, unbedingt bejahen. Die Erklärung, die Maifeier würde trotz des Widerspruchs der Beklagten nicht zu einer Maßregelung der Arbeiter führen, machte sie nicht zu einer erlaubten. Sie hinderte die Direktion zwar an der fristlosen Entlassung der vertragsuntreuen Arbeiter, nahm ihr aber nicht das arbeitsvertragliche Recht, die zuschlagfreie Nachholung der unter Vertragsbruch versäumten Arbeitsstunden innerhalb der 48stündigen Arbeitswoche nach Anhörung der Betriebsvertretung zu fordern. Ob die Nachholung gerade durch die Maifeier notwendig geworden ist, war unerheblich. § 1 Satz 3 ArbZVo. setzt nichts weiter als einen für den Betrieb oder für eine Betriebsabteilung eintretenden Ausfall von Arbeitsstunden voraus, und die arbeitsvertragliche Pflicht des Klägers und der übrigen Belegschaft der Ballenpresse, ihn in Gemäßheit der genannten Bestimmung so, wie die Beklagte es verlangt hat, auszugleichen, folgt aus der rechtswidrigen Arbeitsversäumnis der ganzen Arbeiterschaft und den Grundsätzen von Treu und Glauben, so daß für den Kläger, für den die 48stündige Arbeitswoche nicht überschritten ist, ein Zuschlagsanspruch aus § 6a ArbZVo. in Verbindung mit dem Tarifvertrage nicht zur Entstehung gelangt ist. . . .

RAG. 8, 251.

Kann der Arbeiterrat seine Rechte zur Mitwirkung bei der Straffestsetzung gemäß § 80 Abs. 2 BRG. auf einzelne seiner Mitglieder übertragen?

Betriebsrätegesetz § 80 Abs. 2.

Reichsarbeitsgericht. Urt. v. 2. Mai 1931.

I. Arbeitsgericht Gladbach. — II. Landesarbeitsgericht Essen.

Der Kläger steht als Bergmann in Diensten der Beklagten. Er ist am 17. und 20. Februar 1930 wegen unreiner Förderung mit je 1 RM bestraft worden. Die Strafen wurden vom Lohn abgehalten. Die Festsetzung der Strafen geschah im Betriebe der Beklagten gemäß einer jahrelang im Einverständnis zwischen Zechenverwaltung und Arbeiterrat gehandhabten Übung wie folgt: Die zu bestrafenden Leute wurden in eine Vorschlagsliste eingetragen, die in dem Zimmer des Betriebsführers auslag. Jeden Vormittag sahen die drei Arbeitermitglieder des Betriebsausschusses, die vom Arbeiterrat hiermit beauftragt waren, die Vorschlagsliste durch. Die Vorschläge, die nicht genehmigt werden sollten, wurden — regelmäßig sogar schriftlich — beanstandet, und es wurde dann über dieselben verhandelt. Die nicht beanstandeten Vorschläge galten als genehmigt. Auf diese Weise sind auch die Strafen gegen den Kläger festgestellt worden. Ende Februar 1930 erhob der Arbeiterrat gegen die Bestrafungen Einspruch.

Der Kläger fordert mit der Klage die einbehaltenen Strafbeträge zurück, da eine ordnungsmäßige Zustimmung des Arbeiterrats nicht vorliege. Die Beklagte hat Abweisung der Klage beantragt, da die widerspruchslose Entgegennahme der Strafvorschläge als Zustimmung des Arbeiterrats anzusehen sei. Das Arbeitsgericht hat der Klage stattgegeben. Die Berufung der Beklagten ist vom Landesarbeitsgericht zurückgewiesen worden. Die für zulässig erklärte Revision wurde zurückgewiesen.

Gründe:

Das Landesarbeitsgericht geht in Übereinstimmung mit der Rechtsprechung des Reichsarbeitsgerichts davon aus, daß die nach § 80 Abs. 2 BRG. vorgesehene durch den Arbeitgeber gemeinsam mit dem Gruppenrat erfolgende Festsetzung von Strafen nicht auf die der Gewerbeordnung unterliegenden Betriebe gemäß § 134 b Ziff. 4 RGewO. zu beschränken ist, sondern sich auf das gesamte Gebiet des BRG., insbesondere auch auf die bergbaulichen Betriebe (vgl. § 80b Nr. 5, 80d PrAllg.BergG.) bezieht (RAG. Bd. 2 S. 354, Bd. 3 S. 327, Bd. 4 S. 172).

Das Landesarbeitsgericht hat die Ordnungsmäßigkeit der Straffestsetzung verneint, da die Zustimmung des Gruppenrats eine ausdrückliche Beschlußfassung gemäß §§ 32, 38 BRG. voraussetze. § 80 Abs. 2 BRG. schreibe ein Mitwirken des Gruppenrats vor; dieses könne ohne Beschlußfassung nicht erfolgen. Der Umstand, daß hierdurch die Straffestsetzung bei größeren Betrieben einigermaßen erschwert werde, könne nicht dazu führen, sich aus Zweckmäßigkeitgründen über das Gesetz hinwegzusetzen. Die Beschlußfassung biete auch einen gewissen Schutz vor allzu oberflächlicher Behandlung des Interesses des einzelnen Arbeiters. Ein anderes Verfahren sei nur zulässig, wenn die Arbeitsordnung dies gemäß § 134b Ziff. 4 RGewO., § 80a flg. PrAllg.BergG. bestimme. Auf Grund dieser Vorschriften sei anzunehmen, daß lediglich die Arbeitsordnung die Mitwirkung der Gruppenräte genauer regeln dürfe und zu regeln habe. Die maßgebende Arbeitsordnung vom 11. Juni 1921 sehe aber das bei der Beklagten bisher als üblich gehandhabte Verfahren nicht vor.

Die Revision rügt Verletzung der §§ 80 Abs. 2, 32, 38 und 78 BRG., des § 134b Ziff. 4 RGewO., der §§ 133, 157 BGB. und des § 22 Abs. 2 der Musterarbeitsordnung für das rheinisch-westfälische Steinkohlenrevier vom 11. Juni 1921. Sie bemängelt, daß das Landesarbeitsgericht nicht näher auf die Frage eingegangen sei, ob der Gruppenrat befugt ist, einzelne seiner Mitglieder im Wege der Delegation mit der Wahrnehmung der im übertragenen Befugnisse zu ermächtigen. Einer derartigen Delegation stehe § 32 BRG. nicht entgegen. Nach den Rechtsregeln des Staats- und Verwaltungsrechts sei die Delegation öffentlicher Rechtsbefugnisse auf nachgeordnete Verwaltungsstellen und Kommissionen allgemein zulässig. Auch für den Betriebsrat oder den Gruppenrat müsse das gleiche gelten, insbesondere damit er in größeren Betrieben überhaupt die ihm übertragenen Aufgaben durchführen könne. Der Wortlaut des § 80 Abs. 2 BRG., der im Gegensatz zu anderen Bestimmungen keine ausdrückliche Mitwirkung, sondern nur ein gemeinsames Tätigwerden vorsehe, ergäbe, daß kein förmliches Strafverfahren vorgeschrieben sei. Deshalb müsse die Delegation bei der Straffestsetzung zulässig erscheinen. Diese brauche in der Arbeitsordnung nicht vorgesehen zu sein. Die Vorschrift des § 134b Ziff. 4 RGewO. verlange nicht die Festsetzung eines derartig vereinfachten Strafverfahrens in der Arbeitsordnung. Die Bestimmung, daß die Arbeitsordnung Bestimmungen über die Art der Straffestsetzung enthalten müsse, sei in § 80 Abs. 2 BRG. übergegangen und in dieser Bestimmung zwingendes Recht geworden. Über die Form der Zustimmung sei dagegen nichts bestimmt. Aber auch bei anderer Meinung müsse § 22 Abs. 2 der ArbO. dahin ausgelegt werden, daß die drei Arbeiterratsmitglieder des Betriebsausschusses mit der Zustimmung zu der Verhängung der Strafe beauftragt seien. Es sei den Tarifparteien nicht darauf angekommen, daß gerade der Betriebsausschuß mit der Wahrnehmung dieses Rechts betraut werde. Der Vorsitzende sei meist derselbe, und die Angestellten-Mitglieder seien an der Straffestsetzung nicht interessiert. Eine dahingehende Auslegung sei somit vom Gesichtswinkel der Praxis aus geboten. Die zulässige Delegation könne auch stillschweigend erfolgen. Die jahrelang gehandhabte Übung lasse keine andere Deutung als die stillschweigende Übertragung der Befugnisse zu. Es handle sich bei der Zulassung dieses vereinfachten Verfahrens nicht um reine Zweckmäßigkeitserwägungen, sondern um die Auslegung des wirklichen Willens der Arbeitsvertragsparteien. Weder § 80 Abs. 2 BRG. noch § 32 BRG. ständen der Möglichkeit einer solchen Auslegung entgegen. Bei der Mitwirkung von bestimmten Vertrauensleuten werde auch dem Zweck einer eingehenden Verhandlung eher Rechnung getragen, als wenn die Straffestsetzung vor dem gesamten Arbeiterrat in einer förmlichen Gruppensitzung verhandelt würde.

Der Revision muß der Erfolg versagt bleiben. Wie das Reichsarbeitsgericht in den Entscheidungen vom 11. September 1929, Bd. 4 S. 172 und vom 19. Februar 1930, Bd. 5 S. 179 ausdrücklich betont hat, ist die Mitwirkung bei der Straffestsetzung durch die zwingende Vorschrift des § 80 Abs. 2 BRG. ausdrücklich den in Betracht kommenden Gruppenräten (Arbeiterrat oder Angestelltenrat) übertragen und die Zuständigkeit einer anderen Stelle ausgeschlossen worden. In dem Gesetz ist der allgemeine Gedanke und Wille zum Ausdruck gekommen, daß dort, wo es sich um die Wahrnehmung der einen Arbeitnehmer betreffenden Interessen handelt, die Interessen von seinem Gruppenrat wahrzunehmen sind, weil diese Vertretung die sicherste Gewähr für eine richtige Wahrnehmung der Interessen bietet. Deshalb muß diese vornehmlich im Interesse des Arbeitnehmers vorgesehene Mitwirkung auch dazu führen, daß der zur Mitwirkung Berufene in jedem Einzelfalle von dem der Bestrafung zugrunde liegenden Sachverhalt Kenntnis erhält. Denn die Betriebsvertretung soll einen Einfluß auf die Straffestsetzung in jedem einzelnen Falle haben. Deshalb hat auch das Reichsarbeitsgericht (Bd. 5 S. 180) eine im voraus erfolgte Festsetzung von Strafen für bestimmte häufige Fälle der Zuwiderhandlung für unzulässig erklärt, weil dieses Verfahren eine Beeinträchtigung der Rechte des Arbeitnehmers bedeuten würde, der gerade einen Anspruch darauf habe, daß die zur Wahrnehmung seiner Interessen eingesetzte Betriebsvertretung Gelegenheit habe, bei der gegen ihn beabsichtigten Straffestsetzung mitzuwirken und seine Interessen zu wahren.

Mit diesem in § 80 Abs. 2 BRG. verkörperten Gesetzeswillen ist eine Befugnis zur Übertragung der Mitwirkung bei der Straffestsetzung an einzelne Mitglieder des Betriebsrats nicht vereinbar. Es kann dahingestellt bleiben, ob für die Mitwirkung selbst gemäß § 80 Abs. 2 BRG. eine förmliche Beschlußfassung in einer gemäß § 32 BRG. einberufenen Beschlußsitzung oder im Hinblick darauf, daß erstere Bestimmung im Gegensatz zu anderen Vorschriften die „Mitwirkung" als solche nicht betont, ein formfreieres Verfahren zulässig erscheint.

In jedem Falle ist eine Mitwirkung in dem Sinne erforderlich, daß der Gruppenrat als solcher tätig wird, und jedes einzelne Mitglied die Gelegenheit hat, bei der Straffestsetzung mitzuwirken. Die jedem einzelnen Mitglied zustehende Befugnis und obliegende Pflicht zur Prüfung und Entscheidung kann aber ihrer Natur nach nicht von dem Gruppenrat auf einzelne seiner Mitglieder übertragen werden. Diese in der Entscheidung des Reichsarbeitsgerichts vom 11. September 1929 Bd. 4 S. 175 offengebliebene Frage muß daher entgegen den Ansichten von Denecke Neue Zeitschrift f. ArbR. 1923 S. 503 flg. (506), JW. 1930 S. 3126 Anm., Mansfeld Erl. Buch zu § 80 Note 3 Abs. 3 (vgl. auch Erdel Schlichtungswesen 1921 S. 141, 245) verneint werden. Die Mitwirkung bei der Straffestsetzung ist als eine Art richterlicher Tätigkeit anzusehen, die den Schutz des von der Straffestsetzung bedachten einzelnen Arbeitnehmers bezweckt und welche daher an sich seitens der zur Tätigkeit Berufenen selbst auszuüben ist und nicht übertragen werden kann, ohne das Recht des einzelnen Arbeiters auf diese mitwirkende Tätigkeit zu verletzen. Sie unterscheidet sich daher von solchen Befugnissen, bei welchen die Übertragung entweder im Gesetz zugelassen ist (§§ 70, 76, 77 RG.) oder welche ihrer Natur nach die

Übertragung zulassen (§ 66 Ziff. 7 und 8, § 78 Ziff. 4 und 6 BRG.). Aber auch hinsichtlich dieser letzteren Befugnisse wird es sich meist nur um die Beauftragung eines Mitgliedes mit der Aufklärung des Tatbestandes zwecks Berichterstattung an die Betriebsvertretung handeln, damit diese alsdann ihre Beschlüsse fassen kann (vgl. RAG. vom 30. April 1928, RAG. 120/28, ArbGRspr. 1928 S. 321). Denn Träger der Rechte und Pflichten ist die Betriebsvertretung in ihrer Gesamtheit. Hieran wird nichts dadurch geändert, daß im einzelnen Fall die kollegiale Willensbildung sich auf Unterlagen stützen muß, die die einzelnen Mitglieder sich beschaffen.

Auch der in § 28 BRG. geregelten Befugnis des Vorsitzenden (oder des stellvertretenden Vorsitzenden) zur Vertretung der Betriebsvertretung kann eine gegenteilige Ansicht nicht entnommen werden. Denn die Befugnis ist nur eine geschäftsführende. Der Vorsitzende handelt nicht als gesetzlicher Vertreter, dem die Willensbildung an Stelle der Betriebsvertretung übertragen ist (Mansfeld Erläut. Buch zu § 28 BRG. Anm. 2a). Erteilt er namens der Betriebsvertretung die erforderliche Zustimmung, so muß ein Zustimmungsbeschluß der Betriebsvertretung zugrunde liegen (RGZ. Bd. 111 S. 415). Daß das ordnungsgemäße Zustandekommen dieses Beschlusses nach der Rechtsprechung des Reichsgerichts und Reichsarbeitsgerichts der richterlichen Nachprüfung nicht unterliegt, steht der Tatsache, daß die Willensbildung selbst durch die Betriebsvertretung erfolgen muß, nicht entgegen (vgl. auch RGZ. Bd. 116 S. 10/11). Wenn Flatow (Neue Zeitschr. f. ArbR. 1921 S. 449 Sp. 1) meint, daß der Gruppenrat nicht in seiner Gesamtheit tätig zu werden brauche, und der Vorsitzende im Normalfalle die Entscheidungsbefugnis habe, während er nur in wichtigen Fällen die Sache dem Betriebsrat vorzutragen habe, so kann diese Ansicht in den Bestimmungen der §§ 28, 80 Abs. 2 BRG. keine Stütze finden. Die Entschließung, ob ein Normalfall oder ein wichtiger Fall vorliegt, würde damit in der Hand des Vorsitzenden liegen und damit die Entscheidung und mithin die Willensbildung im wesentlichen bei ihm beruhen. In gleicher Weise können auch für den einzelnen Fall oder ein für allemal beauftragte Mitglieder der Betriebsvertretung nicht auf Grund dieser Ermächtigung an ihrer Stelle als willensbildende Organe dort handeln, wo eine Tätigkeit der Betriebsvertretung selbst zu erfordern ist. Im vorliegenden Fall liegt aber eine Beschlußfassung des Arbeiterrats hinsichtlich der einzelnen Straffestsetzungen nicht vor. Ferner waren die mit der Einsicht der Strafliste beauftragten Mitglieder nicht lediglich mit der Aufklärung zwecks Berichterstattung an den Arbeiterrat betraut.

Es kann daher dahingestellt bleiben, ob bei einem solchen Verfahren, falls nach erfolgter Berichterstattung kein Widerspruch erfolgt, in diesem Stillschweigen eine ausreichende zustimmende Tätigkeit des Arbeiterrats erblickt werden könnte. Die Straflisten wurden auch nicht auf dem Dienstzimmer des Betriebsausschusses abgegeben, so daß sie als an den Arbeiterrat zu Händen seines Vorsitzenden gerichtet angesehen werden konnten.

Die Strafen sind somit nicht entsprechend der Vorschrift des § 80 Abs. 2 BRG. durch den Arbeitgeber gemeinsam mit dem Arbeiterrat festgesetzt worden. Gegenüber dieser zwingenden Vorschrift muß das in jahrelanger Übung bei der Beklagten gehandhabte Verfahren bedeutungslos bleiben. Selbst wenn hierin eine stillschweigende einzelvertragliche Regelung zu erblicken wäre, so würde sie ohne Rechtswirkung sein, da die Vorschriften des § 134c Abs. 2 RGewO. und § 80c Abs. 2 PrAllg.BergG. entgegenstehen würden.

Ob es gegenüber § 80 Abs. 2 BRG. als zulässig angesehen werden könnte, eine allgemeine Delegation der Befugnisse des Gruppenrates hinsichtlich seiner Mitwirkung bei der Straffestsetzung in der Arbeitsordnung anzuordnen oder zuzulassen, kann hier dahingestellt bleiben, da entgegen der Ansicht der Revision nicht angenommen werden kann, daß eine dahingehende Regelung in der Arbeitsordnung tatsächlich erfolgt ist.

Die maßgebende Bestimmung des § 22 Abs. 2 der Arbeitsordnung vom 11. Juni 1921 lautet:

„Strafen dürfen nur unter Mitwirkung des Betriebsausschusses festgesetzt werden."

Eine Delegation der Befugnisse des Arbeiterrates auf einzelne seiner Mitglieder kann hieraus nicht entnommen werden.

Eine derartige von der normalen Mitwirkung des Arbeiterrats abweichende Regelung müßte in klarer und deutlicher Weise getroffen werden. Es müßte aus der Bestimmung selbst ersichtlich sein, daß Funktionen des Arbeiterrats und nicht etwa des unzuständigen Betriebsrats ausgeübt werden sollten. Wie das Reichsarbeitsgericht in der Entscheidung vom 11. September 1929 (RAG. Bd. 4 S. 172) des näheren ausgeführt hat, kann der Betriebsausschuß nur die Rechte des Betriebsrats und nicht der einzelnen Gruppenräte wahrnehmen. Es muß hier eine allgemeine Betrachtungsweise Platz greifen. Wenn auch der Vorsitzende oft identisch sein wird, so braucht dies nicht stets der Fall zu sein; und die Tatsache, daß die Angestelltenmitglieder an der Straffestsetzung gegen Arbeiter fast ausnahmslos uninteressiert sein werden, läßt es unberücksichtigt, daß die Bestimmung ihnen an sich das Recht zur Mitwirkung gibt. Auf die Auffassung der beteiligten Mitglieder könnte es aber gegenüber dem eindeutigen Wortlaut der Bestimmung nicht ankommen. Eine Auslegung, daß lediglich die Arbeitermitglieder als Vertreter des Arbeiterrats zur Mitwirkung bei der Straffestsetzung bestimmt sind, erscheint daher nicht möglich.

Schließlich könnte der Revision auch darin nicht beigetreten werden, daß eine die Delegation zulassende Bestimmung der Arbeitsordnung — gemeint ist offenbar: in Ergänzung derselben — als durch stillschweigende Übereinkunft zustande gekommen anzusehen sei. Die Arbeitsordnung selbst und Nachträge zu ihr können nur schriftlich erlassen werden, wie sich ohne weiteres aus den Bestimmungen der §§ 134a RGewO., § 80a, 80g Abs. 2 PrAllg.BergG. ergibt (vgl. auch RAG. vom 16. März 1929 479/28). Ferner ist der Aushang der Arbeitsordnung zu ihrer Wirksamkeit erforderlich.

Die Straffestsetzungen gegen den Kläger sind daher vom Landesarbeitsgericht mit Recht als ungesetzliche erachtet worden. Sie sind somit unwirksam.

RAG. 8, 258.

Über die Befugnisse des Verwaltungsausschusses des Landesarbeitsamts hinsichtlich der Entlohnung von Notstandsarbeitern.

AVAVG. § 139 Abs. 4.

Reichsarbeitsgericht. Urt. v. 6. Mai 1931.

I. Arbeitsgericht Aschaffenburg. — II. Landesarbeitsgericht Würzburg.

Der Kläger, von Beruf Maurer, war vom 17. Oktober bis 21. Dezember 1929 als Notstandsarbeiter bei Regulierungsarbeiten am Hensbach beschäftigt, welche die beklagte Gemeinde mit Mitteln der wertschaffenden Arbeitslosenfürsorge ausführte. Die Arbeiten waren von dem hierfür zuständigen Verwaltungsausschuß des Landesarbeitsamts Bayern durch Beschluß („Anerkennung Nr. 13g") vom 18. Oktober 1929 als Notstandsarbeiten anerkannt, und zwar mit der Maßgabe, daß „die Entlohnung der Notstandsarbeiter nach dem Tiefbauarbeitertarif zu erfolgen habe (§ 139 Abs. IV AVAVG.)". Auf Grund dieses Beschlusses wurde der Kläger von der Beklagten nach dem für Tiefbauarbeiter geltenden Lohnsatz des Reichstarifvertrags für Hoch-, Beton- und Tiefbauarbeiten entlohnt. Er behauptet, während seiner Beschäftigungszeit bei den fraglichen Regulierungsarbeiten als Maurer gearbeitet zu haben, und begehrt deshalb von der Beklagten, die sich dessen weigert, mit der vorliegenden Klage Nachzahlung des Unterschieds zwischen dem Tiefbauarbeiter- und dem Facharbeiterlohn im Gesamtbetrage von 79,80 RM.

Während das Arbeitsgericht die Klage abgewiesen hat, ist ihr auf die Berufung des Klägers vom Landesarbeitsgericht stattgegeben worden. Die zugelassene Revision der Beklagten führte zur Aufhebung des Berufungsurteils und zur Zurückweisung der Berufung des Klägers.

Gründe:

Im Gegensatz zu dem ersten Richter, welcher aus dem Wortlaut des Beschlusses vom 18. Oktober 1929 in Verbindung mit einer Mitteilung des Präsidenten des Landesarbeitsamts vom 6. Februar 1930 folgert, daß der Verwaltungsausschuß nicht den Reichstarifvertrag für Hoch-, Beton- und Tiefbauarbeiten als solchen, sondern lediglich den Lohnsatz einer gewissen Arbeitersparte innerhalb dieses Tarifvertrags, nämlich den Lohnsatz der Tiefbauarbeiter, für sämtliche bei den Regulierungsarbeiten beschäftigten Notstandsarbeiter ohne Rücksicht auf die Art der geleisteten Arbeiten habe gelten lassen wollen, und daß dieser Lohnsatz deshalb auch für das Arbeitsverhältnis des Klägers bei der Beklagten maßgebend gewesen sei, vertritt das Berufungsgericht den Standpunkt, daß die Bezeichnung eines bestimmten Tariflohns für eine bestimmte Art von Arbeitern in unzulässiger Weise über den Rahmen der dem Verwaltungsausschuß zustehenden gesetzlichen Befugnisse hinausgehe und daher von dem Verwaltungsausschuß bei der Festsetzung der Entlohnung nicht gemeint sein könne. Finde mithin auf das Arbeitsverhältnis des Klägers bei der Beklagten der Reichstarifvertrag für Hoch-, Beton- und Tiefbauarbeiten als solcher Anwendung, so sei, da nach ihm Tiefbauarbeiter und Fachbauarbeiter verschieden entlohnt würden, nur zu prüfen, ob der Kläger Facharbeiten verrichtet habe. Diese Frage sei, ohne daß es der Erhebung der angebotenen Beweise bedürfe, zu bejahen, da zu den Regulierungsarbeiten auch Arbeiten am Brückenbau, also Bauarbeiten gehört hätten, bei denen u. a. auch der Kläger als Facharbeiter beschäftigt worden sei. Hätte danach aber die Entlohnung des Klägers durch die Beklagte gemäß dem genannten Reichstarifvertrag unter der Gruppe der Facharbeiter eintreten müssen, so stehe ihm der verlangte, seiner Höhe nach nicht bestrittene Unterschiedsbetrag zu.

Die Revision bekämpft, indem sie Verletzung des § 139 Abs. 4 AVAVG., des § 1 TarifVo. und des § 286 ZPO. rügt, diese Stellungnahme des Berufungsgerichts. Ihr kann ein Erfolg nicht versagt werden.

Nach § 139 Abs. 4 AVAVG., über dessen rechtliche Bedeutung und Tragweite, insbesondere auch sofern der Arbeitgeber eine Gemeinde ist und Bauarbeiten ausgeführt werden, das Reichsarbeitsgericht sich schon wiederholt in dem Sinne ausgesprochen hat, daß das Arbeitsverhältnis des Notstandsarbeiters abgesehen von dem hinsichtlich der Entlohnung zugelassenen behördlichen Eingriff ein grundsätzlich freies ist (vgl. RAG. Bd. 6 S. 316 und die daselbst angezogenen Entscheidungen), kann — wie auch das angefochtene Urteil nicht verkennt — der Verwaltungsausschuß des Landesarbeitsamts eine obere Grenze für die Entlohnung der Notstandsarbeiter festsetzen (Satz 1), er kann aber auch festsetzen, welcher Tarifvertrag für die Entlohnung der Notstandsarbeiter Anwendung finden soll (Satz 2). Das Berufungsgericht geht nun bei der Beurteilung der Anwendbarkeit dieser Vorschrift auf den gegebenen Fall ohne nähere Begründung davon aus, daß der Verwaltungsausschuß von den beiden in Satz 1 und 2 des Abs. 4 a. a. O. vorgesehenen Möglichkeiten der Entlohnungsfestsetzung den zweiten Weg gewählt habe. Schon hierin kann ihm nicht beigetreten werden. Der insoweit allein in Frage kommende Wortlaut des Beschlusses vom 18. Oktober 1929: „Die Entlohnung der Notstandsarbeiter hat nach dem Tiefbauarbeitertarif zu erfolgen" läßt bei einer der gesetzlichen Regel des § 133 BGB. folgenden Auslegung ebensowohl die Deutung zu, daß damit die obere Grenze für die Entlohnung der Notstandsarbeiter in Gestalt der Sätze des Tiefbauarbeitertarifs habe festgesetzt, also der ersteren der beiden durch § 139 Abs. 4 AVAVG. vorgesehenen Möglichkeiten habe Ausdruck gegeben werden sollen. Für diese Auffassung spricht überdies die in dem angefochtenen Urteil abweichend von dem ersten Richter und mit Absicht, jedoch zu Unrecht außer Betracht gelassene Mitteilung des Präsidenten des Landesarbeitsamts vom 6. Februar 1930, aus der auf den bei Erlaß des Beschlusses vom 18. Oktober 1929 maßgebenden Willen des Verwaltungsausschusses jedenfalls so viel geschlossen werden kann, daß die Entlohnung der Notstandsarbeiter die Sätze des Tiefbauarbeitertarifs auch dann nicht übersteigen sollte, wenn die Notstandsarbeiter mit Facharbeiten, insbesondere Maurerarbeiten beschäftigt würden, daß also mit anderen Worten die Festsetzung des Verwaltungsausschusses die obere Grenze für die Entlohnung der Notstandsarbeiter bilden sollte. Liegt danach aber eine im Rahmen der gesetzlichen Befugnisse, und zwar im Rahmen des § 139 Abs. 4 Satz 1 AVAVG. sich haltende Festsetzung der hierfür zuständigen Behörde vor, so erweist sich, da der Kläger den dieser

Festsetzung entsprechenden Tiefbauarbeiterlohn unstreitig erhalten hat, sein Klaganspruch als unbegründet.

Aber auch wenn man mit dem Berufungsgericht unter Ausschaltung der erwähnten Mitteilung des Präsidenten des Landesarbeitsamts annimmt, daß der Verwaltungsausschuß den zweiten oben gekennzeichneten Weg eingeschlagen habe, so gelangt man bei Beachtung der Auslegungsregel des § 133 BGB. ebenfalls zu keinem anderen Ergebnis. Es hieße die Augen vor der Wirklichkeit verschließen, namentlich die Bedürfnisse der Wirtschaft verkennen, die dem Gesetzgeber des AVAVG., wie mannigfach Bestimmungen dieses Gesetzes und der Entstehungsgeschichte zu entnehmen ist, bei dessen Schaffung, und zwar nicht in letzter Linie auch bei Schaffung des § 139 nicht minder nahe lagen als die Belange der sozialen Fürsorge (vgl. dazu Weigert, Komm. z. AVAVG. zu § 139 Anm. IV S. 353 in Verbindung mit der Begründung zum Entwurf eines Gesetzes über Arbeitslosenversicherung in Reichstagsdrucks. III. Wahlperiode 1924/27 Bd. 413 Nr. 2885 S. 112 und den Erkl. d. Reg.-Vertr. vor dem soz.pol. Ausschuß ebenda Bd. 417 Nr. 3622 S. 157 flg. zu § 123 Abs. 4 d. Entw.), wollte man dem Abs. 4 eine so einschränkende Bedeutung zumessen, wie es das angefochtene Urteil tut. Das zeigt deutlich das Beispiel des hier in Frage kommenden Reichstarifvertrags für Hoch-, Beton- und Tiefbauarbeiten. Er ist, wie sein Name und das Verzeichnis der an seinem Abschluß auf Arbeitgeber- und Arbeitnehmerseite als Vertragsparteien beteiligten Verbände, sowie sein § 1 Nr. 4, der § 2 seiner Lohn- und Arbeitstarife und der Inhalt seiner Allgemeinverbindlichkeitserklärung ergeben, ein verschiedene, an sich selbständige Gewerbezweige und Gruppen von gewerblichen Arbeiten umfassender, ein sog. zusammengesetzter Tarifvertrag. Daraus erklärt sich ohne weiteres, daß er in seinem „Lohn- und Arbeitstarif" die verschiedenen Gruppen von gewerblichen Arbeitern („Arbeiterkategorien"), die ihm unterstellt sind, nicht einheitlich, sondern nach der Art des Gewerbezweigs erfaßt, dem sie zufolge ihrer Beschäftigung angehören und für die an sich ein selbständiger Tarifvertrag hätte abgeschlossen werden können, früher auch bestanden haben mag. Eine dieser Arbeiterkategorien bildet die Gruppe „Tiefbauarbeiter". Wenn daher der Verwaltungsausschuß in Anwendung des § 139 Abs. 4 Satz 2 AVAVG. bestimmt, daß die Entlohnung der Notstandsarbeiter nach dem „Tiefbauarbeitertarif" zu erfolgen habe, so überschreitet er damit entgegen der Annahme des Berufungsgerichts nicht die ihm gesetzlich eingeräumten Befugnisse, er bezeichnet damit insbesondere nicht einen bestimmten Tariflohn für eine bestimmte Art von Arbeitern, sondern er umreißt nur den Tarifvertrag, den er für alle Notstandsarbeiter angewendet wissen will, in einer diesem Tarifvertrag entsprechenden Weise, nämlich durch den Hinweis auf das nach seiner Meinung von den mehreren durch ihn erfaßten Gewerbezweigen in Betracht kommende Gewerbe. Den Lohn dieses Gewerbes, nämlich den Tiefbauarbeiterlohn, aber hat der Kläger unstreitig erhalten. Sein Klaganspruch ist also auch hiernach unbegründet.

RAG. 8, 275.

Zur Frage der Umgehung eines Tarifvertrags.

§ 1 TarifVo., §§ 134, 138 BGB.

Reichsarbeitsgericht. Urt. v. 13. Mai 1931.

I. Arbeitsgericht Rheine. — II. Landesarbeitsgericht Münster i. W.

Kläger ist Fräser bei der Beklagten. Das Arbeitsverhältnis unterstand kraft beiderseitiger Verbandszugehörigkeit dem Tarifvertrag, den der Verband Münsterländischer Industrieller mit dem Deutschen Metallarbeiterverband abgeschlossen hatte und der am 30. Juni 1930 ablief. Die Beklagte hielt aus wirtschaftlichen Gründen eine Lohnsenkung für geboten. Zu deren Durchführung trat sie aus dem genannten Arbeitgeberverband mit dessen Zustimmung aus und machte hiervon durch Anschlagsbekanntmachung vom 15. Mai 1930 ihrer Belegschaft Mitteilung, indem sie zugleich das Lohnverhältnis zum 31. Mai kündigte; bis dahin wollte sie neue Löhne vereinbaren. Eine solche Vereinbarung kam nicht zustande. Mittels weiterer Anschlagsbekanntmachung vom 30. Mai hat Beklagte der Belegschaft, unter Bezugnahme auf die vorangegangene Bekanntmachung, eine neue Lohntabelle mit niedrigeren Löhnen bekanntgegeben, mit der Erklärung, daß nach Maßgabe dieser Lohntabelle weitergearbeitet werden könne. Die Belegschaft, auch der Kläger, hat vom 2. Juni ab weitergearbeitet. Die Beklagte hat die neuen, niedrigeren Löhne bezahlt. Der Kläger hält das Vorgehen der Beklagten für unrechtmäßig. Mit der Klage verlangt er Bezahlung des Unterschieds zwischen dem tarifmäßigen und dem neuen Lohn für die Zeit vom 2. bis 16. Juni 1930 im Betrag von 9,18 RM.

Die Beklagte ist dem Klagantrag entgegengetreten.

Das Arbeitsgericht hat die Klage abgewiesen, den Wert auf 9,18 RM festgesetzt und die Berufung zugelassen. Das Landesarbeitsgericht hat die Berufung des Klägers zurückgewiesen und die Revision zugelassen. Die Revision des Klägers blieb ohne Erfolg.

Gründe:

Gegen das Berufungsurteil erhebt die Revision, indem sie sich im übrigen ausdrücklich bei dem Urteil bescheidet, nur den einzigen Angriff einer Verletzung des § 1 TarifVo. und des § 242 BGB. Die Revision anerkennt die Befugniß der Beklagten, nach eigenem Ermessen aus der Arbeitgeberberufsvereinigung auszutreten. Aber sie erachtet es für eine Verkennung von Sinn und Zweck der Tarifvertragsverordnung, wenn der Berufungsrichter es für zulässig gehalten hat, daß die Beklagte nach jenem Austritt, nun nicht mehr tarifgebunden, ihren Arbeitnehmern die bestehenden Arbeitsverträge kündigt und neue Arbeitsverträge mit ihnen schließt.

Zu der Frage hat das Reichsarbeitsgericht schon in dem Urteil vom 8. Februar 1928 RAG. Bd. 1 S. 167 Stellung genommen, und zwar im Sinne des Berufungsrichters und entgegen der Meinung, die jetzt die Revision vertritt. Die Revision verschließt sich dem nicht. Aber sie glaubt, daß der dort entschiedene Fall sich in Ansehung des zugrunde liegenden Sachverhalts von dem jetzt zur Beurteilung stehenden Falle ausschlaggebend unterscheide. In der Tat war in dem Falle des früheren Urteils der Arbeitgeber von der Kohlenförderung zur Salzgewinnung übergegangen; mit der Kündigung der Arbeitsverträge hatte er nur die Folgen aus der Betriebsänderung gezogen und sich von einem Tarifvertrag losgesagt, der für seinen Betrieb nicht mehr paßte. In dem gegenwärtigen Fall wollte der Arbeitgeber lediglich aus wirtschaftlichen Gründen die Löhne senken. Wie der Revision zuzugeben ist, legt dieser Sachverhalt die Annahme einer bloßen Umgehung des § 1 TarifVo. nahe, ein Gesichtspunkt, der in dem Urteil vom 8. Februar 1928 keine Rolle gespielt hatte. Das letztere Urteil hat im wesentlichen herausgestellt, daß die Worte des § 1 Abs. 2 TarifVo. „oder bei Abschluß des Arbeitsvertrags gewesen sind" rechtlich nur besagen, daß der bloße Austritt des Arbeitgebers aus seiner am Tarifvertrag als Vertragspartei beteiligten Berufsvereinigung die Tarifgebundenheit noch nicht von selbst beseitigte. Dabei ist stehen zu bleiben, und damit erledigen sich auch die Ausführungen, mit denen die Revision jenen Worten eine weitergehende Bedeutung beilegen will. Das Urteil vom 8. Februar 1928 hat demnach dem Arbeitgeber die Möglichkeit eröffnet, von der Tarifgebundenheit durch Abschluß neuer Arbeitsverträge loszukommen; aber das Urteil schließt keineswegs die Möglichkeit aus, der Maßnahme des Arbeitgebers die rechtliche Anerkennung zu versagen, wenn sie auf eine Umgehung der zwingenden Vorschriften der Tarifvertragsverordnung hinausläuft.

Hätte der Berufungsrichter das verkannt, so müßte sein Urteil der Aufhebung unterliegen. Er hat es aber nicht verkannt; er hat sich vielmehr mit der Möglichkeit einer Gesetzesumgehung auseinandergesetzt, und zwar in einer Weise, die keinen Rechtsirrtum erkennen läßt. Ist dem Arbeitgeber einmal die Möglichkeit eröffnet, nach Austritt aus der tarifbeteiligten Berufsvereinigung neue Arbeitsverträge auf einer von dem Tarifvertrag abweichenden Grundlage abzuschließen, so muß er grundsätzlich von dieser Befugnis denjenigen Gebrauch machen dürfen, den seine richtig gewürdigten Belange ihm vorschreiben. Das ist eine klare und nicht abzuweisende Folgerung aus der Rechtslage, die man nicht damit abtun kann, daß man sie als „formal-juristisch" kennzeichnet. Dieser Folgerung kann nur dadurch begegnet werden, daß eine Umgehung des Tarifvertrags festgestellt wird. Eine Gesetzesumgehung wird im allgemeinen nicht schon dann anerkannt, wenn die Partei den rechtlichen Erfolg, den auf einem bestimmten Weg zu erreichen das Gesetz mißbilligt, auf einem andern, an sich rechtmäßigen Weg zu erreichen vermag und erreicht. Die Abgrenzung zwischen diesem Falle und der unerlaubten Umgehung ist daraus abzuleiten, daß von einer rechtlich zu mißbilligenden Umgehung nur gesprochen werden kann, wenn das Verhalten der Partei, hier des Arbeitgebers, nach verständigem und billigem Ermessen einen Mißbrauch, ein verwerfliches Verhalten in sich schließt. Ob das hier zutrifft, hat der Berufungsrichter geprüft, jedoch verneint. Er stellt fest, daß sich die Beklagte in sehr ernsthaften wirtschaftlichen Schwierigkeiten befunden und nur zur Abwendung dieser Schwierigkeiten so wie geschehen gehandelt habe. Das vermag der Berufungsrichter nicht zu mißbilligen; darin ist ihm zu folgen. Wie das Reichsarbeitsgericht auch in anderen Urteilen ausgesprochen hat, liegt dem Arbeitgeber die Sorge für das Gedeihen seines Unternehmens nicht bloß in seinem privaten Interesse, sondern auch der Allgemeinheit und namentlich den Gläubigern gegenüber ob. Unmöglich kann ihm verübelt und sittlich verdacht werden, wenn er auch diesen Rücksichten gebührend Rechnung trägt. Anders wäre es nur, wenn er in reinem Gewinnstreben die Löhne der Arbeiter unbillig niedrig hielte, um seinen eigenen Unternehmergewinn zu vergrößern. Ob das eine oder andere zutrifft, ist in erster Linie Sache tatrichterlicher Feststellung. Der Berufungsrichter hat, wie erwähnt, die Frage hier geprüft; er ist zu einem der Beklagten günstigen Ergebnis gekommen, ohne daß seine Ausführungen einen Rechtsverstoß erkennen ließen. Insbesondere ist es nicht rechtsirrig, wenn der Berufungsrichter die Arbeitnehmer der Beklagten darauf verweist, daß sie die Allgemeinverbindlichkeitserklärung des Tarifvertrags betreiben oder den Weg des Schlichtungsverfahrens einschlagen konnten. Im Interesse einer ersprießlichen Entwickelung des so wichtigen Tarifvertragswesens mag es, wie die Revision ausführt, wünschenswert sein, derlei Eingriffe staatlicher Stellen hintanzuhalten; aber das nämliche gilt schließlich doch auch von dem Eingreifen des Richters; jedenfalls ändert jene Erwägung daran nichts, daß dem Kläger jene Wege doch tatsächlich offenstanden. Das hier gewonnene Ergebnis kann, weil der klaren Rechtslage entsprechend, auch nicht dadurch erschüttert werden, daß es, wie wiederum der Revision zuzugeben ist, in gewissem Sinne eine Abschwächung des Tarifvertragsgedankens bedeutet. Die Revision hat selbst hervorgehoben, daß die wahre und entscheidende Bedeutung dieses Gedankens in seiner freien Anerkennung durch die Arbeitgeberschaft und die Arbeitnehmerschaft liegt.

Nach alledem war die Revision als unbegründet zurückzuweisen.

RAG. 9, 1.

Wirkt der Kündigungsschutz des § 96 BRG. auch zugunsten solcher Ersatzmitglieder einer Betriebsvertretung, die nur vorübergehend als Stellvertreter ordentlicher Mitglieder der Betriebsvertretung einberufen sind? Macht es einen Unterschied, ob die Kündigung zu einem Zeitpunkte wirksam werden soll, der in die Zeit der Stellvertretung oder später fällt?

Betriebsrätegesetz § 96.

Reichsarbeitsgericht. Urt. v. 6. Juni 1931.

I. Arbeitsgericht Berlin. — II. Landesarbeitsgericht daselbst.

Dem Kläger ist am 28. Juni zum 31. Juli 1930 gekündigt worden. Er hält die Kündigung für unzulässig, da er in der Zeit vom 16. Juni bis zum 5. Juli 1930 den Vorsitzenden des Angestelltenrats Hoffmann vertreten habe. Er war als Ersatzmitglied in den Angestelltenrat gewählt worden und ist der Ansicht, daß er in dieser Eigenschaft während der Vertretung des Vorsitzenden den Kündigungsschutz des § 96 BRG. genieße, und daß daher die ausgesprochene Kündigung erst zum 31. August 1930 wirken könne. Er verlangt Zahlung des Monatsgehalts für August im Betrage von 400 RM.

Die Beklagte hält die Klageforderung für unbegründet, da § 96 BRG. die Zustimmung der Betriebsvertretung nur zur Kündigung von „Mitgliedern", nicht auch von Ersatzmitgliedern der Betriebsvertretung erfordere. Außerdem hat sie vorgetragen, daß ihr gemäß § 96 Abs. 2

BRG. das Recht zugestanden habe, den Kläger auch ohne Rücksicht auf die für die Betriebsvertretung gegebenen Schutzbestimmungen zu entlassen, da sie ihren Betrieb von Fabrikation auf Handel umgestellt und ihren Arbeiterbestand von 90 auf 25 herabgesetzt habe. Der Kläger hat bestritten, daß es sich um eine Stillegung des Betriebes handele.

Arbeitsgericht und Landesarbeitsgericht haben die Klage abgewiesen. Auch die Revision des Klägers hatte keinen Erfolg.

Gründe:

§ 96 BRG. erfordert zur Kündigung des Dienstverhältnisses „eines Mitgliedes" einer Betriebsvertretung die Zustimmung der Betriebsvertretung. Die Zahl der Mitglieder der Betriebsvertretung stuft sich gemäß § 15 BRG. nach der Größe des Betriebes ab. Nach § 40 (in Verbindung mit § 44) BRG tritt beim Ausscheiden eines Mitgliedes ein Ersatzmitglied nach den Bestimmungen der Wahlordnung ein. Dies gilt —so bestimmt § 40 BRG. weiter — auch für das Eintreten der Ersatzmitglieder als Stellvertreter für zeitweilig verhinderte Mitglieder. Die Wahlordnung sieht vor, daß als Ersatzmitglieder die auf den einzelnen Vorschlagslisten jeweils dem Gewählten folgenden Bewerber gelten. Ob und unter welchen Umständen hiernach Ersatzmitglieder im Hinblick auf den Kündigungsschutz den ordentlichen Mitgliedern gleich zu behandeln sind, ist streitig. Flatow (12. Aufl. Anm. 5 zu § 96 BRG.) beschränkt sich auf die Bemerkung, wer „noch nicht" Mitglied einer Betriebsvertretung sei, z. B. das Ersatzmitglied, genieße den Schutz des § 96 nicht. Kieschke-Syrup-Krause (6. Aufl. Anm. 4 zu § 96) und Feig-Sitzler (14. Aufl. Anm. 2 zu § 96) drücken sich ziemlich übereinstimmend dahin aus, zu den Mitgliedern der Betriebsvertretung gehörten nicht die noch nicht als Stellvertreter in eine freigewordene Stelle eingerückten Ersatzmitglieder; sie wollen also, wie diese Bemerkung wohl zu verstehen ist, zum Ausdruck bringen, daß die Ersatzmitglieder den Kündigungsschutz erwerben sollen, sobald sie als Stellvertreter eingerückt sind. Mansfeld, der in der 1. Auflage die Stellvertreter „während der Dauer ihrer Tätigkeit" geschützt wissen wollte, spricht ihnen neuerdings (2. Aufl. Bem. 2 a zu § 96) unter Bezugnahme auf eine Entscheidung des Oberlandesgerichts Karlsruhe diesen Schutz ab, da es sonst zu einem fortdauernden Wechsel geschützter und ungeschützter Zustände der Ersatzmitglieder kommen würde.

Das Berufungsgericht versagt dem Kläger den Kündigungsschutz des § 96 BRG. Es geht davon aus, daß das Gesetz in der angezogenen Bestimmung nur von Mitgliedern, nicht aber den Ersatzmitgliedern einer

Betriebsvertretung spreche. Es berücksichtigt dann weiter, daß § 40 BRG. allerdings das Eintreten von Ersatzmitgliedern für ordentliche Mitglieder vorsehe, legt aber Gewicht auf die dort gemachte Unterscheidung zwischen dem endgültigen Eintreten wegen endgültigen Ausscheidens eines ordentlichen Mitgliedes und dem Eintritt für zeitweilig behinderte Mitglieder und meint, daß das Ersatzmitglied im Falle des endgültigen Eintretens zum ordentlichen Mitgliede werde und daher den Kündigungsschutz erwerbe, bei bloßer Stellvertretung aber das ordentliche Mitglied nur während dessen Verhinderung vertrete und daher keinen Anspruch auf den Kündigungsschutz habe. Ein Kündigungsschutz im zweiten Falle würde nach Auffassung des Berufungsgerichts auch zwecklos sein, da es leicht vorkommen könne, daß eine vor Eintritt des Stellvertretungsfalles ausgesprochene Kündigung gerade in der Stellvertretungszeit wirksam werden könne.

Mit Unrecht wendet sich die Revision gegen den vom Berufungsgericht eingenommenen Standpunkt. Sie meint, auch Ersatzmitglieder seien „Mitglieder" der Betriebsvertretung und genössen daher vollen Schutz wie die ordentlichen Mitglieder; mindestens aber stünde ihnen der Kündigungsschutz für die Zeit ihrer auch nur vorübergehenden Amtsführung für ein zeitweise behindertes ordentliches Mitglied zu, und zwar mit der Maßgabe, daß eine in dieser Zeit erklärte Kündigung ohne Wirkung sei.

Über die Frage, wer als „Mitglied" der Betriebsvertretung im Sinne des § 96 BRG. anzusehen ist, ist weder dieser Bestimmung selbst noch dem vom Berufungsgericht herangezogenen § 40 BRG. ein eindeutiger Ausspruch zu entnehmen. Die Vorschrift unter diesen Umständen, wie die Revision will, so weit auszulegen, daß alle Ersatzmitglieder, deren Zahl nach § 5 der Wahlordnung unbeschränkt ist, den besonderen Kündigungsschutz des § 96 genießen würden, würde dem Zwecke dieses Schutzes erkennbar widerstreiten. Geschützt werden soll nicht die Person, sondern das Amt. Das Ersatzmitglied als solches übt aber das Amt vor seiner Einberufung noch nicht aus und bedarf daher auch noch keines Schutzes. Zweifelhaft mag es erscheinen, ob der Kündigungsschutz auf die in die Betriebsvertretung als Stellvertreter bereits eingetretenen Ersatzmitglieder etwa mit der Wirkung zu erstrecken sein würde, daß eine ihnen gegenüber in einem früheren Zeitpunkte ausgesprochene Kündigung, deren Ablauf in die Zeit ihrer Amtsausübung fällt, ohne Wirkung bleibt (d. h. schwebend unwirksam ist), solange die Stellvertretung dauert. Denn jedenfalls besteht kein Anlaß, ein vorübergehend als Stellvertreter einberufenes Ersatzmitglied gegen eine ihm zugehende Kündigung auch mit der Wirkung zu schützen, daß die Kündigung nicht zu einem Zeitpunkte wirksam werden könnte, der erst nach Beendigung der Stellvertretung, also nach Wegfall des Bedürfnisses eintritt. Auch zu einer solchen ausdehnenden Auslegung nötigt weder der Wortlaut noch der Sinn der gesetzlichen Bestimmung. Vielmehr muß das nur vorübergehend in die Betriebsvertretung eingetretene Ersatzmitglied es sich gefallen lassen, daß es gegenüber Kündigungen, die für die Zeit nach Wegfall der Vertretungszeit Wirksamkeit gewinnen sollen, nicht anders behandelt wird als jeder andere Arbeitnehmer.

Das Berufungsgericht hat daher im vorliegenden Falle, wo die Kündigung dem Kläger zwar während seiner Stellvertretungszeit zugegangen ist, die Kündigungsfrist aber erst nach Beendigung der Stellvertretung ablief, die Kündigung mit Recht als vollwirksam angesehen.

RAG. 9, 25.

Lage des Baugewerbes und Verteilung der Betriebsgefahr im Lehrverhältnis.

Reichsarbeitsgericht. Urt. v. 6. Juni 1931.

I. Arbeitsgericht Dortmund. — II. Landesarbeitsgericht daselbst.

Der Kläger ist laut Lehrvertrag vom 19. Juni 1928 für die Zeit vom 13. Juni 1928 auf 3 Jahre in die Lehre der beklagten Baufirma getreten, über die am 22. April 1930 das Vergleichsverfahren eröffnet worden ist. In der Zeit vom 30. Januar bis 28. August 1930 ist der Kläger, der einzige Lehrling der Beklagten, einen großen Teil der Zeit nicht beschäftigt worden und hat keinen Lohn erhalten. Nach Anrufung des Ausschusses für Lehrlingsstreitigkeiten der Zwangsinnung für das Baugewerbe in Dortmund, dessen Spruch die Parteien nicht anerkannt haben, hat der Kläger auf Verurteilung der Beklagten zur Zahlung der auf die Feierzeit entfallenden Lehrlingsvergütung mit 455,93 RM angetragen.

Das Arbeitsgericht hat dem Kläger Lehrlingslohn für die Zeit nach dem 26. März 1930 mit 300 RM zugebilligt. Berufung hat nur die Beklagte eingelegt. Das Landesarbeitsgericht hat nach deren Antrag auf Klagabweisung erkannt.

Die Revision des Klägers blieb erfolglos.

Das Landesarbeitsgericht prüft den Vergütungsanspruch unter Würdigung des Umstands, daß nach dem Lehrlingsvertrag und nach

§ 6 Nr. 5 des Reichstarifvertrags die Beklagte möglichst für eine ständige Beschäftigung des Klägers zu sorgen gehabt habe.

Soweit das nicht erreicht ist, führt der Berufungsrichter aus, sei in erster Linie zu prüfen, ob die Beklagte diese Pflicht des Lehr- und Arbeitsvertrags verletzt habe. Der Berufungsrichter kommt zu dem Ergebnis, es fehle an jedem Anhalt dafür, daß die Beklagte schuldhaft unterlassen habe, die nötigen Aufträge hereinzuholen. Sie habe vielmehr infolge der allgemeinen Lage des Baugewerbes keine Aufträge bekommen können. Bei der Einstellung des Klägers habe sie mit dieser Entwicklung nicht zu rechnen brauchen; damals habe sie noch 40 Arbeiter beschäftigt. Danach komme es nur darauf an, in wessen Gefahrenkreis im Sinne der in der Rechtsprechung entwickelten Grundsätze zur Tragung der Betriebsgefahr die Störungen fielen, die den Betrieb der Beklagten in diese Lage versetzt und damit auch dem Kläger die Beschäftigung genommen hätten. Der Berufungsrichter sieht die Ursache nicht in einer vorübergehenden ungünstigen Konjunktur für das Baugewerbe, die der Arbeitgeber hätte in Rechnung stellen können, sondern meint, dauerndes Absinken des Baubedarfs der Industrie und der Wohnungswirtschaft, der Mangel an privaten und öffentlichen Kapitalien, insbesondere die verringerte Widmung der Eingänge aus den Hauszinssteuern zum Bauzweck hätten eine grundlegende und unabsehbare Umwandlung der Lebensbedingungen des Gewerbes zur Folge gehabt. Von dieser Wandlung sei der Betrieb der Beklagten in einem Maße ergriffen, daß sein Fortbestand gefährdet, wenn er nicht schon jetzt vernichtet sei. Danach könne der Kläger weder dauernde Beschäftigung noch Zahlung der Lehrlingsvergütung beanspruchen.

Es bedarf keiner Stellungnahme zu der Frage, ob der Berufungsrichter die Lage des Baugewerbes im allgemeinen zutreffend würdigt und ob eine so weitgehende und allgemeine volkswirtschaftliche Vorausschau im Rahmen der richterlichen Aufgaben und Erkenntnismittel liegt. Es kommt jedenfalls so viel zum Ausdruck, daß nach der Überzeugung des Berufungsrichters der Betrieb der Beklagten, durch eine von ihr weder zu vertretende, noch für sie voraussehbare Entwicklung in seinem Bestehen zum mindesten enstlich bedroht ist.

Diese Erwägungen halten sich im Rahmen der Grundsätze, die das Reichsarbeitsgericht ständig bei der Verteilung der Betriebsgefahr angewendet hat, nicht nur für reine Arbeitsverträge, sondern auch in Beurteilung der Folgerungen, die bei Nichtbeschäftigung von Lehrlingen wegen Arbeitsmangels nach den Grundsätzen von § 242 BGB. zu ziehen sind (RAG. Bd. 5 S. 187, Bd. 7 S. 31 und 196; RAG. 404/30 Urteil vom

10. Januar 1931; RAG. 526/30 Urteil vom 14. März 1931). Der Berufungsrichter hat des ferneren die in der vorbezeichneten Rechtsprechung, insbesondere in Bd. 7 S. 31 und dem Urteil vom 14. März 1931 hervorgehobene besondere Pflicht des Lehrherrn nicht verkannt, nach Kräften für anderweitige Beschäftigung des Lehrlings besorgt zu sein, wenn ihm selbst die Möglichkeit dazu wegen Auftragsmangels fehlt. Insoweit hat der Berufungsrichter sich überzeugt, daß die einzige von dem Kläger behauptete Möglichkeit anderweiter Ausbildung des Klägers in der Lehrlingswerkstätte der Innung tatsächlich nicht gegeben gewesen sei, er sieht auch sonst keinen Anhalt dafür, daß die Möglichkeit anderweiter Beschäftigung des Klägers bestand.

Auch die Revision will die Grundsätze über Tragung der Betriebsgefahr angewendet wissen. Nur meint sie, unter Beachtung der Umstände, daß es sich um einen kleinen Betrieb handele, daß der Kläger der einzige Lehrling der Beklagten war, daß auch der gesamte streitige Anspruch nur 300 RM betrage, hätte der Berufungsrichter zu einem anderen Ergebnis kommen sollen. Es besteht kein Anhalt dafür, daß der Berufungsrichter die von der Revision hervorgehobenen Tatsachen übersehen hat. Ob das Berufungsurteil in der gesamten Abwägung der beiderseitigen Belange zu einem sachgemäßen (billigen) Ergebnis gekommen ist, betrifft die in der Revisionsinstanz nicht nachzuprüfende tatsächliche Würdigung. Daß die Gefährdung des Betriebs gerade durch den jeweils streitigen Anspruch drohen müsse, wie die Revision unter Hinweis auf die Unerheblichkeit der hier streitigen Forderung ausführt, entspricht der vorangeführten Rechtsprechung nicht. Danach mußte die Revision scheitern, ohne daß es auf die von dem Berufungsrichter erörterten Fragen der Verwirkung des Lohnanspruchs und seiner Ausschließung durch die Vorschriften der §§ 11 Nr. 14 bzw. 5 Nr. 11 des Reichstarifvertrages ankam.

RAG. 9, 32.

Kann der Lehrlingsvertrag vom Konkursverwalter im Konkurse des Lehrherrn gemäß § 22 KO. gekündigt werden?

KO. § 32.

Reichsarbeitsgericht. Urt. v. 13. Juni 1931.

I. Arbeitsgericht Glauchau. — II. Landesarbeitsgericht Chemnitz.

Der Kläger war von der Bauhütte Glückauf G. m. b. H. in Lugau für die Zeit von Ostern 1929 bis Ostern 1932 als Zimmerlehrling angenommen worden. Die Bauhütte geriet am 20. März 1930 in Konkurs.

Der Beklagte als Konkursverwalter hat zunächst den Kläger und sieben andere Lehrlinge weiter beschäftigt, da noch Bauarbeiten fertigzustellen waren. Am 7. Juli 1930 hat er den Kläger und die anderen Lehrlinge fristlos entlassen, nachdem Arbeiten nicht mehr auszuführen waren. Er hat gleichzeitig die Handelskammer in einer Mitteilung um eine anderweitige Unterbringung der Lehrlinge gebeten. Sechs Lehrlinge haben alsbald eine andere Lehrstelle gefunden, der Kläger erst vom September 1930 ab.

Der Kläger bestreitet die Berechtigung zu der Entlassung und verlangt die Bezahlung seiner Lehrlingsvergütung für die Zeit vom 7. bis 26. Juli 1930 in Höhe von 54 RM als Masseschuld. Der Beklagte hält die Entlassung auf Grund § 22 KO. für gerechtfertigt und die Klageforderung insbesondere auch aus dem Gesichtspunkt der Tragung des Betriebsrisikos für unbegründet. Die Masse sei im Verhältnis zu den bevorrechtigten und gewöhnlichen Konkursforderungen sehr gering und die Aussichten auf Erhöhung der Masse durch Führung eines Haftpflichtprozesses gegen Aufsichtsratsmitglieder ungewiß. Das Arbeitsgericht hat die Klage unter Anwendung des § 22 KO. abgewiesen. Das Landesarbeitsgericht hat den § 22 KO. für nicht anwendbar, jedoch die Klage aus dem Gesichtspunkt der Tragung des Betriebsrisikos für unbegründet erachtet und die Revision zurückgewiesen. Die Revision des Klägers wurde zurückgewiesen aus folgenden

Gründen:

Das Landesarbeitsgericht hat im Gegensatz zum Arbeitsgericht die Anwendbarkeit des § 22 KO. auf den Lehrlingsvertrag verneint. Das Arbeitsgericht hatte unter Ablehnung der Ansicht von Fraenkel (Arbeitsrechtl. Praxis 1930 S. 69) in Übereinstimmung mit Hueck-Nipperdey (Lehrbuch Bd. 1 S. 356) und Hueck (-Bensheimer Slg. Bd. 8 S. 68 Anm.), Jaeger (ErläutBuch zur KO. Anm. 7 zu § 22) angenommen, aus dem Umstand, daß der Lehrvertrag seiner ganzen Natur nach eine gesetzliche Kündigungsfrist nicht kenne, könne nicht geschlossen werden, daß § 22 KO. auf Lehrverträge überhaupt keine Anwendung finde. Die Auflösung müsse dem Zweck des Gesetzes folgend auch beim Lehrvertrag für zulässig erachtet werden, welche alsdann mangels einer gesetzlichen Kündigungsfrist fristlos erfolgen könne. Die Entwicklung des Arbeitsrechts zwinge zu keiner anderen Auslegung, vielmehr beständen, da der Lehrvertrag außer dem Lehrzweck auch gleichzeitig die rechtlichen Elemente eines Arbeitsvertrages in sich schließe, jetzt gegen früher weniger Bedenken, auch das Lehrlingsverhältnis den Dienstverhältnissen des § 22 KO. gleichzustellen. Der Konkurszweck erfordere, daß alle auf längere Zeit laufenden Dienstverhältnisse vorzeitig gelöst werden könnten. Dies müsse auch für den Lehrlingsvertrag gelten, da der Lehrzweck selbst nach Konkurseröffnung in der Regel nicht mehr erreicht werden könne. Allerdings könne eine sofortige fristlose Entlassung nach Konkurseröffnung nicht Platz greifen. Der Konkursverwalter müsse vielmehr prüfen, ob und inwieweit sie eine Weiterbeschäftigung der Lehrlinge noch gestatte. Erst zu dem Zeitpunkt sei ihm das Recht zur fristlosen Entlassung zuzusprechen, in dem nach verständiger Würdigung aller die Abwicklung des Konkurses betreffenden Umstände eine Weiterbeschäftigung nicht mehr möglich erscheine. Der Lehrling könne sich somit nach der Konkurseröffnung um eine anderweitige Unterbringung bemühen, und die beiderseitigen Belange würden geschont und geachtet.

Das Landesarbeitsgericht hat demgegenüber betont, daß, wenn schon einmal der Lehrling dem § 22 KO. unterfiele, die einschränkenden Ausführungen des Arbeitsgerichts nicht gerechtfertigt seien, falls man mit der herrschenden Meinung die sofortige Lösung des Dienstverhältnisses für zulässig halte. Das Landesarbeitsgericht hat sich jedoch der Ansicht von Fraenkel angeschlossen und in Übereinstimmung mit ihm ausgeführt: Die fristlose Entlassung entspreche nicht den Zwecken des Gesetzes. Die Gewerbeordnung kenne keine weiteren Kündigungsgründe, als die im § 127 b RGewO. aufgeführten. Die Zulässigkeit der fristlosen Kündigung entspreche auch nicht dem Sinn der KO., denn § 22 KO. wolle gerade den Arbeitnehmer davor schützen, daß er von heute auf morgen seiner Arbeitsstelle beraubt werde. Es werde an Stelle der vereinbarten Kündigungsfrist nur die kürzere gesetzliche Frist, aber nicht die sofortige Entlassung gesetzt. Dieser Kündigungsschutz müsse für den Lehrling in verstärktem Maße gelten. Dies ergebe sich auch aus der Rechtsprechung des Reichsarbeitsgerichts hinsichtlich der Anwendbarkeit der verlängerten Kündigungsfristen des Kündigungsschutzgesetzes im Falle der Kündigung nach § 22 KO. Der Zweck des Gesetzes würde in sein Gegenteil umgekehrt, wenn man aus dem Umstande, daß ein Arbeitsverhältnis unkündbar sei, folgere, daß es jederzeit fristlos gekündigt werden dürfe. Das Unbefriedigende der herrschenden Meinung sei auch vom Arbeitsgericht nicht verkannt worden. Das Landesarbeitsgericht ist gleichwohl im Ergebnis dem Arbeitsgericht beigetreten, indem es die Anwendbarkeit der Grundsätze über die Tragung der Betriebsgefahr bejaht und in Würdigung der gesamten Umstände unter Anwendung des § 24 BGB. die Lösung des Lehrlingsvertrages durch den Konkursverwalter für gerechtfertigt erklärt hat, da nach Aufhören der Arbeits- und Ausbildungsmöglichkeit die eingetretene Lehr- und Beschäftigungsunmöglichkeit nicht in den von ihm zu vertretenden Gefahrenkreis fiele.

Die Revision rügt demgegenüber, daß die Grundsätze über die Tragung des Betriebsrisikos unanwendbar seien, da die Konkurseröffnung nicht in den Gefahrenkreis gehöre, den die Lehrlinge zu vertreten hätten. Die Unmöglichkeit der Weiterbeschäftigung sei ein Umstand, den umgekehrt der Lehrherr vertreten müsse. Jedenfalls müsse der Vergütungsanspruch erhalten bleiben.

Die Entscheidung des Rechtsstreits hängt in erster Linie von der Frage der Anwendbarkeit des § 22 KO. ab. Sie ist mit dem Arbeitsgericht entgegen der Ansicht des Landesarbeitsgerichts zu bejahen. Die Begründung des Arbeitsgerichts erscheint zutreffend und wird dem Sinn und Zweck der Bestimmung in jeder Weise gerecht. Für die Anwendbarkeit des § 22 KO. treten ein: Jaeger Erläuterungsbuch Anm. 7 zu § 22 KO., Hueck-Nipperdey Lehrbuch 1 § 68 II A a. E. S. 356, Hueck-Bensh. Slg. Bd. 8 LAG. S. 68 Anm., Düringer-Hachenburg HGB. § 77 Anm. 8, Entsch. OLG. München Bayer. Zeitschr. f. Rechtspflege 1926 S. 111 (Handlungslehrlinge betreffend), Kaufmannsgericht Stuttgart, Gewerbekaufmannsgericht Bd. 31 S. 253, Landmann 1925 GewO. Bd. 2 zu § 127b Note 4 S. 454. Die Anwendung wird verneint in den Erläuterungsbüchern von Wilmowski Anm. 4 a. E., Petersen-Kleinfeller Anm. 1, welche der älteren Lehre und den Motiven II S. 85 folgend, in dem Lehrvertrag kein Dienstverhältnis im Sinne des § 22 KO. erblicken und gegebenenfalls deshalb § 17 KO. anwenden. Staub-Bondi Anm. 7 zu § 77 HGB. und offenbar auch Titze: „Das kaufmännische Hilfspersonal" in Ehrenbergs Handbuch S. 885, lehnen jedenfalls die Anwendung von § 22 KO. ab, weil gesetzliche Kündigungsfristen für den Lehrvertrag nicht beständen. Sie nehmen dagegen hinsichtlich des kaufmännischen Lehrlings das Vorliegen eines wichtigen Grundes an, der die fristlose Kündigung rechtfertige. Fraenkel a. a. O. gründet ebenfalls seine ablehnende Ansicht darauf, daß eine gesetzliche Kündigungsfrist begrifflich ausgeschlossen sei und die fristlose Kündigung dem Gesetzeszweck, wie er sich aus der RGewO. und der KO. ergebe, widerstrebe.

Der die Anwendung des § 22 KO. ablehnenden Ansicht kann nicht beigetreten werden. Insbesondere ist ihr Ausgangs- und Entscheidungspunkt nicht zu billigen. Er wird weder dem Wortlaut noch der Bedeutung der Bestimmung, noch ihrer geschichtlichen Entstehung gerecht. § 22 KO. stellt in seinem ersten maßgeblichen Satz die Regel auf, daß alle im Haushalt, Wirtschaftsbetrieb oder Erwerbsgeschäft des Gemeinschuldners angetretenen Dienstverhältnisse von jedem Teil gekündigt werden können. Hierunter fällt nach der heutigen vom Reichsarbeitsgericht in ständiger Rechtsprechung vertretenen Rechtsauffassung an sich auch das Lehrlingsverhältnis, da dieses auch als Arbeitsverhältnis anzusehen ist (RAG. Bd. 7 S. 35 und öfter). Ein anderer Standpunkt ließe sich nur rechtfertigen, wenn die besondere Natur des Lehrvertrags die allgemeine Anwendbarkeit des § 22 KO. und insbesondere des maßgebenden Abs. 1 Satz 1 ausschließen würde. Dies muß verneint werden. § 22 KO. beruht auf dem vom Arbeitsgericht richtig gewürdigten Gedanken, daß Dienstverhältnisse der in dieser Bestimmung genannten Art als auf eine gewisse Dauer angelegte, sogenannte Wiederkehrschuldverhältnisse, wie auch Miete und Pacht (§ 19 KO.) der Lösungsmöglichkeit im Konkursfalle bedürfen. Die Wahl zwischen dem Aushalten des Vertrags für die volle Vertragszeit und der sofortigen Lösung des Vertragsverhältnisses, wie sie die allgemeine Regel des § 17 KO. erfordern würde, würde dem Interesse keiner der Vertragsparteien eines Dienstvertrages gerecht. In allen denjenigen zahlreichen Fällen, in denen der Konkursverwalter das Geschäft des Gemeinschuldners fortführt, bedarf er zunächst noch der Dienste der in dem Unternehmen angestellten Arbeitnehmer. Er würde somit bei Anwendung des § 17 KO. vor eine fast unlösbare Schwierigkeit gestellt sein. Nach § 22 KO. braucht dagegen das Dienstverhältnis (ebenso wie bei § 19 das Mietverhältnis) nicht sogleich gelöst zu werden, das Dienstverhältnis wird, wenn der Dienstherr in Konkurs fällt, beiderseits fortlaufend kündbar (Jaeger a. a. O. Anm. 17, RGZ. Bd. 55 S. 267). Endlich entspricht auch die Kündbarkeit dem Wesen des Dienstverhältnisses, da es in der Regel persönliche Beziehungen zwischen den Parteien begründet. Alle diese Gründe treffen aber in erhöhtem Maße für das Lehrlingsverhältnis zu. Durch die Ausbildungs- und Fürsorgepflicht (§ 127 RGewO.) auf seiten des Lehrherrn und die Pflicht zum Gehorsam in Verbindung mit der allgemeinen Treupflicht als Arbeitnehmer (§ 127 a RGewO.) auf seiten des Lehrlings wird ein besonders enges, personenrechtliches Band zwischen Lehrherr und Lehrling geschlungen. In sehr vielen Fällen pflegt gerade der Lehrling in die Lehre eines bestimmten Lehrherrn zu treten, weil er von diesem eine besondes geeignete Ausbildung erwartet. Allerdings kann dem Lehrling gemäß § 127 b Abs. 3 Ziff. 2 RGewO. nach den Umständen des Falles ein Kündigungsrecht eingeräumt erscheinen, da der Gemeinschuldner durch die Konkurseröffnung meist zur Einhaltung der ihm vertraglich obliegenden Verpflichtungen unfähig wird. Ein bei der zweiten Beratung der Novelle von 1897 im Reichstag gestellter

Antrag, der Ziff. 2 hinzuzufügen: „insbesondere wenn er in Konkurs gerät", wurde abgelehnt, so daß es auf die Beurteilung des einzelnen Falles ankommen wird (vgl. auch Landmann Bd. 2 zu § 127 b Anm. 4 S. 454).

Diese Kündigungsmöglichkeit für den Lehrling kann somit als eine ausreichende Lösung für jeden Fall eines Konkurses nicht erachtet werden. Vor allem läuft es aber dem Zweck des Lehrvertrages zuwider und entspricht nicht den Belangen des Lehrlings — wie auch das Landesarbeitsgericht an anderer Stelle selbst betont —, wenn der Lehrlingsvertrag ohne Inhalt, also ohne die Lehr- und Unterweisungsmöglichkeit aufrechterhalten bliebe. Dadurch, daß der Lehrling seine Vergütung aus der Masse erhält (§ 59 Ziff. 2 KO.), ohne Arbeit zu leisten, wird er jedenfalls zum Untätigsein verleitet, und der Ansporn, alsbald eine andere Lehrstelle zu suchen, fällt fort. Andererseits würde die Anwendung des § 17 KO., welche von dem Landesarbeitsgericht nicht gewürdigt wird, hinsichtlich dieses von keinem Teile vollständig erfüllten Wiederkehrschuldverhältnisses (Jaeger a. a. O. § 17 KO. Anm. 18 a, Mentzel § 17 KO. Anm. 1 Abs. 2) — falls der Verwalter die Weiterbeschäftigung ablehnt —, zum sofortigen Verlust der Lehrstelle führen und jedenfalls eine größere und für den Lehrling unbilligere Härte bedeuten können. § 17 KO. könnte auch etwa nicht aus dem Grunde für unanwendbar erklärt werden, weil es sich um nicht übertragbare Dienstansprüche im Sinne des § 613 Satz 2 BGB. handele. Denn wie die Geschichte des § 22 KO. zeigt, unterfallen einerseits die in dieser Bestimmung genannten Dienstverhältnisse auch dann dem § 22 KO., wenn der Anspruch auf die Leistung der Dienste an die Person des Gemeinschuldners geknüpft ist (vgl. Jaeger a. a. O. Anm. 3 mit Nachweisungen), und andererseits lassen sich die Dienste des Lehrlings ohne Veränderung ihres Inhalts durch die Fortführung des Geschäfts für die Konkursmasse verwerten (§ 399 BGB.). Andernfalls wäre ja auch der Konkursverwalter gar nicht in der Lage, die Dienste aller Handlungs- und Gewerbegehilfen und somit auch der Lehrlinge für die Zwecke des Konkurses auszunutzen. Etwas anderes gilt nur für den Konkurs des Dienstverpflichteten.

Der maßgebende Tatbestand des § 22 Abs. 1 Satz 1 KO. ist mithin auch bei einem Lehrlingsvertrag gegeben. Damit muß kraft des in dieser Bestimmung enthaltenen Gesetzesbefehls für den Lehrlingsvertrag, wie auch für die anderen dort erwähnten Dienstverhältnisse die Kündigungsmöglichkeit erwachsen, und die Anwendbarkeit des § 17 KO. scheidet aus.

Aus der Vorschrift des zweiten Satzes des § 22 Abs. 1 KO. kann demgegenüber nichts Gegenteiliges hergeleitet werden. Sie betrifft, wie der Aufbau und der Wortlaut des Gesetzes ergeben, nur die Frage, zu welchem Zeitpunkt das Dienstverhältnis gelöst werden kann, nicht aber die Frage, ob es überhaupt gelöst werden kann. Dies erhellt insbesondere, wenn man die auf bestimmte Zeit eingegangenen Dienstverhältnisse ins Auge faßt. Auch bei ihnen — nicht nur bei den auf Kündigung gestellten — greift der Gesetzgeber ein und ordnet die Lösungsmöglichkeit mit der für fast alle Dienstverhältnisse bestimmten gesetzlichen Kündigungsfrist an. Der Lehrlingsvertrag enthält allerdings insoweit eine Besonderheit, als er ein Dauerschuldverhältnis auf bestimmte Zeit darstellt, bei welchem, soweit es gewerbliche Lehrlinge betrifft, eine vorzeitige gesetzliche Lösungsmöglichkeit nur in beschränktem Umfange und nicht aus jedem wichtigen Grunde gegeben ist (§ 127 b RGewO.). Dieser Umstand verleiht aber nicht dem Lehrlingsverhältnis als solchem ein besonderes Gepräge, wie sich schon aus der Anwendbarkeit des § 70 HGB. für den kaufmännischen Lehrlingsvertrag ergibt. Es ist daher namentlich im Hinblick auf die vorstehenden allgemeinen Erwägungen nicht angängig, aus diesem besonderen Umstand den Lehrlingsvertrag aus der Gruppe der der Regelung des § 22 Abs. 1 KO. unterstehenden Dienstverhältnisse herauszuheben und ihn im Gegensatz zu diesen der allgemeinen Bestimmung des § 17 KO. zu unterstellen. Außerdem würde sich die widersinnige Folgerung ergeben, daß der kaufmännische Lehrvertrag gemäß § 70 HGB. im Falle des Konkurses gelöst werden könnte, während der gewerbliche Lehrvertrag jedenfalls von seiten des Konkursverwalters zum Schaden der Konkursmasse auszuhalten wäre, sofern er zunächst die Dienste des Lehrlings weiter in Anspruch genommen hat. Der Konkursverwalter könnte also den kaufmännischen Lehrling unbedenklich behalten, müßte aber, um der drohenden Masseschuld zu entgehen, die gewerblichen Lehrlinge gemäß § 17 KO. sofort entlassen. Daß dieses Ergebnis dem Gesetzeswillen und auch dem Interesse eines gewerblichen Lehrlings nicht entspricht, liegt auf der Hand. Deshalb ist dem Gesetz nur zu entnehmen, daß es für den Fall des Lehrlingsvertrags eine Lücke enthält, welche im Wege der Auslegung auszufüllen ist.

Dies ergibt sich auch insbesondere aus der geschichtlichen Entwicklung der Vorschrift. Die vor 1900 geltende Konkursordnung bestimmte:

„Ein in dem Haushalte, Wirtschaftsbetrieb oder Erwerbsgeschäfte des Gemeinschuldners angetretenes Dienstverhältnis kann von jedem Teil aufgekündigt werden. Die Frist und Zeit für die Kündigung ist, falls eine Kündigungsfrist oder nähere Zeit nicht bedungen ist, die gesetzliche oder ortsübliche, und in Ermangelung einer solchen von dem Konkursgericht auf Antrag des Kündigenden festzusetzen."

Unter der Herrschaft der früheren Konkursordnung konnte somit die von Fraenkel und Staub aufgeworfene Streitfrage nicht auftauchen. Es hätte alsdann der Richter eine angemessene Frist zur Lösung des Lehrlingsvertrages festsetzen müssen. Indem die Novelle vom 17. Mai 1898 die dem § 22 Abs. 1 KO. entsprechende Bestimmung unter Anpassung des Wortlauts an die Sprache des BGB. in der Hauptsache übernahm, aber die ortsübliche oder richterliche Frist strich, hat sie eine s a c h l i c h e Änderung des sich aus § 22 Abs. 1 KO. ergebenden Geltungsbereichs nicht eintreten lassen wollen. Eine sachliche Änderung ist nur dahin erfolgt, daß dem Dienstverpflichteten in Abs. 2 des § 22 KO. der Ersatzanspruch im Falle der Kündigung seitens des Konkursverwalters gegeben wurde. Der Wegfall der ortsüblichen und richterlichen Frist ist auf die offenbare Meinung der Kommission zurückzuführen, daß für alle Fälle gesetzliche Kündigungsfristen beständen. Die amtliche Begründung vom 8. Dezember 1897 und 26. Januar 1898 zu dem Gesetzesentwurf (Drucks. Nr. 141 S. 10 zur Session des Bundesrats 1897 und Nr. 100 S. 1017 zur Session des Reichstags 1897/98) bemerkt zu dem entsprechenden § 19 Abs. 1 des Entwurfs, der unverändert in § 22 KO. Gesetz geworden ist:

„Der § 19 KO. betrifft den Einfluß der Konkursordnung auf ein im Haushalt, Wirtschaftsleben und Erwerbsgeschäft des Gemeinschuldners angetretenes Dienstverhältnis. Die Bezugnahme auf die ortsübliche Kündigung ist beseitigt, da das BGB. (§ 621 flg.) auch für den Dienstvertrag gesetzliche Kündigungsfristen vorgesehen hat."

Da nicht anzunehmen ist, daß der Lehrlingsvertrag hierbei übersehen wurde, so erklärt sich die Stellungnahme der Kommission daraus, daß sie entsprechend veralteter, patriarchalischer Auffassung — zumal der Lehrling meist in die Hausgemeinschaft des Lehrherrn früher aufgenommen wurde —, den Lehrlingsvertrag nicht als ein Dienst- und Arbeitsverhältnis angesehen hat. Der Gesetzgeber wollte keinesfalls den Lehrlingsvertrag d e s w e g e n ausschließen, weil für ihn keine gesetzliche Kündigungsfrist gegeben war, sondern er nahm nur an, daß aus a n d e r e n Gründen die Bestimmung des § 22 KO. für ihn nicht zur Anwendung komme. Da sich diese Annahme infolge der weiteren

Entwicklung der arbeitsrechtlichen Verhältnisse und infolge der heutigen Rechtsanschauung hinsichtlich der Natur des Lehrlingsvertrags als unrichtig erweist, so bestehen auch im Hinblick auf die Bestimmung des § 22 Abs. 1 Satz 2 KO. keine Bedenken, den Lehrvertrag ohne Rücksicht auf seine Lösungsmöglichkeit der Bestimmung des § 22 KO. zu unterstellen.

Die Ausfüllung der hiernach verbleibenden Lücke kann, da eine richterliche Frist schon im Hinblick auf die Gesetzesgeschichte entfallen muß, nur in der Weise erfolgen, daß entsprechend § 70 HGB. und § 127 RGewO. die fristlose Lösung einzutreten hat. Eine entsprechende Anwendung der §§ 621 flg. BGB. muß ausgeschlossen erscheinen. Nur im Gesetzeswege ließe sich hier eine Frist einfügen. Der Entwurf eines Berufsausbildungsgesetzes vom 29. Juli 1929 (Reichstags-Drucks. Nr. 1303 IV. Wahlperiode 1928) sieht dementsprechend in § 32 Abs. 3 eine Kündigung mit zweiwöchiger Frist vor. Eine Schlechterstellung des Lehrlings liegt angesichts des § 17 KO. nicht vor. Sämtliche weiteren Einwände finden aber ihre Erklärung darin, daß der Konkurs als einschneidende Maßregel alle Dauerschuldverhältnisse in besonders empfindlichem Maße trifft. Durch die Anwendung des § 22 KO. wird wenigstens die Möglichkeit geschaffen, für den Fall der Weiterführung des Betriebes das Lehrverhältnis aufrechtzuerhalten. Der Lehrling erhält in diesem Falle die Zeit, sich nach einem anderen Lehrverhältnis umzusehen. Von einer Umkehrung des Gesetzeszweckes in sein Gegenteil und einer angeblichen Schlechterstellung gegenüber den anderen gewerblichen Arbeitern, bei denen zudem die gesetzliche Kündigungsfrist meist eine kurze zu sein pflegt, kann keine Rede sein. Die Kündigung seitens des Beklagten ist somit dem Gesetz entsprechend erfolgt und die Klage zu Recht abgewiesen worden. Die Revision ist daher zurückzuweisen.

RAG. 9, 53.+

Ist ein Arbeitgeber, der aus freien Stücken für seine, eine bestimmte Reihe von Jahren bei ihm tätigen Angestellten eine sog. Pensionslebensversicherung eingeht und von deren Prämienzahlungen den größten Teil auf sich nimmt, den kleineren Teil aber sich von den so versicherten Angestellten erstatten läßt, zur Fortentrichtung seines (d. h. des größeren) Anteils an den Prämienzahlungen verpflichtet, wenn das Angestelltenverhältnis aus Gründen, die nicht in seiner Person, sondern in der Wirtschaftlichkeit seines Unternehmens liegen, durch Kündigung von seiner Seite beendet wird?

BGB. §§ 157, 242, 328, 330, 705, 723 und VVG. §§ 165, 173, 174, 176.

Reichsarbeitsgericht. Urt. v. 1. Juli 1931.

I. Arbeitsgericht Hamburg. — II. Landesarbeitsgericht daselbst.

. . .

Gründe:

. . .

Nach dem festgestellten Sachverhalt liegt, äußerlich betrachtet, nicht mehr vor, als daß die beklagte Arbeitgeberin, eine sich selbst im Versicherungsgewerbe betätigende Firma, aus freien Stücken, nämlich aus Anlaß des siebzigsten Geburtstags ihres Seniorchefs im Jahre 1925, ebenso wie für andere ihrer Angestellten mit mindestens zehnjähriger Dienstzeit auch für den Kläger bei der H.-M. Versicherungs-Aktiengesellschaft eine Versicherung eingegangen ist, von deren Prämienzahlung sie 2/3 auf sich nahm und 1/3 sich vom Kläger erstatten ließ. Nachdem das Angestelltenverhältnis des Klägers aus Gründen, die nicht in seiner Person, sondern in der Wirtschaftlicheit des Unternehmens der Beklagten ihren Ursprung hatten, durch Kündigung seitens der Beklagten beendet ist, besteht Streit darüber, ob die Beklagte auch über diesen Zeitpunkt hinaus zur Fortenrichtung ihres 2/3-Anteils an den Prämienzahlungen verpflichtet ist. Ausdrücklich haben die Parteien diese Frage nicht geregelt; sie ist also gemäß §§ 157, 242 BGB. nach den Umständen, d. h. nach dem an Hand der gegebenen Verhältnisse zu ermittelnden mutmaßlichen Parteiwillen zu entscheiden, den der Kläger zu beweisen hat. Klar und außer Streit ist die Rechtslage gegenüber der Versicherungsgesellschaft. Mit dieser hat die Beklagte einen Vertrag abgeschlossen, durch den der Versicherer verpflichtet wurde, entweder bei Erreichung eines bestimmten Zeitpunkts, nämlich bei Vollendung des 65. Lebensjahres des Angestellten, oder bei dessen früher eintretendem Tod die Versicherungssumme zu zahlen, während der Versicherungsnehmer, d. i. die Beklagte, an sich bis zu dem bezeichneten Zeitpunkt oder bis zum Tode des Angestellten die Prämien zu entrichten hat. Es handelt sich bei der fraglichen Versicherung um eine Versicherung auf fremdes Leben, im vorliegenden Fall auf das Leben des Klägers, und zwar, wie aus der Auskunft der Versicherungsgesellschaft vom 11. September 1930 hervorgeht, um eine sogenannte „Pensionslebensversicherung“, einen gemischten Lebensversicherungsvertrag zugunsten des Klägers, aus dem dieser gemäß §§ 328, 330 BGB. als begünstigter Dritter im Zweifel auch ohne Beitritt zum Vertrage den Anspruch auf die Leistung als eigenes Recht bereits unmittelbar durch den Abschluß des Vertrags erwarb (RGZ. Bd. 51 S. 404, Bd. 71 S. 327, Bd. 80 S. 177, Bd. 127 S. 177), wenn auch nur in der Gestalt, die ihr durch den Vertrag gegeben ist, d. h. bis zum Eintritt des Versicherungsfalls in Gestalt einer Anwartschaft und mit dessen Eintritt in Gestalt des Anspruchs auf Zahlung der Versicherungssumme, während die Beklagte in den Besitz des Versicherungsscheins gelangte und daher zunächst zur Ausübung der Rechte aus der Versicherung sowohl berufen wie ausgewiesen war und blieb. Zu diesen Rechten gehörte auch das Recht, die Versicherung vor Ablauf der Versicherungsdauer zu kündigen (§ 165 VVG.) oder sie nach mindestens dreijährigem Bestehen und Zahlung der Prämien für diesen Zeitraum in eine prämienfreie Versicherung umzuwandeln (§§ 173, 174 VVG.); kündigte sie, so hatte der Versicherer den Betrag der auf die Versicherung entfallenden Prämienreserve zu erstatten (§ 176 Abs. 1 VVG.). Die Versicherung wurde also, selbst wenn die Beklagte von diesen Rechten Gebrauch machte, nicht schlechthin wertlos, abgesehen davon, daß ja der Kläger von 1925—1930 versichert war, also bei seinem etwaigen Ableben in dieser Zeit die Versicherungssumme seinen Erben zugeflossen wäre. Allerdings hatten die aus jenen Bestimmungen hervorgehenden Rechte namentlich im Anfang des Versicherungsverhältnisses nur einen geringen Geldwert, was mit der Eigenart des Versicherungsgeschäfts zusammenhängt. Immerhin durfte die Beklagte mit dieser Rechtslage rechnen. Aber auch der Kläger mußte mit ihr rechnen, insbesondere wenn er, wie dem vorgetragenen Akteninhalt zu entnehmen ist, ebenso wie die Beklagte versicherungskundig war.

Greifen vorstehende Erwägungen, auf die sich die Revision im wesentlichen stützt, an sich zugunsten der Beklagten durch, so muß doch für die Entscheidung der eigentlichen Streitfrage auch das Rechtsverhältnis berücksichtigt werden, das durch den Abschluß des Versicherungsvertrags zwischen dem Kläger und der Beklagten entstanden ist. Zwar bildet das Schreiben der Beklagten vom 18. Juli 1925, in welchem sie dem Kläger von dem Abschluß der Lebensversicherung Mitteilung macht, als solches eine einseitige Kundgebung. Ihm lag aber eine Übereinkunft der Parteien zugrunde; denn nicht nur sprechen die Parteien davon, daß dem Schreiben mündliche Unterredungen vorausgegangen sind, sondern es war der Kläger auch damit einverstanden, daß er einen Drittel-Anteil an der Entrichtung der Prämien trug. Die danach festzustellende Übereinkunft stellt sich als ein Sonderabkommen innerhalb des allgemeinen Rahmens des Dienstverhältnisses des Klägers bei der Beklagten, als ein Gesellschaftsvertrag dar, durch den sich die Parteien verpflichteten, die Erreichung eines gemeinsamen Zweckes in der durch den Vertrag bestimmten Weise zu fördern und zu diesem Zwecke die vereinbarten Beiträge zu leisten (§ 705 BGB.). Es bestimmen sich mithin auch die Beendigungsgründe für dieses Gesellschaftsverhältnis nach den Vorschriften über die Gesellschaft des bürgerlichen Rechts, d. h. es durfte gemäß § 723 Abs. 1 Satz 2 BGB., wenn für das Gesellschaftsverhältnis eine Zeitdauer bestimmt war, die Beklagte dieses vor Ablauf der Zeit nur kündigen, wenn ein wichtiger Grund vorlag. Nun war hier eine Zeit bestimmt; denn aus den Umständen ergab sich als Zweck der Versicherung die Altersversorgung des Klägers, die ihrerseits wieder auf dem Dienstvertrag beruhte, m. a. W.: die Begründung des Versicherungsverhältnisses durch die Beklagte war eine Art von Ruhegehaltsversprechen für die ihr in der Vergangenheit geleisteten und damals auch in Zukunft noch zu leistenden Dienste des Klägers (RAG. Bd. 6 S. 91). Die Beklagte konnte also an sich von dem Gesellschaftsvertrage nicht zurücktreten, bevor der Kläger entweder starb oder das 65. Lebensjahr zurückgelegt hatte, es sei denn, daß ihr ein „wichtiger Grund" zur Seite stand; den aber hatte sie nicht, nachdem der Kläger zufolge ihrer Kündigung und aus Gründen, die — wie bereits oben gesagt — nicht in seiner Person, sondern in den wirtschaftlichen Verhältnissen der Beklagten lagen, aus dem Dienstverhältnis ausgeschieden ist. Daran vermag auch der vorletzte Satz des Schreibens der Beklagten vom 18. Juli 1925 nichts zu ändern. Wenn sie hierin dem Kläger mitteilt, es sei mit der Versicherungsgesellschaft vereinbart, daß, solange er bei der Beklagten tätig sei, eine Beleihung sowie ein Rückkauf der Police ausgeschlossen sei, so bedeutet das allerdings an sich nur, daß die Beklagte sich verpflichtete, während der Dauer des Dienstverhältnisses des Klägers Beleihung und Rückkauf der Police zu unterlassen; denn der Kläger war, solange er den Versicherungsschein nicht besaß, zu diesen Maßnahmen nicht legitimiert, und es spricht immerhin für die Beklagte, daß sie hier auf die Dauer des Dienstverhältnisses und damit auf die Möglichkeit seiner Beendigung hinweist. Die danach mögliche Schlußfolgerung, daß sie sich für den Fall der Beendigung dieses Dienstverhältnisses freie Hand vorbehalten habe, wird indessen dadurch entkräftet, daß der fragliche Hinweis zu wenig deutlich ist, als daß er auch von einem versicherungskundigen Angestellten wie dem Kläger in seiner ganzen Tragweite hätte gewürdigt und erkannt werden müssen. Daß die Beklagte den Vorbehalt nicht deutlicher gemacht hat, muß sie selbst verantworten.

Nach alledem erweist sich die Auslegung, welche das Berufungsgericht den vertraglichen Beziehungen der Parteien gegeben hat, insoweit als zutreffend, als es aus dem Sinn und Zweck der von der

Beklagten dem Kläger durch den Abschluß des Versicherungsvertrags gemachten Zuwendung folgert, daß die Beklagte nicht nur bis zum Eintritt des Versicherungsfalls eine selbst durch das Ausscheiden des Klägers aus ihren Diensten nicht beschränkte Prämienzahlungspflicht übernommen, sondern auch das freie Verfügungsrecht des Klägers über den Versicherungsschein nach seinem Ausscheiden gewollt habe. Diese Folgerung findet zudem darin eine Stütze, daß die Beklagte, worauf das angefochtene Urteil in anderem Zusammenhang hinweist, dem Kläger nach seinem Ausscheiden den Versicherungsschein ausgehändigt hat.

RAG. 9, 142.

Dürfen bei der Anfechtung der Betriebsratswahl die Wähler über den Inhalt ihrer Stimmabgabe als Zeugen vernommen werden?

ArbGG. § 80 Abs. 2, §§ 81, 83, 84.

Reichsarbeitsgericht. Beschl. v. 26. August 1931.

I. Arbeitsgericht Köln.

Den Sachverhalt und die Stellungnahme des Reichsarbeitsgerichts ergeben folgende

Gründe:

Am 9. Mai 1931 wurde beim Reichsbahnbetriebswerk Köln-Eifeltor der Betriebsrat gewählt. Es waren zwei Vorschlagslisten eingereicht und zugelassen worden, die eine mit dem Kennwort „Einheitsverband der Eisenbahner Deutschlands", die andere mit dem Kennwort „Gewerkschaft Deutscher Eisenbahner e. V.". Die Zahl der wahlberechtigten Arbeiter betrug 53, von denen einer nicht gewählt hat. Der Wahlvorstand stellte fest, daß eine ungültige Stimme abgegeben und daß von den gültigen Stimmen 40 auf die Liste des Einheitsverbandes, 11 Stimmen auf die Liste der Gewerkschaft entfallen seien. Demgemäß wurden vier Mitgliedersitze der Liste des Einheitsverbandes und 1 Sitz der Liste der Gewerkschaft Deutscher Eisenbahner zugeteilt. Von der Belegschaft gehörten 21 der Gewerkschaft Deutscher Eisenbahner an, darunter der Antragsteller. Dieser hat die Wahl rechtzeitig beim Arbeitsgericht wegen grober Wahlmängel und wegen Verfälschung des Wahlergebnisses angefochten und beantragt, sie für ungültig zu erklären. Er hat eidesstattliche Versicherungen der 21 Mitglieder der Gewerkschaft vorgelegt, worin sie erklären, ihre Stimme für die Gewerkschaft abgegeben zu haben, und macht geltend, schon hiernach seien 10 Stimmen mehr für die Liste der Gewerkschaft abgegeben worden, als der Wahlvorstand festgestellt habe. Auf den Einheitsverband seien also höchstens 30 Stimmen entfallen, dem Einheitsverband würde mithin ein Sitz weniger und der Gewerkschaft ein weiterer Sitz zugefallen sein. Es hätten aber noch weitere Arbeiter erklärt, für die Liste der Gewerkschaft gestimmt zu haben. Die Fälschung der Wahl durch Vertauschung von abgegebenen Stimmzetteln der Gewerkschaft mit eingeschmuggelten Stimmzetteln des Einheitsverbandes sei auch möglich gewesen; denn während der Mittagszeit habe der Wahlvorstand das Wahlzimmer auf längere Zeit zur Einnahme des Mittagessens verlassen, ohne die Wahlurne genügend zu sichern. Hierin habe ein wesentlicher Verstoß gegen die Vorschriften über die Durchführung der Wahl gelegen. Es sei daher die Annahme berechtigt, daß nicht nur die in der eidesstattlichen Versicherung genannten, sondern weitere Wähler ihre Stimme für die Gewerkschaft abgegeben hätten.

Das Arbeitsgericht hat den „Einspruch des Antragstellers gegen die Wahl" zurückgewiesen. Dieser begehrt mit der in gesetzlicher Form und Frist eingelegten Rechtsbeschwerde die Aufhebung des angefochtenen Beschlusses. Er hält an seinem auf Vernichtung der Wahl gerichteten Antrag fest. Dem Arbeitsgericht wirft er vor, verfahrensrechtliche Vorschriften verletzt zu haben.

Den verfahrensrechtlichen Verstoß erblickt der Beschwerdeführer darin, daß das Arbeitsgericht den eidesstattlichen Versicherungen keine ausschlaggebende Kraft beigemessen und trotz seines Antrags die 21 Mitglieder der Gewerkschaft Deutscher Eisenbahner nicht darüber als Zeugen vernommen hat, ob sie für die Liste der Gewerkschaft gestimmt hätten. Das Arbeitsgericht hat insoweit ausgeführt, es könne die von den 21 Wahlberechtigten unterschriebene eidesstattliche Versicherung zur Bildung seiner Überzeugung in entscheidender Weise nicht verwerten, auch die 21 Gewerkschaftsmitglieder über ihre Stimmabgabe nicht als Zeugen vernehmen, da dem der Grundsatz der Wahrung des Wahlgeheimnisses entgegenstehe. Man könne die vom Antragsteller überreichten eidesstattlichen Versicherungen nicht als freiwillige Preisabgabe des Wahlgeheimnisses bezeichnen; denn der Antragsteller gebe selbst an, daß er sich an die sämtlichen Mitglieder seiner Organisation im Betriebe gewandt und sie zur Erklärung über ihre Stimmabgabe aufgefordert habe. Darin liege angesichts der straffen Organisation der Gewerkschaft ein Druck, der es den Mitgliedern praktisch unmöglich mache, das Geheimnis ihrer Stimmabgabe zu wahren, und demgegenüber sie es in Zukunft nicht wieder wagen würden, ihre Stimme gegebenenfalls nach dem Grundsatze der Wahlfreiheit auch einem anderen Kandidaten als dem ihrer Organisation zu geben. Das gleiche Bedenken bestehe gegen die Vernehmung der 21 Personen als Zeugen.

Demgegenüber macht der Beschwerdeführer geltend, die Wahlanfechtung sei auf eine bewußt unrichtige Feststellung des Wahlergebnisses, also auf Wahlfälschung gestützt worden. Bei einer solchen müsse die Ungültigkeitserklärung der Wahl erfolgen. Das Arbeitsgericht hätte daher, wenn es die Fälschung durch die eidesstattlichen Versicherungen der Gewerkschaftsmitglieder nicht für bewiesen ansah, diese als Zeugen hören müssen. Seine Rechtsansicht, daß es die 21 Wähler über ihre Stimmabgabe als Zeugen nicht habe vernehmen dürfen, da der Vernehmung der Grundsatz der Wahrung des Wahlgeheimnisses entgegenstehe, sei unhaltbar; sie verstoße gegen die Bestimmungen des § 80 Abs. 2, § 83 Abs. 3, § 58 ArbGG. in Verbindung mit §§ 286, 383 flg. ZPO. Es gebe keine Bestimmung, die zur Wahrung des Wahlgeheimnisses die Vernehmung von Zeugen über ihre Stimmabgabe verbiete. Die §§ 383, 384 ZPO. könnten die Ablehnung der Vernehmung nicht rechtfertigen; ihre nur entsprechende Anwendung habe höchstens ein Zeugnisverweigerungsrecht für die Wahlberechtigten begründen können, keinesfalls aber einen gesetzlichen Ausschluß der Vernehmung. Das Arbeitsgericht hätte mindestens die Vernehmung der benannten Zeugen versuchen müssen, dies um so mehr, als die Zeugen das etwaige Recht zur Verweigerung der Aussage nicht ausgeübt haben würden. Selbst wenn man aber eine Schweigepflicht der Wähler über ihre Stimmabgabe annehmen wolle, so entfalle sie doch nach den Grundsätzen des Reichsgerichts dann, wenn ein höheres sittliches Interesse die Aussage erfordere. Es könne nicht zweifelhaft sein, daß die Aufdeckung eines etwa tatsächlich vorliegenden, schwer strafbaren und unbedingt zu unterdrückenden Wahlbetrugs ein solch höheres allgemeines sittliches Interesse darstelle. Würde man der Ansicht des Arbeitsgerichts, das übrigens in anderen Fällen die für den Wahlbetrug benannten Zeugen unbedenklich vernommen und darauf die gefälschten Wahlen für ungültig erklärt habe, folgen, so bestünde überhaupt keine Möglichkeit zum Eingreifen, wenn ein pflichtvergessener Wahlvorstand hinter verschlossenen Türen das Wahlergebnis verfälsche. Auch die strafrechtliche Verfolgung derartiger Wahlfälschungen würde dann schlechterdings unmöglich sein. Die Unhaltbarkeit der durch keine Rechtsnorm zu stützenden Ansicht des Arbeitsgerichts springe also förmlich in die Augen. Die Ansicht sei auch vom Reichsgericht ausdrücklich „reprobiert" worden. Das Arbeitsgericht habe durch Ablehnung der Vernehmung gegen § 286 ZPO. und gegen die ihm nach dem Arbeitsgerichtsgesetz obliegende Ermittlungspflicht verstoßen.

Für die Notwendigkeit der Zulassung von eidensstattlichen Versicherungen und Vernehmungen der Wahlberechtigten über ihre Stimmabgabe als Zeugen beruft sich die Rechtsbeschwerde noch auf zwei Aufsätze, die in der Verbandszeitschrift „Betriebs- und Beamtenräte der Verkehrsverwaltungen in der Gewerkschaft Deutscher Eisenbahner e. V." IX. Jahrgang, Heft 9 vom 1. Juli 1930 S. 219 und Jahrgang X Heft 3 vom 10. Dezember 1930 S. 63 erschienen sind. Dort wird die Ansicht vertreten, daß jeder, der berechtigt sei, vor Gericht einen Prozeß zu vertreten, durch kein Gesetz gehindert sei, sich mit Hilfe von eidesstattlichen Versicherungen die Beweismittel zu beschaffen, die er zu einer glücklichen Durchführung seiner Prozeßvertretung brauche, daß es insbesondere dem Gewerkschaftssekretär erlaubt sei, eidesstattliche Versicherungen bei den Mitgliedern der Gewerkschaft einzusammeln und sie für die Wahlanfechtung zu benutzen. Es wird erwähnt, daß das Arbeitsgericht in Köln in einem anderen Wahlanfechtungsfalle die eidesstattlichen Erklärungen der Mitglieder der Gewerkschaft Deutscher Eisenbahner über ihre Stimmabgabe für deren Liste nicht als Beweismittel habe gelten lassen wollen, daß es auch zunächst unter Berufung auf den Schutz des Wahlgeheimnisses die Gewerkschaftsmitglieder nicht darüber habe als Zeugen vernehmen wollen, seine Bedenken aber dann zurückgestellt habe, weil nach Angabe des Gewerkschaftsvertreters die eidesstattlichen Erklärungen freiwillig und ungezwungen abgegeben worden seien, und das Reichsarbeitsgericht noch in einem kürzlich ergangenen Urteil die Vernehmung von Zeugen über den Inhalt ihrer Wahl als zulässig bezeichnet habe.

Der Rechtsbeschwerde war der Erfolg zu versagen. Sie wiederholt gegen den Wahlvorstand den schweren Vorwurf der Wahlfälschung, also eines mit Gefängnis bedrohten Vergehens (§ 108 StGB. und dazu RGSt. Bd. 64 S. 298 flg.). An sich führt ein solches Vergehen nach § 21 Abs. 2 WO. z. BRG. und der entsprechenden Vorschrift des § 21 Abs. 2 WOBRVo. vom 15. Dezember 1924 nicht zur Ungültigkeit der gesamten Betriebsratswahl, sondern nur zu ihrer Richtigstellung. Es würde mithin, wenn sämtliche 21 Mitglieder der Gewerkschaft Deutscher Eisenbahner für deren Liste gestimmt hätten, dieser Liste ein Sitz mehr, der Liste des Einheitsverbandes ein Sitz weniger zuzuteilen sein. Eine solche Berichtigung des festgestellten Wahlergebnisses würde freilich nur unter der Annahme geschehen können, daß ein weiterer Umtausch von Stimmzetteln nicht erfolgt ist, also mindestens 30 gültige Stimmen auf die Liste des Einheitsverbandes gefallen sind. Denn, wenn sich die Grenzen, bis zu denen eine Verfälschung des Wahlergebnisses gegangen ist, nicht bestimmt feststellen lassen, muß die gesamte Wahl für ungültig erklärt werden (Beschluß des Reichsarbeitsgerichts RAG. RB. 41/28 vom 9. März 1929 in ArbRspr. 1929 S. 173 und RAG. RB. 61/30 vom 28. Februar 1931). Bei einer vorsätzlichen Wahlfälschung wird sich aber, worauf der Antragsteller mit Recht hinweist, nicht leicht feststellen lassen, wie weit sie gegangen ist. Zu einer einwandfreien Feststellung über ihren Umfang würde die Vernehmung sämtlicher Wähler erforderlich werden können. Wollte man also mit der Rechtsbeschwerde annehmen, daß die 21 Mitglieder der Gewerkschaft über ihre Abstimmung als Zeugen hätten vernommen werden müssen, so würde sich ohne weiteres die Gegenfrage aufdrängen, ob nicht auch die 30 Mitglieder des Einheitsverbandes in gleicher Weise hätten gehört werden müssen. Daß die Bejahung beider Fragen zu einer nachträglichen völligen Preisgabe des Wahlgeheimnisses führen würde, liegt auf der Hand. Das kann nicht als zulässig erachtet werden. Das Reichsarbeitsgericht hat auch, soweit feststellbar, noch niemals ausgesprochen, daß im Wahlanfechtungsverfahren die Wähler über den Inhalt ihrer Wahl als Zeugen vernommen werden können. Der Aufsatz in der vorgelegten Verbandszeitschrift vom 10. Dezember 1930 gibt denn auch nicht an, in welcher Entscheidung dies geschehen sein soll. Der 1. Strafsenat des Reichsgerichts hat zwar für das Strafverfahren wegen Wahlfälschung in dem von der Rechtsbeschwerde angeführten Urteile vom 14. Januar 1930 (RGSt. Bd. 63 S. 388) ausgesprochen, daß Art. 125 RVerf. das Wahlgeheimnis bei der Abstimmung selbst schütze, nicht aber verbiete, in einem Strafverfahren wegen Wahlfälschung — § 108 StGB. — Wähler als Zeugen über die Ausübung ihres Wahlrechts zu vernehmen. Auch v o r der Weimarer Verfassung vom 11. August 1919 hat derselbe Senat des Reichsgerichts in einem Urteile vom 7. Juli 1884 (RGRspr. in Strafsachen Bd. 6 S. 517 flg.) es für zulässig erklärt, daß im Strafverfahren eine Person, die an der geheimen Abstimmung über eine Bürgermeisterwahl als Abstimmende teilgenommen hatte, darüber als Zeugin vernommen worden war, welcher Person sie ihre Stimme gegeben habe. Zur Begründung ist dort ausgeführt worden, es könne aus dem Gesetz nicht gefolgert werden, daß der Wähler der staatlichen Pflicht zur Zeugnisablage behufs der Ermittlung eines begangenen Verbrechens enthoben sei. An der Ermittlung begangener Verbrechen habe der Staat gerade so gut ein Interesse wie daran, daß das freie Ermessen des Wählers nicht durch Befürchtung von Nachteilen, die ihm aus seiner

Wahl erwachsen könnten, beschränkt werden solle, und es fehle an einer Bestimmung, daß im Falle eines Widerstreits beider Interessen das zweite auf Unkosten des ersten erhalten werden müsse. Wohl aber sei von der StPO. ausgesprochen worden, daß nur die von ihr selbst vorgesehenen Ausnahmen von der allgemein jedermann obliegenden Zeugnispflicht bestehen sollten. Dazu zähle aber nicht das Recht des Wählers auf Geheimhaltung seiner Abstimmung. Es darf ohne weiteres angenommen werden, daß der Strafsenat sich auch in seiner neueren Entscheidung von den gleichen Erwägungen hat leiten lassen. Die Ansicht des Strafsenats ist nicht unbestritten geblieben (vgl. zu der Entscheidung vom 14. Januar 1930 Perels in JW. 1930 S. 1221 zu Nr. 32 und im übrigen das dort und bei Löwe-Rosenberg im Erläuterungsbuch zur StPO. zu §§ 52—55 Anm. II 9 angeführte Schrifttum). Zu beachten ist hier, daß der Strafsenat seine Entscheidungen nur mit dem öffentlichen Interesse an der Strafverfolgung und mit den Vorschriften für das Strafverfahren begründet. Das Interesse des Staates an der Ermittlung und Bekämpfung von Wahlfälschungen wird vom Strafsenat für so erheblich angesehen, daß dahinter der Schutz des Wahlgeheimnisses zurücktreten soll. Ob dem beizupflichten wäre, ist hier nicht zu untersuchen. Denn im Wahlanfechtungsverfahren handelt es sich nicht um die Verfolgung jenes Interesses, sondern nur darum, ob eine vorgenommene Betriebsratswahl für unwirksam erklärt oder ihr Ergebnis richtiggestellt werden muß oder ob die Anfechtung für unbegründet zu erklären ist. Das Wahlanfechtungsgericht wird zwar bei dringendem Verdacht für das Vorliegen einer vorsätzlichen Wahlfälschung die Akten der Staatsanwaltschaft zur Entschließung über die Einleitung des Strafverfahrens vorzulegen haben, aber es hat selbst mit der strafrechtlichen Verfolgung der Wahlfälschung nichts zu tun. Die Vorschriften der StPO. scheiden also für das Wahlanfechtungsverfahren des § 22 WOBRVo. (= § 19 WO. z. BRG.) in Verbindung mit §§ 80 flg. ArbGG. gänzlich aus.

Die Rechtsbeschwerde sucht darzulegen, daß auch die Zivilprozeßordnung in ihren §§ 383, 384 die Berechtigung zur Weigerung des Zeugnisses erschöpfend behandle und weder dort noch in einem anderen Gesetz das Wahlgeheimnis durch die Berechtigung zur Verweigerung des gerichtlichen Zeugnisses geschützt worden sei. Es ist ihr zuzugeben, daß die ZPO. zu der entscheidenden Frage keine Bestimmung enthält. Daraus folgt aber nicht, daß im zivilprozessualen Urteilsverfahren die Mitglieder einer Belegschaft darüber als Zeugen vernommen werden dürfen, für welche Liste sie bei einer Betriebsratswahl gestimmt haben.

Darüber, welche Fragen einem Zeugen vorgelegt werden dürfen, entscheiden entgegen der Annahme der Rechtsbeschwerde nicht nur die Bestimmungen der §§ 383 flg. ZPO., vielmehr können auch andere gesetzliche Bestimmungen die Unzulässigkeit einer Frage ergeben, so daß ihre Stellung nach § 397 ZPO. vom Gericht zurückgewiesen werden muß. So ist im § 376 ZPO. die Vernehmung der öffentlichen Beamten über Umstände, auf welche sich ihre Verpflichtung zur Amtsverschwiegenheit bezieht, von der Genehmigung der vorgesetzten Dienstbehörde abhängig gemacht worden. Wenn die Ablegung des Zeugnisses dem Wohle des Reichs oder eines deutschen Landes Nachteil bringen würde, ist die Genehmigung zur Aussage zu versagen. Grundsätzlich unzulässig ist es, die an der Entscheidung eines Richterkollegiums beteiligten Richter über die Art und Weise des Zustandekommens des Richterspruchs als Zeugen zu hören (RGZ. Bd. 89 S. 16). Den Schöffen und Geschworenen ist in § 198 GVG. gleichfalls die Verpflichtung auferlegt, über den Hergang bei der Beratung und Abstimmung Stillschweigen zu beobachten. Auch sie dürfen daher als Zeugen nicht darüber vernommen werden, wie sie selbst oder die anderen an der Entscheidung beteiligt gewesenen Richter, Schöffen oder Geschworenen gestimmt haben. Eine Ausnahme von dem Verbot der Vernehmung der Richter und Schöffen über das Zustandekommen des Richterspruchs ist freilich in dem angeführten Urteil dann zugelassen worden, wenn ein Richter und an seiner Stelle der Staat für einen durch eine ungerechtfertigte Entscheidung (unzulässige Anordnung einer Verhaftung) zugefügten Schaden verantwortlich gemacht wird und zur Abwendung des Schadensersatzanspruchs eingewandt wird, daß der Richter von den Schöffen überstimmt worden sei. Es ist angenommen worden, daß in solchem Falle der erwähnte Grundsatz den höheren Interessen der Rechtsverfolgung und Rechtsverteidigung weichen müsse, da sonst die Rechtsverfolgung auf beiden Seiten in Frage gestellt werde. Es kommt also hier derselbe Rechtsgedanke zum Ausdruck, wie er vom ersten Strafsenat in der oben erwähnten Entscheidung für die Durchbrechung des Wahlgeheimnisses vertreten worden ist.

Hiernach ist zu untersuchen, ob sich aus den für die Betriebsratswahl und das Anfechtungsverfahren in Betracht kommenden gesetzlichen Bestimmungen ein Verbot ergibt, die Mitglieder einer Belegschaft darüber als Zeugen zu vernehmen, für welche Liste sie bei der Betriebsratswahl gestimmt haben. Nach § 11 Abs. 1 Satz 1 BRV. und der entsprechenden Bestimmung des § 18 Abs. 1 des BRG. werden die Mitglieder des Betriebsrats von den wahlberechtigten Arbeitern der Reichsbahnstelle aus ihrer Mitte in unmittelbarer und geheimer Wahl nach den Grundsätzen der Verhältniswahl gewählt. Der gleiche Grundsatz galt unter der Herrschaft der alten Reichsverfassung vom 16. April 1871 nach deren Art. 20 Abs. 1 für die Reichstagswahl. Ob aus dem damit für die Wahlen zum Reichstag gesetzlich anerkannten Grundsatz der Wahlfreiheit und des Schutzes des Wahlgeheimnisses für den Strafprozeß, den Zivilprozeß und das Wahlprüfungsverfahren ein Zeugnisverweigerungsrecht der Wähler bezüglich des Inhalts ihrer Abstimmung oder gar für den Richter ein Verbot der Befragung herzuleiten oder ob insoweit dem Urteile des 1. Strafsenats beizustimmen sei, darüber gingen im Schrifttum die Meinungen, wie bereits erwähnt wurde, auseinander. Die Ansicht des Reichsgerichts wurde von der herrschenden Meinung geteilt. Beachtliche Stimmen des Schrifttums vertraten aber die Ansicht, daß die Preisgabe des Wahlgeheimnisses der Wähler von keiner Behörde erzwungen werden könne. Weiter ging bereits damals Laband (5. Auflage des Staatsrechts des Deutschen Reiches Bd. 1 S. 326). Er folgerte aus der verfassungsrechtlichen Bestimmung die Unzulässigkeit jeder obrigkeitlichen Vernehmung von Wählern darüber, wie sie gewählt haben. Nach seiner Ansicht soll die Vorschrift das Wahlrecht nicht nur im Interesse des einzelnen Wahlberechtigten schützen, sondern insbesondere Gewähr dafür bieten, daß der Reichstag nach den für seine Zusammensetzung aufgestellten Verfassungsgrundsätzen gebildet werde. Hingewiesen sei hier noch darauf, daß für die gescheiterte Strafprozeßreform des Jahres 1910 von den Volksvertretungen der prozessuale Schutz des Wahlgeheimnisses durch Einführung des Zeugnisverweigerungsrechts oder eines Frageverbots in die Strafprozeßordnung gefordert worden war, und darauf, daß der Reichstag am 15. Mai 1914 die Vorlegung eines Gesetzentwurfs gegen amtliche und private Nachforschungen über die Ausübung eines auf Gesetz beruhenden geheimen Wahlrechts gefordert hat. Die Kommission hat damals in zwei Lesungen für die Strafprozeßordnung einen Zusatz folgenden Wortlauts beschlossen: Kein Zeuge darf über Tatsachen befragt werden, die darauf schließen lassen, für wen er bei einer auf Gesetz beruhenden geheimen Wahl gestimmt hat. Das Verbot sollte allgemein für jedes behördliche Verfahren: Strafprozeß, Zivilprozeß, Disziplinarprozeß, besonders auch für die Beweisaufnahme zum Zwecke der Wahlprüfung gelten.

Bei dem Widerstreit der Ansichten hätte man erwarten sollen, daß die Streitfrage bei Schaffung der neuen Reichsverfassung gesetzlich geregelt worden wäre. Die Reichsverfassung hat sich jedoch in ihrem zweiten, die Grundrechte und Grundpflichten der Deutschen behandelnden Hauptteil damit begnügt, im zweiten, das Gemeinschaftsleben regelnden Abschnitt, und zwar in Art. 125 zu bestimmen: „Wahlfreiheit und Wahlgeheimnis sind gewährleistet. Das Nähere bestimmen die Wahlgesetze." Satz 1 hat zweifellos unmittelbar geltendes Recht gesetzt, so daß dagegen verstoßende Rechtsvorschriften keine Gültigkeit beanspruchen könnten. Über seine Tragweite gehen aber die Meinungen auseinander. Die einen vertreten für die hier zu entscheidende Frage die Ansicht, daß es bei dem früheren Rechtszustand verblieben sei, der Schutz der Wahlfreiheit und des Wahlgeheimnisses also nur für die Wahlhandlung als solche gelte, der Schutz aber nicht ausschließe, daß der einzelne Wähler in einem gerichtlichen Verfahren als Zeuge sein Wahlgeheimnis preisgeben müsse. Namentlich für das Strafverfahren wegen Wahlfälschung wird insoweit daran festgehalten, daß das Interesse des Staates an der Ermittelung begangener Straftaten höher zu schätzen sei als das Interesse des einzelnen Wählers an der Geheimhaltung seiner Abstimmung. (So das Erläuterungsbuch zur StPO. von Löwe-Rosenberg, 18. Aufl. S. 184 Anm. II 9 zu §§ 52—55; Hatscheck, Deutsches und Preußisches Staatsrecht Bd. 1 S. 189, 341; Kaisenberg „Wahlfreiheit und Wahlgeheimnis" in „Grundrechte und Grundpflichten der Reichsverfassung" Bd. 2 S. 164.) Andere betonen demgegenüber, daß durch Art. 125 das öffentliche Interesse an einer freien Wahl geschützt werde und dieses Interesse dem öffentlichen Interesse an der Wahrheitsermittlung zwecks Verbrechensbekämpfung und dem Interesse des einzelnen vorgehe. Mit den Grundsätzen der politischen Ethik, auf denen das Grundrecht des Wahlgeheimnisses beruhe, sei es unvereinbar, daß die politische Gesinnung des Wählers durch Ermittlung des Inhalts seiner Stimmabgabe festgestellt und er damit den Folgen ausgesetzt werde, die daraus für seine berufliche und wirtschaftliche, ja selbst persönlich-menschliche Unabhängigkeit entstehen könnten. Aus der Gewährleistung des Wahlgeheimnisses folge, daß niemand, wann immer es sei, sein Wahlgeheimnis zu offenbaren brauche (so Perels zu RGSt. Bd. 63 S. 382 in JW. 1930 S. 1221 flg.). Nach dieser Meinung besteht also für den einzelnen Wähler ein Zeugnisverweigerungsrecht. Dieses steht jedoch hier nicht in Frage, sondern das Frageverbot des Richters. Satz 2 des Art. 125 überläßt nun die Durchführung der in Satz 1 aufgestellten Grundsätze den Wahlgesetzen. Es kommt hier also zunächst das Reichswahlgesetz vom 27. April 1920 in der Fassung vom 6. März 1924 (RGBl. 1920 S. 627; 1924 I S. 159) in Betracht. Aber auch dieses beschäftigt sich nicht mit der Frage, ob der Wähler darüber, für welche Liste er gestimmt hat, als Zeuge vernommen werden darf. Demgemäß enthält auch die Reichsstimmordnung vom 14. März 1924 (RGBl. I S. 173) darüber keine Bestimmung. Der Streit der Meinungen betrifft weiter die Frage, ob der durch Art. 125 gewährleistete Schutz auf alle Wahlen in öffentlichen Angelegenheiten, also auch auf die Betriebsratswahlen (RGZ. Bd. 107 S. 246, RAG. Bd. 3 S. 104, RGSt. Bd. 64 S. 304) zu beziehen ist oder nur auf die Wahlen zum Reichstag, den Landtagen, den Gemeinden und Kommunalverbänden und auf Volksentscheide, Volksabstimmungen und dgl. Zu dieser Frage braucht hier nicht abschließend Stellung genommen zu werden; denn selbst wenn für die Betriebsratswahlen der Schutz der Wahlfreiheit und des Wahlgeheimnisses nicht unmittelbar durch Art. 125 RVerf. gewährleistet sein sollte, würde für sie die Frage, ob die Wähler über den Inhalt ihrer Abstimmung als Zeugen vernommen werden können, nicht anders als für die Reichstagswahlen beantwortet werden können. Es fehlt an jedem Anhalt dafür, daß insoweit den Betriebsratswahlen ein geringerer Schutz zukommen soll als den Reichstagswahlen, vielmehr ist daraus, daß das Betriebsrätegesetz für die Betriebsratswahlen dem gleichen Grundsatz der geheimen und unmittelbaren Wahl Geltung verschafft hat, wie er in Art. 17 Abs. 1 S. 2 RVerf. für die Volksvertretungen der Länder und in Art. 22 für die Wahl des Reichstags gilt, zu folgern, daß insoweit kein Unterschied bestehen soll. Dafür spricht auch der äußere und innere Zusammenhang des BRG. mit der RVerf. Diese hat in Art. 165 Abs. 2 die Errichtung von Betriebsräten angeordnet und ihre Aufgaben umschrieben. In Ausführung dieser Bestimmung ist das BRG. von der Verfassunggebenden Deutschen Nationalversammlung beschlossen und Gesetz geworden. Es ist also von demselben Geiste beeinflußt, der zum Erlaß der neuen Reichsverfassung geführt hat. Daß aber mit diesem Geiste eine Erweiterung des richterlichen Fragerechts und der Offenbarungspflicht des als Zeugen benannten Wählers über den bereits gekennzeichneten Rahmen hinaus schlechterdings unvereinbar wäre, darüber kann nach der oben dargelegten Vorgeschichte des Art. 125 RVerf. und nach seinem Wortlaut kein Zweifel aufkommen. Ob danach für bürgerliche Rechtsstreitigkeiten das Nachforschungsrecht über die Abstimmung gänzlich zu verneinen ist oder in Ausnahmefällen wegen höherer Interessen der Rechtsverfolgung oder der Rechtsverteidigung ein Fragerecht des Richters und eine Offenbarungspflicht des Wählers als Zeugen anzuerkennen ist, kann hier dahingestellt bleiben; denn keinesfalls kann für das Wahlanfechtungsverfahren nach §§ 19 flg. WO. z. BRG., §§ 20 flg. WOBRVo. in Verbindung mit den verfahrensrechtlichen Vorschriften der §§ 80 flg. ArbGG. anerkannt werden, daß das

Interesse des einzelnen Wählers oder der Minderheit der in der Belegschaft vertretenen Arbeitnehmerorganisationen an der Aufdeckung eines Wahlbetrugs und an der anderweiten Zusammensetzung der Betriebsvertretung so hoch zu schätzen sei, daß ihm der Grundsatz der Wahrung des Wahlgeheimnisses durch Offenlegung der Abstimmungen der einzelnen Wähler geopfert werden müsse. Auf das Verfahren finden die Vorschriften der ZPO. nicht uneingeschränkt, sondern nur mit den sich aus den §§ 81—84 ArbGG. ergebenden Abweichungen Anwendung (§ 80 Abs. 2 ArbGG.). Insoweit stimmen die verfahrensrechtlichen Bestimmungen für die Anfechtung der Betriebsratswahlen mit denjenigen überein, welche in Art. 31, 166 RVerf. und in der Wahlprüfungsordnung vom 8. Oktober 1920 (RGBl. S. 1773) über das Verfahren des Wahlprüfungsgerichts beim Reichstag für die Prüfung der Reichstagswahlen gegeben sind. Freilich unterscheidet sich dieses Verfahren von dem Verfahren nach §§ 80 flg. des ArbGG. insofern wesentlich, als das Wahlprüfungsgericht nicht nur auf Widerspruch gegen eine Wahl tätig wird, sondern vom Amts wegen die Wahlen zu prüfen hat (Art. 31 RVerf., §§ 152, 153 RStimmordnung, § 8 RWahlG., §§ 3, 5 Abs. 1, § 8, § 10 WPO.) und demgemäß auch die Durchführung des Verfahrens von der Zurücknahme einer erhobenen Wahlbeschwerde unabhängig ist (vgl. Cornelius in JW. 1921 S. 810 und Kaisenberg im Handbuch des Deutschen Staatsrechts Bd. 1 S. 405). Sein Prüfungsverfahren ist also ein reines Offizialverfahren. Dagegen darf bei den Betriebsratswahlen das Anfechtungsverfahren nur auf Antrag eines Anfechtungsberechtigten eingeleitet und durchgeführt werden; wird der Antrag zurückgenommen, so ist es einzustellen (§ 81 ArbGG.). In dem Sinne stehen sich in diesem Verfahren der Anfechtende und der als gewählt bezeichnete Betriebsrat als Parteien (§ 80 Abs. 2) gegenüber, einen sonstigen Einfluß auf den Gang des Verfahrens und seine Durchführung haben sie nicht. Sie müssen zwar die für die Prüfung der Streitigkeit nötigen Unterlagen beibringen (Beschl. RAG. RB. 3/31 vom 11. März 1931), aber im übrigen erfolgt die Aufklärung des Sachverhalts durch die Beschlußkammer des Arbeitsgerichts von Amts wegen. An etwaige Beweisanträge der Beteiligten ist sie dabei nicht gebunden, und zu entscheiden hat sie den Streit „nach freier Überzeugung" (vgl. § 84 und u. a. RAG. Bd. 7 S. 14 und 27 und die Beschlüsse RAG. RB. 21/30 vom 21. Mai 1930 in ArbRspr. 1930 S. 314, RAG. RB. 14/31 vom 6. Juni 1931 das. 1931 S. 241, sowie RAG. RB. 71/30 vom 25. März 1931 das. S. 151). Insoweit ist also das arbeitsgerichtliche Anfechtungsverfahren gleichfalls ein Offizialverfahren. Auf eine Verletzung des § 286 ZPO. kann daher die Rechtsbeschwerde nicht gestützt werden (Beschl. RAG. RB. 9/31 vom 6. Mai 1931). Aus dem gekennzeichneten Unterschied der beiden Verfahrensarten folgt aber, daß der die Anfechtung der Betriebsratswahl Betreibende im Beschlußverfahren nicht als Zeuge vernommen werden kann. Er ist nach § 83 Abs. 1 und 2 nur als „Beteiligter" zu hören und erforderlichenfalls kann zu diesem Zweck sein persönliches Erscheinen (§ 80 Abs. 2) angeordnet werden. Eine entsprechende Anwendung der Vorschrift des § 9 Abs. 4 WPO., wonach vor dem Wahlprüfungsgericht beim Reichstag auch Beteiligte als Zeugen gehört werden können, ist also nicht angängig. Der Antragsteller selbst kommt mithin als Zeuge nicht in Betracht. Wollte man insofern anderer Meinung sein, so würde seiner Vernehmung dasselbe Bedenken entgegenstehen, das die Zeugenvernehmung der übrigen Mitglieder seiner Gewerkschaft über den Inhalt ihrer Abstimmung unzulässig macht. Es besteht nach der erkennbaren Annahme des Arbeitsgerichts gerade darin, daß durch eine solche Vernehmung auch den übrigen Wählern, die der Gewerkschaft nicht angehören, ihr Wahlgeheimnis entrissen würde, eine Annahme, die um so mehr berechtigt ist, als nur zwei Vorschlagslisten eingereicht und zugelassen worden sind. Eine solche Offenlegung aller Abstimmungen gegen den Willen eines Teils der Wähler ist mit dem Grundsatze der Wahlfreiheit und des Wahlgeheimnisses keinesfalls vereinbar. Eine Stütze findet diese Ansicht in folgenden Erwägungen.

Das Anfechtungsverfahren für die Betriebsratswahlen verfolgt gleiche Ziele wie das Wahlprüfungsverfahren des Wahlprüfungsgerichts beim Widerspruch eines Beteiligten gegen eine Reichstagswahl. Die Praxis des Wahlprüfungsgerichts beim Reichstag verdient also für die Beurteilung der streitigen Frage Beachtung. Vor Erlaß der neuen Reichsverfassung wurde über Widersprüche gegen eine Wahl, damals Wahlproteste genannt, vom Reichstag selbst entschieden. Wie Rosenthal „Über den reichsrechtl. Schutz des Wahlgeheimnisses" S. 43 berichtet, lehnte ursprünglich (in den Jahren 1867 und 1871) der Reichstag den Zeugenbeweis über die Ausübung einer geheimen Abstimmung grundsätzlich ab, da auf diese Weise das Wahlgeheimnis verletzt werden könne. Die gleiche Auffassung vertrat der bayerische Verwaltungsgerichtshof hinsichtlich der Befragung von Wählern über ihre geheime Abstimmung bei Wahlen zu den Gemeindeämtern nach den bayerischen Gemeindeordnungen. Später ließ der Reichstag eine Durchbrechung dieses strengen Grundsatzes zu, wenn es sich um die Aufdeckung von Wahlfälschungen handelte, jedoch nur dann, wenn sich Wähler freiwillig anboten, sich als Zeugen vernehmen zu lassen. Am 7. Januar 1891 billigte der Reichstag die Ansicht, daß auch ohne ein solches Anerbieten Beweiserhebung vorgenommen werden dürfe, den Wählern jedoch ein Zeugnisverweigerungsrecht zustehe und sie hierauf von Amts wegen hinzuweisen seien. Daran wurde in den folgenden Jahren festgehalten. Schließlich setzten die bereits erwähnten Bestrebungen ein, die die Enthüllung des Wahlgeheimnisses verbieten wollten. Dem und dem durch die Reichsverfassung gewährleisteten Schutz des Wahlgeheimnisses trägt das Wahlprüfungsgericht beim Reichstag Rechnung. Es lehnt es ab, die sich zur Lüftung des Wahlgeheimnisses anbietenden Zeugen zu vernehmen (vgl. Hatscheck, Deutsches und Preuß. Staatsrecht, 1922 Bd. 1 S. 390). Ja, es ist in einer Entscheidung vom 3. Dezember 1920 zu dem Ausspruche gelangt, den Erklärungen nicht wahlberechtigter Wähler, ihre Stimme für eine bestimmte Partei abgegeben zu haben, die Beachtung abzusprechen, weil solche Erklärungen dem Grundsatze des Wahlgeheimnisses (Art. 125 RVerf.) widerstritten (vgl. Preuß. VerwBl. Bd. 42 S. 208 VIII a). Draht, „Das Wahlprüfungsrecht bei der Reichstagswahl" S. 76 meint dagegen, der Wähler sei zur Auskunft über seine Abstimmung verpflichtet, wenn jeder Mißbrauch der Kenntnis des Befragenden und jede Weitergabe ausgeschlossen werde; das könne durch Ausschluß der Öffentlichkeit erreicht werden. Auch Kaisenberg a. a. O. S. 165 führt aus, die RVerf. gewährleiste nur dem einzelnen Wähler die Geheimhaltung seiner Stimmabgabe; er solle vor allen Nachteilen, die ihm aus einer Bekanntgabe entstehen könnten, geschützt werden; werde aber nur klargelegt, wie eine große Gruppe von Wählern gewählt habe, so bleibe das Geheimnis für das einzelne Mitglied der Gruppe gewahrt, es sei denn, daß es sich um eine kleine Gruppe oder um eine Gruppe handle, deren Stimmen ausschließlich oder fast ausschließlich auf eine Partei gefallen seien. Bei diesen Ausführungen darf indes nicht übersehen werden, daß das Wahlprüfungsgericht nach § 9 Abs. 2 WPO. von den verfahrensrechtlichen Bestimmungen der ZPO. aus Zweckmäßigkeitsgründen abweichen und also auch die Öffentlichkeit für die Beweisaufnahme ausschließen kann. Im Anfechtungsverfahren nach §§ 80 Abs. 2, 83 Abs. 3, 52 ArbGG. kann dagegen die Öffentlichkeit nur unter besonderen, gesetzlich festgesetzten Voraussetzungen, die hier nicht in Frage kommen, ausgeschlossen werden. Davon abgesehen, würde aber im vorliegenden Falle gerade die erwähnte Ausnahme zutreffen und durch die Vernehmung der 21 Mitglieder der Gewerkschaft Deutscher Einsenbahner nicht nur deren Wahlgeheimnis, sondern auch das der Mitglieder des Einheitsverbandes aufgedeckt werden. Dies ist mit dem Grundsatze des Wahlgeheimnisses unvereinbar und für das Anfechtungsverfahren bei einer Betriebsratswahl um so mehr zu verneinen, als nach § 18 Abs. 1 BRG. das Amt des gewählten Betriebsrats nur ein Jahr dauert und die Frage, ob die eine oder die andere Partei darin einen Sitz mehr hat, nicht von so weittragender Bedeutung ist als etwa für den Reichstag. Die Ansicht der Rechtsbeschwerde, daß ein höheres sittliches Interesse die Vernehmung erfordert habe, kann also nicht geteilt werden. Wenn sie ausführt, daß anderenfalls eine hinter verschlossenen Türen vorgenommene Verfälschung des Wahlgeheimnisses nicht festgestellt werden könne, so übersieht sie, daß die Beschlußkammer nach freier Überzeugung darüber zu befinden hat, also an keine Beweisregeln gebunden ist (§ 84 Abs. 1 ArbGG.), die für die Wahl gegebenen Vorschriften eine solche Verfälschung außerordentlich erschweren und die Nichtbeachtung auch unwesentlicher Vorschriften den Verdacht einer Fälschung zur Überzeugung verdichten kann. Das Arbeitsgericht hat aber auf Grund der Auskunft des Betriebsrats festgestellt, daß die Wahlurne vor der Mittagspause geprüft und für richtig befunden worden ist, daß sie für die Mittagspause mit einem Vorhängeschloß gesichert und der Wahlraum verschlossen worden war, daß beide Schlüssel demjenigen Beisitzer des Wahlvorstandes übergeben worden waren, der der Organisation des Antragstellers angehörte, und daß sie von ihm während der Mittagspause nicht aus der Hand gegeben worden sind. Auf Grund dieser Feststellungen ist das Arbeitsgericht ohne Rechtsverstoß zu dem Ergebnis gelangt, daß der vom Antragsteller insoweit nur vermutungsweise ausgesprochene Verdacht mangelnder Sicherung der Wahlurne nicht ausreiche, um einen unberechtigten Eingriff eines Unbefugten und eine dabei vorgenommene Fälschung des Wahlergebnisses wahrscheinlich zu machen. Die eidesstattlichen Versicherungen hat das Arbeitsgericht gewürdigt. Wenn es sie beim Mangel eines anderen Anhalts für die Vornahme einer Fälschung zur Bildung einer Überzeugung für ungeeignet hält, so ist dies nach der dafür gegebenen Begründung nicht zu beanstanden und im Rechtsbeschwerdeverfahren nicht angreifbar.

RAG. 9, 176.

Bedarf es für den Erwerb der Eigenschaft als Betriebsratsmitglied und den Beginn des Kündigungsschutzes einer in entsprechender Anwendung des § 18 der Wahl-Ordnung zum Betriebsrätegesetz erfolgenden Bekanntmachung durch Aushang, wenn ein Ersatzmitglied gemäß

§ 40 Abs. 1 Satz 1 des Betriebsrätegesetzes in den Betriebsrat eintritt?

Betriebsrätegesetz §§ 40, 96.

Reichsarbeitsgericht. Urt. v. 23. September 1931.

I. Arbeitsgericht Neuhaldensleben. — II. Landesarbeitsgericht Magdeburg.

Die Beklagte, die ein Steinsalzbergwerk betreibt, stellte am 19. Juni 1930 ihren gesamten produktiven Betrieb (Steinsalzförderung und Versand) unter Innehaltung der Vorschriften der Stillegungsverordnung ein. Sämtliche Arbeiter, etwa 150, darunter auch der Kläger, erhielten an diesem Tage ihren Abkehrschein, nachdem ihnen zuvor ordnungsmäßig gekündigt war. Nur Schwerbeschädigte und die Angestellten, deren Kündigungsfristen noch nicht abgelaufen waren, verblieben im Dienste. Am 20. Juni 1930 stellte die Beklagte 19 von den entlassenen Arbeitern, darunter auch den Kläger, auf Grund neu abgeschlossenen Arbeitsvertrages zur Durchführung der Aufräumungsarbeiten und der bergpolizeilich vorgeschriebenen Sicherungsmaßnahmen wieder ein. Sie beschäftigte vom 20. Juni ab noch 23 Arbeiter und 17 Angestellte. Infolge Fortschreitens der Aufräumungsarbeiten kündigte sie dem Kläger und einem weiteren Arbeiter zum 2. August 1930; an diesem Tage wurde der Kläger entlassen.

Bei der im März 1930 erfolgten Betriebsratswahl war der Kläger auf Grund der einzigen eingereichten Vorschlagsliste als Ersatzmitglied gewählt worden. Auf Grund dieser Wahl bestand der Betriebsrat damals aus 5 Arbeitermitgliedern und dem Angestelltenmitgliede D. Als am 19. Juni 1930 die Entlassung der Arbeiter erfolgt war, hatte die Beklagte auf dem Standpunkt gestanden, daß damit die Betriebsratsmitgliedschaft der Arbeitermitglieder erloschen sei und eine Neuwahl stattzufinden habe, und zur Vornahme einer Wahl einen aus den drei ältesten Arbeitnehmern bestehenden Wahlvorstand bestellt. Der bisherige Betriebsratsvorsitzende Kl., der sich als einziger der bisherigen Betriebsratsmitglieder unter den am 20. Juni wieder eingestellten Arbeitern befand, und D. waren dagegen der Auffassung, daß der alte Betriebsrat noch fortbestehe und sich entsprechend der verminderten Belegschaftszahl nunmehr aus ihnen beiden und dem Kläger zusammensetze, welch letzterer infolge Fortfalls der übrigen Betriebsratsmitglieder und der vorgehenden Ersatzmitglieder als Betriebsratsmitglieder berufen sei. Auf ihren Antrag stellte das Arbeitsgericht durch Beschluß vom 25. September 1931 fest, daß der bisherige Betriebs- und Arbeiterrat zu Recht weiterbestehe.

Auf Grund dieses Sachverhaltes machte der Kläger geltend, daß es zu seiner am 2. August 1930 erfolgten Entlassung der Zustimmung des Betriebsrates bedurft habe. Er erachtete das Arbeitsverhältnis auch über den 2. August hinaus noch als fortbestehend, erhob Klage auf Zahlung des Lohnes für die Zeit vom 4. August bis 31. Oktober 1930.

Während das Arbeitsgericht nach Klagantrag erkannte, wies das Landesarbeitsgericht die Klage ab. Die Revision des Klägers führte zur Aufhebung des Berufungsurteils.

Gründe:

Das Landesarbeitsgericht hat aus zwei Gründen den Klaganspruch für unbegründet erachtet. Es hat angenommen, daß zwar der Betriebsrat auch über den 19. Juni 1930 hinaus als fortbestehend zu gelten habe, daß aber der Kläger nicht des Betriebsratsschutzes teilhaftig geworden sei, weil sein Eintreten in den Betriebsrat nicht bekannt gemacht worden sei, erst mit der Bekanntmachung durch Aushang aber das Amt eines bisherigen Ersatzmitgliedes und damit der Amtsschutz des § 96 BRG. beginne. Es hat aber abgesehen hiervon eine Zustimmung des Betriebsrates auch deshalb nicht für erforderlich erachtet, weil es angenommen hat, daß die am 2. August 1930 erfolgte Entlassung des Klägers eine unmittelbare Folge der Betriebsstillegung gewesen sei.

Die Revision rügt mit Recht den erstbezeichneten Klagabweisungsgrund als rechtsirrig. Zwar ist dem Landesarbeitsgericht darin beizustimmen, daß die im Beschlußverfahren gemäß § 93 BRG., § 2 Nr. 5 ArbGG. ergangene Entscheidung über das Fortbestehen des bisherigen Betriebsrates für das Prozeßgericht bindend ist. Durch diese Entscheidung ist aber in einer für die Beteiligten, also auch für die Beklagte, und für das Prozeßgericht bindenden Weise nur festgestellt, daß die Kündigung der Belegschaft zum 19. Juni 1930 mit Rücksicht auf die am 20. Juni 1930 erfolgte Wiedereinstellung von Arbeitern ein Erlöschen der bisherigen Betriebsvertretung nicht zur Folge gehabt, der im März 1930 gewählte Betriebsrat vielmehr als weiterbestehend und für seine Zusammensetzung das Wahlergebnis vom Mai 1930 als maßgebend zu gelten hat, da für die Frage des Fortbestehens des Betriebsrates die Weiterbeschäftigung der am 20. Juni 1930 wieder eingestellten Arbeiter einer Fortsetzung des alten, nur in seinem Inhalte geänderten Arbeitsvertrages gleichzuerachten sei. Dagegen ist durch den Beschluß des Arbeitsgerichts keine Entscheidung darüber getroffen, ob der Kläger nach dem 20. Juni 1930 als Ersatzmitglied in den Betriebsrat eingetreten ist. Das Landesarbeitsgericht hat deshalb mit Recht im angefochtenen

Urteil die Frage, ob der Kläger zur Zeit der zum 2. August 1930 ausgesprochenen Kündigung Mitglied des Betriebsrates war, selbständig geprüft. Indessen kann seiner Auffassung, daß erst mit einer Bekanntmachung durch Aushang das Betriebsratsamt als vom Kläger erworben angesehen werden könne, nicht beigetreten werden. Im vorliegenden Falle steht fest, daß außer dem Betriebsratsvorsitzenden K. sämtliche Arbeitervertreter des Betriebsrates am 19. Juni 1930 infolge Entlassung aus dem Arbeitsverhältnis bei der Beklagten aus dem Betriebsrat ausgeschieden und daß aus dem gleichen Grunde die auf der einzigen Vorschlagsliste dem Kläger vorgehenden, für die Ersatzmitgliedschaft in Betracht kommenden Personen in Wegfall gekommen waren. Nach § 40 BRG. in Verbindung mit § 15 der WahlO. trat der Kläger infolgedessen als Ersatzmitglied in den Betriebsrat ein. Einer Bekanntmachung dieses Eintritts durch den Aushang bedurfte es nicht. Wenn das Landesarbeitsgericht angenommen hat, für den Erwerb der Eigenschaft eines Betriebsvertretungsmitgliedes und für die Voraussetzung zum Eingreifen der Schutzbestimmung des § 9 BRG. müsse bei den nachrückenden Ersatzmitgliedern das gleiche gelten wie bei den von vornherein gewählten Mitgliedern, so beruht diese Auffassung auf einer Verkennung der in Betracht kommenden gesetzlichen Bestimmungen. Allerdings hat das Reichsarbeitsgericht in seiner Rechtsprechung (vgl. RAG. Bd. 5 S. 211, Bd. 6 S. 189) die im § 18 der WahlO. vorgeschriebene Bekanntmachung als den für den Erwerb des Betriebsratsamtes und den Beginn des Kündigungsschutzes entscheidenden Zeitpunkt angesehen. Das bezieht sich aber lediglich auf den Beginn des Betriebsratsamtes nach Vollzug der Wahl und beruht auf der Erwägung, daß die amtliche Klarstellung des Wahlergebnisses durch die im § 18 der WahlO. vorgeschriebene Bekanntmachung die notwendige Voraussetzung für den Beginn des Betriebsratsamtes sei. Für das Einrücken der Ersatzmitglieder in freiwerdende Betriebsratsstellen besteht eine dem § 18 der WahlO. entsprechende Vorschrift nicht. Es geht aber nicht an, die lediglich für die Veröffentlichung des Wahlergebnisses vorgeschriebene Bekanntmachung durch Aushang ohne ausdrückliche Bestimmung des Gesetzes auch für das Nachrücken eines Ersatzmitgliedes in die Betriebsvertretung zu erfordern. Wenn das Landesarbeitsgericht ein Bedürfnis hierzu damit begründet, daß bei Feststellung und Bekanntmachung des Wahlergebnisses die Ersatzmitglieder nicht namentlich aufzuführen seien, also ihre Namen nicht einmal feststånden, so kann dieser Gesichtspunkt nicht als berechtigt anerkannt werden. Denn die Namen der gewählten Ersatzmitglieder und die Reihenfolge ihres Eintritts sind aus dem veröffentlichten Wahlergebnis in Verbindung mit den bekanntgemachten Vorschlagslisten ohne jede Schwierigkeit festzustellen (§ 18 in Verbindung mit § 15 der WahlO.). Im übrigen ist im vorliegenden Falle die Tatsache, daß der Kläger in den Betriebsrat eingetreten sei, nach den Feststellungen des angefochtenen Urteils der Beklagten durch das an den Betriebsführer St. gerichtete Schreiben vom 15. Juli 1930 noch ausdrücklich mitgeteilt worden.

Beruht hiernach die Auffassung des Landesarbeitsgerichts, daß der Kläger wegen unterlassener Bekanntmachung seines Betriebsratsamtes durch Aushang den Schutz des § 96 BRG. nicht genieße, auf einen Rechtsirrtum, so bestehen andererseits auch bezüglich des zweiten Klagabweisungsgrundes Bedenken, ob die Annahme des Landesarbeitsgerichts, die am 2. August 1930 erfolgte Entlassung des Klägers sei durch eine Betriebsstillegung erforderlich geworden, frei von Rechtsirrtum ist. Zwar hat das Landesarbeitsgericht im angefochtenen Urteil festgestellt, die Beklagte habe am 19. Juni 1930 ihren gesamten produktiven Betrieb (Steinsalzförderung und Versand) eingestellt und die am 2. August 1930 erfolgte Entlassung der Kläger sei eine unmittelbare Folge der am 19. Juli erfolgten Betriebsstillegung gewesen. Es sind auch an sich grundsätzlich keine rechtlichen Bedenken dagegen zu erheben, daß das Landesarbeitsgericht angenommen hat, eine Betriebsstillegung schließe nicht aus, daß Arbeiter weiterhin mit Aufräumungsarbeiten beschäftigt würden und daß die durch das Fortschreiten der Aufräumungsarbeiten bedingte allmähliche Entlassung dieser Arbeiter noch als Auswirkung der Betriebsstillegung und als durch diese erforderlich geworden angesehen werden könne. Nach dem Inhalte des im Tatbestand des angefochtenen Urteils in Bezug genommenen Schriftsatzes vom 3. Februar 1931 hatte der Kläger aber unter Hinweis auf die so genannte Leuna-Verladung geltend gemacht, daß der Betrieb teilweise fortgeführt und insbesondere auch der Kläger nicht mit Aufräumungsarbeiten, sondern in seiner bisherigen Tätigkeit weiterbeschäftigt worden sei. Allerdings findet sich im angefochtenen Urteil auch die Bemerkung, die sogenannte Leuna-Verladung sei kein Betriebsteil der Beklagten. Im übrigen hat aber das Landesarbeitsgericht zu der Behauptung des Klägers keinerlei Stellung genommen. Das angefochtene Urteil enthält insbesondere keine Feststellungen darüber, wie der Kläger bis zum 19. Juni 1930 beschäftigt gewesen, wie er nach dieser Zeit beschäftigt worden ist und was unter der sogenannten Leuna-Verladung, bei der nach der Behauptung des Klägers auch Arbeiter der Beklagten beschäftigt worden sind, zu verstehen ist. Ohne nähere Feststellung in dieser Beziehung ist aber eine Nachprüfung, ob eine Betriebsstillegung oder auch nur eine teilweise Betriebsstillegung im Sinne des § 96 BRG. stattgefunden hat, durch die die Entlassung des Klägers am 2. August 1930 erforderlich geworden ist, nicht möglich. Das Landesarbeitsgericht hätte hierzu weitere Aufklärung treffen müssen, ehe es zu der Frage aus § 96 BRG. Stellung nahm. Zur weiteren Aufklärung in tatsächlicher Beziehung war deshalb die Sache unter Aufhebung des angefochtenen Urteils an das Landesarbeitsgericht zurückzuverweisen.

RAG. 9, 181.

Anfechtung des Arbeitsvertrags mit dem Schwerbeschädigten wegen Irrtums über seine Eigenschaft als solcher.

Reichsarbeitsgericht. Urt. v. 23. September 1931.

I. Arbeitsgericht Düsseldorf. — II. Landesarbeitsgericht daselbst.

Der schwerkriegsbeschädigte Kläger stand seit Januar 1928 als Techniker im Dienst der Beklagten. Als er am 28. Oktober 1930 zum Ende November 1930 gekündigt wurde, machte der Kläger durch das am 12. November 1930 bei der Beklagten eingegangene Schreiben vom 11. November 1930 unter Widerspruch gegen die Kündigung geltend, daß er Schwerkriegsbeschädigter sei, eine Tatsache, die bis dahin der Beklagten unbekannt geblieben war. Die Beklagte erklärte daraufhin durch Schreiben vom 12. November 1930, daß sie den Anstellungsvertrag wegen Irrtums und arglistiger Täuschung anfechte. Die auf Wiedereinstellung und Fortzahlung des Gehalts angestrengte Klage hat das Arbeitsgericht abgewiesen. Der Kläger hat Berufung mit den Anträgen verfolgt: auf Feststellung daß die Kündigung das Arbeitsverhältnis nicht beendigt habe und auf Fortzahlung des Gehalts von monatlich 375 RM über den 1. Dezember 1930 hinaus. Das Landesarbeitsgericht hat die Berufung zurückgewiesen. Die zugelassene Revision hatte keinen Erfolg.

Gründe:

Das Reichsarbeitsgericht hat bereits im Gegensatz zu der von der Revision vertretenen Meinung den Standpunkt eingenommen, daß die Rechtsstellung, die das Gesetz den Schwerbeschädigten in dem Bereich der Einstellung und Kündbarkeit eingeräumt hat, ihren Schutz gegen die Geltendmachung von Willensmängeln bei dem Vertragsschluß, insbesondere gegenüber der Anfechtung aus den §§ 119 flg. BGB. nicht umfaßt (RAG. Bd. 3, S 313, RAG. 633/28 Urteil vom 15. Juni 1929 und RAG. 148/29 Urteil vom 22. August 1929 — zum Teil in RAG.

Bd. 4 S. 159). Daß damit der Kündigungsschutz vereitelt werde, wie die Revision mit Hueck-Nipperdey I S. 427 Anm. 22 meint, kann bei den festumschriebenen besonderen Voraussetzungen der Anfechtung ebensowenig gelten wie die Auffassung (Block JW. 1930 S. 373), daß die öffentlichrechtliche Natur des Schutzes, der eben kein allgemeiner Vertragsschutz ist, dem entgegenstehe. Wenn auf die Zwangseinstellung des § 7 SchwerbG. hingewiesen wird, die der Anfechtung nicht unterliegen könne (Block a. a. O.), so bedarf es eines Eingehens auf die Frage nicht, ob dieses Verfahren einen Raum für Geltendmachung von verborgenen Mängeln des Einstellungstatbestandes läßt. Der freie Vertrag, den der Arbeitgeber schließt, mag er seine Einstellungspflicht schon erfüllt haben oder nicht, bleibt jedenfalls dem allgemeinen Vertragsrecht grundsätzlich unterworfen. Im übrigen kann im Bereich der Zwangseinstellung der hier zu erörternde Fall eines Nichtkennens „der Eigenschaft" als Schwerbeschädigter naturgemäß nicht vorkommen. Die Frage, ob ein solcher Irrtum, dessen Vorliegen der Berufungsrichter bei der Beklagten feststellt, die Voraussetzungen des § 119 Abs. 2 BGB. „Eigenschaften der Person, die im Verkehr als wesentlich angesehen werden" erfüllt, haben die angezogenen Entscheidungen offengelassen, insbesondere auch das Urteil RAG. 633/28 vom 15. Juni 1929, in dem nur die Frage beantwortet (und bejaht) ist ob ein Irrtum über das Leiden des Schwerbeschädigten zur Anfechtung führen kann.

Zunächst kommt es für den Begriff des Irrtums nicht, wie die Revision meint, darauf an, ob das Vorhandensein oder Fehlen der „Schwerbeschädigteneigenschaft" überhaupt Gegenstand der Vertragserwägung des Anfechtenden gewesen ist. Nicht nur die falsche Vorstellung des Wirklichen, sondern auch die bedenkenlose Nichtkenntnis von dem wirklichen Sachverhalt, sofern es sich um einen für den Abschluß entscheidenden Punkt — wie um wesentliche Eigenschaften der Person des Vertragsgegners — handelt, erfüllt den Irrtumsbegriff des BGB. (RGZ. Bd. 62 S. 205).

Rechtliche Zweifel können nur in der Hinsicht bestehen, ob die Gesamtheit der tatsächlichen und rechtlichen Stellung eines Schwerbeschädigten als Eigenschaft einer Person angesehen werden kann, die im Verkehr als wesentlich gilt. Das ist zu bejahen. Die Rechtsprechung des Reichsgerichts versteht unter Eigenschaften einer Person nicht nur die ihr natürlich anhaftenden, sondern auch solche tatsächliche oder rechtliche Verhältnisse, die zufolge ihrer Beschaffenheit und Dauer nach den Anschauungen des Verkehrs einen Einfluß auf die Wertschätzung in allen oder in gewissen Rechtsverhältnissen zu üben pflegen

(RGZ. Bd. 61 S. 84, Bd. 94 S. 278, Bd. 99 S. 214). Unbedenklich trifft das für die Stellung der Schwerbeschädigten im Arbeitsverkehr zu. Neben der von dem Berufungsgericht mit Recht in den Vordergrund gestellten schweren Löslichkeit des einmal geschlossenen Arbeitsvertrags nach §§ 13 flg. des Gesetzes, die rechtlich und nach der Übung der Behörden den Schwerbeschädigten mit dem Betrieb fest verbindet, stehen andere von der Person des Schwerbeschädigten ausgehende Einwirkungen auf den Betrieb (§§ 10, 12 des Gesetzes). Dazu kommt schließlich, und nicht zum wenigsten bedeutsam, daß dieser gesetzlichen Fürsorge ein von der Allgemeinheit anerkanntes sittliches Anrecht der Schwerbeschädigten auf Rücksichtnahme entspricht, das sich nicht nur an den Staat als solchen, sondern auch an die Volksgemeinschaft richtet, soweit sie mit Schwerbeschädigten in Verkehr tritt. Alle diese Umstände rechtlicher und tatsächlicher Art stellen außer Zweifel, daß die Anerkennung als Schwerbeschädigter im Sinne des Gesetzes nach der Verkehrsauffassung der Person ein dauerndes und typisches Merkmal gibt, m. a. W., der Person als Eigenschaft anhaftet.

Wenn zu entscheiden ist, ob der Irrtum über diese Eigenschaft zur Anfechtung nach § 119 BGB. führen kann, so bedarf es jeweils der Prüfung, ob der Arbeitgeber bei Kenntnis von der Schwerbeschädigung und bei verständiger Würdigung des Falls die Einstellung nicht vorgenommen haben würde. In die Erörterung, welchen Standpunkt der Arbeitgeber bei verständiger Würdigung des Falls eingenommen hätte, gehört nicht nur seine subjektive Neigung zur Einstellung von Schwerbeschädigten; die verständige Würdigung umfaßt vielmehr auch die Erwägung, ob nicht im Wege der Zwangseinstellung ein Schwerbeschädigter doch eingestellt werden muß — insoweit ist die Lage derjenigen, die ihre Einstellungspflicht erfüllt haben, anders als die der mit der Verpflichtung Rückständigen —, schließlich aber auch die allgemeine sittliche Pflicht der Rücksichtnahme auf Schwerbeschädigte.

Im Umkreis dieser Erwägungen erhebt die Revision auch abgesehen von unzulässigen Angriffen auf die tatsächliche Feststellung Bedenken. Die Abwägung, ob der Arbeitgeber in Kenntnis der Sachlage und in verständiger Würdigung der Sachlage den Schwerbeschädigten eingestellt haben würde, ist aber im wesentlichen tatsächlicher Art und der Nachprüfung im Wege der Revision nicht zugänglich. In Frage kommen könnte, ob der Berufungsrichter sich zu dem objektiven Teil dieser Erwägung das Maß der dem Arbeitgeber obliegenden Pflichten in dem vorerwähnten Sinn gegenwärtig gehalten hat. Der Berufungsrichter stellt aber fest, daß die Beklagte vor der Einstellung des Klägers schon

Schwerbeschädigte über die Pflichtzahl beschäftigt und deshalb Bedenken getragen hätte, die Beweglichkeit ihres Betriebs durch Einstellung noch eines weiter überzähligen Schwerbeschädigten zu belasten. Angesichts dieser Erwägung ist der Revision nicht zuzugeben, daß der Berufungsrichter den Maßstab der verständigen Erwägung zu Lasten des Klägers rechtsirrig angelegt hat.

RAG. 9, 191

Wann erlangen Ersatzmitglieder von Betriebsvertretungen den Kündigungsschutz des § 96 BRG.?

RAG. 108/31.

Reichsarbeitsgericht. Urt. v. 26. September 1931.

I. Arbeitsgericht Berlin. — II. Landesarbeitsgericht daselbst.

Die Kläger waren bei der Beklagten beschäftigt. Der maßgebende Tarifvertrag ließ jederzeitige Kündigung zum Schichtende zu. Die Beklagte hat den Klägern am 24. Oktober 1930 gekündigt. Die Kläger, die auf der zur letzten Betriebswahl zugelassenen Vorschlagsliste Nr. 1 hinter den Gewählten gestanden hatten, halten schon mit Rücksicht hierauf die ohne Zustimmung des Betriebsrats ausgesprochene Kündigung für unwirksam; jedenfalls aber habe die Kündigung deshalb keine Wirkung, weil sie zu einer Zeit erfolgt sei, als die Kläger an Stelle ordentlicher Betriebsratsmitglieder bereits in den Betriebsrat eingetreten gewesen seien. Notfalls haben sie noch geltend gemacht, die Kündigung verstoße gegen § 95 BRG. und sei deshalb gemäß § 134 BGB. nichtig. Sie haben auf Feststellung der Unwirksamkeit der Kündigung und Fortbestand des Arbeitsverhältnisses über den 24. Oktober hinaus sowie auf Zahlung von wöchentlich 50 RM an jeden Kläger vom 25. Oktober 1930 bis zum Urteilstag geklagt. Das Arbeitsgericht hat die Klage abgewiesen, das Landesarbeitsgericht hat nach den Klaganträgen erkannt. Die Revision der Beklagten hatte nur zum Teil Erfolg.

Gründe:

Die Auffassung der Kläger, daß sie schon deshalb Anspruch auf den Kündigungsschutz des § 96 BRG. gehabt hätten, weil sie auf der zugelassenen Vorschlagsliste Nr. 1 gestanden hätten und damit Ersatzmitglieder der auf Grund dieser Liste Gewählten geworden seien (§ 15 WO. z. BRG.), ist nach dem Urteil des Reichsarbeitsgerichts vom 6. Juni 1931 RAG. 607/30 (RAG. Bd. 9 S. 1) nicht haltbar. Das Berufungsgericht hat die Kündigung vom 24. Oktober 1930 auch nicht etwa aus diesem Grunde für unwirksam erklärt, sondern deshalb, weil die Kläger am Kündigungstag, der zufolge der Tarifvertragsbestimmung zugleich der Entlassungstag war, schon berufen gewesen seien, im Betriebsrat tätig zu werden. Am 22. Oktober 1930 hatte nämlich die Beklagte sämtliche auf Grund der Vorschlagsliste Nr. 1 gewählten ordentlichen Betriebsratsmitglieder ohne Zustimmung des Betriebsrats aus, wie sie behauptete und behauptet, wichtigem Grund entlassen. Die Entlassenen hatten alsbald gegen ihre Entlassung Widerspruch erhoben, indem sie bestritten, daß ein Grund zu fristloser Entlassung vorgelegen habe. Das Berufungsgericht hat angenommen, daß die Entlassenen, da die Wirksamkeit ihrer Entlassung noch nicht rechtskräftig festgestellt gewesen sei, am 24. Oktober 1930 wo nicht schon endgültig aus dem Betriebsrat ausgeschieden, so doch jedenfalls an der Ausübung ihres Betriebsratsamtes auf zunächst nicht absehbare Zeit verhindert gewesen seien; die Kläger seien also nach § 40 Abs. 1 BRG. als Stellvertreter für die Entlassenen eingetreten und hätten damit den Kündigungsschutz erworben. Gleichgültig sei es, ob sie am 24. Oktober 1930 wirklich schon mit Betriebsratsgeschäften befaßt gewesen seien. Die Tätigkeit eines Betriebsrats sei an sich damals erforderlich gewesen, weil infolge der Lohnstreitigkeiten gerade zahlreiche Entlassungen stattgefunden hätten.

Dem muß im Ergebnis beigetreten werden. Lag ein wichtiger Grund für die am 22. Oktober erfolgte Entlassung der ordentlichen Mitglieder des Betriebsrats vor, so war damit endgültig ihr Ausscheiden aus dem Betriebsrat und der Eintritt der Kläger in ihn vollzogen. Die Kläger hatten dadurch ohne weiteres den Kündigungsschutz des § 96 BRG. erlangt, ohne daß sie etwa die Annahme des Amtes ausdrücklich erklärt zu haben oder in Betriebsratsgeschäften wirklich tätig geworden zu sein brauchten. Gerade die Beklagte konnte von ihrem Standpunkt aus, daß sie die ordentlichen Mitglieder des Betriebsrats zu Recht entlassen habe, den damit in den Betriebsrat eingetretenen Ersatzmitgliedern nicht wohl einen Kündigungsschutz abstreiten.

Stand dagegen der Beklagten ein ausreichender Grund zur fristlosen Entlassung der ordentlichen Betriebsratsmitglieder in Wahrheit nicht zur Seite, so war die Kündigung unzulässig und wirkungslos und beraubte insbesondere die Entlassenen nicht ihres Betriebsratsamtes. Immerhin behauptete die Beklagte eine rechtswirksame Entlassung und behandelte die Entlassenen als nicht mehr zum Betrieb und zum Betriebsrat gehörig. So lange dieser Streit schwebte, waren die Entlassenen zeitweilig an der Ausübung ihres Betriebsratsamtes verhindert und die Kläger als Ersatzmitglieder zu ihrer zeitweiligen Stellvertretung berufen.

Das Betriebsrätegesetz schreibt für den Eintritt der Ersatzmitglieder als Stellvertreter für zeitweilig verhinderte ordentliche Mitglieder keine weiteren Voraussetzungen vor, als daß eben diese Verhinderung besteht. Etwas weiteres kann deshalb auch nicht verlangt werden, auch nicht etwa aus der Erwägung heraus, daß es mitunter schwierig sein mag, festzustellen, ob ein ordentliches Mitglied verhindert ist oder nicht. Wollte man verlangen, daß ein Ersatzmitglied erst wirklich tätig geworden sein müsse, ehe es den Kündigungsschutz erwirbt, so würden damit Feststellungsschwierigkeiten keineswegs ausgeschlossen, sondern immer noch, nur in anderer Richtung, möglich sein; denn ob eine Tätigkeit in Betriebsratsgeschäften stattgefunden hat, ist nicht immer eindeutig erkennbar. Weiter aber würde die Folge sein, daß die Ersatzmitglieder in dem Augenblick, wo sie zur Tätigkeit berufen sind und zur Verfügung stehen müssen, auch ohne Vorliegen eines wichtigen Grundes auf Grund ordentlicher Kündigung entlassen werden könnten, so daß es dem Betriebsinhaber ohne jeden Gesetzesverstoß möglich wäre, den bestehenden Betriebsrat arbeitsunfähig zu machen und eine Neuwahl zu erzwingen. Die Wahl von Ersatzmitgliedern soll aber gerade dazu dienen, die Tätigkeit des Betriebsrats von der Wirkungsmöglichkeit der ordentlichen Mitglieder unabhängig zu machen und die Kontinuität des Betriebsrats zu gewährleisten. Danach konnte die den Klägern gegenüber am 24. Oktober 1930 ausgesprochene ordentliche — nicht etwa auf wichtige Gründe gestützte — Kündigung nicht die Wirkung haben, ihr Arbeitsverhältnis mit Schichtende zu lösen.

Das Urteil des Reichsarbeitsgerichts RAG. 607/30 vom 6. Juni 1931 steht damit durchaus im Einklang. Dort ist die Frage offengelassen, ob dann, wenn ein Ersatzmitglied vor seinem Eintritt in die Betriebsvertretung befristet gekündigt und demnächst während des Laufs der Kündigungsfrist zur Stellvertretung berufen wird, etwa der Ablauf der Kündigungsfrist bis zur Beendigung des Stellvertretungsbedürfnisses gehemmt sei. Auch für den vorliegenden Fall braucht diese Frage nicht entschieden zu werden, weil hier die Kündigung zu einem Zeitpunkt ausgesprochen worden ist, in dem der Fall der Stellvertretung schon eingetreten war. Das bezeichnete Urteil hat es zwar für möglich erachtet, daß die einem zeitweilig einberufenen Ersatzmitglied zugehende Kündigung, wenn die Kündigungsfrist in einem Zeitpunkt endet, der erst nach Beendigung der Stellvertretung liegt, in diesem Zeitpunkt wirksam werden kann. Ein solcher Fall liegt aber nicht vor, weil sowohl die Kündigung als auch der Ablauf der Kündigungsfrist (Schichtende) in die Zeit der Stellvertretung fielen.

Danach war die Kündigung vom 24. Oktober jedenfalls nicht geeignet, das Arbeitsverhältnis der Kläger mit diesem Tage zu beendigen. Es fragt sich nur, ob es, wie das Berufungsgericht angenommen hat, bis zum Erlaß des Berufungsurteils — 23. Januar 1931 — fortbestanden hat. Diese Frage ist zu verneinen. Das Berufungsgericht hat übersehen, daß die Beklagte im zweiten Rechtsgang unwidersprochen behauptet hat, am 28. November 1930 sei ein neuer Betriebsrat gewählt worden. Wie das beiderseitige Parteivorbringen ergibt, sind die Kläger dabei nicht wieder gewählt worden. Dann aber erlosch mit der Bildung des neuen Betriebsrats das Amt der Kläger und gleichzeitig ihr Kündigungsschutz. Es endete aber damit zugleich auch ihr Arbeitsverhältnis. Ob etwa die ihnen am 24. Oktober erklärte — damals unwirksame — Kündigung durch den Fortfall des Kündigungsschutzes ohne weiteres wirksam werden konnte, was die Kläger betreiten, braucht nicht entschieden zu werden. Denn jedenfalls hat die Beklagte durch ihr Verhalten in dem am 28. November 1930 schon im zweiten Rechtsgang schwebenden Rechtsstreit den Klägern unmißverständlich und fortdauernd zu erkennen gegeben, daß sie ihre frühere Kündigung aufrechterhalten und zum ersten zulässigen Zeitpunkt wirken lassen wollte. Es bedurfte also nicht einer nochmaligen ausdrücklichen Kündigung nach der Bildung des neuen Betriebsrats. § 95 BRG. steht nicht entgegen.

RAG. 9, 204.

Findet § 78 Abs. 3 ZPO. auf einen Verbandsvertreter im Sinne des § 11 ArbGG. entsprechende Anwendung? Kann ein Verbandsvertreter, der seine Vertretungsbefugnis „kraft Vollmacht" nicht sogleich nachweisen kann, wie nach § 89 ZPO. ein Prozeßbevollmächtigter, ohne Vollmacht vor den Arbeitsgerichten einstweilen zugelassen werden?

ArbGG. § 11. ZPO. § 78 Abs. 3, § 89.

Reichsarbeitsgericht. Urt. v. 3. Oktober 1931.

I Arbeitsgericht Breslau. — II. Landesarbeitsgericht daselbst.

Der Kläger hat mit der Klage rückständiges Gehalt und eine vereinbarte Entschädigung für die Überlassung von Maschinen verlangt. Die Beklagte hat Abweisung der Klage beantragt. Das Arbeitsgericht hat die Klagesumme zuerkannt. Gegen dieses Urteil hat der Liquidator der Beklagten in seiner Eigenschaft als Mitglied des Ausschusses des Verbands Deutscher Offset- und Steindruckereibesitzer e. V., dem die Beklagte angehört, mit dem Ziele auf Klagabweisung Berufung eingelegt. Der Kläger hat in erster Linie Verwerfung der Berufung beantragt, weil der vor dem Berufungsgericht für die Beklagte allein aufgetretene Liquidator nicht zu den nach § 11 Abs. 2 ArbGG. vertretungsberechtigten Personen gehöre und deshalb die Berufung unzulässig sei. Das Landesarbeitsgericht hat diesem Antrage stattgegeben. Die Revision der Beklagten führte zur Aufhebung des Urteils und zur Zurückverweisung der Sache.

Gründe:

Nach § 78 Abs. 3 ZPO. kann ein beim Prozeßgericht zugelassener Rechtsanwalt sich selbst vertreten. Dies gilt nicht nur für die Vertretung in eigenen Angelegenheiten des Rechtsanwalts, sondern auch in solchen, die ihm als Partei kraft Amtes, etwa als Konkursverwalter, Testamentsvollstrecker usw., oder in der Eigenschaft als gesetzlicher Vertreter obliegen. Sinngemäß sind diese Grundsätze auch auf die nach § 11 ArbGG. im arbeitsgerichtlichen Verfahren zugelassenen Verbandsvertreter anzuwenden (s. Dersch-Volkmar, Arbeitsgerichtsgesetz, 4. Aufl., S. 225). Mit Recht hat daher der Berufungsrichter die Zulässigkeit der vom Liquidator, dem gesetzlichen Vertreter der Beklagten, für diese eingelegte Berufung lediglich auf dessen Vertretungsbefugnis im Sinne des § 11 Abs. 2 ArbGG. abgestellt und untersucht, ob der Liquidator der Beklagten als Ausschußmitglied des Verbandes Deutscher Offset- und Steindruckereibesitzer, derjenigen wirtschaftlichen Arbeitgebervereinigung, der die Beklagte angehört, „kraft Satzung oder Vollmacht" eine solche Befugnis besitzt. (Es folgen Ausführungen darüber, daß eine Vertretungsbefugnis des Liquidators kraft Satzung oder Vollmacht nicht gegeben ist.)

Dagegen ist die von der Revision noch erhobene Verfahrensrüge begründet. Sie wird daraus hergeleitet, daß der Berufungsrichter den Liquidator der Beklagten als vor dem Landesarbeitsgericht nicht vertretungsberechtigt sogleich zurückgewiesen hat, ohne sich beim Verband selbst eine Aufklärung über die Vertretungsbefugnis des Liquidators verschafft zu haben. Die Vorschrift des § 89 ZPO., wonach das Gericht jemand, der für eine Partei als Geschäftsführer ohne Auftrag oder als Bevollmächtigter ohne Beibringung einer Vollmacht handelt, zur Prozeßführung einstweilen zulassen und ihm zur Nachbringung der fehlenden Genehmigung eine Frist setzen kann, ist im arbeitsgerichtlichen Verfahren entsprechend auf Mitglieder oder Angestellte einer wirtschaftlichen Vereinigung anzuwenden, die wenn sie die Vereinigung oder Mitglieder vor Gericht vertreten, nicht sogleich eine schriftliche Vollmacht oder Erlaubnis seitens der Vereinigung vorlegen können, welche ihre Vertretungsbefugnis ausweist. Allerdings liegt die vorläufige Zulassung eines Vertreters ohne Vollmacht nach § 89 ZPO. im pflichtmäßigen Ermessen des Gerichts und ist die Nachprüfung des richtigen Gebrauchs dieses Ermessens mit der Revision nicht statthaft. Da aber anzunehmen ist, daß es dem Liquidator ohne weiteres möglich gewesen sein würde, die Ermächtigung seines Verbandes zur Vertretung der Verbandsmitglieder aus dem von ihm betreuten Verbandskreise vor dem Landesarbeitsgericht nachzubringen, und kein ausreichender Grund zu ersehen ist, weshalb der Berufungsrichter den Liquidator nicht einstweilen als vertretungsberechtigt vor dem Landesarbeitsgericht zugelassen hat, so muß angenommen werden, daß sich der Berufungsrichter seiner auf entsprechender Anwendbarkeit des § 89 ZPO. beruhenden Befugnis nicht bewußt gewesen ist. Hierin liegt ein Rechtsverstoß, der unbedenklich als von der Verfahrensrüge der Revision mit ergriffen anzusehen ist, und auf ihm beruht das Urteil.

Die Revision mußte daher Erfolg haben und zur Aufhebung des angefochtenen Urteils und zur Zurückverweisung der Sache führen.

RAG. 9, 210.+

Gilt die Zeit, während welcher der Arbeitgeber sich im Annahmeverzug befand, für die Entstehung des Urlaubsanspruchs als Beschäftigungszeit?

Kann, wenn während des Annahmeverzuges des Arbeitgebers ein Urlaubsanspruch entstanden ist, neben dem Arbeitslohn auch der Urlaubslohn nachgefordert werden?

Berliner Tarifvertrag zwischen Reichsverband der Büromaschinenhändler und Deutschen Metallarbeiterverband.

Reichsarbeitsgericht. Urt. v. 10. Oktober 1931.

I. Arbeitsgericht Berlin. — II. Landesarbeitsgericht daselbst.

. . .

Gründe:

. . .

Mit Unrecht sieht die Revision ferner den Urlaubsanspruch des Klägers als erfüllt und deshalb nach § 362 BGB. erloschen an. Allerdings hat der Kläger während der Dauer seines erst mit dem 20. Mai 1930 beendeten Arbeitsverhältnisses vom 10. April 1930 ab, mit welchem Tage sein Anspruch auf einen neuntägigen bezahlten Urlaub entstanden war, noch länger als 9 Arbeitstage keine Arbeit geleistet, und er hat auch für die Zeit bis zum Ablauf des Arbeitsverhältnisses nachträglich den Lohn nachgezahlt erhalten. Es ist aber nicht richtig, daß er damit alles, was ihm auf Grund seines Urlaubsanspruches zukam, Freizeit und Bezahlung der Freizeit, wenn auch die Bezahlung verspätet, empfangen habe. Der Urlaubsanspruch geht auf Freistellung von Arbeit unter Fortgewährung des Lohnes und beschränkt sich erst dadurch, daß die Freistellung von der Arbeit mit Ablauf des Arbeitsverhältnisses unmöglich wird, auf den Urlaubslohn. Die Beklagte hat nun während der Dauer des mit dem 20. Mai 1930 abgelaufenen Arbeitsverhältnisses den Kläger nicht, worauf er Anspruch hatte, für 9 Arbeitstage von der Arbeitspflicht befreit und ihm für diese Tage gleichzeitig den Lohn gezahlt. Sie hat vielmehr vom 31. Dezember 1929 ab bis zum Ablauf des Arbeitsverhältnisses nur die Annahme der vom Kläger angebotenen Arbeit abgelehnt, ihm damit aber keine Freizeit zu seiner Erholung gewährt und hat nicht etwa nur den gleichzeitigen Anspruch des Klägers auf den Urlaubslohn vorläufig unerfüllt gelassen. Der Kläger konnte über keinen Teil der Zeit, die er infolge des Annahmeverzuges der Beklagten nicht gearbeitet hat, wie der Beurlaubte grundsätzlich frei verfügen, sondern mußte seine Arbeitskraft bis zur Beendigung seines Arbeitsverhältnisses für die Beklagte stets zur Verfügung halten, wenn er nicht seines vertraglichen Lohnanspruches verlustig gehen wollte. Er hat also auch in tatsächlicher Hinsicht in der in Betracht kommenden Zeit vom 10. April bis zum 20. Mai 1930 niemals die Stellung eines Beurlaubten gehabt. Dadurch, daß er nach Ablauf des Arbeitsverhältnisses, für dessen Dauer ihm infolge des Annahmeverzuges der Beklagten nach § 615 BGB. trotz ausgebliebener Arbeitsleistung der volle Lohn zukam, nicht mehr von Arbeit freigestellt werden kann, ist sein bisher auch nicht zum Teil erfüllter Urlaubsanspruch nicht erloschen, sondern nur auf den Urlaubslohn eingeschränkt worden. Dieser ist ihm mit Recht zugesprochen.

RAG. 9, 223.

Darf der Bergarbeiter nach erfolgter Kündigung den Rest der ihm für das laufende Kalenderjahr tariflich zustehenden Deputatkohlenmenge noch fordern, auch wenn er die Kohlen bis zum Ablaufe der Kündigungsfrist nicht mehr verbrauchen kann?

TarifVo. § 1. Tarifvertrag für das Rheinisch-westfälische Steinkohlenrevier § 8.

Reichsarbeitsgericht. Urt. v. 10. Oktober 1931.

I. Arbeitsgericht Recklinghausen. — II. Landesarbeitsgericht Dortmund.

§ 8 des Tarifvertrages für das Rheinisch-westfälische Steinkohlenrevier billigt in Ziff. 1 einem Teile der Arbeiter, zu dem auch der Kläger gehörte, auf Grund ihres Familienstandes „für ihren eigenen Bedarf" bis zu 100 Ztr. Hausbrandkohlen jährlich zum Preise von 40 Rpf. für den Zentner ab Zeche. zu. Ziff. 3 bestimmt des Näheren folgendes:

„Als Deputat-Kohlenjahr gilt die Zeit vom 1. Oktober bis 30. September. Etwa 2/3 der Menge sind auf Verlangen des Bezugsberechtigten in dem Zeitraum vom 1. Oktober bis 31. März zu liefern. Im übrigen sind für die Entnahme maßgebend die beim Bezieher vorliegenden und von ihm angegebenen hauswirtschaftlichen Bedarfsverhältnisse."

Ziff. 6 lautet:

„Bezugsberechtigten Arbeitern, deren Familien auswärts wohnen, sind auf Wunsch die Hausbrandkohlen für einen länger zurückliegenden Zeitraum bis zu einem Jahre auf einmal zu verabfolgen."

In der protokollarischen Erklärung zu § 8 Ziff. 1 heißt es:

„Unter dem Ausdruck „bis zu" soll nicht verstanden werden, daß seitens der Zechen eine niedrigere Festsetzung der Bedarfsmenge des einzelnen Bezugsberechtigten, als im Tarif vorgesehen, vorgenommen werden darf. Es soll vielmehr durch diese Worte nur hervorgehoben werden, daß für die von dem einzelnen Bezugsberechtigten geforderte Menge der tatsächliche eigene Bedarf maßgebend ist."

Der Kläger, der als Bergmann bei der Beklagten beschäftigt war, hatte in dem Deputat-Kohlenjahre 1929/30, das am 1. Oktober beginnt, am 24. April und am 7. Juli 1930 je 16 Zentner Deputat-Kohlen erhalten. Kurz vor der zweiten Lieferung, am 1. Juli wurde ihm mit Wirkung zum 15. Juli gekündigt. Mit der Behauptung, er habe nach der Kündigung die ganze ihm für die Zeit vom 1. Oktober 1929 bis zum 15. Juli 1930 zustehende Deputat-Kohlenmege von 79 Zentnern abzüglich der im April erhaltenen 16 Zentner, also 63 Zentner verlangt und könne daher, nachdem er am 17. Juli noch 16 Zentner Deputat-Kohlen erhalten habe, für die Zeit vom 1. Oktober 1929 bis zum 15. Juli 1930 noch 47 Zentner beanspruchen, beantragt der Kläger, ihm diese 47 Zentner Kohlen zum verbilligten Tarifpreise von 0,40 RM je Zentner zuzuerkennen.

Die Beklagte erwidert, der Kläger habe keinen unbedingten Anspruch auf 100 Zentner jährlich. Es komme nur auf seinen Bedarf an. Daraus, daß er im April 16 Zentner Kohle und dann erst wieder im

Juli neue Kohlen verlangt habe, sei zu schließen, daß er für die noch verlangten 47 Zentner keinen Bedarf habe. Für die Zeit nach der Abkehr komme eine Deckung des Bedarfs nicht mehr in Frage.

Das Arbeitsgericht hat die Beklagte verurteilt, an den Kläger 47 Zentner Kohlen zum Preise von 0,40 RM je Zentner zu liefern. Das Landesarbeitsgericht hat die Klage abgewiesen, aber die Revision zugelassen. Die Revision des Klägers führte zur Wiederherstellung des Urteils des Arbeitsgerichts.

Gründe:

Wie das Reichsarbeitsgericht in der Entscheidung vom 8. Dezember 1928 (RAG. Bd. 3 S. 28) näher dargelegt hat, steht dem Bergarbeiter nach dem Tarifvertrage für das Rheinisch-westfälische Steinkohlenrevier der anteilige Deputat-Kohlenanspruch auch dann zu, wenn er die angeforderte Menge während der Restdauer seines Arbeitsverhältnisses, also bis zum Ablauf einer Kündigungsfrist, nicht mehr verbrauchen kann. Wenn in den Bestimmungen des Tarifvertrages hervorgehoben wird, daß nur der eigene Bedarf gedeckt werden darf, so bedeutet das nur, daß der Bezugsberechtigte keinen fremden Bedarf decken, also namentlich mit den erhaltenen Kohlen keinen Handel treiben darf (RAG. Bd. 3 S. 33). In dem Falle, den das Reichsarbeitsgericht in dem angezogenen Erkenntnis entschieden hat, hatte der Bergmann die Kohlen allerdings bereits vor der Kündigung angefordert. Das kann aber keinen grundsätzlichen Unterschied machen. Die protokollarische Erklärung zu Ziff. 1 des § 8 des Tarifvertrages spricht ausdrücklich aus, daß seitens der Zechen eine andere Festsetzung der Bedarfsmenge des einzelnen Bezugsberechtigten, als im Tarif vorgesehen ist, nicht vorgenommen werden darf. Wenn die protokollarische Erklärung noch hinzusetzt, daß für die von dem einzelnen Bezugsberechtigten geforderte Menge der tatsächliche eigene Bedarf „maßgebend" ist, so hat dieser Zusatz, wie ausgeführt, nur den Sinn, daß der Bezugsberechtigte die Kohlen nicht zu dem Zwecke anfordern darf, um sie anderen, seinem Haushalte fremden Personen zu überlassen. Dabei kann es nicht, wie das Berufungsgericht annimmt, einen Unterschied machen, ob der Bergmann die ihm zustehende Kohlenmenge vor oder nach dem Kündigungstage angefordert hat.

In der angezogenen Entscheidung des Reichsarbeitsgerichts ist nun allerdings noch darauf hingewiesen worden, daß nach der Bestimmung unter Ziffer 6 des mehrerwähnten § 8 bezugsberechtigten Arbeitern, deren Familien auswärts wohnen, die Hausbrandkohlen auf Wunsch für einen länger zurückliegenden Zeitraum bis zu einem Jahre auf einmal zu verabfolgen sind, und dabei ist die Frage offen gelassen worden, ob daraus vielleicht zu schließen sei, daß solche bezugsberechtigten Arbeiter, deren Familien nicht auswärts wohnen, nur für einen nicht so lange zurückliegenden Zeitraum des Kohlen-Deputatjahres die ihnen zustehende Kohlenmenge nachfordern dürfen. Die betreffende Bestimmung geht aber nur davon aus, daß die Vergünstigung, Deputat-Kohlen für eine „länger zurückliegende Zeit" bis zu einem Jahre nachzu fordern, sich auf solche Fälle beziehen soll, wo der Bezugsberechtigte Kohlen für eine in ein früheres Deputat-Kohlenjahr zurückreichende Zeit verlangt. Dagegen bietet sie keinen Anhalt dafür, daß dem Bezugsberechtigten auch das Recht genommen werden solle, sich den Kohlenbedarf des laufenden Deputatjahres nach seinem Ermessen einzuteilen, sofern er nur die Schranke der Ziff. 3 beachtet, daß er in dem Zeitraum vom 1. Oktober bis zum 31. März (also in der kalten Jahreszeit) nicht mehr als etwa 2/3 der ihm für ein ganzes Jahr zustehenden Menge verlangen darf. Denn Ziff. 3 bestimmt ausdrücklich weiter, daß im übrigen für die Entnahme die beim Bezieher vorliegenden und von ihm angegebenen hauswirtschaftlichen Bedarfsverhältnisse maßgebend sind. Daraus ist zu entnehmen, daß der Anspruch auf Deputat-Kohlen während des laufenden Kohlenjahres durch Verzögerung des Abrufs jedenfalls nicht verfällt, und die seinerzeit vom Reichsarbeitsgericht offen gelassene Frage ist also in dem Sinne zu beantworten, daß der Bergarbeiter auch noch nach der Kündigung den Rest der ihm für das laufende Kohlenjahr zustehenden Deputatkohlen nachfordern darf, auch wenn er sie bis zum Ablauf der Kündigungsfrist nicht mehr verbrauchen kann.

Vorliegend verlangt der Kläger nur Lieferung des Restes für das zur Zeit seiner Kündigung laufende Kohlen-Deputatjahr, und zwar unter Beschränkung auf denjenigen Anteil, der auf die Zeit bis zum Ablaufe der Kündigungsfrist, also bis zur Beendigung des Arbeitsverhältnisses entfällt. Dieser Anspruch ist nach Vorstehendem begründet. Der Revision war daher stattzugeben, und die Berufung der Beklagten gegen das Urteil des Arbeitsgerichts war zurückzuweisen.

RAG. 9, 269.

Hat die dem Arbeitgeber auf Beschwerde erteilte Zustimmung zur Kündigung eines Schwerbeschädigten rückwirkende Kraft?

SchwerbG. § 13 Abs. 1, § 21 Abs. 1.

Reichsarbeitsgericht. Urt. v. 17. Oktober 1931.

I. Arbeitsgericht Hamborn. — II. Landesarbeitsgericht Duisburg-Hamborn.

Die Klägerin hat den Beklagten — Schwerbeschädigten — am 11. Juli 1930 entlassen. Die Zustimmung der Hauptfürsorgestelle hatte sie am 8. Juli 1930 beantragt, die Hauptfürsorgestelle hat aber am 27. August 1930 die Zustimmung versagt. Auf Beschwerde der Klägerin hat der Schwerbeschädigtenausschuß am 2. Dezember 1930 beschlossen, der Beschwerde stattzugeben. Inzwischen hatte der Beklagte gegen die Klägerin das rechtskräftige Urteil vom 17. November 1930 erwirkt, durch das festgestellt wurde, daß das Arbeitsverhältnis unter den Parteien weiterbestehe, und durch das weiter die Klägerin verurteilt wurde, dem Beklagten 446,52 RM zu zahlen, nämlich Lohn vom 12. Juli 1930 bis zum Urteilstag abzüglich gewisser Beträge, die der Beklagte in dieser Zeit an Arbeitslosenunterstützung und anderweitigem Arbeitsverdienst vereinnahmt hatte. Im vorliegenden Rechtsstreit hat die Klägerin vor dem Arbeitsgericht unter Hinweis auf die Entscheidung des Schwerbeschädigtenausschusses gemäß § 767 ZPO. beantragt, die Zwangsvollstreckung aus dem Urteil vom 17. November für unzulässig zu erklären. Das Arbeitsgericht hat nach diesem Antrag erkannt. In der Berufungsinstanz hat die Klägerin gegenüber dem Antrag des Beklagten auf Klagabweisung die Zurückweisung der Berufung nur insoweit beantragt, als die Vollstreckung in Höhe von 350 RM für unzulässig erklärt worden sei. Die Parteien waren einig, daß die Klägerin dem Beklagten unter allen Umständen den Lohn auf die Dauer der gesetzlichen, vom 11. Juli 1930 ab rechnenden Kündigungsfrist von vier Wochen zu zahlen habe und daß danach das Urteil des Vorprozesses in Höhe von 96,54 RM durch die nachträgliche Erteilung der Zustimmung zur Kündigung nicht berührt werde. Das Berufungsgericht hat die Klage abgewiesen. Das Reichsarbeitsgericht hat die Vollstreckung aus dem Urteil des Vorprozesses nur in Höhe von 350 RM für unzulässig erklärt.

Gründe:

Die Vollstreckungsklage der Klägerin ist in ihrem in der Berufungsinstanz eingeschränkten Umfang begründet, wenn die am 11. Juli 1930 ohne Zustimmung der Hauptfürsorgestelle ausgesprochene Kündigung dadurch von Anfang an wirksam geworden ist, daß die Zustimmung nachträglich, nämlich am 2. Dezember 1930 erteilt worden ist. Zu entscheiden ist also, ob die nachträgliche Erteilung der Zustimmung rückwirkende Kraft hat. Das ist im Gegensatz zum Berufungsrichter zu bejahen.

Einem Schwerbeschädigten kann nur mit Zustimmung der Hauptfürsorgestelle gekündigt werden, diese Zustimmung muß vom Arbeitgeber schriftlich beantragt werden und die Kündigungsfrist läuft erst vom Tag der Absendung dieses Antrags ab (§ 13 SchwerbG.). Das Reichsarbeitsgericht hat schon im Urteil vom 8. Februar 1928 (RAG. Bd. 1 S. 153) aus dem letzten dieser Sätze die Folgerung gezogen, daß die nachträgliche Zustimmung rückwirkende Kraft habe. Daran ist festzuhalten, denn jene Schlußfolgerung ist in der Tat unabweislich. § 13 hat bei der Vorschrift, daß die Kündigungsfrist erst vom Tag der Absendung des Antrags auf Zustimmung laufen soll, den Fall im Auge, daß der Antrag erst abgesandt worden ist, nachdem die Kündigung ausgesprochen war. Das Berufungsgericht will aus jener Vorschrift für die hier zu entscheidende Frage nur so viel entnehmen, daß eine Kündigung, zu der die Zustimmung der Hauptfürsorgestelle nicht schon bei ihrem Ausspruch vorliegt, nicht deshalb schlechthin wirkungslos sein solle, wie das etwa § 6 der Bekanntmachung zum Schutz der Mieter vom 23. September 1918 in bezug auf eine ohne vorherige Zustimmung des Mieteinigungsamts erklärte Kündigung des Vermieters angeordnet habe, daß vielmehr die Zustimmung auch nachträglich erteilt werden könne. Dem kann nicht beigetreten werden. Zwar ergibt der in Rede stehende Satz auch das, was das Berufungsgericht daraus hergeleitet hat. Aber darüber hinaus besagt er unzweifelhaft auch, daß die Kündigungsfrist zwar nicht immer schon vom Zugang des Kündigungsausspruchs, wie es der gesetzlichen Regel entspricht, läuft, sondern dann, wenn in diesem Zeitpunkt der Antrag an die Hauptfüsorgestelle noch nicht abgesandt war, bis zur Absendung des Antrags gehemmt ist, daß sie dann aber jedenfalls zu laufen beginnt und, da eine weitere Hemmung nicht vorgesehen ist, abläuft ohne Rücksicht darauf, wann die Zustimmung der Hauptfürsorgestelle erteilt wird. Allerdings kann auch der Ablauf der Frist das Arbeitsverhältnis dann nicht zur Auflösung bringen, wenn die Zustimmung endgültig versagt wird, weil eben nur mit Zustimmung der Hauptfürsorgestelle gekündigt werden kann. Wird die Zustimmung erteilt, so übt die Kündigung mit Ablauf der Frist ihre Wirkung. Das ist unzweifelhaft der Wille des Gesetzes für den Fall, daß die Zustimmung vor Fristablauf, wenn auch nur einen Tag vorher, erteilt wird. Denn § 13 schreibt eben ausdrücklich nur eine Hemmung des Fristbeginns vor, deutet dagegen in keiner Weise an, daß der Fristlauf noch eine weitere Hemmung erleiden solle. Will also das Gesetz für diesen Fall unzweifelhaft eine rückwirkende Kraft der Zustimmung, so muß ein bestimmter Anhalt dafür gegeben sein, daß es diese rückwirkende Kraft für den Fall nicht gewollt habe, daß die Zustimmung erst nach Ablauf der Kündigungsfrist erteilt wird. An einem solchen Anhalt fehlt es. Daß der Gesetzgeber einem und demselben Verwaltungsakt die rückwirkende Kraft in dem einen Fall zusprechen, in dem andern aber hätte versagen wollen, kann nicht ohne weiteres angenommen werden.

Das Berufungsgericht meint, öffentlichrechtliche Rechtsakte der hier in Frage stehenden Art wirkten grundsätzlich nur für die Zukunft. Es verweist hierfür auf das Urteil des Reichsgerichts vom 3. Januar 1923 (RGZ. Bd. 106 S. 145). Nach diesem Urteil sind die rein privatrechtlichen Bestimmungen der §§ 183, 184 BGB. auf die nach der Bekanntmachung vom 15. März 1918 über den Verkehr mit landwirtschaftlichen Grundstücken erteilte staatliche Genehmigung, als einen Staatshoheitsakt, nicht unmittelbar anwendbar. Schon dieses Urteil aber hält eine entsprechende Anwendung jener Bestimmungen auf einen solchen Genehmigungsakt nicht für ausgeschlossen. Und im Urteil vom 23. Februar 1924 (RGZ. Bd. 108 S. 94) sowie in zahlreichen späteren Urteilen (z. B. RGZ. Bd. 123 S. 327) hat das Reichsgericht gerade für die Genehmigung nach der Bekanntmachung vom 15. März 1918 die rückwirkende Kraft anerkannt. Rückwirkung kommt nach der ständigen Rechtsprechung des Reichsgerichts auch der behördlichen Genehmigung nach dem preuß. Grundstücksverkehrsgesetz vom 10. Februar 1923 zu. Es läßt sich also keineswegs, wie es das Berufungsgericht tut, allgemein sagen, daß öffentlichrechtliche Zustimmungserklärungen, von denen die Rechtswirksamkeit eines bürgerlichrechtlichen Rechtsgeschäfts abhängt, grundsätzlich keine rückwirkende Kraft üben könnten. Es kann vielmehr nur für jede einzelne Art dieser Verwaltungsakte durch Untersuchung der jeweiligen besonderen gesetzlichen Bestimmungen ermittelt werden, ob diese eine Rückwirkung anordnen oder nicht. Aus diesem Grunde ist es auch verfehlt, wenn das Berufungsgericht den letzten Satz des § 97 BRG. nicht als Sonderbestimmung, sondern als den Ausdruck jenes von ihm angenommenen allgemeinen Rechtsgedankens auffaßt. Wenn das Reichsarbeitsgericht in seinem Urteil vom 1. März 1930 (RAG. Bd. 5 S. 217) die Rückwirkung einer gemäß § 2 der Stilllegungsverordnung erteilten Genehmigung des Demobilmachungskommissars verneint hat, so hat es das lediglich aus einer Prüfung der besonderen Bestimmungen dieser Verordnung heraus getan, nicht aber in Anwendung eines allgemeinen Rechtsgrundsatzes des vom Berufungsgericht gewollten Inhalts.

Wenn, wie dargelegt, nach § 13 SchwerbG. die Zustimmung der Hauptfürsorgestelle der Kündigung, sei es auch nur vom Zeitpunkt der Absendung des Antrags ab, rückwirkend Kraft verleiht, so läßt sich demgegenüber nicht einwenden, daß dadurch Ergebnisse ermöglicht werden, die mit dem allgemeinen Fürsorgezweck des Gesetzes nicht ohne weiteres im Einklang stehen.

Auch aus § 21 Abs. 1 SchwerbG., wo — abgesehen von einem hier nicht in Betracht kommenden Fall — der Beschwerde gegen die Entscheidung der Hauptfürsorgestelle aufschiebende Wirkung versagt wird, läßt sich nichts gegen die rückwirkende Kraft der Beschwerdeentscheidung herleiten. Das Reichsarbeitsgericht hat schon in seinem Urteil vom 23. September 1931 (RAG. Bd. 9 S. 184) die Bedeutung dieser Bestimmung erörtert. Dort hatte umgekehrt wie hier die Hauptfürsorgestelle die Zustimmung zur Kündigung erteilt, der Schwerbeschädigtenausschuß auf Beschwerde die Zustimmung von einer, während der streitigen Zeit nicht eingetretenen Bedingung abhängig gemacht. Das Reichsarbeitsgericht hat dem Schwerbeschädigten trotz der von der Hauptfürsorgestelle erteilten Zustimmung und trotz § 21 Abs. 1 den Lohnanspruch zuerkannt. Das Urteil legt dar, daß für die Fälle der §§ 13—17 des Gesetzes, in denen die Zustimmung anders als in anderen Fällen nicht ein Verwaltungsakt wesentlich tatsächlicher Art ist, sondern die rechtliche Gestaltung des Vertragsverhältnisses zwischen dem Schwerbeschädigten und dem Arbeitgeber zum Gegenstand hat, das Verbot der aufschiebenden Wirkung der Beschwerde nur einen Rechtsschein für die Dauer des Beschwerdeverfahrens schafft, nicht aber dazu führt, daß der von der ersten Instanz gebilligte Rechtsstand auch noch nach dem Erlaß der abändernden Beschwerdeentscheidung für die rückliegende Zeit noch maßgebend bleibt. Diese Rechtsauffassung, an der festzuhalten ist, verbietet es, in dem hier vorliegenden Fall während der Dauer des Beschwerdeverfahrens, etwa auf Grund einer vorläufigen Wirksamkeit des erstinstanzlichen Spruchs, einen Lohnanspruch als bestehend anzuerkennen, vom Erlaß der Beschwerdeentscheidung ab aber zu versagen.

RAG. 9, 302.

Ist es für die Wiedereinstellungspflicht auf Grund des § 13 Abs. 3 Schwerbeschädigtengesetzes von Bedeutung, ob der Streik, aus dessen Anlaß dem Schwerbeschädigten fristlos gekündigt worden ist, ein wirtschaftlicher oder politischer Streik war und ob es sich um einen von

den Gewerkschaften gebilligten oder um einen sog. wilden Streik handelte?

Gesetz über die Beschäftigung Schwerbeschädigter vom 12. Januar 1923.

Reichsarbeitsgericht. Urt. v. 7. November 1931.

I Arbeitsgericht Hamborn. — II. Landesarbeitsgericht Duisburg-Hamborn.

Die Kläger, sämtlich Schwerbeschädigte, waren im Betriebe der Beklagten beschäftigt, und zwar die Kläger 1 und 6 über Tage, die übrigen Kläger unter Tage. Als am 2. Januar 1931 die Beklagte zum Zwecke der Herbeiführung einer Lohnherabsetzung der Gesamtbelegschaft zum 15. Januar 1931 kündigte, legte ein erheblicher Teil der Belegschaft die Arbeit nieder. Von 698 Übertagearbeitern blieben der Arbeit fern am 2. Januar 58, am 3. Januar 402, am 5. Januar 397, am 6. Januar 255 und am 7. Januar 109, von 2520 Untertagearbeitern blieben der Arbeit fern am 2. Januar 1966, am 3. Januar 2267, am 5. Januar 2056, am 6. Januar 1676 und am 7. Januar 800 Arbeiter. Auch die Kläger waren vom 2. Januar an der Arbeit ferngeblieben. Als sie im Lauf des 7. bzw. 8. Januar wieder auf der Zeche erschienen, um die Arbeit aufzunehmen oder sich wegen der Arbeitsaufnahme zu befragen, wurde ihnen erklärt, daß sie nicht wieder eingestellt würden; gleichzeitig wurden sie aufgefordert, ihre Papiere, in denen sich die Entlassungserklärung befand, abzuholen.

Die Kläger erachteten die fristlose Entlassung für unberechtigt; sie beriefen sich ferner auf § 13 Abs. 3 des SchwerbG. und erhoben Klage auf Wiedereinstellung. Das Arbeitsgericht verurteilte die Beklagte nach Klagantrag. Die Berufung der Beklagten wurde vom Landesarbeitsgericht mit dem Maßgabe zurückgewiesen, daß die Wiedereinstellung vom 8. Januar ab zu erfolgen habe.

Die Revision der Beklagten war ohne Erfolg.

Gründe:

Nach den Feststellungen des angefochtenen Urteils sind die Parteien in der Berufungsinstanz darüber einig gewesen, daß das Wiedereinstellungsbegehren der Kläger allein auf § 13 Abs. 3 SchwerbG. gestützt wird. Das Landesarbeitsgericht hat mit Rücksicht hierauf ungeprüft gelassen, ob die Beklagte die Kläger gemäß § 82 Preuß. Allg. BergG. oder §§ , 22, 23 der Arbeitsordnung entlassen konnte. Es ist von der Tatsache der fristlosen Entlassung ausgegangen und hat geprüft, ob die Voraussetzungen des § 13 Abs. 3 SchwerbG. gegeben waren. Es hat diese Frage bejaht, indem es erwogen hat, bei der Arbeitsniederlegung auf der Zeche der Beklagten habe es sich um einen Streik im Sinne des Gesetzes gehandelt, wobei es unerheblich sei, ob es ein von der Gewerkschaft anerkannter oder ein sog. wilder Streik gewesen sei und ob wirtschaftliche oder andere Zwecke hätten erkämpft werden sollen Denn bestimmte Arten von Streiks seien im Gesetze nicht ausgenommen; auch dem Zwecke des Gesetzes könne nur entnommen werden, daß die Schwerbeschädigten bei jedem Streik, aus dessen Veranlassung sie entlassen worden seien, wieder eingestellt werden sollten. Vorliegend sei aber auch, so hat das Landesarbeitsgericht weiter ausgeführt, der Streik für die Beteiligten ein wirtschaftlicher gewesen, denn er sei ein Protest gegen die Kündigung der Arbeitsverträge gewesen und habe eine Rücknahme dieser Kündigung bezweckt, dabei sei es unerheblich, ob dieses Ziel größere oder geringere Aussicht auf Verwirklichung gehabt habe und daß der Streik von kommunistischer Seite betrieben worden sei, um dadurch den reformistischen Gewerkschaften zu schaden und der Einführung der Diktatur des Proletariats ein Stück näherzukommen. Die Kläger seien aus Anlaß des Streiks entlassen worden, weil sie infolge des Streiks weggeblieben seien; sie hätten daher nach Ende des Streiks bei ihrer Rückkehr wieder eingestellt werden müssen und da dies nicht geschehen sei, sei die Beklagte hierzu mit Wirkung vom 8. Januar ab zu verurteilen gewesen.

Die Revision, welche unrichtige Anwendung des § 13 Abs. 3 SchwerbG. rügt, ist nicht begründet. Das Gesetz gibt dem Schwerbeschädigten den Anspruch auf Windereinstellung, wenn er aus Anlaß eines Streiks entlassen worden ist. Die Revision will die Bedeutung des Wortes „Streik" eng aufgefaßt wissen, sie meint, von einem Streik im Sinne des Gesetzes könne dann nicht die Rede sein, wenn es sich, wie die Beklagte für den vorliegenden Fall behauptet habe, um einen politischen Kampf handele. Das Landesarbeitsgericht selbst stelle wiederholt fest, daß die Anstifterin dieses Kampfes, die RGO., illegale Ziele mit ihm verfolgt und die Diktatur des Proletariats einzuführen erstrebt habe. Die Rechtsordnung könne aber unmöglich denjenigen, die sich an solchen gegen sie selbst und ihren Bestand gerichteten Maßnahmen beteiligten, einen besonderen Schutz verleihen. Die Revision will danach sichtlich die Bedeutung des Wortes Streik im Sinne des Gesetzes auf den rein wirtschaftlichen Kampf beschränkt wissen, der von den Arbeitnehmern gegen den Arbeitgeber lediglich zur Herbeiführung günstigerer Arbeitsbedingungen geführt wird. Zu einer solchen engen Auslegung des Wortes Streik bietet das Gesetz aber keine Stütze. Unter Streik versteht man an sich die mit oder ohne Kündigung des Arbeitsverhältnisses erfolgende gemeinsame Arbeitsniederlegung einer Mehrheit von Arbeitnehmern in dem ganzen Betrieb oder in Teilen eines Betriebes mit dem Zweck, durch diese Kampfmaßnahme ein bestimmtes Ziel zu erreichen. Je nachdem dieses Ziel wirtschaftlicher Natur (Durchsetzung günstigerer Arbeitsbedingungen) oder politischer Natur (Erkämpfung politischer Rechte) ist, unterscheidet man den wirtschaftlichen Streik und den politischen Streik. Beiden ist aber wesenseigen, daß sie nach außen durch eine gemeinsame Arbeitsniederlegung einer Mehrheit von Arbeitnehmern im Betriebe in die Erscheinung treten. Auch die von der Revision in Bezug genommene Abhandlung „Recht und Praxis des Arbeitskampfes (Schriften der Vereinigung der deutschen Arbeitgeberverbände Heft 16) bechränkt den Begriff des Streiks nicht auf den rein wirtschaftlichen Kampf, sondern unterscheidet in gleicher Weise zwischen wirtschaftlichem und politischem Streik. Aus dem Gebrauche des Wortes Streik im § 13 Abs. 3 SchwerbG. allein kann also nicht geschlossen werden, daß das Gesetz die Bedeutung auf den lediglich wirtschaftliche Ziele verfolgenden Streik hat beschränken wollen. Aber auch aus dem Zweck der Gesetzesbestimmung, der in der amtlichen Begründung zum Entwurfe eines Gesetzes zur Änderung des Gesetzes über die Beschäftigung Schwerbeschädigter (Verhandlungen des Reichstags I. Wahlperiode 1920 Bd. 375 Aktenstück Nr. 5295) eingehend dargelegt ist, kann das nicht entnommen werden. Dort heißt es auf S. 13 u. a. wörtlich.

„Die Schwerbeschädigten waren bisher bei Arbeitskämpfen in einer äußerst schwierigen Lage. Erklärten sie sich mit ihren gesunden Arbeitskameraden solidarisch und legten gleichfalls die Arbeit nieder, so konnten sie fristlos entlassen werden und verloren ihren Arbeitsplatz, da bei fristlosen Entlassungen der Kündigungsschutz nicht gewährt wird. Blieben sie in dem Betrieb, um sich ihren Arbeitsplatz zu erhalten, der für sie bei ihrem Körperzustand einen noch viel höheren Wert hat, als für einen völlig gesunden Arbeiter, so setzten sie sich dem Vorwurf aus, Streikbrecherdienste zu leisten. Aus diesen Schwierigkeiten suchen die Bestimmungen des Entwurfs einen Ausweg zu finden, indem sie die Schwerbeschädigten während der Dauer des Streiks oder der Aussperrung neutralisieren und ihnen, sofern sie nicht ein sonstiges Verschulden trifft, nach Beendigung des Arbeitskampfes ein Recht auf Wiedereinstellung einräumen. Die Schwerbeschädigten können sich auf die Vorschriften jedoch nur berufen, wenn ihnen lediglich aus Anlaß des Streiks oder der Aussperrung fristlos gekündigt worden ist, nicht auch dann, wenn ihre fristlose

Entlassung auch auf anderen Gründen, z. B. auf ihrem Verhalten vor oder nach Ausbruch des Streiks beruht."

Eine im Gesetz vorgesehene Zusatzbestimmung „Die Wiedereinstellung kann aus einem wichtigen Grunde abgelehnt werden. Über den Anspruch auf Wiedereinstellung entscheidet das Arbeitsgericht" ist in der Ausschußberatung gestrichen worden (a. a. O. Bd. 376 S. 2881 Aktenstück Nr. 5404).

Zweck der Bestimmung ist also, die Schwerbeschädigten für die Dauer eines in einem Betriebe stattfindenden Streiks zu „neutralisieren" und sie damit mit Rücksicht auf ihre durch die körperliche Beschaffenheit bedingte besondere Lage der Verpflichtung zu entheben, für oder wider den Streik Stellung zu nehmen, indem ihr Fernbleiben von der Arbeit während eines Streiks allein den Arbeitgeber nicht berechtigen soll, die Wiedereinstellung abzulehnen, wenn ihre Entlassung lediglich aus Anlaß des Streiks erfolgt ist. Beruht ihre fristlose Entlassung auf anderen Gründen, z. B. auf ihrem Verhalten vor oder nach Ausbruch des Streiks oder auch, wie ein Regierungsvertreter in der Ausschußberatung (a. a. O. Bd. 375 Aktenstück Nr. 5295 S. 19) ergänzend hervorgehoben hat, auf ihrem Verhalten während des Streiks, so greift die Schutzbestimmung nicht Platz. Für den Zweck der Bestimmung muß es aber gleichgültig sein, ob der in einem Betriebe ausgebrochene Streik auf wirtschaftlichen oder politischen Motiven beruht und wirtschaftliche oder politische Ziele verfolgt. Der Schwerbeschädigte befindet sich in dem einen wie in dem anderen Falle in der gleichen Lage, die das Gesetz veranlaßt hat, ihn durch die Schutzbestimmung zu neutralisieren. Zum mindesten muß aber die Schutzbestimmung dann Platz greifen, wenn, wie im vorliegenden Falle vom Landesarbeitsgericht festgestellt ist, die Arbeitsniederlegung jedenfalls äußerlich als eine Kampfmaßnahme gegen die von der Beklagten beabsichtigte Lohnherabsetzung, also als eine wirtschaftliche Kampfmaßnahme sich darstellt. Dieser Feststellung des Landesarbeitsgerichts steht auch die Behauptung der Beklagten, daß es sich in Wirklichkeit um einen politischen Streik gehandelt habe und daß die ausgesprochene Kündigung nur das Signal zur Auslösung des von der RGO. lange Zeit vorher propagierten Streiks gewesen sei, nicht entgegen. Erfahrungsgemäß wird häufig unter dem äußeren Gewande eines wirtschaftlichen Streiks versucht, politische Kampfziele zu erreichen, indem eine Streitigkeit zwischen Arbeitgeber und Arbeitnehmerschaft zum Anlaß genommen wird, einen Streik herbeizuführen, der in Wahrheit politische Ziele verfolgt. Es kann dem Schwerbeschädigten nicht zugemutet werden, in solchen Fällen zu unterscheiden, ob es sich um einen rein wirtschaftlichen Streik oder unter der Decke des wirtschaftlichen Streiks um einen politischen Streik handelt. Ebensowenig kann es aber auch einen Unterschiede machen, ob es sich, wie für den vorliegenden Fall vom Landesarbeitsgericht festgestellt ist, um einen sog. wilden Streik handelt oder um einen von den Gewerkschaften gebilligten Streik. Denn auch im ersteren Falle ist, sofern nach den Umständen des besonderen Falles die Merkmale eines Streiks im Sinne einer planmäßigen gemeinsamen Arbeitsniederlegung einer Mehrheit von Arbeitnehmern zur Erreichung eines gemeinsamen Kampfzieles gegeben sind, das Schutzbedürfnis für den Schwerbeschädigten in gleichem Maße vorhanden. Daß die Kläger im vorliegenden Falle etwa durch ihr Verhalten vor oder während des Streiks einen besonderen Entlassungsgrund gegeben hätten, ist von der Beklagten selbst nicht behauptet worden. Die Beklagte hat sie ohne Rücksicht auf besonderes Verhalten lediglich wegen ihres Fernbleibens von der Arbeit, also aus Anlaß des Streiks, entlassen. Wenn hiernach das Landesarbeitsgericht den von den Klägern auf Grund des § 13 Abs. 3 SchwerbG. geltend gemachten Wiedereinstellungsanspruch als begründet erachtet hat, so ist darin ein Rechtsirrtum, insbesondere eine unrichtige Anwendung des § 13 Abs. 3 SchwerbG. nicht zu erblicken.

RAG. 9, 311.

Bei Zählung der Arbeitnehmer in § 9 BRG. und der Gruppenangehörigen in § 16 kommt es nicht auf einen Regelstand sondern auf den zur Zeit der Wahlanberaumung bestehenden an. Auch die für ihre Person vorübergehend Beschäftigten sind zu zählen.

Reichsarbeitsgericht. Beschl. v. 7. November 1931.

I. Arbeitsgericht Eisenach.

Gründe:

Am 30./31. Juli 1931 hat bei dem Postamt I in Eisenach eine Betriebsratswahl stattgefunden. Die zwei Angestellten des Postamts hatten eine eigene Liste eingereicht. Der Wahlvorstand hat bei der Feststellung und Bekanntmachung des Wahlergebnisses diese Liste nicht berücksichtigt, sondern nur die drei Arbeitervertreter der Liste I als gewählt verkündet.

Die Oberpostdirektion Erfunt hat die Wahl während der Dauer des Aushangs mit dem Antrag angefochten, sie für ungültig zu erklären, gestützt darauf, daß nach § 16 Abs. 5 BRG., der ebenso wie § 15 BRG.

nach der auf Grund von § 61 BRG. für die Reichs-Post- und Telegraphenverwaltung getroffenen Regelung vom 18. Januar 1923, 7. Dezember 1928 (RGBl. 1923 S. 68, 1928 I S. 404) bei der Wahl der Einzelbetriebsvertretung gilt, die beiden Angestellten Anspruch auf Vertretung im Betriebsrat gehabt hätten. Das Arbeitsgericht hat den Antrag zurückgewiesen. Nach seiner Feststellung waren am 16. Juli 1931, dem Tage der Wahlanberaumung (erster Tag des Aushangs des Wahlausschreibens) bei dem Postamt 44 Personen beschäftigt. Aus dieser Zahl läß das Arbeitsgericht zwei Postjungboten für die nach § 16 Abs. 5 BRG. anzustellende Berechnung außer Betracht, zählt aber vier Arbeitnehmer, die nach der übereinstimmenden Auffassung der Parteien „nicht als dauernd oder in der Regel Beschäftigte" zu gelten hätten. Es komme für die §§ 15, 16 BRG. nicht auf den Regelstand des Betriebs, sondern auf die am Tage der Wahlanberaumung gerade bestehende Zahl einschließlich der Aushilfsarbeiter an. Somit seien die Angestellten nicht mehr als $^1/_{20}$ der Gesamtbelegschaft von 42 Köpfen stark gewesen. Ihre Gruppe habe also keinen Anspruch auf Vertretung im Betriebsrat gehabt.

Die von einem Vertreter der Oberpostdirektion zur Niederschrift des Arbeitsgerichts eingelegte und zutreffend an das Reichsarbeitsgericht gegebene Rechtsbeschwerde ist unbegründet. Zwar ist nicht voll beweisend der von dem Arbeitsgericht im Anschluß an Mansfeld BRG. § 15 Z. 2 in den Mittelpunkt der Erwägung gestellte Grund, es gehe nicht an, überall da, wo die Arbeitnehmerzahl des Betriebs größer sei als die Zahl der in der Regel Beschäftigten, zwar alle Arbeitnehmer wählen zu lassen, aber die Größe der Betriebsvertretung nur nach der Zahl der in der Regel im Betrieb Beschäftigten zu bemessen. Denn, wie der Beschluß des Reichsarbeitsgerichts (RAG. RB. 48/30 vom 11. Juli 1931 RAG. Bd. 9 S. 71) schon dargelegt hat, ist für das Wahlrecht die am Tage der Wahl bestehende Betriebszugehörigkeit maßgebend, insoweit kommt es weder auf den vor diesem Zeitpunkt vorgenommenen Abschluß der Listen noch auf den Zeitpunkt der Wahlanberaumung an. Die Zahl der Wähler stimmt deshalb nicht notwendig mit der zum Maßstab der Vertretungsstärke in Betracht kommenden Belegschaft überein. In dem gleichen Beschluß ist aber darauf hingewiesen, daß die Zahl der Mitglieder des Betriebsrats sich nach der Zahl der zur Zeit der Wahlanberaumung im Betrieb beschäftigten Arbeiter bestimmt. Schon in dem Beschluß RAG. RB. 12/31 vom 10. Juni 1931 hat ferner das Reichsarbeitsgericht zu der gleichen Frage ausdrücklich dahin Stellung genommen, daß es in den §§ 15, 16 BRG. für die Sollstärke der

Betriebsvertretung auf die zur Zeit der Wahlanberaumung bestehende Belegschaftszahl, nicht auf einen Regelstand ankomme. An dieser Stellungnahme ist festzuhalten. Ihre Richtigkeit ergibt sich gerade für den zur Entscheidung stehenden Fall der Gruppenvertretung im Betriebsrat unmittelbar aus dem Gesetz. Wenn § 16 Abs. 1 vorschreibt, es müsse „jede Gruppe entsprechend ihrem Zahlenverhältnis bei Anberaumung der Wahl" im Betriebsrat vertreten sein, so gilt für die Zahlen selbst, was für ihr Verhältnis zueinander bestimmt ist, und es widerspricht dem Gesetz, nicht die bei Anberaumung der Wahl wirklich vorhandene Zahl, sondern die dem Regelstand entsprechende in Ansatz zu bringen. Soweit das Schrifttum auch für die §§ 15 und 16 BRG. auf den Regelstand abstellt (so Flatow BRG. § 15 Anm. 3, Feig-Sitzler BRG. § 15 Anm. 1, Wölbling-Schultz Dr. Sell, BRG. § 15 Anm. 1 Abs. 2, Gürteler BRG. § 15 Anm. 1, ebenso für die Betriebsvertretungen der deutschen Reichspost Lucke §§ 15 Anm. 1 und 16 Anm. 1), wird im wesentlichen auf die Bestimmung der §§ 1 und 2 als einen allgemeinen Grundsatz hingewiesen. Abgesehen davon, daß die §§ 1 und 2 gerade für das von ihnen geregelte Gebiet die Maßgeblichkeit des Regelstandes aussprechen, während die §§ 15 und 16 dieses Zusatzes entbehren, läßt jene Meinung außer acht, wie verschiedenartig gerade hinsichtlich der Bedeutung der Zahl die Gebiete sind, die in den §§ 1 und 2 und die in den §§ 15 und 16 behandelt sind. Jene ersten Vorschriften sind ebenso wie die Ursprungsvorschrift des § 133 h RGewO. (Flatow § 1 Anm. 5) bestimmt, die Betriebe nach Größenklassen zu scheiden; im Betriebsräterecht mit dem Ziel, die jeweils nach der Tragfähigkeit des Betriebs und anderen Gesichtspunkten geeignete Betriebsverfassung zu setzen. Die Verwendung der Zahl (20) für die Größenordnung war freilich mangels anderer Merkmale unentbehrlich, aber insofern ein nicht unbedenklicher Behelf, als die in einem festen Zeitpunkt bestehende Stärke der Belegschaft, bei Saisongeschäften stets, oft aber auch sonst, nur ein unvollkommenes Bild von der Größe des Betriebs (als Arbeitnehmerstätte) gibt. Deshalb wird der Regelstand als maßgeblich erklärt, eine Ordnung, die den hier unwesentlichen Nachteil hat, daß sie ein abschätzendes Urteil fordert, von dem ziffernmäßige Exaktheit nicht immer verlangt werden kann, aber den Vorteil, daß der Betrieb zu verschiedenen Zeiten und deshalb mehr in seinem Wesen angesehen wird. Der Erkenntnis, daß es sich um eine verhältnismäßig schwierige und oft zweifelhafte Beurteilung handelt, hat das Reichsarbeitsgericht in seinem Urteil vom 17. Dezember 1930 (RAG. Bd. 7 S. 201) über die Folgen des Herabsinkens der Belegschaftszahl im

Regelstand Rechnung getragen. In den §§ 15 und 16 BRG. handelt es sich dagegen darum, in dem betriebsratspflichtigen Betrieb die Grundlagen der Wahl, insbesondere die Verhältnisse von Belegschaftszahl zur Vertretungszahl und die der Gruppen zueinander zu bestimmen. Dabei werden in den §§ 15 und 16 Staffeln von 50—99, 100—199, 200—999, 1000—5099 usw. aufgestellt, Staffelungen, bei denen, zumal in Großbetrieben, eine Feststellung eines Regelstandes bis auf die für die Sprung der Reihe entscheidende Ziffer offenbar unmöglich ist. Hier, insbesondere auch in § 16 Abs. 4 BRG., nach dem die Feststellung des Zahlenverhältnisses der Gruppen durch den Wahlvorstand nach den für die Verhältniswahl geltenden Grundsätzen des Wahlverfahrens erfolgen soll, sind nicht, wie in den Fällen der §§ 1 und 2 die Ziffern Anhaltspunkte zur Beurteilung, sondern Rechnungsgrößen, bei denen es auf die Genauigkeit ankommt, wenn anders ein richtiges Wahlergebnis ermittelt werden soll. Hier kann für die Feststellung der Zahlen nur an einen bestimmten, für den Wahlvorstand übersichtlichen Zeitpunkt gedacht sein, wie § 16 Ziff. 1 BRG. deutlich sagt: an den der Wahlanberaumung. Es könnte nun allerdings, für den zu entscheidenden Fall bedeutsam, in Frage kommen, daß zwar die wirkliche Zahl der Belegschaft im Zeitpunkt der Wahlanberaumung maßgebend ist, daß aber die für ihre Person vorübergehend beschäftigten Arbeitnehmer, wenngleich sie mitwählen, im Sinne der §§ 15, 16 BRG. nicht mitzuzählen sind, m. a. W., daß die Bildung und Zusammensetzung der Betriebsvertretung nur nach der Zahl der (für ihre Person) ständigen Arbeiter berechnet wird. Eine solche Regelung wäre möglich und trotz der schwierigen Abgrenzung zwischen ständigen und vorübergehenden Arbeitern in vielen Zweigen der Wirtschaft vielleicht sachgemäß gewesen. Aber nicht nur, daß in den §§ 15 und 16 BRG. eine Unterscheidung zwischen ständigen und vorübergehenden beschäftigten Arbeitern fehlt, so ergibt § 18 BRG., der seinerseits sich mit dem Wahlrecht vorübergehend Beschäftigter befaßt, daß eine solche Unterscheidung für die §§ 15, 16 BRG. im Sinne des Gesetzes nicht liegt. Der Beschluß des Reichsarbeitsgerichts RAG. RB. 48/30 vom 11. Juli 1931 hat an Hand der Gesetzesgeschichte eingehend auseinandergesetzt, daß die vorübergehend Beschäftigten, für deren Vertretung § 18 in Abs. 2 und 3 Fürsorge trifft, solche Arbeitnehmer sind, die im Lauf der Amtszeit der schon gewählten Betriebsvertretung zur vorübergehenden Beschäftigung in den Betrieb eingestellt werden. Zur Zeit einer ordentlichen Betriebsratswahl vorübergehend Beschäftigte wählen mit der ständigen Belegschaft ununterschieden. Sollten sie trotzdem für den Ansatz der

Vertretungsstärken nicht in Betracht kommen (obwohl es an jedem Ausdruck dafür fehlt), so bestünde der Gegensatz, daß das Gesetz sogar im Lauf einer Amtsperiode nach § 18 Abs. 2 dafür sorgt, daß der Betriebsrat um der Zeitarbeiter willen verstärkt wird, daß sie aber bei ihrer Teilnahme an der regelmäßigen Wahl unbeachtet bleiben. Mit dieser Folge vollends unvereinbar ist die Vorschrift des § 18 Abs. 3 BRG., nach dem bei einem Ansteigen der Zahl der Zeitarbeiter während der Amtsperiode über 100 der Weg zur Neuwahl eines Betriebsrats eröffnet wird. Es kann nicht ohne klare Vorschrift angenommen werden, daß die Arbeitnehmer, um derentwillen die Neuwahl erfolgt und denen mit der Zuwahl e i n e s Vertreters nach § 18 Abs. 2 nicht genug getan ist, bei der Neuwahl nicht wie die andern Arbeitnehmer des Betriebs gezählt werden. Danach bietet das Gesetz, das in § 11 Abs. 3 die Hausgewerbetreibenden unter der dort gegebenen Voraussetzung von der Zählung für die Belegschaftsstärke ausschließt, keine Handhabe, die für ihre Person vorübergehend Beschäftigten für die Errechnung des Vertretungssolls auszuscheiden. Ob für die Betriebe der Land- und Forstwirtschaft mit Rücksicht auf die Bestimmung des § 4 BRG. anderes gilt, bedarf hier keiner Entscheidung. Offen bleiben muß hier die Frage, ob bei Betrieben, die für vorübergehende Zeit eine wesentlich verstärkte Belegschaft haben (Saisonbetriebe), die von dem Reichsarbeitsgericht (Beschluß RAG. RB. 65/30 vom 20. Dezember 1920) anerkannte Regel durchzuführen ist, daß die einmal gewählte Betriebsvertretung während der ganzen Amtsperiode auch bei sinkender Belegschaftszahl die gleiche Stärke behält, oder ob nicht der Gedanke des § 18 Abs. 2 und 3 BRG. für solche Betriebe eine dem Fall des Ansteigens entsprechende Ausnahme auch im Gegenfall rechtfertigt.

Unter Billigung des angefochtenen Beschlusses muß sonach angenommen werden, daß auch die vorübergehend Beschäftigten für die §§ 15 und 16 BRG., insbesondere aber für die hier in Frage kommende Berechnung nach § 16 Abs. 5 BRG. zählen.

RAG. 9, 337.

Genießen Ruhegehälter der Angestellten Bevorrechtigung im Konkurse des Arbeitgebers?

KO. §§ 61, Nr. 1, 22, 69.

R e i c h s a r b e i t s g e r i c h t. Urt. v. 21. November 1931.

I. Arbeitsgericht Berlin. — II. Landesarbeitsgericht daselbst.

Die Klägerin, welche bei der Gemeinschuldnerin lange Jahre als kaufmännische Angestellte beschäftigt war, bezog seit ihrem zum 30. September 1926 erfolgten Ausscheiden auf Grund einer im August 1926 getroffenen Vereinbarung ein monatliches Ruhegehalt von 100 RM. Da die Gemeinschuldnerin in wirtschaftliche Schwierigkeiten geriet, stellt sie die Zahlungen des Ruhegehalts seit dem 1. März 1930 ein. Am 10. Juli 1930 wurde über das Vermögen der Gemeinschuldnerin der Konkurs eröffnet. Die Klägerin meldete eine Gesamtforderung von 15 000 RM zur Konkurstabelle an. Der Konkursverwalter erkannte die Monatsbeiträge für die Zeit vom 1. März bis 30. November 1930 mit 900 RM als nicht bevorrechtigte Konkursforderung an, während er im übrigen die Forderung bestritt.

Die Klägerin ist der Ansicht, daß die bis zur Konkurseröffnung (für die Zeit vom 1. März bis 9. Juli 1930) rückständigen Beträge eine bevorrechtigte Konkursforderung darstellen und hat dahingehende Feststellungsklage erhoben. Der Beklagte ist dem Vorbringen entgegengetreten. Die Vorinstanzen haben die beantragte Feststellung ausgesprochen.

Die Revision der Beklagten führte zur Abweisung der Klage.

Gründe:

Zur Entscheidung steht die Frage, ob der privatrechtliche Ruhegehaltsanspruch des Arbeitnehmers die konkursrechtliche Bevorrechtigung aus § 61 Ziff. 1 KO. genießt, insbesondere falls die Zuruhesetzung vor dem in dieser Bestimmung genannten Zeitpunkt liegt. Die im Schrifttum nur vereinzelt behandelte Frage wird bejaht: von Goerrig Neue Arbeitsrechtskartei (NAK. „Pensionen" III vom 1. September 1931), unter Berufung auf ein Urteil des Arbeitsgerichts Breslau, das nur das Vergleichsverfahren betrifft (Rspr. des Arbeitsrechts 1929 Nr. 2154), und ferner ganz allgemein im arbeitsrechtlichen Handbuch für den Vergleich und das Konkursverfahren 1931 (S. 56, 57); verneint wird sie von Bloch („Der Arbeitsrichter" Beilage zur Deutschen Werkmeister-Zeitung 1931 S. 32) und von Kiesow (ArbRspr. 1931 S. 163, allerdings nur für Hinterbliebenenforderungen).

In der Rechtsprechung ist die Frage, soviel ersichtlich, noch nicht behandelt worden. Die beiden Vorderrichter haben sie bejaht. — Sie muß jedoch im Gegensatz zu ihnen verneint werden und zwar schon ganz allgemein dahin, daß der privatrechtliche Ruhegehaltsanspruch überhaupt nicht in den Kreis der nach § 61 Ziff. 1 KO. geschützten Forderungen fällt.

Es ist zwar nicht zu verkennen, daß der Dienstverpflichtete das Ruhegehalt, wenn auch nicht als Gegenleistung für seine in bestimmten Zeitabschnitten geleisteten Dienste, so doch als nachzugewährendes Entgelt für die Gesamtheit seiner Dienstleistungen empfängt (RGZ. Bd. 80 S. 210, RAG. 565/28 ArbRspr. 1929 S. 224 Bd. 8 S. 117 vom 27. April 1929). Das Ruhegehalt steht also in einem gewissen Zusammenhang mit dem Dienstverhältnis und wird nicht selbständig und unabhängig von den früher geleisteten Diensten versprochen. Das Ruhegehaltsversprechen ist weder Schenkung noch Bestellung einer Leibrente. Es stellt vielmehr auch dann eine nachträgliche Vergütung für die geleisteten Dienste dar, wenn es, ohne daß weitere zukünftige Dienste in Frage kommen, zwecks Ablösung oder sonst vor oder bei Beendigung des Dienstvertrages erteilt wird (RGZ. Bd. 75 S. 325 [328]).

Trotzdem steht das Ruhegehalt zu den in § 61 Ziff. 1 KO. aufgeführten Forderungen an Löhnen, Kostgeld und anderen Dienstbezügen insoweit im Gegensatz, als es nicht im unmittelbaren Austausch als Gegenleistung für bestimmte, in der fraglichen Frist geleistete Dienste, gewährt wird. Vielmehr beruht die Verpflichtung nur in ihrer Entstehung auf dem Dienstvertrag. Sie ist mit dem Eintritt der Pensionierung zu einer einseitigen, reinen Geldzahlungspflicht geworden, die wie jede derartige Zahlungspflicht einseitig zu erfüllen ist. Es fragt sich daher, ob das Ruhegehalt trotz dieser Gestaltung noch als „anderweiter Dienstbezug" im Sinne des § 61 Ziff. 1 KO. aufzufassen ist. Der Wortlaut des Gesetzes steht an sich dieser Annahme nicht entgegen, da das Ruhegeld als nachträglicher „Dienstbezug" erscheinen kann. Der Kreis der geschützten Forderungen ist auch ferner im allgemeinen im weitesten Sinne zu verstehen, da er alle Geld- und Naturalleistungen umfaßt, die der Dienstverpflichtete als Gegenleistung für seine Dienste zu beanspruchen hat. Nach allgemeiner Ansicht fallen jedoch in diesen Kreis schon nicht diejenigen Forderungen, welche nur in einer mittelbaren Beziehung (Motive II S. 267, Hahn Materialien S. 249) zu dem Dienstverhältnis stehen, wie Ansprüche auf Ersatz von Auslagen oder auf Ersatz von im Dienst erlittenen Schäden. Dementsprechend besagen auch die Motive des Gesetzes a. a. O., daß allen Arten der vertragsgemäßen Dienstvergütung das Dienstvorrecht gebührt, nicht bloß Lohn, Honorar, Gehalt, sondern auch anderen Dienstbezügen wie Kostgeld, Diäten, Livree, Stamm- und Schließgeld, Tantiemen, Deputat, Naturalbezüge, Weihnachtsgeschenke u. dgl.

Muß es nun schon auffallen, daß die Motive die Pensionsansprüche — welche es als vertragliche, wenn auch nicht in dem heutigen Umfange, schon immer gegeben hat —, nicht erwähnen, so ist mit der vorstehenden Betrachtung noch nicht geklärt, ob erst spätere — nach Beendigung des Dienstverhältnisses —, also nachzugewährende Bezüge zu den eine konkursrechtliche Bevorrechtigung genießenden Dienstvergütungen zu rechnen sind. Auf die Tatsache, daß kein unmittelbares Austauschverhältnis vorliegt, wird zwar nicht immer ausschlaggebendes Gewicht zu legen sein, wie der Fall beleuchtet, in welchem der Dienstverpflichtete für längere Zeit von der Leistung der Dienste entbunden ist und trotzdem noch Dienstbezüge erhält (vgl. auch RGZ. Bd. 80 S. 210 unten). Jedoch erscheint in diesem Fall der Dienstbezug deshalb als unmittelbare Bezahlung von Diensten, weil diese nur infolge besonderer Abmachung, jedoch innerhalb des noch bestehenden Dienstvertrages, nicht geleistet werden.

Im übrigen ist aus dem Sinn und Zweck der Bestimmung des § 61 Ziff. 1 KO. zu folgern, daß sie nicht solche Vergütungen umfassen will, bei welchen das Austauschverhältnis nicht mehr in Frage kommen kann, weil dasselbe beendet ist, und nur in Nachwirkung des Dienstverhältnisses, in Gegenleistung für die früheren Dienste, die Vergütung gewährt wird. Der Lohnschutz des § 61 KO. findet nach dem tieferen Sinn des Gesetzes seine Rechtfertigung darin, daß er die Forderungen solcher Personen ergreift, die sich in einer Lebenslage befinden, die sie nötigt, sich zu verdingen, ohne daß sie gleichzeitig in der Lage sind, ihre Lohnforderungen zu sichern. Ihnen kann insbesondere regelmäßig infolge ihrer Abhängigkeit rechtlich nicht gestattet sein, beim Ausbleiben von Dienstbezügen den Dienst einfach sofort zu verlassen, in der Regel müssen sie vielmehr Kündigungsfristen oder noch weitere Zahlungstermine abwarten. Außerdem erschwert die Natur ihres Dienstverhältnisses vor dessen Beendigung stets eine Lohnklage gegen ihren Dienstherrn in erheblichem Maße.

Aus diesem Grunde hat das Gesetz in Anlehnung an das schon in früheren Rechten allgemein ausgesprochene Vorrecht die Notwendigkeit eines besonderen Schutzes für die Forderungen der sog. Lidlöhner anerkannt (vgl. Motive II S. 266). Dieses Vorrecht, so führen die Motive aus, entspreche in der Tat den natürlichen Verhältnissen. Der gewährte Schutz widerspreche andererseits weder dem allgemeinen Kredit, noch den Rechten der übrigen Gläubiger. Jedermann wisse, daß für einen Hausstand und ein Gewerbe die erforderliche Zahl von Angestellten gehalten werden müsse. Das Vorrecht sei insofern erkennbar. Nach seinem Umfange komme es für die Gläubiger kaum in Betracht. Dagegen sei es von äußerster Erheblichkeit für die in Diensten stehenden

Lohnempfänger. Was sie zu fordern hätten, sei Vergütung für Dienste und Leistungen, welche dem Geschäft und dem Vermögen des Gemeinschuldners und somit der Konkursmasse und auch den übrigen Gläubigern zum Nutzen gereichen.

Das Motiv des Gesetzes ist also der Schutz der Abhängigen, wirtschaftlich Schwachen, deren Tätigkeit durch Leistung von Diensten der Konkursmasse zugute gekommen und die infolge ihrer durch ihren Dienst geschaffenen Abhängigkeit nicht in der Lage sind, ihren Anspruch mit dem nötigen Nachdruck rechtzeitig zu verfolgen. Diese inneren Voraussetzungen des Gesetzes und sein Zweck fehlen aber bei Ansprüchen, welche lediglich als Nachwirkung des Dienstverhältnisses nach dessen Beendigung entstehen. Weder dauert das Moment der persönlichen Abhängigkeit, welches den eigenen Schutz erschwert, fort, noch sind die Pensionsempfänger, worauf die Revision mit Recht hinweist, durch ihre Beziehung zum früheren Dienstherrn irgendwie rechtlich gehindert, ihren Anspruch alsbald — beim Ausbleiben der Zahlung — mit Nachdruck zu verfolgen. Die Treupflicht, welche auch bei den im Ruhestand befindlichen Angestellten noch fortbestehen mag, kann sie hieran nicht hindern. Bei ihnen besteht lediglich eine allgemeine wirtschaftliche und soziale Abhängigkeit, die sie aber insoweit mit jedem Gläubiger, der auf gewisse Forderungen wirtschaftlich angewiesen ist, teilen. Von der Masse der übrigen Gläubiger unterscheidet sie höchstens der Umstand, daß die Rentensummen ihnen für ihren Lebensunterhalt versprochen sind. Dieser Umstand kann jedoch nicht als ausschlaggebend erachtet werden. Wenn auch für das Ruhegehalt der Hinterbliebenen das Konkursvorrecht schon deshalb abzulehnen sein wird, weil es sich bei ihnen nicht um Personen handelt, die sich im Dienste des Gemeinschuldners befunden haben, so muß auch für den Ruhegehaltsanspruch der Bediensteten selbst das gleiche gelten, weil der Zweck des Gesetzes, die Veranlassung eines besonderen Schutzes für sie nicht gegeben ist, und keine zwingende Veranlassung vorliegt, auf ihre Ruhegehaltsansprüche das Vorrecht auszudehnen, das einen Einbruch in den allgemeinen leitenden Gedanken des Konkurses darstellt, der ja die gleichmäßige Befriedigung aller Konkursgläubiger zum Ziele hat. Es fehlt bei ihnen auch vor allem das Moment der Publizität, worauf die Motive des Gesetzes mit Recht besonderen Nachdruck legen. Die Gläubiger wissen zwar, daß Angestellte beschäftigt werden müssen, sie können auch über ihre Anzahl und über ihre ungefähren, meist tariflich geregelten Bezüge ohne Schwierigkeit sich ein annäherndes Bild machen; den Kreis der etwaigen Ruhegehaltsempfänger können die Gläubiger aber regelmäßig nicht ersehen. In ihre Rechte wird aber durch die Erstreckung des Vorrechts in nicht unempfindlicher Weise eingegriffen, ganz abgesehen davon, daß nach § 69 KO. eine Kapitalisierung der Ruhegehaltsrenten als Konkursforderung eintritt, während dem noch im Dienst befindlichen Angestellten nach § 22 KO. gekündigt werden kann. Insbesondere fehlt es an dem in den Motiven hervorgehobenen Moment des gesetzlichen Zusammenklangs mit der Regelung der Beendigung des Dienstverhältnisses durch den Konkursverwalter. Hiermit stimmt auch überein, daß nach der vor 1900 geltenden Bestimmung des § 61 Ziff. 1 KO. das Sichverdingen zu dauernden Diensten vorausgesetzt wurde, welche Voraussetzung von der Novelle vom 17. Mai 1898 nur deshalb aufgegeben wurde, um auch den nur vorübergehend und mit vereinzelten Dienstleistungen Beschäftigten des Vorrechts teilhaftig werden zu lassen (RGZ. Bd. 62 S. 230). Das Gesetz wollte in seiner ursprünglichen Fassung nur den dauernden, also den regelmäßig zur Zeit der Konkurseröffnung oder des gleichgesetzten Zeitpunktes des Todes des Gemeinschuldners noch im Dienst befindlichen Lohnempfängern das Vorrecht gewähren. Es muß deshalb als Wille des Gesetzes entnommen werden, daß der Kreis der nach § 61 Ziff. 1 KO. geschützten Lohnempfänger sich nicht auf Personen erstrecken soll, die in keinem Austauschverhältnis zum Gemeinschuldner mehr gestanden haben oder stehen, also nicht mehr Dienstbezüge für während des maßgebenden Zeitraums geleistete oder zu leistende Dienste zu beanspruchen haben.

Im Einklang hiermit ist auch in der Novelle vom 10. Juni 1914 zu § 75 e HGB. das Konkursvorrecht für die nachträglichen Entschädigungsforderungen wegen Fortdauer des Wettbewerbsverbots durch ausdrückliche Bestimmung erstreckt worden, weil es der Natur der Sache entspreche, auch die Beträge, die der Prinzipal für die Zeit nach der Beendigung des Dienstes als Entgelt für die Beschränkung des Wettbewerbsverbots zu zahlen habe, in bezug auf das Vorrecht gleichzustellen (vgl. Begründung zum Gesetzentwurf Reichstag-Aktenstück Nr. 575 S. 725, XIII WP. I. Bd. 300, Anl. zu den stenogr. Berichten). Diese gesetzgeberische Maßnahme wäre nicht notwendig gewesen, wenn das Konkursvorrecht sich ohne weiteres auf alle unmittelbar aus dem Dienstverhältnis nach seinem Ablauf noch entspringenden Forderungen des Dienstverpflichteten bezogen hätte. Es mag in diesem Zusammenhang auch noch auf § 3 der Verordnung zum Lohnbeschlagnahmegesetz vom 22. Juni 1919 (RGBl. S. 589) und seinen Vorläufer, die Bundesratsverordnung vom 22. März 1917 (RGBl. S. 254) verwiesen werden. Auch hier hat eine besondere gesetzliche Erstreckung des Pfändungsschutzes der Lohnforderungen auf die Ruhegehälter stattgefunden, während diese Frage früher streitig war.

Gegenüber der geschilderten Gesetzesgeschichte und dem aus dem Gesetz zu entnehmenden Zweck des Vorrechts können allgemeine oder soziale Gründe nicht ausschlagggebend ins Gewicht fallen. Unerheblich ist, wie bereits ausgeführt, wenn das Landesarbeitsgericht ausschließliches Gewicht darauf legt, daß das Ruhegehalt ein Entgelt für geleistete Dienste darstellt. Im übrigen nimmt das Landesarbeitsgericht im anderen Zusammenhang zu Unrecht an, daß der gesetzgeberische Zweck auch für die Ruhegehaltsempfänger zutreffe.

Auch die sicherlich sehr beachtliche Erwägung, daß es in sozialer Beziehung als Akt einer ausgleichenden Gerechtigkeit erscheinen möge, den Dienstberechtigten den Weiterempfang seiner Pension für das Jahr vor der Konkurseröffnung durch Gewährung des Vorrechts zu sichern, kann gegenüber dem Fehlen des gesetzgeberischen Zweckes nicht durchgreifen. Zu beachten ist demgegenüber der schon hervorgehobene allgemeine Konkurszweck. Das Interesse aller Konkursgläubiger muß bei der gebotenen Auslegung eine gebührende Beachtung finden. In dieser Beziehung ist auch auf die schon erwähnte Kapitalisierung der Pension gemäß § 69 KO. hinzuweisen, obschon dieser Punkt für sich allein nicht von ausschlaggebender Bedeutung sein würde, da die noch in Diensten befindlichen Lohnempfänger gemäß § 22 Abs. 2 KO. im Falle der Kündigung durch den Konkursverwalter eine Entschädigung erhalten. Für die Auslegung des § 61 Ziff. 1 KO. muß aber beachtet werden, daß regelmäßig bei „normaler Wirtschaftslage" der Lohnempfänger alsbald wieder anderweit Beschäftigung finden wird.

Fällt aber der Ruhegeldanspruch an und für sich nicht in den Kreis der nach § 61 Ziff. 1 KO. geschützten Forderungen, so kommt es auf die vom Landesarbeitsgericht weiter erörterte Frage, wann der einzelne Anspruch als entstanden anzusehen ist, nicht an. Die Klage ist somit unter Aufhebung des Berufungsurteils im vollen Umfange abzuweisen.

RAG. 9, 355.

Das Vertragsverhältnis kleiner Musikkapellen zu den Inhabern der Gaststätten, wo sie spielen.

Reichsarbeitsgericht. Urt. v. 11. November 1931.

I. Arbeitsgericht Altona. — II. Landesarbeitsgericht daselbst.

Die beklagte Inhaberin einer „Vergnügungsdiele" hat unter dem Namen Ballhaus Neu-China nach einem Probespiel durch schriftlichen Vertrag vom 14. Januar 1931 als „Kontrahent 1" „die Kapelle Kurt G. (4 Herren), (als Kontrahent 2) vom 1. bis 28. Februar 1931, zu einer täglichen Gage von 60 M" angenommen. Kündigung sollte vom 15. zum letzten Februar zulässig sein. Für jeden Wochentag wurde die Spielzeit festgesetzt. Besonders vorgeschrieben war: Kontrahent 2 hat auch die Artisten zu begleiten und mit der großen Kapelle die musikalische Bühnenschau zu spielen.

Den Vertrag unterschrieb G.

Einer von den vier Musikern der Kapelle G. war der Kläger. Nach Mitwirken des Klägers am 1. und 2. Februar ist er vor Beginn des abendlichen Spiels am 3. Februar 1931 durch Ferngespräch abbestellt worden. Er hat Lohn für die Zeit vom 3.—10. Februar 1931 einschließlich eingeklagt und Feststellung verlangt, daß das Arbeitsverhältnis erst mit Ablauf des 28. Februar 1931 ende. Die Beklagte wendet ein, nicht sie sei der Arbeitgeber, und macht hilfsweise musikalische Unfähigkeit des Klägers als Entlassungsgrund geltend.

Das Arbeitsgericht hat nach dem Klagantrag erkannt.

Dagegen hat das Berufungsgericht die Klage wegen Mangels der Passivlegitimation abgewiesen. Die Revision des Klägers führte zur Aufhebung des Berufungsurteils.

Gründe:

Die Revision rügt mit Recht, daß die rechtliche Prüfung der Sachbefugnis der Beklagten nicht ausreicht.

Der Berufungsrichter meint im Gegensatz zu der Auffassung des Arbeitsgerichts, nicht der beklagte Inhaber der Gaststätte, sondern der Kapellmeister G. sei als Arbeitgeber des Klägers anzusehen. Die von dem Berufungsrichter herangezogenen Entscheidungen des Reichsarbeitsgerichts vom 23. Februar 1929 RAG. Bd. 3 S. 255 und vom 21. September 1929 Bensh. Bd. 7 S. 32 zu der Frage, wer Arbeitgeber der Musiker von Kurkapellen ist, treffen die Lage des zu entscheidenden Falls nicht. Rechtlich fehlerhaft bezieht sich der Berufungsrichter auf das Urteil vom 21. September 1929, um daraus herzuleiten, im Verhältnis der Beklagten zu der Kapelle habe G. die Leistung der Kapelle im Sinne eines Werkvertrags als Arbeitserfolg übernommen, während er seinerseits mit den Mitgliedern Arbeitsverträge abgeschlossen habe. In jenem Erkenntnis des Reichsarbeitsgerichts ist aber auf solche Fälle als nur mögliche, keineswegs als die regelmäßige Form der arbeitsrechtlichen

Gestaltung musikalischer Vorführungen in Gast- und Vergnügungsstätten hingewiesen. Darbietungen solcher Art, die nicht als ein vorbereitetes und abgeschlossenes Ganzes gewährt werden (wie etwa das Gastspielkonzert eines bekannten Orchesters), die vielmehr für bestimmte Stunden jedes Tages die Kapelle laufend beschäftigen, um allein oder wie hier nur begleitend die Besucher zu unterhalten und den Anreiz der Gaststätte zu fördern, sind unbedenklich dienstvertragliche Leistungen der Kapelle gegenüber dem Inhaber des Lokals (Komm. RGR. vor § 611 zu 1). Freilich könnte ein doppelter Arbeitsvertrag vorliegen, in dem G. im Verhältnis zu der Beklagten Arbeit und Dienstverschaffung zusagt, aber den Mitgliedern der Kapelle gegenüber als Innenarbeitgeber auftritt.

Der Berufungsrichter meint, der Kläger habe keine Tatsachen behauptet, die ergäben, daß die Beklagte als Arbeitgeber oder als Mitschuldnerin für seinen Lohn anzusehen sei. Aus dem Annahmevertrag sei aber eindeutig zu entnehmen, daß die Beklagte mit dem Kapellmeister als solchem den Verttag geschlossen habe. Die Revision rügt mit Recht nach § 286 ZPO., als ein für die Eigenschaft als Arbeitgeber in Betracht kommender Umstand hätte der von dem Kläger in der Klageschrift behauptete gewürdigt werden müssen, daß es die Beklagte gewesen sei, die ihn entlassen hat. Das war um so eher beachtlich, als die Beklagte ihrerseits in dem Schriftsatz der Berufungsinstanz vom 12. März 1931 ausführt, daß sie, die Beklagte, am 27. Februar den Kläger nochmals fristlos entlassen habe. Soweit es sich um den Inhalt des Vertrags vom 14. Januar 1931 handelt, steht dem Hinweis der Revision, in dem Vertrag sei „die Kapelle Kurt G. (4 Herren)" „als Kontr. 2" angenommen, die Erwägung entgegen, daß diese Fassung wenigstens mit der Annahme eines von G. nur im eigenen Namen geschlossenen und auch auf Dienstverschaffung gerichteten Vertrags nicht schlechthin unverträglich, die dem Berufungsrichter zustehende Auslegung also nicht unmöglich ist.

Gegen die Auffassung des Berufungsrichters besteht aber insoweit das sachlichrechtliche Bedenken, ob der Berufungsrichter die Eigenart des zu beurteilenden Rechtsverhältnisses erkannt hat. Kapellen solcher Art sind Arbeitsgruppen, die sich bilden, und bilden müssen, um die musikalische Leistungsfähigkeit der einzelnen Arbeitsucher im Zusammenspiel erwerblich verwerten zu können. Wenn ein Musiker der Kapelle die anderen, in diesem Fall G., jedenfalls den Kläger, angeworben hat, sei es auch „im eigenen Namen", so läßt das allein, zumal in so kleinen Verhältnissen, noch keinen Schluß auf seine Eigenschaft als Arbeitgeber zu. Es bedarf vielmehr mangels klarer vertraglicher Ordnung der Erwägung, ob es den tatsächlichen Verhältnissen und den Auffassungen der beteiligten Kreise entspricht, daß eine solche Annahme zwecks gemeinsamer gelegenheitsmäßiger Verdingung bei dritten Unternehmern eine arbeitsmäßige Überordnung des Annehmenden begründen soll. Mit anderen Worten, ob der Annehmende mit dem Einverständnis der anderen es übernehmen will, laufend Beschäftigung zu gewähren, für die jeweilige Lohnzahlung einzustehen, die Pflichten der Sozialversicherung und des Steuerabzugs vom Arbeitslohn zu erfüllen, die Fürsorge nach § 618 BGB. zu übernehmen u. a. Pflichten des Dienstgebers mehr oder aber, ob die Vertragschließenden sich mit einem Mindermaß dieser Leistungen begnügen. Diese Bedenken waren um so eher veranlaßt, als der Berufungsrichter selbst die soziale Eignung zur Erfüllung dieser Aufgaben bei solchen Leitern kleiner unständiger Kapellen in Zweifel zieht. Von diesen durch die festgestellten Umstände nahegelegten Erwägungen ausgehend hätte der Berufungsrichter die Sachlage unter den Gesichtspunkten des Gruppenvertrages prüfen sollen. Von diesem Standpunkt aus hätte in Frage kommen können, daß G., der nach dem Festgestellten keinen Unternehmer- oder auch nur Zwischengewinn gezogen, sondern den anderen in der Vergütung gleichgestanden zu haben scheint — der Kläger, einer von 4 Mitgliedern, klagt, insoweit unbeanstandet, je Tag 1/4 der für die Kapelle ausworfenen Gesamtvergütung ein —, lediglich als Vertreter der anderen Personen der Gruppe gehandelt hat. Dem würde weder die Unterzeichnung des Schriftvertrags durch G. allein noch die von dem Berufungsrichter herangezogene Verteilung der von der Beklagten gezahlten Gage entgegenstehen. Bei der Art des Abschlusses und der anscheinend auf längeres Zusammenwirken berechneten Bildung der Kapelle G. wird aber, vorbehaltlich der tatsächlichen Prüfung der getroffenen Abreden und verfolgten Zwecke, eine dritte Annahme am nächsten liegen, die, daß nicht die Mitglieder der Kapelle als Einzelne, sondern die Kapelle gesellschaftlich, als Eigengruppe und durch G. als ihren Vormann vertreten, mit der Beklagten abgeschlossen hat. Dann hätte die Gruppe, wie sie zur Einheit verbunden ihre Leistung erbringt, auf die durch das Zusammenspiel verdiente Vergütung auch einen einheitlichen, durch den Kapellmeister als Gruppenführer geltend zu machenden Anspruch, den nicht der einzelne zu seinem Teil erheben kann. Für diese Auffassung der Kapelle als einer geschlossenen gesellschaftlichen Gruppe scheint zu sprechen, daß nach der Eigenheit des Zusammenwirkens es nicht gut dem Gaststättenunternehmer der Gruppe gegenüber zustehen kann, mit den einzelnen Musikern besondere Abkommen zu treffen oder sie gar seinerseits nach Kündigung durch andere zu ersetzen.

Diese Annahme stünde dem verfolgten Klaganspruch nicht notwendig im Wege. Der Kläger beansprucht nicht einen Teil des durch das Zusammenspiel verdienten Lohns, sondern Ersatz von Verdienst, der ihm durch eine, wie er behauptet, von der Beklagten nicht von der Gruppe, ausgehende Kündigung entgangen ist. Nicht beizutreten ist der Meinung von Hueck-Lehrbuch Bd. 1 S. 423, wenn die Eigengruppe den Vertrag selbst abschließe, entstünden zwischen den einzelnen Teilnehmern der Gruppe und dem Arbeitgeber in der Regel gar keine arbeitsvertraglichen Beziehungen. In weitem Umfange, insbesondere hinsichtlich der Arbeitsleistung und des Entgelts, liegen freilich Rechte und Pflichten in der Gesamthand. Aber mit der Eingehung des Arbeitsvertrags mit der Gruppe und für sie entstehen notwendig auch arbeitsvertragliche Beziehungen des Arbeitgebers zu allen Einzelnen. Jeden von ihnen trifft die arbeitsvertragliche Treupflicht. Auf der anderen Seite wird dem Arbeitgeber sicherlich die Fürsorgepflicht des § 618 BGB. und in der Regel öffentlichrechtlich, wenn nicht auch vertraglich die aus den Sozialversicherungen erwachsende obliegen (vgl. die in diesem Sinne ergangene Rechtsprechung des Reichsversicherungsamts Amtl. Nachr. 1912 S. 940 Nr. 16^{39}, Entsch. und Mitt. Bd. 26 S. 11 Nr. 68; ebenso Bescheid des RArbMin. vom 17. Juni 1924 in der Sammlung der Entsch. des RVA. Jahrg. 1923 Nr. 28; ebenso steuerrechtlich RFinH. Bd. 20 S. 276 · St. u. W. 1927 Nr. 235 und 1930 Nr. 300). Es gehört aber auch, was den vorliegenden Fall angeht, in den Umkreis dieser Beziehungen, daß der Arbeitgeber den Einzelnen nach Maßgabe des geschlossenen Vertrages und der Gesetze in der Gruppe duldet. Schließt er, nicht entsprechend § 723 BGB. die Gruppe, einen Teilhaber von der Mitarbeit in seinem Unternehmen ohne einen nach dem Vertrag oder Gesetz gerechtfertigten Grund aus, so kann unentschieden bleiben, ob sein Verhalten den Lohnanspruch aus dem Gesichtspunkt des § 615 BGB. rechtfertigt, jedenfalls ergibt sich aus § 276 BGB. die Pflicht zur Leistung von Schadensersatz.

Die Sache bedarf erneuter Prüfung unter diesen Gesichtspunkten, denen hinzuzufügen ist, daß im Sinne des Vorstehenden die Beklagte (dem Kläger gegenüber) als berechtigt gelten müßte, ihn von der Mitarbeit auszuschließen, wenn er der Gruppe gegenüber den entsprechenden Anspruch gehabt hätte.

RAG. 9, 366.

Gehört ein Streit darüber, ob die Betriebsvertetung über die Zustimmung zur Kündigung eines ihrer Mitglieder ohne Zuziehung dieses Mitgliedes oder eines Ersatzmannes entscheiden darf, ins Beschlußverfahren?

Wann ist bei Verhinderung eines Betriebsvertretungsmitgliedes ein Ersatzmann zuzuziehen?

ArbGG. § 2 Nr. 5, § 80. BRG. § 40.

Reichsarbeitsgericht. Beschl. v. 5. Dezember 1931.

I. Arbeitsgericht Leipzig.

Der Antragsteller war Mitglied des Betriebs- und Arbeiterrats bei der Beschwerdeführerin im Braunkohlenwerk „D. und H.". Am 27. Juni 1931 wurde ihm gekündigt. Am 29. Juni 1931 erteilte der Betriebs- und Arbeiterrat, ohne den Antragsteller oder für ihn einen Ersatzmann zuzuziehen, die von der Arbeitgeberin erbetene Zustimmung zur Kündigung. Der Antragsteller hat beantragt, den Beschluß vom 29. Juni 1931 für unwirksam zu erklären. Das Arbeitsgericht hat dem Antrage in der Weise entsprochen, daß es festgestellt hat, daß der Antragsteller noch Mitglied des Betriebs- und Arbeiterrats sei. Die hiergegen gerichtete Rechtsbeschwerde der Antragsgegnerin blieb sachlich erfolglos aus folgenden

Gründen:

Das Arbeitsgericht erachtet das Beschlußverfahren für zulässig, weil es sich um einen Streit im Sinne von § 2 Nr. 5 Fall 1 des ArbGG. handle, nämlich um eine Streitigkeit über das Erlöschen der Mitgliedschaft in einer Betriebsvertretung. Es kann dahingestellt bleiben, ob die angezogene Bestimmung (Fall 1) den vorliegenden Streit (Beschlußfassung über die Zustimmung zur Kündigung eines Betriebsvertretungsmitgliedes) mitumfaßt. Denn jedenfalls trifft Fall 7 a. a. O. zu, wonach die Arbeitsgerichte auch für die Entscheidung von Streitigkeiten über die Errichtung, Zusammensetzung und Tätigkeit von Betriebsvertretungen zuständig sind. § 93 BRG., auf den diese Bestimmung zur näheren Erläuterung verweist, führt in Nr. 3 noch ausdrücklich Streitigkeiten über die Einrichtung, Zuständigkeit und Geschäftsführung der Betriebsvertretung auf. Hierher gehört unbedenklich auch die Frage, ob die Betriebsvertretung über die Zustimmung zur Kündigung eines ihrer Mitglieder ohne Zuziehung dieses Mitgliedes oder eines Ersatzmannes entscheiden darf, oder ob sie einen Ersatzmann zur Beschlußfassung zuzuziehen hat.

Auch sachlich ist der Entscheidung des Arbeitsgerichts insofern beizutreten, als es den Beschluß des Betriebs- und Arbeiterrats vom 29. Juni 1931 für unwirksam erachtet. Die Zahl der Mitglieder einer Betriebsvertretung ist durch die §§ 15 flg. BRG. gesetzlich vorgeschrieben. Scheidet ein Mitglied aus, so tritt nach § 40 BRG. ein Ersatzmitglied nach den Bestimmungen der Wahlordnung ein. Dies gilt nach derselben Gesetzesvorschrift auch für das Eintreten der Ersatzmitglieder als Stellvertreter für zeitweilig verhinderte Mitglieder. Vorliegend war der Antragsteller, da in der Sitzung vom 29. Juni 1931 über seine eigene Angelegenheit (nämlich über die Zustimmung zu der ihm gegenüber geschehenen Kündigung) entschieden werden sollte, an der Mitwirkung „zeitweilig verhindert", und es war daher nach § 40 BRG. an seiner Stelle der ihm auf der Wahlvorschlagsliste folgende Ersatzmann zur Teilnahme an der Beschlußfassung zu laden. Das hat das Reichsgericht bereits in der Entscheidung vom 4. Februar 1927 (III 102/26) ausgesprochen. An dieser Entscheidung ist entgegen den in der Literatur wegen vermeintlicher Überspannung des Begriffs der zeitweiligen Verhinderung teilweise geäußerten Bedenken festzuhalten (vgl. auch RAG. 181/28 vom 14. November 1928). Zwar wird nicht durch jede augenblickliche Behinderung eines ordentlichen Mitgliedes (z. B. nicht durch ein plötzliches Unwohlsein) die Voraussetzung einer „zeitweiligen Verhinderung" im Sinne des § 40 BRG. erfüllt. Aber andrerseits geht es nicht an, den Begriff allzu eng zu fassen, sondern bei einer von vornherein feststehenden rechtlichen oder tatsächlichen Verhinderung muß, auch wenn es sich nur um e i n e Sitzung handelt, durch Ladung eines Ersatzmannes für die richtige Zusammensetzung der Betriebvertretung Vorsorge getroffen werden. Gerade im Falle der Zustimmung zur Kündigung, wie er hier vorliegt, liegt dieses Erfordernis auch durchaus im Aufbau der Betriebsverfassung begründet. Denn wenn beispielsweise die Richtung, der der Gekündigte angehört, in der Betriebsvertretung nur durch ihn allein dargestellt wird, oder wenn sämtlichen ihr angehörigen Betriebsvertretungsmitgliedern gekündigt ist, würde es unbillig sein und den Zwecken des Betriebsrätegesetzes widersprechen, wenn zur Prüfung der Frage der Zustimmung nur die anderen Richtungen angehörenden Mitgliedern der Betriebsvertretung zur Beratung und Entscheidung zugezogen würden.

Nach alledem hat das Arbeitsgericht den Beschluß vom 29. Juni 1931 mit Recht für unwirksam erachtet. Jedoch ist es in der Fassung seiner Entscheidung über den Antrag des Antragstellers hinausgegangen, der nur Feststellung dieser Unwirksamkeit erbeten, weitergehende

Anträge aber nicht gestellt hat. Die Beschwerde war daher mit der Maßgabe zurückzuweisen, daß der entscheidende Teil des angegriffenen Beschlusses die vom Antragsteller beantragte zutreffende Fassung erhält.

RAG. 10, 6.

Wann ist eine selbständige Unternehmerstellung, die das Konkursvorrecht ausschließt, bei für einen bestimmten Arbeitgeber laufend ausgeführten Arbeiten anzunehmen?

KO. § 61 Nr. 1.

Reichsarbeitsgericht. Urt. v. 2. Dezember 1931.

I. Arbeitsgericht Dortmund. — II. Landesarbeitsgericht daselbst.

Die Beklagte betreibt in mehreren Abteilungen Brücken- und Behälterbau und fertigt insbesondere Tanks für Brauereien an. Sie hatte die gesamten in ihrem Betrieb erforderlichen Anstreicherarbeiten dem Kläger übertragen. Dieser hat seit etwa 18 Jahren die in dem Betriebe vorkommenden, kleineren Ausbesserungsarbeiten vorgenommen, die gefertigten Eisengerüste und Behälter und vor allem das Innere der Tanks nach einem von der Beklagten besonders ausgebildeten Verfahren angestrichen. Für diese letzteren Arbeiten erhielt er regelmäßig die dazu erforderlichen Materialien und besonderen Werkzeuge. Er hatte der Beklagten eine bestimmte Anzahl von Gesellen (zuletz 7) zur Verfügung zu stellen und bereit zu halten, die mit dem besonderen Verfahren vertraut waren. Diese Leute hatte er in eigenem Namen anzustellen, ihnen den Lohn auf eigene Rechnung zu zahlen und insbesondere auch die Sozialbeiträge selbst zu tragen. Er war Mitglied der Malerinnung und der Unfallberufsgenossenschaft. Als Vergütung erhielt er vom Anfang an einen festen Betrag in Höhe eines Meistergehaltes (zuletzt 343 RM), ferner für die auf dem Werk geleisteten Arbeiten und einen Teil der außerhalb desselben geleisteten Arbeiten insbesondere Ausbesserungsarbeiten für die Arbeitsstunde einen Satz von 1,17 RM mit einem Zuschlag für Unkosten und Gewinn, der früher 40 %, seit Mitte 1928 30 % betrug. Für den größten Teil der außerhalb geleisteten Arbeiten wurde der Kläger nach den auf Grund besonderer Angebote vereinbarten Preisen bezahlt, die auf den Quadratmeter oder Hektoliter zum Teil einschließlich, zum Teil ohne Materialien abgestellt wurden. In dem Verkehr mit der Beklagten bediente er sich gedruckter Geschäftsbogen mit der Überschrift: E. L., Dortmund, Maler- und Anstreichergeschäft, und Angaben über Fernsprecher, Postscheckkonto und Bankkonto. Bezahlt wurde er zum Teil durch Postscheck, seit etwa 1927 aber auch in der Weise, daß er Wechsel auf die Beklagte zog, sie von ihr akzeptieren ließ und dann bei einer Bank diskontierte. Im Jahre 1930 geriet die Beklagte in Zahlungsschwierigkeiten, und es kam, nachdem am 7. November das Vergleichsverfahren eröffnet war, am 6. Dezember 1930 ein rechtskräftiger Vergleich zustande, durch den eine Stundung der Forderungen bis zum 31. Dezember 1930 mit einer gewissen Maßgabe bewilligt wurde. Das Vertragsverhältnis zu dem Kläger war bereits zum 30. September 1930 gelöst worden. Während Kläger den festen Betrag bis zu diesem Zeitpunkt erhalten hat, hat er noch rückständige Forderungen in Höhe von 8711,23 RM, und zwar 302,24 RM Forderungen für Materialien, 3168 RM Forderungen, die nach dem Stundenbetrag berechnet, 5258,05 RM Forderungen, die auf Grund besonderer Angebote nach Quadratmetern oder Hektolitern berechnet sind und zum Teil auch Materiallieferungen mitenthalten.

Der Kläger ist der Ansicht, daß er Angestellter bei der Beklagten gewesen sei, daß seine gesamten Forderungen Lohnforderungen im Sinne des § 61 Ziff. 1 KO. seien, daß er deshalb in dem Vergleichsverfahren nicht beteiligt und von dem Vergleich nicht betroffen wäre, und hat, da die Beklagte dies bestreitet, Klage erhoben auf Feststellung, daß er nicht zu den an dem Vergleichsverfahren beteiligten Gläubigern gehöre, und auf Zahlung von 8729,03 RM nebst Zinsen. Zur Begründung hat er geltend gemacht, daß eine vollständige Abhängigkeit seinerseits und seiner Leute von der Beklagten vorgelegen habe, und hat insbesondere hinsichtlich der Einordnung in den Betrieb behauptet, daß seine Leute sich der Arbeitsordnung hätten fügen, die Arbeitszeiten auf dem Werk einhalten, der Torkontrolle unterstehen müssen, und der Aufsicht des Betriebsleiters der Beklagten unterlegen wären. Für seine Tätigkeit habe in erster Linie das Meistergehalt bekommen, im übrigen seien ihm die Löhne für seine Leute ausgezahlt worden. Der Zuschlag habe nur dazu gedient, daß er die Sozialbeiträge und die übrigen Unkosten habe tragen können. Er selbst habe weder Werkzeuge noch Material gehabt, alles dies sei von der Beklagten gestellt worden. Wenn er einmal Material geliefert habe, so habe es sich nur darum gehandelt, daß im Augenblick die Vorräte der Beklagten ausgegangen seien und er ausgeholfen habe. Die Beklagte habe auch für ihn die Angestelltenversicherung bezahlt und die Lohnsteuer abgeführt.

Die Beklagte hat dagegen geltend gemacht, daß der Kläger selbständiger Unternehmer gewesen sei, der nicht nur für die Beklagte, sondern auch für andere Auftraggeber gearbeitet habe.

Das Arbeitsgericht hat der Klage entsprochen, das Landesarbeitsgericht hat sie dagegen auf die Berufung der Beklagten abgewiesen. Die Revision des Klägers wurde zurückgewiesen.

Aus den Gründen:

Das Landesarbeitsgericht scheidet zunächst Forderungen in Höhe von 302,24 RM aus, welche die Beklagte für geliefertes Material ohne Beziehung auf dabei geleistete Arbeit schuldet. Daß für diese Beträge das Konkursvorrecht nicht beansprucht werden kann, ist selbstverständlich. Die Revision hat auch insoweit keinen besonderen Einwand erhoben.

Hinsichtlich der weiteren Klageposten geht das Landesarbeitsgericht davon aus, daß es für die Nichtanwendung der §§ 2, 73 der Vergleichsordnung vom 5. Juli 1927 gem. § 61 Ziff. 1 KO. in erster Linie entscheidend sei, ob es sich bei den Forderungen der Klägerin um Ansprüche aus Werkverträgen handele, weil in diesen Fällen das Konkursvorrecht ohne weiteres entfalle. Erst in zweiter Linie sei zu prüfen, ob ein Dienstverhältnis im Sinne des § 61 Ziff. 1 KO. vorliege. Dieser Ausgangspunkt steht an sich in Übereinstimmung mit der Rechtsprechung des Reichsarbeitsgerichts (RAG. Bd. 6 S. 225, Bd. 7 S. 166).

Das Landesarbeitsgericht prüft zunächst die Forderungen für Leistungen, welche auf Grund besonderen Angebots gemacht worden sind. Das sind die Posten, bei denen der Kläger sogenannte auswärtige Arbeiten übernommen hat. Der Berufungsrichter bejaht das Vorliegen von Werkverträgen, denn es handele sich um Forderungen, die die Lieferung von Material einschlössen. Liefere der Arbeitgeber das zur Herstellung der Arbeiten erforderliche Material und wäre dieses einheitlich berechnet und der Preis dafür vereinbart, so liege kein Dienstvertrag vor, denn geschuldet würden alsdann nicht nur die zur Herstellung der Arbeit erforderlichen Dienste, sondern der Anstrich, also der Erfolg selbst. Hierbei sei unerheblich, daß der Dienstverpflichtete gelegentlich ebenfalls erforderliche Materialien mitbesorge; er tue dies aber alsdann nicht für eigene Rechnung, sondern im Auftrage seines Arbeitgebers, dem er dann die Auslagen in besondere Rechnung stelle. Es gehe nicht an, daß der Kläger den einheitlichen Preis wieder zerreißen wolle; denn der Preis für die Materialien sei nicht selbständig neben dem Lohn behandelt, vielmehr sei er in einer einheitlichen Summe gefordert und einheitlich nach Quadratmetern oder Hektolitern berechnet, so daß eine Trennung zwischen Lohn und Materialkosten überhaupt nicht möglich sei. Für die Annahme von Werkverträgen spreche auch, daß der Kläger zum Teil ausdrücklich die Gewährleistung übernommen habe, und auch in vielen Fällen Bezahlung erst nach vier Wochen nach Fertigstellung habe erfolgen sollen, Vereinbarungen, die bei Dienstverträgen nicht üblich seien.

Diesen Ausführungen kann im allgemeinen, jedenfalls hinsichtlich des Ergebnisses beigetreten werden. Die Grundsätze, welche in der Rechtsprechung des Reichsarbeitsgerichts (RAG. Bd. 6 S. 225) über die Unterscheidung von Dienstvertrag und Werkvertrag aufgestellt worden sind, sind nicht verkannt. Danach ist in erster Linie maßgebend, was die Parteien nach Lage der Umstände und ihren Abmachungen im Einzelfalle gewollt haben; ferner müssen alle Umstände gewürdigt werden, welche den Charakter eines Dienstvertragsverhältnisses bestimmen, insbesondere die besonderen Verhältnisse, die Rechte und Pflichten der Vertragsparteien, wobei der wirtschaftliche Zweck der Arbeit unter gleichzeitiger und wesentlicher Berücksichtigung der zwischen Auftraggeber und Ausführendem hergestellten Beziehungen ins Auge zu fassen ist. Allerdings ist dem vom Landesarbeitsgericht betonten Umstand, daß der Arbeiter die Materialien liefere und der Arbeitspreis unter deren Einschluß berechnet werde, kein unterscheidendes Merkmal zu entnehmen, wie sich bei der im Akkord geleisteten Heimarbeit, bei den Gutshandwerkern und ähnlichen Arbeitsverhältnissen ohne weiteres ergibt. Abgesehen hiervon hat das Landesarbeitsgericht die Umstände im wesentlichen zutreffend gewürdigt, und es muß letzten Endes Tatfrage sein, ob die Arbeit, die Tätigkeit als solche, d. h. ein bestimmtes Maß einzelner Dienstleistungen, also ein Wirken geschuldet wird, oder ob der Arbeitserfolg, d. h. das Arbeitsergebnis unter eigener Verantwortung des Leistenden, ohne Ansehung der zur Vollendung erforderlichen Einzeldienstleistungen den Gegenstand des Vertrages bildet. Vergeblich rügt die Revision, daß verkannt sei, daß Kläger in einem laufenden Vertragsverhältnis mit der Beklagten gestanden, eine feste Bezahlung erhalten und bei Berechnung des Materials keinen Aufschlag eingesetzt, es sich vielmehr nur um die Erstattung der früher verauslagten Beträge gehandelt habe, wobei die Beklagte ihm die Berechnung, die sie als Unterlage für ihre eigenen Aufstellungen zwecks Inkostenstellung ihren eigenen Abnehmern gegenüber brauchte, vertrauensvoll überlassen habe. Die Bewertung nach Quadratmetern und Hektolitern stelle demgegenüber nur die bedeutungslose Form der Berechnung dar.

Diese Ausführungen berücksichtigen nicht die vor allem ausschlaggebende selbständige Unternehmerstellung des Klägers, welche das Landesarbeitsgericht auch in seinen weiteren Ausführungen zu den übrigen Klageposten zutreffend hervorhebt. Sie wird schlagend durch die ganze Art und Weise des festgestellten Geschäftsverkehrs zwischen den Parteien belegt. Schon die über die fraglichen Lieferungen ausgestellten Fakturen, welche Gegenstand der Verhandlung vor dem Landesarbeitsgericht waren, zeigen — ganz abgesehen von den doch über sehr erhebliche Summen lautenden Einzellieferungen —, daß Kläger als selbständiger Unternehmer der Beklagten gegenüber auftrat und nicht innerhalb eines Dienstverhältnisses die Übertragung bestimmter Einzeldienstleistungen bestätigte.

Diese Art des Geschäftsverkehrs ist in der Tat lediglich eine solche, wie sie zwischen selbständigen Unternehmern üblich ist. Es kann deshalb, jedenfalls hinsichtlich der besonderen Posten zum Gesamtbetrag von 5258,05 RM, nicht darauf ankommen, ob die sonstigen Beziehungen der Parteien vereinzelte Züge tragen, die auch für das Vorliegen eines abhängigen Dienstvertragsverhältnisses im Sinne des § 61 Ziff. 1 KO. sprechen könnten. Trat aber der Kläger als selbständiger Unternehmer der Beklagten gegenüber, so kommt es für die Frage der konkursrechtlichen Bevorrechtigung überhaupt letzten Endes nicht darauf an, ob ein Arbeitserfolg oder ein Wirken geschuldet wurde. Maßgebend war, daß dem Kläger als selbständigen Unternehmer bestimmte Arbeiten übertragen wurden, die er ohne das Vorliegen einer personenrechtlichen Gebundenheit für die Beklagte zu erledigen hatte.

Hinsichtlich der restlichen Posten über 3168 RM, bei denen das Entgelt nach Anzahl der Stunden einschließlich des Zuschlags berechnet worden ist — es sind dies die Arbeiten, welche vorwiegend auf dem Werk der Beklagten selbst geleistet wurden —, nimmt das Landesarbeitsgericht ebenfalls das Vorliegen von Werkverträgen an. Es geht davon aus, daß dem Kläger nicht einmal die von ihm verauslagten Löhne ersetzt wurden, sondern für die gebrauchten Stunden ein bestimmter Satz vereinbart wurde, so daß er den Unterschied selbst tragen mußte. Gegen die Annahme eines Dienstvertrages spreche auch die Höhe des Zuschlages, der für einen unselbständigen „Kolonnenführer" oder „Zwischenmeister", mit 40 oder später 30 %, doch außergewöhnlich hoch sei, zumal Kläger außerdem noch ein festes Gehalt erhalten habe. Kläger sei auch seinen Leuten gegenüber als Arbeitgeber aufgetreten, habe selbst die Beiträge für Unfallversicherung gezahlt und sei deshalb Mitglied der Unfallberufsgenossenschaft und der Malerzwangsinnung gewesen; alles dies deute darauf hin, daß er selbständiger Unternehmer gewesen sei. Hiermit stände nicht in Widerspruch, daß er einen bestimmten Stamm von Leuten für die Beklagte halten und diese selbst habe bezahlen müssen, wenn er von der Beklagten keine Arbeit erhielt; vielmehr habe er das Risiko für die Beschäftigung seiner Leute selbst getragen. Auch die Bezahlungsweise durch eigene Wechsel der Beklagten sei für einen Arbeitnehmer durchaus ungewöhnlich, stände sogar mit § 115 RGewO. in Widerspruch. Mit der gelegentlichen Hereinnahme von Kundenwechseln sei diese Zahlungsweise nicht zu vergleichen. Hinzukomme, daß der Kläger auch sonst die Stellung eines selbständigen Unternehmers der Beklagten gegenüber eingenommen habe. Er habe für die zu leistenden Arbeiten jedesmal ein besonderes Angebot gemacht und feste Preise verlangt; bei der Berechnung sei nicht zum Ausdruck gekommen, daß in dem Zuschlag seine Unkosten enthalten seien, die festen Preise habe die Beklagte nicht einmal nachprüfen können und dürfen, vielmehr habe der Kläger bei einem Teil der Angebote auch noch die Gewährleistung für ordnungsgemäße Ausführung übernommen. Schließlich habe der Kläger auch in früheren Jahren umfangreiche Lieferungen an die Beklagte gemacht, wobei er für die Herstellung von Glasdächern in Wettbewerb mit der Glashütte getreten sei. Endlich beweise das Halten eines Scheck- und Bankkontos, die Benutzung von Geschäftsbogen mit seiner Firma und den bei selbständigen Unternehmern üblichen Angaben, daß er der Beklagten gegenüber als Unternehmer aufgetreten sei, worauf auch die Höhe des jährlichen Umsatzes von durchschnittlich 50 000 RM hinweise, der für ihn 17 000—18 000 RM im Jahre an Gewinn und allgemeinen Unkosten abgeworfen habe. Der Kläger sei also als Zwischenunternehmer anzusehen.

Diese Ausführungen mögen, soweit sie auch für die letztgenannten Arbeiten das Vorliegen von Werkverträgen annehmen, in rechtlicher Beziehung nicht unbedenklich erscheinen, da sie insoweit nicht genügend berücksichtigen, daß die Arbeiten innerhalb eines gewissen laufenden Vertragsverhältnisses geleistet wurden, zumal Kläger eine laufende, feste Vergütung erhielt, welche er als Meisterlohn, die Beklagte als Fixum bezeichnet. Es kommt aber auch bezüglich dieses Postens auf die Frage, ob Dienstverträge oder Werkverträge vorliegen, nicht ausschlaggebend an, da das Urteil des Landesarbeitsgerichts durch die einwandfrei getroffenen, zum größeren Teil der tatrichterlichen Würdigung angehörenden Feststellungen getragen wird, daß Kläger auch insoweit der Beklagten als selbständiger Unternehmer und nicht in der gem. § 61 KO. gebotenen besonderen personenrechtlichen Abhängigkeit gegenübertrat. Wie das Reichsgericht in der Entscheidung Bd. 120 S. 300 (301) insbesondere an Hand der Entstehungsgeschichte dargelegt hat, ist für die Gewährung des Vorrechts das besondere Schutzbedürfnis der wirtschaftlich schwachen, in dienender, abhängiger Stellung befindlichen Personen in bezug auf ihre Lohnansprüche, auf die sie zu ihrem Lebensunterhalt angewiesen sind, von ausschlaggebender Bedeutung gewesen, zumal solche Lohnansprüche im allgemeinen wegen ihrer verhältnismäßigen Geringfügigkeit ohne nennenswerte Schädigung der übrigen Gläubiger vorweg aus der Masse befriedigt werden können. Das Gesetz gewährt das Lohnvorrecht keineswegs allen, die in einem Dienstvertragsverhältnis zum Gemeinschuldner gestanden haben (RGZ. Bd. 62 S. 231), sondern denjenigen, die in dienender abhängiger Stellung sich befinden, worauf, abgesehen von der Entstehungsgeschichte, auch die Worte des Gesetzes „verdungen", „Lohn", „Kostgeld und andere Dienstbezüge" ausdrücklich hindeuten. Es handelt sich um eine Ausnahmevorschrift von dem das Konkursverfahren beherrschenden Gedanken der gleichmäßigen Befriedigung aller Konkursgläubiger. Es verbietet sich somit einerseits jede ausdehnende Auslegung dieser Sondernorm und andererseits muß bei ihrer Anwendung schon im Hinblick auf den das gesamte Konkursverfahren beherrschenden Gedanken des Gläubigerschutzes das Vorliegen ihrer Voraussetzungen, das Gegebensein einer personenrechtlichen und auch wirtschaftlichen Abhängigkeit besonders streng geprüft werden. Dies ist auch in der Rechtsprechung des Reichsarbeitsgerichts RAG. Bd. 6 S. 225, Bd. 7 S. 166, Urt. vom 9. Mai 1931 6/31 Bensh. Slg. Bd. 12 S. 271 (273), vom 13. Mai 1931 98/31 Bensh. Slg. Bd. 12 S. 287 (289) wiederholt zum Ausdruck gekommen.

Der vom Gesetz erforderte Begriff des Sichverdingens, welcher die Aufgabe der eigenen Selbständigkeit in größerem oder geringerem Umfange voraussetzt, ist aber unvereinbar mit den vom Landesarbeitsgericht getroffenen tatsächlichen Feststellungen, insbesondere der Stellung des Klägers als selbständigen Unternehmers. Es kann im wesentlichen auf diese verwiesen werden. Hervorgehoben werden mögen nur folgende besonderen Umstände: Der Kläger hat nicht etwa die von ihm verauslagten Löhne der Beklagten in Rechnung gestellt und von dieser einen Zuschlag als Entlohnung für die eigene Tätigkeit erhoben, sondern es wurde allgemein für die geleisteten Stunden ein gewisser Satz vereinbart, zu dem der ungewöhnlich hohe Zuschlag von früher 40 und letzt 30 % hinzugerechnet wurde. Der Kläger selbst trug mithin das Risiko, wenn er höhere Löhne und insbesondere Spezialarbeiterzulagen seinen Arbeitern bewilligte, die Kläger charakteristisch in der Klageschrift als „Leute aus seinem Geschäft" bezeichnet. Mit Recht hat das Landesarbeitsgericht hieraus den Schluß gezogen, daß Kläger nicht mit dem Führer einer Arbeitsgruppe oder mit einem unselbständigen Zwischenmeister verglichen werden könne. Auch der Abrechnungsverkehr, namentlich der Zahlungsverkehr war, wie schon hervorgehoben, lediglich ein solcher, wie er zwischen selbständigen Geschäftsleuten üblich ist. Gerade der Umstand, daß Kläger sich auf eine derartige Bezahlungsweise einließ, beweist seine wirtschaftlich selbständige Stellung. Von besonderer Bedeutung ist auch die vom Landesarbeitsgericht festgestellte Gestaltung des Wirtschaftsverkehrs; die Art und Weise, wie Kläger seine Angebote machte, feste Preise verlangte, ist mit der Stellung eines in unselbständiger, dienender Stellung befindlichen Angestellten unvereinbar. Das gleiche gilt von der ganzen Einrichtung des Betriebes des Klägers, wie er insbesondere in seinen Geschäftsbogen unverkennbar zum Ausdruck kommt. Der Kläger hat selbst vorgetragen, daß er ein eigenes Haus und eigene Werkstätte habe; er gehörte der Maler-Zwangsinnung an und war der Gewerbesteuerzahlung unterworfen. Schließlich zeigt auch die Größe des Umsatzes, daß Kläger, auch bei wirtschaftlicher Betrachtungsweise, nicht zu den wirtschaftlich schwachen Personen gehört, für deren Schutz das Vorrecht des § 61 Ziff. 1 KO. in erster Linie gedacht ist. Wenn nun schließlich das Landesarbeitsgericht noch die eigenen Angaben des Klägers in seinen Steuererklärungen, auf welche der Kläger sich selbst berufen hatte, verwertet und ihnen ebenfalls die selbständige Stellung als Unternehmer entnimmt, so können die vom Kläger betonten vereinzelten Umstände, welche, für sich allein betrachtet, etwa auf das Vorliegen einer abhängigen Stellung hindeuten könnten, in keiner Weise ins Gewicht fallen. Mit Recht hat das Landesarbeitsgericht insoweit für unerheblich bezeichnet, daß die Beklagte an den Kläger ein Meistergehalt zahlte und für ihn soziale Beiträge und Steuerbeträge abführte. Ebensowenig ist es von Bedeutung, wenn Kläger mit seinen Leuten gewisse kleinere Ausbesserungsarbeiten auf dem Werk ohne besondere Bezahlung ausführen mußte. Zu Recht hat das Landesarbeitsgericht auch für unerheblich erklärt, ob der Kläger verpflichtet war, auf Verlangen der Beklagten Leute zu entlassen. Es ist dem Landesarbeitsgericht darin beizutreten, daß daraus, daß der Kläger selbst die Entlassung aussprach und die Beklagte nur Wünsche äußern konnte, eher geschlossen werden kann, daß er selbständig war. Die Ausführungen des Landesarbeitsgerichts, welche vorwiegend eine tatrichterliche Würdigung darstellen, lassen einen Rechtsvorstoß nicht erkennen.

Auch die Angriffe der Revision wenden sich im wesentlichen gegen die mehr tatsächlichen Betrachtungen. Weder kann die feste Bezahlung des Klägers, die auch beim selbständigen Handlungsagenten und Angehörigen freier Berufe vorkommt, noch der Umstand, daß in dem Zuschlag zum wesentlichen Teil Auslagen des Klägers enthalten waren, welche aber gerade vom Kläger selbständig festgesetzt wurden, noch die Stellung des Materials seitens der Beklagten für die auf dem Werk selbst geleisteten Arbeiten, gegenüber der sich sonst ergebenden selbständigen Stellung des Klägers in Betracht kommen, wobei doch auch zu beachten ist, daß Kläger nach seinem eigenen Sachvortrag, bevor er mit seinem Schwager, dem Rechtsvorgänger der Beklagten, in Geschäftsverkehr trat, selbständiger Meister war. Auch die vom Kläger hervorgehobenen Weisungen der Beklagten an seine Leute und die betonte gewisse Einfügung in den Betrieb erscheinen nicht ausschlaggebend. Sie erklären sich durch die Umstände, unter denen die Arbeiten vorgenommen wurden. Völlig unerheblich ist, daß Kläger seine Dienste fast ausschließlich der Beklagten widmete (RAG. Bd. 7 S. 166). Ob die Offerten der Beklagten zu Kalkulationszwecken dienten, kann ebensowenig wie der Umstand, daß Beklagte nach außen hinsichtlich der vom Kläger gelieferten Arbeiten als Unternehmerin auftrat, irgendwie von rechterheblicher Bedeutung sein.

Da das angefochtene Urteil den Begriff des Sichverdingens im Sinne des § 61 KO. nicht verkannt und das Vorliegen dieses Tatbestandsmerkmals ohne Rechtsverstoß auf Grund des festgestellten Sachverhalts verneint hat, so war die Abweisung der Klage gerechtfertigt. Die Revision ist daher zurückzuweisen.

RAG. 10, 20.+

Zahlungseinstellung kann einen wichtigen Grund zur Entlassung eines Schwerbeschädigten abgeben.

SchwerbG. § 13 Abs. 2. RGewO. § 124a.

Reichsarbeitsgericht. Urt. v. 9. Dezember 1931.

I. Arbeitsgericht Berlin. — II. Landesarbeitsgericht daselbst.

Der Kläger stand in Diensten des Beklagten und ist, obwohl Schwerbeschädigter, am 14. Oktober 1930 ohne Innehaltung einer Kündigungsfrist und ohne Zustimmung der Hauptfürsorgestelle entlassen worden. Er fordert seinen Lohn für die Folgezeit. Der Beklagte ist der Ansicht, die Zustimmung der Hauptfürsorgestelle sei nicht erforderlich gewesen. Mangels Vorliegens von Aufträgen habe er seinen

Betrieb stillegen und seine Zahlungen einstellen müssen. Aus diesem — wichtigen — Grunde sei die Entlassung zu Recht erfolgt.

Das Arbeitsgericht hat die Klage abgewiesen, da ein wichtiger Grund gegeben gewesen sei, der die Zustimmung der Hauptfürsorgestelle überflüssig gemacht habe. . . .

Das Landesarbeitsgericht hat der Klage stattgegeben. Auf die Revision der Beklagten ist die Klage abgewiesen worden aus folgenden

Gründen:

. . .

Diese Ausführungen des Landesarbeitsgerichts werden der Sachlage nicht gerecht. Nach § 13 Abs. 2 SchwerbG. werden die gesetzlichen Bestimmungen über die fristlose Kündigung mit einer hier nicht zutreffenden Ausnahme auch für Schwerbeschädigte aufrechterhalten, einer Zustimmung der Hauptfürsorgestelle bedarf es in einem solchen Falle nicht. Es haben ferner die Urteile des Reichsarbeitsgerichts RAG. 67/27 vom 15. Februar 1928 und RAG. Bd. 4 S. 291 ausgesprochen, daß § 124a RGewO. auch auf Schwerbeschädigte Anwendung findet, wonach das Arbeitsverhältnis eines gewerblichen Arbeiters aus wichtigem Grunde gekündigt werden kann. Es fragt sich also nur, ob im vorliegenden Falle ein wichtiger Grund vorgelegen hat. Diese Frage ist zu bejahen.

Das Landesarbeitsgericht geht davon aus, daß die Angaben des Beklagten tatsächlich richtig sind. Dann war aber der Beklagte infolge des wirtschaftlichen Niederganges Mitte Oktober 1930 mit seinen geldlichen Mitteln am Ende, er mußte seinen Betrieb, dem es zudem an jedem Auftrage fehlte, einstellen. Erst als sich nach Ablauf von etwa einem Monat und im Laufe der Vergleichsverhandlungen ein Gläubiger erbot, die Lohnkosten eines mittlerweile eingegangenen Auftrags allerdings gegen Abtretung der sich aus ihm ergebenden Forderung vorzustrecken, wurde der Beklagte in die Lage versetzt, unter diesen Bedingungen weiter zu arbeiten und den Betrieb, wenn auch in beschränktem Maße, wieder aufzunehmen. Mitte Oktober hingegen bestand diese Möglichkeit nicht.

Nun liegt im Sinne der Rechtsprechung des Reichsarbeitsgerichts ein wichtiger, eine fristlose Kündigung eines Vertragsverhältnisses rechtfertigender Grund immer dann vor, wenn Umstände eingetreten sind, die nach verständigem Ermessen dem einen oder anderen Teile die Fortsetzung des Verhältnisses nicht mehr zumuten lassen, da durch sie das Interesse des einen Teils in unbilliger Weise geschädigt werden würde. Dabei kommt es nicht darauf an, ob diese Umstände durch das Verschulden einer Partei herbeigeführt worden sind oder nicht (RAG. Bd. 1 S. 107, Bd. 2 S. 283).

Aus dem von dem Landesarbeitsgericht seiner Entscheidung zugrunde gelegten Sachverhalte ergibt sich, daß der Beklagte seinen Betrieb nicht etwa freiwillig oder lediglich aus Mangel an Aufträgen eingestellt hat, sondern daß er notgedrungen einstellen mußte, weil ihm die Mittel zu einer Weiterführung fehlten. Die Einstellung ist also in erster Linie eine Folge der Zahlungseinstellung gewesen. Auf den Mangel an Aufträgen, den das Landesarbeitsgericht unter völliger Außerachtlassung der nach der Rechtsprechung des Reichsarbeitsgerichts zu berücksichtigenden wirtschaftlichen Notlage allein aus dem Gesichtspunkte des Betriebsrisikos betrachtet, kommt es hiernach entscheidend überhaupt nicht an. Denn jedenfalls wäre der Beklagte auch beim Vorliegen von Aufträgen an der Fortsetzung des Betriebes dadurch verhindert gewesen, daß er auf Grund der Zahlungseinstellung nicht mehr in der Lage war, seine Arbeiter zu entlohnen. Diese Möglichkeit bot sich erst nach Ablauf eines Monats und nur in der Weise, daß er sich von seinem Gläubiger die Lohnkosten gegen Abtretung seiner Forderung vorschießen ließ.

Unter diesen Umständen, die auch nach der Auffassung des Landesarbeitsgerichts durch die wirtschaftliche Entwicklung herbeigeführt worden sind, war dem Beklagten die Fortführung seines Betriebes und die Weiterbeschäftigung des Klägers unmöglich gemacht. Bei dieser Sachlage wäre es für ihn eine höchst unbillige Zumutung, wenn er gleichwohl das Vertragsverhältnis mit dem Kläger aufrechterhalten und ihm den Lohn weiterzahlen sollte, ohne die Mittel hierzu zu besitzen, ohne aber auch die Arbeitskraft des Klägers ausnutzen und mit ihrer Hilfe die zur Lohnzahlung erforderlichen Mittel sich beschaffen zu können. Hierin ist ein wichtiger Grund im Sinne des § 124a RGewO. und des § 13 Abs. 2 SchwerbG. zu erblicken, der den Beklagten auch ohne Befragung der Hauptfürsorgestelle berechtigte, zur fristlosen Entlassung zu schreiten. Damit entfällt die Berechtigung der Forderung des Klägers und es war, wie geschehen, zu erkennen.

RAG. 10, 27.

Ist eine vom Dienstberechtigten unter Einhaltung der vertragsmäßigen Kündigungsfrist ausgesprochene Kündigung des Dienstvertrages wegen Verstoßes gegen Art. 118 Abs. 1 der RVerf. nichtig, wenn

die Kündigung lediglich wegen der Zugehörigkeit des Dienstverpflichteten zu einer bestimmten politischen Partei erfolgt?

Reichsverfassung Art. 118 Abs. 1, BGB. § 134.

Reichsarbeitsgericht. Urt. v. 19. Dezember 1931.

I. Arbeitsgericht Wittenberg. — II. Landesarbeitsgericht Halle a. S.

Der Kläger war seit Anfang 1921 als Arzt bei der Schutzpolizei in W. tätig. Durch einen mit dem Regierungspräsidenten in M. abgeschlossenen Privatdienstvertrag vom 1. November 1922/10. Februar 1923 wurde er bei der Schutzpolizei als Arzt auf unbestimmte Zeit angestellt; in dem Vertrage war bestimmt, daß für die Kündigung beiderseits der Tarifvertrag für die bei den Preußischen Staatsverwaltungen angestellten Ärzte und Apotheker vom 9. Juni 1922 gelten sollte. Nach § 11 dieses Tarifvertrages kann in den ersten 3 Monaten mit 14tägiger Frist zum Monatsschluß, bei einer längeren Dienstzeit mit sechswöchiger Frist zum Vierteljahresschluß und nach einer ununterbrochenen Dienstzeit von 10 Jahren nur bei Vorhandensein eines wichtigen Grundes gekündigt werden. Am 10. Februar 1930 wurde dem Kläger das Dienstverhältnis zum 1. April 1930 gekündigt. Unstreitig ist die Kündigung lediglich deshalb erfolgt, weil der Kläger sich Anfang 1930 als Vertreter der Nationalsozialistischen Arbeiterpartei zum Stadtverordneten hat wählen lassen und als solcher tätig ist.

Der Kläger hielt die Kündigung für rechtswidrig und nichtig, weil sie gegen die Reichsverfassung und gegen die guten Sitten verstoße, und erhob Klage auf Feststellung der Nichtigkeit der Kündigung.

Das Arbeitsgericht erkannte nach Klagantrag. Das Landesarbeitsgericht wies die Klage ab. Die Revision des Klägers führte zur Aufhebung des Berufungsurteils und Zurückverweisung der Sache an das Landesarbeitsgericht.

Gründe:

Nach dem zwischen den Parteien bestehenden Vertrage war die Kündigung des Dienstverhältnisses des Klägers bei Innehaltung einer sechswöchigen Kündigungsfrist zum Vierteljahrsschluß zulässig. Der Beklagte hat daher nur von dem ihm vertragsmäßig zustehenden Rechte Gebrauch gemacht, wenn er dem Kläger am 10. Februar 1930 zum 1. April 1930 gekündigt und ihm an diesem Zeitpunkte aus dem Dienste entlassen hat. Unstreitig ist die Kündigung nur deshalb erfolgt, weil der Kläger sich als Vertreter der Nationalsozialistischen Deutschen Arbeiterpartei zum Stadtverordneten hat wählen lassen und als solcher tätig ist. Das Landesarbeitsgericht hat aber darin keinen Grund gesehen, die Kündigung für nichtig zu erachten, es hat darin weder einen Verstoß gegen ein Verbotsgesetz noch einen solchen gegen die guten Sitten erblickt. Es hat erwogen, daß als Verbotsgesetz im Sinne des § 134 BGB. keinesfalls der Art. 159 RVerf. in Betracht kommen könne, da durch diesen nur die Vereinigungsfreiheit zur Wahrung und Förderung der Arbeits- und Wirtschaftsbedingungen gewährleistet werde, daß es sich vielmehr nur darum handeln könne, ob der Beklagte durch die Kündigung gegen Art. 118 Abs. 1 RVerf. als Verbotsgesetz verstoßen habe. Es hat auch nicht verkannt, daß der Abs. 1 Satz 2 dieser Verfassungbestimmung dem Wortlaute nach verletzt worden sei, da der Kläger durch die unstreitig nur wegen seiner politischen Gesinnung ausgesprochene Kündigung insofern benachteiligt worden sei, als ihm die Vorteile seiner Tätigkeit als Arzt bei der Schutzpolizei entzogen worden seien. Es hat aber, gestützt auf die im Schrifttum vertretene Auffassung, im Hinblick auf den in RAG. Bd. 2 S. 106 abgedruckten Beschluß des Reichsarbeitsgerichts (RAG. RB. 10/28 vom 11. Juli 1928) und in der Erwägung, daß eine wörtliche Auslegung der Verfassungsbestimmung zu unhaltbaren Ergebnissen führen würde, die Bestimmung einschränkend auslegen zu müssen geglaubt und angenommen, daß das vertragliche Recht zur Kündigung durch Art. 118 RVerf. nicht beeinträchtigt werde. Es hat hierzu ausgeführt, der Nachteil, der durch die unter Einhaltung der vertragsmäßigen Kündigungsfrist erfolgte Kündigung verursacht werde, sei ein solcher, mit dem der Kläger zufolge seines Dienstvertrages jederzeit habe rechnen müssen, solange er noch nicht eine 10jährige Dienstzeit hinter sich gehabt habe, und der ihn deshalb im letzten Grunde nicht infolge seiner politischen Betätigung, sondern wegen seines Vertrages getroffen habe, weil es danach eines besonderen Grundes für die Kündigung überhaupt nicht bedurfte, die Kündigung vielmehr auch völlig willkürlich habe erfolgen können. Auch einen Verstoß gegen die guten Sitten im Sinne des § 138 BGB. hat das Landesarbeitsgericht nicht als vorliegend erachtet. Es ist zwar davon ausgegangen, daß auch die Ausübung eines vertragsmäßigen Rechtes sittenwidrig sein könne, wenn der Beweggrund ein unlauterer sei; es hat aber das Vorhandensein eines unlauteren Beweggrundes im vorliegenden Falle verneint und hierzu ausgeführt, vom Standpunkte der Preußischen Regierung habe der Kläger wegen seiner Zugehörigkeit zur Nationalsozialistischen Deutschen Arbeiterpartei, die nach der Auffassung des Preußischen Staatsministeriums eine den gewaltsamen Umsturz der bestehenden Staatsordnung als Ziel verfolgende Organisation sei, und wegen seiner Betätigung für diese als zur Ausübung der ärztlichen Tätigkeit bei der Schutzpolizei nicht geeignet erscheinen können. Möge auch jeder Verdacht gegen den Kläger völlig unbegründet sein, so erscheine es nicht als ein Verstoß gegen das Anstands- und Billigkeitsgefühl, wenn die Regierung durch die Kündigung auch nur der Möglichkeit vorzubeugen gesucht habe, daß der Kläger bei seiner Tätigkeit, insbesondere bei der ärztlichen Begutachtung zwecks Einstellung oder Entlassung von Schutzpolizeibeamten, sich, wenn auch unbewußt, durch seine politische Einstellung beeinflussen lassen könnte. Daß aber der Regierungspräsident bei der Erklärung der Kündigung sich von anderen Erwägungen habe leiten lassen, daß er insbesondere die Kündigung nur ausgesprochen habe, um den Kläger wegen seiner politischen Betätigung durch wirtschaftliche Schädigung zu strafen, dafür fehle jeder Anhalt.

Die Revision rügt demgegenüber Verletzung der §§ 134, 138, 226 BGB. und des Art. 118 RVerf.

Daß auch die Kündigung eines Vertragsverhältnisses ebenso wie alle anderen Handlungen und Rechtsakte im Hinblick auf Beweggrund und Zweck den Vorschriften der §§ 134, 138 und des § 826 BGB. unterliegt, ist vom Reichsarbeitsgericht wiederholt anerkannt (RAG. Bd. 3 S. 35, Bd. 4 S. 23, Urteil v. 20. März 1929 — RAG. 637/28 — in ArbRspr. 1929 S. 190). Davon ist auch das Landesarbeitsgericht ausgegangen. Nicht zu beanstanden ist auch dessen Auffassung, daß als Verbotsgesetz im Sinne des § 134 BGB. für den vorliegenden Fall nicht Artikel 159 RVerf. als lediglich die Vereinigungsfreiheit zur Wahrung und Förderung der Arbeits- und Wirtschaftsbedingungen gewährleistend, sondern nur Art. 118 Abs. 1 Satz 2 RVerf. in Betracht komme. Wenn es aber angenommen hat, daß durch die Ausübung des vertragsmäßigen Kündigungsrechts niemals gegen diese Verfassungsbestimmung verstoßen werden könne, so kann dem in dieser Allgemeinheit nicht beigetreten werden. Nach Art. 118 Abs. 1 RVerf. hat jeder Deutsche das Recht, innerhalb der Schranken der allgemeinen Gesetze seine Meinung durch Wort, Schrift, Druck, Bild oder in sonstiger Weise frei zu äußern. An diesem Rechte darf ihn nach Satz 2 kein Arbeits- und Anstellungsverhältnis hindern und niemand darf ihn benachteiligen, wenn er von diesem Rechte Gebrauch macht. Das durch Satz 1 gewährleistete Recht der freien Meinungsäußerung schließt auch das Recht in sich, die politische Gesinnung zum Ausdruck zu bringen und sich durch Beitritt und Zugehörigkeit zu einer politischen Partei zu bekennen. Von diesem Rechte hat der Kläger Gebrauch gemacht. Daß er dabei nicht innerhalb der Schranken der allgemeinen Gesetze geblieben sei, ist nicht geltend gemacht. Auf der anderen Seite kommt nach der Lage des Falles eine Behinderung an der Ausübung des Rechtes durch den Beklagten im Sinne des Satzes 2 nicht in Frage. Vielmehr handelt es sich nur darum, ob der Beklagte durch die Kündigung des Dienstverhältnisses den Kläger benachteiligt hat und bejahendenfalls, ob der Beklagte durch die — wenn auch vertragsmäßige — Ausübung des Kündigungsrechtes gegen Abs. 1 Satz 2 des Art. 118 verstoßen hat. Dem Wortlaute der Bestimmung nach kann das der Fall sein. Die Kündigung eines Dienstverhältnisses wird, auch wenn sie vertragsgemäß erfolgt, häufig einen Nachteil für den Dienstberechtigten bedeuten. Daß dies im vorliegenden Falle zutrifft, ist von dem Landesarbeitsgericht in rechtlich einwandfreier Weise festgestellt. In solchem Falle ist die Kündigung selbst die benachteiligende Handlung, die unter die Verfassungbestimmung fallen kann. Aus der Wahl des Ausdrucks „darf nicht" kann nicht geschlossen werden, daß es sich etwa nur um ein solches Verbotsgesetz handelt, daß die Nichtigkeit des gegen die Vorschrift verstoßenden Rechtsgeschäfts nicht zur Folge hat. Es ist zu berücksichtigen, daß es sich, wie weiter unten noch zu erörtern sein wird, um eine Bestimmung handelt, die nicht von vornherein in dem organisch aufgebauten Entwurfe des Verfassungsgesetzes enthalten war, sondern erst im Laufe der Ausschußverhandlungen der verfassunggebenden Deutschen Nationalversammlung eingefügt worden ist; es darf bezüglich der Frage der Gesetzestechnik dem Wortlaut nicht allein ausschlaggebende Bedeutung beigemessen werden. Der Wortlaut der Verfassungsbestimmung steht also an sich der Annahme einer Nichtigkeit der Kündigung eines Dienstverhältnisses, auch wenn diese vertragsmäßig erfolgt, nicht entgegen. Aber schon das Landesarbeitsgericht hat auf die Bedenken hingewiesen, die einer so weitgehenden Auslegung der Verfassungsbestimmung entgegenstehen, und insbesondere ist nicht anzunehmen, daß die in der Verfassung ebenfalls gewährleistete Vertragsfreiheit (Art. 152) durch diese Verfassungsbestimmung eine so weitgehende Einschränkung hat erfahren sollen. Über die Tragweite und Bedeutung des Abs. 1 Satz 2 des Art. 118 herrscht auch im Schrifttum bei vielfach auseinandergehenden Meinungen wenig Klarheit[1]). Daß es sich dabei nicht um eine lediglich einen programmatischen Grundsatz enthaltende Bestimmung, sondern um einen unmittelbar auf die rechtlichen Beziehungen einwirkenden Rechtssatz handelt, ist nicht zweifelhaft. Im übrigen lassen sich über das, was der Gesetzgeber mit der Einfügung der Bestimmung in den Art. 118 bezweckt und gewollt hat, den Verhandlungen, welche der Annahme der Gesetzesbestimmung vorausgegangen sind, wesentliche Anhaltspunkte entnehmen. Die Bestimmung verdankt ihre Entstehung einem Antrage des Abgeordneten Dr. Sinzheimer, der in der Ausschußverhandlung (Verhandlungen der verfassunggebenden Deutschen Nationalversammlung Bd. 336 S. 376/377) die Einfügung des Satzes 2 in folgender Fassung:

> An diesem Rechte darf ihn auch kein Arbeits- und Angestelltenverhältnis hindern und kein Arbeitgeber darf ihn benachteiligen, wenn er von diesem Rechte Gebrauch macht.

beantragte und zur Begründung ausführte, zu dem Vorschlage habe ihm die Tatsache Veranlassung gegeben, daß häufig Arbeitnehmer, die sich in einer gewissen Richtung politisch betätigt hätten, deswegen von ihren Arbeitgebern gemaßregelt worden seien; er denke dabei auch an das Recht der Beamten, ihre politische Gesinnung frei zu betätigen. Zu diesem Antrage empfahl der Abgeordnete Katzenstein, an Stelle von „kein Arbeitgeber" zu sagen „Niemand". Denn es gebe, so führt er aus, neben den Arbeitgebern auch noch andere soziale Machthaber, z. B. die Hauswirte, und vor allem denke er dabei an die anderen Arbeiter, die ihre Arbeitsgenossen wegen politischer Betätigung usw. durch Boykott und ähnliche Maßregeln beeinträchtigen könnten. Auf die Frage des Vorsitzenden des Ausschusses, ob er eine Kündigung auch als eine solche Benachteiligung ansehe, erwiderte der Abgeordnete Katzenstein, daß auch die Kündigung eine Benachteiligung in diesem Sinne sein könne, wenn sie nachweislich aus dem Grunde erfolge, weil der andere von einem solchen Rechte der freien Meinungsäußerung Gebrauch gemacht habe. Darauf hat im Ausschuß die Annahme des Antrages Dr. Sinzheimer mit der von dem Abgeordneten Katzenstein

[1]) Vgl. hierzu Anschütz Anm. 5 zu Art. 118 RVerf., Poetzsch-Heffter Anm. 8 uz Art. 118 RVerf., Giese Anm. 3 zu Art. 118 RVerf., Hellwig in Nipperdey, Die Grundrechte und Grundpflichten der Reichsverfassung Bd. 2 S. 56 flg., Rothenbücher in „Veröffentlichungen der Vereinigung der deutschen Staatsrechtslehrer" Bd. 4 S. 26 flg., Hensel in Arch. d. öff. Rechts n. F. Bd. 13 S. 101, Stier-Somlo „Deutsches Rechts- und Landesstaatsrecht" Bd. I S. 449, Hubrich „Das demokratische Verfassungsrecht des Deutschen Reiches" S. 209, Nipperdey in Staudinger Komm. z. BGB. Vorbem. III i zu § 620 BGB. [Bd. II 2 S. 867], Flatow Erl. V 2 zu § 84 BRG., Sinzheimer „Grundzüge des Arbeitsrechts" S. 204.

vorgeschlagenen Änderung, also in der jetzt geltenden Fassung des Abs. 1 Satz 2 des Art. 118 stattgefunden, ohne daß noch eine weitere Erörterung darüber erfolgt wäre. Aus der Entstehungsgeschichte erhellt, daß die Einfügung des Satzes 2 in den Abs. 1 des jetzigen Art. 118 RVerf. nach der ausgesprochenen und durch widerspruchslose Annahme seitens des Ausschusses und der Nationalversammlung gebilligten Absicht der Antragsteller sich lediglich gegen die „Maßregelung" eines Arbeitnehmers durch den Arbeitgeber wegen einer Meinungsäußerung und allgemein gegen einer solchen Maßregelung gleichstehende Willkürakte des in sozialer Machtstellung Befindlichen gegenüber dem seine Meinung frei Äußernden richten, daß aber auf der anderen Seite auch die Ausübung eines vertragsmäßigen Rechtes, wie z. B. einer Kündigung, sofern sie sich im Einzelfalle als Willkürakt darstellt, nicht davon ausgeschlossen sein sollte. Denn sollte der Zweck des Antrages, sog. Maßregelungen zu verhindern, erreicht werden, so mußte auch der unter der äußeren Form der Ausübung des vertragsmäßigen Rechtes erfolgende Willkürakt davon betroffen werden. Nur dann fällt hiernach die den Betroffenen benachteiligende Kündigung eines Dienstverhältnisses, die nachweislich wegen einer Meinungsäußerung erfolgt, unter die Bestimmung, wenn sich die Ausübung der Kündigung als ein Willkürakt, als ein Mißbrauch des Kündigungsrechts darstellt, wenn also die Kündigung lediglich wegen der Meinungsäußerung erfolgt, ohne daß ersichtlich ist, daß, von dem Standpunkte eines verständig und ruhig denkenden Menschen aus gesehen, für den Kündigungsberechtigten in den tatsächlichen Verhältnissen begründete Veranlassung vorlag, von dem vertragsmäßigen Rechte zur Ausübung des Kündigungsrechtes Gebrauch zu machen. In diesem Umfange hat also die Bestimmung des § 118 Abs. 1 Satz 2 RVerf. auch in das vertragsmäßige Kündigungsrecht eingegriffen und eine solche Kündigung gegebenenfalls als benachteiligende Handlung verboten. Soweit in dem Beschlusse des Reichsarbeitsgerichts RAG. RB. 10/28 vom 11. Juli 1928 (RAG. Bd. 2 S. 106) eine jede Einwirkung des Art. 118 Abs. 1 RVerf. auf die vertragsmäßige Ausübung des Kündigugsrechts verneinende Auffassung zum Ausdruck gekommen ist, wird sie in dieser Allgemeinheit nicht aufrechterhalten.

Das angefochtene Urteil beruht hiernach auf einer unrichtigen Anwendung des Art. 118 RVerf., wenn es die Kündigung des Klägers schlechthin für zulässig erklärt hat. Nach dem eigenen Zugeständnis des Beklagten war die Kündigung lediglich wegen der Zugehörigkeit des Klägers zur Nationalsozialistischen Arbeiterpartei erfolgt. Das bedeutete an sich, daß die Kündigung lediglich wegen einer politischen

Meinungsäußerung des Klägers ausgesprochen sei. Indessen hat der Beklagte beachtliche Gesichtspunkte vorgebracht, die ihm nach seiner Meinung begründete Veranlassung gaben, von der Ausübung des Kündigungsrechts Gebrauch zu machen, indem er geltend gemacht hat, die Nationalsozialistische Deutsche Arbeiterpartei betreibe den gewaltsamen Umsturz der bestehenden Verfassung, im Interesse der Schlagfertigkeit der Schutzpolizei dürfe auch der bei der Schutzpolizei angestellte Arzt, der die Einstellung und Entlassung der Schutzpolizeibeamten zu begutachten habe, nicht Angehöriger einer Partei sein, die ein solches Ziel verfolge. Das Landesarbeitsgericht hat dieses Vorbringen bei der Beurteilung des Verhaltens des Beklagten aus dem Gesichtspunkte des Verstoßes gegen die guten Sitten gewürdigt und angenommen, daß jedenfalls der Beklagte der Auffassung gewesen sei, die Nationalsozialistische Arbeiterpartei betreibe den gewaltsamen Umsturz. Das genügt nach den vorstehenden Ausführungen für die Frage der Anwendung des Art. 118 Abs. 1 Satz 2 RVerf. nicht. Es kommt nicht allein darauf an, ob der Beklagte der sujektiven — vielleicht jeder Grundlage entbehrenden — Auffassung gewesen ist, sondern wesentlich auch darauf, ob der Beklagte nach den z. Zt. der Kündigung gegebenen tatsächlichen Verhältnissen berechtigterweise zu der Auffassung gelangen konnte, die Nationalsozialistische Arbeiterpartei verfolge das Ziel des gewaltsamen Umsturzes des bestehenden Staates. War das der Fall, so bedeutete die dem Kläger ausgesprochene Kündigung, auch wenn sie wegen der politischen Meinungsäußerung erfolgt war, nicht einen Akt der Willkür oder des Mißbrauchs des vertragsmäßigen Kündigungsrechtes und wurde von Art. 118 Abs. 1 Satz 2 RVerf. nicht betroffen. Anderenfalls ist die Kündigung als gegen das Verbotsgesetz des Art. 118 Abs. 1 Satz 2 RVerf. verstoßend und als nach § 134 BGB. nichtig zu erachten. Um eine Entscheidung hierüber treffen zu können, bedarf es weiterer tatsächlicher Feststellungen durch das Landesarbeitsgericht.

Soweit das Landesarbeitsgericht im angefochtenen Urteil einen Verstoß gegen die guten Sitten verneint hat, sind seine Ausführungen mit Rücksicht auf die von ihm getroffenen tatsächlichen Feststellungen rechtlich nicht zu beanstanden.

Das angefochtene Urteil war hiernach wegen unrichtiger Anwendung des Art. 118 Abs. 1 Satz 2 RVerf. aufzuheben, die Sache war zur anderweiten Verhandlung und Entscheidung an das Landesarbeitsgericht zurückzuverweisen.

RAG. 10, 34.

Können Arbeitnehmer, die ohne Innehaltung der Kündigungsfrist in einen Streik eingetreten sind, vom Arbeitgeber aus dem Gesichtspunkte der Verletzung des Arbeitsvertrages als Gesamtschuldner auf Ersatz des durch den Streik im Betriebe entstandenen Gesamtschadens in Anspruch genommen werden?

BGB. §§ 249, 421 611 flg.

Reichsarbeitsgericht. Urt . v. 19. Dezember 1931.

I. Arbeitsgericht Altona. — II. Landesarbeitsgericht daselbst.

Die Beklagte betreibt eine Wollspinnerei. Diese besteht aus mehreren Abteilungen, deren eine die Färberei ist. Die Kläger waren sämtlich im Herbst 1930 im Betriebe der Beklagten beschäftigt, jedoch nicht in der Färberei-Abteilung. Nach dem maßgebenden Manteltarifvertrage für die Texilindustrie hatte die Festsetzung der Akkordlöhne unter Mitwirkung der Betriebsvertretung zu erfolgen. Bei der Färbereiabteilung war es, nach dem die Beklagte das bis dahin dort bestehende Lohnprämiensystem zum 30. August 1930 aufgekündigt hatte, wegen eines am 1. September 1930 ohne Zustimmung der Betriebsvertretung durchgeführten neuen Lohnprämiensystems zu Differenzen zwischen den Färbereiarbeitern und der Betriebsleitung gekommen, die in der Folgezeit dazu führten, daß die Färbereiarbeiter beschlossen, die Arbeit völlig einzustellen. Als sie in Ausführung dieses Beschlusses am 22. Oktober zwar im Betriebe erschienen, aber nicht arbeiteten, wurden sie von der Beklagten aus der Fabrik gewiesen. Am Abend des 22. Oktober fand eine nicht nur von Färbereiarbeitern, sondern auch von anderen Arbeitern des Betriebes besuchte Belegschaftsversammlung statt, in der ein allgemeiner Streik der Belegschaft beschlossen wurde. Am 23. Oktober blieben außer den Färbereiarbeitern auch andere Arbeiter des Betriebes der Arbeit fern. Am 24. und 25. Oktober nahm die Zahl der nicht erschienenen Arbeiter erheblich zu, dagegen nahm vom 27. Oktober (Montag) ab die Zahl der nicht erschienenen Arbeiter wieder ab und am 30. Oktober war der Arbeitskampf beendet. Inzwischen hatte die Beklagte am 25. Oktober den Färbereiarbeitern ihre Entlassungspapiere zugestellt und den übrigen nicht erschienenen Arbeitern mitgeteilt, daß diejenigen, die bis zum 27. Oktober die Arbeit nicht wieder aufgenommen hätten, fristlos entlassen seien. Dementsprechend stellte sie den Arbeitern, die am 27. Oktober nicht wieder zur Arbeit erschienen waren, am 28. und 29. Oktober 1930 wegen Arbeitsverweigerung die

Entlassungspapiere zu. Das war auch bei den Klägern der Fall, die sämtlich der Arbeit ferngeblieben waren.

Die Kläger machten geltend, sie hätten sich keine Arbeitsverweigerung zuschulden kommen lassen, seien vielmehr am 24. Oktober von anderen gewaltsam am Betreten des Fabrikgebäudes gehindert worden; unter Berufung ferner darauf, daß sie als Betriebsratsmitglieder ohne Zustimmung des Betriebsrates nicht hätten entlassen werden können, erhoben sie im November 1930 Einzelklagen auf Feststellung des Fortbestehens ihres Arbeitsverhältnisses. Die Beklagte erhob gegenüber jedem Kläger Widerklage auf Verurteilung zur Zahlung von 7000 RM, und zwar als Gesamtschuldner mit den übrigen Klägern und einigen weiteren Arbeitern; sie begründet den Anspruch damit, daß ihr durch den Streik ein Schaden von mindestens 20 000 RM entstanden sei, für den ihr die Kläger sowohl aus dem Gesichtspunkt der Vertragsverletzung als auch aus unerlaubter Handlung als Gesamtschuldner hafteten.

Das Arbeitsgericht wies, nachdem es zunächst die auf Feststellung des Fortbestehens des Arbeitsverhältnisses gerichteten Klagen abgewiesen hatte, die Widerklage der Beklagten gegenüber sämtlichen Klägern gleichfalls ab. Die gegen die Abweisung der Widerklage gerichtete Berufung der Beklagten wurde zurückgewiesen. Ihre Revision führte zur Aufhebung des Urteils des Landesarbeitsgerichts und Zurückverweisung der Sache in die Vorinstanz.

Aus den Gründen:

Gegenstand des Rechtsstreits in der Revisionsinstanz ist lediglich der von der Beklagten mit der Widerklage geltend gemachte Schadensersatzanspruch, der sowohl auf Verletzung des Arbeitsvertrages als auch auf unerlaubte Handlung gestützt ist.

Das Landesarbeitsgericht hat eine Haftung der Kläger aus dem Gesichtspunkte der Verletzung der dem für das Arbeitsverhältnis maßgebenden Tarifvertrage innewohnenden Friedenspflicht ohne Rechtsirrtum verneint; insoweit wird das angefochtene Urteil auch von der Revision nicht angegriffen.

Was die vertragliche Haftung der Kläger betrifft, so hat das Landesarbeitsgericht zugunsten der Beklagten unterstellt, daß jeder der elf Kläger, indem er sich an dem Streik beteiligte, den Einzelarbeitsvertrag verletzt habe. Es hat auch angenommen, daß sich daraus für jeden der Kläger die Verpflichtung ergebe, für denjenigen Schaden aufzukommen, der gerade durch die Verletzung seines Vertrages der Beklagten entstanden sei. Es hat aber erwogen, daß die Beklagte diesen

Schaden gar nicht verlange, vielmehr denjenigen Schaden, der ihr durch gemeinsames Handeln eines großen Teiles ihrer Belegschaft, nämlich durch den Streik, entstanden sei. Eine gesamtschuldnerische Haftung der einzelnen Arbeiter für den dem Arbeitgeber aus einem Massenstreik entstandenen Schaden kann nach der Auffassung des Landesarbeitsgerichts um so weniger aus dem Arbeitsvertrage hergeleitet werden, als Streiks grundsätzlich als ein aus dem Interessengegensatz zwischen Arbeitgebern und Arbeitnehmern geborenes erlaubtes wirschaftliches Kampfmittel angesehen würden.

Auch eine Haftung aus § 826 BGB. hat das Landesarbeitsgericht mit Rücksicht auf das Ergebnis einer in einer anderen Sache vorgenommenen und im Einverständnis der Parteien im vorliegenden Rechtsstreit verwerteten Beweisaufnahme nicht als gegeben erachtet. Hilfsweise hat es aber auch für den Fall, daß die Voraussetzungen des § 826 BGB. als vorliegend angesehen werden könnten, eine Schadensersatzpflicht der Kläger in Anwendung des § 254 BGB. doch für ausgeschlossen erachtet, indem es angenommen hat, daß es ohne das vertragswidrige Verhalten der Beklagten gegenüber den Färbereiarbeitern überhaupt nicht zur Arbeitsniederlegung gekommen sein würde.

Die Revision wendet sich sowohl gegen die Verneinung der Vertragshaftung als auch gegen die Ablehnung der Schadenshaftung aus § 826 BGB. — Die folgenden Ausführungen des Urteils beziehen sich darauf, daß das Berufungsgericht die Schadenshaftung der Kläger aus § 826 BGB. ohne Rechtsverstoß verneint habe.

Dagegen gibt die Begründung, mit der das Landesarbeitsgericht die Annahme einer Haftung der Kläger aus dem Arbeitsvertrag abgelehnt hat, zu rechtlichen Bedenken Anlaß. Es hat diese Haftung lediglich mit der Erwägung verneint, daß ein Arbeitnehmer, der sich an einem Streik beteilige, nur für denjenigen Schaden in Anspruch genommen werden könne, der gerade durch den Bruch seines Arbeitsvertrages dem Arbeitgeber entstanden sei, daß aber diese Haftung nicht dazu führen könne, eine gesamtschuldnerische Haftung mit den übrigen streikenden Arbeitern für den dem Arbeitgeber aus einem Massenstreik entstandenen Schaden zu begründen. Die Ausführungen lassen eine ausreichende Würdigung der Rechtsgrundsätze über den ursächlichen Zusammenhang vermissen und geben zu dem Zweifel Anlaß, ob das Landesarbeitsgericht diese Rechtsgrundsätze in richtiger Weise auf den von der Beklagten geltend gemachten Schadensersatzanspruch angewendet hat. Die Beklagte erblickt die Grundlage für die vertragliche Haftung der Kläger nach ihrem in der Revisionsinstanz bestätigten Ausführungen darin, daß die Kläger, ohne die sechstägige Kündigungsfrist eingehalten zu haben, in den Streik eingetreten seien. Das Landesarbeitsgericht hat, indem es ausgeführt hat, es möge sein, daß jeder der elf Kläger durch Beteiligung an dem Streik seinen Einzelarbeitsvertrag gebrochen habe, die von der Beklagten behauptete Vertragsverletzung als wahr unterstellt, und es ist deshalb auch für die Revisionsinstanz zu unterstellen, daß die Kläger ihren Arbeitsvertrag jedenfalls dadurch verletzt haben, daß sie ohne Innehaltung der Kündigungsfrist in den Streik eingetreten sind. Auch das Landesarbeitsgericht geht davon aus, daß die Kläger der Beklagten den ihr aus dieser Verletzung des Arbeitsvertrages entstandenen Schaden zu ersetzen haben, es beschränkt diese Schadensersatzpflicht aber auf denjenigen Schaden, den jeder der einzelnen Kläger durch die unberechtigte Verweigerung seiner Arbeitsleistung unmittelbar hervorgerufen hat, und schließt denjenigen Schaden aus, der mittelbar dadurch entstanden ist, daß nicht nur jeder der einzelnen Kläger nicht gearbeitet hat, sondern daß diese zu gleicher Zeit und gemeinsam mit den übrigen Arbeitern nicht gearbeitet haben. Diese grundsätzliche Beschränkung auf den Schaden, den jeder einzelne Kläger durch seine eigene Arbeitsverweigerung unmittelbar verursacht hat, ist nicht gerechtfertigt, sie steht im Widerspruch mit den Grundsätzen über den ursächlichen Zusammenhang, wie sie in der reichsgerichtlichen Rechtsprechung entwickelt worden sind. Hiernach ist ein Schaden durch ein Ereignis oder eine Handlung oder Unterlassung nicht nur dann verursacht, wenn das Ereignis, die Handlung oder Unterlassung die einzige Bedingung gewesen ist, welche den Eintritt des Schadens herbeigeführt hat, es genügt vielmehr, daß das Ereignis, die Handlung oder Unterlassung eine der mehreren zusammenwirkenden Ursachen, also eine bloß mitwirkende Ursache für den schädigenden Erfolg darstellt (JW. 1910 S. 650[6], WarnRspr. 1912 Nr. 244, RGR. Komm. Erl. 5 a vor § 823 BGB. und die dort angeführten Entscheidungen des Reichsgerichts). Kommen mehrere Ereignisse, Handlungen oder Unterlassungen für die Herbeiführung eines schädigenden Erfolges in Betracht, so ist an sich jedes Ereignis, jede Handlung oder Unterlassung Ursache des schädigenden Erfolges, sofern sie in irgendeiner Weise zur Herbeiführung des Erfolges mitgewirkt hat. Wendet man diese Grundsätze auf den durch einen Streik entstandenen Schaden an, so ist der Schaden dadurch verursacht, daß eine größere Anzahl von Arbeitnehmern gleichzeitig nebeneinander die Arbeit niedergelegt hat. Nur durch die gleichzeitige Arbeitsniederlegung der mehreren Arbeitnehmer nebeneinander gelangt ein Streik überhaupt zur Daseinserscheinung und wird mittelbar der durch den Streik entstehende Schaden ermöglicht und verursacht. Die Arbeitsniederlegung jedes einzelnen Arbeitnehmers ist infolgedessen mitverursachend für den aus der Arbeitsniederlegung in ihrer Gesamtheit entstehenden Schaden und bildet damit eine der vielen einzelnen Ursachen, die zu dem schädigenden Erfolge beigetragen haben. Als verursachender Umstand im Rechtssinne und damit als zum Schadensersatz verpflichtend kommt allerdings ein Ereignis, eine Handlung oder Unterlassung nach der Rechtsprechung nur dann in Betracht, wenn der sog. adäquate Kausalzusammenhang gegeben ist; ein solcher besteht dann, wenn das Ereignis, die Handlung oder Unterlassung im allgemeinen und nicht nur unter besonders eigenartigen, ganz unwahrscheinlichen und nach dem regelmäßigen Lauf der Dinge außer Betracht zu lassenden Umständen zur Herbeiführung des eingetretenen Erfolges geeignet gewesen ist (RGZ. Bd. 133 S. 127 und die dort angeführten Entscheidungen). Dieser adäquate Zusammenhang wird aber regelmäßig dann gegeben sein, wenn ein Arbeitnehmer in Kenntnis des Umstandes, daß andere Arbeitnehmer zu gleicher Zeit das gleiche tun, die Arbeit niederlegt, oder wenn sogar die gleichzeitige Arbeitsniederlegung auf Verabredung beruht, also ein innerer Zusammenhang zwischen den mehreren den Tatbestand des Streiks ausmachenden Arbeitsniederlegungen besteht; denn in solchen Fällen liegt der Eintritt des durch die gemeinsame Arbeitsniederlegung entstandenen Schadens ganz in der allgemeinen Richtung der Wirkungen, die durch die als Ursache anzusprechende Arbeitsniederlegung des einzelnen Arbeitnehmers ausgelöst werden können. Es beruht deshalb auf einer Verkennung der Grundsätze über den ursächlichen Zusammenhang, wenn das Landesarbeitsgericht grundsätzlich die Haftung eines Arbeitnehmers, der sich unter Verletzung seines Arbeitsvertrages an einem Streik beteiligt hat, für den dem Arbeitgeber durch den Streik entstandenen Schaden verneint hat. Von den besonderen Umständen jedes einzelnen Falles wird es vielmehr abhängen, ob und inwieweit eine durch die Arbeitsniederlegung des einzelnen Arbeitnehmers begangene Vertragsverletzung als ursächlich für den durch die Gesamtheit der Arbeitsniederlegung dem Arbeitgeber entstandenen Schaden angesehen werden kann. Das Landesarbeitsgericht wird für jeden einzelnen der Kläger unter Berücksichtigung seines besonderen Arbeitsverhältnisses und der Art der von ihm zu leistenden Arbeit den Zusammenhang zwischen dem Ausfall der einzelnen Arbeitsleistung und dem geltend gemachten durch den Streik hervorgerufenen Schaden nachzuprüfen und festzustellen haben, ob hiernach nach den Grundsätzen über den ursächlichen Zusammenhang die Arbeitsniederlegung des einzelnen Klägers als Ursache des mit der Klage geltend gemachten Schadens angesehen werden kann. Sofern aber ein ursächlicher Zusammenhang im Rechtssinne festgestellt wird, haftet jeder der in Betracht kommenden Kläger der Beklagten nicht etwa anteilsmäßig für einen dem Anteile seiner Verursachung entsprechenden Teil des Schadens, sondern für den gesamten Schaden, zu dessen Entstehung die einzelne Arbeitsniederlegung verursachend mitgewirkt hat. Soweit hiernach eine Haftung mehrerer Kläger für den gleichen der Beklagten entstandenen Schaden anzunehmen ist, handelt es sich um ein Gesamtschuldverhältnis der mehreren Kläger, das dieselbe Leistung an die Beklagte zum Gegenstand hat und durch die Leistung eines der mehreren Schuldner zum Erlöschen gebracht wird. Daß im vorliegenden Falle die Haftung der mehreren Personen für dieselbe Leistung auf der Verletzung der mehreren einzelnen Einzelarbeitsverträge beruht, steht der Annahme eines Gesamtschuldverhältnisses nicht entgegen (vgl. RGR. Komm. Erl. 1 b zu § 421 BGB., RGUrt. vom 2. Februar 1909 — III 161/08 — in „Recht" 1909 Nr. 972 und Warn-Rspr. 1909 Nr. 197, RGZ. Bd. 115 S. 189).

Eine Erörterung der Frage, ob und inwieweit das Verhalten der Beklagten als mitwirkendes Verschulden gemäß § 254 BGB. gegenüber einer Haftung der Kläger aus den Arbeitsverträgen zu berücksichtigen sein würde, erübrigte sich, da das Landesarbeitsgericht selbst zur Frage der Anwendung des § 254 BGB. bisher nur mit Bezug auf eine mögliche Haftung der Kläger aus dem Gesichtspunkte der unerlaubten Handlung Stellung genommen hat. Sollte das Landesarbeitsgericht zu einer Bejahung der Haftung der Kläger oder einiger von ihnen aus dem Arbeitsvertrage für den von der Beklagten geltend gemachten Streikschaden gelangen, so würde es zu der Frage der Anwendung des § 254 BGB. unter Berücksichtigung der von ihm im einzelnen festgestellten Tatumstände erneut Stellung zu nehmen haben.

Hiernach war das angefochtene Urteil aufzuheben und die Sache zur Verhandlung und Entscheidung an das Berufungsgericht zurückzuverweisen.

RAG. 10, 47.

In welchem Umfange darf bei einer durch Arbeitskampf verursachten Betriebsänderung das Direktionsrecht durch Zuweisung anderer Arbeit ausgeübt werden?

Darf ein an sich arbeitswilliger Arbeiter die ihm zulässigerweise aufgetragene Arbeit deshalb verweigern, weil seine Arbeitskollegen sich im Streik befinden?

BGB. § 611. RGewO. § 123 Nr. 7.

Reichsarbeitsgericht. Urt. v. 19. Dezember 1931.

I. Arbeitsgericht Münster. — II. Landesarbeitsgericht daselbst.

Der Kläger war bei der Beklagten seit 1925 als Schreiner und zwar in der Abteilung beschäftigt, in der Parkettplatten hergestellt werden. Für dieses Arbeitsverhältnis war durch schriftlichen Vertrag vom 29. September 1929 die Geltung des Bezirkstarifvertrages für das rheinisch-westfälische Holzgewerbe vereinbart, während für die übrigen Arbeiter der Tarifvertrag für Sägewerksbetriebe, Holzhandlungen und Holzwarenfabriken im nördlichen und östlichen Westfalen vom 1. April 1928 galt. Durch eine Arbeitsordnung ist für den Betrieb eine Kündigungsfrist von einem Tage bestimmt.

Am 21. Februar 1931 hatte die Beklagte durch Aushang die Einzelarbeitsverträge der Belegschaft zum 25. Februar 1931 gekündigt. Gleichzeitig hatte sie neue Arbeitsverträge unter den Bedingungen eines Lohnabzuges von etwa 12 % angeboten. Die Belegschaft ließ darauf erklären, daß sie bereit sei, weiterzuarbeiten, jedoch ohne den Abzug. Der Inhaber der Beklagten lehnte eine weitere Verhandlung ab und erklärte, daß dem Anschlage entsprechend die Belegschaft sich als gekündigt zu betrachten habe.

Am 25. Februar 1931 hat der Inhaber der Beklagten mit dem Kläger, der Mitglied der gesetzlichen Betriebsvertretung ist, verhandelt und ihn gefragt, ob er sich seinem Direktionsrecht unterwerfen wolle. Der Kläger hat dieses mit dem Hinzufügen bejaht: „Innerhalb des Vertrages". Auf die weitere Frage des Inhabers der Beklagten, ob er bereit sei, auch die Arbeit in dem übrigen Betriebe an den Maschinen zur Herstellung der Parkettstäbe aufzunehmen, hat der Kläger unter Ablehnung des Ansinnens geantwortet, daß er keine Streikarbeit verrichte. Der Inhaber der Beklagten hat darauf dem Kläger erklärt, daß er sich als entlassen zu betrachten habe. Die Beklagte hat eine Zustimmung der Betriebsvertretung nicht nachgesucht.

Der Deutsche Holzarbeiter-Verband hat über den Betrieb der Beklagten den Streik verhängt. Der Kläger hat Streikposten gestanden und hat am 4. März und auch an den Tagen vorher den Arbeitswilligen, welche zur Arbeit gingen oder von der Arbeitsstelle zurückkamen, Worte wie „Streikbrecher" und ähnliches zugerufen.

Der Kläger ist der Meinung, daß die Kündigung ihm als Mitglied des Betriebsrates gegenüber unwirksam sei. Er verlangt den Lohn für die Zeit vom 25. Februar bis 10. März 1931 in Höhe von 84 RM.

Die Beklagte ist demgegenüber der Meinung, daß es der Zustimmung des Betriebsrates zu der Kündigung nicht bedurft hätte, weil es sich um eine Entlassung handele, die durch die Stillegung des Betriebes erforderlich geworden sei, ferner um eine fristlose Kündigung aus einem Grunde, der nach § 123 Nr. 3 und 7 RGewO. sie zur Kündigung des Dienstverhältnisses ohne Einhaltung einer Kündigungsfrist berechtigt habe.

Beide Vorinstanzen haben der Klage stattgegeben. Die Revision der Beklagten führte zur Aufhebung und Zurückverweisung.

Gründe:

Der Berufungsrichter geht an sich zutreffend davon aus, daß dem Kläger als Mitglied der Betriebsvertretung gemäß § 96 BRG. regelmäßig nur mit Zustimmung derselben gekündigt werden konnte. Diese Zustimmung entfiel auch nicht dadurch, daß, wie die Revision geltend macht, eine Betriebsvertretung zu der fraglichen Zeit angeblich nicht mehr bestanden habe, da infolge der Entlassung aller anderweitigen Betriebsratsmitglieder der Kläger nur noch als einziges Mitglied im Betriebe verblieben sei. Dieses Vorbringen steht zunächst mit demjenigen in dem eigenen Schriftsatz der Beklagten vom 11. April 1931 (Bl. 32 der Akten) in Widerspruch, nach welchem außer dem Kläger noch ein weiteres Betriebsratsmitglied im Betriebe anwesend war. Das Landesarbeitsgericht hat aber auch nicht festgestellt, daß die Arbeitsverträge der übrigen Mitglieder durch beiderseitige Übereinkunft gelöst worden sind (vgl. auch RAG. Bd. 8 S. 199 [202]). Die Kündigung und die Verhängung des Streiks über den Betrieb der Beklagten hatte eine Beendigung ihres Betriebsratsamtes ohne weiteres nicht zur Folge. Dieses konnte, abgesehen von den Fällen der Schließung oder des Aufhörens des ganzen Betriebes, der Niederlegung des Amts und der Amtsentsetzung, nur durch Beendigung des Arbeitsverhältnisses erlöschen. Aussperrung und Streiks führen aber regelmäßig nur eine vorübergehende Behinderung in der Arbeitsausübung herbei und die Kündigung hat, von den Ausnahmefällen des § 96 BRG. abgesehen, die Zustimmung der Betriebsvertretung zur Voraussetzung.

Das Landesarbeitsgericht hat das Vorliegen einer Stillegung (§ 96 Abs. 2 Nr. 2 BRG.) verneint, da die Beklagte nach Aussperrung ihrer Belegschaft den Betrieb mit Arbeitswilligen fortgeführt habe. Stilllegung gemäß § 96 BRG. sei nur die Einstellung der Warenerzeugung in der ernstlichen Absicht, auf die Weiterverfolgung des bisherigen Betriebszwecks dauernd oder für einen seiner Dauer nach unbestimmten, wirtschaftlich nicht unbedeutenden Zeitraum zu verzichten. Diese Absicht habe bei der Beklagten nicht vorgelegen. Die Beklagte habe ihre Belegschaft nur ausgesperrt, um nach Durchführung einer Lohnherabsetzung die Produktion weiter fortzusetzen. Da die Lohnherabsetzung nicht gleich gelungen sei, habe die Beklagte Arbeitswillige eingestellt, um produzieren zu können. Sie habe also dauernd ihren Betriebszweck verfolgt, wenn auch tatsächlich einige Tage nicht gearbeitet worden sei.

Vergeblich rügt die Revision diese Ausführungen als rechtsirrig. Sie verkennen nicht den Begriff der Stillegung im Sinne des § 96 BRG. als einer gewollten Einstellung der Betriebstätigkeit als solchen und stehen im Einklang mit der Rechtsprechung des Reichsarbeitsgerichts (Bd. 2 S. 211, 341; RAG. Urt. 505/30 vom 14. März 1931, ArbRspr. 1931 S. 201, Bensh. Slg. Bd. 12 S. 240 u. ö.). Eine durch den Wirtschaftskampf herbeigeführte tatsächliche Stillegung des Betriebes (RAG. Bd. 2 S. 345) war nach den Feststellungen des Landesarbeitsgerichts nicht gegeben.

Dagegen müssen die Ausführungen Bedenken erregen, mit denen der Berufungsrichter die Berechtigung der Beklagten zur fristlosen Entlassung des Klägers wegen beharrlicher Arbeitsweigerung verneint hat. Das Landesarbeitsgericht vertritt die Ansicht, daß die dem Kläger zugemutete und von ihm verweigerte Arbeit nicht zu den ihm nach seinem Dienstvertrag obliegenden Arbeiten gehört habe. Das Landesarbeitsgericht geht davon aus, daß für die Abteilung der Parkett*platten*herstellung — in der der Kläger beschäftigt war — der Tarifvertrag für das rheinisch-westfälische Holzgewerbe gegolten habe. Nicht ohne Grund rügt die Revision, daß diese Ausführungen des Landesarbeitsgerichts dem vorgetragenen Sachverhalt nicht entsprechen. Die Beklagte hatte unwidersprochen vorgetragen, daß zufolge besonderer Abrede, nur um den Kläger eine höhere Entlohnung zu verschaffen, für den Arbeitsvertrag des Klägers die Geltung des Bezirkstarifs für das rheinisch-westfälische Holzgewerbe *vereinbart* worden sei, während für die übrigen Arbeiter an den Maschinen nur die Vorschriften des eine niedrigere Entlohnung vorsehenden Tarifvertrags für die Sägewerksbetriebe, Holzhandlungen und Holzwarenfabriken im nördlichen und östlichen Westfalen gegolten hätten. Von dieser Sachlage war auch das Arbeitsgericht ausgegangen. Es ist deshalb nicht schlüssig, wenn das Landesarbeitsgericht die Verschiedenheit der Tarife ohne weiteres dahin verwertet, um einen wesentlichen Unterschied der Arbeiten in beiden Betriebsabteilungen darzutun.

Aber auch hinsichtlich der entscheidenden Frage, ob die Beklagte nach dem ihr zustehenden Direktionsrecht befugt war, dem Kläger die Arbeit in der Parkettstäbe-Abteilung anzuweisen, wird der Berufungsrichter der Bedeutung des Direktionsrechtes nicht gerecht. Diese Anordnungsbefugnis, deren herkömmliche Bezeichnung vielleicht nicht ganz glücklich gewählt erscheinen mag, wurzelt in der selbstverständlichen Aufgabe des Betriebsinhabers, den Betrieb zu organisieren und zu leiten. Er hat als Arbeitgeber den Betrieb einzurichten und zu führen, um als Glied der Volkswirtschaft im Wege der Arbeitsteilung zwischen ihm, als der organisierenden Stelle, und seinen Arbeitnehmern, als den vornehmlich die Arbeit Ausführenden, Werte zu schaffen, daher muß auch ihm die Befugnis als selbstverständliche Voraussetzung zustehen, die ihm seitens seiner Arbeitnehmer dargebotene Arbeit oder Mitarbeit in einer dem Betriebszwecke entsprechenden Weise zu verwenden. In dem typischen Arbeitsvertrag ist die von dem Arbeitnehmer zu leistende Arbeit regelmäßig nur der Art nach, nicht in allen Einzelheiten bestimmt. Ihre Zuteilung und Verwendung für einen bestimmten technischen Zweck ist an sich Sache des Arbeitgebers. Es muß deshalb seine Aufgabe sein, die Arbeit einzuteilen, sie in einer den jeweiligen Verhältnissen entsprechenden Weise an der richtigen Stelle einzusetzen, dem Arbeitnehmer die daraus sich ergebenden Anweisungen zu erteilen (vgl. §§ 315, 316 BGB.).

Diese Befugnis findet ihre Schranke zunächst im Arbeitsvertrag selbst, und sodann in der durch das Arbeitsverhältnis nach Treu und Glauben gebotenen Rücksichtnahme auf den einzelnen Arbeitnehmer. Ohne Lösung des Arbeitsvertrages darf daher der Arbeitgeber diesen nicht in seinem Lohn verkürzen, er darf ihn nicht durch Zuweisung eines anderen Arbeitsplatzes maßregeln und vor allem darf er nicht gegen den Arbeitsvertrag als solchen verstoßen (vgl. RAG. Bd. 4 S. 261, Bd. 8 S. 282, ferner RAG. Urt. 271/29 vom 30. November 1929, 315/29 vom 14. Dezember 1929, 555/29 vom 1. März 1930 und 208/31 vom 24. Oktober 1931). In erster Linie wird daher, wie auch das Reichsarbeitsgericht in der Entscheidung RAG. Bd. 8 S. 282 ausgeführt hat, die Art der von dem Arbeitnehmer zu leistenden und ihm zuzumutenden Arbeit durch den Inhalt des Einzelarbeitsvertrages bestimmt, sei es, daß dieser seinen Inhalt durch vertragliche Vereinbarung, sei es durch tarifvertragliche Einwirkung erhält. Es wird deshalb ein Arbeitnehmer, wenn sein Arbeitsvertrag nicht ausdrücklich auf eine bestimmte

Tätigkeit abgestellt ist, sich im allgemeinen die Zuweisung verschiedenartiger Tätigkeiten innerhalb derselben Arbeitsbranche gefallen lassen müssen. Hierbei kann naturgemäß nach den Umständen des Einzelfalles und je nach Inhalt des Arbeitsvertrages die Frage der gelernten und der ungelernten Arbeit eine Rolle spielen. Es kann Tätigkeiten geben, bei denen ein grundlegender Unterschied zwischen der Arbeit des gelernten und der entsprechenden Arbeit des ungelernten Arbeiters besteht, wie dies beispielsweise der Gegensatz zwischen dem gelernten Maurer und dem ungelernten Handlanger veranschaulichen möge. Es mag aber auch Berufszweige geben, bei denen die Handarbeit, die nur in geringerem Maße ein Erlernen voraussetzt, in keinem wesentlichen Gegensatz zur maschinellen Arbeit des gleichen Arbeitszweiges steht. Es würde z. B. eine Überspannung des Gegensatzes zwischen gelernter und ungelernter Arbeit bedeuten, wenn der Inhaber einer Tischlerei genötigt würde, zunächst die auf keine bestimmte Tischlerarbeit abgestellten Arbeitsverträge durch Aufkündigung zu lösen, bevor er seine bisher mit der Hand hobelnden und sägenden Tischler nunmehr an einer zwecks Rationalisierung angeschafften Maschine beschäftigen dürfte.

Im vorliegenden Fall hat aber das Landesarbeitsgericht jede Feststellung unterlassen, auf welche Art Arbeit der mit dem Kläger abgeschlossene Einzelarbeitsvertrag abgestellt worden war und ob und inwieweit dieser Einzelarbeitsvertrag eine Einwirkung durch die Berufung auf den erwähnten Tarifvertrag hinsichtlich der Art der zu leistenden Arbeit erfuhr.

Da eine Lohnverkürzung dem Kläger nicht zugemutet wurde, und eine Maßregelung nicht in Frage kam, vielmehr der Beklagte die Arbeit des an sich arbeitsbereiten Klägers zur Erfüllung des der fortgesetzten Produktion gewidmeten Betriebszweckes in Anspruch nahm, und es sich zudem um eine Arbeit innerhalb desselben Geschäftszweiges handelte, kam es lediglich darauf an, ob der Arbeitsvertrag ausdrücklich nur auf Arbeit in der Parkettplattenabteilung oder auf allgemeine Schreinerarbeit abgestellt war und ob nach Art der Parkettfabrikation die gelernte Arbeit der Parkettplattenherstellung einen derartig begrifflichen Gegensatz zu der maschinellen Herstellung der Parkettstäbe darstellt, daß letztere stillschweigend nicht als eine dem Arbeitsvertrag des Klägers unterfallende Arbeit anzusehen und dem Kläger als gelernten Schreiner nach Treu und Glauben und der Auffassung der beteiligten Kreise nicht zuzumuten war.

Denn mußte der Kläger sich der Arbeit innerhalb seines Arbeitsvertrages auf Grund der Anordnungsbefugnis der Beklagten unterziehen, so konnte er — wie das Landesarbeitsgericht rechtsirrtümlich annimmt — die Arbeit nicht deshalb verweigern, weil sie die Fortsetzung des Betriebes ermöglichte, während seine bisherigen Arbeitskollegen der Arbeit fernblieben. Der Kläger war nun einmal arbeitswillig und beabsichtigte nicht, mit seinen Arbeitskollegen in Streik zu treten; er mußte deshalb sich der ihm vertragsgemäß angebotenen Arbeit auch unterziehen. Anderenfalls wäre ein in unlösbaren Widerspruch zu seinem eigenen Entschlusse, arbeiten zu wollen, verfallen und hätte auch, was das Landesarbeitsgericht nicht beachtet, gegen seine besondere Pflicht als Mitglied und Vorsitzender des Betriebsrates verstoßen, nicht nur die Interessen der Belegschaft wahrzunehmen, sondern auch die Belange des Betriebes zu wahren (§ 1 BRG., RAG. Bd. 4 S. 88, Bd. 5 S. 305).

Die Ausführungen des Landesarbeitsgerichts vermögen daher den Zuspruch der Klage nicht zu rechtfertigen. Andererseits erscheint der Rechtsstreit zur Endentscheidung noch nicht reif. Zwar ist der Revision auch darin beizutreten, daß das Landesarbeitsgericht in seinen weiteren Ausführungen gegen den § 123 Ziff. 7 RGewO. verstoßen hat, wenn es dem späteren Verhalten des Klägers — wie es teils unstreitig, teils von der Beklagten zu Beweis verstellt worden und daher für den gegenwärtigen Rechtszug zu unterstellen ist — eine Verleitung von Mitarbeitern zu einem wider die Gesetze verstoßenden Verhalten nicht erblicken will. War der Kläger selbst arbeitswillig und war er verpflichtet, die ihm angebotene Arbeit zu leisten, so waren damit auf Grund des weiterbestehenden und ungelösten Arbeitsvertrages die von der Beklagten zum Ersatz für die ausgefallenen Arbeitskräfte angeworbenen Arbeiter nunmehr seine „Mitarbeiter" i. S. des § 123 Ziff. 7 RGewO. Es erscheint zu eng, unter diesem Begriff — wie der Revisionsbeklagte ausführt — nur die engeren Arbeitskollegen aus der früheren Tätigkeit des Klägers zu verstehen. Denn § 123 Ziff. 7 RGewOr. will insbesondere auch den Arbeitsfrieden innerhalb des Produktionsprozesses gewährleisten, und jeder Arbeiter, der diesem eingeordnet ist — und das war beim Kläger auf Grund seines eigenen Entschlusses der Fall — muß deshalb die durch die gemeinsame Mitarbeit an dem Produktionsprozeß geschaffene jeweilige Lage beachten und dem Gesetz widerstrebende Einwirkungen auf die mitarbeitenden Arbeitnehmer des Betriebes unterlassen.

Rechtlich bedenklich ist endlich auch die Annahme der Vorinstanz, daß Kläger die Arbeitswilligen nur zur ordnungsmäßigen eintägigen Kündigung habe veranlassen wollen. Vielmehr sprechen die Umstände weit mehr dafür, daß Kläger nach seinem zu unterstellenden Verhalten geradezu den offenen Bruch der Arbeitsverträge, insbesondere der Arbeitstreue, gegenüber dem Arbeitgeber herbeiführen wollte.

Es bedarf keiner Prüfung, ob schon der unstreitige Sachverhalt den Tatbestand der genannten Bestimmung erfüllt. Denn in jedem Fall würde dieser Grund zur fristlosen Entlassung erst von einem späteren Zeitpunkt als der erfolgten Entlassung, ab wirken. Mangels genauer Feststellbarkeit ließe sich daher nicht ermitteln, von welchem Tage ab die Lohnforderungen ohne weiteres unbegründet wären.

Das angefochtene Urteil unterliegt somit der Aufhebung und Zurückverweisung zwecks erneuter Prüfung.

RAG. 10, 67.+

1. . . .

2. Entfällt der Kündigungsschutz des § 96 BRG., wenn der Arbeitnehmer, der im Zeitpunkte der Kündigungserklärung dem Betriebsrate angehörte, dieses Amt in dem Zeitpunkte des Ablaufes der Kündigungsfrist nicht mehr bekleidet?

Betriebsrätegesetz § 43 Abs. 1, § 96.

Reichsarbeitsgericht. Urt. v. 6. Januar 1932.

I. Arbeitsgericht Wuppertal-Elberfeld. — II. Landesarbeitsgericht Wuppertal

Der Kläger war bei der Beklagten als Arbeiter beschäftigt und Vorsitzender des Betriebsrats. Die Amtsdauer des Betriebsrats lief am 21. März 1931 ab. Bei der Neuwahl des Betriebsrates war der Kläger nicht wieder gewählt worden. Am 16. März 1931 kündigte ihm die Beklagte mit der vertragsmäßigen Kündigungsfrist von 1 Woche zum 23. März 1931; an diesem Tage wurde er von der Beklagten entlassen. Da er die am 16. März 1931 ausgesprochene Kündigung mit Rücksicht darauf, daß die Zustimmung der Betriebsvertretung erforderlich gewesen und diese nicht eingeholt worden sei, für unwirksam hielt, klagte er auf Zahlung des Lohnes für eine weitere Woche vom 24.—30. März 1931. Die Beklagte machte demgegenüber geltend, die Zustimmung der Betriebsvertretung sei nicht erforderlich gewesen, da in dem Zeitpunkte des Ablaufs der Kündigungsfrist der Kläger nicht mehr Mitglied der Betriebsvertretung gewesen sei. . . .

Arbeitsgericht und Landesarbeitsgericht erkannten nach Klagantrag. Die Revision der Beklagten war ohne Erfolg.

Gründe:

. . .

Die Revisionsrüge, das Landesarbeitsgericht habe den § 96 BRG. deshalb rechtsirrig angewandt, weil in dem Zeitpunkte des Ablaufes der Kündigungsfrist der Kläger nicht mehr Mitglied der Betriebsvertretung gewesen sei, ist unbegründet. Die Auffassung des Landesarbeitsgerichts, für die Frage, ob eine Kündigung der Zustimmung der Betriebsvertretung bedürfe oder nicht, sei die Rechtslage lediglich in dem Zeitpunkte maßgebend, in welchem die Kündigung erklärt werde, dagegen komme es auf den Zeitpunkt, zu welchem die Kündigung erfolge, nicht an, entspricht der ständigen Rechtsprechung des Reichsarbeitsgerichts (RAG. Bd. 3 S. 33, Bd. 6 S. 123, Bd. 7 S. 230). Mit Recht hat daher das Landesarbeitsgericht die Zustimmung der Betriebsvertretung für erforderlich erklärt, weil der Kläger zu dem Zeitpunkte der Kündigungserklärung noch das Amt eines Betriebsratsmitgliedes bekleidete. Daß er zu dem Zeitpunkte des Ablaufes der Kündigungsfrist und auch schon während der letzten Tage des Laufes der Kündigungsfrist nicht mehr Mitglied der Betriebsvertretung war, ändert an der Rechtslage nichts. Die in einem Zeitpunkte, als der Kläger noch unter dem Entlassungsschutz des § 96 BRG. stand, ausgesprochene Kündigung war schwebend unwirksam, d. h. sie bedurfte, um zu dem Kündigungstermine eine Rechtswirkung auszuüben, der Zustimmung der Betriebsvertretung; dieser der Kündigung nach der Rechtslage im Zeitpunkt der Erklärung anhaftende Zustand der schwebenden Unwirksamkeit blieb von einer nachträglich eintretenden Änderung der Rechtslage unberührt. Diese Auffassung wird allein nicht nur dem Wortlaute, sondern auch dem Sinne des Gesetzes gerecht, das, indem es die Rechtswirksamkeit der Kündigungserklärung an das Erfordernis der Zustimmung der Betriebsvertretung knüpfte, eine möglichst frühzeitige Sicherung der Rechtslage im Interesse aller Beteiligten, insbesondere auch des betroffenen Arbeitnehmers, erstrebt hat. Die lediglich den Kündigungsschutz vorübergehend eingetretener Ersatzmitglieder betreffenden Entscheidungen des Reichsarbeitsgerichts RAG. 607/30 vom 6. Juni 1931 (RAG. Bd. 9 S. 1), RAG. 108/31 vom 26. September 1931 (RAG. Bd. 9 S. 191) und RAG. 256/31 vom 2. Dezember 1931 stehen der Auffassung nicht entgegen. Das Landesarbeitsgericht ist daher zutreffend davon ausgegangen, daß durch die am 16. März 1931 ausgesprochene Kündigung das Arbeitsverhältnis des Klägers bei der

Beklagten zum 23. März nur beendet wurde, wenn der Betriebsrat, soweit er nach § 43 BRG. noch im Amte war, seine Zustimmung zur Kündigung erteilte.

Das Landesarbeitsgericht hat die Behauptung, daß die Zustimmung durch das Betriebsratsmitglied Sch., der neben dem Kläger allein noch dem Betriebsrate angehört, erteilt sei, nicht als erwiesen angesehen. Auch hiergegen wendet sich die Revision, indem sie Verletzung des § 133 BGB. rügt, ohne Erfolg. Nach der Feststellung des angefochtenen Urteils hat Sch. dem Inhaber der Beklagten gegenüber, nachdem er zunächst erklärt hatte, dieser sollte doch erst die anderen entlassen, die es besser leiden könnten, schließlich geäußert: „Wenn Sie meinen, daß nichts anderes zu machen ist, dann müssen Sie das eben machen". Das Landesarbeitsgericht hat die Erklärung dahin ausgelegt, daß Sch. damit eine Zustimmung nicht hat erteilen, sondern nur hat zum Ausdruck bringen wollen, daß der Inhaber der Beklagten, wenn er den Kläger entlassen wolle, dies auf seine Verantwortung hin tun müsse. Es hat aber unter Berücksichtigung des Ganzen der ganzen Verhandlungen auch weiter angenommen, daß der Inhaber der Beklagten die Erklärung nicht anders habe auffassen können und nicht anders aufgefaßt habe. Die Auslegung der von Sch. abgegebenen Erklärung läßt einen Rechtsverstoß, insbesondere eine Verletzung der Auslegungsvorschrift des § 133 BGB. nicht erkennen und ist daher rechtlich nicht zu beanstanden. Wenn das Reichsarbeitsgericht in dem von der Revision in Bezug genommenen Urteile RAG. 104/30 vom 24. September 1930 (Bensh. Slg. Bd. 10 S. 294) in der Erklärung des Vorsitzenden eines Betriebsrats, die Entlassung des in Frage kommenden Arbeitnehmers solle dem Ermessen des Arbeitgebers anheimgestellt werden, nach Lage des damaligen Falles einen Ausdruck der Zustimmung erblickt hat, so können daraus irgendwelche Schlüsse für die Auslegung der hier in Frage kommenden, ganz anders lautenden und unter ganz anderen Umständen abgegebenen Erklärung nicht gezogen werden.

Da auch im übrigen die angefochtene Entscheidung einen Rechtsirrtum nicht erkennen läßt, war die Revision zurückzuweisen.

RAG. 10, 72.

Beginnt bei großen Betrieben die Frist des § 123 Abs. 2 RGewO. zum Ausspruch der Entlassung schon mit der Kenntnis der zur fristlosen Entlassung allgemein bevollmächtigten Stelle oder erst mit Kenntnis des Betriebsinhabers?

RGewO. § 123 Abs. 2.

Reichsarbeitsgericht. Urt. v. 9. Januar 1932.

I. Arbeitsgericht Rheine. — II. Landesarbeitsgericht Münster i. W.

Der Kläger ist seit Dezember 1927 bei der Beklagten als Textilarbeiter beschäftigt. Er war Mitglied der Betriebsvertretung der Beklagten und zwar das einzige Mitglied, das der Revolutionären Gewerkschaftsopposition (RGO.) angehörte. Im Januar 1931 nahm die Beklagte eine Umgruppierung der im Betriebe beschäftigten Arbeitsgruppen vor, die für die weiblichen Arbeiter eine Lohnsenkung zur Folge hatte. Daraufhin wurden eines Tages Flugblätter der RGO., Ortsgruppe Gr., an die Belegschaft des Betriebes verteilt, die sich unter der Überschrift „Brutales Lohnraub-Diktat bei der Firma G. v. D." mit dem Lohnabbau beschäftigten. Einige Tage später, am 27. Januar 1931, fand eine Sitzung des Arbeiterrats statt, in der zu diesen Vorgängen Stellung genommen werden sollte und zu der auch je ein Vertreter der Christlichen und der Freien Gewerkschaften geladen und erschienen waren. In dieser Sitzung erklärte der Kläger, er decke den Inhalt des Flugblattes vollinhaltlich. Von den Vorgängen erfuhr am 10. Februar 1931 der bei der Beklagten tätige Obermeister M. Die Beklagte beschäftigt eine Arbeiterschaft von etwa 2—3000 Personen. Nachdem M. am 11. Februar zunächst noch einmal den Vorsitzenden des Betriebsrats genauer nach dem Sachverhalt befragt hatte, machte er am 12. Februar dem Mitinhaber der Beklagten, Dr. H. v. D., Mitteilung. Der Kläger wurde darauf, nachdem die Beklagte vergeblich die Zustimmung des Betriebsrats zur Entlassung nachgesucht hatte, am 19. Februar 1931 wegen Beleidigung des Inhabers der Beklagten fristlos entlassen. Er ist der Ansicht, daß ein Grund für die fristlose Entlassung nicht vorgelegen habe und hat Klage auf Feststellung erhoben, daß sein Arbeitsverhältnis fortbestehe. Das Arbeitsgericht hat nach dem Antrage des Klägers erkannt.

In der Berufungsinstanz hat die Beklagte u. a. die Entlassung auch darauf gestützt, daß der Kläger mittags vor dem Fabriktor der Beklagten gestanden und persönlich an einer Stange ein großes Plakat getragen habe, welches in großen Buchstaben der Beklagten „Lohnraub" vorgeworfen habe. Dieses Plakat hätte von sämtlichen die Fabrik verlassenden Arbeitern gesehen werden müssen. Ferner habe der Kläger den Obermeister M. mit den Worten bedroht: „Sie können froh sein, daß Sie schon so alt sind", und am 19. Februar 1931 Herrn N. v. D., den Sohn des Inhabers der Beklagten, mit den Worten: „Wir werden mit Ihnen noch abrechnen".

Das Landesarbeitsgericht hat die Berufung der Beklagten zurückgewiesen. Die Revision führte zur Aufhebung des Urteils und Zurückverweisung.

Gründe:

Das Landesarbeitsgericht hat im Gegensatz zum Arbeitsgericht seitens des Klägers eine grobe Beleidigung des Inhabers der Beklagten im Sinne des § 123 Nr. 5 RGewO. angenommen. Es erblickt diese darin, daß der Kläger in der Arbeiterratssitzung vom 27. April 1931 erklärt hat, er decke den Inhalt des Flugblattes vollinhaltlich. Damit habe er die in dem ihm zweifellos bekannten Flugblatt enthaltenen groben Beleidigungen der Inhaber der Beklagten wiederholt und sich zu eigen gemacht. Es bestehen keine rechtlichen Bedenken gegen diese der Revisionsklägerin günstige Annahme, welche überwiegend dem Gebiet der tatrichterlichen Würdigung angehört.

Das Landesarbeitsgericht hat dagegen die in § 123 Abs. 2 RGewO. gesetzte einwöchige Frist nicht für gewahrt erachtet, weil für den Beginn der Frist nicht die Kenntnis des Inhabers der Beklagten, sondern die des Obermeisters M. entscheidend sei. Das Landesarbeitsgericht führt hierzu aus: der Ausdruck „Arbeitgeber" könne nicht in jedem Falle den oder die Firmeninhaber bedeuten; das folge schon daraus, daß bei Aktiengesellschaften usw. ein Inhaber der Firma in diesem Sinne nicht vorhanden sei. Aber auch bei größeren Einzelbetrieben könne man die Leiter oder Inhaber nicht immer als diejenigen ansehen, von deren Kenntnis der Fristbeginn abhängig sei. Denn in solchen Großbetrieben könne sich der eigentliche Inhaber meist um die Entlassung einzelner Arbeitnehmer gar nicht kümmern. Er bestelle dafür einen oder mehrere Vertreter, Betriebsbeamte oder Werkmeister, die ständig mit Einstellung und Entlassung der Arbeitskräfte betraut seien und insbesondere Vollmacht auch zu fristlosen Entlassungen bei Vorliegen der gesetzlichen Gründe hätten. Es würde dem Sinn und Zweck des § 123 Abs. 2 RGewO. widersprechen, wollte man den Beginn der Frist erst von der Kenntnis des eigentlichen Inhabers an rechnen. Der Fortbestand des Arbeitsverhältnisses solle nicht unbeschränkte Zeit in der Schwebe bleiben, es müsse vielmehr baldmöglichst Rechtssicherheit geschaffen werden. Deshalb müsse die Kenntnis derjenigen Stelle für den Beginn des Laufes der Frist genügen, die als Vertreter des Arbeitgebers zu Entlassungen bevollmächtigt sei. Das sei aber im vorliegenden Fall der Obermeister M., der eine allgemeine Vollmacht zu Entlassungen gehabt habe.

Rechtliche Bedenken gegen diese Ausführungen bestehen nicht. Es kann dem Landesarbeitsgericht darin beigetreten werden, daß nach Sinn und Zweck des § 123 Abs. 2 RGewO. bei großen Betrieben nicht immer die Kenntnis des Inhabers des Betriebes entscheidend sein muß, sondern daß für den Beginn der in dieser Bestimmung gesetzten Frist es auf die Kenntnis derjenigen Stelle ankommt, die zu dem Ausspruch der fristlosen Entlassung allgemein bevollmächtigt ist. Zwar ist ebenfalls Zweck der Bestimmung — was das Landesarbeitsgericht nicht völlig zutreffend würdigt —, dem Arbeitgeber eine gewisse Überlegungsfrist zu geben. Jedoch ist vornehmlich Sinn des Gesetzes, im Interesse der Rechtssicherheit alsbald eine klare Sachlage zu schaffen, wie auch schon die Rechtsprechung ganz allgemein eine Verwirkung des Rechts zur fristlosen Kündigung nach Ablauf einer angemessenen Überlegungsfrist annimmt (vgl. RAG. 403/31 v. 21. Oktober 1931 u. öft.). Diese Klarheit würde aber nicht eintreten, wenn man den Schwebezustand so lange dauern lassen wollte, bis in einem großen Betriebe, in welchem 1000 und mehr Arbeiter beschäftigt werden, der Betriebsinhaber — auf Grund Meldung oder zufällig — selbst Kenntnis erhält. Daß das Gesetz selbst keine dahingehende Bestimmung trifft, erscheint unwesentlich. Der Abs. 2 des § 123 RGewO. ist durch die Novelle von 1878 dem Gesetz eingefügt worden. Es liegt auf der Hand, daß das Gesetz damals der später tatsächlich wie rechtlich eingetretenen Entwicklung auf dem Gebiete des Kündigungswesens noch keine Rechnung tragen konnte. Die Fortentwicklung des Rechts fordert daher eine die heutigen Verhältnisse berücksichtigende Auslegung. Auch in anderem rechtlichen Zusammenhang hat das Reichsarbeitsgericht im Hinblick auf §§ 14, 97 BRG. entscheidend sein lassen, daß die Zuständigkeit und die Bevollmächtigung der unteren Stellen maßgebend sein muß (vgl. RAG. RB. 49/28 vom 17. April 1929 ArbRspr. 1929 S. 269, siehe auch RAG. RB. 14/30 vom 25. Juni 1930 abgedr. höchstricht. Rspr. 1930 Nr. 1816, Bensh. Bd. 9 S. 557).

Die Revision, welche an sich ebenfalls den Standpunkt vertritt, daß der Ausdruck „Arbeitgeber" in § 123 Abs. 2 RGewO. nicht in allen Fällen mit dem Firmeninhaber gleichbedeutend sein könne, hält die Auslegung des Landesarbeitsgerichts für zu weitgehend. Es kann ihr jedoch nicht darin gefolgt werden, daß je nach Art der groben Beleidigung oder des sonstigen zur Kündigung gemäß § 123 RGewO. berechtigenden Verhaltens des Arbeitnehmers zu entscheiden sei, wer als die maßgebende Stelle im Sinne des § 123 Abs. 2 RGewO. erscheint. Hierdurch würde der Zweck der Bestimmung, die Rechtssicherheit zu fördern und alsbaldige Klarheit zu schaffen, keineswegs erreicht werden. Zwar ist das eigene Interesse des Betriebsinhabers auch bei großen Betrieben nicht zu verkennen, daß Elemente, welche seine Person mißachten, aus dem Betriebe entfernt werden. Aber er kann entweder entsprechende innerdienstliche Anweisungen an die hinsichtlich der Entlassung bevollmächtigte Stelle erteilen oder er kann die Vollmacht zu fristlosen Entlassungen in bestimmten Fällen ausschließen. Falls er jedoch eine uneingeschränkte, nach außen wirkende Vollmacht erteilt, so muß diese maßgebend sein. Denn der Tatbestand der Beleidigung wird durch ihre Kundgabe an jeden Dritten vollendet (RGSt. Bd. 48 S. 62). Für den Tatbestand einer groben Beleidigung im Sinne des § 123 Nr. 5 RGewO. kann — im Gegensatz zu der Frage, ob überhaupt eine Ehrenkränkung einen allgemeinen Kündigungsgrund darstellt (RAG. 317/28 vom 14. November 1928 ArbRspr. 1929 S. 49) — daher auch nicht entscheidend sein, ob der beleidigte Betriebsinhaber in den Handlungen eine solche erblickt oder nicht. Maßgebend muß hier der objektive Tatbestand der groben Beleidigung und das Ermessen der allgemein zum Ausspruch der Entlassung bevollmächtigten Stelle sein. Es liegt daher auch sonst kein Grund vor, bei groben Beleidigungen des Betriebsinhabers ihm neben dem Bevollmächtigten ebenfalls eine letzte Entscheidung zuzubilligen derart, daß von seiner Kenntnis an erst die Frist des § 123 Abs. 2 RGewO. zu laufen beginnt.

Entscheidend ist daher, ob der Obermeister M. zu dem Ausspruch der fristlosen Entlassung in jedem Falle, insbesondere auch bei Vorliegen einer Beleidigung des Betriebsinhabers, nach außen berechtigt (bevollmächtigt) war. Eine dahingehende uneingeschränkte Bevollmächtigung hat das Landesarbeitsgericht in tatrichterlicher Würdigung festgestellt. Das Revisionsgericht ist an diese Beurteilung gebunden. Auch die Erwägung des Landesarbeitsgerichts, daß es unerheblich ist, ob der Obermeister im Innenverhältnis in einzelnen besonders wichtigen Fällen gehalten war, die Meinung der Betriebsinhaber einzuholen, begegnet keinen rechtlichen Bedenken. Sie trägt dem Unterschied zwischen Vertretungsmacht nach außen und dem durch den Auftrag beherrschten Innenverhältnis Rechnung.

Es kommt somit nicht darauf an, wie die Revision meint, daß die Begrenzung der Vollmacht auch stillschweigend erfolgen könne. Eine dahingehende Prüfung scheitert an der getroffenen tatsächlichen Feststellung.

Das angefochtene Urteil unterliegt aber wegen eines anderweitigen Revisionsangriffs der Aufhebung. Zwar ist der tatsächlichen Würdigung des Landesarbeitsgerichts, mit welcher es ablehnt, in der ausgesprochenen Drohung eine grobe Beleidigung, d. h. eine Mißachtung der Person des Sohnes des Betriebsinhabers zu erblicken, aus Rechtsgründen nicht entgegenzutreten. Der Begriff der groben Beleidigung ist nicht verkannt. Dagegen kann dem Berufungsrichter nicht darin gefolgt werden, wenn er es ablehnt, in dem Tragen des Plakates mit der Aufschrift „Lohnraub" eine grobe Beleidigung im Sinne des Art. 123 Nr. RGewO. zu erblicken. Eine derartige Handlungsweise des Klägers ist von der Beklagten behauptet worden. Ihre Richtigkeit ist daher für die Revisionsinstanz zu unterstellen. Sie enthält aber notwendig eine Fortsetzung und Bestätigung des früheren in der Betriebsratssitzung eingenommenen Verhaltens, in welchem sich der Kläger zu dem Flugblatt mit der Überschrift „Brutaler Lohnraub" bekannte. Die Weglassung des Wortes „brutal" kann nicht entscheidend sein. Ausschlaggebend ist, daß die Maßnahmen des Beklagten als „Raub", d. h. als eine mit Gewalt ausgeführte rechtswidrige Handlung bezeichnet wurden. Dazu wäre der Kläger in keiner Weise berechtigt gewesen. Die 6%ige Lohnermäßigung war durch den zuständigen Schlichter ausgesprochen und vom Reichsarbeitsminister gebilligt worden, und die Umgruppierungen im Betriebe hielten sich, wie Kläger auch nicht verkennt, in den tarifvertraglichen Grenzen (vgl. RAG. 463/30 vom 19. Februar 1930). Dem Betriebsinhaber wurde also — auf ihn konnte sich der Ausdruck „Lohnraub" lediglich beziehen — gewaltsamer Rechtsbruch vorgeworfen. Das enthielt eine schwere Mißachtung seiner Persönlichkeit. Als Gründe für die fristlose Entlassung können auch spätere Umstände verwertet werden. Der Tatbestand des § 123 Nr. 5 RGewO. ist daher vom Landesarbeitsgericht nicht zutreffend gewürdigt worden. Da jedoch der Kläger das Tragen des Plakates bestritten hat, so erscheint der Rechtsstreit zur Endentscheidung noch nicht reif. Die Sache ist somit zur anderweiten Prüfung und Entscheidung zurückzuverweisen.

RAG. 10, 102.

Kann der Einspruch im Verfahren vor den Landesarbeitsgerichten nur durch einen Rechtsanwalt oder Organisationsvertreter im Sinne des § 11 Abs. 2 ArbGG. eingelegt werden?

ArbGG. § 11 Abs. 2, §§ 59, 64.

Reichsarbeitsgericht. Urt. v. 20. Januar 1932.

I. Arbeitsgericht Hamburg. — II. Landesarbeitsgericht daselbst.

Die gestellte Frage wurde im Gegensatz zu der Ansicht des Landesarbeitsgerichts bejaht aus folgenden

Gründen:

. . . Das Landesarbeitsgericht hat im Gegensatz zu der Entscheidung des Reichsarbeitsgerichts vom 4. Juni 1930 (Bd. 6 S. 182) angenommen, daß eine durch § 59 ArbGG. gebotene Anwendbarkeit des § 78 Abs. 2 ZPO. für die Einlegung des Einspruchs in dem Verfahren vor dem Landesarbeitsgericht und dem Reichsarbeitsgericht durch § 11 Abs. 2 ArbGG. nicht ausgeschaltet werde. § 78 ZPO. regele in seinem ersten Absatz die Art des Vertretungszwanges vor den Landgerichten und den Gerichten höherer Instanz. In seinem zweiten Absatz werde der Umfang der Vertregungsmacht bestimmt. In seinem dritten Absatz mache § 78 ZPO. eine Ausnahme von dem Vertretungszwange, indem er den Rechtsanwälten gestatte, sich vor dem Gericht, an dem sie zugelassen seien, selbst zu vertreten. Berücksichtige man nun dieses Verhältnis der einzelnen Absätze und die Beziehung zu § 11 ArbGG., so ergebe schon der dem Abs. 1 des § 78 ZPO. entsprechende Wortlaut, daß § 11 Abs. 2 ArbGG. lediglich die Art des Vertretungszwanges regele, und zwar entsprechend den besonderen Bedürfnissen des arbeitsgerichtlichen Verfahrens abweichend vom Vertretungszwange im ordentlichen Verfahren. Der Umfang im Sinne des § 78 Abs. 2 ZPO. werde nicht durch diese Bestimmung geregelt.

§ 11 ArbGG. trete somit lediglich an die Stelle des ersten Absatzes von § 78 ZPO. Die Frage des Umfanges bestimme sich daher nach dem Absatz 2, der somit auch für das Verfahren vor den Landesarbeitsgerichten Geltung behalte. Im übrigen folge aus der Anziehung des § 59 ArbGG. in § 64 Abs. 3 ArbGG., daß das Arbeitsgerichtsgesetz die Einlegung des Einspruches auch durch Erklärung zur Niederschrift der Geschäftsstelle habe zulassen wollen. Dies entspreche zudem allein der Billigkeit, wie vom Landesarbeitsgericht des Näheren dargelegt wird.

Den Ausführungen des Landesarbeitsgerichts kann nicht gefolgt werden. Es muß vielmehr an der im Urteil vom 4. Juni 1930 ausgesprochenen Folge nach nochmaliger Prüfung auch gegenüber den gegen diese Erkenntnis im Schrifttum erhobenen Einwänden festgehalten werden.

Auszugehen ist von der in der Entscheidung des Reichsarbeitsgerichts vom 4. Juni 1930 näher dargelegten grundsätzlichen Einführung des Anwaltszwanges in dem Verfahren vor den Landesarbeitsgerichten und dem Reichsarbeitsgericht. Dieser ist durch die Fassung des § 11 Abs. 2 Satz 1 ArbGG.: „vor den Landesarbeitsgerichten . . . . müssen sich die Parteien durch Rechtsanwälte als Prozeßbevollmächtigte vertreten lassen" in klarster Weise zum Ausdruck gebracht worden. Dieser Zwang ist in Abweichung von dem ordentlichen Verfahren nur insoweit durchbrochen worden, als neben den Rechtsanwälten — wobei jeder im Deutschen Reiche zugelassene Anwalt auftreten darf — noch die sog. Organisationsvertreter zugelassen worden sind (§ 11 Abs. 2 Satz 2). Wie die Motive des Gesetzes erkennen lassen, wurde für das Verfahren vor den Landesarbeitsgerichten — ebenso wie für das Verfahren der III. Instanz — grundsätzlich die Prozeßvertretung durch Rechtsanwälte schon mit Rücksicht auf die Eingliederung der Landesarbeitsgerichte in die an Anwaltsvertretungen gewöhnten Landgerichte, insbesondere aber wegen der ebenfalls zumeist in rechtlicher Nachprüfung des Vorderurteils bestehenden Tätigkeit der Landesarbeitsgerichte für notwendig erachtet (Begründung zum Entwurf des ArbGG. S. 38 Reichstagsdrucks. Nr. 2065 3. WP. 1924/26). Die Parteien selbst sollten also von einer eigenen Vertretung in dem Verfahren vor den Landesarbeitsgerichten und dem Reichsarbeitsgericht grundsätzlich ausgeschlossen werden.

Auf diesen Vertretungszwang ist in der das Verfahren vor den Landesarbeitsgerichten im einzelnen regelnden Bestimmung des § 64 ArbGG. nicht besonders hingewiesen worden. Auch hieraus ist deutlich erkenntlich, daß der Vertretungszwang als allgemeiner Grundsatz das gesamte Verfahren vor den Landesarbeitsgerichten ohne weiteres beherrschen sollte.

Ausnahmen von diesem Grundsatz können sich somit nur aus einer ausdrücklichen Anordnung des Gesetzes ergeben. In dieser Beziehung ergibt sich zunächst aus der in § 64 Abs. 2 ArbGG. ausgesprochenen allgemeinen Verweisung auf die entsprechende Anwendung der Vorschriften der Zivilprozeßordnung über die Berufung, daß der Anwaltszwang nur dort durchbrochen sein soll, wo er auch für das ordentliche Verfahren vor dem Berufungsgericht durchbrochen ist. Damit folgt aus § 523 ZPO. ohne weiteres die entsprechende Anwendung des § 78 Abs. 2 ZPO., jedoch nur in dem für das ordentliche Verfahren geltendem Umfange. Mit dieser selbstverständlichen Einschränkung ist auch die in der erwähnten Entscheidung (RAG. Bd. 6 S. 186) betonte „erschöpfende und ausschließliche" Regelung durch § 11 Abs. 2 ArbGG. zu verstehen. Der Zwang der Vertretung durch Anwälte oder durch die ihnen gleichgestellten Organisationsvertreter gilt also nicht, soweit Prozeßhandlungen in Frage kommen, welche auch nach den für das Verfahren vor den Landgerichten geltenden Bestimmungen des ZPO. vor dem Urkundsbeamten der Geschäftsstelle vorgenommen werden können.

Durch § 64 Abs. 3 ArbGG. ist nun fernerhin noch die entsprechende Anwendung von verschiedenen für das Verfahren vor den Arbeitsgerichten geltenden besonderen Bestimmungen vorgeschrieben worden, und unter diesen ist auch § 59 ArbGG., der das Versäumnisverfahren vor den Arbeitsgerichten regelt, in vollem Umfange angezogen. Aus dieser uneingeschränkten Verweisung wird im Schrifttum, entgegen der Entscheidung vom 4. Juni 1930 vielfach die Ansicht hergeleitet, daß damit in Anwendung des § 59 Satz 2 ArbGG. auch der Grundsatz des Vertretungszwanges für die „Einlegung" des Einspruchs bei den Landesarbeitsgerichten durchbrochen sei.

Diese Ansicht verkennt zunächst den Wortlaut des § 9 Satz 2 ArbGG. Er besagt: „Der Einspruch wird beim Arbeitsgericht schriftlich oder durch Abgabe einer Erklärung zur Niederschrift der Geschäftsstelle eingelegt." Eine unmittelbare Anwendung dieser Bestimmung auf das Verfahren vor den Landesarbeitsgerichten verbietet sich daher ohne weiteres, da es sich hier nicht um eine Prozeßhandlung „beim Arbeitsgericht" handelt. Dagegen ist die Anwendung der Sätze 1 und 3 des § 59 ArbGG. ohne weiteres möglich. Eine „entsprechende" Anwendung des Satzes 2 verbietet sich aber im Hinblick auf den schon betonten allgemeinen, das ganze Verfahren vor den Landesarbeitsgerichten und dem Reichsarbeitsgericht beherrschenden Grundsatz des Vertretungszwanges. Da dieser Grundsatz, wie hervorgehoben, für derart wichtig und beherrschend angesehen wurde, daß er in § 64 ArbGG. nicht nochmals hervorgehoben zu werden brauchte, so kann kein Zweifel bestehen, daß er nicht durch die bloße Verweisung auf § 59 ArbGG. „zur entsprechenden Anwendung" einfach durchbrochen werden konnte, wenn diese Verweisung weder ihrem Wortlaut noch ihrem Sinn nach auf das Verfahren vor den Landesarbeitsgerichten paßt. Der tiefere Sinn des § 59 Satz 2 ArbGG. ergibt sich aber daraus, daß diese Bestimmung dem § 496 Abs. 2 ZPO. nachgebildet ist. Hier ist zunächst aus dem Zweck der Verdeutlichung für das allgemeine, rechtssuchende Publikum gesagt: „Die Klage sowie sonstige Anträge und Erklärungen einer Partei . . . . sind bei dem Gericht einzureichen oder mündlich zu Protokoll der Geschäftsstelle vorzubringen." Diese an sich im Hinblick auf den vor den Amtsgerichten herrschenden Parteibetrieb selbstverständliche Vorschrift war aber gerade im Hinblick auf die Frage der Einlegung des Einspruchs notwendig, weil sonst aus § 340 Abs. 1 ZPO. hätte entnommen werden können, daß die Einlegung des Einspruchs nur schriftlich und nicht durch mündliche Erklärung zu Protokoll der Geschäftsstelle eingelegt werden könnte (vgl. auch Komm. Ber. S. 49).

Die Bestimmung des § 59 Satz 2 ArbGG. will also lediglich ebenfalls klarstellen, daß der Einspruch bei den Arbeitsgerichten nicht nur schriftlich, sondern auch mündlich zur Niederschrift in der Geschäftsstelle eingelegt werden kann. Sie hat also, auch ihrem tieferen Sinn nach, nur Bedeutung für das arbeitsgerichtliche Verfahren und nicht für das vom Vertretungszwang beherrschte Verfahren vor den Landesarbeitsgerichten. Dies wird auch durch die Entstehungsgeschichte bestätigt. Denn in keiner Weise ist in den Motiven weder bei der allgemeinen Begründung hinsichtlich des Verfahrens vor den Landesarbeitsgerichten, noch bei der Erläuterung der Einzelbestimmungen (zu §§ 57, 62 des Entwurfs) eine Durchbrechung des allgemeinen Prinzips des Vertretungszwanges erwähnt. Bei der Betonung der Notwendigkeit des letzteren als grundsätzlicher Anordnung wäre es aber unverständlich, wenn die jedenfalls sehr auffällige Durchbrechung dieses Grundsatzes für eine einzelne Prozeßhandlung, welche zudem nur aus besonderen Gründen erfolgen konnte, und in dem ordentlichen Verfahren der Zivilprozeßordnung auch keinerlei Parallele fand, nicht in den Motiven des Gesetzes irgendwie hervorgehoben und ihre Zweckmäßigkeit erläutert worden wäre. Zu §§ 56, 57 des Entwurfs wird jedoch lediglich auf die Verkürzung der Fristen gegenüber der Zivilprozeßordnung hingewiesen. Diese „Fristverkürzung", welche nichts mit der Frage des Vertretungszwanges zu tun hat, wurde auch für das Verfahren vor den Landesarbeitsgerichten vorgeschrieben, und lediglich diese Besonderheit wird in den Motiven erwähnt.

Auch bei der allgemeinen Erläuterung (S. 44 der Begr.) ist nur gesagt:

> „Berufungsgerichte sind die Landesarbeitsgerichte. Für das Verfahren vor ihnen gelten, abgesehen von den besonderen Vorschriften des Entwurfs, die Vorschriften der Zivilprozeßordnung über die Berufung und die allgemeinen Vorschriften des Gerichtsverfassungsgesetzes, der Zivilprozeßordnung und des Entwurfs für das Verfahren vor den Arbeitsgerichten entsprechend."

Es ist also in dieser Begründung des Gesetzesentwurfes, abgesehen von der durch Sperrdruck hervorgehobenen Verweisung auf die Vorschriften der Zivilprozeßordnung nur auf die entsprechende Anwendung der allgemeinen Vorschriften des Verfahrens vor den Arbeitsgerichten hingewiesen worden. Zu diesen allgemeinen Vorschriften gehört aber, wie schon näher dargelegt, § 59 S. 2 ArbGG. nicht, da diese Vorschrift lediglich speziell auf das Verfahren vor den Arbeitsgerichten zugeschnitten ist.

Ferner ist beachtlich, daß in der Begründung hinsichtlich der in § 87 Abs. 1 ArbGG. für das Rechtsbeschwerdeverfahren getroffenen besonderen Regelung, welche an sich eine Ausnahme von dem Grundsatz des § 11 Abs. 2 ArbGG. darstellt, ebenfalls auf den für das s o n s t i g e Verfahren ausdrücklich vorgeschriebenen Vertretungszwang hingewiesen und unter Darlegung der Zweckmäßigkeitserwägungen näher erläutert worden ist (Begr. S. 47). Auch hieraus kann geschlossen werden, daß, wenn der Gesetzgeber hinsichtlich der Einlegung des Einspruchs vor den Landesarbeitsgerichten eine Durchbrechung des grundsätzlichen Vertretungszwanges beabsichtigt hätte, dies in der Begründung zum Ausdruck gebracht worden wäre.

Die Verweisung in § 64 Abs. 3 ArbGG. auf § 59 ArbGG. kann daher nicht die Bedeutung haben, auch Satz 2 dieser Vorschrift in Durchbrechung des allgemeinen Grundsatzes zur Anwendung zu bringen. Daß Satz 2 in der Verweisung nicht ausdrücklich ausgenommen worden ist, ist unerheblich und erklärt sich im Hinblick darauf, daß diese Bestimmung nach ihrem Wortlaut und Sinn, wie schon hervorgehoben, offensichtlich nur für das Arbeitsgerichtsverfahren Geltung haben sollte und weil außerdem in § 64 Abs. 3 ArbGG. nur die entsprechende Anwendung des § 59 ArbGG. angeordnet worden ist. Eine entsprechende Anwendung des Satz 2 scheitert aber, wie schon betont, an dem für das landesarbeitsgerichtliche Verfahren geltenden Grundsatz des Vertretungszwanges (RAG. Bd. 6 S. 182).

Ein Parteibetrieb im Sinne des § 59 ArbGG. ist also im Gesetz für die Einlegung des Einspruchs vor den Landesarbeitsgerichten nicht eröffnet. Daß Billigkeitserwägungen seine Zulassung nicht ohne weiteres ermöglichen können, liegt gegenüber dem formalrechtlichen Charakter der Bestimmungen des Arbeitsgerichtsgesetzes auf der Hand. Es mag aber darauf hingewiesen werden, daß der Berufungsbeklagte, der nicht in der Lage ist, einen Prozeßbevollmächtigten zu bestellen, durch einen Antrag auf Bewilligung des Armenrechts seine Rechte wahren kann, zumal er schon durch die Berufung selbst auf die Notwendigkeit der Vertretung in dem Verfahren vor dem Berufungsgericht hingewiesen wird. Ebensowenig kann die Unterscheidung, welche das Landesarbeitsgericht hinsichtlich der Absätze 1 und 2 des § 78 ZPO. vorgenommen hat, erheblich sein. Der § 78 Abs. 2 ZPO. findet seine Anwendung im Umfange, wie er auch im ordentlichen Verfahren vor den Landgerichten gilt, im Verfahren vor den Landesarbeitsgerichten, wie bereits dargelegt, auf Grund der Verweisung aus § 523 ZPO. Außerdem erscheint es rechtlich nicht zutreffend, daß § 78 Abs. 2 ZPO. nur den Umfang der Vertretung regele, während § 78 Abs. 1 ZPO. die Art des Vertretungszwanges bestimme. Nach der Bedeutung des § 78 ZPO. und seiner ganzen Stellung im System der Zivilprozeßordnung will vielmehr Abs. 1 den Anwaltszwang allgemein einführen und Abs. 2 für gewisse besondere Verfahrensvorgänge allgemeine Ausnahmen zulassen, während Abs. 3 nur die besondere und selbstverständliche Ausnahme für den seinen eigenen Prozeß führenden Rechtsanwalt enthält. Deshalb kann auch nicht aus § 78 ZPO. geschlossen werden, daß § 11 Abs. 2 ArbGG. nur die „Art" des Vertretungszwanges regele. Vielmehr stellt § 11 Abs. 2 ArbGG. ganz allgemein das Prinzip des Vertretungszwanges auf, von welchem nur die sich aus dem Gesetz und seinen Verweisungen ergebenden Ausnahmen zulässig sind.

Der zur Niederschrift des Landesarbeitsgerichts eingelegte Einspruch des Beklagten ist somit nicht formgerecht eingelegt.

RAG. 10, 122.

Können die Gerichte im Falle einer Zwangszuweisung nach § 7 Abs. 2 des Schwerbeschädigtengesetzes nachprüfen, ob die im § 7 Abs. 1 des Gesetzes bestimmten Voraussetzungen erfüllt sind?

Gesetz über die Beschäftigung Schwerbeschädigter in der Fassung der Bek. v. 12. Januar 1923 (RG. Bl. I S. 58).

Reichsarbeitsgericht. Urt. v. 22. Januar 1932.

I. Arbeitsgericht Wesel. — II. Landesarbeitsgericht Duisburg-Hamborn.

Die Beklagte beschäftigte im Herbst 1930 zwei Schwerbeschädigte in ihrem Betrieb.

Durch Schreiben vom 9. August 1930, zugestellt am 16. August 1930, wurde sie von der Hauptfürsorgestelle in Düsseldorf darauf hingewiesen, daß sie nach § 5 des SchwerbG. und § 1 der hierzu ergangenen Ausführungsverordnung vom 13. Februar 1924 verpflichtet sei, drei Schwerbeschädigte zu beschäftigen, und unter Bezugnahme auf § 7 des SchwerbG. aufgefordert, innerhalb 8 Tagen den Nachweis zu erbringen, daß sie dieser Verpflichtung nachgekommen sei. Als die Beklagte mit Schreiben vom 18. August 1930 darauf aufmerksam machte, daß noch eine von der Hauptfürsorgestelle am 8. Mai 1929 bestätigte Vereinbarung bestehe, wonach sie gegen Zahlung eines Geldbetrages von der Einstellungspflicht befreit war, kündigte die Hauptfürsorgestelle mit

Schreiben vom 26. August 1930 dieses Abkommen zum 15. September 1930 und forderte die Beklagte auf, der Aufforderungen vom 9. August 1930 nunmehr zum 15. September 1930 Folge zu leisten. Auf Wunsch der Beklagten fand am 25. September 1930 eine Verhandlung bei der Hauptfürsorgestelle statt, in der die Beklagte geltend machte, daß die Eigenart ihres Betriebes besonders geschulte Arbeiter erfordere, solche aber unter den zur Verfügung stehenden Schwerbeschädigten nicht vorhanden seien. Mit Schreiben vom 23. Dezember 1930 wies die Hauptfürsorgestelle unter Bezugnahme auf die Aufforderung vom 9. August 1930 und die inzwischen geführte mündliche Verhandlung darauf hin, es sei inzwischen festgestellt worden, daß die Beklagte Anfang des Jahres den Kläger, einen Schwerbeschädigten, beschäftigt und inzwischen entlassen habe, ohne die Zustimmung der Hauptfürsorgestelle einzuholen; gleichzeitig forderte sie die Beklagte auf, innerhalb 3 Tagen den Kläger wieder einzustellen, anderenfalls die Zwangszuweisung entsprechend der Aufforderung vom 9. August 1930 durchgeführt werden würde. Die Beklagte erwiderte am 27. Dezember 1930, sie habe den Kläger mit Arbeiten, die hauptsächlich durch ihren damaligen Umbau verursacht worden seien, beschäftigt und nach Beendigung dieser Arbeiten entlassen; daß er Schwerbeschädigter sei, habe sie erst aus Anlaß einer von ihm beim Arbeitsgericht erhobenen Klage erfahren; sie habe darauf den Arbeitsvertrag mit Erfolg angefochten; die diesbezüglichen Urteile des Arbeitsgerichts und des Landesarbeitsgerichts sei sie bereit, einzusenden; sie betrachte damit den Fall P. (Kläger) als erledigt, zumal sie diesen auch nicht beschäftigen könne, da passende Arbeit nicht vorhanden sei. Nachdem die Beklagte auf Ersuchen der Hauptfürsorgestelle die im Schreiben vom 27. Dezember 1930 erwähnten Urteile am 8. Januar 1931 eingesandt hatte, teilte die Hauptfürsorgestelle mit Schreiben vom 12. Februar 1931, zugestellt am 18. Februar 1931, der Beklagten mit, daß sie im Nachgange zu ihrem Schreiben vom 9. und 26. August 1930 gemäß § 7 Abs. 2 des SchwerbG. ihr nunmehr den Kläger mit der Maßgabe zuweise, daß er unter Berücksichtigung seiner Kenntnisse, Fähigkeiten und Kriegsdienstbeschädigungen gegen einen Wochenlohn von 34 RM vom 23. Februar 1931 ab zu beschäftigen sei. Die Beklagte legte hiergegen Beschwerde ein. Die Beschwerde wurde durch Beschluß des Schwerbeschädigtenausschusses vom 12. Mai 1931 zurückgewiesen.

Die Beklagte erachtete die Zwangszuweisung des Klägers nicht für rechtsverbindlich und verweigerte dessen Einstellung in ihren Betrieb. Der Kläger erhob infolgedessen auf Zahlung des von der

Hauptfürsorgestelle festgesetzten Wochenlohn von 34 RM für die Zeit vom 23. Februar bis 16. Mai 1931 Klage.

Das Arbeitsgericht erkannte nach Klagantrag, die Berufung der Beklagten wurde vom Landesarbeitsgericht zurückgewiesen. Ihre Revision war ohne Erfolg.

Gründe:

Das Landesarbeitsgericht ist bei seiner Entscheidung von der Auffassung ausgegangen, daß der Zuweisungsbeschluß der Hauptfürsorgestelle und die Beschwerde-Entscheidung des Schwerbeschädigtenausschusses Verwaltungsakte seien, deren Rechtmäßigkeit von den Gerichten nur nach der Richtung nachgeprüft werden könne, ob sie von zuständigen Stellen ausgegangen und ob sie frei von solchen wesentlichen Fehlern seien, die ihre Unwirksamkeit zur Folge haben würden. Die Auffassung entspricht der Rechtsprechung, wie sie vom Reichsgericht und im Anschluß hieran vom Reichsarbeitsgericht bezüglich der Nachprüfung von Verwaltungsakten der Verwaltungsbehörden durch die Gerichte entwickelt worden ist (RGZ. Bd. 119 S. 196, RAG. Bd. 3 S. 167 und 252, Bd. 4 S. 166 und 291, RAG. 302/30 vom 17. September 1930 in ArbRspr. 1931 S. 13); danach ist eine Nachprüfung von Verwaltungsakten, abgesehen von der Frage der Überschreitung der Zuständigkeit nur in der Richtung zulässig, ob die Entscheidung etwa mit Mängeln behaftet ist, die ohne weiteres ergeben, daß ein behördliches Verfahren oder eine behördliche Entscheidung überhaupt nicht vorliegt. Die Auffassung wird auch von der Revision nicht beanstandet. Hiervon ausgehend hat das Landesarbeitsgericht zunächst mit Rücksicht auf den Einwand der Beklagten, die Hauptfürsorgestelle sei zum Erlasse des Zuweisungsbeschlusses gar nicht zuständig gewesen, da die im § 7 Abs. 1 SchwerbG. vorgesehenen Voraussetzungen der Zuständigkeit nicht gegeben gewesen seien, die Frage der Zuständigkeit geprüft und diese bejaht. Es hat erwogen, soweit in § 7 Abs. 1 SchwerbG. bestimmt sei, daß die Hauptfürsorgestelle zunächst eine Aufforderung an den Arbeitgeber ergehen lassen müsse, handele es sich nicht um eine Voraussetzung der Zuständigkeit, sondern lediglich um eine Vorschrift über die Einleitung des Verfahrens zwecks Durchführung einer eventuellen Zwangszuweisung durch die an sich auf Grund des § 7 SchwerbG. hierzu zuständige Hauptfürsorgestelle. Soweit in Abs. 1 weiter bestimmt sei, daß diese Aufforderung an denjenigen Arbeitgeber zu richten sei, der nicht die vorgeschriebene Zahl von Schwerbeschädigten eingestellt habe, sei damit lediglich die Voraussetzung festgelegt, bei deren Vorliegen die Hauptfürsorgestelle die Aufforderung ergehen lassen dürfe, und deren Vorliegen sie erneut prüfen müsse, wenn sie die Zwangszuweisung nach Abs. 2 ausspreche. Im übrigen hat das Landesarbeitsgericht irgendwelche der Nachprüfung des Gerichts unterliegenden Mängel in bezug auf die in Frage kommenden Verwaltungsakte, die deren Nichtigkeit ergeben könnten, nicht feststellen können.

Die Revision greift das angefochtene Urteil in zweifacher Richtung als rechtsirrig an.

Sie rügt in erster Linie, daß das Landesarbeitsgericht in Verkennung des § 7 SchwerbG. die Zuständigkeit der Hauptfürsorgestelle, als Zuweisungsbehörde tätig zu werden, zu Unrecht angenommen habe. Sie meint, ohne Einschränkung sei die Hauptfürsorgestelle lediglich zuständig,

1. als Kontrollorgan darüber, daß die Vorschriften des Schwerbeschädigtengesetzes von den Beteiligten eingehalten werden,

2. als Fürsorgeorgan für die Schwerbeschädigten überhaupt. Für die zwansweise Unterbringung von Schwerbeschädigten sei aber die Hauptfürsorgestelle an die einengenden Vorschriften des § 7 gebunden. Diese Zuständigkeit sei daher von den Gerichten nachzuprüfen und in Ausführung dieser Nachprüfungspflicht hätte das Landesarbeitsgericht in eine Prüfung der Frage eintreten müssen, ob eine wirksame Fristsetzung erfolgt sei und ob diese Fristsetzung zu einer Zeit erfolgt sei, als der Arbeitgeber die vorgeschriebene Zahl von Schwerbeschädigten nicht eingestellt habe. — Der Revisionsangriff ist unbegründet. Er verkennt, daß § 7 Abs. 1 SchwerbG. keine besonderen Bestimmungen über die Zuständigkeit der Hauptfürsorgestelle enthält, sondern lediglich die sachlichen Voraussetzungen für die Befugnis der Hauptfürsorgestelle zur Zwangszuweisung bestimmt. Zwar beruht das Gesetz für die Beschäftigung Schwerbeschädigter auf dem Grundsatz der Freiwilligkeit der Einstellung durch den Arbeitgeber, und nur bei Böswilligkeit ist eine Zuweisung von Schwerbeschädigten gegen den Willen des Arbeitgebers vorgesehen; an diesem Grundgedanken des Gesetzes ist auch durch die durch die Novelle vom 23. September 1922 (RGBl. S. 972) erfolgte Einfügung des jetzigen § 7 nichts geändert (vgl. amtl. Begründung, Verhandlungen des Reichstages 1. Wahlperiode 1920/22, Drucks. Nr. 5295 S. 7); soweit aber die Verpflichtungen aus dem Gesetze nicht durch freie Entschließung der Arbeitgeber erfüllt werden, liegt die Durchführung des Gesetzes in der Hand der Hauptfürsorgestellen (§ 11 SchwerbG.). Diese sind diejenigen Stellen, die die Innehaltung der den Arbeitgebern durch das Gesetz auferlegten Verpflichtungen zu überwachen, gegebenenfalls sie von ihren Verpflichtungen zu befreien (§ 6

Abs. 2) und, falls die Arbeitgeber ihren Verpflichtungen nicht nachkommen, die Zwangszuweisung nach § 7 einzuleiten und durchzuführen haben. Damit ist, wie das Landesarbeitsgericht richtig hervorhebt, die Zuständigkeit der Hauptfürsorgestellen zur Ergreifung der erforderlichen Maßnahmen an sich begründet. Soweit im § 7 Abs. 1 SchwerbG. besondere Voraussetzungen für eine Zwangszuweisung durch die Hauptfürsorgestelle nach § 7 Abs. 2 bestimmt sind, handelt es sich um sachliche Voraussetzungen für die Zwangszuweisung, nicht aber um Voraussetzungen für das Tätigwerden der Hauptfürsorgestellen an sich. Für alle Streitigkeiten, die sich bei der Durchführung der Bestimmungen des Schwerbeschädigtengesetzes ergeben, insbesondere auch für die Streitigkeiten über die sich aus dem Schwerbeschädigtengesetze ergebenden Verpflichtungen, ist der Schwerbeschädigtenausschuß als Beschwerdeinstanz geschaffen (vgl. amtl. Begründung, Reichstagsverhandl. a. a. O. S. 14 und 15 zu Ziff. 14 und 19). Die sachliche Entscheidung des Schwerbeschädigtenausschusses ist aber nach der oben erwähnten Rechtsprechung der Nachprüfung der Gerichte entzogen, soweit nicht Mängel vorliegen, die den Verwaltungsakt als völlig unzulässig und deshalb nichtig erscheinen lassen. — Aus den gleichen Gesichtspunkten kann aber auch die zweite Revisionsrüge, das Landesarbeitsgericht habe es unterlassen, zu prüfen ob die Beklagte z. Zt. der Beschlußfassung durch den Schwerbeschädigtenausschuß einstellungspflichtig gewesen sei, nicht als berechtigt anerkannt werden. Es kann dahingestellt bleiben, ob der Schwerbeschädigtenausschuß, wenn er in der Beschwerdeinstanz über die Berechtigung einer durch die Hauptfürsorgestelle verfügten Zwangszuweisung zu entscheiden hat, für die Nachprüfung der Einstellungsverpflichtung des Arbeitgebers den Zeitpunkte der Entscheidung der Hauptfürsorgestelle oder denjenigen seiner eigenen Entscheidung zugrundezulegen hat, in jedem Falle handelt es sich um eine sachliche Entscheidung über die Zwangszuweisung, deren sachliche Richtigkeit nachzuprüfen die Befugnis der Gerichte überschreitet.

Da auch im übrigen das angefochtene Urteil einen Rechtsirrtum nicht erkennen läßt, war die Revision der Beklagten zurückzuweisen.

RAG. 10, 134.+

Ist eine Kündigung ausgeschlossen, wenn der Arbeitnehmer tarifliche Lohnforderungen erhebt? Bezieht sich § 3 Abs. 9 des Tarifvertrags zwischen dem Arbeitgeber-Hauptverband für Industrie, Handel und Gewerbe Vorpommerns, Stralsund, und dem Gesamtverband der Arbeitnehmer der öffentlichen Betriebe und des Personen- und Warenverkehrs,

Bezirk 6 Stettin, vom 15. Oktober 1930 auch auf das Vorbringen von Lohnansprüchen für die Zukunft?

Reichsarbeitsgericht. Urt. v. 27. Januar 1932.

I. Arbeitsgericht Stralsund. — II. Landesarbeitsgericht Stettin.

Der Kläger war über 10 Jahre lang bei der Beklagten als Kutscher in Stellung. Für das Arbeitsverhältnis galt kraft Beteiligung durch Verbandszugehörigkeit der Tarifvertrag zwischen dem Arbeitgeberhauptverband für Industrie, Handel und Gewerbe Vorpommerns, Stralsund, und dem Gesamtverband der Arbeitnehmer der öffentlichen Betriebe und des Personen- und Warenverkehrs, Bezirk 6 Stettin, vom 15. Oktober 1930.

Am 31. Dezember 1930 entstand zwischen dem Kläger sowie den anderen Kutschern der Beklagten einerseits und der Beklagten andererseits Streit über die für diesen Tag geltende Arbeitszeit.

Die Beklagte verlangte, daß die Kutscher an diesem Tage wie an den sonstigen Tagen bis 4½ Uhr nachmittags arbeiteten, und zwar auch schon mit Rücksicht darauf, daß noch eilige Fuhren zu erledigen waren. Die Kutscher vertraten demgegenüber den Standpunkt, daß nach § 2 Abs. 3 des Tarifvertrages am 31. Dezember die Arbeitszeit bereits zwei Stunden früher, also um 2½ Uhr nachmittags, ende und daß die Zeit über 2½ Uhr nachmittags hinaus als Überstunden zu gelten hätte. Im einzelnen gehen die Angaben der Parteien über den Streit auseinander; einig sind sie sich aber dahin, daß der Kläger und die anderen Kutscher am 31. Dezember bis 4½ Uhr gearbeitet und den entsprechenden Lohn erhalten haben.

Am 9. Januar 1931 kündigte die Beklagte, welche sich inzwischen über die Rechtslage erkundigt hatte, dem Kläger das Arbeitsverhältnis unter Einhaltung der Kündigungsfrist. In der Arbeitsbescheinigung gab die Beklagte als Grund der Entlassung „schwerwiegende Meinungsverschiedenheiten" an. Der Kläger bemühte sich alsbald bei dem Arbeitsamt um die Arbeitslosenunterstützung. Es wurde indes über ihn wegen der Entlassungsgründe eine Sperrfrist verhängt, die zunächst auf 6 Wochen festgesetzt, später aber auf 3 Wochen gekürzt wurde. Gegen die Verhängung der Sperrfrist hat der Kläger Einspruch eingelegt; das Verfahren vor dem Arbeitsamt schwebt noch, ist aber zur Zeit ausgesetzt.

Mit der gegenwärtigen Klage verlangt der Kläger von der Beklagten Zahlung seines Lohnes für die Dauer der dreiwöchigen Sperrfrist. Er meint, die Beklagte habe ihm deshalb gekündigt, weil er für die beiden Arbeitsstunden am 31. Dezember 1930 von 2½ bis 4½ Uhr nachmittags die Bezahlung als Überstunden gefordert habe, die Kündigung verstoße daher gegen § 3 Abs. 9 des Tarifvertrages, nach welchem das Vorbringen von Lohnforderungen nicht Grund zu einer Entlassung sein dürfe.

§ 3 Abs. 8 und 9 des Tarifvertrages lauten:

„Glaubt ein Arbeitnehmer bei einer Lohnzahlung noch Forderungen aus der vergangenen Lohnperiode zu haben, z. B. für Überstunden, so ist er verpflichtet, seine Mehrforderung innerhalb 6 Werktagen nach der Lohnzahlung geltend zu machen. Spätere Forderungen aus der vergangenen Lohnperiode finden keine Berücksichtigung.

Das Vorbringen derartiger Forderungen darf nicht Grund zur Entlassung sein."

Die Beklagte hält den Anspruch für unbegründet.

Das Arbeitsgericht hat der Klage stattgegeben.

Auf die Berufung der Beklagten hat das Landesarbeitsgericht die Klage abgewiesen. Die Revision wurde zurückgewiesen aus folgenden

Gründen:

Das Landesarbeitsgericht hat im Gegensatz zum Arbeitsgericht zur Ausräumung der Anwendung des § 3 Abs. 9 TV. es für ausreichend erachtet, daß der die Kündigung aussprechende Inhaber der Beklagten die subjektive Vorstellung gehabt habe, der Kläger habe mit einer Arbeitsverweigerung gedroht und habe durch diese Drohung unter Ausnützung der durch die besonders drängenden Arbeiten geschaffenen Lage Zugeständnisse erzwingen wollen. Denn es komme — was das Arbeitsgericht verkenne — nicht darauf an, ob der Kläger durch sein Verhalten einen wichtigen Grund zur Entlassung gegeben habe, sondern entscheidend sei, aus welchem Grunde die Beklagte die an sich vertragsmäßige Kündigung ausgesprochen habe und ob die Kündigung wegen dieses Beweggrundes gegen den Tarifvertrag verstoße. Es sei deshalb unerheblich, wie die Verhältnisse die zur Kündigung führten, in Wirklichkeit gelegen hätten. Das Landesarbeitsgericht läßt es daher in tatrichterlicher Würdigung des Ergebnisses der Beweisaufnahme dahingestellt, ob der Kläger sich tatsächlich in der von der Beklagten behaupteten Weise verhalten hat. Es erachtet vielmehr die Feststellung für ausreichend, daß der Inhaber der Beklagten die besagte Vorstellung gehabt habe.

Mit Recht rügt die Revision, daß diese Auslegung der tariflichen Bestimmung, deren freie Nachprüfung dem Reichsarbeitsgericht nach § 73 Abs. 2 ArbGG. obliegt, eine fehlerhafte sei und daß der Berufungsrichter, indem er Grund und Motive nicht genügend unterscheide, verkenne, daß das Vorbringen einer Forderung für die Bezahlung von Überstunden keinen Grund zur Entlassung bilden dürfe. Indem der Tarifvertrag bestimmt: „Das Vorbringen . . . darf nicht Grund zur Entlassung sein" wird schon nach dem Wortlaut entscheidendes Gewicht auf die objektive Sachlage gelegt. Das tatsächliche Vorbringen seitens des Lohnforderungen Erhebenden soll für die Frage, ob es Grund für eine Entlassung bilden darf, maßgebend sein. Es kommt also auf sein Verhalten und nicht auf die Meinung an, die der Arbeitgeber von diesem Verhalten hat. Diese Auslegung wird allein Sinn und Zweck der Bestimmung gerecht. Sie will verhindern, daß der Arbeitnehmer gehemmt wird, die ihm an sich zustehenden tariflichen Lohnforderungen geltend zu machen. Er soll nicht, wenn er dies tut, durch eine Kündigung benachteiligt werden. Dieser Zweck des Tarifvertrags, dem Arbeitnehmer einen Schutz zu gewähren, würde aber nicht erreicht werden, wenn die subjektive Meinung des Arbeitgebers entscheidend wäre, ob der Arbeitnehmer derartige Forderungen erhoben oder sich anderweit in einer Weise verhalten habe, die Anlaß zum Ausspruch der Kündigung gewähre.

Wenn somit dieser Auslegung des Landesarbeitsgerichts nicht beigetreten werden kann, so kann gleichwohl der Angriff der Revision nicht zur Aufhebung des angefochtenen Urteils führen. Denn es muß überhaupt die Anwendung der genannten tariflichen Bestimmung (§ 3 Abs. 9) aus einem anderen Grunde entfallen. Beide Vorinstanzen haben zwar die Auslegung vertreten, daß die Bestimmung des § 3 Abs. 9 TV. sich nicht auf das Vorbringen bereits verdienter Lohnansprüche beschränke, sondern allgemein die Kündigung wegen der Geltendmachung von tariflichen Lohnansprüchen verbieten wolle. Dieser Auslegung kann jedoch nach Wortlaut und Sinn der Bestimmung nicht beigetreten werden. Sie wird der Bedeutung der tariflichen Norm als einer Ausnahmebestimmung von der regelmäßig gegebenen gesetzlichen ordentlichen Kündigungsbefugnis nicht gerecht. Denn an sich ist der Arbeitgeber in der Ausübung des ordentlichen Kündigungsrechts nicht beschränkt, sofern er damit nicht gegen gesetzliche Schutzvorschriften oder gegen die guten Sitten (§ 138 BGB.) verstößt. Es kann deshalb auch einem Arbeitgeber nicht verwehrt sein, einem Arbeitnehmer, der ihn mit nachträglichen tariflichen Lohnforderungen überrascht, mit der vereinbarten tarifvertraglichen oder gesetzlichen Frist zu kündigen, und dem Arbeitnehmer steht alsdann nur das Recht des Einspruchs gemäß §§ 84 flg. BRG. zu.

Die Revision vertritt nun in ihrer schriftlichen, ergänzenden Begründung die allerdings in der mündlichen Verhandlung nicht aufrechterhaltene Ansicht, es wohne jedem Tarifvertrag, auch ohne ausdrücklichen Ausspruch, ein sogenanntes immanentes Verbot einer Kündigung inne, der erfolge, weil der Arbeitnehmer seine tariflichen Ansprüche geltend mache. Diese auch im Schrifttum vertretene Ansicht (vgl. u. a. Hueck-Nipperdey Lehrbuch Bd. II § 9 S. 88 und Sinzheimer, Grundzüge 2. Auflage S. 204 einerseits und Jacobi Grundlehren S. 194 Anm. 42 und Kaskel Arbeitsrecht S. 41 andererseits) findet jedoch im Gesetz keine Stütze. Sie könnte höchstens als stillschweigende, normative Bestimmung Geltung beanspruchen; es würde aber gegenüber dem Prinzip der Vertragsfreiheit zu weitgehen, normative Beschränkungen derselben, namentlich soweit sie die Auflösung des Arbeitsvertrages betreffen, ohne ausdrückliche tarifvertragliche Bestimmung anzunehmen, zumal für das Gebiet des Betriebsrätegesetzes der Arbeitnehmer einen Schutz in den Bestimmungen des § 84 flg. BRG. findet und finden soll.

Das Reichsarbeitsgericht hat deshalb den Arbeitgeber an und für sich auch für befugt erachtet, dem Arbeitnehmer, der seinen Tariflohn beansprucht, unter Einhaltung der Kündigungsfrist zu kündigen (RAG. Bd. 6 S. 270). Auch die weitere Rechtsprechung des Reichsarbeitsgerichts, daß unter dem Druck einer solchen Kündigungsmöglichkeit erklärte Verzichte auf Tariflohn wegen erkennbar mangelnden Verzichtswillens unwirksam sein können, beruht auf der Annahme, daß an sich der Arbeitgeber zum Ausspruch der Kündigung befugt ist.

Im vorliegenden Fall wird aber der Tarifvertrag in § 3 Abs. 9 dieses allgemeine Recht des Arbeitgebers zur Kündigung einschränken. Das Vorbringen „derartiger“ Forderungen soll nicht zur Entlassung führen dürfen. . . .

RAG. 10, 153.

Kann ein den Kündigungseinspruch eines Arbeitnehmers zurückweisender Betriebsvertretungsbeschluß durch die Gerichte nachgeprüft werden und eine Schadensersatzpflicht der daran beteiligten Betriebsvertretungsmitglieder wegen Amtspflichtverletzung begründen?

BRG. § 86. BGB. §§ 823, 839.

Reichsarbeitsgericht. Urt. v. 30. Januar 1932.

I. Arbeitsgericht Altenburg. — II. Landesarbeitsgericht Jena.

Die Beklagten gehören dem aus 8 Mitgliedern bestehenden Arbeiterrat der Deutschen Erdöl-Aktien-Gesellschaft (kurz: DEA.) an, woselbst der Kläger seit dem 11. Mai 1930 als Arbeiter tätig war. Im September 1930 mußte die DEA. wegen Arbeitsmangels einige Arbeiter entlassen und kündigte deshalb auch einem in der Asphalt-Destillation beschäftigten Arbeiter R. Der Arbeiterrat gab dessen Einspruch gegen die Kündigung in einer Sitzung vom 17. September 1930 einstimmig statt. In einem Schreiben vom gleichen Tage, durch welches der Direktion der DEA. von diesem Beschluß Kenntnis gegeben wurde, führte der Vorsitzende des Arbeiterrats, der Beklagte zu 1, u. a. aus, die Entlassung sei eine unbillige Härte, dem Einspruch sei aber auch im Interesse des Betriebs stattgegeben worden, denn der Arbeiterrat wisse genau, daß gerade in der Destillation einige minderleistungsfähige Arbeiter beschäftigt würden, die zum Teil erst vor kurzer Zeit eingestellt, zum Teil als Doppelverdiener anzusehen seien. Auf die Bitte der Direktion um Namennennung antwortete der Beklagte zu 1, der Arbeiterrat habe besonders den Kläger im Auge gehabt, der, wenn es nach dem Willen seines unmittelbaren Vorgesetzten gegangen wäre, hätte entlassen werden sollen, weil er den an ihn gestellten Anforderungen nicht gewachsen und erst vor kurzer Zeit eingestellt worden sei. Außerdem nannte der Beklagte zu 1 noch den Arbeiter F., der eine Pension beziehe. Hierauf nahm die Betriebsleitung die Kündigung des R. zurück und kündigte dem Kläger am 19. zum 20. September 1930. Der von dem Kläger am letzteren Tage gegen seine Kündigung schriftlich eingelegte Einspruch wurde von dem Arbeiterrat mit den 6 Stimmen der Beklagten gegen die 2 Stimmen der Arbeiterratsmitglieder B. und R. zurückgewiesen.

Der Kläger behauptet, die Zurückweisung des Einspruchs sei nicht aus sachlichen Gründen, sondern nur deshalb erfolgt, weil er der Stahlhelmselbsthilfe angehöre. Die Beklagten hätten gewußt, daß er ein durchaus brauchbarer Arbeiter sei. Das um so mehr, als sie durch die Arbeiterratsmitglieder B. und Ra. in der Arbeiterratssitzung ausdrücklich hierauf aufmerksam gemacht worden seien. Der Beklagte zu 1 habe ihn der Direktion der DEA. gegenüber zu Unrecht als minderleistungsfähig bezeichnet. Die Beklagten seien verpflichtet gewesen, nicht nur auf seinen Einspruch hin Erkundigungen über seine Leistungsfähigkeit einzuziehen, sondern auch die Interessen der Arbeitnehmer ohne Rücksicht auf politische, militärische, konfessionelle oder gewerkschaftliche Betätigung unparteiisch zu vertreten. Sie hätten gegen diese Pflicht verstoßen und sich damit nach §§ 826, 823 Abs. 2 BGB. schadensersatzpflichtig gemacht. Die Pflichtverletzung der Beklagten sei besonders schwerwiegend, weil — wie ihnen bekannt gewesen sei — der Kläger verheiratet sei, ein Kind habe und vor seiner Einstellung bei der GEA. aus der Arbeitslosenversicherung ausgesteuert gewesen sei, Anwartschaft auf Unterstützung aber noch nicht wieder erworben gehabt habe. Die Beklagten hätten sich lediglich von dem Bestreben leiten lassen, den Kläger aus politischen Gründen aus dem Betrieb zu entfernen. Ohne ihr pflichtwidriges Verhalten wäre der Kläger überhaupt nicht entlassen worden. Hierfür spreche, daß die Betriebsleitung, nachdem sie von dritter Seite auf seine große wirtschaftliche Notlage aufmerksam gemacht worden sei und eingesehen hätte, daß seine Entlassung zu Unrecht erfolgt sei, ihn am 13. Oktober 1930 wieder eingestellt habe. Die Beklagten müßten ihm daher als Gesamtschuldner für die Zeit seiner durch ihr Verschulden herbeigeführten Arbeitslosigkeit vom 21. September bis 12. Oktober 1930 den Lohnausfall mit insgesamt 130,50 RM ersetzen.

Das Arbeitsgericht hat nach Beweisaufnahme der Klage in Höhe von 85,40 RM stattgegeben, sie aber im übrigen abgewiesen. Die Berufung der Beklagten gegen dieses Urteil ist von dem Landesarbeitsgericht nach weiterer Beweiserhebung zurückgewiesen worden. Die zugelassene Revision der Kläger blieb erfolglos.

Gründe:

Das Berufungsgericht verneint auf Grund des Ergebnisses der Beweisaufnahme in Übereinstimmung mit dem ersten Richter das Vorliegen der Voraussetzungen des § 826 BGB., da nicht dargetan sei, daß die Beklagten den Kündigungseinspruch des Klägers wegen dessen Zugehörigkeit zur Stahlhelmselbsthilfe für unbegründet erklärt hätten. Dagegen bejaht es und zwar ebenfalls mit dem ersten Richter die Schadensersatzpflicht der Beklagten aus § 823 Abs. 2 a. a. O. in Verbindung mit § 86 BRG. Seine Erwägungen gehen davon aus, daß es sich im vorliegenden Fall nicht um eine Nachprüfung durch das Gericht handele, ob der Beschluß, durch den der Arbeiterrat den Einspruch des Klägers zurückgewiesen habe, sachlich richtig gewesen sei. Vielmehr komme in Frage, ob der Arbeiterrat bei der Prüfung des Einspruchs pflichtgemäß, sittenwidrig oder fahrlässig gehandelt habe; denn wenn auch die Mitglieder eines Gruppenrats bei Entscheidungen über Kündigungseinsprüche weitgehend ihr Ermessen walten lassen könnten, so folge hieraus nicht, daß sie dabei überhaupt keiner Beschränkung unterworfen seien und ganz willkürlich verfahren dürften, sondern sie müßten sich mit Rücksicht auf die ihnen eingeräumte Machtstellung einer pflichtbewußten und unparteiischen Handlungsweise befleißigen. Das Berufungsgericht stellt dann im einzelnen die Vorgänge fest, welche zur Zurückweisung des Kündigungseinspruchs des Klägers durch den Arbeiterrat geführt hätten, und gelangt daraufhin in näheren Erörterungen zu dem Schluß, daß die Beklagten, indem sie ohne jegliche sachliche Prüfung, insbesondere ohne sich bei Vorarbeitern und Vorgesetzten des Klägers über dessen Leistungen zu erkundigen, den Einspruch zurückgewiesen hätten, die ihnen nach § 86 BRG. obliegende Sorgfaltspflicht zum mindesten fahrlässig verletzt hätten.

Die Revision, welche Verletzung der §§ 84, 86, 87 BRG. und der §§ 254, 276, 283 Abs. 2, 839 BGB. rügt, wendet sich gegen diese Stellungnahme des Berufungsgerichts in erster Linie unter dem Gesichtspunkt der Nachprüfbarkeit des hier ergangenen Beschlusses des Arbeiterrats; jedoch vergeblich.

Wie die Revision an sich zutreffend hervorhebt, hat bereits das Reichsgericht (vgl. RGZ. Bd. 116 S. 9 [10], Bd. 126 S. 53 [57] und Urteil vom 25. Februar 1927 III 49/26) grundsätzlich entschieden, daß die Stellung des Richters den Beschlüssen einer Betriebsvertretung gegenüber keine andere ist als gegenüber den Beschlüssen der Mieteinigungsämter. Das Reichsgericht hat zwar die Nachprüfung der Grenzen der sachlichen Zuständigkeit einer Betriebsvertretung für zulässig und geboten erklärt, ein gleiches aber hinsichtlich der Ordnungsmäßigkeit ihrer Besetzung und des von ihnen beobachteten Verfahrens abgelehnt. Es hat dazu namentlich in dem erstangezogenen Urteil ausgeführt, daß kein Anlaß vorliege, dem Richter gegenüber den Beschlüssen einer Betriebsvertretung ein weitergehendes Prüfungsrecht einzuräumen; dies würde mit der Stellung der Betriebsvertretung als öffentlichrechtlicher Selbstverwaltungsorgane und mit der öffentlichrechtlichen Eigenschaft der für ihren inneren Geschäftsbetrieb bestimmten Verfahrensvorschriften in Widerspruch stehen. Die Beachtung der letzteren sei Pflicht des Vorsitzenden der Betriebsvertretung und Sache ihrer Mitglieder sei es, erkennbare und erkannte Verfahrensverstöße zu rügen und auf ihre Abstellung zu dringen. Setzten sie sich pflichtwidrig über wesentliche Verfahrensvorschriften hinweg, so könnten sie ihres Amtes enthoben (§ 39 BRG.) und je nach Lage des Falles auch schadensersatzpflichtig gemacht werden. Dieser Rechtsprechung hat sich das Reichsarbeitsgericht angeschlossen (vgl. RAG. Bd. 1 S. 136 [141], Bd. 8 S. 340 [343] und RAG. 181/28 Urteil vom 14. November 1928). Es hat insbesondere auch ausgesprochen, daß die Frage, wie der Beschluß einer Betriebsvertretung zustande gekommen sei, ob hierbei die Verfahrensvorschriften Beachtung gefunden und welche inneren Vorgänge oder Beweggründe zu der Beschlußfassung geführt hätten, einer Beurteilung und Nachprüfung durch den Richter entzogen sei. Allein, wie das Berufungsgericht mit Recht annimmt, handelt es sich bei dem Streite der Parteien gar nicht um eine solche Nachprüfung des über den Kündigungseinspruch ergangenen Beschlusses der Betriebsvertetung mit dem Ziele, ihn gegebenenfalls für rechtsunwirksam zu erklären. Die Betriebsvertretung (der Arbeiterrat) hat nach dem vom Berufungsgericht festgestellten Sachverhalt die Grenzen der sachlichen Zuständigkeit nicht überschritten. Die Gültigkeit des Beschlusses kann daher nicht in Zweifel gezogen werden. Sie ist mit ihren Rechtswirkungen und Folgen gerade die notwendige Voraussetzung des erhobenen Schadensersatzanspruches. Vielmehr wird den Beklagten von dem Kläger vorgeworfen, daß sie in ihrer Eigenschaft als Mitglied des Arbeiterrats sittenwidrig und willkürlich gegen ihre Amtsobliegenheiten verstoßen, das Ermessen also mißbraucht und sich dadurch schadensersatzpflichtig gemacht hätten. Ein sittenwidriges Verhalten der Beklagten, wie es § 826 BGB. verlangt, hat nun allerdings das angefochtene Urteil ohne Rechtsirrtum verneint. Die Beklagten sind insoweit nicht beschwert. Dagegen hat das Berufungsgericht, ebenfalls rechtlich einwandfrei, das Vorliegen der Voraussetzungen des § 823 Abs. 2 BGB. in Verbindung mit den schutzgesetzlichen Vorschriften der §§ 84 flg. BRG. bejaht. Eine aus diesen Vorschriften herzuleitende Schadensersatzpflicht von Betriebsvertretungsmitglieder bei Kündigungseinspruchsklagen hat das Reichsarbeitsgericht bereits in dem Urteil RAG. 570/29 vom 30. April (RAG. Bd. 5 S. 344) grundsätzlich anerkannt. Der Unterschied zwischen dem damals entschiedenen und dem jetzt zur Entscheidung stehenden Fall besteht darin, daß es sich damals um eine Pflichtwidrigkeit außerhalb einer Betriebsvertretungssitzung handelte, indem der dortige Vorsitzende des Arbeiterrats auf einen bei ihm eingereichten Kündigungseinspruch überhaupt nichts veranlaßt hatte, während hier die Beklagten, soweit ihr Verhalten für die Revisionsinstanz noch in Betracht kommt, in einer Arbeiterratssitzung durch Zurückweisung des Kündigungseinspruchs des Klägers als Betriebsvertretungsmitglieder pflichtwidrig vorgegangen sein sollen. Der so gekennzeichnete Unterschied vermag jedoch an der durch das Urteil vom 30. April 1930 zum Ausdruck gebrachten grundsätzlichen Stellungnahme des Reichsarbeitsgerichts nichts zu ändern; denn hier wie dort handelt es sich letzten Endes um eine angebliche Amtspflichtverletzung, die nach der Rechtsprechung des Reichsgerichts wie des Reichsarbeitsgerichts an sich einen Schadensersatzanspruch begründen kann.

Legt man der Beurteilung des Streitstoffes die vorstehenden Erwägungen zugrunde, so fragt es sich weiter, ob die tatsächlichen Feststellungen des Berufungsgerichts die von ihm ausgesprochene Bejahung einer Schadensersatzpflicht der Beklagten unter dem Gesichtspunkt des § 823 BGB. rechtfertigen. Es kann insoweit dahingestellt bleiben, ob Mitglieder des Arbeiterrats so, wie es geschehen ist, über die Vorgänge, die in der Sitzung des Arbeiterrats zur Zurückverweisung des Kündigungseinspruchs des Klägers geführt haben, als Zeugen gehört werden durften. Sie sind jedenfalls als Zeugen vernommen worden, auf ihren Bekundungen beruhen die tatsächlichen Feststellungen des Berufungsgerichts, und der so festgestellte Sachverhalt ist, da die Revision eine verfahrensrechtliche Rüge nicht erhoben hat, gemäß § 651 Abs. 2 ZPO. für das Revisionsgericht bindend. Danach aber hat zunächst der Kläger seinen Einspruch ausdrücklich darauf gestützt, daß er kein minderleistungsfähiger Arbeiter sei. Es hat sodann der Zeuge B. in der Sitzung des Arbeiterrats nicht nur unter Berufung auf Vorarbeiter und Vorgesetzte erklärt, daß nach den von ihm eingezogenen Erkundigungen der Kläger seine Arbeit ebenso gut verrichte wie jeder andere Arbeiter, sondern auch mit aller Deutlichkeit des näheren dargelegt, daß die Kündigung für den Kläger eine ganz besondere wirtschaftliche Härte bilde, weil dieser seit seiner Einstellung bei der DEA. die Anwartschaft auf Arbeitslosenunterstützung noch nicht wieder erworben habe. Gleichwohl haben die Beklagten keine Ermittelungen angestellt, sondern den Einspruch ohne weiteres zurückgewiesen. Die tatsächlichen Feststellungen des Berufungsgerichts lassen ferner erkennen, daß die von dem Zeugen B. nachdrücklichst, aber vergeblich angeregten Anfragen bei Vorarbeitern und Vorgesetzten, wie diese als Zeugen ausgesagt haben, ergeben hätten, daß der Kläger die an ihn gestellten Anforderungen durchaus erfüllte, während die gegenteilige Angabe des Betriebsvertretungsmitgliedes K., auf die allein hin der Kläger durch den Beklagten zu 1 als Vorsitzenden des Arbeiterrats gegenüber der Betriebsleitung als minderleistungsfähig bezeichnet worden war, sich als unzutreffend erwiesen haben würde. Endlich zeigt der festgestellte Sachverhalt, daß bei Stattgabe des Kündigungseinspruchs die DEA. den Kläger alsbald wieder eingestellt haben würde. Wenn unter Berücksichtigung aller dieser Umstände das Berufungsgericht zu dem Schluß gelangt, daß die Zurückweisung des Einspruchs ohne jegliche sachliche Prüfung erfolgt und deshalb jedenfalls als fahrlässige Verletzung der den Beklagten nach §§ 84 flg. BRG. obliegenden Sorgfaltspflicht anzusprechen sei, so ist dem aus Rechtsgründen nicht entgegenzutreten.

Denn es handelt sich danach nicht, wie die Revision annehmen zu können glaubt, um reine Ermessungsfragen, insbesondere nicht darum, ob Beweise zu erheben waren und der Kläger sie angeboten hatte, sondern darum, deß der Arbeiterrat infolge des Verhaltens der Beklagten den Sachverhalt, der ihm nach den Mitteilungen des Zeugen B. trotz der anders lautenden Angabe K.s zum mindesten zweifelhaft erscheinen mußte, nicht näher geprüft und geklärt hat. Nicht innere Vorgänge und Beweggründe hatten hier den Ausschlag zu geben, es kam auch nicht ein gewisser Spielraum in Betracht, den, wie die Revision an sich zutreffend ausführt, jede öffentlichrechtliche Körperschaft für ihre Entscheidungen in Anspruch nehmen darf, sondern die Verpflichtung zur eingehenden Prüfung und Klärung folgte ohne weiteres aus den mit dem Amt eines Betriebsvertretungsmitglieds verbundenen Obliegenheiten. Liegt aber eine schuldhafte Verletzung dieser Obliegenheiten, eine Amtspflichtverletzung vor, so ist es bei der gegebenen Sachlage auch nicht rechtsirrig, daß das angefochtene Urteil den ursächlichen Zusammenhang zwischen dieser Amtspflichtverletzung und der Entlassung des Klägers, durch welche der geltend gemachte, in Lohnausfall bestehende Schaden des Klägers hervorgerufen ist, als vorhanden und damit zugleich die Voraussetzungen des § 823 BGB. als erfüllt erachtet. Zu Unrecht verweist die Revision demgegenüber auf § 839 Abs. 2 BGB. Diese Vorschrift bezieht sich nach ihrem eindeutigen Wortlaut nur auf Beamte, die „bei dem Urteil in einer Rechtssache" ihre Amtspflicht verletzen, also vornehmlich auf Richter. Sie ausdehnend auch auf andere Personen anzuwenden, wie es die Revision will, insbesondere auf ehrenamtlich tätige Personen, die nicht beamtete Spruchrichter sind, geht nicht an und ist auch vom Reichsgericht in der von der Revision angezogenen Entscheidung RGZ. Bd. 65 S. 175 [176] mit Recht abgelehnt worden, weil sie eine Sondervorschrift darstellt, die zwecks Sicherung der zur Aufrechterhaltung der Rechtsordnung unentbehrlichen Unabhängigkeit der Gerichte getroffen ist. Ebensowenig findet die Auffassung der Revision in dem weiter von ihr angeführten Urteil des Reichsgerichts vom 14. Januar 1931, IX 283/30 = JW. 1931 S. 1069 flg und 2015 eine Bestätigung.

Nicht minder geht schließlich der Revisionsangriff gegen die Höhe der zugebilligten Entschädigung fehl. Die Revision irrt, wenn sie meint, daß der Kläger als Schadensersatz nicht mehr beanspruchen könne als eine etwaige Abgangsentschädigung ausmachte. Sie übersieht, daß nach den Feststellungen des Berufungsgerichts davon auszugehen ist, daß bei pflichtmäßigem Vorgehen der Beklagten nicht nur der Einspruch des Klägers als begründet erklärt, sondern auch seine Entlassung seitens der Arbeitgeberin wieder rückgängig gemacht worden wäre, der Kläger also auch seinen Lohnanspruch behalten hätte. Daß für den durch ihr pflichtwidriges Verhalten entstandenen Lohnausfall die Beklagten dem Kläger gemäß §§ 830, 840 BGB. als Gesamtschuldner haften, hat das angefochtene Urteil in Übereinstimmung mit dem ersten Richter ebenfalls ohne Rechtsverstoß angenommen.

RAG. 10, 174.

Wann sind die Arbeitsgerichte zuständig für eine Klage auf Ersatz von Vorstellungskosten?

Wann hat der Arbeitgeber diese einem Stellensuchenden zu ersetzen?

BGB. §§ 611, 662, 670.

Reichsarbeitsgericht. Urt. v. 10. Februar 1932.

I. Arbeitsgericht Berlin. — II. Landesarbeitsgericht daselbst.

Der Kläger, dessen Vater in Freiberg wohnt, verlangt von der Beklagten Ersatz der Vorstellungskosten, die ihm durch eine Reise von Dessau nach Freiberg entstanden sind. Der Vorstellung lag folgender Sachverhalt zugrunde.

Auf Grund eines von der Beklagten im Freiberger Anzeiger veröffentlichten Inserats:

„Strebsamen Herrn (Dame) wird durch die Übernahme der hiesigen Verkaufszentrale ohne besondere Branchekenntnisse eine selbständige, ausbaufähige Position mit ständig steigendem Einkommen (bei Bewährung RM 150,— monatlich Zuschuß) geboten. Etwa 600,— RM Betriebskapital erforderlich. Unverbindliche Adressenangabe unter Sch. II M 2281 an die Geschäftsstelle des Freiberger Anzeigers, da Vertreterbesuch in den nächsten Tagen erfolgt. — Außerdem werden einige tüchtige Verkäufer (-innen) eingestellt."

schrieb der Kläger am 16. Februar 1931:

„Bezugnehmend auf Ihr Inserat im Freiberger Anzeiger biete ich Ihnen meine Dienste zur Übernahme Ihrer Verkaufszentrale an .... Da ich z. Zt. noch bei der Firma Junkers Motorenbau GmbH. in Dessau tätig bin, wäre ich nicht abgeneigt, an einem bestimmten Tag zu einer Besprechung mit Ihrem Herrn Vertreter nach Freiberg zu kommen, ich stelle Ihnen aber auch anheim, mit meinem Vater zu verhandeln ...."

Die Beklagte erwiderte mit Schreiben vom 24. Februar 1931, ihr Vertreter werde am 27. Februar 1931 zwischen 2 und 5 Uhr in Freiberg, Hotel „Schwarzes Roß" anwesend sein, um dort über die Vergebung der Verkaufszentrale zu verhandeln. Es heißt dann weiter:

„Auf Grund Ihrer eingesandten Unterlagen habe ich Sie in die engere Wahl gezogen und bitte Sie, meinen Vertreter evtl. zur angegebenen Zeit mit den nötigen Papieren (Kap.-Ausweis) aufzusuchen und sich ihm zwecks unverbindlicher Rücksprache vorzustellen . . . ."

Zum Abschluß eines Vertrages kam es jedoch nicht.

Der Kläger ist der Meinung, die Beklagte sei zur Erstattung der Reisekosten verpflichtet und beruft sich auf ein Gutachten der Handelskammer vom 4. Januar 1931 J. Nr. 28 339/12, das besagt:

„Nach Handelsbrauch hat ein Kaufmann als Vergeber einer Stelle dem Bewerber, der auf seine direkte Aufforderung zum Zwecke der Vorstellung eine Reise macht, wenn er nicht Gegenteiliges erklärt, die Reisekosten zu ersetzen. Unerheblich ist es, ob es zu einem Engagement kommt oder nicht, unerheblich auch, ob es sich um einen kaufmännischen oder technischen Angestellten handelt. Handelt es sich nur um eine Anregung, zum Zwecke der Vorstellung eine Reise zu machen, so kommt es darauf an, ob die Anregung der Aufforderung gleichzuachten ist."

Die Beklagte hat gegenüber der auf Zahlung von 14,60 RM nebst Zinsen gerichteten Klage die Einrede der sachlichen Unzuständigkeit des Arbeitsgericht erhoben und vorgetragen, aus der von ihm erlassenen Anzeige sei zu ersehen, daß es sich bei der ausgeschriebenen Stelle um einen völlig selbständigen Posten gehandelt habe. Abgesehen davon ergebe sich aus den gewechselten Schreiben, daß sie dem Kläger gegenüber keinerlei Verbindlichkeit übernommen habe.

Das Arbeitsgericht hat die Klage abgewiesen, das Landesarbeitsgericht ihr dagegen entsprochen.

Die zugelassene Revision führte zur Aufhebung und Abweisung der Klage.

Gründe:

Das Landesarbeitsgericht hat die von der Beklagten in beiden Vorinstanzen bemängelte sachliche Zuständigkeit der Arbeitsgerichtsbehörden für gegeben erachtet, da es sich bei den Rechtsbeziehungen der Parteien, welche durch die persönliche Vorstellung angebahnt werden sollten, um ein Arbeitsverhältnis gehandelt habe. Dieser rechtliche Ausgangspunkt ist zutreffend beurteilt. Denn nach § 2 Nr. 2 ArbGG.

ist die arbeitsgerichtliche Zuständigkeit in Erweiterung der früheren der Kaufmannsgerichte auch für Ansprüche aus Verhandlungen über die Eingehung eines Arbeitsverhältnisses gegeben. Hierunter fallen auch Ansprüche auf Ersatz von Kosten einer Vorstellungsreise. Mit Recht ist ferner das Landesarbeitsgericht nicht von dem Rechsverhältnis ausgegangen, wie es nach Meinung der Beklagten zustande kommen sollte, sondern von dem Tatbestand, wie er sich auf Grund der Erklärungen, die zu der persönlichen Vorstellung führten, darbot. Denn lediglich die rechtliche Natur dieser Vorverhandlungen ist für die Zuständigkeit der aus ihnen hergeleiteten Ansprüche entscheidend.

Die Revision, welche die Einrede der Unzuständigkeit aufrechterhält, bemängelt, daß das Landesarbeitsgericht aus dem Inhalt der Anzeige zu Unrecht das Anbieten eines abhängigen Arbeitsverhältnisses gefolgert habe; es habe sich um die Ausschreibung eines selbständigen Vertreterpostens gehandelt.

Die Rüge ist jedoch verfehlt; denn sie richtet sich nur gegen die vom Landesarbeitsgericht in tatrichterlicher Würdigung vorgenommene Auslegung der in der Anzeige und in dem Brief der Beklagten vom 24. Februar 1921 vorliegenden Willenserklärungen. Da sie nicht unmöglich erscheint und auch keine allgemein anerkannten oder gesetzlichen Auslegungsgrundsätze verletzt, so ist ihre Nachprüfung dem Revisionsgericht verwehrt. Mit Recht legt das Landesarbeitsgericht Wert darauf, wie der Kläger die Ausschreibung verstehen durfte. Wenn der Berufungsrichter in Würdigung des Ausdruckes „selbständige Position" und aus der Inaussichtstellung von monatlichen Zuschüssen folgert, daß der Kläger das Anbieten einer abhängigen Stellung, mindestens im Sinne eines arbeitnehmerähnlichen Verhältnisses, annehmen konnte, so ist hierin ein Rechtsirrtum nicht zu erblicken, und es ist nicht entscheidend, ob den Ausdrücken „Position", „Verkaufszentrale" auch eine andere Auffassung entnommen werden konnte.

In sachlicher Beziehung kann dagegen der Annahme des Landesarbeitsgerichts, daß in den Vorgängen das Erbieten zu einem Vertrage im Sinne des § 675 BGB. oder mindestens eine stillschweigende Zusage der Beklagten, die Kosten der Vorstellung zu erstatten, zu erblicken sei, nicht beigetreten werden. Die Auslegung des Landesarbeitsgerichts ist insoweit keine rechtsirrtumsfreie und verletzt die Vorschriften der §§ 133, 157 BGB.

Es ist zunächst in Übereinstimmung mit dem Berufungsrichter davon auszugehen, daß die Ausschreibung einer Stelle im Wege der Zeitungsanzeige den Arbeitgeber noch nicht verpflichten kann, dem sich vorstellenden Stellungsuchenden seine Reisekosten zu erstatten. Es fehlt insoweit an einem Schuldgrund, der insbesondere auch nicht durch eine allgemeine Übung ersetzt werden kann.

Der Ersatzanspruch kann — abgesehen von dem besonderen Tatbestand der Haftung für Verschulden beim Vertragsschluß (culpa in contrahendo) — nur auf das ausdrückliche oder stillschweigende Versprechen der Ersatzleistung oder Erteilung eines Auftrags (§ 662 flg., insbesondere § 670 BGB.) gestützt werden. Es erscheint verfehlt, in der Vorstellung eine Geschäftsbesorgung zu erblicken, die nach § 660 BGB. zu Ersatzansprüchen führe. Denn ein Vertrag, insbesondere ein Dienstverhältnis mit dem Inhalt einer derartigen Geschäftsbesorgung, liegt noch nicht vor, vielmehr ist sein Abschluß erst beabsichtigt und noch ungewiß. Ebenso versagt der Rechtsgrund der Geschäftsführung ohne Auftrag im Falle des Nichtzustandekommens des Anstellungsvertrages, da diese alsdann dem Willen des Geschäftsherrn nicht entspricht, die Vornahme der Vorstellung also für ihn keine „nützliche" ist.

Es bedarf daher des Vorliegens eines stillschweigenden Auftrags oder auftragähnlichen Verhältnisses, für dessen Annahme stets die Umstände des Einzelfalles entscheidend sein müssen. Auch der vielfach bezeugte Handelsbrauch, daß der Arbeitgeber, der einen bestimmten Stellungsuchenden ausdrücklich zur Vorstellung auffordert, in Kaufmannskreisen zum Ersatz der Vorstellungskosten als verpflichtet erachtet wird, kann jedesmal nur nach Lage der Einzelumstände für die rechtliche Würdigung des Verhaltens der Beteiligten von besonderer Bedeutung sein. Vor allem darf eine Verallgemeinerung der in dem Brauch enthaltenen Gedanken nicht Platz greifen. Denn den besonderen Umständen des Einzelfalles kann der Wille des Arbeitgebers zu entnehmen sein, für die Vorstellungskosten nicht haften zu wollen.

In dieser Beziehung hat, worauf auch die Revision mit Recht hinweist, das Landesarbeitsgericht die Worte: „eventuell" und „unverbindlich" in der Mitteilung der Beklagten vom 24. Februar 1931 nicht rechtsirrtumfrei gewürdigt. Es ist schon abwegig und widerspricht dem Grundsatz, daß für die Auslegung einer urkundlichen Willenserklärung nur solche außerhalb derselben liegende Umstände verwertet werden können, welche in erkennbarem Zusammenhange zu ihr stehen, wenn das Landesarbeitsgericht die an einen ganz anderen Bewerber gerichtete Antwort der Beklagten vom 7. März 1931 ausschlaggebend für die Auslegung der an den Kläger gerichteten Mitteilung verwertet. Beide Schreiben unterscheiden sich zudem auch in anderer Beziehung, indem die Beklagte in der anderen Mitteilung ausdrücklich auf die „Fülle der

Zuschriften" hinweist, woraus der Empfänger schon unter Umständen entnehmen konnte, daß seine Vorstellung nur geringe Aussicht auf Erfolg und somit auf sein eigenes Risiko zu geschehen habe.

Hinsichtlich des vorliegend maßgebenden Schreibens vom 24. Februar 1931 lag es entgegen der seitens des Berufungsrichters gegebenen Deutung vielmehr näher, dem Ausdruck „eventuell" die allgemein übliche Bedeutung zukommen zu lassen, daß die Vorstellung in erster Linie dem Belieben des Klägers stehen sollte. Vor allem ist aber die Würdigung des Ausdrucks „zwecks unverbindlicher Rücksprache" rechtsirrtümlich. Denn es war schon ohne weiteres selbstverständlich, daß die Anstellungsfrage selbst in der Schwebe blieb. In dieser Beziehung konnte die Beklagte durch die Aufforderung keinerlei Verbindlichkeiten eingehen, den Kläger anzustellen, wie ohne weiteres einleuchtend sein mußte. Nach der Verkehrsauffassung konnte dieser Vorbehalt nur die Bedeutung haben, daß die ergangene Aufforderung der Beklagten allgemein eine unverbindliche sein sollte. Daraus mußte aber der Kläger den klaren Schluß ziehen, daß seine Vorstellung, trotzdem die Beklagte ihn um dieselbe ersuchte, nur aus seinem eigenen Entschluß und auf sein eigenes Risiko zu geschehen hatte.

Eine stillschweigende Zusage des Ersatzes entfällt damit. Zugleich scheidet auch die Möglichkeit einer Haftung der Beklagten aus einem Verschulden bei Vertragsschluß aus. Denn die Beklagte konnte sehr wohl der Meinung sein, ihr Vorbehalt sei in genügend klarer Weise zum Ausdruck gekommen.

Das Urteil des Landesarbeitsgerichts unterliegt daher der Aufhebung. Die Entscheidung des Rechtsstreits erscheint aber auch nach dem vorher Gesagten zur Endentscheidung reif, da im Hinblick auf den von der Beklagten erklärten Vorbehalt weder ein stillschweigender Auftrag zur Vorstellung noch die Übernahme der Verpflichtung zur Ersatzleistung für die Vorstellungskosten in Frage kommen kann. Da die Klage somit von dem Arbeitsgericht zu Recht abgewiesen worden ist, so ist unter Aufhebung des angefochtenen Urteils die Berufung des Klägers zurückzuweisen.

RAG. 10, 180.

Kann der Arbeitgeber, der Lohnsteuerbeträge nicht an das Finanzamt abführt, vielmehr den Lohn voll zur Auszahlung bringt, mit der Ersatzforderung aus den nachträglich abgeführten Steuerbeträgen gegenüber den der Pfändung nicht unterworfenen später fälligen Lohnbeträgen aufrechnen?

Lohnbeschlagnahmegesetz § 1. BGB. § 394.

Reichsarbeitsgericht. Urt. v. 10. Februar 1932.

I. Arbeitsgericht Osnabrück. — II. Landesarbeitsgericht daselbst.

Die gestellte Frage wurde verneint aus folgenden

Gründen:

Hinsichtlich des Anspruchs zu 3. (Lohnsteuererstattung) hat das Landesarbeitsgericht ausgeführt:

Die Begründetheit dieser Forderung werde vom Arbeitsgericht zu Unrecht verneint. Zwar könne nach § 814 BGB. das zum Zwecke der Erfüllung einer Verbindlichkeit Geleistete nicht zurückgefordert werden, wenn der Leistende gewußt habe, daß er zu der Zahlung nicht verpflichtet gewesen sei. Die Beklagte habe jedoch dadurch, daß sie dem Kläger den vereinbarten Bruttolohn ohne den gesetzlich vorgeschriebenen Steuerabzug ausgezahlt habe, nur das geleistet, wozu sie nach den zwischen ihr und dem Kläger getroffenen Vereinbarungen verpflichtet gewesen wäre. In der Auszahlung des Bruttolohns an den Kläger liege demnach noch keine ungerechtfertigte Bereicherung desselben. Diese trete vielmehr erst in dem Augenblick ein, in welchem die Beklagte auch noch die Lohnsteuerschuld des Klägers dem Staate gegenüber berichtige. Schuldner der Lohnsteuer sei der Kläger als Lohnempfänger. Die Beklagte hafte dem Staat lediglich neben dem Kläger. Durch die Steuerzahlung auf Grund dieses öffentlichrechtlichen Haftungsverhältnisses habe die Beklagte also Obliegenheiten des Klägers dem Staate gegenüber wahrgenommen, indem sie nicht ihre eigene, sondern dessen Schuld berichtigt habe. Der Kläger sei somit ungerechtfertigt bereichert und die Beklagte befugt, den Wert, den diese Schuldbefreiung habe, von dem Kläger ersetzt zu verlangen. § 817 BGB. schließe diese Gegenforderung nicht aus, da nicht ersichtlich sei, daß der Zweck der Zahlung des Bruttolohnes statt des Nettolohnes in der Art bestimmt wäre, daß der Kläger hierdurch gegen ein gesetzliches Verbot verstoßen habe. Außerdem sei die Bereicherung erst in dem späteren Zeitpunkt eingetreten.

Diese zugunsten der Beklagten erfolgten Darlegungen lassen einen Rechtsirrtum nicht erkennen. Insbesondere ist es rechtlich zutreffend, daß die Beklagte, indem sie zunächst die Tantiemeforderung voll an den Kläger zur Auszahlung brachte, ihre Lohnschuld gegenüber dem Kläger als dem Gläubiger derselben erfüllte und somit hinsichtlich des Betrages, in dessen Höhe sie zum Abzug der gleichzeitig abzuführenden

Lohnsteuer berechtigt gewesen sein würde, keineswegs eine Nichtschuld an den Kläger zahlte. Vielmehr trat eine Bereicherung des Klägers erst in dem Zeitpunkt ein, in welchem die Beklagte nunmehr die dem Kläger als Steuerschuldner in erster Linie obliegende Einkommensteuerzahlungspflicht für diesen erfüllte (§ 78 Abs. 2 Nr. 1 EinkStG.).

Daß die Beklagte nach den gesetzlichen Bestimmungen (§ 78 Abs. 1 EinkStG.) dem Staate gegenüber vorher ebenfalls zur Zahlung der Steuer verpflichtet war und blieb, ändert hieran nichts. Denn wie das Reichsgericht in der Entscheidung RAG. Bd. 4 S. 96 des näheren ausgeführt hat, erblicken die Vorschriften über die Besteuerung des Arbeitslohnes in dem Steuerabzug, zu dessen Einbehaltung der Arbeitgeber verpflichtet ist (§ 69 Abs. 1 EinkStG.) einen dem Arbeitnehmer gebührenden Lohnanteil, welcher bei der Abführung an die Finanzämter als vom Arbeitgeber an den Arbeitnehmer gezahlt zu gelten hat. Der Steueranspruch bedeutet also nicht, daß die durch das Arbeitsverhältnis begründete volle Lohnforderung des Arbeitnehmers ihrem Umfange nach zugunsten des Steuerfiskus eingeschränkt wird. Trat aber die Bereicherung des Klägers erst im Augenblick der Abführung der Steuer an die Steuerbehörde infolge der hierdurch herbeigeführten Tilgung seiner eigenen Steuerschuld ein, so würde damit ohne weiteres eine Anwendung der §§ 814, 817 BGB. zugunsten des Klägers entfallen. Außerdem ist aber, wie noch weiter unten darzulegen sein wird, ein Ausgleichanspruch auf Grund des § 426 BGB. anzunehmen. Außerdem könnte § 679 BGB. zur Anwendung kommen. Daß der Arbeitgeber insoweit zugleich sein eigenes Geschäft führt, steht nicht entgegen (RGRKomm. Anm. 2 mit Nachw. zu § 677). Es braucht deshalb für die Haftung des Beklagten nicht auf Bereicherungsgrundsätze zurückgegriffen zu werden.

Das Landesarbeitsgericht verneint gleichwohl eine volle Tilgung der Klageforderung auf Grund der die Aufrechnung beschränkenden Bestimmungen des Lohnbeschlagnahmegesetzes (§ 1 LBeschlG. in Verbindung mit § 394 BGB.). Der Ansicht der Beklagten, daß die Aufrechnung mit der Lohnsteuerersatzforderung unbeschränkt zulässig sei, — über welche Frage sich die Parteien in der Revisionsinstanz der Hauptsache nach streiten — tritt das Landesarbeitsgericht mit folgender Begründung entgegen:

Die Ansicht der Beklagten beruhe auf der Unterstellung, daß der staatliche Lohnsteueranspruch nach der Berichtigung desselben durch den Arbeitgeber auf diesen übergehe. Die Unrichtigkeit dieser Unterstellung folge schon daraus, daß die Rechtsordnung eine allgemeine

Regelung, nach welcher derjenige, der die Forderung eines Gläubigers gegen seinen Schuldner berichtige, die Ansprüche des ersteren erwerbe, nicht kenne. Es fehle an einer entsprechenden Sonderbestimmung. Aber selbst wenn die vom Arbeitgeber befriedigte Lohnsteuerforderung des Staats aus irgendeinem Grunde auf den Arbeitgeber übergehe, so werde sie in seiner Hand des Charakters einer Steuerforderung entkleidet, die ihrer rechtlichen Natur nach nur einem übergeordneten Rechtssubjekt gegenüber einer untergeordneten Person zustehen könne. Sie sei somit nur den Beschränkungen unterworfen, denen Forderungen zweier gleichgeordneter Rechtssubjekte unterlägen.

Die Revision rügt gegenüber diesen Darlegungen, daß die Ansicht des Landesarbeitsgerichts im Widerspruch zu den den steuerrechtlichen Vorschriften zu entnehmenden Grundsätzen stehe. Insbesonders beruft sich die Revision auf die Entscheidung des Reichsarbeitsgerichts vom 29. Mai 1929 — RAG. 658/28 — (RAG. Bd. 4 S. 96), in welcher entschieden sei, daß der pfändungsfreie Lohnbetrag vom Bruttolohn und nicht von dem nach Abzug der Lohnsteuer und der Sozialversicherungsbeträge sich ergebende Nettolohn zu berechnen sei. Es sei zu beachten, daß der Kläger verpflichtet gewesen sei, eine Einkommenssteuererklärung abzugeben und hierbei auch diejenigen Gehaltsbeträge anzugeben, von denen der Lohnsteuerabzug nicht vorgenommen worden wäre. Er hätte also selbst für den Gehaltsteil, von dem noch keine Lohnsteuer entrichtet war, nachträglich Einkommensteuer zahlen müssen. (Folgen Ausführungen zur Aufhebung des Urteils.)

Im übrigen kommt es auf die im Schrifttum und in veröffentlichter Rechtsprechung, so viel ersichtlich, noch nicht erörterte Frage an, ob ein Arbeitgeber, welcher — sei es versehentlich, sei es absichtlich — den vollen Arbeitslohn ausgezahlt hat und nunmehr n a c h - t r ä g l i c h die Steuer an das Finanzamt abführen muß (§ 78 Abs. 1 EinkStG.), mit seinem Ersatzanspruch auch gegen den pfändungsfreien Lohnanteil aufrechnen kann. Die dahingehende Annahme der Beklagten ist mit dem Berufungsrichter abzulehnen. Sie findet in den gesetzlichen Bestimmungen keine Stütze und widerspricht auch den Grundgedanken der Bestimmungen des Lohnbeschlagnahmegesetzes, welche dem Arbeitnehmer das im unpfändbaren Lohn liegende Existenzminimum in jedem Fall auch angesichts von Forderungen des Arbeitgebers hat wahren wollen.

Ausnahmen von diesem Grundsatz sind in der Rechtsprechung bisher nur in folgenden Fällen gemacht worden:

1. Die Aufrechnung (nicht nur der Aufrechnungsvertrag) ist gegenüber dem pfändungsfreien Lohneinkommen für zulässig erachtet worden für Forderungen des Arbeitgebers aus Lieferungen gemäß § 115 Abs. 2 RGewO. (Die Ausdehnung auf andere Forderungen z. B. für Baumaterial ist aber ausdrücklich abgelehnt worden.) In dieser Bestimmung der Gewerbeordnung hat das Reichsarbeitsgericht eine Sonderbestimmung gegenüber den Bestimmungen des Lohnbeschlagnahmegesetzes erblickt.

2. Der Aufrechnungsvertrag hinsichtlich der Forderungen des Arbeitgebers für Einrichtungen zur Verbesserung der sozialen Lage der Arbeiter und ihrer Familien ist für zulässig erachtet worden (RG. Gruchot Bd. 57 S. 1101).

3. Einen gleichen Standpunkt wie zu 2. hat das Reichsgericht hinsichtlich der Lohnabzüge zugunsten von Pensions-, Unterstützungs-, Witwen- und Waisen-Pensionskassen allgemein eingenommen (RG. in JW. 1913 S. 148 Nr. 27).

4. Die einseitige Aufrechnung ist allgemein zugelassen für diejenigen Forderungen, welche aus einer unerlaubten Handlung des Arbeitnehmers gegen den Arbeitgeber (nicht aber aus vorsätzlicher Vertragsverletzung) herrühren (RGZ. Bd. 85 S. 116, RAG. 478/28 vom 16. März 1929).

5. Sie ist ferner zugelassen worden hinsichtlich der Einbehaltung von Strafgeldern (RAG. Bd. 1 S. 141, Bd. 2 S. 354, Bd. 3 S. 327, auch ArbRspr. 1930 S. 10).

6. Schließlich ist in einem Einzelfall die Aufrechnung unter dem Gesichtspunkt der exceptio doli als gestattet erachtet worden in der Entscheidung vom 11. Mai 1929 — RAG. 603/28 abgedr. ArbRspr. 1929 S. 232, Bensh. Bd. 6 S. 23, JW. 1930 S. 438).

Die Heranziehung dieses in der letztgenannten Entscheidung verwerteten Gesichtspunktes muß für den vorliegenden Fall ausscheiden. Die Zulassung der Aufrechnung für Forderungen aus unerlaubter Handlung folgt schon aus der Rechtsanalogie aus § 393 BGB. Der dieser Entscheidung zugrunde liegende Gedanke darf daher nicht verallgemeinert werden. Im übrigen widerspricht eine allgemeine Anwendung der Arglisteinrede dem vorerwähnten in dem Lohnbeschlagnahmegesetz verankerten Schutzgedanken. Keinesfalls kann die alleinige Tatsache, daß der Arbeitnehmer gegenüber einer in unmittelbarer Verknüpfung mit seinem Lohnanspruch stehenden Forderung des Arbeitgebers sich auf das Aufrechnungsverbot beruft, sein Verhalten als arglistig erscheinen lassen. Zum mindesten müssen Tatbestandsmerkmale eines sittenwidrigen Verhaltens hinzutreten, so daß das Verhalten des Arbeitnehmers selbst sittenwidrig und als unerlaubte, den Arbeitgeber schädigende Handlung erscheint. Im vorliegenden Fall ist dieser Tatbestand nicht ersichtlich. Der Zweck, den Kläger über die Angestelltenversicherungspflicht hinauszuheben, war ein durchaus erlaubter, und auf keinen Fall verstieß der Kläger, indem er die vollen Lohnbeträge sich auszahlen ließ und nicht selbst auf die Steuerabführungspflicht des Arbeitgebers hinwies, gegen die guten Sitten. Aus dem Gesichtspunkt von Treu und Glauben kann daher eine Anrechnungspflicht des Arbeitnehmers auf erst später zur Auszahlung gelangende unpfändbare Lohnbezüge nicht hergeleitet werden.

Im übrigen fehlt es für eine dahingehende Annahme an jeder gesetzlichen Grundlage. Insbesondere kann eine Berechtigung des Arbeitgebers nicht auf einen etwaigen Übergang der Steuerforderung des Staates auf ihn gestützt erscheinen.

Zwar ist die Annahme, daß die Forderung des Steuerfiskus auf die Beklagte übergegangen ist, nicht ohne weiteres abzulehnen. Denn gemäß §§ 69, 77, 78 Ziff. 2 EinkStG. in Verbindung mit § 115 RAbgO. haften beide als Gesamtschuldner. Da nun der Arbeitgeber die Steuer für Rechnung des Arbeitnehmers entrichtet (§ 70 Abs. 4, § 78 Ziff. 2 EinkStG.), so haftet im Innenverhältnis der Arbeitnehmer, und der Anspruch des Staates geht, falls keine arbeitsvertragliche Abrede entgegensteht, auf den Arbeitgeber bei späterer Befriedigung des Fiskus gemäß § 426 BGB. über (RGZ. Bd. 75 S. 209). Es kann nun dahingestellt bleiben, ob eine etwaige Privilegierung des Staates auf den Arbeitgeber ebenfalls übergehen würde (vgl. RGZ. Bd. 67 S. 214). Denn eine solche ist aus der maßgebenden Vorschrift des § 369 (früher § 342) RAbgO. nicht ersichtlich.

Beim Schweigen des Einkommensteuergesetzes, das sich auch nur über das öffentlichrechtliche Steuerverhältnis der Steuerschuldner zum Staate verhält, muß auch sonst eine Privilegierung ausgeschlossen erscheinen. Denn im Gegensatz hierzu ist bei anderen ebenfalls öffentlichrechtlichen Pflichten entspringenden Ersatzansprüchen die Anrechnungspflicht auf den gesamten Lohnbetrag im Gesetz ausdrücklich hervorgehoben (vgl. hinsichtlich der Ansprüche aus Entrichtung der sozialen Beiträge die §§ 395 Abs. 2 RVO. und die entsprechenden Bestimmungen in § 183 AnAgVG. und § 145 Abs. 3 AVAVG.). Zudem ist bei diesen Ersatzansprüchen die Anrechnung ausdrücklich zeitlich auf die laufende und vorhergehende Lohnperiode begrenzt. Ferner ist die Aufrechnung im Gesetz ausdrücklich zugelassen für den Anspruch des Arbeitgebers für den von ihm verauslagten Lohn an den „Vertrauensmann" des § 80c Ziff. 2 pr. AllgBergG. (hier ohne zeitliche Begrenzung). Die von der Rechtsprechung hinsichtlich der Erstattungsforderungen in Angelegenheiten allgemeiner Wohlfahrtseinrichtungen und aus § 117 RGewO. zugelassenen vorerwähnten Ausnahmen sind für den Aufrechnungsvertrag und nicht für die einseitige Aufrechnung gemacht worden. Sie finden ebenso wie die aus § 115 RGewO. hergeleitete Ausnahme ihre Grundlage in gewissen gesetzlichen Bestimmungen, an denen es hinsichtlich der Erstattung der Lohneinkommensteuer fehlt. Eine rechtsähnliche Anwendung dieser von der Rechtsprechung entwickelten Grundsätze muß daher — schon im Hinblick auf den allgemeinen Zweckgedanken der Lohnsicherung — entfallen. Vielmehr steht die schon hervorgehobene Bestimmung des § 369 RAbgO. der Ansicht der Revision direkt entgegen. Denn wenn nicht einmal der Staat, dessen Steuerschuldner der Lohnempfänger im Falle des vollen Lohnempfanges bei Nichteinbehaltung des Steuerabzuges bleibt, berechtigt ist, das pfandfreie spätere Einkommen des Arbeitnehmers zwecks Beitreibung mit Beschlag zu belegen, so muß dies um so mehr dem Arbeitgeber für den Weg der Selbstexekution durch Aufrechnung verwehrt sein. Der Arbeitgeber, der den vollen Lohn ausbezahlt, ohne seiner öffentlichrechtlichen Pflicht zur Einbehaltung des abzuführenden Steuerbetrages zu genügen, handelt somit auf eigene Gefahr. Das Reichsarbeitsgericht hat dementsprechend auch in der Entscheidung vom 1. Dezember 1928 (RAG. Bd. 3 S. 5 [9]) eine Aufrechnung mit einer vom Arbeitgeber verauslagten Aufwertungssteuer (Mietzinssteuer) trotz des unmittelbaren Zusammenhanges mit dem Lohneinkommen abgelehnt. Es besteht deshalb in Erwägung aller dieser Umstände auch keine Veranlassung, aus dem allgemeinen Gesichtspunkt, daß der Arbeitgeber durch die spätere Steuerzahlung die öffentlichrechtliche Pflicht seines Arbeitnehmers erfüllt, eine Durchbrechung der Bestimmungen des Lohnbeschlagnahmegesetzes herzuleiten. In Fällen, in welchen die Parteien des Arbeitsvertrages rechtsirrtümlich den Steuerabzug nicht durchgeführt haben, könnte auch die gegenteilige Ansicht der Revision dazu führen, daß der Arbeitnehmer infolge der Nichteinbehaltung der unter Umständen recht erheblichen Steuerbeträge später zeitweise ohne Existenzmittel wäre.

Der von der Revision angezogenen, schon vorerwähnten Entscheidung des Reichsarbeitsgerichts vom 29. Mai 1929 (RAG. Bd. 4 S. 96) ist nichts Gegenteiliges zu entnehmen. Sie betrifft nur die Frage, ob die pfändungsfreie Grenze vom Brutto- oder Nettolohn zu berechnen ist und hat mit der hier zu entscheidenden Frage, ob bei voller Auszahlung des Lohns der nachträgliche Steuerabzug dem Arbeitnehmer auf seinen späteren Lohn voll zur Anrechnung gebracht werden kann, nichts zu tun. Sie hat nur Bedeutung für den Lohnabschnitt selbst, für den die Steuer erhoben wird und beruht insoweit auf der Erwägung, daß der Arbeitgeber, der den Steuerabzug in Erfüllung seiner gesetzlichen Pflicht vornimmt, dem Arbeitnehmer nur den Restbetrag auszuzahlen hat. . . .

RAG. 10, 250.

Genießt bei der Betriebsratswahl die Wahlwerbung den Schutz des § 95 BRG.?

Reichsarbeitsgericht. Urt. v. 27. Februar 1932.

I. Arbeitsgericht Berlin. — II. Landesarbeitsgericht daselbst.

Am 14. April 1931 war Termin zur Neuwahl des Betriebsrats bei dem beklagten Stahlwerk in V. angesetzt. Die Kläger standen auf der „roten Einheitsliste" der Gewerkschaftsopposition als Kandidaten, W. an erster, R. an zweiter Stelle. In den Tagen nach Aushang dieser Liste wurde ein Flugblatt des Einheitsverbands der Metallarbeiter vor dem Betrieb verteilt, das für die rote Einheitsliste wirbt, die Geschäftsführung der bisherigen freigewerkschaftlichen Betriebsvertretung angreift und Mißstände des Betriebs, die während deren Amtszeit bestanden hätten, namhaft macht, so „menschenunwürdige Verhältnisse in hygienischer und gesundheitlicher Beziehung" und das Bestehen einer Badegelegenheit für die Gießereiarbeiter, „einem Schweinestall ähnlicher als einem menschlichen Baderaum". Links unten steht „verantw. Rettmann, Berlin". Rechts E. V. M. B. Sektion — F. — V. Unter Bezugnahme auf dies Flugblatt hat die Beklagte am 11. April 1931 entfristet — so ist die tarifvertragliche ordentliche Kündigung — die Kläger entlassen. Der Wahlvorstand hat die Kläger deshalb nicht als wählbar angesehen, so daß sie nicht gewählt worden sind. Beide Kläger sehen in ihrer Entlassung einen Verstoß gegen § 95 BRG. und haben, W. 87 RM, R. 182,08 RM als Lohn bis zum 4. Mai 1931, ferner Feststellung verlangt, daß ihr Arbeitsverhältnis über den 5. Mai 1931 hinaus fortbestehe. Das Arbeitsgericht hat die Klage abgewiesen, das Landesarbeitsgericht hat auf Berufung der Kläger nach deren Anträgen erkannt. Die Revision der Beklagten hatte Erfolg.

Gründe:

Der Berufungsrichter nimmt an, die Beklagte habe das Arbeitsverhältnis der Kläger lediglich zu dem Zweck aufgelöst, um jene in der Ausübung der sich aus dem Betriebsrätegesetz ergebenden Rechte insbesondere dem, sich in den Betriebsrat wählen zu lassen, zu behindern und sie wegen dieser Bewerbung zu benachteiligen. Für die Stellungnahme des Berufungsurteils in diesem Punkte ist der Umstand grundlegend, daß, wie der Berufungsrichter feststellt, die Beklagte durch den zu Entlassungen befugten Betriebsleiter E., der auch die Kläger entlassen habe, sich einige Monate vorher bei einem Mitglied des Einheitsverbandes nach den Vertrauensleuten dieses Verbandes erkundigt habe, wobei ihm außer den Klägern der gleichfalls mit den Klägern zur Entlassung gekommene Arbeiter K. und der (nicht entlassene) Maschinenformer St. bezeichnet worden seien. (Das Urteil führt aus, daß gegenüber diesem Entscheidungsgrund eine nach § 286 ZPO. erhobene Rüge durchgreife.)

Ist danach die Hauptbegründung des Berufungsurteils mit der vorliegenden Begründung nicht haltbar, so fußt die Hilfsbegründung zunächst zutreffend auf der Erwägung, daß zur Ausübung eines betrieblichen Wahlrechts auch einige Freiheit der Werbung für die Wahl gehört. Der Arbeitgeber, der einen Arbeitnehmer wegen einer (zulässigen) Wahlwerbung kündigt, benachteiligt den Arbeitnehmer wegen der Ausübung der sich aus dem Betriebsrätegesetz ergebenden Rechte. Der Berufungsrichter hat sich deshalb zutreffend die Frage vorgelegt, wie die Grenzen des Zulässigen zu ziehen sind. Er hat sie dahin beantwortet, es liege die Schranke da, wo nach § 123 RGewO. eine fristlose Kündigung zulässig wäre. Für den Fall sieht er die Voraussetzungen des § 123 Ziff. 5 RGweO. als erfüllt nicht an und zieht in Würdigung der gebrauchten Wendungen „in gesundheitlicher Beziehung menschenunwürdig" und „Schweinestall" in Erwägung, einmal handle es sich, insbesondere in dem Zusammenhang, nicht um grobe Beleidigungen, sodann hätten die Kläger, die das Flugblatt nicht verfaßt hätten, unter Berücksichtigung der Übung bei öffentlichen Wahlen keinen Anlaß gehabt, von diesem Wortlaut etwa durch Erklärung gegenüber der Beklagten abzurücken.

Diese Erwägungen gehen rechtlich fehl. Die Grenzen zulässiger Wahlwerbung, auf die es nicht nur für Fragen der Entlassung aus solchem Anlaß, sondern auch im Rahmen des § 93 Nr. 5 BRG. und hinsichtlich der Frage des § 95 BRG. ankommt, ob eine Beschränkung der Arbeitnehmer in der Ausübung betrieblicher Rechte vorliegt, können keinesfalls allein aus § 123 RGewO., der das Verhältnis des einzelnen Arbeitnehmers zum Arbeitgeber in Betracht zieht, bestimmt werden. Vielmehr sind als maßgebend die Zwecke der Wahl, danach die in § 1 BRG. umschriebenen und sich sonst aus dem Gesetz ergebenden der Amtswaltung der Betriebsvertretungen in Betracht zu ziehen, damit und daneben aber auch der Umstand, daß es sich um Vorgänge in einer Belegschaft handelt, die nach der Wahl miteinander und mit dem den Betrieb leitenden Arbeitgeber in gemeinschaftlicher Arbeit zusammenwirken soll. Danach ist es verfehlt, die Sitten der Wahlagitation, wie sie bei öffentlichen Wahlen, insbesondere in der Erregung der Gegenwart, vorherrschen, zum Maßstab für betriebliche Wahlen zu machen. Vielmehr wird ein weitaus größeres Maß von gegenseitiger Schonung und Sachlichkeit notwendig erfordert, und ist Pflicht der streitenden Parteien auch gegenüber dem Betrieb, dessen Zwecken der Arbeitsvertrag aller wie auch nach § 1 BRG. das zu begründende Amt dienen sollen. Entsprechend den Aufgaben der Betriebsvertretungen nach §§ 1, 66 (z. B. Z. 5, 7), 89, 78 (z. B. Z. 1, 4, 5, 6) steht auch der Behandlung der Betriebseinrichtungen im Sinne der Besserung und der Abstellung von Mißständen nichts im Wege. Es ist aber von entscheidender Bedeutung, daß solche Erörterung sachlich bleibt und sich von Wendungen fernhält, die nach allgemeiner Kenntnis eine Verunglimpfung und Herabsetzung enthalten. Das gilt insonderheit auch für das Verhältnis zu dem Arbeitgeber. Im Gegensatz zu dem Berufungsrichter ist deshalb abzulehnen, daß die Fassung, der sich das hier in Frage stehende Flugblatt mit den Wendungen „menschenunwürdig" und „Schweinestall" bedient, in den Rahmen zulässiger Wahlwerbung fallen. Zumal in einem Flugblatt niedergelegt, dessen Verbreitung über die Tore des Betriebs leicht hinausgeht, enthalten solche Wendungen eine den Arbeitgeber beleidigende Verunglimpfung des Betriebs.

Aus diesen den Erfordernissen einer geordneten Betriebsführung entsprechenden Auffassung ergibt sich auch im Gegensatz zu der Meinung des Berufungsrichters, daß Betriebsangehörige, unter deren Namen, aber ohne deren sachliche Mitwirkung ein solches Flugblatt erscheint und verteilt wird, die Verpflichtung haben, insbesondere dem Arbeitgeber gegenüber von den zu beanstandenden Wendungen abzurücken. Nach alledem ist das Berufungsurteil nicht aufrechtzuerhalten. Vielmehr ist nach Maßgabe des Vorstehenden erneute Sachprüfung geboten.

RAG. 10, 258.

Wird ein Tarifvertrag, auf dessen einer Seite ein rechtsfähiger Verein alleinige Vertragspartei ist, mit dessen Auflösung hinfällig?

TarifVo. § 1. BGB. §§ 41, 45 ff.

Reichsarbeitsgericht. Urt. v. 13. Februar 1932.

I. Arbeitsgericht Königsberg. — II. Landesarbeitsgericht daselbst.

Die Parteien waren Vertragsparteien eines am 25. August 1928 geschlossenen Tarifvertrages, der beiderseits zum 31. Juli 1931 gekündigt worden war. Auf Grund einer am 10. Juli 1930 getroffenen Vereinbarung, wonach ein nach § 8 Abs. 6 des Tarifvertrages zu bildendes Schiedsgericht im Falle des Scheiterns der Verhandlungen über den Abschluß eines neuen Tarifvertrages eine endgültige und bindende Entscheidung mit Stimmenmehrheit fällen solle, setzte dieses Schiedsgericht durch Entscheidung vom 21. Juli 1930 einen neuen Tarifvertrag mit bindender Wirkung für die Parteien und mit Geltung vom 1. August 1930 bis 31. Juli 1932 mit der Maßgabe fest, daß die Löhne und Akkordpreise nur bis zum 31. Juli 1931 Geltung haben sollten. In einer außerordentlichen Verbandsversammlung vom 16. August 1930 beschloß der beklagte Verband, ein eigetragener Verein, seine sofortige Auflösung; zum Liquidator wurde der Töpfermeister R. bestellt. Die Auflösung des Vereins wurde am 13. Oktober 1930 in das Vereinsregister eingetragen.

Mit der Behauptung, daß Mitglieder des Beklagten sich nicht mehr an die Bestimmungen des Tarifvertrages hielten und daß der Beklagte selbst durch sein Verhalten die ihm nach § 12 des Tarifvertrages obliegende Verpflichtung, seine Mitglieder zur Durchführung und Aufrechterhaltung des Tarifvertrages anzuhalten, gröblich verletze, erhob der Kläger Klage mit dem Antrage auf Feststellung, daß der Beklagte trotz seines Auflösungsbeschlusses vom 16. August 1930 aus dem Tarifvertrage vom 21. Juli 1930 dem Kläger gegenüber weiterhin verpflichtet sei, und zwar bis zu den im § 13 des Vertrages vorgesehenen Zeitpunkten. Der Beklagte vertrat die Auffassung, daß der Tarifvertrag infolge seiner Auflösung erloschen sei.

Das Arbeitsgericht erkannte nach Klagantrag. Die Berufung des Beklagten wurde vom Landesarbeitsgericht mit der Maßgabe zurückgewiesen, daß zwar die Fortdauer der Verpflichtung des Beklagten aus dem Tarifvertrage festgestellt wurde, jedoch ohne die im arbeitsgerichtlichen Urteile enthaltene Feststellung des Zeitpunktes der Fortdauer.

Seine Revision führte zur Aufhebung des Berufungsurteils und Zurückverweisung der Sache in die Vorinstanz.

Gründe:

Daß das Landesarbeitsgericht die Zulässigkeit der Feststellungsklage nach § 256 ZPO. angenommen hat, ist rechtlich nicht zu beanstanden. Ebensowenig stehen seiner Annahme, durch den Spruch des Schiedsgerichts vom 21. Juli 1930 sei ein rechtswirksamer Tarifvertrag unter den Parteien zustande gekommen, Rechtsbedenken entgegen. Auch die Revision greift das angefochtene Urteil in dieser Beziehung nicht an. Im übrigen hängt die Entscheidung des Rechtsstreits — und davon ist auch das Landesarbeitsgericht ausgegangen — davon ab, welche Wirkung die am 16. August 1930 durch die Verbandsversammlung beschlossene Auflösung des beklagten Verbandes gehabt hat. Daß an jenem Tage die Verbandsversammlung die Auflösung des Verbandes mit sofortiger Wirkung beschlossen hat, ist unter den Parteien unstreitig. Gegen die Satzungsmäßigkeit des Beschlusses sind auch von dem Kläger Einwendungen nicht erhoben worden. Das Landesarbeitsgericht hat angenommen, daß der Bestand des Tarifvertrages durch den Auflösungsbeschluß nicht berührt worden ist, daß vielmehr der beklagte Verband infolge des Auflösungsbeschlusses auf Grund der §§ 47, 49 Abs. 2 BGB. in ein Liquidationsstadium getreten ist, das zur Folge hat, daß der Verband bis zum ordnungsmäßigen Ablauf des Tarifvertrages als fortbestehend gilt und daß seine Mitglieder ihm bis zu diesem Zeitpunkt unterworfen sind, weil sie insofern weiter als Mitglieder gelten. Es hat hierzu erwogen, aus dem Tarifvertrag seien Verpflichtungen entstanden, die nicht anders zu behandeln seien, wie sonstige schuldrechtliche Verpflichtungen. Ein etwa an die Stelle tretender Schadensersatzanspruch allein könne nicht genügen. Die Grundsätze des Bürgerlichen Gesetzbuchs dürften nicht rein vermögensrechtlich individuell, sondern müßten in einer dem Sinne des kollektiven Arbeitsrechts entsprechenden Weise angewendet werden.

Die Revision bekämpft diese Rechtsauffassung des Landesarbeitsgerichts, indem sie Verletzung des § 1 der TarifVo. und der §§ 47 flg. BGB. rügt.

Das Reichsarbeitsgericht hat in dem auch von dem Landesarbeitsgericht in Bezug genommenen Urteile RAG. 47/29 vom 26. Oktober — (RAG. Bd. 5 S. 1 [6/7]) — mit Bezug auf einen nicht rechtsfähigen Verband (Verein) ausgeführt, die nach § 54 Satz 1 BGB. in Verbindung mit § 730 Abs. 1 und 2 BGB. vorzunehmende Auseinandersetzung verfolge lediglich den Zweck, eine Auseinandersetzung zwischen den Vereinsmitgliedern herbeizuführen; sie erfolge in der Weise, daß zunächst die Schulden des Vereins berichtigt würden und dann der Überschuß unter die Vereinsmitglieder aufgeteilt werde. Sei ein Vereinsvermögen nicht vorhanden und daher eine Berichtigung der Verbindlichkeiten aus diesen nicht möglich, so bedürfe es einer Auseinandersetzung nicht und ein Liquidationsstadium komme nicht in Frage. Es sei deshalb nicht angängig, mit der im Schrifttum des Arbeitsrechts vertretenen Auffassung anzunehmen, daß jeder Tarifverband nach der Auflösung in ein Liquidationsstadium eintrete und dieses Stadium bis zur Beendigung eines von dem Verbande abgeschlossenen Tarifvertrages fortdauere. — Von dem in jenem Urteile behandelten Falle unterscheidet sich der jetzt der Nachprüfung der Revisionsinstanz unterliegende Fall dadurch, daß der beklagte Verband ein eingetragener Verein und auf Grund der §§ 47, 49 BGB. in das Liquidationsstadium eingetreten ist. Gleichwohl kann die Auffassung des Landesarbeitsgerichts, der Beklagte sei auch weiterhin aus dem Tarifvertrage dem Kläger gegenüber verpflichtet, nicht als berechtigt anerkannt werden. In Ermangelung besonderer Vorschriften würde sich aus der Tatsache, daß ein Verein, der Träger von Rechten und Pflichten ist, sich auflöst und damit zu bestehen aufhört, ergeben, daß auch die Rechte und Pflichten, deren Träger er gewesen ist, gegenstandslos geworden sind, es würde deshalb auch ein Tarifvertrag, bei dem auf der einen Vertragsseite nur ein Verband als einziger Tarifkontrahent vorhanden ist, mit der Auflösung des Verbandes hinfällig werden, da auf dieser Seite niemand mehr vorhanden ist, der Träger der in dem Vertrage vereinbarten Rechte und Pflichten sein kann. Ein Übergang dieser Rechte und Pflichten auf die einzelnen Mitglieder des Vereines kommt nicht in Frage; zwischen der gegnerischen Tarifvertragspartei und diesen sind irgendwelche vertraglichen Beziehungen nicht erwachsen (so auch Urteil vom 26. Oktober 1929). Die in der Revisionsverhandlung von dem Prozeßbevollmächtigten des Klägers vertretene Auffassung, die Tarifvertragsparteien hätten durch den Tarifvertrag eine Rechtsordnung geschaffen, die, eben weil sie eine Rechtsordnung sei, für die Dauer der Zeit, für die sie geschaffen sei, für die ihr Unterworfenen ohne Rücksicht auf den Fortbestand der Tarifvertragsparteien Bestand behalte, ist nicht zu billigen. Auch wenn man davon ausgeht, daß die Tarifverbände in den Tarifnormen objektives Recht schaffen, so ist doch der Bestand dieser Tarifnormen abhängig von dem Bestande des Tarifvertrages als solchem; dieser aber bildet wiederum mit seinen beiden Teilen, dem normativen und dem schuldrechtlichen, ein einheitliches Gebilde, und zwar ein solches privatrechtlicher Natur (RGZ. Bd. 111 S. 172); er ist daher auch hinsichtlich der durch ihn geschaffenen Rechtsbeziehungen zwischen den Tarifvertragsparteien nach den Grundsätzen des Privatrechts zu beurteilen. Das gilt auch für den Fall, daß, wie vorliegend, der Tarifvertrag durch Verbindlicherklärung eines Schiedsspruches zustande gekommen ist. Denn nach § 6 Abs. 3 der SchlVo. ersetzt die Verbindlichkeitserklärung die Annahme des Schiedsspruches durch die Tarifvertragsparteien; ein von den Tarifvertragsparteien angenommener Schiedsspruch hat aber nach § 5 Abs. 4 Satz 2 der SchlVo. die Wirkung einer schriftlichen Gesamtvereinbarung.

Aus den Bestimmungen des Bürgerlichen Gesetzbuchs, die für den Fall der Auflösung eines rechtsfähigen Vereins getroffen sind, läßt sich aber die Fortdauer eines Tarifvertrages über den Zeitpunkt der Auflösung des Vereins hinaus nicht folgern. Im § 47 BGB. ist für den Fall der Auflösung eines rechtsfähigen Vereins bestimmt, daß, sofern das Vereinsvermögen nicht an den Fiskus fällt, ein Liquidationsverfahren stattfinden muß. Das Liquidationsverfahren ist in den §§ 48 flg. BGB. geregelt. Nach § 49 Abs. 1 BGB. haben die Liquidatoren die laufenden Geschäfte zu beenden, die Forderungen einzuziehen, das übrige Vermögen in Geld umzusetzen, die Gläubiger zu befriedigen und den Überschuß den Anfallberechtigten auszuantworten. Nach Absatz 2 des § 49 gilt der Verein bis zur Beendigung der Liquidation als fortbestehend, soweit der Zweck der Liquidation es erfordert. Im Schrifttum, das sich aus Anlaß des dem Urteil vom 26. Oktober 1929 zugrunde liegenden Falles vielfach mit der hier zur Entscheidung stehenden Frage befaßt hat, ist die Auffassung vertreten worden, der Tarifvertrag sei ein laufendes Geschäft im Sinne des § 49 Abs. 1 BGB., und daraus ergebe sich nach § 49 Abs. 2 BGB. der Fortbestand des aufgelösten Tarifverbandes bis zur Beendigung dieses Geschäftes, also bis zum Ablauf des Tarifvertrages. Zweck und Bedeutung des Liquidationsverfahrens lassen jedoch eine unmittelbare Anwendung der Bestimmungen des Bürgerlichen Gesetzbuches auf den Tarifvertrag keinesfalls angängig erscheinen. Die in den genannten Bestimmungen geregelte Liquidation ist eine reine Vermögensliquidation, die den Zweck hat, dafür zu sorgen, daß eine geeignete, die Interessen der Gläubiger wahrende Überleitung des Vermögens des Vereins auf die anfallsberechtigten Personen eintritt (vgl. Motive zum BGB. Bd. 1 S. 110). Deshalb bestimmt § 45 BGB., daß mit der Auflösung des rechtsfähigen Vereins das Vermögen an die in der Satzung bestimmten Personen fällt, und lediglich der Regelung dieses Übergangs des Vermögens auf die anfallsberechtigten Personen unter Wahrung der Vermögensinteressen der Gläubiger dient das Liquidationsverfahren. Nur soweit der Zweck dieser Liquidation es erfordert, gilt der Verein nach § 49 Abs. 2 BGB. als fortbestehend, und auch nur im Rahmen dieser Zweckbestimmung sind die laufenden Geschäfte nach § 49 Abs. 1 S. 1 BGB. von den Liquidatoren zu beendigen. Damit fallen alle diejenigen Aufgaben weg, welche sich auf den Zweck des früheren rechtsfähigen Vereins beziehen, der vom Gesetz angeordnete Fortbestand ist eigens auf die Liquidierung der Vermögenssubstanz des Vereins beschränkt (vgl. Staudinger Anm. 4 b zu § 48 BGB.). Geht man von dieser Zweckbestimmung des im Bürgerlichen Gesetzbuche geregelten Liquidationsverfahrens aus, so gehört die Durchführung der sich aus dem Tarifvertrage für den Verband ergebenden Pflichten nicht zu den Aufgaben des Liquidationsverfahrens, denn sie berühren das Vermögen des Verbandes an sich nicht; die Erfüllung der Pflichten ist an sich keine das Vermögen betreffende Angelegenheit und deshalb gilt auch insoweit der Verband nicht als fortbestehend. Aus der Begrenzung des Zweckes des Fortbestehens des Vereins ergibt sich auch die Beurteilung des Einflusses der Auflösung auf die obligatorischen Beziehungen des Vereins. Der Liquidator eines aufgelösten Tarifverbandes ist nicht in der Lage, die bisherigen Mitglieder des Verbandes zur Erfüllung der in dem Tarifvertrage übernommenen Friedenspflicht anzuhalten; denn diese Tätigkeit dient nicht der Liquidierung des Vermögens, insoweit gilt auch der Verband nicht als fortbestehend. Die Durchführung der durch den Tarifvertrag übernommenen Friedenspflicht den Verbandsmitgliedern gegenüber ist mit dem Augenblicke hinfällig geworden, in welchem der Verband sich gemäß dem Beschlusse der Mitgliederversammlung aufgelöst hat, denn von diesem Augenblick ab ist niemand mehr vorhanden, der zur Erfüllung der Friedenspflicht von dem Verbande angehalten werden könnte. Aus diesem Gesichtspunkte kann auch der von Molitor (Kommentar zur TarifVo. S. 191/192) vertretenen Ansicht, daß der Tarifvertag so lange fortbestehe, wie aus anderen Gründen die Liquidation noch andauere, nicht beigetreten werden, ganz abgesehen davon, daß diese Lösung, welche die Dauer des Fortbestehens des Tarifvertrages davon abhängig macht, ob zufällig ein längeres oder kürzeres Liquidationsstadium stattfindet, nicht als den Interessen der Tarifvertragsparteien entsprechend bezeichnet werden kann. Soweit etwa durch den Auflösungsbeschluß und den Eintritt der Unmöglichkeit der Durchführung der Friedenspflicht dem Tarifgegner Schadensersatzansprüche entstanden sein sollten, würden diese allerdings im Liquidationsverfahren zu erledigen sein. Insoweit würde ein Fortbestand des Verbandes in unmittelbarer Anwendung des § 49 Abs. 2 BGB. in Frage kommen; denn die aus dem Hinfälligwerden des Tarifvertrages etwa sich ergebenden Schadensersatzansprüche des Tarifvertragsgegners würden sich unmittelbar gegen das Verbandsvermögen richten. Lediglich für die Regelung dieser das Vermögen betreffenden Angelegenheit kann der Fortbestand des aufgelösten Vereins und auch nur insoweit ein Fortbestehen der Mitgliedschaft der bisherigen Vereinsangehörigen mit den sich daraus ergebenden Rechten und Pflichten in Frage kommen. Darüber hinaus kann aber ein Fortbestand des Vereins aus den Bestimmungen des Bürgerlichen Gesetzbuches über die Vermögensliquidation des aufgelösten rechtsfähigen Vereins nicht hergeleitet werden. Die Richtigkeit dieser Auffassung ergibt sich, worauf Hueck in JW. 1930 S. 3498 mit Recht hinweist, auch aus § 47 BGB. Hiernach findet ein Liquidationsverfahren nicht statt, wenn das Vereinsvermögen an den Fiskus fällt und dann nach § 46 Abs. 1 BGB. die Vorschriften über eine dem Fiskus als gesetzlichen Erben anfallende Erbschaft entsprechende Anwendung finden. In diesem Falle kommt ein Fortbestand des aufgelösten Vereins nach § 49 Abs. 2 BGB. überhaupt nicht in Frage, und es würde sich für diesen Fall ohne weiteres daraus das Hinfälligwerden des Tarifvertrages ergeben.

Kann hiernach die Fortdauer des Tarifvertrages über den Zeitpunkt der Auflösung des rechtsfähigen Vereins hinaus aus den Bestimmungen des Bürgerlichen Gesetzbuches über das Liquidationsverfahren des rechtsfähigen Vereines unmittelbar nicht gefolgert werden, so kann es sich nur fragen, ob nicht diese Bestimmungen im Falle der Auflösung eines Tarifverbandes entsprechend dahin anzuwenden sind, daß der Tarifverband so lange als fortbestehend gilt, bis der Tarifvertrag, sei es durch Zeitablauf, sei es durch Kündigung, sein Ende erreicht hat. Es ist nicht zu verkennen, daß insoweit eine Lücke in der Regelung des Tarifvertragswesens besteht, und daß es zu einer Unsicherheit im Arbeitsleben führen kann, wenn es einem Tarifverbande möglich ist, sich den Wirkungen eines ihm unbequemen Tarifvertrages durch Selbstauflösung zu entziehen. Indessen können die Erwägungen, welche eine Ausfüllung dieser Lücke als wünschenswert erscheinen lassen, nicht dazu führen, die im Bürgerlichen Gesetzbuch bewußt auf die Liquidation des Vereinsvermögens beschränkte Sonderbestimmung über den Fortbestand des aufgelösten Vereins etwa im Wege der Rechtsanalogie auch auf den hier zur Entscheidung stehenden Fall zu übertragen. Das würde die

Grenzen der der Rechtsprechung in bezug auf die Fortentwicklung des Rechts innerhalb der bestehenden Gesetze gestellten Aufgaben überschreiten. Hier die durch die Einführung des kollektiven Arbeitsvertrages notwendig gewordenen Ergänzungen zu der bisherigen Gesetzgebung zu treffen, ist Aufgabe des Gesetzgebers. Übrigens würde eine Anerkennung des Fortbestehens des Tarifvertrages über den Zeitpunkt der Auflösung des Vereins hinaus bis zum Ablauf des Tarifvertrages notwendig zu der Folgerung führen, daß auch im Falle eines Austritts sämtlicher Mitglieder aus dem Verein diese doch bis zum Ablauf des Tarifvertrages als an diesen gebunden angesehen werden müßten, da zwischen einer Auflösung auf Grund eines satzungsmäßig erfolgten Auflösungsbeschlusses und einer Auflösung infolge satzungsmäßigen Einzelaustritts der Mitglieder ein Unterschied nicht würde gemacht werden können, ein Ergebnis, das keinesfalls mit den Grundsätzen der Vertragsfreiheit zu vereinbaren sein dürfte.

Abweichend von der Auffassung des Landesarbeitsgerichts ist deshalb davon auszugehen, daß ein Fortbestehen des Tarifvertrages über den Zeitpunkt der Auflösung des an dem Tarifvertrage als alleiniger Vertragspartei auf einer Seite beteiligten Tarifverbandes hinaus nicht anzuerkennen ist.[1] Daraus ergibt sich aber, daß die von dem Kläger erhobene Feststellungsklage, welche sich auf das Fortbestehen des Tarifvertrages über den Zeitpunkt der Auflösung des beklagten Vereins hinaus stützt, unbegründet ist, und es war daher unter Aufhebung des angefochtenen Urteils und in Abänderung des arbeitsgerichtlichen Urteils die Klage abzuweisen.

RAG. 10, 275.

Liegt in der Kündigung eines Dienstvertrages ein Vorstoß gegen Art. 118 Abs. 1 RVerf., wenn der Arbeitgeber durch die Art der politischen und wirtschaftlichen Meinungsäußerungen seines Angestellten eine Schädigung für das von ihm betriebene Unternehmen befürchten muß?

Reichsverfassung Art. 118 Abs. 1, Art. 159. BGB. §§ 134, 138, 826.

---

[1]) Schrifttum: Jacobi „Grundlehren des Arbeitsrechts" S. 218, Sitzler-Goldschmidt Anm. 3 zu § 1 der TarifvertrVo. S. 34/35, Hueck in JW. 1930 S. 3498, Sinzheimer „Arbeitstarifgesetz" S. 78, Potthoff in Arbeitsrechtspraxis 1931 S. 373, Molitor-Tarifvertr.-Vo. S. 191/192, Hueck-Nipperdey Lehrbuch des Arbeitsrechts Bd. 2 S. 179, Nipperdey in Bensh. Slg. Bd. 8 S. 140 flg., Lutz-Richter in Materialblätter für Wirtschaft und Sozialpolitik 1929 S. 115 und 1930 S. 145, Hessel in N. Z. f. ArbR. 1930 Sp 479 flg., Stoll in JW. 1930 S. 3500 und in Arch. f. d. ziv. Pr. n. F. Bd. 13 S. 78 flg., Kandeler in „Der Kaufmann in Wirtschaft und Recht" 1926 S. 392 flg., von Ungern-Sternberg „Die Auflösung und Fusion von Berufsvereinen" S. 28/29.

Reichsarbeitsgericht. Urt. v. 24. Februar 1932.

I. Arbeitsgericht Berlin. — II. Landesarbeitsgericht daselbst

Kläger war Angestellter der beklagten Bank. Während seines Urlaubes reiste er als Delegierter der RGO. (Revolutionären Gewerksch.-Opposition) anläßlich der Feier des 1. Mai 1931 nach Sowjet-Rußland. Über seine Reise-Eindrücke veröffentlichte er in der „Kampfstimme", dem Reichsorgan der RGO., im Juni 1931 einen Bericht mit der Überschrift „Zwei Systeme! Deutschland: Neue Hungernsteuern, steter Niedergang. UdSSR.: Keine Arbeitslosen, unaufhaltsamer Aufstieg." Er unterzeichnete den Artikel mit seinem Namen und dem Zusatz „(Angestellter der Dresdner Bank Berlin)". Wegen dieses Zusatzes ist dem Kläger am 17. Juni 1931, als er auf Vorhalt die Unrechtmäßigkeit desselben im Hinblick auf schädigende Wirkungen für die Beklagte nicht anerkennen wollte, seine Stellung zum 30. Juni gekündigt worden.

Der Kläger hält die Kündigung für rechtswidrig und nichtig, weil sie gegen die Reichsverfassung und die guten Sitten verstoße. Er hat auf Feststellung der Nichtigkeit der Kündigung und des Fortbestehens des Arbeitsverhältnisses über den 31. Juli 1931 hinaus geklagt.

Das Arbeitsgericht hat die Klage abgewiesen; das Landesarbeitsgericht hat ihr stattgegeben. Die Revision der Beklagten führte zur Wiederherstellung des ersten Urteils.

Gründe:

An sich hat die Beklagte am 17. Juni 1931 dem Kläger gegenüber nur von ihrem vertraglichen Kündigungsrecht Gebrauch gemacht. Die Kündigung ist, wie das Arbeitsgericht auf Grund der Beweisaufnahme festgestellt hat, nicht wegen der politischen oder gewerkschaftlich politischen Betätigung des Klägers als solcher erfolgt, sondern lediglich deshalb, weil er den Artikel in der „Kampfstimme" nicht nur mit seinem Namen unterzeichnet, sondern auch den Zusatz „Angestellter der Dresdner Bank Berlin" beigefügt hat, so daß die Veröffentlichung eine Schädigung der Bank herbeiführen konnte. Nach der von dem Zeugen K. bestätigten Behauptung der Beklagten ist die Kündigung indes nicht ohne weiteres ausgesprochen worden, ihr vielmehr eine Unterredung des Direktors Sch. der Beklagten mit dem Kläger vorausgegangen. Sch. hat dabei dem Kläger eröffnet, er wisse zwar, welcher politischen Richtung der Kläger angehöre und daß er als Delegierter die Rußlandfahrt mitgemacht habe, dies sei ihm gleichgültig, nicht gleichgültig sei aber, daß der Kläger den Artikel in der „Kampfstimme" mit dem Zusatz „Angestellter der Dresdner Bank" unterzeichnet habe. Sch. sagte weiter, die Beklagte sei ein kapitalistisches Institut und ein derartiger Artikel mit einer derartigen Unterzeichnung sei geeignet, bei den Kunden der Beklagten Mißtrauen und Schädigungen der Beklagten hervorzurufen. Auf die Frage des Direktors, weshalb der Kläger mit der Firma „Dresdner Bank" unterzeichnet habe, hat der Kläger erklärt, er habe dies getan, um dem Artikel größeren Nachdruck zu verleihen. Die Beklagte hatte weiter bereits in der Klagbeantwortung behauptet und auch durch den Direktor H. unter Beweis gestellt, daß dem Kläger die Kündigung erst überreicht worden sei, als er bei der Unterredung mit Sch. nach längerer Auseinandersetzung das Unrechtmäßige seiner Handlungsweise nicht habe einsehen wollen. Auf Grund dieses Sachverhalts ist der erste Richter zu dem Ergebnis gelangt, daß ein Verstoß gegen Art. 118 der RVerf. deshalb nicht vorliege, weil der Kläger bei seiner Meinungsäußerung in der Kampfstimme nicht die aus seinem Dienstvertrage sich ergebenden Grenzen innegehalten habe. Nach den Bestimmungen des BGB. und des HGB. bestehe für den Handlungsgehilfen gegenüber seinem Arbeitgeber eine Treupflicht. Dazu gehöre, daß der Arbeitnehmer nicht nur in seinem Dienste, sondern auch außer Dienst alles unterlasse, was geeignet sein könne, dem Arbeitgeber Schaden zuzufügen. Zu der Überzeugung, daß die Hinzufügung des Zusatzes „Angestellter der Dresdner Bank Berlin" bei der Veröffentlichung des Klägers eine schädigende Wirkung für die Beklagte habe ausüben können, ist das Arbeitsgericht durch die Ergebnisse der Beweisaufnahme gelangt. Es führt dazu aus, daß schon bei früheren Gelegenheiten Kunden der Beklagten Bedenken hinsichtlich der Sicherheit ihrer Kapitalsanlagen bei der Beklagten geäußert hätten, weil deren Angestelltenschaft kapitalfeindlich gesinnt sei. Seinem Inhalte nach sei der Artikel, der die Zustände Rußlands denen der kapitalistischen Länder lobend gegenüberstelle, geeignet, bei den Kunden der Beklagten Ängstlichkeit hervorzurufen, wenn sie sähen, daß ein derartiger kapitalfeindlicher Artikel von einem Angestellten der Beklagten verfaßt worden sei. Es sei ein Unterschied, ob der Kläger den Artikel lediglich mit seinem Namen unterzeichne oder ihm den Zusatz „Angestellter der Dresdner Bank" anfüge. Die „Kampfstimme" werde zwar von Zeitungshändlern nicht verkauft, sie werde aber vielfach als Propaganda-Material vor den Banken verteilt und es könne auf sie bei der Post abonniert werden. Es bestehe also sehr wohl die Möglichkeit, daß Kunden der Beklagten von dem Artikel des Klägers Kenntnis erlangen könnten. Zwar sei es selbstverständlich, daß bei Veröffentlichungen die

Angabe des Dienstverhältnisses des Angestellten angegeben werden könne, wenn daraus eine Schädigung des Arbeitgebers nicht zu entnehmen sei. An dieser Voraussetzung fehle es aber hier, weil der Artikel sich mit politischen und kapitalfeindlichen Zuständen beschäftige und geeignet sei, die privatkapitalistische Kundschaft aus Besorgnis vor einer kapitalfeindlichen Angestelltenschaft von Geschäften mit der Beklagten fernzuhalten. Wenn daher die Beklagte nur aus diesem Grunde, wie dies das Arbeitsgericht annehme, gekündigt habe, so liege darin keine Verletzung des Art. 118 RVerf.

Das Landesarbeitsgericht hat die Sache anders beurteilt. Es führt aus, die Verfassung (Art. 118) gewährleiste das Recht der freien Meinungsäußerung in politischer Hinsicht in vollem Maße auch den Anhängern derjenigen politischen Parteien, deren Ziele gegen den Bestand des jetzigen Staates gerichtet seien. Auch wegen politischer Betätigung im Sinne der kommunistischen Partei könne somit einem Angestellten das Dienstverhältnis nicht gekündigt werden. Wegen der kommunistischen Tendenz des Artikels habe daher dem Kläger nicht gekündigt werden können, und zwar auch nicht unter Einhaltung der Kündigungsfrist (Art. 118 RVerf. in Verbindung mit § 134 BGB.). Die Ansicht des Arbeitsgerichts, daß der Kläger wegen des seinem Namen in dem Artikel gegebenen Zusatzes seine Meinung nicht „innerhalb der Schranken der allgemeinen Gesetze" geäußert habe, vielmehr seine aus diesen Gesetzen folgende Treupflicht der Beklagten gegenüber verletzt habe, hält das Berufungsgericht für rechtsirrig. Ein Verbot, daß bei Veröffentlichungen dem Namen des Verfassers eine Bezeichnung als Angestellter der Dresdner Bank oder dergleichen hinzugefügt würde, habe die Beklagte bis dahin nicht erlassen gehabt; sie habe vielmehr zugelassen, daß der Betriebsratsvorsitzende der Beklagten diese seine Eigenschaft bei einer Veröffentlichung angegeben habe. Die Hinzufügung einer derartigen Bezeichnung sei bei Veröffentlichungen nicht ungewöhnlich. Die Handlungsweise des Klägers würde natürlich anders beurteilt werden müssen, wenn er einem etwa allgemein oder für ihn besonders ergangenen Verbot der Beklagten zuwider den in Rede stehenden Zusatz gemacht haben würde, denn dann würde er zwar nicht gegen seine Treupflicht, wohl aber gegen seine Gehorsamspflicht verstoßen haben. Die Beklagte habe aber derartige Zusätze bis dahin unbeanstandet gelassen.

Das Landesarbeitsgericht beanstandet weiter die Ausführungen des Arbeitsgerichts, daß der fragliche Zusatz eine schädigende Wirkung für die Beklagte habe ausüben können. Es führt aus, die Möglichkeit einer

Schädigung durch den Zusatz, nicht durch den Artikel selbst, würde höchstens dann vorhanden gewesen sein, wenn das Publikum im allgemeinen und die Bankkundschaft der Beklagten im besonderen aus dem Artikel die Tatsache erstmalig entnommen hätten, daß in den Reihen der Angestelltenschaft der Beklagten kapitalfeindlich eingestellte Elemente zu finden seien. Es sei aber längst öffentlich bekannt, daß unter den Angestellten der Großbanken auch Anhänger kapitalfeindlicher Parteien in beträchtlicher Zahl seien. Die Möglichkeit einer Schädigung mit dem bloßen Zusatz „Angestellter der Dresdner Bank" komme somit ernstlich nicht in Betracht und könne daher als stichhaltiger Kündigungsgrund nicht gelten. Dagegen liege allerdings auf der Hand, daß der Inhalt des Artikels selbst mit seiner antikapitalistischen Tendenz den Zielen der Beklagten als eines kapitalistischen Unternehmens in keiner Weise entsprochen habe. Daher bleibe dies nach Lage der Sache als wirklicher Beweggrund für die Kündigung übrig, dieser Beweggrund aber stehe mit Art. 118 RVerf. in Widerspruch und mache die Kündigung nichtig.

Die Ausführungen des Berufungsgerichts beruhen auf einer Verkennung der Tragweite des Art. 118 RVerf. Wenn freilich die Revision die Ansicht vertritt, die ordentliche fristmäßige Kündigung eines Arbeitsverhältnisses durch den Arbeitgeber könne niemals eine Benachteiligung im Sinne des Art. 118 RVerf. sein, so kann dem nicht beigepflichtet werden. Die Revision beruft sich für ihre Ansicht auf den Beschluß des Reichsarbeitsgerichts vom 11. Juli 1928 — RAG. Bd. 2 S. 106 —. Dort ist ausgesprochen worden, durch Art. 118 Abs. 1 Satz 2 RVerf. habe zwar jede Beeinträchtigung des im Satz 1 gewährleisteten Grundrechts der freien Meinungsäußerung, auch durch private Maßnahmen, ausgeschlossen werden sollen, das vertragliche Recht des Arbeitgebers, das Arbeitsverhältnis jederzeit durch Ausübung der vertragsmäßigen Kündigung aufzulösen, habe jedoch nicht beeinträchtigt werden sollen. Damit hat aber nicht gesagt sein sollen, daß niemals die Ausübung des dem Arbeitgeber vertraglich zustehenden Kündigungsrechts eine nach Art. 118 unzulässige Benachteiligung des Arbeitgebers sein könne. Die Revision hält denn auch nach ihren weiteren Ausführungen an jener Ansicht selbst nicht fest, da sie zugibt, daß die Kündigung dann gegen Art. 118 verstößt, wenn Verletzung des § 242 oder des § 826 BGB. vorliege. Auf einer zu engen Auffassung über die Tragweite der Bestimmung des Art. 118 Abs. 1 Satz 2 RVerf. beruht es aber, wenn die Revision der Ansicht ist, daß, von den von ihr angeführten Ausnahmen abgesehen, der Arbeitnehmer die ordentliche

Kündigung als Folge der Ausübung seines Rechts der freien Meinungsäußerung hinnehmen müsse, zumal es für die fristgebundene vertragsmäßige Kündigung der Angabe eines besonderen Grundes nicht bedürfe. Über die Tragweite der fraglichen Bestimmung im Verhältnis zum vertraglichen Kündigungsrecht und der durch Art. 152 RVerf. gewährleisteten Vertragsfreiheit hat sich das Reichsarbeitsgericht eingehend und grundsätzlich in den beiden Urteilen vom 19. Dezember 1931 — RAG. 41/31 und 134/31 — ausgesprochen, von denen das erstere in der amtlichen Sammlung seiner Entscheidungen RAG. Bd. 10 S. 27 abgedruckt ist. Danach schließt das durch Art. 118 Abs. 1 Satz 1 RVerf. gewährleistete Recht der freien Meinungsäußerung das Recht in sich, die politische Gesinnung zum Ausdruck zu bringen und sich durch Beitritt und Zugehörigkeit zu einer politischen Partei zu bekennen. Dieses Recht des Klägers erkennt die Beklagte auch ausdrücklich an und hat es nie bestritten. Sie wehrt sich lediglich dagegen, daß der Kläger bei seiner Veröffentlichung keine Rücksicht auf sie als seine Dienstherrin genommen und bei der Auseinandersetzung darüber mit dem Direktor der Beklagten es als sein gutes Recht in Anspruch genommen hat, bei seinen die kapitalistische Wirtschaft bekämpfenden Veröffentlichungen sich als Angestellter der Dresdner Bank Berlin zu bezeichnen. Daraus fürchtet sie Nachteile für ihren Geschäftsbetrieb. Nach Art. 118 Abs. 1 Satz 2, Halbsatz 2 darf nun niemand einen Deutschen benachteiligen, wenn er von seinem verfassungsmäßigen Rechte der freien Meinungsäußerung innerhalb der allgemeinen Gesetze Gebrauch macht. Die Kündigung eines Dienstverhältnisses wird nach den erwähnten Urteilen des Reichsarbeitsgerichts, auch wenn sie vertragsmäßig erfolgt, häufig einen Nachteil für den Dienstverpflichteten bedeuten. Daß dies im vorliegenden Falle auch beim Kläger zutraf, ist bei dem bekannten Umfange der Entlassenen bei den Banken ohne weiteres anzunehmen, nehmen offensichtlich auch die Vorinstanzen an. Es liegt also in der Kündigung eine benachteiligende Handlung, die unter die Verfassungsbestimmung fallen kann. Aber wie das Reichsarbeitsgericht in den erwähnten beiden Entscheidungen näher dargelegt hat, hindert Art. 118 RVerf. den Arbeitgeber nur dann, von seinem vertragsmäßigen Kündigungsrecht einem Arbeitnehmer gegenüber Gebrauch zu machen, wenn sich die Kündigung als ein Willkürakt, als ein Mißbrauch des Kündigungsrechts darstellt, wenn also die Kündigung lediglich wegen der Meinungsäußerung erfolgt, ohne daß ersichtlich ist, daß, von dem Standpunkte eines verständig und ruhig denkenden Menschen aus gesehen, für den Kündigungsberechtigten in den tatsächlichen Verhältnissen begründete Veranlassung vorlag, von dem vertragsmäßigen Rechte zur Ausübung des Kündigungsrechts Gebrauch zu machen. Nur in diesem Umfange hat also die Bestimmung des Art. 118 Abs. 1 Satz 2 RVerf. auch in das vertragsmäßige Kündigungsrecht eingegriffen und eine solche Kündigung gegebenenfalls als benachteiligende Handlung verboten.

Nun ist aber nach der Ansicht des Klägers und der Annahme des Berufungsgerichts die Beklagte ein kapitalistisches Unternehmen. Der von dem Kläger unter seinem Namen und Hervorhebung seiner Eigenschaft als Angestellter der Beklagten in Berlin veröffentlichte Artikel richtet sich gegen das sogenannte kapitalistische System. Der Kläger ist also in ganz besonderer Weise gegen sogenannte kapitalistische Betriebe in der Öffentlichkeit hervorgetreten, obwohl er einem der bedeutendsten Unternehmen dieser Art diente. Er hat jenen Zusatz gemacht, um der Veröffentlichung größeren Nachdruck zu verleihen. Er nimmt das als sein gutes Recht auf Grund des Art. 118 Abs. 1 RVerf. auch jetzt noch in Anspruch und verweist darauf, daß er gerade als Angestellter der Dresdner Bank von der Revolutionären Gewerkschafts-Opposition als Delegierter nach Moskau gesandt worden sei und daher auch in seinem Bericht sich als Angestellter der Dresdner Bank habe bezeichnen müssen. Er würde diese Angabe auch gemacht haben, wenn er als Diskussionsredner aufgetreten wäre. Die RGO. verfolge zwar als politischen Endzweck den Umsturz der bestehenden Staats- und Wirtschaftsordnung. Ohne politische Macht ließen sich aber wirtschaftliche Ziele nicht erreichen. Diesen Zielen aber dürfe er nach Art. 159 RVerf. dienen und deshalb verstoße die Kündigung auch gegen diese Vorschrift der Verfassung. Die aus dem Dienstvertrag entspringende Treupflicht verpflichte den Arbeitnehmer zwar zur Unterlassung dessen, was seiner Firma Schaden zufügen könne. Diese Pflicht aber habe er nicht verletzt. Ein Schaden sei der Beklagten nicht erwachsen. Bei der Frage, ob dem Unternehmer objektiv ein Schaden entstehen könne, sei von der jeweiligen Stellung des Angestellten auszugehen. Falls ein leitender Beamter der Beklagten die Bankverhältnisse der Sowjetunion vom Standpunkte des Angestellten aus so geschildert haben würde, wie es der Kläger getan habe, so sei wohl die Annahme gerechtfertigt gewesen, daß dadurch das Vertrauen der Kundschaft der Beklagten entzogen werde. Von einer Meinungsäußerung eines Angestellten in untergeordneter Stellung, wie sie der Kläger innegehabt habe, habe aber eine Vertrauenskrise und also auch ein Schaden nicht entstehen können. Daß bei einem großen Bankinstitut, wie es die Beklagte sei, auch revolutionäre Angestellte sich befänden, sei in breiten Kreisen bekannt. Wenn in der augenblicklichen Krisenzeit ängstliche Kunden danach gefragt hätten, ob für unruhige Zeiten Vorsorge gegen Sabotagakte der Angestelltenschaft getroffen sei, so folge daraus nicht, daß durch die Äußerungen des Klägers ein Schaden entstanden sei. Daß sich ein Unternehmer im Ernstfalle auch durch Kündigungen vor Sabotageakten nicht schützen könne, wisse das breite Publikum genau. Nur die Befürchtungen und Anforderungen eines normal denkenden Bankkunden, nicht aber die einiger besonders ängstlicher Gemüter seien zu beachten. Deshalb habe der Berufungsrichter auch mit Recht nicht geprüft, ob subjektiv die Leiter der Bank überzeugt seien, daß die Gefahr einer Schädigung bestanden habe. Schließlich habe aber die Beklagte, wenn sie das Vorgehen des Klägers für unberechtigt hielt, gegen ihn zunächst die vorbeugende Unterlassungsklage erheben müssen.

Diese Ausführungen verkennen gänzlich, daß die Beklagte an sich nur von ihrem vertragsmäßigen Recht Gebrauch gemacht hat. Die Beklagte hatte also nicht die geringste Veranlassung, gegen den Kläger eine Unterlassungsklage zu erheben. Es kann ferner nicht darauf ankommen, ob die Veröffentlichung des Klägers unter Hinzufügung seines Namens und seiner Eigenschaft als Angestellten der Beklagten eine „Vertrauenskrise" für die Beklagte herbeiführen konnte, sondern von einem Willkürakt und einer Maßregelung wegen einer politischen Meinungsäußerung kann schon dann bei der Kündigung keine Rede sein, wenn die Beklagte jene Form der Veröffentlichung nicht ohne Grund für ihren Betrieb als schädlich empfand und nach der Einstellung des Klägers zu dieser Frage damit rechnen mußte, daß ohne ihr Einschreiten weitere, ihren Betrieb schädigende Veröffentlichungen solcher Art erfolgten. In welchem Maße eine Schädigung zu fürchten war, verschlägt dabei nichts. Auch wenn nur besonders ängstliche Leute nach Ansicht des Klägers durch die Art der Veröffentlichung eines Angestellten der Beklagten davon abgehalten werden konnten, dieser Vertrauen entgegenzubringen, ihr Gelder oder andere Werte anzuvertrauen und ihre Dienste in Anspruch zu nehmen, brauchte die Beklagte die darin liegende Schädigung durch den Kläger nicht hinzunehmen. Nicht dem Kläger steht ein Urteil darüber zu, ob die leitenden Personen der Beklagten und ihrer Geschäftsstellen sein Vorgehen als schädigend empfanden und empfinden konnten, sondern diesen selbst, die für den Bestand des Unternehmens und den Geschäftsgang verantwortlich waren. Daß sie aber dieser Ansicht nicht ohne Grund gewesen sind, hat das Arbeitsgericht auf Grund der Beweisaufnahme einwandfrei festgestellt. Zutreffend weist die Beklagte darauf hin, daß sie bei der Natur ihres Unternehmens ihre Aufgabe darin sehe und sehen müsse, politisch neutral zu bleiben und darauf zu achten, daß jede Beunruhigung der Kundschaft unterbleibe. Es mag beim Publikum bekannt sein, daß sich unter den Angestellten der Großbanken auch Anhänger kapitalfeindlicher Parteien in beträchtlicher Zahl befinden. Aber es ist doch ein großer Unterschied, ob diese sich lediglich zu einer das sogenannte kapitalistische System bekämpfenden Partei bekennen oder ob sie öffentlich unter Angabe des Unternehmens, dem sie selbst dienen, und unter Anführung ihrer Eigenschaft als Angestellte dieses Unternehmens in der Öffentlichkeit das System bekämpfen. Wenn dies geschieht, ohne daß ihm entgegengetreten wird, so ist durchaus möglich, daß das Publikum, das seine Gelder der Bank anvertraut, insbesondere auch ausländisches Publikum, für den Fall einer immerhin möglichen Staatsumwälzung diejenigen Sicherheiten innerhalb der Bankorganisation vermißt, auf die es sein Vertrauen in die Sicherheit ihrer Gelder bei der Bank stützt. Daß derartige Befürchtungen gegenüber der Beklagten geäußert worden sind, hat der erste Richter einwandfrei festgestellt. Konnte aber die Leitung der Beklagten oder der verantwortliche Personalchef nicht ohne Grund davon ausgehen, daß ein solches Verhalten des Klägers Besorgnisse bei der Kundschaft der Beklagten auslösen konnte, so hat er nicht willkürlich von dem ihm zustehenden Kündigungsrecht Gebrauch gemacht, sondern deshalb, weil der Kläger bei seinem Vorgehen nicht die Schranken eingehalten hat, die das Interesse der Beklagten an der Erhaltung und Wirtschaftlichkeit ihres Betriebes erforderte. Darauf, ob der Kläger der Meinung ist, ein solcher Schaden könne nicht entstehen, kommt es nicht an, maßgebend ist insoweit die nicht unbegründet erscheinende Auffassung der Leitung des Betriebes. Wenn der Berufungsrichter darauf hinweist, es sei bisher von der Beklagten ihren Angestellten nicht verboten gewesen, bei Veröffentlichungen die Bank, der sie dienten, anzugeben, so kann es darauf, wie der Kläger in der Revisionsinstanz selbst zugibt, nicht ankommen, dies um so weniger, als er nach der nicht bestrittenen Behauptung der Beklagten bei der fraglichen Unterredung ohne Einschränkung daran festgehalten hat, seinen gegen das System gerichteten Veröffentlichungen jenen Zusatz beizufügen. Der Personalchef der Beklagten mußte also mit gleichen Handlungen des Klägers auch künftig rechnen. Im übrigen hat der Berufungsrichter insoweit verkannt, daß es sich nicht um eine Entlassung wegen einer Verletzung der sich aus dem Arbeitsvertrage ergebenden Verpflichtungen handelt, sondern nur darum, ob die Beklagte trotz Art. 118 Abs. 1 RVerf. von ihrem vertragsmäßigen Kündigungsrecht Gebrauch machen durfte. Es kam also auch nicht darauf an, ob die Beklagte nicht beanstandet hat, daß der Betriebsratsvorsitzende zum Zwecke der Propaganda für die Betriebsratswahl in der Zeitschrift seiner Bankangestellten-Gewerkschaft seinem Namen die Angabe „Betriebsratsvorsitzender der Dresdner Bank" beigefügt hatte.

Die Beklagte hat mithin nicht gegen Art. 118 RVerf. verstoßen. Der Kläger, der nach wie vor sein Verhalten als richtig und durch die Verfassung geschützt, bezeichnete, also an ihm festhalten wollte, konnte auch nicht erwarten, daß unter diesen Umständen die Beklagte mit ihm das Dienstverhältnis fortsetzen werde.

Daß insoweit eine Verletzung von Art. 159 RVerf. nicht in Frage kommen kann, haben beide Vorinstanzen einwandfrei dargelegt (vgl. die Entscheidungen vom 19. Dezember 1931).

Ist hiernach die Kündigung wirksam erfolgt, so ist die Aufhebung des Berufungsurteils und die Zurückweisung der Berufung des Klägers gegen das seine Klage abweisende Urteil der ersten Instanz geboten.

FSC
www.fsc.org
MIX
Papier | Fördert
gute Waldnutzung
FSC® C083411

Kolibri 360 GmbH
Ferdinand-Jühlke-Straße 7
99095 Erfurt, Deutschland
produktsicherheit@kolibri360.de